U0620349

中华学术·有道

《春秋》与「汉道」

两汉政治与政治文化研究

陈苏镇 著

中華書局

图书在版编目(CIP)数据

《春秋》与"汉道":两汉政治与政治文化研究/陈苏镇著. —北京:中华书局,2023.6(2025.1 重印)
(中华学术·有道)
ISBN 978-7-101-16217-2

Ⅰ.春… Ⅱ.陈… Ⅲ.①政治制度-研究-中国-汉代②政治文化-研究-中国-汉代 Ⅳ.D691

中国国家版本馆 CIP 数据核字(2023)第 080983 号

书　　名	《春秋》与"汉道":两汉政治与政治文化研究
著　　者	陈苏镇
丛 书 名	中华学术·有道
责任编辑	孟庆媛
责任印制	管　斌
出版发行	中华书局 (北京市丰台区太平桥西里 38 号　100073) http://www.zhbc.com.cn E-mail:zhbc@zhbc.com.cn
印　　刷	北京盛通印刷股份有限公司
版　　次	2023 年 6 月第 1 版 2025 年 1 月第 3 次印刷
规　　格	开本/920×1250 毫米　1/32 印张 23¾　插页 2　字数 550 千字
印　　数	8001-12000 册
国际书号	ISBN 978-7-101-16217-2
定　　价	118.00 元

目　录

前 言

本书的前身，是我于2000年完成的博士学位论文《〈春秋〉学对汉代政治变迁的影响》，2001年以《汉代政治与〈春秋〉学》为题，由中国广播电视出版社出版，2003年被教育部和国务院学位委员会评为全国优秀博士学位论文。2004年，我获得教育部全国优秀博士学位论文作者专项资金资助，继续进行该项研究。本书就是这一项目的成果之一。

本书是在《汉代政治与〈春秋〉学》一书的基础上，加以扩充、修改而成。第一章第三、四节讨论汉初东方政策的部分，利用新出的《张家山汉墓竹简》的珍贵史料，做了较多补充和较大改动。第二章第三节增加了《王道与天道》一小节，讨论董仲舒的天道理论。原书主要讲西汉，只有第五章涉及东汉，分量也只相当于前面各章的一节。本书则对东汉的政治和政治文化问题做了比较全面系统的研究。第五章中，第三节是原有内容，第一节和第二节是新增的。第六章全部内容都是新增的。对其他原有内容，笔者也广泛查阅了大陆、港台以及日本学界近年发表的研究成果，对相关部分进行了修改和补充。引文和注释依照现今流行的规范，标明了版本、卷数、页码、出版地、出版单位等信息。

本书的写作曾得到祝总斌、阎步克、胡宝国、李开元、罗新等师友的指点和帮助，在史料的版本校勘方面多次得到桥本秀美先生的指教。本书的出版得到中华书局编辑部的大力支持，责任编辑王芳女士也付出了辛勤劳动。在此一并致谢！

再版前言

本书上一版于2011年9月出版，至今已七年多。印了三次，现在又脱销了，说明受到许多读者的欢迎。学界同仁也给予肯定，因而多次获奖。2014年获北京市第十三届哲学社会科学优秀成果二等奖，2015年获教育部第七届高等学校科学研究优秀成果三等奖，2016年获第二届全球华人国学大典国学成果奖，2017年获第七届吴玉章人文社会科学优秀奖。今承中华书局美意，改版再印。

七年来，学术界日益繁荣，各种论著层出不穷。特别是一批中青年学者，胆大心细，使许多问题的研究都有所推进。在本书所涉及的秦汉史领域，也是如此。按说，本书再版应进行修订，将这些研究成果吸收进来。但我的注意力现已转入魏晋时代，希望沿着本书的思路，再对魏晋的政治和政治文化问题做一番梳理。年过花甲，必须抓紧时间了。所以，此次再版不做全面修订，只对第六章第三节中关于兰台和东观的一段文字做了较大改动。我原来怀疑东汉的“兰台和东观是一码事”，“东观就在兰台中，是兰台的藏书之所”。最近研究东汉的宫禁制度，发现兰台和东观虽在功能和制度上密切相关，但二者不在一处。兰台在“殿中”端门之内，且随皇帝所居或在南宫或在北宫。东观则始终在南宫北部。原来的想法有误,现在加以改正。

原书引用史料,凡在正文中出现书名和卷数的,都在引文末尾用括号标明页码,不另出注。这样处理不大符合现今流行的注释规范,但可节省不少篇幅,以免全书过厚。故新版一仍其旧。

孟庆媛女士为本书再版付出了许多劳动。特此致谢!

2018 年 12 月　于育新花园寓所

引　言

秦朝统一了，但很快又灭亡了，天下一度恢复了分裂局面。然而统一仍是当时历史的主要趋势，于是有汉朝步秦后尘再建帝业之事。汉朝建立后将如何避免重蹈亡秦覆辙？这取决于人们如何认识秦朝失败的原因，以及如何采取相应的对策。这是汉朝历史的真正起点，就此而进行的理论探索和政治实践，则是汉代历史的重要侧面。

汉初几十年，承秦而来的法治传统是朝廷政策的主流，黄老无为之术则被用来抵消或缓解其负面影响。汉初统治者以这种方式完成了重建帝国的任务，但能否真正巩固其统治仍面临挑战。在这一背景下，儒家学派迅速兴起，《春秋》学家尤为活跃。他们分为两个阵营，针对汉初政治所面临的难题，提出“以德化民”和“以礼为治”两种政治主张。自武帝以后，这两个阵营先后登上政治舞台，对朝廷政策施加影响，使汉朝政治在儒术独尊之后继续表现出大幅度的摇摆变化，使武帝至宣帝、元帝至王莽、东汉一朝，又形成几个相对独立的发展阶段。

武帝继承了汉初的法治政策，同时“尊《公羊》家”，创造了“霸王道杂之”的政策模式，并出师征伐，变更制度，巩固了汉朝的统治。昭宣两朝继承武帝晚年的政策，完成了武帝的事业，但苛酷的吏治和“与民争利”的财政政策，受到《公羊》家及深受其影响的儒生们的激烈批评。宣帝扶植《穀梁》，排抑《公羊》，致使元帝以后在“《穀梁》大盛”的背景下，兴起托古改制运动。至王莽时期，随着以《左氏》学为核心的古文学的兴起，改制运动进入高潮。王莽借改制之机篡汉称帝，又因改制失败而被推翻。东汉建立后，《公羊》学借谶纬之力恢复了独尊地位，并对朝廷内外政策产生了更深的影响。但难以逆转的吏治苛刻之风和外戚宦官的黑暗统治，又使之遭到严重质疑。于是，古文学再次崛起，提出一套以“礼”为核心的经学政治理论。

在汉代历史的上述演变过程中，“汉道”和《春秋》是两个重要概念。《汉书》卷一〇〇下《叙传》：“太宗穆穆……登我汉道。”①《后汉书》卷二〇《祭遵传》：“陛下以至德受命，先明汉道。”②“道”，本义指道路。《说文》：“道，所行道也。”又曰：“路，道也。”③引申为政治概念，则指治国治天下之道。董仲舒《天人三策》曰：“道者，所由适于治之路也。”④不言而喻，“汉道”便是汉朝治国治天下之道。如何认识和确定“汉道”，是汉朝统治者思考了四百余年的问题，也是汉代各种政治学说包括儒家内部两种政治主张争论的焦点。《春秋》则是儒家经典之一。相传它是孔子根据鲁国史书改写而成的⑤。《公羊传》昭公十二年春载孔子语

①《汉书》，北京：中华书局，1962 年，第 4237 页。

②《后汉书》，北京：中华书局，1965 年，第 741 页。

③《说文解字》，北京：中华书局，1963 年，第 42、48 页。

④《汉书》卷五六《董仲舒传》，第 2499 页。

⑤对孔子是否修改过《春秋》，后世学者有不同看法。笔者赞同李学勤先生的观点，即：“《左传》以下书籍一致讲孔子修或作《春秋》，我们实在没有否认的理由。”见李学勤：《孔子与〈春秋〉》，《缀古集》，上海：上海古籍出版社，1998 年，第 21 页。

曰："《春秋》之信史也，其序则齐桓、晋文，其会则主会者为之也，其词则丘有罪焉耳。"何休注曰："其贬绝讥刺之辞有所失者，是丘之罪。"①孟子也曾说："世衰道微，邪说暴行有作。臣弑其君者有之，子弑其父者有之。孔子惧，作《春秋》。《春秋》，天子之事也。是故孔子曰：'知我者，其惟《春秋》乎！罪我者，其惟《春秋》乎！'"②又说："王者之迹熄而《诗》亡，《诗》亡然后《春秋》作……其事则齐桓、晋文，其文则史。孔子曰：'其义则丘窃取之矣。'"③按照这些说法，经孔子修改过的《春秋》已不再是一般的史书了，它变成了儒家的经典，字里行间隐含着孔子对当时出现的种种"邪说暴行"的批判，也隐含着他为后世"天子"亦即汉朝制定的拨乱反正之法。这种说法在汉代被普遍接受，因而《春秋》学是汉朝统治者确定"汉道"的重要理论依据④。

在汉代儒家经典中，《春秋》拥有特殊地位，可谓经典中的经典⑤。《春秋》三传之争是汉儒两派之争的主要表现形式，三传的兴衰则每每与朝廷政策的重大转折相关联。对这一现象，钱穆先生已注意到了。他在《国史大纲(修订本)》中指出："汉儒论政，有两要点。一为变法和让贤论。此派理论远始战国晚年之阴阳

---

①《十三经注疏》，北京：中华书局，1980年，第2320页。

②焦循：《孟子正义·滕文公下》，沈文倬点校，北京：中华书局，1987年，第452页。

③焦循：《孟子正义·离娄下》，第572、574页。

④冯友兰指出："在汉朝，《春秋》仿佛是一部宪法。凡有政治上和法律上的重大问题，都引《春秋》解决。"见氏著《中国哲学史新编》，北京：人民出版社，1985年，第三册，第51页。

⑤李源澄指出："西汉之经学，可谓之《春秋》时代之经学也。"见氏著《经学通论》三《论经学流变》，林庆彰、蒋秋华主编：《李源澄著作集(一)》，台北：中研院中国文哲研究所，2008年，第21页。

学家，邹衍《五德终始论》，下及董仲舒《公羊春秋》一派'通三统'的学说……二为礼乐和教化论……认为政治最大责任，在兴礼乐，讲教化……此派理论，亦远始战国晚年之荀卿。直到汉儒贾谊、董仲舒，下及王吉、贡禹等皆是。前一派于汉为齐学，后一派于汉为鲁学……王莽的受汉禅而变法，即是此两派学说之汇趋。"①英国学者鲁惟一和国内学者马勇做了进一步研究。鲁惟一在所著《汉代的兴盛与危机》②一书中指出，西汉政治舞台上存在两大对立派别，一是"现世派"(modernist)，二是"革新派"(reformist)③。在学术上，现世派偏重今文家、《公羊》家，革新派则偏重古文家、《穀梁》家。在政治上，现世派继承秦朝的传统，强调国家对人力、物力的控制和利用，强调君权的至高无上和官吏的奉法行事。革新派则继承周代的传统，崇拜天并相信灾异，反对对百姓的过度控制，强调皇帝的道德表率作用。宣帝以前现世派居主导地位，元帝以后革新派居主导地位，因而使西汉前、后期的政策表现出明显的不同④。马勇《汉代〈春秋〉学研究》⑤一书认为，汉武帝独尊儒术"就其内涵而言是《公羊》学得道"，宣帝时《穀梁》学兴起，"分享一部分最高法典的解释权"，西汉末年《左传》学兴起，"在刘秀时取得学官地位"，从而将两汉政治和学术思想的变

---

①北京：商务印书馆，1994年，上册，第150—152页。

②Michael Loewe: *Crises and Conflict in Han China*, London, 1974. 主要观点也见《剑桥中国秦汉史》中译本第二章，北京：中国社会科学出版社，1992年。

③《剑桥中国秦汉史》中译本将鲁惟一使用的 modernist 和 reformist 分别译为"时新派"和"改造派"。阎步克认为这种译法"未能尽达本意"，且"易致误解"，故改译为"现世派"和"革新派"。见阎步克：《士大夫政治演生史稿》，北京：北京大学出版社，1996年，第401页。今从阎译。

④参阅阎步克：《士大夫政治演生史稿》，第372页。

⑤成都：四川人民出版社，1992年。

迁大致分为三个阶段。陈其泰《〈春秋〉与西汉社会生活》①一文，也简述了西汉时期《春秋》三传之学的相继兴起，及其与当时政治的关系。他们的论述对此项研究都有贡献，对笔者也有启发。但许多问题尚未弄清，仍有进一步发掘和拓展的空间。

本书将从政治史和政治思想史两方面入手，对汉政的形成与变迁进行探讨，所关注的主要是汉代政治与政治思想相互关联和交叉的那个部分。为了这一特定视角的需要，我们使用了"政治文化"这个现代政治学概念。美国政治学家 G·A·阿尔蒙德对这一概念有个经典的定义：

> 政治文化是一个民族在特定时期流行的一套政治态度、信仰和情感。这个政治文化是由本民族的历史和现在社会、经济、政治活动的进程所形成。人们在过去的经历中形成的态度类型对未来的政治行为有着重要的强制作用。政治文化影响各个担任政治角色者的行为、他们的政治要求内容和对法律的反应。②

西方政治学家对这个概念有不同理解，一般认为 S·韦伯的解释比较典型。他把政治文化解释为"由得自经验的信念、表意符号和价值观组成的体系，这个体系规定了政治行为所由发生的主观环境"③。国内学者对这个概念也有不同解说。其中，高毅的说法

---

①《北京师范大学学报》1992 年第 2 期。

②阿尔蒙德、小鲍维尔：《比较政治学：体系、过程和政策》，曹沛霖等译，上海：上海艺文出版社，1987 年，第 29 页。

③《中国大百科全书·政治学卷》"政治文化"条，北京：中国大百科全书出版社，1992 年，第 504 页。

较为清晰：

> 政治文化概念具有这样三个特征：(1)它专门指向一个民族的群体政治心态，或该民族在政治方面的群体主观取向；(2)它强调民族的历史和现实的社会运动对群体政治心态的影响；(3)它重视群体政治心态对于群体政治行为的制约作用。①

阎步克在研究中国古代政治文化时，“为了适应于中国古代政治与文化之间的密切关系”，对“政治文化”概念做了重新界定，其中“虽然也大致包含了阿尔蒙德定义的内容在内，但它更为宽泛，也经常用于指涉处于政治和文化的交界面上、兼有政治和文化性质的那些有关事象和问题”，特别是“政治文化”的精致化了的结晶物，诸如“礼治”、“法治”等等②。

简单说来，“政治文化”就是一个民族在特定时期和特定环境中形成的群体政治心态。这种心态构成政治生活的软环境，对人们的政治行为有制约作用，与政治演进、制度变迁等现象存在互动关系。相对而言，“政治学说”、“政治思想”、“政治哲学”等，属于学者或政治精英；“政治文化”则属于“群体”、“社会”或“民族”，其中不仅包括“精英”，也包括“大众”。政治思想要在被人们普遍理解和接受从而形成某种政治文化之后，才会对实际政治生活产生较大影响，而这正是本书所关注的重要环节。

---

①高毅：《法兰西风格——大革命的政治文化》，杭州：浙江人民出版社，1991年，第7页。

②阎步克：《士大夫政治演生史稿》，第23页。参拙文《研究中国古代政治文化的力作——读〈士大夫政治演生史稿〉》，《北京大学学报》1998年第1期。

在写法上，本书是以政治史为主而以思想史为辅的，中心线索是汉代的政治变迁，故有关政治史的叙述较详，思想史的内容则根据本书主旨的需要决定取舍。汉代政治变迁有着复杂的背景和原因，本书所揭示的主要是《春秋》学在其间的作用和影响。汉代的《春秋》学也涉及很多方面的内容，本书只论及其政治学说，特别是对汉代政治变迁有实际影响的那些内容。行文中，笔者只对与上述思路密切相关的问题进行论述，希望能从一个特定角度投下一束光，丰富和推进学界对汉代政治变迁过程及其原因的认识。

邓小南在她近年出版的一部著作中说，“政治史是丰富鲜活而非干瘪抽象的”，“这种鲜活，集中体现在它对于政治过程中人的‘行为’的关注”，而“在以往过分关注‘宏大叙事’的抽象概括方式下，曾经有意无意地筛漏掉许多活生生的行为，遗失了无数宝贵的历史信息”①。我很赞同这一看法，认为深入揭示和理解史实，尤其是那些尚不为人所知的史实，是历史研究的基本任务。因而本书在史实层面做了较多的考证和描述，其中有尚不为人所知者，有人所共知但知之不深者，也有可以见仁见智者。笔者首先希望能在这个方面有较多创获，在此基础上力求观点有所创新。

①邓小南：《祖宗之法——北宋前期政治述略》，北京：三联书店，2006年，第6页。

第一章　西汉再建帝业的道路

——儒术兴起的历史背景

秦朝灭亡后，法家受到批判，但儒家学说并未立即取而代之成为汉朝的正统学说。这不仅是因为汉初统治者不好儒术，也是因为西汉再建帝业经历了一个曲折复杂的过程。作为陈胜、吴广发起的那场反秦战争的产物，汉朝的建立固然意味着对秦朝的否定，但汉朝是承秦而立的，在制度和政策上又大量继承了秦朝的传统。于是在汉初政治中，“反秦”与“承秦”形成一对矛盾，其中“承秦”又占优势。在这种形势下，汉初统治者在秦朝的老路上一步步向前迈进，虽小心谨慎，最终还是不可避免地陷入了困境。历史再次证明秦朝的道路走不通。于是，儒家学者为摆脱汉初政治之困境而设计的改革方案日益受到人们的重视，从而导致儒术的兴起。

下面，我们对这一过程的几个要点，即区域文化的差异对秦朝灭亡的影响、汉朝承秦而立的原因和意义、汉初东方政策的形成和变化、黄老无为之术与儒家更化之说的兴替等，进行描述和分析。

第一节　取守异术与亡秦必楚

秦政和汉政是前后衔接的。秦政成功的经验为汉政所继承，秦政失败的教训也为汉政所吸取。从这个意义上说,秦朝摔倒的地方便是汉朝继续前进的起点。那么,汉初的人们是怎样认识秦政之失的? 关于这一点,秦末流行的亡秦必楚之说和汉初儒家学者的取守异术之说都有重要意义。

这两种说法是人们熟知的,学界也有相当深入的研究,但仍有未尽之处。笔者从区域文化的差异与冲突这一角度出发,重新审视了这两种说法和秦汉之际的历史,发现秦朝失败的主要原因在于:它完成了对六国的军事征服和政治统一后,未能成功地实现对六国旧地特别是楚、齐、赵地的文化统一。秦朝统一文化的手段是向全国推广"秦法"。由于当时文化上的战国局面依然存在,秦法与东方各地固有的传统习俗发生了冲突,其中尤以秦、楚之间的冲突最为严重。楚人在推翻秦朝的战争中充当了主力,不仅因为他们有反秦的实力,也因为他们对秦朝的统治更加反感。东方人"苦秦"主要是苦于律令刑罚太苛,楚人苦之特甚则是由于秦法与楚俗之间存在更大差异①。这些事实后来因"天下苦秦"之说的流行而被人们遗忘了,但汉初统治者对此是有清醒认识的。这不仅影响了汉初东方政策的制定,也造成了汉代政治生活中始终存在的源于东方社会的"反秦"思潮。

一、说"取与守不同术"

秦始皇统一天下后,多次出巡,所到之处,往往刻石颂功。其

①刘文瑞曾指出:"秦文化具有浓厚的功利和实用色彩","齐鲁文化具有浓厚的道德伦理色彩","楚文化具有浓厚的浪漫色彩和情感色彩";它们之间的差异,"使秦王朝在统一后始终处于剧烈的文化冲突之中",并"促成了秦王朝的迅速覆灭"。其说可参。见氏著《征服与反抗——略论秦王朝的区域文化冲突》,《文博》1999 年第 5 期。

中六篇见于《史记·秦始皇本纪》，另有峄山刻石文字传世[①]。这些文字盛赞秦始皇即位后的各项文治武功，不仅涉及消灭六国、统一天下的丰功伟绩，更对秦统一后所采取的各项巩固统一的措施及其效果大加渲染，其间充满夸张誉美之词，并非对秦政的客观描述，但也反映出始皇君臣为治理这一庞大帝国而提出的预期目标，及为实现这一目标而制定的方针政策。

这些刻辞中，以成文最晚的会稽刻辞内容最为完整。现抄录如下：

> 皇帝休烈，平一宇内，德惠修长。三十有七年，亲巡天下，周览远方。遂登会稽，宣省习俗，黔首斋庄。群臣诵功，本原事迹，追首高明。秦圣临国，始定刑名，显陈旧章。初平法式，审别职任，以立恒常。六王专倍，贪戾傲猛，率众自强。暴虐恣行，负力而骄，数动甲兵。阴通间使，以事合从，行为辟方。内饰诈谋，外来侵边，遂起祸殃。义威诛之，殄熄暴悖，乱贼灭亡。圣德广密，六合之中，被泽无疆。皇帝并宇，兼听万事，远近毕清。运理群物，考验事实，各载其名。贵贱并通，善否陈前，靡有隐情。饰省宣义，有子而嫁，倍死不贞。防隔内外，禁止淫泆，男女洁诚。夫为寄豭，杀之无罪，男秉义称。妻为逃嫁，子不得母，咸化廉清。大治濯俗，天下承风，蒙被休经。皆遵度轨，和安敦勉，莫不顺令。黔首修洁，

①峄山刻石原石被北魏太武帝推倒焚毁，宋人又据摹本重刻，今藏西安碑林。碑文及相关考证见《金石萃编》卷四，北京：中国书店，1985 年。参阅雒长安：《秦"峄山刻石"》，《文博》1984 年第 2 期；金其桢：《秦始皇刻石探疑》，《北京大学学报》2001 年第 6 期。

人乐同则，嘉保太平。后敬奉法，常治无极，舆舟不倾。①

前四句说的是撰写刻辞的原因。其中“皇帝休烈，平一宇内，德惠修长”，“遂登会稽，宣省习俗，黔首斋庄”，说的是秦始皇在政治、军事和文化上统一天下的功绩。对此，泰山刻石概括为“皇帝临位，作制明法，臣下修饬”②，强调了法令的统一。琅邪刻石说得更清楚：“古之帝者，地不过千里，诸侯各守其封域，或朝或否，相侵暴乱，残伐不止，犹刻金石，以自为纪。古之五帝三王，知教不同，法度不明，假威鬼神，以欺远方，实不称名，故不久长。其身未殁，诸侯倍叛，法令不行。今皇帝并一海内，以为郡县，天下和平。昭明宗庙，体道行德，尊号大成。群臣相与诵皇帝功德，刻于金石，以为表经。”③

第五句以下是对秦朝统一天下的全部过程的描述，大致可分四个阶段：

其一，自“秦圣临国”至“遂起祸殃”，说的是秦始皇即位后，“定刑名”，“陈旧章”，“立恒常”，强化秦国法制。之罘刻石作“大圣作治，建定法度，显著纲纪。外教诸侯，光施文惠，明以义理”④。东观刻石作“圣法初兴，清理疆内，外诛暴强”⑤。这些措施使秦国成为战国七雄中政治最为清明的国家。与此同时，六国之君却“贪戾傲猛”，“暴虐恣行”。之罘刻石作“六国回辟，贪戾无厌，虐杀不已”。关东人民陷入水深火热之中，盼望着秦之“大圣”前来

①《史记》卷六《秦始皇本纪》，北京：中华书局，1959年，第261、262页。

②《史记》卷六《秦始皇本纪》，第243页。

③《史记》卷六《秦始皇本纪》，第246、247页。

④《史记》卷六《秦始皇本纪》，第249页。

⑤《史记》卷六《秦始皇本纪》，第250页。

拯救。

其二,“义威诛之,殄熄暴悖,乱贼灭亡”一句,说的是秦灭六国,完成了军事和政治的统一,结束了六国的暴政。之罘刻石作:“皇帝哀众,遂发讨师,奋扬武德。义诛信行,威燀旁达,莫不宾服。烹灭强暴,振救黔首,周定四极。”东观刻石作:“武威旁畅,振动四极,禽灭六王。阐并天下,灾害绝息,永偃戎兵。”碣石刻石作:“遂兴师旅,诛戮无道,为逆灭息。武殄暴逆,文复无罪,庶心咸服。惠论功劳,赏及牛马,恩肥土域。”峄山刻石作:“戎臣奉诏,经时不久,灭六暴强。”①

其三,自“圣德广密”至“嘉保太平”,说的是秦统一后在全国推行法制,扬善除恶,移风易俗,从而实现了天下“太平”的目标。对此,泰山刻石曰:“皇帝躬圣,既平天下,不懈于治。夙兴夜寐,建设长利,专隆教诲。训经宣达,远近毕理,咸承圣志。贵贱分明,男女礼顺,慎遵职事。昭隔内外,靡不清净,施于后嗣。”之罘刻石曰:“普施明法,经纬天下,永为仪则。”东观刻石曰:“皇帝明德,经理宇内,视听不怠。作立大义,昭设备器,咸有章旗。职臣遵分,各知所行,事无嫌疑。黔首改化,远迩同度,临古绝尤。”碣石刻石曰:“皇帝奋威,德并诸侯,初一泰平。隳坏城郭,决通川防,夷去险阻。地势既定,黎庶无繇,天下咸抚。男乐其畴,女修其业,事各有序。惠被诸产,久并来田,莫不安所。”峄山刻石曰:“乃今皇帝,壹家天下,兵不复起。灾害灭除,黔首康定,利泽长久。”琅邪刻石说得最为详细:“端平法度,万物之纪。以明人事,合同父子。圣智仁义,显白道理。东抚东土,以省卒士。事已大毕,乃临于海。皇帝之功,勤劳本事。上农除末,黔首是富。普天

①《金石萃编》卷四《峄山刻石》,第1页。

之下，抟心揖志。器械一量，同书文字。日月所照，舟舆所载。皆终其命，莫不得意。应时动事，是维皇帝。匡饬异俗，陵水经地。忧恤黔首，朝夕不懈。除疑定法，咸知所辟。方伯分职，诸治经易。举错必富，莫不如画。皇帝之明，临察四方。尊卑贵贱，不逾次行。奸邪不容，皆务贞良。细大尽力，莫敢怠荒。远迩辟隐，专务肃庄。端直敦忠，事业有常。皇帝之德，存定四极。诛乱除害，兴利致福。节事以时，诸产繁殖。黔首安宁，不用兵革。六亲相保，终无寇贼。欢欣奉教，尽知法式。六合之内，皇帝之土。西涉流沙，南尽北户。东有东海，北过大夏。人迹所至，无不臣者。功盖五帝，泽及牛马。莫不受德，各安其宇。"

最后，"后敬奉法，常治无极，舆舟不倾"一句，说的是"太平"局面巩固之后，始皇子孙只要坚持秦之法度，便可长治久安，二世、三世，以至无穷。泰山刻石作："化及无穷，遵奉遗诏，永承重戒。"东观刻石作："常职既定，后嗣循业，长承圣治。"

案"太平"又作"泰平"、"大平"、"至平"等，是战国以来形成并被普遍接受的一种社会政治理想。《庄子·天道》篇："太平，治之至矣。"①《荀子·君道》篇："赏不用而民劝，罚不用而民服，有司不劳而事治，政令不烦而俗美。百姓莫敢不顺上之法，象上之志，而劝上之事，而安乐之矣。故藉敛忘费，事业忘劳，寇难忘死，城郭不待饰而固，兵刃不待陵而劲，敌国不待服而诎，四海之民不待令而一，夫是之谓至平。"②

前述第三阶段集中描述了始皇君臣心目中的"太平"景象。其中除了天下一统、百姓安居乐业之外，更有朝廷"端平法度"、

①王先谦：《庄子集解》，北京：中华书局，1987年，第116页。
②王先谦：《荀子集解》，北京：中华书局，1988年，第232页。

"匡饬异俗",而百姓"欢欣奉教"、"皆遵度轨"的一面。上古社会,部落林立,风俗各异。及至战国时代,"七国异族,诸侯制法,各殊习俗"①,仍存在若干文化区,其影响延及秦汉②。吕思勉先生指出:"自分立进于统一,各地方之风气,必自异而渐即于同,此同化之实也。"③统一的管理需要统一的文化。因而移风易俗是秦统一全国后所面临的最重要也最困难的任务④。事实告诉我们,秦朝在第二阶段获得巨大成功,但在第三阶段没能完成历史赋予它的使命。秦始皇二十六年完成统一战争,二十八年便扬言天下太平,于是东巡郡县,登封泰山,刻石颂功,求仙人不死之药。秦始皇下令坑儒时说,"吾……悉召文学方术士甚众,欲以兴太平",即指上述举动而言。但实际上,始皇君臣都知道天下并未太平。三十四年,李斯建议焚书时说:"今诸生不师今而学古,以非当世,惑乱黔首……私学而相与非法教,人闻令下,则各以其学议之,入则心非,出则巷议,夸主以为名,异取以为高,率群下以造谤。"始皇坑儒,太子扶苏谏曰:"天下初定,远方黔首未集,诸生皆诵法孔子,今上皆重法绳之,臣恐天下不安。"秦始皇巡行郡县,除了粉饰太平之外,更主要的目的是向东方臣民显示威力。秦二世曾说:

---

①刘文典:《淮南鸿烈集解》卷六《览冥训》,北京:中华书局,1988 年,第 212 页。

②李学勤将东周列国划分为七个文化圈,见氏著《东周与秦代文明》,北京:文物出版社,1991 年,第 11—12 页。卢云把西汉分为十一个文化区,见氏著《汉晋文化地理》,西安:陕西人民教育出版社,1991 年,第 485 页。王子今把秦汉分为十二个文化区,见氏著《秦汉区域文化研究》,成都:四川人民出版社,1998 年,第 23 页。

③吕思勉:《秦汉史》,上海:上海古籍出版社,1983 年,第 499 页。

④关于移风易俗与秦汉政治的关系,可参龚鹏程:《风俗美善的追求》,《汉代思潮》,北京:商务印书馆,2005 年,第 38—54 页。

“先帝巡行郡县，以示强，威服海内。”现在他即位了，“黔首未集附”，“不巡行，即见弱”，于是也学其父的样子，东行郡县，刻石颂功①。刻石所言“大治濯俗，天下承风”，“黔首修洁，人乐同则”，“黔首改化，远迩同度”云云，只是始皇君臣希望见到却没能见到的“太平”景象。第三阶段的任务既未完成，第四阶段当然也就没有出现。相反，人们看到的是秦朝二世而亡的惨剧。

秦朝为什么没能完成第三阶段的任务？对这一问题，汉初诸儒进行过分析。《史记》卷九七《陆贾列传》载：

> 陆生时时前说称《诗》《书》，高帝骂之曰：“乃公居马上而得之，安事《诗》《书》！”陆生曰：“居马上得之，宁可以马上治之乎？且汤武逆取而以顺守之，文武并用，长久之术也。昔者吴王夫差、智伯极武而亡；秦任刑法不变，卒灭赵氏。乡使秦已并天下，行仁义，法先圣，陛下安得而有之？”高帝不怿而有惭色，乃谓陆生曰：“试为我著秦所以失天下，吾所以得之者何，及古成败之国。”陆生乃粗述存亡之征，凡著十二篇。每奏一篇，高帝未尝不称善，左右呼万岁，号其书曰“新语”。（第2699页）

这是汉朝建立后，第一次对秦朝灭亡原因做系统总结。其中最值得注意的是“逆取顺守”之说。“逆取”谓以武力取天下，“顺守”谓以文德守天下。古者兵、刑不分，用“武”便是“任刑法”。秦政的特点是“任刑法”，而秦之“所以失天下”，在陆贾看来，不是由于“并天下”以前“任刑法”，而是由于“已并天下”之后“任

---

①《史记》卷六《秦始皇本纪》，第255、258、267页。

刑法不变”。他还断言，如果秦统一天下之后，偃武而兴文，“行仁义，法先圣”，就不会发生二世而亡的惨剧，也就不会有汉朝的建立。由此看来，陆贾对励行法治的秦政并非一概否定，而是将未并天下之前和已并天下之后区分开来。未并天下之前“任刑法”无可厚非，近乎汤武之“逆取”。已并天下之后继续“任刑法”，则违背了汤武“顺守”的原则，是秦朝统治不能长久的真正原因。

今本《新语·无为》篇对秦统一后的政策有一段概括的评述，其辞曰：“秦始皇设刑罚，为车裂之诛，以敛奸邪，筑长城于戎境，以备胡越，征大吞小，威震天下，将帅横行，以服外国，蒙恬讨乱于外，李斯治法于内。”此数事应当就是陆贾所说“秦任刑法不变”的主要内容。那么这些做法何以导致秦朝灭亡？《无为》篇接着说：“事逾烦天下逾乱，法逾滋而天下逾炽，兵马益设而敌人逾多。秦非不欲为治也，然失之者，乃举措太众、刑罚太极故也。”①言语间颇有些道家意味、长者风度。与陆贾同时的叔孙通则对刘邦说：“儒者难以进取，可与守成。”②同样只是对秦以“刑法”守天下持否定态度，主张用儒术取而代之。

其后，贾谊作《过秦论》曰：“并兼者高诈力，安危者贵顺权，以此言之，取与、攻守不同术也。”而秦朝之所以亡，是因为“秦虽离战国而王天下，其道不易，其政不改，是以其所以取之也”③。末句，太史公引作“是其所以取之守之者无异也”④，文意较足。其

①王利器：《新语校注》，北京：中华书局，1986年，第62页。
②《史记》卷九九《叔孙通列传》，第2722页。
③阎振益、钟夏：《新书校注》，北京：中华书局，2000年，第14页。
④《史记》卷六《秦始皇本纪》，第283页。参阎振益、钟夏：《新书校注》，第19页。

意与陆贾“逆取顺守”之说完全相同，只是在说到“其道不易，其政不改”的具体内容时，指责秦始皇非但不偃武兴文，反而变本加厉，“废王道而立私爱，焚文书而酷刑法，先诈力而后仁义，以暴虐为天下始”，字里行间多了几分儒生的义愤。及至董仲舒批评秦政之失，既无“逆取顺守”之说，亦无统一前后之分，直曰：“周之末世，大为亡道，以失天下。秦继其后，独不能改，又益甚之，重禁文学，不得挟书，弃捐礼谊而恶闻之，其心欲尽灭先王之道，而颛为自恣苟简之治，故立为天子十四岁而国破亡矣。”又曰：先王皆以仁义治天下，“至秦则不然，师申商之法，行韩非之说，憎帝王之道，以贪狼为俗”①。又曰：秦之“力役三十倍于古，田租口赋、盐铁之利二十倍于古”②。不仅义愤填膺，且多夸张之辞。所谓“独不能改”不是不改“逆取”之术，而是继承周末乱政并将其推向极端。这里，秦的“取”、“守”之术都被否定了。

汉初诸儒总结秦政得失，皆以成败论英雄。然而，秦自孝公以来厉行法治、富国强兵，最终统一了天下，即使以成败论，这一成就也是无法否定的。秦政之失不在“取”，而在“守”。在这一点上，陆贾的看法较为客观，较为接近历史的真实。这应与他生当秦汉之际，亲身经历过秦朝的统治，且亲眼目睹了秦亡汉兴的全过程有关。而对贾谊、董仲舒来说，秦政已是传闻中事，难免添枝加叶，掺入越来越多的感情色彩。但在秦朝已并天下之后继续“任刑法”这一问题上，陆贾之说也很笼统，未做更具体的分析。事实上，秦所以未能“守”住来之不易的统一局面，主要原因在于用武力手段完成了军事征服和政治统一之后，未能成功地用法律

①《汉书》卷五六《董仲舒传》，第 2504、2510 页。

②《汉书》卷二四《食货志上》，第 1137 页。

手段实现文化的统一或整合①。

二、“天下苦秦”辨

秦朝“守天下”的失败究竟败在何处？要弄清这个问题，还须从秦末那场反秦战争谈起。

《史记》卷六《秦始皇本纪》说：陈胜起兵后，“山东郡县少年苦秦吏，皆杀其守尉令丞反，以应陈涉，相立为侯王，合从西向，名为伐秦，不可胜数也”（第269页）。贾谊在《过秦论》中则说：秦统一天下后，“繁刑严诛，吏治刻深”，使得“天下苦之”，结果，陈胜“奋臂于大泽，而天下响应”②。

“天下苦秦”是秦末战乱中颇为流行的一句鼓动反秦的口号。陈胜于大泽乡起事时，分析过成功的可能性，认为“天下苦秦久矣……今诚以吾众为天下倡，宜多应者”③。此后，这一口号每每被起义将领用来证明反秦的正当性与合理性。张楚将军武臣谓赵地豪杰曰：“天下同心而苦秦久矣。”④刘邦谓沛父老曰：“天下苦秦久矣。”⑤刘邦谓郦食其曰：“天下同苦秦久矣，故诸侯相率而攻秦。”⑥武涉说韩信曰：“天下共苦秦久矣。”⑦

这里有两点值得注意：一是当时关中并未发生反秦暴动，《始

①参阅冯友兰：《中国哲学史新编》，人民出版社，1985年，第三册，第20—23页。

②阎振益、钟夏：《新书校注》，第15页。

③《汉书》卷三一《陈胜传》，第1786页。

④《史记》卷八九《张耳陈余列传》，第2574页。

⑤《史记》卷八《高祖本纪》，第350页。

⑥《史记》卷九七《郦生列传》，第2692页。

⑦《史记》卷九二《淮阴侯列传》，第2622页。

皇本纪》言“山东郡县少年苦秦吏”，是比较确切的描述，“天下苦秦”则有夸张之嫌。二是喊出“天下苦秦”口号的陈胜、武臣、刘邦等人皆为楚军将领，而楚人正是当时反秦的主力。这说明“苦秦”最甚者其实是楚人，“山东郡县”尚不能准确揭示这一事实，“天下”云云更进一步将其掩盖起来。

《史记》卷七《项羽本纪》载范增语曰：“夫秦灭六国，楚最无罪。自怀王入秦不反，楚人怜之至今，故楚南公曰‘楚虽三户，亡秦必楚’也。”（第300页）《汉书》卷三〇《艺文志》有“《南公》三十一篇”，在阴阳家（第1733页）。亡秦者楚，又被历史所证实。于是后世史家对南公此说多有附会，或云南公“识废兴之数，知亡秦者必于楚”，或云三户乃地名，项羽于三户一带“破章邯军，降章邯，秦遂亡。是南公之善谶”①。其实，观范增之意，南公断言“亡秦必楚”，是因为楚人对秦灭其国最为不满。《史记集解》引臣瓒曰：“楚人怨秦，虽三户犹足以亡秦也。”②赵翼《陔余丛考》卷五“三户”条：“曰‘虽三户’，以见其人之少，犹将报怨破秦兵也。”③此说较为平实。然而“楚人怨秦”亦非全因楚国无罪而亡及楚人对怀王的怜悯，其间还有更深刻的原因。

楚人之所以充当了反秦的主力，田余庆先生《说张楚》一文认为：“战国晚年，楚国军事力量虽已就衰，但在关东六国中还是比较强大的。前260年秦赵长平战役之后，六国中与秦同大而足以难秦的，只有楚。秦灭楚，经过了较久的艰苦战争。楚被灭后，潜力还在。所以陈胜一呼而楚境震动，关东沸腾，张楚所具有的号

①《史记正义》，见《史记》卷七《项羽本纪》，第301页。

②《史记》卷七《项羽本纪》，第301页。

③北京：中华书局，1963年，第97页。

召力量，其他关东五国都无法比拟。”进而提出“非张楚不能灭秦”的结论①。笔者同意这一分析，但还想补充一点：“非张楚不能灭秦”，不仅因为楚人有反秦的实力，也因为楚人对秦朝的统治更加反感。楚人反秦的激烈程度大大超过其他地区，便是最好的证明。请看以下事实：

首先，楚人反秦表现出鲜明的自发性。《史记》卷一三〇《太史公自序》：“秦即暴虐，楚人发难。”（第3303页）此处“楚人”指陈胜及所建张楚政权。是首事之功属于楚人。陈胜于大泽乡起事后，率众向西，先后攻下泗水郡之蕲、铚，砀郡之酂、谯，陈郡之苦、柘等城，发展为有“车六七百乘，骑千余，卒万余人”的一支队伍，攻下陈郡郡治陈县后，被三老、豪杰推为张楚王。《史记》卷四八《陈涉世家》描述当时情形说：“当此时，诸郡县苦秦吏者，皆刑其长吏，杀之以应陈涉。”（第1953页）所谓“诸郡县”当指蕲至陈沿途及周围地区。陈胜在蕲，“令符离人葛婴将兵循蕲以东”，入陈后又“令汝阴人邓宗循九江郡”。葛婴向东南打到九江郡东城，立楚国旧贵族襄强为楚王，后得知陈胜已称王，乃杀襄强还报，被陈胜所杀。邓宗南循，不知下落如何，葛婴东循的具体情况也不见记载，可能都是有征无战，像西进的陈胜主力一样，得到沿途各城的响应。

陈胜称王后，“陵人秦嘉、铚人董绁、符离人朱鸡石、取虑人郑布、徐人丁疾等皆特起”。其中陵县属东海，铚、符离、取虑、徐皆属泗水。他们起兵后，向东发展，攻打东海郡治郯城。陈胜得知后，派武平君畔前往“监郯下军”，但秦嘉“恶属武平君”，自立为大司马，后又矫陈王命杀了武平君（第1957页）。陈胜败死后，秦嘉还立景驹为楚王，企图充当楚地反秦势力的盟主。这其实是在陈胜

①田余庆：《秦汉魏晋史探微（重订本）》，北京：中华书局，2004年，第4、28页。

集团之外,起自楚地的又一支反秦队伍。此外,陈婴起东阳,刘邦起沛,项梁、项羽起江东,英布、蒲将军起江中,张良起下邳。无怪《陈涉世家》说:“当此时,楚兵数千人为聚者,不可胜数。”(第1953页)楚将武臣对赵地豪杰说:陈胜“王楚之地,方二千里,莫不响应,家自为怒,人自为斗,各报其怨而攻其仇,县杀其令丞,郡杀其守尉”①。此话不免夸张,但大致反映出楚人普遍“怨秦”之情形。

其次,楚地百姓积极支持并参与反秦。陈胜、吴广等率先起事者皆闾左戍卒。贾谊在《过秦论》中曾抓住这点大做文章,说“陈涉,瓮牖绳枢之子,氓隶之人,而迁徙之徒也,才能不及中人,非有仲尼、墨翟之贤,陶朱、猗顿之富,蹑足行武之间,而俛起阡陌之中,率疲弊之卒,将数百之众”,却使得“天下云合而响应,赢粮而景从”,并最终推翻了曾经不可一世的秦王朝②。贾谊的结论落在秦朝不施仁义上,是其儒家立场使然,不是历史学应有的客观结论。但陈胜首事集团多为下层百姓则是事实。其后率众响应者多为楚地各郡县的豪杰人物,但若没有下层百姓的积极支持和参与,少数豪杰不可能掀起如此汹涌的反秦浪潮。汉武帝时,辩士徐乐曾对武帝讲过一番“天下之患在于土崩,不在瓦解”的道理。所谓“瓦解”指吴楚七国之乱那样的贵族叛乱,因为得不到民众响应,很难成功。所谓“土崩”则指“秦之末世”,陈胜一呼,“天下从风”,其原因在于“民困而主不恤,下怨而上不知,俗已乱而政不修”③。民困、下怨,因而积极参与反秦,确是秦末楚地的真实情形。

东阳县最为典型。《史记》卷七《项羽本纪》载:“陈婴者,故

①《史记》卷八九《张耳陈余列传》,第2573页。

②阎振益、钟夏:《新书校注》,第2页。

③《汉书》卷六四《徐乐传》,第2804页。

东阳令史，居县中，素信谨，称为长者。”陈胜起兵后，“东阳少年杀其令，相聚数千人，欲置长，无适用，乃请陈婴。婴谢不能，遂强立婴为长，县中从者得二万人。少年欲立婴便为王”，婴不敢，“谓其军吏曰：‘项氏世世将家，有名于楚。今欲举大事，将非其人，不可。我倚名族，亡秦必矣。’于是众从其言，以兵属项梁”（第298页）。东阳县当时没有一个有足够影响和威望的豪杰人物来发动和主持反秦暴动，故“少年”起事后强推“素信谨”的小吏陈婴为首。楚地民众中这种激烈的反秦情绪，为陈胜、项羽、刘邦等楚地豪杰施展抱负与才干提供了舞台，楚军由此成为当时最强大的反秦势力。钜鹿救赵之战，项羽所率楚军破釜沉舟，“呼声动天”，“无不一以当十”①，充分表现出楚人的气势。陈胜、项羽、刘邦等正是凭借这种气势才成了反秦战争的核心人物。楚国旧贵族也卷入了这场战争。“他们怀念故国，熟悉楚国的制度与文化传统”，对恢复楚官、楚爵等制度起了一定作用②。其中襄强、景驹、楚怀王心还先后被立为楚王。但他们主要是用来号召楚人的傀儡，并未真正起到领袖的作用。

再次，楚军上下皆以“亡秦”为己任，主要矛头始终指向咸阳。陈县父老赞陈胜“伐无道，诛暴秦”，陈婴劝东阳少年“我倚名族，亡秦必矣”，都表现出楚人对秦朝的同仇敌忾。陈胜于陈县建楚称王后，一面遣军四出略地，一面派主力西向攻秦。以吴广为假王，“监诸将以西击荥阳”，与秦朝争夺控制关东的这一最大据点，同时遣周文率军从函谷关方向“西击秦”，又“令铚人宋留将兵定

①《史记》卷七《项羽本纪》，第307页。

②说见罗新：《从萧曹为相看所谓“汉承秦制”》，《北京大学学报》1996年第5期。

南阳，入武关"，从南面夹击咸阳。周文一路收兵，"车千乘，卒数十万"，长驱入关，一直打到距咸阳仅百里左右的戏，后为秦将章邯所败。吴广久攻荥阳不下，部将田臧杀吴广而率精兵西进，亦为章邯所破。宋留攻南阳，得而复失，后降秦被杀①。

由陈胜组织的第一轮攻势失败后，项梁又组织了第二轮攻势。《史记》卷七《项羽本纪》载：陈胜失败后，其部将广陵人召平矫陈胜之命，拜项梁为楚王上柱国，曰："江东已定，急引兵西击秦。"项梁乃以八千人渡江而西。途中得陈婴、英布、蒲将军、刘邦等率众加入，又兼并了秦嘉军，立楚怀王于淮水南岸的盱眙，自将大军转战胡陵、薛县一带。后北上救齐于东阿，大败秦将章邯，追至定陶，再破之。与此同时，派项羽、刘邦攻破城阳，又于濮阳、雍丘大破秦军，斩秦三川守李由。楚人的亡秦战争出现了第二个高潮。但不久，秦朝"悉起兵益章邯"，大破楚军于定陶，项梁死，楚军对秦的第二轮攻势也失败了（第 298 页）。

此后，楚怀王移都彭城，刘邦、项羽等也收缩到彭城附近。章邯认为项梁军已破，"楚地兵不足忧"，遂引兵北上击赵。赵数请救于楚，怀王乃以宋义为上将军，项羽为次将，范增为末将，率楚军主力北救赵（第 304 页），同时派刘邦"西略地入关"，并与众将约："先入定关中者王之。"②项羽途中杀宋义自将，于钜鹿大败秦军，收降既而坑杀秦降卒二十万，给了秦王朝致命的一击。刘邦则乘项羽大战钜鹿之机，先行入关，迫使秦王子婴出降，终于完成了"亡秦"的使命。

齐、赵、燕、韩、魏等地也暴发了反秦战争，但激烈程度皆不如楚。

---

①《史记》卷四八《陈涉世家》，第 1952、1953、1954、1959 页。

②《史记》卷八《高祖本纪》，第 356 页。

《史记》卷九四《田儋列传》载:“田儋者,狄人也,故齐王田氏族也。”陈胜起兵王楚后,派周市略定魏地,欲攻狄县。田儋乘机杀狄令,召豪吏子弟曰:“诸侯皆反秦自立,齐,古之建国,儋,田氏,当王。”遂自立为齐王,发兵击退周市,略定齐地。其后不久,魏王咎被秦将章邯围于临济,田儋将兵往救,兵败被杀。儋从弟田荣率余众撤至东阿,又被章邯“追围之”。这时,“齐人闻田儋死,乃立故齐王建之弟田假为齐王,田角为相,田闲为将,以距诸侯”。项梁得知田荣被围,率楚军往救,击破章邯军。章邯弃东阿西撤,项梁追之,而田荣却“引兵归,击逐齐王假”,另立田儋之子田市为齐王,荣自为相,以弟田横为将。当时项梁数遣使至齐,要求田荣发兵共击章邯,而田荣不以灭秦为意,反以出兵助楚为条件,要挟楚、赵杀掉在楚避难的田假和在赵避难的田角、田闲。楚、赵不听,田荣“终不肯出兵”(第2643页)。据《项羽本纪》载,项梁此时“益轻秦,有骄色”。宋义谏之,“项梁弗听”。不久,“秦悉起兵益章邯,击楚军”,项梁兵败被杀,楚军受到沉重打击(第303页)。项梁之败,轻秦也许是原因之一,但主要原因还是实力不足。秦军虽遭重创,但元气未伤。为了扭转关东局势,秦廷必然全力支援章邯。对此,项梁本人恐怕也很清楚,所以他在解了东阿之围后,“数使使趣(促)齐兵,欲与俱西”。定陶再破秦军后,他又派宋义“使于齐”,目的当是再次促齐发兵。宋义在途中遇见往见项梁的齐使者,因预言项梁“军必败”,劝齐使者“徐行”以“免死”(第302页)。宋义有此先见之明,可能如《项羽本纪》所言是因为他看出项梁“有骄色”,也可能是因为他知道项梁实力不足,而关中援兵将至,促齐发兵已经来不及了。《田儋列传》说,由于田荣不肯出兵,“章邯果败杀项梁,破楚兵”,进而又“围赵于钜鹿”,使反秦事业再次陷入危机,而项羽“由此怨田荣”(第2644页)。

可见，齐之反秦乃齐国旧贵族和齐地豪强乘乱复国的结果。其中，田假是秦统一前齐国最后一任君主田建的弟弟，是真正的齐国旧贵族。但他只是在田儋死后一度被“齐人”立为王，随后便被田荣赶走，在当时局势中没有发挥什么作用。而田儋兄弟只是“故齐王田氏族”人，与齐王血统恐已疏远，但“皆豪，宗强，能得人”①，是齐地著名豪强。他们之所以能在秦末战乱中乘机复齐，主要是凭借其豪强身份。除了田假、田儋两支贵族、豪强势力的活动外，我们看不到齐地下层社会有何积极反应。我们的印象是，齐人赞成反秦，但无意于亡秦，目的只是复国。故齐叛秦自立比赵、燕、魏、韩来得坚决，也来得顺利，但既不接受楚为纵长，也不积极参与灭秦。这一现象恐不能全从田儋兄弟身上索解，齐地下层社会对反秦战争的态度应当是更为基本的原因。史称田儋兄弟“能得人”，这意味着他们熟悉齐人的心态，了解齐人的愿望。在秦末纷乱局面中，他们的抱负和行事应当是齐人意愿的反映。

秦末之赵、燕、魏、韩等国都是从楚派生而来的，是楚军略地的结果。

《史记》卷八九《张耳陈余列传》载：陈胜入陈后，全力向西，“务在入关”。魏之名士张耳、陈余当时逃亡在陈，劝陈胜“立六国后，自为树党，为秦益敌”。陈余又自称“尝游赵，知其豪杰及地形”，要求率军“北略赵地”。陈胜遂“以故所善陈人武臣为将军，邵骚为护军，以张耳、陈余为左右校尉，予卒三千人”，北上略赵（第 2573 页）。

入赵后，武臣等不是诉诸民众，而是“说其豪杰”，曰：陈胜王楚，天下震动，“于此时而不成封侯之业者，非人豪也”，劝他们乘

---

①《史记》卷九四《田儋列传》，第 2643 页。

此“士之一时”,“成割地有土之业”。“豪杰皆然其言,乃行收兵,得数万人,号武臣为武信君”。这些被说服的赵地豪杰,可能多是陈余所“知”者。武臣等率领这支主要由赵人组成的军队,“战胜然后略地,攻得然后下城”,进展并不顺利。“下赵十城”后,“余皆城守,莫肯下”。武臣“乃引兵东北击范阳”。

大军将至,范阳人心浮动。这时,辩士蒯通往见范阳令,曰:

> 秦法重,足下为范阳令十年矣,杀人之父,孤人之子,断人之足,黥人之首,不可胜数。然而慈父孝子莫敢倳刃公之腹中者,畏秦法耳。今天下大乱,秦法不施,然则慈父孝子且倳刃公之腹中以成其名……今诸侯畔秦矣,武信君兵且至,而君坚守范阳,少年皆争杀君,下武信君。君急遣臣见武信君,可转祸为福,在今矣。(第 2574 页)

范阳令同意蒯通对城中形势的看法,于是派他往见武臣等。蒯通见到武臣后,又对城中形势做了一番分析:

> 今范阳令宜整顿其士卒以守战者也,怯而畏死,贪而重富贵,故欲先天下降,畏君以为秦所置吏,诛杀如前十城也。然今范阳少年亦方杀其令,自以城距君。君何不赍臣侯印,拜范阳令,范阳令则以城下君,少年亦不敢杀其令。

武信君也同意蒯通的看法,遂“从其计”,赐范阳令侯印,“赵地闻之,不战以城下者三十余城”(第 2575 页)。

武臣等略赵,先说豪杰起兵,再劝县令投降,而下层民众始终未见积极响应。豪杰起兵是为了“成封侯之业”,县令投降是为了保住性命，也为了换一方侯印。那么普通民众如何呢？蒯通对此做了前后不同的分析。他先对范阳令说，“君坚守范阳，少年皆争杀君，下武信君”，是范阳少年欲响应武臣等反秦；后又对武臣说，范阳令“欲先天下降”，范阳少年却打算“杀其令，自以城距君”，是范阳少年又欲自立一方与武臣等分廷抗礼。前一种态度与楚人相近，后一种态度则与齐人田儋类似。蒯通所言赵人畏秦法、恨秦吏，当是事实，在当时形势下，响应武臣和自立一方则是可能出现的两种情况。但事实上赵地始终没有像楚地那样出现“县杀其令丞，郡杀其守尉”的情形，也没有出现田儋那样的足以主持赵地局面的本地豪杰。赵的反秦由楚军挑起，又始终以武臣、张耳、陈余等楚军将领为核心。总地看，赵地下层民众对反秦战争的支持和参与也不像楚人那样积极，而没有下层百姓的积极支持和参与，赵之反秦当然不会有楚那样的气势。

《张耳陈余列传》又载：武臣等占领邯郸后，张耳、陈余听说周章（即周文）西进大军受挫，形势将出现不利于陈胜的变化，遂鼓动武臣自称赵王，陈余、张耳等皆为将相。陈胜得知后大怒，“欲尽族武臣等家，而发兵击赵”，考虑到“秦未亡而诛武臣等家，此又生一秦也”，遂改变策略，“使使者贺赵，令趣发兵西入关”。张耳、陈余认为，武臣王赵，“非楚意”，陈胜不过“以计贺”之，欲联赵灭秦，秦一旦灭亡，楚“必加兵于赵”。因此，他们建议武臣“毋西兵，北徇燕、代，南收河内以自广”。武臣采纳了这一建议，“因不西兵”，而使韩广略燕，李良略常山，张黡略上党。韩广原是秦上谷郡卒史，可能于武臣下范阳后降赵。广至燕，燕地贵族豪杰劝其自立为燕王①。广以其母在赵，不可。燕人曰：“赵方西忧秦，南忧

①《史记》卷四八《陈涉世家》，第1956页。

楚,其力不能禁我。且以楚之强,不敢害赵王将相之家,今赵独安敢害将军家乎?”广以为然,遂自立为燕王。其后,武臣、张耳、陈余等北略地燕界,“武臣间出,为燕军所得”,燕将遂囚武臣,“欲与分赵地半”,后因怕张耳、陈余分王赵地会对燕更为不利,才放了武臣(第 2576 页)。李良原来也是秦吏,《张耳陈馀列传》说他“素贵”,又说武臣素出其下,看来地位不低。良已定常山,又略太原。秦井陉守将诈称秦二世遗李良书,曰:“良尝事我得显幸。良诚能反赵为秦,赦良罪,贵良。”李良得书,欲反赵而未决,路遇武臣之姊醉酒失礼而大怒,遂将其兵袭邯郸,杀武臣,后被陈余所败,走归章邯(第 2578 页)。

秦末六国,赵最多事,诸将之间,争权夺利,尔虞我诈,全不以亡秦为意。在这里,我们看不到蒯通所描述的赵人对秦的仇恨是如何转化为反秦之行动的,所看到的多是武臣等楚军将领、赵燕豪杰贵族及原秦朝官吏之间的一桩桩政治交易。

魏、韩地处中原,是秦朝东方的门户,其间荥阳驻有重兵,敖仓存有大量粮草,是秦朝设在关东的最大军事据点。因此,魏、韩反秦复国,较他地为难。

《史记》卷九〇《魏豹列传》载:陈胜入陈后派周市循魏地。魏地已下,部将及齐、赵“欲相与立周市为魏王”,周市不受。当时,魏旧贵族魏咎已投奔陈胜,经周市一再要求,陈胜乃“遣立咎为魏王”。章邯击破陈胜后,进兵击魏,围临济,魏咎“为其民约降”,然后自焚而死。咎弟豹逃至楚,楚怀王予之数千人,“复徇魏地”。不久,项羽大败章邯,豹乘胜下魏二十余城,立为魏王(第 2589 页)。除咎、豹兄弟外,彭越也是魏地的一支势力。《史记》卷九〇《彭越列传》:越“常渔钜野泽中,为群盗。陈胜、项梁之起,少年或谓越曰:‘诸豪杰相立畔秦,仲(越字)可以来,亦效之。’彭越曰:‘两龙方斗,且待之。’居岁余,泽间少年相聚百余人,往从彭越……乃行略地,收诸侯散卒,得千余人”(第2591页)。其后,彭越的活动主要仍在钜野泽一带。

韩之反秦以张良为中心。《史记》卷五五《留侯世家》载:张良本是韩人,“大父、父五世相韩”。秦灭韩后,良“悉以家财求客刺秦王,为韩报仇”。始皇东游,良乃与客于途中狙击,误中副车。始皇大怒,下令大索天下,良乃变更姓名,亡匿下邳(第2033页)。陈胜起兵后,良“亦聚少年百余人”,从刘邦。后说项梁立旧贵族韩成为韩王,而良为司徒,“与韩王将千余人西略韩地”。但进展艰难,“得数城,秦辄复取之”,遂“往来为游兵颍川”(第2036页)。

魏、韩反秦事迹大致如此。其中几乎看不出民众的立场和态度,豪杰贵族的活动也显得苍白无力。他们依附于楚,随楚进退,借楚之力,实现复国的目的。

秦人对这场反秦战争的反应更为冷淡。《史记》卷八《高祖本纪》载:刘邦入武关前,先到了南阳,南阳郡守齮“保城守宛”。刘邦“引兵过而西”,欲绕过宛城攻武关,张良谏曰:“沛公虽欲急入关,秦兵尚众,距险。今不下宛,宛从后击,强秦在前,此危道也。”于是刘邦回军围宛。南阳守欲自刭,其舍人陈恢往见刘邦曰:“臣闻足下约,先入咸阳者王之。今足下留守宛。宛,大郡之都也,连城数十,人民众,积蓄多,吏人自以为降必死,故皆坚守乘城。今足下尽日止攻,士死伤者必多;引兵去宛,宛必随足下后;足下前则失咸阳之约,后又有强宛之患。为足下计,莫若约降,封其守,因使止守,引其甲卒与之西。诸城未下者,闻声争开门而待,足下通行无所累。”刘邦称善,封齮为殷侯。“引兵西,无不下者”,丹水、胡阳、析、郦等南阳属县皆降(第359页)。其情形与赵之范阳颇相似。

宛城原为申国，姜姓，伯夷之后，周宣王时改封于此[①]，前688年为楚所灭[②]，前681年似一度复国[③]，但不久后又属楚[④]。进入战国之后，宛或属楚或属韩。《史记》卷六九《苏秦列传》：秦惠王时（前337—311年）苏秦说韩"东有宛、穰、洧水"（第2250页）。卷七五《孟尝君列传》载苏代谓孟尝君曰："君以齐为韩、魏攻楚九年，取宛、叶以北以强韩、魏。"下文曰："是时，楚怀王入秦，秦留之。"（第2356页）案同书卷一五《六国年表》，怀王入秦在前299年，前296年卒于秦（第737页）。卷五《秦本纪》昭襄王十五年（前292年）："攻楚，取宛。"（第212页）卷七二《穰侯列传》亦曰是年"取楚之宛"（第2325页）。但卷四五《韩世家》釐王五年（前291年）曰："秦拔我宛。"（第1876页）《六国年表》韩釐王五年亦曰："秦拔我宛城。"（第739页）《资治通鉴》卷四周赧王二十四年作"秦伐韩，拔宛"[⑤]。是宛城最终由韩而入秦。宛自春秋以来，大部分时间属楚，是楚北向争雄的前哨阵地之一，所谓"楚出师则申、息为之先驱，守御则申、吕为之藩蔽"[⑥]。但其地处秦、韩、楚三国之交，又曾属韩与秦，故不能不受到韩特别是秦的影响。《史

---

①参阅《左传》隐公元年"郑武公娶于申"条孔颖达疏，《十三经注疏》，北京：中华书局，1980年，第1715页。

②见《史记》卷一四《十二诸侯年表》，第566页；卷四〇《楚世家》，第1696页。

③《左传》昭公十三年："楚之灭蔡也，灵王迁许、胡、沈、道、房、申于荆焉。平王即位，既封陈、蔡，而皆复之。"（《十三经注疏》，第2073页）杨伯峻《春秋左传注》隐公元年"郑武公娶于申"条曰："据昭十三年《传》文，楚平王似曾复其国。"（北京：中华书局，1990年，第10页）

④《史记》卷五《秦本纪》缪公五年（前655年）："百里傒亡秦走宛，楚鄙人执之。"（第186页）

⑤北京：中华书局，1956年，第121页。

⑥顾栋高：《楚疆域论》，见《春秋大事表·春秋列国疆域表》，吴树平、李解民点校，北京：中华书局，1993年，第525页。

记》卷五《秦本纪》:昭襄王十六年"封公子市宛,公子悝邓,魏冉陶",二十一年"泾阳君封宛"(第212页),三十五年"初置南阳郡"(第213页)①。案《秦本纪》昭襄王六年"泾阳君"条《索隐》:"名市。"(第211页)十六年"公子悝"条《索隐》:"悝号高陵君。"(第214页)然《穰侯列传》和《苏秦列传》《索隐》皆曰:高陵君"名显",泾阳君"名悝"(第2324、2271页)。案《秦本纪》昭襄王四十五年:"叶阳君悝出之国。"(第213页)据此,名悝者当是叶阳君。市、显应分别是泾阳君和高陵君。《穰侯列传》:昭襄王十六年,"封魏冉于穰,复益封陶,号曰穰侯"(第2325页)。泾阳君、高陵君是昭襄王同母弟,穰侯魏冉、华阳君芈戎是昭襄王舅,并称"四贵"。昭襄王将泾阳君、穰侯及公子悝封于宛、穰、邓,又设南阳郡以统之,势必使秦人在南阳的影响不断加强。《汉书》卷二八《地理志》:"秦既灭韩,徙天下不轨之民于南阳,故其俗夸奢,上气力,好商贾渔猎,藏匿难制御也。"(第1654页)案《史记》卷六《秦始皇本纪》,秦灭韩在始皇十七年(前230年),其后未见"徙天下不轨之民于南阳"事。同书卷五《秦本纪》曰:秦昭襄王二十六年"赦罪人迁之穰",二十七年"赦罪人迁之南阳",二十八年"取鄢、邓,赦罪人迁之"(第213页)。《汉志》所言"徙天下不轨之民于南阳"当指此。但此时六国尚在,秦不可能迁天下罪人,所迁肯定多是关中秦人。《史记》卷八《高祖本纪》述刘邦入武关后,"又与秦军战于蓝田南,益张疑兵旗帜,诸所过毋得掠卤,秦人喜,秦军

①《史记》卷五《秦本纪》:昭襄王四十四年"攻韩南阳,取之"(第213页)。卷一五《六国年表》秦是年亦曰:"攻韩,取南阳。"而同年韩国条曰:"秦击我太行。"(第746页)是韩之南阳在太行一带,宛城所在乃秦之南阳。《资治通鉴》卷五周赧王五十二年:"秦武安君伐韩,取南阳;攻太行道,绝之。"胡三省注:"韩之南阳,即河内野王之地。"(第165页)是。

解，因大破之”（第361页）。其中“诸所过毋得掠卤秦人喜”十字，与上下文意不合，删此十字，则文意通畅。案《汉书》卷一《高帝纪》，“所过毋得卤掠，秦民喜”一句，在丹水、胡阳、析、郦“皆降”之后，“攻武关”之前。注家于此皆无说。笔者怀疑《史记》此处有错简，而班固所见尚不错。司马迁和班固既曰“秦民喜”，似将南阳之民皆视为“秦民”。观刘邦攻南阳始末，可知当地民众对反秦复楚或复韩并未积极响应。

关中秦人在这场反秦战争中则明显站在秦朝一边。楚怀王择将入关，诸老将以为“秦父兄苦其主久矣，今诚得长者往，毋侵暴，宜可下”。刘邦入关后，也对秦诸县父老豪杰说：“父老苦秦苛法久矣。”①然而从陈胜起兵一直到子婴出降，关中始终未发生反秦暴动。不仅如此，当关东诸侯入关亡秦时，秦军将领多有降者，而下层吏卒却多不愿降。

如《史记》卷五五《留侯世家》载：刘邦率军入武关后，在峣关遇到秦军抵抗②。刘邦欲以兵二万击之，张良说曰：“秦兵尚强，未可轻，臣闻其将屠者子，贾竖易动以利。”遂遣郦食其“持重宝”贿赂秦将。秦将果叛，同意配合刘邦袭击咸阳。刘邦欲听之，而张良又曰：“此独其将欲叛耳，恐士卒不从。不从必危，不如因其解击之。”刘邦采纳了张良的这一建议，遂大破秦军（第2037页）。

又如，项羽收降章邯所部秦军后，以为前锋西攻秦。途中，秦吏卒与诸侯吏卒发生摩擦。《史记》卷七《项羽本纪》载：“诸侯吏

①《史记》卷八《高祖本纪》，第357、362页。

②《史记》卷八《高祖本纪》曰武关，《汉书》卷一《高帝纪》从《留侯世家》作峣关，今从《留侯世家》及《汉书》。

卒异时故繇使屯戍过秦中,秦中吏卒遇之多无状,及秦军降诸侯,诸侯吏卒乘胜多奴虏使之,轻折辱秦吏卒。”于是,秦军吏卒悔降诸侯,纷纷传言:“章将军等诈吾属降诸侯,今能入关破秦,大善;即不能,诸侯虏吾属而东,秦必尽诛吾父母妻子。”这种传言完全从秦吏卒的利益出发,极富煽动性,但从中也可看出,秦军下层吏卒并无关东特别是楚人那种对秦朝的仇恨,因而亦无“等死,死国可乎”之气概。所以,项羽及其将领得知后,认为“秦吏卒尚众,其心不服,至关中不听,事必危,不如击杀之”,于是“楚军夜击坑秦卒二十余万人新安城南”(第310页)。

刘邦、项羽入秦时,都认为秦军将领可诱而降之,而秦军士卒靠不住。当然,秦是统一战争的最后胜利者,故秦人在关东人面前颇有优越感,而秦王朝一旦被推翻,秦人便会丧失往日的优越地位,反遭关东人折辱。因此,他们不愿秦朝灭亡,更不愿诸侯入关,是可以理解的。但如果秦人真像楚人所估计的那样,苦其主及苛法久矣,在关东强大的反秦浪潮冲击下,也应有人利用这一时机反对二世及赵高的统治,废除秦朝苛法。然而事实并非如此。这至少反映出,当楚人高喊“天下苦秦久矣”的时候,秦人并无同样强烈的感受。

贾谊《过秦论》曰:“藉使子婴有庸主之才,仅得中佐,山东虽乱,秦之地可全而有,宗庙之祀未当绝也。”东汉明帝以为不然,曰:“秦之积衰,天下土崩瓦解,虽有周旦之材,无所复陈其巧,而以责一日之孤,误哉!”①贾谊责子婴固然不妥,但所言“山东虽乱,秦之地可全而有”,暗示关中秦地并无土崩瓦解之势,与史实相符,明帝“天下土崩瓦解”之说反失之笼统。

---

①《史记》卷六《秦始皇本纪》,第276、292页。

三、秦法与楚俗

由反秦将领对秦政的批评可知,时人"苦秦"主要苦于赋税力役太重和律令刑罚太苛。《史记》卷八九《张耳陈余列传》载张耳陈余语曰:"秦为无道……罢百姓之力,尽百姓之财。"又载武臣说赵豪杰曰:"秦为乱政虐刑以残贼天下,数十年矣。北有长城之役,南有五岭之戍,外内骚动,百姓罢敝,头会箕敛,以供军费,财匮力尽,民不聊生。重之以苛法峻刑,使天下父子不相安。"(第2573页)卷七《项羽本纪》载楚将樊哙语曰:"秦王有虎狼之心,杀人如不能举,刑人如恐不胜。"(第313页)卷八《高祖本纪》载刘邦谓秦父老豪杰曰:"父老苦秦苛法久矣。"(第362页)当时的秦朝大臣也承认,关东人反秦主要是因为赋税徭役太重。同书卷六《秦始皇本纪》载:右丞相冯去疾、左丞相李斯和将军冯劫曾向二世进谏曰:"关东群盗并起,秦发兵诛击,所杀亡甚众,然犹不止,盗多,皆以戍漕转作事苦,赋税大也。请且止阿房宫作者,减省四边戍转。"二世刚愎自用,谏者多诛。去疾等冒死请减赋税力役,尚未敢言及律令刑罚。二世心知其意,遂重申:"凡所为贵有天下者,得肆意极欲,主重明法,下不敢为非,以制御海内矣。"坚持以严刑峻法治民(第271页)。

秦之赋税力役并不独重于楚,秦之律令刑罚亦不独苛于楚①,何以楚人苦之特甚?

---

①杜正胜指出:"秦始皇征服六国,他确实有心要作天下人的皇帝,而不只是秦人的国王,因此他并没有利用秦国的耕战之士来压迫山东齐民。山东丁壮戍边,秦人亦戍边;山东有刑徒徭作,秦亦有刑徒徭作;山东齐民负担的赋役,秦人也同样负担。"见氏著《编户齐民——传统政治社会结构之形成》,台北:联经出版事业公司,1991年,第421页。

前者显然与楚的地理位置有关。贾谊说：

古者天子地方千里，中之而为都，输将繇使，其远者不在五百里而至；公侯地百里，中之而为都，输将繇使，远者不在五十里而至。输将者不苦其劳，繇使者不伤其费。故远方人安其居，士民皆有欢乐其上，此天下之所能长久也。及秦而不然，秦不能分尺寸之地，欲尽自有之耳。输将起海上而来，一钱之贱(赋)耳，十钱之费，弗轻能致也。上之所得者甚少，而民毒苦之甚深，故陈胜一动而天下不振。①

主父偃也说：

(秦始皇)使蒙恬将兵而攻胡，却地千里，以河为境。地固泽卤，不生五谷，然后发天下丁男以守北河。暴兵露师十有余年，死者不可胜数……又使天下飞刍挽粟，起于黄、腄、琅邪负海之郡，转输北河，率三十钟而致一石。男子疾耕不足于粮饷，女子纺绩不足于帷幕。百姓靡敝，孤寡老弱不能相养，道死者相望，盖天下始叛也。②

秦统一前，各国人民只在本国输租服役，距离不会太远，成本也不会太高。而秦统一后，关东人民特别是楚地人民要到关中及长城一线输租服役。由于距离遥远，他们的实际负担便大大增加了。杜正胜认为："战国时期输送补给品，路上消耗的约有二十倍，统

①阎振益、钟夏：《新书校注·属远》篇，第116页。
②《汉书》卷六四《主父偃传》，第2800页。

一以后加甚”，据上引主父偃说计算，“从今山东省沿海地区运送粮食到河套供给戍卒，路上损失将近二百倍”①。不过，汉武帝对外用兵的规模比秦朝更大，时间也更长，关东包括楚地人民的兵役徭役负担和付出的牺牲也比秦朝更重②，却并未激起像秦朝末年那样的农民暴动。由此看来，赋税力役太重还不是楚人“苦秦”特甚的首要原因。

关于后者，《睡虎地秦墓竹简》之《语书》透露出重要信息。其文曰：

> 南郡守腾谓县、道啬夫：古者，民各有乡俗，其所利及好恶不同，或不便于民，害于邦。是以圣王作为法度，以矫端民心，去其邪避(僻)，除其恶俗。法律未足，民多诈巧，故后有间令下者。凡法律令者，以教道(导)民，去其淫避(僻)，除其恶俗，而使之之于为善殹(也)。③

这段极其珍贵的史料，通俗而又明确地表达了秦朝对关东郡县的基本方针，是对始皇东巡刻石所说第三阶段任务即“普施明法，经纬天下”的具体阐述。它说明用秦朝法律去移易风俗、统一文化，并非只是秦廷少数高层人物的一种主张，而是实实在在地变成了基层官吏治民行政的指导思想。据此，我们对秦律在关东地区推

---

①见氏著《编户齐民——传统政治社会结构之形成》，第421页。

②葛剑雄指出：秦始皇曾向今内蒙古河套和宁夏平原一带移民，“估计在三十万以上”。汉武帝重新拥有这片领土后，“实施了更大规模的移民”，总数在“百万以上”。见氏著《论秦汉统一的地理基础》，载《秦汉史论丛》第6辑，南昌：江西教育出版社，1994年，第137—138页。

③《睡虎地秦墓竹简·释文》，北京：文物出版社，1990年，第13页。

广的力度应有较充分的估计。工藤元男认为:“就《语书》的内容来看,其基调反映了秦统一六国实行集权统治的强烈意志,为此,要彻底清除各地在原有价值体系上存在的风俗习惯,全面施行秦的法律。”①笔者赞同这一判断。

不难想象,在秦朝郡县官吏贯彻这一方针的过程中,秦律与关东各地习俗会因其间不同程度的差异而产生不同程度的冲突。《语书》描述了南郡的情形:

> 今法律令已具矣,而吏民莫用,乡俗淫失(泆)之民不止,是即法(废)主之明法殹(也),而长邪避(僻)淫失(泆)之民,甚害于邦,不便于民。故腾为是而修法律令、田令及为间私方而下之,令吏明布,令吏民皆明智(知)之,毋巨(歫)于罪。今法律令已布,闻吏民犯法为间私者不止,私好、乡俗之心不变,自从令、丞以下智(知)而弗举论,是即明避主之明法殹(也),而养匿邪避(僻)之民。如此,则为人臣亦不忠矣。②

南郡原系楚郢都江陵所在,是楚国政治中心。秦昭襄王二十九年(前278年),秦将白起攻克江陵,置南郡。楚迁都于陈(今河南淮阳),称郢陈。秦王政六年(前241年)楚联合魏、赵、韩、卫合纵攻秦,反为秦所败,遂迁都寿春。郢陈当在此时或稍后也入秦之手。秦王政二十三年(前224年)秦将王翦击楚,取陈以南至平舆,虏

①工藤元男:《云梦秦简〈日书〉所见法与习俗》,莫枯译,《考古与文物》1993年第5期。

②《睡虎地秦墓竹简·释文》,第13页。

楚王负刍。第二年,翦又破楚军于淮南;第三年,定楚江南之地,置会稽郡,楚遂灭亡。是南郡乃最先入秦之楚地。至腾发布《语书》之秦王政二十年(前227年),南郡入秦已有半个世纪之久。而据腾所言,南郡楚人仍然自行其“俗”,“莫用”秦之“法律令”。腾到南郡后,重申律令,但当地楚人仍然“私好、乡俗之心不变”,县道官吏无可奈何。腾于是发布《语书》,命县道官吏强制推行秦律令。其辞曰:

> 若弗智(知),是即不胜任,不智殹(也);智(知)而弗敢论,是即不廉殹(也)。此皆大罪殹(也),而令、丞弗明智(知),甚不便。今且令人案行之,举劾不从令者,致以律,论及令、丞。有(又)且课县官,独多犯令而令、丞弗得者,以令、丞闻。①

此举效果如何,不得而知。但可以想见,如果腾之命令真地得以贯彻,必会加剧秦律与楚俗之间的矛盾,从而使南郡楚人对秦政产生更大的反感。南郡尚且如此,其他入秦更晚的楚地人民对秦朝律令的抵触情绪或许更为严重。

周振鹤认为,《语书》“所谓恶俗就是不利于国家稳定、社会安定的习俗与风气,包括热衷商贾、不务本业,包括奢靡之风、淫僻通奸,甚至包括刚武、尚气力等(这一习俗容易引起各种刑事犯罪)”②。说可参考。而《语书》在强调“法律令”时,特别提到“为

---

①《睡虎地秦墓竹简·释文》,第13页。

②周振鹤:《从“九州异俗”到“六合同风”——两汉风俗区划的变迁》,《中国文化研究》1997年第4期。

间私方”和“田令”,可能是因为楚俗在这两个方面和秦法的矛盾更大些。

《语书》所谓“为间私方”,整理者释为“惩办有‘奸私’行为者的法令”[①]。案《说文》:“奸,私也。”又曰:“厶,奸邪也。”[②]《语书》又有“法律未足,民多诈巧,故后有间令下者”一句。整理者认为“间”应读为“干”,意为“乱”,似不妥。笔者以为此处的“间”应亦读为“奸”,“间令”应即“为间私方”。《语书》所谓“间(奸)私”当指钻法律空子的“诈巧”行为。

周代实行井田制度,步百为亩。楚国大约也是如此[③]。秦国自商鞅变法后,“废井田,开阡陌”,改二百四十步为一亩。对此处“开”字的理解,学人有“绝裂”和“创置”两说[④]。其实两说并不矛盾。杨宽认为,开阡陌“就是废除井田制,把原来‘百步为亩’的‘阡陌’和每一顷田的‘封疆’统统破除,开拓为二百四十步为一亩,重新设置‘阡陌’和‘封疆’”[⑤]。1979年四川省青川县出土的《秦更修田律木牍》,记载了秦武王二年命左丞相甘茂更修田律之事。律文规定:“田广一步袤八则为畛。亩二畛,一百(陌)道。百亩为顷,一千(阡)道,道广三步。封,高四尺,大称其高。埒,高尺,下厚二尺。”并规定每年八、九、十月应修治封埒、阡陌、道桥、

①《睡虎地秦墓竹简·释文》,第14页。

②《说文解字》,北京:中华书局,1963年,第265、189页。

③《左传》襄公二十五年载楚蒍掩修赋,有“井衍沃”一语,说明楚在平原地区也实行井田制。刘玉堂认为,楚国的井田制虽然和西周井田制“有质的区别”,但确实是存在的,而且可能“一直延续到战国末年亡于秦国之时”。见氏著《楚国井田制度管窥》,《湖北大学学报》1995年第2期。

④参阅于豪亮:《释青川秦墓木牍》,《文物》1982年第1期。

⑤杨宽:《战国史》,上海:上海人民出版社,1980年,第189页。

陂堤等[①]。根据于豪亮的解释,由此形成的田每亩“宽八步、长三十步”[②]。李昭和认为,“广一步,袤八”是畛道的标准[③]。胡平生则认为,“则”是长度单位,而非连词,“三十步为则”,“袤八则”就是长二百四十步[④]。袁林又引张家山汉简中“袤二百卌步”之语,进一步证成胡平生说[⑤]。无论哪一种解释,都认为由此形成的一套封疆阡陌制度“与井田制是不合的”[⑥]。

据银雀山汉墓竹简《孙子兵法·吴问》篇[⑦]载,春秋晚期晋国六卿已开始实行大亩制,其中范氏、中行氏以一百六十步为亩,智氏以一百八十步为亩,韩氏、魏氏以二百步为亩,赵氏以二百四十步为亩[⑧]。秦采用了赵的制度,并在境内加以推广。《史记》卷五《秦本纪》:孝公十二年,“为田开阡陌,东地渡洛”(第 203 页)。黄以周解释说:“是洛以西之地,尽以二百四十步为亩,而东方仍从步百为亩之旧。”[⑨]秦征服六国后,统一了各项制度,势必也将大亩制向东方各地推广。腾在南郡重申《田令》,是个侧证,同时也透露出楚人违反秦田律的现象可能比较严重。

---

①见四川省博物馆、青川县文化馆:《青川县出土秦更修田律木牍——四川青川县战国墓发掘简报》,《文物》1982 年第 1 期。

②于豪亮:《释青川秦墓木牍》,《文物》1982 年第 1 期。

③李昭和:《青川出土木牍文字简考》,《文物》1982 年第 1 期。

④胡平生:《青川秦墓木牍“为田律”所反映的田亩制度》,《文史》总第 19 辑。胡平生、韩自强:《解读青川秦墓木牍的一把钥匙》,《文史》总第 26 辑。

⑤袁林:《秦〈为田律〉农田规划制度再释》,《历史研究》1992 年第 4 期。

⑥李昭和:《青川出土木牍文字简考》,《文物》1982 年第 1 期。

⑦北京:文物出版社,1976 年。

⑧参阅杨宽:《战国史》,第 141 页。

⑨黄以周:《礼书通故》卷三五《井田通故》,北京:中华书局,2007 年,第 1522 页。

汉初《田律》规定："田广一步，袤二百卌步，为畛，亩二畛，一陌道。"张家山汉墓出土的《算数书》则有"田一亩租之十步一斗，凡租二石四斗"之语①。是汉制也以二百四十步为亩。但《礼记·王制》说："古者以周尺八尺为步，今以周尺六尺四寸为步。古者百亩，当今东田百四十六亩三十步。"②孙希旦解释说："古者，谓周以前也。今，记者据当时汉法言之也。东田，东方之田也。汉初儒者皆齐、鲁人，自据其地言之，故曰东……古者百亩，当今东田百四十六亩三十步，盖汉初时如此，至景帝改以二百四十步为亩，则大于古之亩矣。"③《盐铁论·未通》载御史曰："古者，制田百步为亩，民井田而耕，什而籍一……先帝哀怜百姓之愁苦，衣食不足，制田二百四十步而一亩，率三十而税一。"④汪之昌认为，盐铁之议发生于昭帝时，"所称制田之先帝指武帝无疑"⑤。黄以周也认为，"至汉武帝，又尽改东田之制"⑥。根据这些说法，东方地区在西汉初年仍行小亩制，直到景、武之后才普遍实行二百四十步为亩的大亩制。这意味着大亩制向东方的推广在秦朝灭亡后出现过反复。东方地区在推翻秦的统治、废除秦的法律的同时，也恢复了原来的小亩制。此事表明，大亩制向东方的推广，确实存在阻力。

---

①《张家山汉墓竹简(释文修订本)》，北京：文物出版社，2006年，第42、145页。

②《十三经注疏》，第1347页。郑玄认为，"古者百亩当今百五十六亩二十五步"。孔颖达认为，"古者百亩当今东田百五十二亩七十一步"。黄以周对此有详细考证，见氏著《礼书通故》，第1522页。

③孙希旦：《礼记集解》，北京：中华书局，1989年，第393页。

④王利器：《盐铁论校注》，北京：中华书局，1992年，第191页。

⑤见汪之昌：《青学斋杂著》，王利器《盐铁论校注》引，第196页。

⑥黄以周：《礼书通故》，第1523页。

又，秦律严禁私斗。商鞅变法时明令“为私斗者，各以轻重被刑”，史称自此以后秦人“勇于公战，怯于私斗”①。《睡虎地秦墓竹简·法律答问》有私斗之律十二条，又有父子、祖孙、臣主、夫妻斗殴杀伤之律十条。对私斗伤人，如“决人耳”，“拔其须眉”，“拔人发”，“啮断人鼻若耳若指若唇”，“拔剑伐，折人发结”，“铍、戟、矛有室（有鞘）者拔以斗”，“斗以箴（针）、鉥、锥，若箴（针）、鉥、锥伤人”，“以梃贼伤人”等，都有具体的处罚办法②。但关东特别是楚地仍盛行私斗之俗。如项梁曾因杀人与项羽“避仇于吴中”③；项伯因“杀人”而逃至下邳，藏匿于张良处④；吕后之父原居单父，为“避仇”而迁至沛⑤。秦昭王曾说：“楚剑利……剑利则士多慓悍。”⑥司马迁说：“荆楚僄勇轻悍，好作乱，乃自古记之矣。”⑦班固也说：“吴、粤之君皆好勇，故其民至今好用剑，轻死易发。”⑧有学者认为，楚越士人“剽悍、好勇、轻死的风尚”与楚越之地“位于秦岭淮河以南，属亚热带气候”有关，“是气候条件作用于人类自身、作用人类历史的结果”⑨。不管此说能否成立，楚人好斗是人们公认的事实。在这方面，楚人对秦律之不适，也是可以想见的。

司马迁说楚有三俗：淮北之沛、陈、汝南、南郡为西楚，“其俗剽轻，易发怒，地薄，寡于积聚”；彭城以东之东海、吴、广陵为东楚，其

①《史记》卷六八《商君列传》，第2230、2231页。
②《睡虎地秦墓竹简·释文》，第112—114页。
③《史记》卷七《项羽本纪》，第296页。
④《史记》卷五五《留侯世家》，第2036页。
⑤《史记》卷八《高祖本纪》，第344页。
⑥向宗鲁：《说苑校证·指武》篇，北京：中华书局，1987年，第365页。
⑦《史记》卷一一八《淮南衡山王列传》，第3098页。
⑧《汉书》卷二八《地理志》，第1667页。
⑨史建群：《战国秦汉世风的区域性特征》，《中国史研究》1996年第2期。

俗与西楚之徐、僮、取虑相类,即“清刻,矜已诺”;衡山、九江、江南、豫章、长沙为南楚,“其俗大类西楚”①。司马迁所谓三楚,大致相当于楚国全盛时期的版图。其中西楚除楚国本土外,还包括陈、蔡、宋等古老的华夏诸国的地盘。东楚以吴、越为主,还包括鲁国的地盘。

众所周知,春秋以来,特别是战国时期,中原各国特别是魏、韩,随着经济、政治及社会生活的迅速进步,产生了日益强烈的变法要求,于是由原始礼俗发展而来的传统政治文化,渐渐被一种新的法治文化所替代。齐国管仲、郑国子产、晋国范宣子等的改革是其先声,魏国李悝、韩国申不害等主持的变法是其高潮。商鞅携李悝《法经》入秦变法,又使得秦国后来居上,在关中建起一个实行法治最彻底的国家。淮水流域的陈、蔡、宋、鲁等国,未见有如此大规模的改制变法,其政治与政治文化大约保留了较多的传统因素,因而与魏、韩等国拉开了距离。长江中下游的楚、吴、越原是蛮夷之邦,为华夏诸国所不齿。但春秋以来,通过和华夏各国长期接触,其政治有了明显的进步,大约已达到与陈、宋、鲁等国相近的水平。随着楚国的对外兼并和扩张,陈、蔡、杞、吴、越、宋、鲁等地先后并入楚国。

据《史记》卷一四《十二诸侯年表》和卷一五《六国年表》,公元前 479 年楚灭陈;前 447 年楚灭蔡;前 445 年楚灭杞②;前 333 年楚“围齐于徐州”③;前 286 年齐灭宋;前 284 年秦韩赵魏燕五国伐齐,楚乘机取齐淮北,宋地当于此时入楚;前 278 年秦拔郢,置

---

①《史记》卷一二九《货殖列传》,第 3267、3268 页。

②《史记》卷四〇《楚世家》:“是时越已灭吴而不能正江、淮北,楚东侵,广地至泗上。”(第 1719 页)

③《史记》卷四一《越王句践世家》:楚威王伐越,“尽取故吴地至浙江,北破齐于徐州。而越以此散,诸族子争立,或为王,或为君,滨于江南海上,服朝于楚”(第 1751 页)。

南郡,楚迁都陈;前249年楚灭鲁;前241年楚迁都寿春;前223年秦灭楚。除了楚本土外,陈、蔡、杞及泗上等地入楚时间最长,达二百余年。吴、越之地入楚亦有百年左右。宋地入楚四十余年,鲁入楚可能不到十年。可见,从春秋末年以来,楚国的版图不断扩张,几乎统一了南中国,而更重要的是,在这一庞大版图内竟形成了被境内居民普遍认同的楚文化。李学勤先生指出:“楚文化的扩展,是东周时代的一件大事。春秋时期,楚人北上问鼎中原,楚文化也向北延伸。到了战国之世,楚文化先是向南大大发展,随后由于楚国政治中心的东移,又向东扩张,进入长江下游以至今山东省境。说楚文化影响所及达到半个中国,并非夸张之词。”①正是在这一背景下,当秦军攻克江陵、占据了楚国本土之后,楚国政治中心一迁郢陈,二迁寿春,三迁江南,而大旗不倒。秦灭楚后,不仅楚本土人民“私好、乡俗之心不变”,原吴、越、陈、蔡、宋、鲁等地人民也都仍以楚人自居,对秦政表现出极大反感。这种对楚的认同和与秦的对立,表明战国末年的楚不仅是一个地缘国家,更是一个文化区域,一个在政治和政治文化传统上与北方各地特别是关中秦地存在较大差异的地域单元。

众所周知,在战国以来的法治化进程中,秦走在最前面,魏、韩次之,赵、齐、燕又次之,楚则殿后。而秦在统一战争中,每灭一国都在当地设立郡县,派官吏奉秦律令治之。统一天下后,又正式分天下以为三十六郡,郡置守、尉、监,其中包括灭楚后所置南郡、泗水、会稽等郡,并“明法度,定律令”②,“一法度衡石丈尺,车

①李学勤:《东周与秦代文明(增订本)》,北京:文物出版社,1991年,第12页。
②《史记》卷八七《李斯列传》,第2546页。

同轨，书同文字”①。这意味着秦朝在实现了对关东六国的军事征服和政治统一后，又在全国范围内着手进行了规模空前的、史无前例的文化整合与统一工作，用强制手段将秦之法治文化推向全国。同样的“法律令”，被推广到政治发展水平不同的地区，必然产生不同的反应。关中秦人本来就在由秦法构成的秩序及相应的政治文化环境中生活，不会有明显的异样感觉②。魏、韩人不过是又经历了一次更彻底的变法。赵、齐、燕人有“秦法重”之怨言，反应比魏、韩来得强烈。楚人则“苦”不堪忍，必亡秦复楚而后快。

由于材料有限，我们对秦汉之际东西文化的差异和冲突还不能获得更具体的认识。但根据秦末战乱中各地反秦之激烈程度的差异和《语书》透露的信息，我们说秦之“法律令”与关东文化存在距离，特别是与楚“俗”之间存在较大距离，当无大错。因此我们认为，由文化差异与冲突引起的楚人对秦政的反感，及齐、赵等地人民对楚人反秦战争的同情，是导致秦朝灭亡的重要原因。这一事实后来逐渐被“天下苦秦”之说淹没了。但亲身参与了反秦战争的汉初君臣们对此应当是有清醒认识的。

第二节　论“承秦立汉”

田余庆先生《说张楚》一文指出，“秦楚之际风云诡谲，事态纷

①《史记》卷六《秦始皇本纪》，第239页。

②蒙文通先生甚至认为，“商君之法多袭秦旧”，“法家固西北民族之精神”。见氏著《法家流变考》，《川大史学·蒙文通卷》，成都：四川大学出版社，2006年，第297、299页。曹旅宁对此观点做了进一步申说。见氏著《秦律新探》第一篇《秦律探源》，北京：中国社会科学出版社，2002年，第19—63页。

纭，它昭示于后人的历史结论，一是非张楚不能灭秦，二是非承秦不能立汉”。对前一结论，田先生已从各个方面做了论证，本书上节也做了一点补充。关于后一结论，田先生写道：“项羽称帝不成，并不意味着楚不能帝。不过要夺取帝业，只有楚的名分还不够，还必须据有当年秦灭六国的形势。我们看到，当渊源于楚的汉王刘邦东向与诸侯盟主楚王项羽交锋之时，他确实是不期而然地居于当年秦始皇灭六国的地位。客观形势要求居关中的刘邦之楚消灭居关东的项羽之楚，步秦始皇的后尘，再造帝业。这又出现了反秦而又不得不承秦的问题，出现了以后的汉承秦制，首先而又最根本的是承秦帝制。”①田先生在此提出了一个很有意思的问题，但未加详论。本节将试着对此做进一步探讨。

刘邦本非楚人，早年生长于魏，后迁居于丰，为吏于沛，虽是楚地豪杰之一，但在楚人中的威望远不及世代楚将的项氏及其他旧楚贵族。刘邦以沛县子弟为中坚起兵反秦，成为楚军的一支，但并非楚军主力。与项氏集团相比，刘邦集团的力量弱小得多。然而刘邦最终却战胜了项羽，建立了汉家帝业。导致这一戏剧性结局的原因无疑是多方面的，而刘邦得以“承秦”是其中最重要的原因之一。所谓“承秦”包括据秦之地、用秦之人、承秦之制等几个方面。据秦之地，使刘邦由楚将变为秦王，从而控制了关中形胜之地。用秦之人，使原以楚人为主的刘邦集团逐渐变为以秦人为主，使汉成为真正的关中政权。承秦之制，特别是根据秦律制定汉律，是刘邦、萧何为争取秦人的支持而在文化上对秦人做出的让步。这些举措使汉朝得以继承秦朝的军国主义体制，从而真正获得了当年秦所拥有的优势。

①田余庆：《秦汉魏晋史探微（重订本）》，第 27、28 页。

本节将在前人研究的基础上，对一些尚不清楚的细节进行考证，弄清刘邦集团转变为关中政权的几个主要环节，以求进一步深化对“承秦立汉”问题的认识。

一、刘邦集团的形成

《史记》卷八《高祖本纪》说，刘邦是沛县丰邑中阳里人。《集解》引李斐曰：“刘氏随魏徙大梁，移在丰，居中阳里。”《索隐》曰：“高祖，刘累之后，别食邑于范，士会之裔，留秦不反，更为刘氏。刘氏随魏徙大梁，后居丰。”（第341页）《汉书》卷一《高帝纪赞》：“刘向云：战国时刘氏自秦获于魏。秦灭魏，迁大梁，都于丰。”注引文颖曰：“六国时，秦伐魏，刘氏随军，为魏所获，故得复居魏也。”（第81页）案《史记》卷四四《魏世家》：魏惠王三十一年（前340年），魏自安邑迁都大梁（第1847页）。卷八《高祖本纪》载魏人周市语曰：“丰，故梁徙也。”《集解》引文颖曰：“梁惠王孙假为秦所灭，转东徙于丰，故曰‘丰，梁徙’。”（第352页）据《魏世家》及《六国年表》，秦攻克大梁，虏其王而灭魏，在魏王假三年（前225年）。关于刘氏渊源，汉有“尧后”之说，真伪难辨。然刘邦祖先曾居秦，后居魏，前340年随魏迁至大梁，前225年，又随魏遗民徙于丰，这段历史当大致可信。故丰原为宋地，后入楚，但魏人势力很大。《汉书·高帝纪》“帝崩于长乐宫”条注引臣瓒曰：“帝年四十二即位，即位十二年，寿五十三。”（第79页）而《史记·高祖本纪》“秦二世元年”条《集解》引徐广曰“高祖时年四十八。”（第349页）二世元年即公元前209年，由此推算，刘邦当生于前256年。《高祖本纪》“高祖崩长乐宫”条《集解》又引皇甫谧曰：“高祖以秦昭王五十一年生，至汉十二年，年六十二。”（第392页）杭世骏《史记考证》:“按高祖生年乙巳,至是年丙午,当是六十二。”①梁玉绳《史记志疑》谓:“盖瓒说非也。”②曾维华经过进一步考证,也赞成后说③。今案:秦昭王五十一年即前256年,至汉十二年即前195年,共六十二个年头。据此,刘邦当生于魏之大梁一带,随魏遗民迁丰时,已经三十二岁了。《史记》卷八九《张耳列传》:耳为大梁人,曾任魏外黄令,而刘邦“为布衣时,尝数从张耳游,客数月”(第2572页)。《汉书》卷三二《张耳传》同。可证刘邦确曾居魏大梁一带。所以,确切地说,刘邦本是魏人,迁丰以后在丰邑魏人中仍有一定社会基础。汉十二年,刘邦衣锦还乡,以沛为汤沐邑,“复其民,世世无有所与”,沛父兄请复丰,刘邦说:“丰,吾所生长,极不忘耳。”④所言“吾所生长”之“丰”,当指丰邑之“民”,即与刘氏一道从魏迁丰的父老子弟,而非丰地。

《史记·高祖本纪》:“及壮,试为吏,为泗水亭长。”(第342页)此后,刘邦的活动多在沛县,是“沛中豪杰吏”之一。后为沛县送徒至郦山,途经丰西泽中,因“徒多道亡,自度比至皆亡之”,遂“解纵所送徒”,率“徒中壮士愿从者十余人”亡匿于“芒、砀山泽岩石之间”,并发展到“数十百人”(第347页)。陈胜起事后,沛吏萧何、曹参命樊哙招刘邦至沛县城下,书帛射城上,于是沛县“父老乃率子弟共杀沛令”,立刘邦为沛公,“少年豪吏如萧、曹、樊哙等皆为收沛子弟二三千人”。故刘邦集团的最初成员主要是沛县一带的楚人。但刘邦起沛后,并没有把沛作为他的大本营,而是率军“攻胡陵、方与”,然后“还守丰”(第350页)。《史记》卷一

①《二十五史三编》,长沙:岳麓书社,1994年,第1分册,第104页。

②《二十五史三编》,第1分册,第221页。

③曾维华:《汉高祖刘邦生年考》,《上海师范大学学报》1993年第4期。

④《史记》卷八《高祖本纪》,第389、390页。

八《高祖功臣侯者年表》"合阳侯"条曰:"高祖兄,兵初起,侍太公,守丰。"(第946页)是刘邦起兵之初,其父及妻子皆在丰。看来,刘邦在沛县楚人中虽有一定基础,所谓"沛中子弟……多欲附者",但他似乎认为自己在丰邑的根基更深厚一些。

当刘邦留雍齿守丰,自率军转战薛、戚、亢父、方与一带时,周市派人至丰对雍齿说:"丰,故梁徙也。今魏地已定者数十城。齿今下魏,魏以齿为侯守丰。不下,且屠丰。"雍齿"雅不欲属沛公",遂"反为魏守丰"。刘邦得知后,"引兵攻丰,不能取"①。《史记》卷五五《留侯世家》载刘邦语曰:"雍齿与我故,数尝窘辱我。"《集解》引《汉书音义》曰:"未起时有故怨。"(第2043页)《汉书》卷四〇《张良传》作"雍齿与我有故怨"。注引服虔曰:"未起之时与我有故怨也。"师古曰:"每以勇力困辱高祖。"(第2032页)《史记》卷一八《高祖功臣侯者年表》"汁方侯"条:"齿故沛豪,有力,与上有隙。"(第906页)《汉书》同。是雍齿为沛人,但其率以守丰的当是以迁丰魏人为主体的丰人,随刘邦出征的则是沛县子弟。刘邦做如此安排,说明他更相信丰人对自己的支持。所以,对"雍齿与丰子弟"的背叛,刘邦耿耿于怀。攻丰不下,遂往从秦嘉,"欲请兵以攻丰"。先与嘉军败秦军于砀,"收砀兵,得五六千人",又拔下邑,遂"还军丰"。仍攻不下,又至薛见项梁。"项梁益沛公卒五千人,五大夫将十人。沛公还,引兵攻丰"②。《史记》卷一六《秦楚之际月表》载此事曰:"攻下砀,收得兵六千,与故凡九千。攻拔下邑,遂击丰,丰不拔。闻项梁兵众,往请击丰……梁益沛公卒五千,击丰,拔之。雍齿奔魏。"(第766页)丰乃沛县一邑,人口不会

①《史记》卷八《高祖本纪》,第352页。
②同上。

太多，但刘邦以沛二三千兵攻之不克，加砀兵六千仍攻不克，再加项梁兵五千，共一万四千人方克之，说明丰邑有相当实力，估计也有数千兵。

刘邦夺回丰邑后，肯定收回了这支队伍，但丰邑子弟不再是他最亲信的力量了。《史记·高祖本纪》：刘邦自汉中返回关中后，遣军出武关，“以迎太公、吕后于沛”（第368页）。说明太公、吕后此时已不在丰，而在沛。同书《高祖功臣侯者年表》“辟阳侯”条：“（审食其）以舍人初起，侍吕后、孝惠沛三岁十月，吕后入楚，食其从一岁。”（第926页）案刘邦“初起”在秦二世元年（前209年）九月，吕后入楚在汉二年（前205年）四月，其间共三年零七个月，审食其侍吕后于沛不可能有“三岁十月”。《汉书》卷一六《高惠高后文功臣表》作“二岁十月”（第573页），由此推算，审食其侍吕后于沛当始于二世二年（前208年）六月，而刘邦克丰在此年四月，六月离丰至薛，与项梁共立楚怀王。应当就在此时，刘邦将家人迁到了沛县。这意味着刘邦的大本营不再是丰，而是沛了。据《史记·高祖功臣侯者年表》：雍齿奔魏，又成为赵将，最后又回到刘邦手下，且多有战功。刘邦“欲杀之”而“不忍”。后张良劝刘邦先封“平生所憎，群臣所共知”者为侯，以安群臣之心，刘邦选中的便是雍齿①。汉十二年刘邦复沛而不愿复丰，也是由于“其以雍齿故反我为魏”。

由迁丰之魏人而楚军之将领，这是刘邦身份的第一次变化。至此，刘邦集团初步形成，其中沛人是中坚，砀人最多，丰人则是一支次要的力量。汉初封一百多个功臣为列侯，其中“从起沛”者最多，有萧何、曹参、夏侯婴、周勃、樊哙等16人，“从起砀”者次

①《史记》卷五五《留侯世家》，第2043页。

之，有灌婴等14人，“从起丰”者又次之，共8人，且无重要人物[①]。这些数字也从一个侧面反映了刘邦集团最初的成员结构，而刘邦本人虽生长于魏人之中，起兵后所充当的无疑是楚人领袖的角色。

此后，刘邦率众随项梁北攻亢父，救齐于东阿，又与项羽攻魏地之城阳、濮阳、定陶、雍丘、外黄、陈留等地。项梁死，刘邦撤回砀，被楚怀王命为砀郡长，“将砀郡兵”。及秦军围赵钜鹿，怀王派项羽往救，而派刘邦“西略地”。于是，刘邦从砀出发，转战魏、韩之地。途中“至栗，遇刚武侯，夺其军，可四千余人，并之”[②]。刚武侯，史失其名，亦不知所属，应劭以为“楚怀王将”，师古谓其“无据”。然栗县在砀县西，秦属砀郡，汉属沛郡，为楚地，刚武侯驻此，当是楚军。又上文言“遇彭越昌邑，因与俱攻秦军”，下文言“与魏将皇欣、魏申徒武蒲之军并攻昌邑”。彭越及皇欣、武蒲皆非楚将，故刘邦只能与之“俱攻”、“并攻”，而不能“夺其军”，唯刚武侯之军可夺而并之，则其与楚必有某种从属关系。刘邦此次受命而西有两项任务：一是“收陈王、项梁散卒”，二是入关灭秦。刚武侯之军或许正是陈胜或项梁之余部，刘邦奉命“收”之，故刚武侯不能不从。这是刘邦集团中继沛、砀、丰人之后加入的第四支力量。

其后，刘邦至高阳，郦食其见之曰：“足下起纠合之众，收散乱之兵，不满万人，欲以径入强秦，此所谓探虎口者也。”[③]“不满万

---

①李开元做了更详尽的统计，但未将“从起沛”者和“从起丰”者加以区分。见氏著《汉帝国的建立与刘邦集团——军功受益阶层研究》第五章，北京：三联书店，2000年。

②《史记》卷八《高祖本纪》，第357页。

③《史记》卷九七《郦生列传》，第2693页。

人”或言过其实，但刘邦此时的实力尚不足以入关灭秦是事实。刘邦用郦生之谋，袭破陈留，得其积粟和士卒。《史记》卷九七《郦生列传》：“郦生言其弟郦商，使将数千人从沛公西南略地。”（第2693页）同书《高祖本纪》则曰：“郦商为将，将陈留兵。”（第358页）陈留是魏地，其兵当皆魏人。继丰邑魏遗民之后，这是加入刘邦集团的又一支魏人势力。此时，张良与韩王成“将千余人”，正“往来为游兵颍川”，刘邦入韩地后，张良引兵从之，“下韩十余城”①。刘邦令韩王成留守阳翟，与张良南攻南阳，随张良而来的有从韩地征发来的士卒。《史记》卷九三《韩信列传》：“张良以韩司徒降下韩故地，得信，以为韩将，将其兵从沛公入武关。”（第2631页）前已述及，南阳舍人陈恢劝刘邦约降南阳守，“引其甲卒与之西”，刘邦采纳了这一建议。《史记》卷五五《留侯世家》载，刘邦在峣关“欲以兵二万”击守关秦军，说明刘邦此时兵力在二万以上，很可能是三万，项羽后封刘邦为汉王，“使卒三万人从”，这一数字可能就是刘邦入关前所拥有的兵力，其中来自沛、砀、栗等地的真正的楚人不会超过一万三千人，其余应当是丰人和魏、韩、南阳人。

我们说汉渊源于楚，是因为刘邦集团原是楚军的一支。但以上所述表明，刘邦集团既非纯粹的楚军，亦非楚军之主力。刘邦凭借这样一支力量竟能立汉，关键在于他得以承秦。

二、据秦之地

《史记》卷一二九《货殖列传》曰：“关中……膏壤沃野千里，自虞夏之贡，以为上田……巴蜀亦沃野，地饶卮、姜、丹沙、石、铜、铁、竹、木之器。南御滇僰，僰僮。西近邛笮，笮马、牦牛……天

---

①《史记》卷五五《留侯世家》，第2036、2037页。

水、陇西、北地、上郡与关中同俗，然西有羌中之利，北有戎翟之畜，畜牧为天下饶……故关中之地，于天下三分之一，而人众不过什三，然量其富，什居其六。”（第3262页）《汉书》卷二八《地理志下》所言与此略同。“什居其六”或许言过其实①，但关中地区形势险要，农业、副业、畜牧业都很发达，和关东各地相比具有一定优势，应是大致不错的②。当年秦灭六国靠的便是这一优势，日后刘邦灭项羽靠的也是这一优势。

三晋之人对此似乎有所认识。《史记》卷八九《张耳陈余列传》：陈胜欲王陈，耳、余谏曰：“愿将军毋王，急引兵而西，遣人立六国后……诛暴秦，据咸阳以令诸侯。诸侯亡而得立，以德服之，如此则帝业成矣。”（第2573页）耳、余皆魏人，所言“据咸阳以令诸侯”，包含了关中对关东的地理优势。又，项羽分封后，陈余不满，发兵击败常山王张耳，耳“念诸侯无可归者”，曰：“汉王与我有旧故，而项羽又强，立我，我欲之楚。”甘公劝其归汉，曰：“汉王之入关，五星聚东井。东井者，秦分也，先至必霸。楚虽强，后必属汉。”（第2581页）案《汉书》卷二六《天文志》：五星指岁、荧惑、填、太白、辰星，“凡五星所聚宿，其国王天下：从岁以义，从荧惑以礼，从填以重，从太白以兵，从辰以法”（第1286页）。而“汉元年十月，五星聚于东井，以

---

①参葛剑雄：《论秦汉统一的地理基础》，《秦汉史论丛》第6辑，南昌：江西教育出版社，1994年。《史记》卷二九《河渠书》载：“（郑国渠）溉泽卤之地四万余顷，收皆亩一钟。”（第1408页）葛先生上引文谓：“4万余顷田亩产一钟（即六斛四斗），总产量约260万斛（石）；以秦汉时每人每年平均需用粮18石计，这些粮食大约能供养14.44万人。”今案：若亩产6.4斛，4万余顷的总产量应为约2600万斛，葛先生计算有误。

②参徐卫民：《秦立国关中的历史地理考察》，《文博》1998年第5期；史念海：《汉代长安城的营建规模》，《历史科学与理论建设——祝贺白寿彝教授九十华诞》，北京：北京师范大学出版社，1999年。

历推之，从岁星也。此高皇帝受命之符也。故客谓张耳曰：'东井秦地，汉王入秦，五星从岁星聚，当以义取天下。'"（第1301页）①然则楚汉相争之初，赵之甘公已知据秦地之汉必灭东方之楚，在其天象解说的背后，当也隐含着对地理形势的判断。

但楚军将帅们在起兵灭秦的过程中，并未认识到关中的重要性，更没有意识到日后的政治中心仍将在关中。陈胜张楚都于陈。项梁的大本营在彭城。项梁死后，楚怀王迁都彭城，并与诸将约"先入定关中者王之"。灭秦后，项羽称西楚霸王，仍都彭城。刘邦灭项羽称皇帝后，一度都于洛阳，经娄敬和张良劝说，才迁都长安。这些事实表明，在楚人看来，新的帝业必将由楚人建立，而新帝国的政治中心将在关东，关中秦地则将成为楚帝之下的一个诸侯国。

由于对关中的重要性缺乏认识，楚军将士虽争相入关亡秦，却没有人打算在关中重建帝业。特别是在项梁败死、楚军再次受到重创的情况下，怀王虽提出"先入定关中者王之"的奖励措施，诸将仍"莫利先入关"。《汉书·高帝纪》师古注曰："不以入关为利，言畏秦也。"（第17页）《史记·高祖本纪》说："当是时，秦兵强，常乘胜逐北。"（第356页）在这种形势下，"先入关"自然要承担较大风险，如果被秦军击溃，不仅做不成关中王，连在楚的地位也难以保持。此外，做关中王对乡土观念甚重的楚人来说吸引力也不大。项羽入关后，不是没有做关中王的可能，当时也曾有人向他建议："关中阻山河四塞，地肥饶，可都以霸。"但他"见秦宫室皆以烧残破，又心怀思欲东归"，遂以"富贵不归故乡，如衣绣夜

---

①后世有学者证明，此次五星聚井不是发生于汉元年十月，而是发生于四个月前，即秦二世三年七月，而根据现代天文学知识，此事应发生于汉元年七月。参陈遵妫：《中国天文学史》，上海：上海人民出版社，2006年，第580页。

行"为由拒绝了这一建议,因有"楚人沐猴而冠"之讥[1]。"楚人"指项羽,但不限于项羽,项羽的想法是大多数楚军将帅共有的。楚军及其他诸侯军的下层将士也不愿离开家乡而长期留在关中。刘邦被封为汉王后,率部进入汉中,"诸将及士卒""皆山东之人","多道亡归",未亡者也"日夜跂而望归"。刘邦称帝后都洛阳,下令:"兵皆罢归家。诸侯子在关中者复之十二岁,其归者复之六岁"[2]。诸侯子即关东人,刘邦用优惠政策鼓励关东人继续留在关中,说明他们大多不愿留在关中。后刘邦欲迁都关中,"群臣皆山东人,争言周王数百年,秦二世而亡,不如都周"[3],阻力仍来自山东人的乡土观念。

当时怀王诸将中愿意"先入关"的只有刘邦和项羽。项羽愿意"先入关",是因为"怨秦破项梁军"[4],发奋要为项梁报仇。此外,先入关亡秦自是大功一件,对提高个人声望、增加政治资本都有好处,项羽自然不愿让它落入别人之手。刘邦愿意"先入关"则是为了做关中王。《史记·高祖本纪》说:怀王"令沛公西略地入关",项羽表示"愿与沛公西入关",但怀王"不许项羽,而遣沛公西略地,收陈王、项梁散卒"(第356页)。《汉书·高帝纪》与此同,都未言及刘邦主动请战。但我们看到,刘邦奉命出发后,一路急急西进,唯恐他人抢先。当他略地至韩时,"赵别将司马卬方欲渡河入关"。刘邦得知后,"乃北攻平阴,绝河津",阻止司马卬渡河。到南阳后,又欲绕过宛城直攻武关,张良谏,有"沛公虽欲急

---

①《史记》卷七《项羽本纪》,第315页。
②《史记》卷八《高祖本纪》,第367、380页。
③《史记》卷九九《刘敬传》,第2717页。
④《史记》卷八《高祖本纪》,第356页。

入关”之语。南阳舍人陈恢劝刘邦约降南阳守，也利用了这一点，曰：“臣闻足下约，先入咸阳者王之。”又曰：若兴兵攻宛，必耽搁时日，可能会“失咸阳之约”。刘邦入关后，又对关中父老说：“吾与诸侯约，先入关者王之，吾当王关中。”①可见他很在意这一约定。

刘邦身为楚将却想做关中王，范增认为这是他意欲称帝的表现。《史记》卷七《项羽本纪》载范增说项羽曰：“沛公居山东时，贪于财货，好美姬。今入关，财物无所取，妇女无所幸，此其志不在小。吾令人望其气，皆为龙虎，成五采，此天子气也。急击勿失。”（第311页）其实，刘邦至咸阳后，见“宫室帷帐狗马重宝妇女以千数，意欲留居之”。樊哙谏，不听。张良又谏：“夫秦为无道，故沛公得至此。夫为天下除残贼，宜缟素为资。今始入秦，即安其乐，此所谓‘助桀为虐’。”②刘邦这才“封秦重宝财物府库，还军霸上”③。可见刘邦入关后，贪财货、好美姬如故，若以此论志之大小，则樊哙、张良之志大于刘邦矣。至于“天子气”云云，可能是汉初人为神化刘邦而编造的故事④，也可能是范增为说服项羽而采

①《史记》卷八《高祖本纪》，第359、360、362页。

②《史记》卷五五《留侯世家》，第2037页。

③《史记》卷八《高祖本纪》，第362页。

④《史记》卷八《高祖本纪》：“高祖被酒，夜径泽中，令一人行前。行前者还报曰：‘前有大蛇当径，愿还。’高祖醉，曰：‘壮士行何畏！’乃前，拔剑击斩蛇。蛇遂分为两，径开。行数里，醉，因卧。后人来至蛇所，有一老妪夜哭。人问何哭，妪曰：‘人杀吾子，故哭之。’人曰：‘妪子何为见杀？’妪曰：‘吾子，白帝子也，化为蛇，当道，今为赤帝子斩之，故哭。’人乃以妪为不诚，欲告之，妪因忽不见。后人至，高祖觉。后人告高祖，高祖乃心独喜，自负。诸从者日益畏之。秦始皇帝常曰‘东南有天子气’，于是因东游以厌之。高祖即自疑，亡匿，隐于芒、砀山泽岩石之间。吕后与人俱求，常得之。高祖怪问之。吕后曰：‘季所居上常有云气，故从往常得季。’高祖心喜。沛中子弟或闻之，多欲附者矣。”（第347、348页）这段记载出于附会是没有问题的。范增望气之说，性质与此相同。

取的一种手段，不能据以说明刘邦此时已有称帝之“志”。项羽入关后，刘邦司马曹无伤欲投靠项羽以求封，遂遣人言项羽曰：“沛公欲王关中，令子婴为相，珍宝尽有之。”这应该是刘邦部属在当时情形下所能想象出的刘邦的最大志向。

看来，刘邦想做关中王，并非有意要据有当年秦灭六国的形势，为日后称帝做准备。他当时尚无如此抱负和远见。他之所以甘冒风险先行入关，可能是因为在当时情况下做关中王是他能为自己争取到的最佳出路。如前述，刘邦起自丰、沛，属泗水郡。而项梁死后楚怀王移都泗水之彭城，这意味着彭城有可能成为日后楚帝之都，而泗水郡则将成为王畿。即使日后的楚帝不都彭城，泗水郡也不大可能成为刘邦的封国，因为项氏出于下相，也属泗水郡，而项氏是怀王政权的中坚力量，且“世世为楚将”①，在楚人中的威望远远高于刘氏，因而灭秦之后衣锦还乡者只能是项，不会是刘。事实上，项羽分封后，自称西楚霸王，食九郡，其中包括泗水，且以彭城为都。这一结局，应该早在刘邦预料之中。此外，如前所考，刘邦的家族并非真正的楚人，而是由秦入魏、又由魏入楚的外来移民，其乡土观念可能也不像其他楚人那样强烈。所以，刘邦对怀王之约表现出比其他楚将更积极的态度，是可以理解的。

刘邦得以先入关，还与怀王的安排有关。项梁时，中心战场在河南。“章邯已破项梁军，则以为楚地兵不足忧，乃渡河，北击赵”。于是，秦军主力转到河北。“赵数请救，怀王乃以宋义为上将军，项羽为次将，范增为末将，北救赵，令沛公西略地入关”②。此后，刘邦在河南，经魏地、韩地、南阳，由武关入秦；项羽则随宋

①《史记》卷七《项羽本纪》，第 295 页。

②《史记》卷八《高祖本纪》，第 355、356 页。

义北上，先救赵，然后西进，经函谷关入秦。刘邦入咸阳后"还军霸上"，及项羽入关，见之于鸿门，曰"臣与将军戮力而攻秦，将军战河北，臣战河南，然不自意能先入关破秦"①。根据这些记载，我们大致可以知道，怀王的部署是兵分南北两路。北路至河北救赵，消灭秦军主力，然后由函谷关入秦；南路沿河南"收陈王、项梁散卒"，消灭魏、韩、南阳之秦守军，由武关入秦。如果怀王不是派刘邦为南路，或同意项羽与刘邦同为南路，先入关者恐怕就不是刘邦了。怀王的安排毕竟为刘邦先入关提供了机会。

《史记·高祖本纪》说：怀王制定上述部署时，项羽曾表示"愿与沛公西入关"；但怀王诸老将都认为"项羽为人僄悍猾贼"，过于残暴，"不可遣"，只有"沛公素宽大长者，可遣"；结果，怀王"不许项羽，而遣沛公西略地"（第356页）；项羽因此"怨怀王不肯令与沛公俱西入关，而北救赵，后天下约"（第365页）。学者有据此而为项羽抱不平的。李澄宇《读史记蠡述·书高祖纪》曰："章邯等在钜鹿，怀王令沛公西略地入关，是不使沛公当大敌而绕道入武关袭秦也。乃复与诸将约：'先入定关中者王之。'是明知项羽方为宋义下救赵，前有大敌，无由遽入函谷，故为约语欺之也。此约讵尚宜守乎！"②其实，怀王的部署并无明显的不公。河北固然是秦军主力所在，但宋义所将北路军也是楚军主力，项羽、范增及"诸别将皆属宋义"，正如项羽责宋义时所说，怀王"扫境内而专属于将军"。河南虽无秦军主力，但刘邦所将南路军也不过一万多人，以此"入定关中"显然亦非易事。且河北即是秦军主力所在，项羽部作为楚军中坚没有不随宋义北上之理。北上也不是"不

①《史记》卷七《项羽本纪》，第312页。

②《二十五史三编》，第2分册，第854页。

许”入关,而是由北路入关。至于诸老将言项羽“僄悍”刘邦“宽大”因而“不许项羽”的记载,恐怕也是汉初人为美化刘邦而编造的故事。朱东润先生已经指出:“其语颇多文饰,果足信乎。”①

项羽并不打算做关中王,但也不想让这一“天府之国”落入刘邦手中。事前他要求与刘邦一同“西入关”,在安阳又怒宋义逗留不进而杀之,事后则怨怀王使他“后天下约”,都表现出急于抢先入关的心情。但秦二世三年七月,章邯率众投降,项羽以邯为“雍王”②,在当时人看来,这意味着项羽将让章邯“王关中”③,而此时刘邦还在南阳,尚未入关。这表明,项羽即使先入关,也不会做“关中王”,不会据关中而建帝业。这是楚人的局限,是项羽见识的局限,也是项氏之楚由盛转衰的关键所在。项羽不想让关中落入刘邦手中,又“恶负约,恐诸侯叛之”,遂以“巴、蜀亦关中地”为借口,立刘邦为汉王,王巴、蜀、汉中,都南郑。同时“三分关中,王秦降将”,以章邯为雍王,“王咸阳以西,都废丘”,司马欣为塞王,“王咸阳以东至河,都栎阳”,董翳为翟王,“王上郡,都高奴”,欲以之“距塞汉王”④。然而“秦民莫爱”三秦王。韩信曾分析此事说:“三秦王为秦将,将秦子弟数岁矣,所杀亡不可胜计,又欺其众降诸侯,至新安,项王诈坑秦降卒二十余万,唯独邯、欣、翳得脱,秦父兄怨此三人,痛入骨髓。”⑤因此,项羽的这一策略并不足以

①朱东润:《史记考索 · 楚人建置考》,上海:华东师范大学出版社,1996 年,第 46 页。

②《史记》卷一六《秦楚之际月表》,第 772、773 页;《汉书》卷一《高帝纪》,第 20 页。

③《史记》卷八《高祖本纪》:“或说沛公曰:……今闻章邯降项羽,项羽乃号为雍王,王关中。今则来,沛公恐不得有此。”(第 364 页)

④《史记》卷七《项羽本纪》,第 316 页。

⑤《史记》卷九二《淮阴侯列传》,第 2612 页。

"距塞"刘邦。不久,项羽徙杀义帝,陈余、田荣、彭越等怨项羽分封不公而起兵叛之。刘邦利用这一形势,于汉元年五月率军返回关中,首先击败雍军,收复雍地,围章邯于废丘,然后遣将略地。八月,塞王欣、翟王翳降,汉收复其地。二年十一月,拔陇西;正月,拔北地;六月,"废丘降,章邯自杀",关中皆定。刘邦收复关中,虽不像韩信预言的那样"传檄而定",但也没遇到大的阻碍。章邯坚守废丘一年有余,但未对刘邦构成有力牵制,没能影响刘邦收复关中其他地区和东征项羽。

刘邦于汉元年五月出兵关中后,先是坐镇咸阳,二年十一月,"都栎阳"。二月,"令民除秦社稷,立汉社稷"。又下令"举民年五十以上,有修行,能帅众为善,置以为三老,乡一人。择乡三老一人为县三老,与县令丞尉以事相教"。六月,置河上、渭南、中地、陇西、上郡,立孝惠为太子,守栎阳,"令诸侯子在关中者皆集栎阳为卫"①。这一系列举措和对关中各地的军事征服是穿插进行、同时完成的。坐镇咸阳有明显的取秦王而代之的象征意义。栎阳在咸阳东,是秦国旧都,又是塞王之都。刘邦迁都于此,当是由于咸阳残破。刘邦在关中的军事活动比较顺利,在关中各地建立统治也没遇到大的麻烦。所以,汉二年三月,刘邦便率军出关,进驻洛阳,四月便发动了对项羽的第一次攻势。从此,刘邦集团的主力,包括其旧属之大部,当在关东前线,而二年六月,刘邦又把留在关中的旧属即所谓"诸侯子"集中于栎阳充当宿卫②,这意味着刘邦集团已经结束了对关中各郡县的军事占领,恢复了正常

①《汉书》卷一《高帝纪》,第33、38页。

②关于"诸侯子"之含义,参李开元:《汉帝国的建立与刘邦集团——军功受益阶层研究》,北京:三联书店,2000年,第24—26页。

的行政管理。此时的刘邦名义上是项羽所封的“汉王”,实际上是怀王所许的“关中王”,也就是秦人心目中的“秦王”。由楚将而秦王,这是刘邦身份的第二次变化。这一变化为刘邦战胜项羽、建立汉家帝业奠定了基础。

三、用秦之人

刘邦初入关,有人向他建议,“急使兵守函谷关,无内诸侯军,稍征关中兵以自益”,刘邦“从之”,于是有“兵十万”。其中除三万旧属外,大多应是关中秦人。后项羽负约,封刘邦为汉王,“楚与诸侯之慕从者数万人”随刘邦进入汉中①。既曰“数万”,或多于三万,其中有非刘邦旧属而慕从者,韩信就是一例。《史记》卷九二《淮阴侯列传》:韩信初从项羽,“汉王之入蜀,信亡楚归汉”(第2610页)。但三万旧属肯定是其中的主要部分,而且几乎没有秦人,故韩王信说汉“军吏士卒皆山东之人也”②。刘邦收复关中,巴、蜀、汉中是基地。《汉书》卷一《高帝纪》:汉元年四月,“留萧何收巴、蜀租,给军粮食”(第30页),二年二月,“蜀汉民给军事劳苦,复勿租税二岁”(第33页)。同时也征兵巴、蜀、汉中。《史记》卷一八《高祖功臣侯者年表》:须昌侯“以谒者汉王元年初起汉中”(第959页)。是其例。随着关中各地的相继收复,关中秦人开始加入刘邦集团。汉二年二月,刘邦下令“关中卒从军者,复家一岁”③。这是对秦人从军者的优待和鼓励。

其后,刘邦以关中为基地东征项羽,士卒主要来自关中。汉

①《史记》卷八《高祖本纪》,第364、367页。

②《史记》卷八《高祖本纪》,第367页。

③《汉书》卷一《高帝纪》,第33页。

二年三月，刘邦扬言“悉发关内兵，收三河士”以征项羽。当时，项羽正率军北击齐，刘邦“部五诸侯兵，凡五十六万人”①，乘虚而入，攻克彭城。项羽留大军继续击齐，自率精兵三万人救彭城，“大破汉军”，“杀汉卒十余万人”，又大败汉军睢水上，“汉卒十余万人皆入睢水，睢水为之不流”，“多杀士卒”②。此次战役，虽有赵、代、魏、韩等诸侯参加，但汉军是主力，当有二三十万人，其中大多应是“关内兵”。此后，刘邦又屡次败北，损兵折将，但来自关中及河北的援兵使他得以坚持数年之久。

刘邦败于彭城后，退守荥阳，项羽追至荥阳，围而攻之，而“诸侯见楚强汉败，还皆去汉复为楚”③。于是，刘邦一面与项羽相拒于荥阳，一面派韩信北击魏，下之，又派张耳与韩信一道击赵、代，亦下之，从而征发河北士卒支援荥阳。《史记》卷九二《淮阴侯列传》：“信之下魏破代，汉辄使人收其精兵，诣荥阳以距楚。”（第2614页）赵“二十万众”守井陉，被韩信、张耳“数万众”击溃，其中当有一部分成为汉军俘虏，并转为汉军。当时，“楚数使奇兵渡河击赵，赵王耳、韩信往来救赵，因行定赵城邑，发兵诣汉”。不久，刘邦又亲自渡河至赵，夺韩信、张耳军南下，而“令张耳备守赵地，拜韩信为相国，收赵兵未发者击齐”（第2619页）。可见，在楚汉相持期间，河北士卒加入汉军者甚多，是汉军中一支重要力量。其中颇有因功封侯者。《史记》卷一八《高祖功臣侯者年表》：南

①《史记》卷七《项羽本纪》，第321页。“五诸侯”所指，学者众说纷纭。辛德勇对此有详细考证，见所著《楚汉彭城之战地理考述》之《五诸侯兵考》一节，载《历史的空间与空间的历史——中国历史地理与地理学史研究》，北京：北京师范大学出版社，2005年，第112—120页。

②《汉书》卷一《高帝纪》，第34—36页。

③《史记》卷八《高祖本纪》，第371页。

安侯宣虎"以河南将军汉王三年降晋阳"(第 910 页),肥如侯蔡寅"以魏太仆三年初从"(第 911 页)①,祁侯缯贺"以执盾汉王三年初起从晋阳"(第 916 页),深泽侯赵将夕"以赵将汉王三年降,属淮阴侯,定赵、齐、楚"(第 933 页),磨侯程黑②"以赵卫将军汉王三年从起卢奴"(第 938 页),宋子侯许瘛"以汉三年以赵羽林将初从,击定诸侯"(第 940 页),阏氏侯冯解散"以代太尉汉王三年降"(第 945 页),繁侯强瞻"以赵骑将从,汉三年,从击诸侯"(第 948 页)③,共八人,与"从起丰"者同。

不过,来自关中的援兵可能更多。据《汉书》卷一《高帝纪》载,刘邦曾三次获得关中援兵的支持。第一次,汉二年五月,刘邦自彭城退至荥阳,"萧何发关中老弱未傅者悉诣军"(第 37 页)。第二次,汉三年五月,刘邦"自成皋入关,收兵"(第 41 页)。第三次,汉四年十一月,刘邦"西入关,至栎阳……留四日,复入军,军广武。关中兵益出"(第 45 页)。刘邦能够最终战胜项羽,关中士卒源源不断的增援是一个重要因素。《史记》卷五三《萧相国世家》说:刘邦击项羽,"何守关中",刘邦"数失军遁去,何常兴关中卒,辄补缺"(第 2015 页)。鄂君称赞萧何此项功劳说:"上与楚相距五岁,常失军亡众,逃身遁者数矣。然萧何常从关中遣军补其处,非上所诏令召,而数万众会上之乏绝者数矣。"(第 2016 页)据此,萧何每次征发关中援兵可能都有"数万众"。其中因功封侯者也不少。《史记》卷一八《高祖功臣侯者年表》:赤泉侯杨喜"汉王二年从起杜"(第 937 页),中水侯吕马童"汉王元年从起好畤"

①《汉书》卷一六《高惠高后文功臣表》作"汉王三年"(第 559 页)。

②"磨",《汉书》卷一六《高惠高后文功臣表》作"历"(第 586 页)。

③"繁侯强瞻",《汉表》作"平侯张瞻师",未知孰是。又"汉三年",《汉表》作"汉五年",恐误。

（第935页），涅阳侯吕胜"汉王二年从出关"（第932页），吴房侯杨武于"汉王元年从起下邽"（第943页），高陵侯王虞人"汉王元年从起废丘"（第967页），戚侯季必"汉二年初起栎阳"（第969页），甘泉侯王竟"汉元年初从起高陵"（第973页），长修侯杜恬"汉王二年用御史初从出关"（第956页），汾阳侯靳强秦二世三年"从起栎阳"①。还有杜衍侯王翳，"以郎中骑汉王三年从起下邳，属淮阴，从灌婴"（第936页）。《汉书》卷一六《高惠高后文功臣表》作"二年"。案刘邦在汉二年、三年间只于二年四月一度打到彭城，但很快被项羽击溃，退至荥阳。下邳在彭城东，而《史》《汉》都没有提到刘邦此次东进曾打到下邳，灌婴击下邳则是汉五年十月间事。我怀疑此处"下邳"乃"下邽"之误，王翳很可能也是关中人。这样，秦人以功封侯者便有了九或十人，比"从起丰"者略多。

刘邦麾下还有一支主要由秦人组成的"郎中骑兵"。《史记》卷九五《灌婴列传》：汉军退至荥阳，"楚骑来众，汉王乃择军中可为骑将者，皆推故秦骑士重泉人李必、骆甲习骑兵，今为校尉，可为骑将。汉王欲拜之，必、甲曰：'臣故秦民，恐军不信臣，臣愿得大王左右善骑者傅之。'……乃拜灌婴为中大夫，令李必、骆甲为左右校尉，将郎中骑兵击楚骑于荥阳东，大破之"（第2668页）。除左右校尉是秦人外，这支部队的普通成员也多是秦人。《灌婴列传》："项籍败垓下去也，婴以御史大夫受诏将车骑别追项籍至东城，破之。所将卒五人共斩项籍，皆赐爵列侯。"（第2671页）据《项羽本纪》，这五人便是上面提到的王翳、杨喜、吕马童、吕胜和

①《高祖功臣侯者年表》作"从起阳夏"。此处用《汉书》卷一六《高后高惠文功臣表》文。说详下。

杨武，皆为秦人。张良劝刘邦都关中时提到“关中……北有胡苑之利”[①]。苑是养马的场所。《史记》卷一二九《货殖列传》也说“关中……北有戎翟之畜，畜牧为天下饶”（第3262页）。关中多马，关中人则多“习骑兵”，因此刘邦的骑兵部队中多为秦人是很自然的。

或以为刘邦以灌婴为骑将是汉组建骑兵之始[②]，但上引《灌婴列传》所说的并不是组建“郎中骑兵”，而是选择“骑将”去统率“郎中骑兵”。从语气上看，这支“郎中骑兵”在此之前已经存在了。《汉书》卷一九《百官公卿表》：“郎中令，秦官，掌宫殿掖门户。”所属郎官有议郎、中郎、侍郎、郎中，“郎中有车、户、骑三将”（第727页）。刘邦所择“骑将”应即统领“郎中骑兵”的郎中骑将。汉何时开始置郎官？史无明文。《史记·灌婴列传》：“沛公立为汉王，拜婴为郎中，从入汉中。”（第2668页）又《史记·高祖功臣侯者年表》有鲁侯奚涓，“以舍人从起沛，至咸阳为郎中，入汉”（第917页）；昌武侯单宁，“初起以舍人从，以郎中入汉，定三秦，以郎中将击诸侯”（第920页）；宣曲侯丁义，“以卒从起留，以骑将入汉”（第921页）；乐成侯丁礼，“以中涓骑从起砀中，为骑将入汉，定三秦”（第925页）；堂阳侯孙赤，“以中涓从起沛，以郎入汉”（第955页）；宁陵侯吕臣，“以舍人从陈留，以郎入汉”（第961页）；纪侯陈仓，“以中涓从起丰，以骑将入汉”（第972页）；张侯毛泽，“以中涓骑从起丰，以郎将入汉”（第974页）[③]。根据这些材料，刘邦入关后才有了“郎”官，也有了“郎将”、“骑将”、“郎中

①《史记》卷五五《留侯世家》，第2044页。

②史念海：《汉代长安城的营建规模》，载《历史科学与理论建设——祝贺白寿彝教授九十华诞》，北京师范大学出版社，1999年。

③“郎将”，《汉书》卷一六《高后高惠文功臣表》作“郎骑”（第616页）。

将”等官。

汉初功臣中还有个汾阳侯靳强,《史记·高祖功臣侯者年表》曰:“以郎中骑千人前二年从起阳夏,击项羽,以中尉破锺离眛功侯。”(第961页)而《汉书·高惠高后文功臣表》作“前三年从起栎阳”。前二年即楚怀王二年,亦即秦二世三年,次年就是汉元年,故《汉表》“前三年”误①。但刘邦于二世三年略地未见至阳夏,且靳强若于此年“从起阳夏”,其“侯功”栏当有“从击秦”、“至霸上”等语,既无之,则《史记》“从起阳夏”一句当亦有误。二世三年八月,刘邦入武关,九月至蓝田,次年十月至霸上,靳强若于二世三年“从起栎阳”,则有可能是在该年九月。据《史》《汉》之《高祖纪》,汉五年十月,刘邦曾追项羽至阳夏,与韩信、彭越期会击楚,但刘邦至固陵后,韩信、彭越皆不至,反被楚军“大破之”。又据《史记·高祖功臣侯者年表》,宣曲侯丁义曾“破锺离眛军固陵”。汾阳侯靳强条“阳夏,击项羽,以中尉破锺离眛”云云,当即指此。笔者颇疑靳强乃于二世三年自栎阳降汉,后随刘邦追项羽至阳夏,又至固陵,以破锺离眛功而封侯。《史》《汉》二《表》各有

---

①《史记》、《汉书》功臣侯表常有“前元年”、“前二年”之语。《汉表》蓼侯孔聚条师古注曰:“前元年,谓初起之年,即秦胡亥元年。”王先谦《补注》引吴仁杰曰:“前元年皆胡亥二年。颜说非。”李开元认为:“秦二世二年,楚怀王立,其时,刘邦军属楚用楚制,当用楚历,故前元年当为楚怀王元年,即汉前所属的楚之元年意。据此,则前二年为楚怀王二年,也就是秦二世三年。”并指出,《汉表》“三年当为二年之误”。见氏著《说南郡守强和醴阳令恢》,《中国史研究》1998年第2期。今从李说。又,《史记》、《汉书》功臣侯表提到“前三年”的还有一例,即汁方侯雍齿“以赵将前三年从定诸侯”。刘邦灭赵在汉王三年,赵将降汉多在此年。如深泽侯赵将夕“以赵将汉王三年降”,历侯程黑“以赵卫将军汉王三年从起卢奴”,宋子侯许瘛“以汉三年以赵羽林将初从,击定诸侯”。据此,汁方侯条“前三年”当为“汉三年”之误。这是支持李开元说的一个旁证。

脱漏。所谓“郎中骑千人”当是秦官。《汉书》卷四一《靳歙传》：“斩骑千人将一人。”注引如淳曰：“骑将率号为千人。《汉仪注》：边郡置部都尉、千人、司马、候也。”（第 2086 页）靳强“从起栎阳”，被拜为郎中骑千人将。据《史记》卷七《项羽本纪》：刘邦自鸿门宴逃还霸上时，身边有“樊哙、夏侯婴、靳强、纪信等四人”（第 314 页）。说明靳强此时已是刘邦身边的宿卫将领，而“郎中骑兵”可能也成了刘邦的宿卫禁旅。汉之“郎中骑兵”或许始建于此。但这支队伍起初大概只用于宿卫仪仗，自灌婴为将，才投入前线作战。

灌婴所将骑兵战斗力很强，是汉军主力部队之一。刘邦退守荥阳之初，大破楚军骑兵、挡住楚军追击势头的便是这支部队。韩信渡河击魏，灌婴以骑将同步卒将曹参俱往。《汉书》卷一《高帝纪》：刘邦问郦食其：“魏大将谁也？”对曰：“柏直。”刘邦曰：“是口尚乳臭，不能当韩信。骑将谁也？”对曰：“冯敬。”刘邦曰：“是秦将冯无择子也，虽贤，不能当灌婴。步卒将谁也？”对曰：“项它。”刘邦曰：“是不能当曹参。吾无患矣。”（第 39 页）韩信与萧何、张良并称“三杰”，是刘邦手下的头号将才。曹参是汉初第二功臣，仅次于萧何，而战功实为第一。灌婴在汉初功臣中排名第九，所率“郎中骑兵”则是刘邦集团中最强大的骑兵。在楚汉战争中，这支部队在韩信指挥下，和曹参所将步卒一道，冲锋陷阵，立下汗马功劳。魏地已下，灌婴与曹参又随韩信击赵、代。刘邦至赵夺韩信、张耳军，灌婴、曹参皆随刘邦返回敖仓。不久，韩信东击齐，灌婴、曹参又与俱往。破齐后，项羽得知“韩信已举河北兵破齐、赵，且欲击楚”，遂使龙且、周兰率楚军“二十万”往击之。龙且是项羽手下一员骁将，曾击败勇猛善战的英布。韩信命灌婴、曹参迎战，结果大破楚军，杀龙且，生擒周兰，“皆虏楚卒”[①]。龙且之死及其所率楚军之降，对项羽是致命的一击。史称：“项王闻龙且军破，则恐。”[②]其后，曹参“留平齐未服者”，韩信“引兵诣陈，与汉王共破项羽”[③]，灌婴则转战敌后，“别将击楚将公杲于鲁北，破之。转南，破薛郡长，身虏骑将一人。攻傅阳，前至下相以东南僮、取虑、徐。度淮，尽降其城邑，至广陵。项羽使项声、薛公、郯公复定淮北。婴度淮北，击破项声、郯公下邳，斩薛公，下下邳，击破楚骑于平阳，遂降彭城，虏柱国项佗，降留、薛、沛、酂、萧、相。攻苦、谯，复得亚将周兰。与汉王会颐乡”[④]。及项羽从垓下率八百余骑突围南走，刘邦“令骑将灌婴以五千骑追之”[⑤]，几经激战，最后在东城将项羽消灭。

关中秦人源源不断的补充，无疑会使军中下层将士的人员构成发生变化，由楚人为主变为秦人为主。刘邦在荥阳选择骑将时，军中仍以关东特别是楚人为主，秦人尚不为关东人所“信”，因而难以为“将”。但到刘邦率“汉军及诸侯兵”围项羽于垓下时，项羽“夜闻汉军四面皆楚歌”，乃大惊曰：“汉皆已得楚乎？是何楚人之多也！”[⑥]言下之意，刘邦军中不该有这么多楚人，而应多是秦人。史念海先生认为：“这可能是汉军的诡计，汉军还是以秦人为主力的。”[⑦]其实，韩信军中有俘自龙且军的大量楚人，灌婴此前也已降下彭城及其周围各城，故垓下汉军中多有楚人不足为怪。但

---

①《史记》卷七《项羽本纪》，第 329 页；卷九二《淮阴侯列传》，第 2621 页。

②《史记》卷七《项羽本纪》，第 329 页。

③《史记》卷五四《曹相国世家》，第 2027 页。

④《史记》卷九五《灌婴列传》，第 2670 页。

⑤《史记》卷七《项羽本纪》，第 334 页。

⑥《史记》卷七《项羽本纪》，第 333 页。

⑦史念海：《汉代长安城的营建规模》，载《历史科学与理论建设——祝贺白寿彝教授九十华诞》。

汉军应以秦人为主是不错的。秦人作为反秦战争的被征服者，在楚汉战争中却成了征服者，为汉朝再造帝业，立下汗马功劳。

四、承秦之制

刘邦欲王关中，故急急西进，一路破军杀将，在韩地颍阳还有屠城暴行①。但将入武关时，他下令“毋得卤掠”，注意笼络秦民之心，史称“秦民喜”。至咸阳后，秦王子婴降，诸将或主张杀之，刘邦说：“始怀王遣我，固以能宽容，且人已服降，杀之不祥。”乃以属吏。后刘邦左司马曹毋伤使人告项羽：“沛公欲王关中，令子婴相，珍宝尽有之。”虽有小人挑拨之嫌，但刘邦欲王关中是事实，说刘邦打算以子婴为相可能亦非凭空捏造，因为这符合刘邦笼络秦民的意图。刘邦又封秦府库，驻军霸上，向诸县父老豪杰宣布：“凡吾所以来，为父老除害，非有所侵暴，无恐！”并派人与秦吏行郡县告谕之。于是，“秦人大喜”，“唯恐沛公不为秦王”②。刘邦对秦人的笼络政策收到良好效果。与之形成对照的是，项羽入关后，先设鸿门之宴，逼刘邦放弃王关中的念头，又“西屠咸阳，杀秦降王子婴，烧秦宫室，火三月不灭”，最后“收其货宝妇女而东”③。史称项羽“所过无不残破，秦人大失望”④。项羽所封三秦王虽然都是秦人，但“秦民莫爱”。因此，韩信对刘邦所说“秦民无不欲得大王王秦者”，“大王失职入汉中，秦民无不恨者”⑤，大体符合当

---

①《史记》卷八《高祖本纪》：“攻颍阳，屠之。”（第358页）《汉书》卷一《高帝纪》作“颍川”（第18页），误。

②《史记》卷八《高祖本纪》，第361、362页。

③《史记》卷七《项羽本纪》，第315页。

④《史记》卷八《高祖本纪》，第365页。

⑤《史记》卷九二《淮阴侯列传》，第2612页。

时秦人心态。

不过,刘邦所做的多是表面文章,真正赢得秦民之心、从而使汉政权在关中牢牢站稳脚跟的还是萧何。刘邦于汉元年八月自汉中打回关中,二年三月即出关东征项羽,六月"还栎阳",八月"如荥阳",三年五月"自成皋入关",随即"出军宛、叶间",四年十一月"入关,至栎阳","留四日,复如军,军广武",五年十二月灭项羽,二月即皇帝位,"都洛阳",五月"西都长安"①。从二年三月到五年五月,共三年零三个月,其间刘邦主要在关东前线指挥作战,返回关中只有三次,停留时间加在一起也不过两个月左右,关中事务主要由丞相萧何负责,所谓"专属任何关中事"②。《史记》卷一三〇《太史公自序》:"萧何填抚山西,推计踵兵,给粮食不绝,使百姓爱汉,不乐为楚。"(第3311页)萧何对关中的经营,获得极大成功,除了征发士卒和粮草支援刘邦对项羽的战争外,还进一步赢得了秦民之心,使秦民"爱汉"。而萧何本人也得到秦人的拥戴,以致引起刘邦的疑忌。《史记》卷五三《萧相国世家》载:汉三年,刘邦与项羽"相距京、索之间"时,曾"数使使劳苦丞相",萧何不解其意,有位鲍生对他解释说:"王暴衣露盖,数使使劳苦君者,有疑君心也。"于是,萧何听从其计,遣"子孙昆弟能胜兵者悉诣军所",以示忠心,刘邦乃"大悦"(第2015页)。京、索在荥阳南,据《史》《汉》之《高帝纪》,刘邦与项羽相拒"荥阳南"在汉三年四月以前,此时萧何经营关中才一年左右。

《汉书》卷一《高帝纪》载:刘邦于五年五月入都关中,七月③,

---

①《汉书》卷一《高帝纪》,第38、41、45、50、54、58页。

②《史记》卷五三《萧相国世家》,第2015页。

③《史记》卷八《高祖本纪》作"十月",今从《汉书》。

率军出关征臧荼、利几、韩信，六年正月至五月之间返回栎阳。七年十月，率军出关击韩王信，二月返回关中，并迁都长安。八年冬，率军出关“击韩信余寇”，十二月返回长安。三月“行如洛阳”，九月返回长安。九年十二月“行如洛阳”，二月返回长安。十年九月，率军出关东讨陈豨，十一年四月，返回长安。七月，率军击英布，十二年十一月返回长安。四月，崩。从五年五月到十二年四月，整整七年，刘邦有两年七个月以上不在关中，其主要注意力显然也不在关中，而在平定关东诸将的反叛。因而我们有理由相信，即使在刘邦入都关中后的七年中，关中事务仍主要由萧何处置。这使得萧何在关中秦人中的威信始终高于刘邦，以至于刘邦晚年，又两次对萧何产生怀疑，并几乎置之于死地。

《史记》卷五三《萧相国世家》：汉十一年，刘邦击陈豨，在邯郸，得知吕后用萧何计在长安杀了韩信，遂“使使拜丞相何为相国，益封五千户，令卒五百人一都尉为相国卫”。诸君皆贺，而召平警告萧何：“祸自此始矣。上暴露于外而君守于中，非被矢石之事而益君封置卫者，以今者淮阴侯新反于中，疑君心矣。夫置卫卫君，非以宠君也。”萧何用召平之谋，“让封勿受，悉以家私财佐军”，刘邦乃“大喜”（第 2017 页）。十二年秋，英布又反，刘邦率军击之，“数使使问相国何为”。萧何认为刘邦统兵在外，自当尽力“拊循勉力百姓，悉以所有佐军，如陈豨时”。有客说萧何曰：“君灭族不久矣。夫君位为相国，功第一，可复加哉？然君初入关中，得百姓心，十余年矣，皆附君，常复孳孳得民和。上所为数问君者，畏君倾动关中。”于是萧何又用其计，“多买田地，贱贳贷以自污”。刘邦得知后又“大悦”，返回长安途中，“民道遮行上书，言相国贱强买民田宅数千万”，见到萧何，笑曰：“夫相国乃利民！”令其“自谢民”。萧何以为刘邦疑心已释，因为民请曰：“长安地狭，上林中多空地,弃,愿令民得入田。”没想到刘邦大怒,以为“相国多受贾竖金而为民请吾苑,以自媚于民”,将其下狱。“相国多受贾竖金”完全是刘邦的猜测,并无证据,王卫尉以此劝谏,刘邦不得不放出萧何,但仍对萧何说:“相国为民请苑,吾不许,我不过为桀纣主,而相国为贤相。吾故系相国,欲令百姓闻吾过也。”(第2018页)

显然,刘邦忌萧何,不在其权势,而在其得关中民心。这恰恰说明了萧何经营关中、笼络秦民的成功。那么萧何在关中究竟做了哪些事,使得秦人能够“爱汉”,也使他自己“初入关中”便深“得百姓心”?

据《汉书》卷一《高帝纪》载:刘邦“部署诸将”攻打三秦时,“留萧何收巴、蜀租,给军粮食”(第30页),实际是将所有后方事务都交由萧何负责。刘邦于汉元年五月出兵,当月即“定雍地”,居咸阳,八月,“塞王欣、翟王翳皆降”,史称“汉王并关中”(第31页)。关中大部分地方既然已经收复,总统后方事务的萧何便应离开汉中而来到关中,负责处置关中事务了。二年十月,刘邦“如陕,镇抚关外父老”,十一月,“还归,都栎阳”,二月,“令民除秦社稷,立汉社稷”(第33页)。《史记》卷五三《萧相国世家》对萧何在楚汉战争期间的作为有一段概括性的描述:“汉二年,汉王与诸侯击楚,何守关中,侍太子,治栎阳,为法令约束,立宗庙、社稷、宫室、县邑,辄奏上,可,许以从事;即不及奏上,辄以便宜施行,上来以闻关中事。计户口转漕给军,汉王数失军遁去,何常兴关中卒,辄补缺。”(第2014页)①《汉书》卷三九《萧何传》同。

---

①《资治通鉴》系此事于汉高帝二年秋八月,且曰“汉王如荥阳,命萧何守关中……”,不知何据。然是年五月萧何已经“发关中老弱未傅者悉诣军”,鄂君论萧何之功则曰“非上所诏令召,而数万众会上乏绝者数矣”,《通鉴》之说恐不确。

可见，萧何在关中主要做了两件事：一是转漕兴卒支援刘邦，这势必给关中百姓带来沉重负担和巨大牺牲，秦人不会因此而拥戴他。二是“为法令约束，立宗庙、社稷、宫室、县邑”。“立宗庙、社稷、宫室、县邑”等措施，主要是确定刘邦的“关中王”身份，并重建关中地区的行政网络，对提高萧何在秦人中的威望不会起太大作用。但立社稷是二年二月事，立宫室可能是指二年十一月“都栎阳”前对栎阳旧宫进行修缮之事，立宗庙和立县邑无考，应当也是收复关中后不久所做的事。据此，萧何自汉元年末或二年初，便已在关中，并开始了对关中的经营。而据《汉书·高帝纪》，在萧何立社稷、宫室的同时，汉还发布了一系列命令：二年十一月，“故秦苑囿园池，令民得田之”；春正月，“赦罪人”；二月，“施恩德，赐民爵。蜀汉民给军事劳苦，复勿租税二岁。关中卒从军者，复家一岁。举民年五十以上，有修行，能帅众为善，置以为三老，乡一人。择乡三老一人为县三老，与县令丞尉以事相教，复勿繇戍。以十月赐酒肉”（第33页）。这些措施显然是用来安抚关中百姓的，无疑会给他们带来好处。这些命令肯定以刘邦的名义发布，但建议应是总统后方事务的萧何提出的，因而秦人很可能将这些德政记在萧何头上。

此外，便是“为法令约束”一事。《晋书》卷三〇《刑法志》：“汉承秦制，萧何定律……益事律《兴》、《厩》、《户》三篇，合为九篇。”①此事究竟发生在何时？《史记》无明文。卷一三〇《太史公自序》：“汉兴，萧何次律令。”（第3319页）卷五三《萧相国世家》太史公曰：“何……因民之疾秦法，顺流与之更始。”（第2020页）《汉书》似乎认为其时较晚。卷一《高帝纪》：“天下既定，命萧何

①《晋书》，北京：中华书局，1974年，第922页。

次律令。"（第81页）卷二三《刑法志》："汉兴，高祖初入关，约法三章……蠲削烦苛，兆民大说（悦）。其后四夷未附，兵革未息，三章之法不足以御奸，于是相国萧何捃摭秦法，取其宜于时者，作律九章。"（第1096页）虽未交待"作律九章"的具体时间，但既曰"天下既定"、"四夷未附，兵革未息"，似指楚汉战争结束之后。《汉书·刑法志》又曰："汉兴之初，虽有约法三章，网漏吞舟之鱼，然其大辟尚有夷三族之令……彭越、韩信之属皆受此诛。"（第1104页）案诛韩信在汉十一年正月，诛彭越在同年三月。观《汉志》语气，三章之法好像一直沿用到刘邦晚年。其实不然。韩国磐已经指出：三章之法"只是一时的策略"[①]。张建国从三章之法对人的效力、空间效力和时间效力三个方面做了更为详细的考证，认为"班固的说法有可疑之处"，进而推断说，三章之法的有效期"短则不过两月，长则不过两年"[②]。

如前述，刘邦壮年以后的活动在楚地，因而深知楚人习俗，又曾为亭长，熟悉秦朝律令，对楚俗与秦法之间的矛盾应有清楚的认识。所以，他起兵之初便喊出"天下苦秦久矣"的口号，入关后又对秦地父老豪杰说："父老苦秦苛法久矣，诽谤者族，偶语者弃市。"此时，他自以为"当王关中"，遂以未来秦王的身份，"与父老约法三章耳：杀人者死，伤人及盗抵罪。余悉除去秦法"。不过，这只是临时措施，日后如何？刘邦明确表示，将"待诸侯至而定约束耳"[③]。但不久，项羽入关，违约改封刘邦于巴、蜀、汉中，而封章邯等为三秦王。刘邦"约法三章"在汉元年十一月，项羽分封在二

①韩国磐：《汉高祖除秦苛法质疑》，《求索》1992年第6期。

②张建国：《试析汉初"约法三章"的法律效力——兼谈"二年律令"与萧何的关系》，《法学研究》1996年第1期。

③《史记》卷八《高祖本纪》，第362页。

月，刘邦入汉中在四月。刘邦既然改封为汉王，他以未来秦王身份所颁布的临时约法自然也就失效了。三秦王不可能沿用刘邦制定的三章之法。他们统治各自的封国很可能仍用秦法。所以，三章之法实际施行的时间可能只有三到五个月。刘邦入汉中后第二个月，即汉元年五月开始进攻关中，八月就基本控制了关中，当年末或次年初，萧何便来到关中，负责处理关中事务，于是有“为法令约束”之事。

萧何所“为法令约束”仍是三章之法吗？我认为不是。刘邦收复关中的战事进行得相当顺利，至二年六月便完成了。此时的刘邦已经成为真正的而不是尚待承认的“关中王”，萧何在关中“立宗庙、社稷、宫室、县邑”就说明了这一点。由于已不存在等待其他诸侯前来共“定约束”的问题，刘邦不大可能重申明显带有临时性质的三章之法。相反，刘邦收复关中后，都栎阳，设郡县，很快结束了对关中各地的军事占领。他必须利用关中原有的郡县乡里机构进行正常的行政管理，并有效地组织兵员和粮草的征发。在这种情况下，制定和颁布正式的而不是临时的“法令约束”，不仅是完全必要的，也是十分紧迫的。

湖北江陵张家山 247 号墓出土的《奏谳书》中，有十六条汉初的案例，其年代都在高祖六年至十一年间。据彭浩归纳，《奏谳书》透露出的汉初律令之内容，有“蛮夷律”、“禁从诸侯来诱”、“取亡人为妻，黥为城旦”、“贼伤人”、“受、行赇枉法”、“戍卒未得越塞者赎耐”、“为伪书”、“诸无名数者，皆令自占书名数”、“贼杀人，弃市”、“谋贼杀人，与贼同法”、“纵囚与同罪”等十一条①。如此严密的法律肯定不是三章之法。卜宪群指出：《奏谳书》中出现

①见彭浩：《谈〈奏谳书〉中的西汉案例》，《文物》1993 年第 8 期。

的汉初法律与秦律有“诸多相同或相似之处”，包括“刑名大体相同”，“审判程序基本一致”，“量刑标准与秦律极相似”，“刑徒也与秦刑徒一样是无期的”①。高敏甚至断言：“《奏谳书》所反映出来的汉律……是全部继承秦律而来的汉律”②。这足以证明“萧何定律”一事在高祖六年以前③。而《史记》卷五三《萧相国世家》和《汉书》卷三九《萧何传》中涉及制定律令的记载只有汉二年一条。杨树达《汉书窥管》卷四萧何“为令约束”条按：“《司马迁传》云：‘汉兴，萧何次律令。’盖于此时已肇其端矣。”④罗新认为，“这个判断是切合情理的”，“当刘邦出关击楚时，律令的制定必已在进行之中”⑤。张建国也认为，这“完全可能就是司马迁所说的‘汉兴，萧何次律令’的起始时间”⑥。笔者赞同这些看法，并认为，萧何于汉二年“为法令约束”，很可能是重申曾被刘邦废除、后被三秦王恢复的“秦法”，其后又根据需要“益事律《兴》、《厩》、

①卜宪群：《秦制、楚制与汉制》，《中国史研究》1995 年第 1 期。

②高敏：《汉初法律系全部继承秦律说——读张家山汉简〈奏谳书〉札记之一》，载《秦汉史论丛》第 6 辑。

③高敏在同一篇文章中提出：“高祖入关后约法三章时并未‘余悉除去秦法’”，而是全部继承秦律；至“高祖十一年十一月以后和十二年前”，萧何才“改秦律为汉律”。此说颇为新颖，但否定“余悉除去秦法”的记载，证据不足。

④上海：上海古籍出版社，2006 年，第 311 页。

⑤他的理由是：“律令固然有用于军阵行武，但其主要功能仍在于治理郡县，建立国家。刘邦先得巴蜀，后得关中，以此为根据地而出关击楚，巴蜀关中是他成功的关键。丞相萧何受委专任巴蜀关中之事，面临的紧迫任务就是制定律令、损益制度。”见氏著《从萧曹为相看所谓“汉承秦制”》，《北京大学学报》1996 年第 5 期。

⑥张建国：《试析汉初“约法三章”的法律效力——兼谈“二年律令”与萧何的关系》，《法学研究》1996 年第 1 期。

《户》三篇”，遂成九章汉律①。《晋书》卷三〇《刑法志》说：汉律“因秦《法经》，就增三篇，而《具律》不移，因在第六”。《具律》是用来“具其加减”亦即“经略罪法之轻重，正加减之等差”的，大致相当于后世的“名例律”，性质与其他各篇不同，照理应为首篇或末篇，而汉律仍置之于第六，所谓“既不在始，又不在终，非篇章之义”（第924页）。这也许正是萧何先将六章《秦律》改为《汉律》颁布之，后增三篇成九章《汉律》而留下的痕迹。

萧何初至咸阳，曾“收秦丞相御史律令图书藏之”②，而所定汉律几乎照抄秦律。例如：刘邦废除秦法时，曾以“诽谤者族，偶语者弃市”为例说明秦法之“苛”，而萧何所定汉律却沿用了《挟书律》和《妖言令》，直到惠帝时才下令废除《挟书律》，高后初年下令废除《妖言令》，后又恢复，文帝时再次废除。《汉书》卷二三《刑法志》：“陵夷至于战国，韩任申子，秦用商鞅，连相坐之法，造参夷之诛。”（第1096页）《晋书》卷三〇《刑法志》说：“萧何定律，除参夷连坐之罪。”（第922页）案《汉书》卷三《高后纪》元年正月诏曰：“前日孝惠皇帝言欲除三族罪、妖言令，议未决而崩，今除之。”（第96页）《晋书·刑法志》载东汉梁统上疏曰：“文帝……除相坐之法。”（第918页）是“参夷”即“三族”罪除于高后时，连坐法则除于文帝时，皆非萧何所除。秦律中这些严酷条文尚被萧何所继承，其他条文可想而知。因此，就萧何所定汉律而言，“汉

①贝塚茂树和增渊龙夫认为，萧何制作《户》、《兴》、《厩》三篇也在汉二年。见贝塚茂树：《汉律略考》，载《桑原博士六十诞辰纪念东洋史论丛》；增渊龙夫：《关于战国秦汉时代集团的约》，载《中国古代的社会与国家》。转引自大庭脩：《秦汉法制史研究》，林剑鸣等译，上海：上海人民出版社，1991年，第270页。

②《史记》卷五三《萧相国世家》，第2014页。

承秦制”是实实在在的[①]。

萧何守关中，所面对、所依靠的主要是秦人，而秦之“法律令”正是秦人行用多年、久已成俗的基本制度。《史记》卷五《秦本纪》说：商鞅变法之初，“百姓苦之，居三年，百姓便之”（第203页）。同书卷六八《商君列传》说：商鞅颁布变法令后“期年，秦民之国都言初令之不便者以千数”，但“行之十年，秦民大说，道不拾遗，山无盗贼，家给人足。民勇于公战，怯于私斗，乡邑大治。秦民初言令不便者有来言令便者”（第2231页）。其后，反对变法的贵族虽以谋反罪名将商鞅处死，但正如韩非所说“秦法未败”[②]，秦继续沿着富国强兵的军国主义道路向前发展，并最终创立了天下一统之帝业。从秦国变法图强的历史中我们看到，秦法虽是从魏国引进的，但基本符合关中民俗的特点与需要，因而最终为关中百姓所接受。这种局面到秦朝灭亡之时并没有发生根本的改变。因此当楚人高呼“天下苦秦”、关东燃起熊熊反秦战火之时，关中却相对平静。秦律为关中文化的重要组成部分，来自楚却

①有学者认为，萧何所定《九章律》“比秦朝苛严的律令远为宽缓和简明”。见白寿彝总主编：《中国通史》第四卷，上海：上海人民出版社，1995年，上册，第285页。但多数学者持相反的看法。如：钱穆说：“汉初制度、法律，一切全依秦旧。”见氏著《国史大纲（修订本）》，北京：商务印书馆，1994年，上册，第129页。侯外庐等说：“汉律之峻峭，比秦更甚。”见氏著《中国思想通史》第二卷，北京：人民出版社，1957年，第62页。傅荣珂说：“秦刑律之严苛，颇为后人所诟病，然而汉律之酷虐，亦与秦律不相上下。”见氏著《睡虎地秦简刑律研究》，台北：台湾商鼎文化出版社，1992年，第234页。卜宪群说：“汉初法律并不比秦律宽容……早期汉律，至少在刘邦统治期间，对秦律更多的是直接继承，其变化当在文景以后。”见氏著《秦制、汉制与楚制》，《中国史研究》1995年第1期。

②陈奇猷：《韩非子集释·定法》，北京：中华书局，1958年，第907页。

"王关中"的刘邦集团不能不加以尊重。萧何承秦制而定汉律,正是在据秦之地与用秦之人的同时,入乡随俗,向关中文化做出妥协①。《史记》卷五四《曹相国世家》:"百姓歌之曰:萧何为法,颟若画一。"(第2031页)可见萧何此举确实得到关中百姓的拥护。而萧何通过继承秦制,不仅使他本人进一步赢得秦人的拥戴,也使刘邦集团得以继承秦朝的军国主义体制②,从而有效地动员和利用关中的自然与人力资源。从这个意义上说,承秦之制是刘邦集团承秦立汉的关键一环。没有这一环,刘邦集团就不能真正转化为关中政权,也就不能真正据有当年秦灭六国的有利形势。

第三节　郡国并行及其意义

秦灭六国后,废分封,立郡县,是为秦制。项羽灭秦,自称西楚霸王,又立十八诸侯,是为楚制。刘邦灭项羽,郡国并行,是为

①罗新认为:"在干戈扰攘之际,他(指萧何)不可能撇开巴蜀关中地区原有的社会管理机制,而另行一套他本来知之甚少的制度与律令。很明显,楚制在这里行不通。唯一的选择,是承用秦王朝原有的一套,包括制度和法令,来维持对该地区的有效控制。"见氏著《从萧曹为相看所谓"汉承秦制"》,《北京大学学报》1996年第5期。王葆玹也认为:约法三章和悉除去秦法"只是刘邦集团初入关中所采取的措施",而刘邦从汉中返回关中后"所实行的制度,恐怕不会是悉除去秦法,而应当是沿袭秦制以适应秦俗,取悦于秦人"。见氏著《今古文经学新论》,北京:中国社会科学出版社,1997年,第196—197页。

②阎步克对秦的军国主义传统有很好的论述,见氏著《士大夫政治演生史稿》,第225—238页。

汉制。汉制杂用秦楚，和秦立郡县、楚复分封一样，也是当时形势使然。这形势就是上文所述“反秦”与“承秦”两大对立潮流的并存。刘邦面对这两大潮流，因地制宜，创立了郡国并行之制。由此我们意识到，郡国并行的本质可能是东西异制，主要意义则是允许东方王国在一些方面和一定程度上从俗而治。如果是这样，郡国并行便是汉初特有的东方政策，是汉初统治者在承秦立汉的过程中为避免重蹈亡秦覆辙而采取的一种对策。下面，让我们对这一问题试做考证和分析。

一、郡国并行制的形成

《史记》卷一七《汉兴以来诸侯王年表》述汉初郡国形势曰：“高祖子弟同姓为王者九国，唯独长沙异姓，而功臣侯者百有余人。自雁门、太原以东至辽阳，为燕、代国；常山以南，大行左转，度河、济，阿、甄以东薄海，为齐、赵国；自陈以西，南至九疑，东带江、淮、谷、泗，薄会稽，为梁、楚、淮南、长沙国。皆外接于胡、越。而内地北距山以东尽诸侯地，大者或五六郡，连城数十，置百官宫观，僭于天子。汉独有三河、东郡、颍川、南阳，自江陵以西至蜀，北自云中至陇西，与内史凡十五郡，而公主列侯颇食邑其中。”（第801页）《汉书》卷一四《诸侯王表》略同。

刘邦为何杂用秦楚、郡国并行？司马迁说是为了“镇抚四海，用承卫天子”，班固说是鉴于“亡秦孤立之败”的教训。其实，关中的天子通过封立王侯来统治东方边远地区，乃西周成法。秦统一天下后，多数人仍主张沿用这一办法。《史记》卷六《秦始皇本纪》：始皇二十六年，“丞相绾等言：‘诸侯初破，燕、齐、荆地远，不为置王，毋以填之。请立诸子，唯上幸许。’始皇下其议于群臣，群臣皆以为便”。只有李斯反对，遂从李斯之议，分天下为三十六郡

(第238页)。始皇三十四年,博士淳于越又谏曰:"臣闻殷周之王千余岁,封子弟功臣,自为枝辅。今陛下有海内,而子弟为匹夫,卒有田常、六卿之臣,无辅拂,何以相救哉?事不师古而能长久者,非所闻也。"又因李斯反对,而有焚书之祸(第254页)。秦朝的灭亡似乎用事实否定了李斯和秦始皇的观点,而支持了多数人的主张,使得恢复分封成为占压倒优势的舆论。司马迁和班固也未能跳出这一窠臼。但刘邦创立郡国并行制之初,并非完全出于这样的考虑。

刘邦与项羽"争权天下",大致可分三个阶段:

第一阶段,刘邦于汉元年八月出兵,先定雍地,至咸阳,然后"遣诸将略定陇西、北地、上郡。令将军薛欧、王吸出武关,因王陵兵南阳,以迎太公、吕后于沛"。二年初又"东略地,塞王欣、翟王翳、河南王申阳皆降。韩王昌不听,使韩信击破之。于是置陇西、北地、上郡、渭南、河上、中地郡;关外置河南郡。更立韩太尉信为韩王"①。在这个阶段,刘邦所争的主要是他本应得到的"关中王"的地盘和名分,尚未向项羽的霸主地位公开挑战。张良为刘邦循韩,遗项羽书曰:"汉王失职,欲得关中,如约即止,不敢东。"又以齐、梁反书遗项羽曰:"齐欲与赵并灭楚。"项羽"以此故无西意,而北击齐"②。张良之计是想先斗齐楚,使刘邦得以乘虚进攻项羽的老巢,而怀王之约也确实掩盖了刘邦的野心。

第二阶段,汉二年三月,刘邦从临晋渡河至魏地,"魏王豹将兵从"。又"下河内,虏殷王(司马卬),置河内郡"。既而"南渡平阴津,至洛阳"。新城三老董公遮说刘邦以项羽放杀义帝之事,刘

①《史记》卷八《高祖本纪》,第368、369页。
②《史记》卷七《项羽本纪》,第321页。

邦袒而大哭，为义帝发丧，打起为义帝复仇的旗号，东讨项羽①。此时，刘邦矛头直指项羽，所争的已不限于怀王所许的关中王，而是项羽的“霸王”地位了。项氏霸业不同于秦朝帝业，其特点是在战国局面的基础上，承认“霸王”具有高于其他诸侯王的地位。刘邦既欲取代项羽的“霸王”地位，便应尊重其他诸侯王，特别是六国旧贵族的存在和地位。因此我们看到，刘邦出关后，魏王豹从之，成为刘氏霸业中的第一个成员。韩王昌不听，刘邦击破之，改立韩国旧贵族信为韩王，使韩成为其霸业中的第二个成员。而河南王申阳原是“张耳嬖臣”，殷王司马卬原是赵将，其国既不在六国之数，其王亦非六国贵族，故刘邦灭其国为河南、河内郡。

第三阶段，刘邦在彭城被项羽击溃后，退至荥阳，“诸侯见楚强汉败，还皆去汉复为楚”②。刘邦联合其他诸侯，取代项羽充当霸主的计划破灭了。这时，刘邦问张良：“吾欲捐关以东等弃之，谁可与共功者？”师古注曰：“捐关以东，谓不自有其地，将以与人，令其立功，共破楚也。”张良回答说：“九江王布，楚枭将，与项王有隙，彭越与齐王田荣反梁地，此两人可急使。而汉王之将独韩信可属大事，当一面。即欲捐之，捐之此三人，楚可破也。”③于是，刘邦派人联络英布、彭越。但英布起兵攻楚，却被楚将龙且击破，只率数千人归汉。彭越自彭城败退后，将其兵三万余人北居河上，“往来为汉游兵击楚，绝其粮于梁地”④，只能对项羽起到牵制作用。而刘邦不得不在荥阳一带正面抵挡项羽主力的攻击，同时派

①《史记》卷八《高祖本纪》，第 370 页。
②《史记》卷八《高祖本纪》，第 371 页。
③《汉书》卷四〇《张良传》，第 2028 页。
④《汉书》卷三四《彭越传》，第 1879 页。

韩信率军北上，先后消灭了魏、代、赵、齐等国，从而扭转了被动局面，一举消灭了西楚。在这个阶段，刘邦集团几乎是孤军奋战，武力征服了魏、代、赵、齐、西楚各国，在一定程度上重演了秦灭六国的历史。在这种情况下，怀王之约、项氏霸业，都已经丧失了对刘邦的吸引力和约束力，刘邦完全可以袭秦故技，灭诸国为郡县，再建秦式帝业。事实上，刘邦确曾有过这样的意图和举措，使得魏、代之地成为汉郡，赵与齐也各自有过一年多"属汉为郡"的历史。

据《汉书》卷一《高帝纪》：汉二年八月，韩信率兵击魏，九月魏豹降，置河东、太原、上党三郡。三年十月，韩信、张耳率军入赵，井陉一役，大败赵军主力，"斩陈余，获赵王歇"。刘邦若欲立张耳为赵王，此时便是时机，但他没有这样做，却在赵、代之地"置常山、代郡"（第 39 页）。《史记》卷一六《秦楚之际月表》汉三年十一月明确记载：赵、代皆"属汉为郡"（第 789 页）。《史记》卷八《高祖本纪》：三年，刘邦夺韩信、张耳军，"使张耳北益收兵赵地，使韩信东击齐"（第 374 页）。《汉书·高帝纪》系此事于六月。《史记》卷九二《淮阴侯列传》曰：韩信当时"众劳卒罢"，不能马上击燕、齐，遂用广武君李左车谋，"发使使燕，燕从风而靡。乃遣使报汉，因请立张耳为赵王，以镇抚其国。汉王许之，乃立张耳为赵王"（第 2618 页）。据此，韩信请立张耳为赵王当在三年六月奉命击齐后不久，但张耳得立为赵王，据《史记·秦楚之际月表》和《汉书·高帝纪》，在四年十一月，从韩信请立到张耳得立，又拖了近半年。《汉书》卷三四《韩信传》载信请立张耳事，取《史记》之文至"汉王许之"，而删"乃立张耳为赵王"一句，为我们体察刘邦当时的矛盾心理留下一个暗示。显然，刘邦在赵地重建赵国，并非情愿。

《汉书》卷一《高帝纪》：四年十月，韩信"袭破齐"，项羽"使龙且救齐”（第43页）；十一月，韩信“击破楚军”，“虏齐王广”（第45页）。《史记》卷一六《秦楚之际月表》：汉四年十二月，齐“属汉为郡”（第793页）。同书卷九二《淮阴侯列传》：韩信已定齐，使人言汉王曰：“愿为假王。”刘邦大怒，张良、陈平劝曰：“汉方不利，宁能禁信之王乎？不如因而立，善遇之，使自为守。不然，变生。”刘邦悟，“乃遣张良往立信为齐王，征其兵击楚”（第2621页）。《汉书·高帝纪》系此事于四年二月。毫无疑问，刘邦此时并不想立齐王。

刘邦灭项羽后，复立楚国和梁国，是为韩信、彭越所逼。《汉书》卷一《高帝纪》：刘邦进兵追项羽至阳夏南，与韩信、彭越期会击楚军。至期，刘邦率军至固陵，而信、越军皆不到，刘邦反被项羽击败，于是问张良：“诸侯不从，奈何？”良对曰：“楚兵且破，未有分地，其不至固宜。君王能与共天下，可立致也。齐王信之立，非君王意，信亦不自坚。彭越本定梁地，始君王以魏豹故，拜越为相国。今豹死，越亦望王，而君王不早定。今能取睢阳以北至谷城，皆以王彭越，自陈以东傅海与齐王信，信家在楚，其意欲复得故邑。能出捐此地以许两人，使各自为战，则楚易败也。”刘邦采纳了张良的这一建议，遣使使韩信、彭越，“至，皆引兵来”（第49页）。灭项羽后，刘邦乃履行诺言，封韩信为楚王，彭越为梁王。此外，英布、吴芮、臧荼、韩王信亦因灭楚有功而为王。

在郡国并行制最初创立的上述过程中，韩信是最重要的人物。赵、齐、楚三国皆因韩信而立，其中齐、楚之立更是他以手中兵权相要挟的结果。韩信占领齐地后，成为仅次于项羽、刘邦的第三大势力。在楚汉相持的形势下，韩信的立场会在很大程度上影响这场战争的结局。武涉曾谓韩信曰：“当今二王之事，权在足下。足下右投则汉王胜，左投则项王胜。”蒯通也曾对韩信说：“当今两主之命县于足下。足下为汉则汉胜，与楚则楚胜。”故项羽派武涉劝韩信“反汉与楚连和，三分天下王之”，蒯通也认为，从韩信的利益出发，“莫若两利而俱存之，三分天下，鼎足而居”①。在这种情况下，韩信要求王齐、王楚，刘邦都不能不答应。

另外，刘邦集团中要求论功行封的呼声也是汉初不得不实行郡国并行之制的重要原因。《史记》卷九二《淮阴侯列传》载：刘邦在汉中，欲与项羽“争权天下”，却自恨“勇悍仁强”不如项羽。韩信认为，项羽虽强，但“其强易弱”，原因是项羽“不能任属贤将”，“见人恭敬慈爱，言语呕呕，人有疾病，涕泣分食饮，至使人有功当封爵者，印刓敝，忍不能予”，又“背义帝之约，而以亲爱王，诸侯不平”，故“名虽为霸，实失天下心”；而刘邦若能“反其道”，既“任天下武勇”，又能“以天下城邑封功臣”，便可反弱为强。史称：刘邦“大喜，自以为得信晚，遂听信计”（第2611页）。同书卷八《高祖本纪》载：刘邦称帝后，置酒洛阳宫，曰：“列侯诸将无敢隐朕，皆言其情。吾所以有天下者何？项氏之所以失天下者何？”于是有大臣对曰：“陛下慢而侮人，项羽仁而爱人。然陛下使人攻城略地，所降下者因以予之，与天下同利也。项羽妒贤嫉能，有功者害之，贤者疑之，战胜而不予人功，得地而不予人利，此所以失天下也。”（第380页）同书卷五五《留侯世家》载：刘邦“已封大功臣二十余人，其余日夜争功不决，未得行封”。于是“诸将往往相与坐沙中语”，刘邦问张良：“此何语？”张良对曰：“陛下不知乎？此谋反耳……陛下起布衣，以此属取天下，今陛下为天子，而所封皆萧、曹故人所亲爱，而所诛者皆生平所仇怨。今军吏计功，以天下不足遍封，此属畏陛下不能尽封，恐又见疑平生过失及诛，故即相

---

①《史记》卷九二《淮阴侯列传》，第2622、2623页。

聚谋反耳。”于是刘邦急封雍齿为侯,并“急趣丞相、御史定功行封”(第 2042 页)。在这种气氛下,韩信、彭越、英布等大功臣,若不得封王,也会使刘邦“失天下心”。

异姓王林立于东方的局面对刘邦十分不利,甚至使他不敢定都洛阳。《史记》卷八《高祖本纪》:“高祖欲长都洛阳,齐人刘敬说,及留侯劝上入都关中,高祖是日驾,入都关中。”(第 381 页)同书卷九九《刘敬传》载敬语曰:“秦地被山带河,四塞以为固,卒然有急,百万之众可具也。因秦之故,资甚美膏腴之地,此所谓天府者也。陛下入关而都之,山东虽乱,秦之故地可全而有也。夫与人斗,不搤其亢,拊其背,未能全其胜也。今陛下入关而都,案秦之故地,此亦搤天下之亢,而拊其背也。”(第 2716 页)同书卷五五《留侯世家》载张良之语曰:“关中左淆函,右陇蜀,沃野千里,南有巴蜀之饶,北有胡苑之利,阻三面而守,独以一面东制诸侯。诸侯安定,河渭漕挽天下,西给京师;诸侯有变,顺流而下,足以委输。此所谓金城千里,天府之国也。”(第 2044 页)显然,刘敬和张良都认为关东诸侯对汉朝是严重威胁,而他们劝刘邦入都关中,主要是为了利用关中的地理优势“东制诸侯”。贾谊《新书・一通》曰:“所为建武关、函谷、临晋关者,大抵为备山东诸侯也……今大诸侯多其力,因建关而备之,若秦时之备六国也。”出于对东方诸侯的戒备心理,汉朝还“明为之法,无资诸侯”,“禁游宦诸侯及无得出马关”①。这种局面与其说是秦式帝业,不如说是楚式霸业。此时的刘邦虽已称皇帝,其实仍是项羽式的“霸王”。此后出现的刘邦消灭异姓王及文景削弱同姓王的过程,既是楚汉之争的继续,也是承秦立汉的继续,这一过程完成之际才是汉家帝业真正

①阎振益、钟夏:《新书校注》,第 113 页。

建成之时[1]。

在消灭异姓王的过程中,刘邦起初仍坚持推广郡县制的设想。汉五年正月,韩信改封楚王,齐国便复为汉郡;临江王共驩"为项羽叛汉"[2],刘邦遣军击之,也废其国为南郡。但自从燕王臧荼反叛后,情况发生了变化。《汉书》卷一《高帝纪》:"(五年)秋七月,燕王臧荼反,上自将征之。九月,虏荼。诏诸侯王视有功者立以为燕王。荆王臣信等十人皆曰:'太尉长安侯卢绾功最多,请立以为燕王。'"(第58页)《史记》卷九三《卢绾列传》曰:绾与刘邦为世交,"两家相亲爱",且与刘邦同日而生,同里而居,"壮又相爱",后随刘邦起兵,是刘邦身边最亲信的人物,所谓"萧、曹等特以事见礼,至其亲幸,莫及卢绾"。又曰:刘邦"欲王卢绾,为群臣觖望",及臧荼反,下诏举有功者为燕王,"群臣知上欲王卢绾",遂举绾应之(第2637页)。这是刘邦在不受要挟的情况下封授的第一个诸侯王。不过,卢绾受封只是一个信号,它标志着刘邦开始改变东方政策,由被动地接受异姓王变为主动封立同姓王。第二年废楚王韩信后,刘邦遂大封同姓,诏曰:"齐,古之建国也,今为郡县,其复以为诸侯。将军刘贾数有大功,及择宽惠修洁者,王齐、荆地。"[3]于是群臣奏请以东阳、障、吴郡五十三县立刘邦从父兄刘贾为荆王,以砀、薛、郯郡三十六县立刘邦同母弟刘交为楚王,以胶东、胶西、临淄、济北、博阳、城阳郡七十三县立刘邦庶长子刘肥为齐王。其后,刘邦又先后灭韩王信、赵王敖、梁王越、淮

---

①有学者将秦末汉初称之为"后战国时代",也强调了汉初历史的这一特点。参李开元:《汉帝国的建立与刘邦集团——军功受益阶层研究》,第74页。

②《史记》卷八《高祖本纪》,第380页。

③《汉书》卷一《高帝纪》,第60页。

南王布及燕王绾，而先后立兄仲、子恒为代王，子如意为赵王，子恢为梁王，子友为淮阳王，子长为淮南王，兄子濞为吴王，子建为燕王，从而形成本节开头所引《史记·汉兴以来诸侯王年表》所描述的那种局面。

对刘邦东方政策的这一重大变化，司马迁解释说："海内初定，子弟少，激秦之无尺土封，故大封同姓，以填万民之心。"①从巩固汉朝统治的角度看，封异姓不如封同姓，也不如设郡县，而封同姓与设郡县，孰优孰劣，则不易判断。秦之亡固与其"无尺土封"有关，但周之末世"天下共苦战斗不休，以有侯王"，也是去汉未远的惨痛教训。刘邦没有明确表示过对这个问题的看法，但如上所述，他最初的设想是步秦始皇后尘，再次以天下为郡县，改变政策后说刘濞"状有反相"，且预言"汉后五十年东南有乱者"，则透露出他对东周历史重演的担忧。看来，是有某种原因使他放弃了以天下为郡县的初衷，而改行郡国并行制。从当时情况分析，这一原因可能与他在关东推行郡县制所遇到的困难有关。

刘邦在东方推行郡县制的努力，自入赵以后便遇到阻碍。韩信灭魏后，废魏为郡进行得相当顺利，一月之内便稳住了魏地局面，因而他于二年九月定魏，第二个月，即三年十月便率军入赵了。赵人比魏人难对付，刘邦、韩信对此都有清楚的认识。所以韩信入赵前"使人请兵三万"，刘邦同意了，并派张耳随军前往。韩信、张耳出师大捷，井陉一役，便灭了赵国，设赵、代二郡以统之。但赵人并未马上接受汉的统治。《史记》卷九二《淮阴侯列传》载：井陉之役后，韩信、张耳率军南下，驻扎于黄河北岸的修武，"楚数使奇兵渡河击赵，赵王耳、韩信往来救赵，因行定赵城

①《史记》卷五二《齐悼惠王世家》，第2012页。

邑”（第2619页）①。是信、耳一面对付楚军的骚扰，一面收复赵地城邑。《史记》卷八《高祖本纪》：汉三年，袁生劝刘邦出武关，吸引项羽“引兵南走”，以便“令荥阳、成皋间且得休，使韩信等辑河北赵地，连燕、齐”（第373页）。《汉书》卷一《高帝纪》系此事于三年五月，师古注曰：“辑与集同，谓和合也。”（第41页）这表明，信、耳入赵已七月之久，仍未得“和合”赵地。此后，刘邦用袁生计，出兵宛、叶间，项羽“果引兵南”。彭越又攻项羽后方，迫使项羽两次回军救之。从而减轻了荥阳、成皋一线汉军及河北韩信、张耳的压力。六月，刘邦又夺信、耳军，驻小修武，接替了信、耳防守赵地南境的任务。《史记·高祖本纪》：刘邦夺信、耳军后，“使张耳北益收兵赵地，使韩信东击齐”（第374页）。《淮阴侯列传》则曰：“令张耳备守赵地，拜韩信为相国，收赵兵未发者击齐。”（第2619页）《汉书》卷三四《韩信传》同。这表明，韩信、张耳用了八个月时间才基本完成了对赵地城邑的收复。《史记·淮阴侯列传》载蒯通说韩信曰：“将军将数万众，岁余乃下赵五十余城。”（第2620页）“岁余”是夸张之辞，《汉书》卷四五《蒯通传》删之，但韩信定赵比定魏来得艰难则是事实。显然，汉在赵废国设郡，不像在关中及魏、韩之地那样顺利。赵人不愿属汉，刘邦对此早有预感，故派张耳前往，赵地已定之后又命张耳“备守”之。韩信建议让张耳以赵王身份“镇抚其国”，看不出有何自利企图，只是想更有效地稳住赵地局面，使他能够全力击齐。刘邦一拖再拖，最终还是采纳了韩信的建议。这表明立张耳为赵王确实有利于“镇抚”赵人。

①张耳原为常山王，此时是刘邦手下一员汉将，尚未封为赵王。《汉书》卷三四《韩信传》作“王耳”，亦不确。

韩信定齐的情形与赵相似。《史记》卷九二《淮阴侯列传》：韩信奉命击齐，“引兵东，未渡平原，闻汉使郦食其已说下齐，韩信欲止”。蒯通说信曰：“将军受诏击齐，而汉独发间使下齐，宁有诏止将军乎？何以得无行也！”当时，齐已“罢备汉守御”，韩信用蒯通计，“遂袭破齐”（第2620页）。同书卷五四《曹相国世家》：韩信“东击齐，参以右丞相属韩信，攻破齐历下军，遂取临淄。还定济北郡，攻著、漯阴、平原、鬲、卢。已而从韩信击龙且军于上密，大破之，斩龙且，虏其将军周兰。定齐，凡得七十余县。得故齐王田广相田光，其守相许章，及故齐胶东将军田既。韩信为齐王，引兵诣陈，与汉王共破项羽，而参留平齐未服者”（第2027页）。案《史记》卷一六《秦楚之际月表》及《汉书》卷一《高帝纪》：四年十月，韩信破齐；十一月，破楚军，杀龙且，齐地遂定，“属汉为郡”；五年十月，引兵会刘邦击项羽。是韩信在齐整整一年，其间，灭齐为郡，只用了不到两个月，而直至韩信离齐，齐人尚未完全降服，故留曹参继续平之。

及至灭楚，刘邦履行诺言，立韩信为楚王，而诏书中说：“楚地已定，义帝亡后，欲存恤楚众，以定其主。齐王信习楚风俗，更立为楚王。”①这段话并不全是掩盖刘邦与韩信之间那桩政治交易的托辞，也说出了刘邦在楚建国的正面动机。因此，当韩信以谋反罪名被废黜之后，刘邦无须再遵守诺言之时，他没有像一年前处置齐国那样将楚国废为汉郡，而是将其分为荆、楚两国，封于同姓。《史记》卷一〇六《吴王濞列传》：荆王刘贾被英布所杀，无后，刘邦“患吴、会稽轻悍，无壮王以填之”，乃立刘濞为吴王（第2821页）。楚俗轻悍，乃当时公论。同《传》又曰：“吴太子师傅皆楚

①《汉书》卷一《高帝纪》，第51页。

人，轻悍。”（第2823页）刘邦对此当然深有体会。所以，刘邦立韩信为楚王，除了履行诺言之外，也是为了更好地“存恤楚众”，而韩信之所以能更好地“存恤楚众”，主要是因为他熟悉楚人的文化习俗。

将封立诸侯王同当地风俗联系起来，也是韩信前此要求做齐王的理由，所谓“齐伪诈多变，反复之国也，南边楚，不为假王以镇之，其势不定”①。虽有要挟刘邦之意，但所言确是齐人的特点。当时的郦食其也曾说“齐人多变诈”②。后人也有类似看法。《史记》卷一一二《平津侯列传》：齐人公孙弘“尝与公卿约议，至上前，皆倍其约以顺上旨”，汲黯诘之曰：“齐人多诈而无情实，始与臣等建此议，今皆倍之，不忠。”（第2950页）同书卷六〇《三王世家》褚先生曰：“齐地多变诈，不习于礼义。”（第2116页）司马迁在《史记》卷一二九《货殖列传》中说齐“俗宽缓阔达，而足智，好议论”（第3265页），又说“齐赵设智巧，仰机利”（第3270页）。齐受儒学影响，与鲁并称“礼义之邦”，同时也有变诈反复之俗。齐人变诈，难以郡县治之，而必须立王“以镇之”，这是韩信的逻辑，也是当时的事实。所以，刘邦在改封韩信为楚王后，曾招降率众逃入海岛的田横，打算恢复他的齐王地位。《史记》卷九四《田儋列传》：刘邦“以为田横兄弟本定齐，齐人贤者多附焉，今在海中不收，后恐为乱，乃使使赦田横罪而召之”。横借口曾烹杀汉使郦食其，而其弟郦商为汉将在朝，“恐惧，不敢奉诏，请为庶人，守海岛中”。刘邦不许，乃诏郦商“齐王田横即至，人马从者敢动摇者致族夷”！又使使谓田横曰：“田横来，大者王，小者乃侯耳；不来，且举兵加诛焉。”田横不得已，“乃与其客二人乘传诣洛阳”，未至

①《史记》卷九二《淮阴侯列传》，第2621页。

②《汉书》卷四三《郦食其传》，第2108页。

三十里，自杀，令客奉其头，从使者驰奏刘邦。刘邦为之流涕，"拜其二客为都尉，发卒二千人，以王者礼葬田横。即葬，二客穿其冢旁孔，皆自刭，下从之"。刘邦闻知大惊，"以田横之客皆贤"，使使召尚在海岛的其余五百人，"至则闻田横死，亦皆自杀"（第2647页）。田横及其五百余客都是齐人贤者，刘邦把齐国交给他们，肯定会为自己日后消灭异姓王增加一个对手。他这样做，一定是因为田横等习齐风俗，在齐人中又有一定威信，可以帮他"存恤"齐众。由于田横自杀，刘邦的这一计策落空了。一年后，遂立刘肥为齐王，且下令"诸民能齐言者皆予齐"。《汉书》卷三八《高五王传》注引孟康曰："此时流移，故使齐言者还齐也。"师古曰："欲其国大，故多封之。"（第1988页）《史记》卷五二《齐悼惠王世家》《索隐》则曰："谓其语音及名物异于楚魏。"（第1999页）笔者以为，方言乃习俗最明显之标志，刘邦既以齐人变诈难治而复立齐国，按习俗区划定齐国便是很自然的。

如前述，秦以郡县治东方，用秦吏奉秦法"经纬天下"，移风"濯俗"，结果激起东方社会的反抗，其中楚人表现得最激烈，齐人、赵人次之，其间包含着区域文化的差异与冲突。而在刘邦重建帝业的过程中，这种区域文化的差异与冲突又一次显现出来，且仍以楚、齐、赵三地最为明显。由此我们看到，在东西文化尚未充分融合、战国时代的文化布局依然存在的情况下，刘邦建立汉家帝业，一方面必须"承秦"，包括承秦之制，另一方面又必须尊重东方社会的习俗，特别是楚、齐、赵人之俗。这是历史对刘邦的苛刻要求，也是汉初实行郡国并行制的深层背景。

二、王国制度的变迁

《汉书》卷一九《百官公卿表》："郡守，秦官，掌治其郡……

郡尉,秦官,掌佐守典武职甲卒……县令、长,皆秦官,掌治其县。”(第742页)张家山汉简《奏谳书》载秦始皇二十七年南郡案例有“人臣当谨奏(疑应作奉)法以治”之语①。《睡虎地秦墓竹简·语书》载秦南郡守腾谓所属县道官吏曰:“凡良吏明法律令,事无不能殹(也)。”又曰:“凡法律令者,以教道(导)民,去其淫避(僻),除其恶俗,而使之之于为善殹(也)。”②秦朝郡县官吏治民,全以中央律令为依据,而将民间习俗与秦法不合者,视为“不便于民,害于邦”因而必须“除”之的“恶俗”。汉之法律承秦而来,汉之郡县制也承秦而来,故汉朝郡县官吏治民之方式和风格与秦吏大致相同。《奏谳书》载高祖六年新郪县令信谋杀一案,有信“不谨奉法以治”之语③。是汉朝郡县官吏皆须奉汉法以治。王国的情况则比较复杂,可能经历过一个从不用汉法到用汉法的变化过程,而这一过程又同诸侯王置吏权的变化密切相关。

《汉书》卷一九《百官公卿表》:“诸侯王,高祖初置……掌治其国。有太傅辅王,内史治民,中尉掌武职,丞相统众官,群卿大夫都官如汉朝。”(第741页)《续汉书·百官志五》:“汉初立诸王,因项羽所立诸王之制,地既广大,且至千里。又其官职,傅为太傅,相为丞相,又有御史大夫及诸卿,皆秩二千石,百官皆如朝廷。”(第3627页)④所谓“高祖初置”意为非承秦而置,“因项羽”云云意为承自西楚。事实上,汉初建立王国的做法近承西

---

①《张家山汉墓竹简(释文修订本)》,北京:文物出版社,2006年,第104页。

②《睡虎地秦墓竹简·释文》,第14、15页。

③《张家山汉墓竹简(释文修订本)》,第99页。

④本书所引《续汉书》各《志》的页码,皆见中华书局1965年点校本《后汉书》。

楚，远承战国，所体现的是与秦政对立的更古老的政治传统。王国官制与中央相同，意味着诸侯王在封国内的权力和地位与皇帝相似。如前述，在秦朝统治下，关东人特别是楚人“苦秦法”、“苦秦吏”，他们发动和参与反秦战争的主要目的就是诛秦吏、废秦法。《史记》卷四八《陈涉世家》：“诸郡县苦秦吏者，皆刑其长吏，杀之以应陈涉。”（第 1953 页）卷八九《张耳陈余列传》：“今天下大乱，秦法不施。”（第 2574 页）刘邦入关废秦律而约法三章，是最典型的例子。从当时形势估计，秦朝灭亡后，除汉承秦制外，关东各地在恢复王国制度的同时，至少会部分恢复其原来的法律制度。刘邦在东方重建郡县制的企图失败后，不得不改变策略，让关东楚、齐、赵、燕等地继续保留王国制度，而这也就意味着让它们继续保留各自的法律制度。从陈胜“张楚”到汉封同姓，各王国的疆域虽一变再变，诸侯王也一换再换，但推翻秦朝后才得以恢复的体现各地政治和文化传统的基本制度应当没有太大的变化。

可资参照的例子是南越国。秦统一天下后，在岭南置桂林、南海、象郡，派官吏治之，又“以谪徙民，与越杂处”，秦法当也推广至此。秦亡后，原秦吏赵佗自立为南越武王。汉十一年，刘邦派陆贾出使南越，“因立佗为南越王，与剖符通使”。陆贾责佗“反天性，弃冠带”，佗也承认“居蛮夷中久，殊失礼义”。可见，佗虽中原人，治南越却依越人之俗。接受汉朝之封后，仍然如此，自置百官，自为法令。武帝时，派人风喻南越王婴齐入见，“婴齐尚乐擅杀生自恣，惧入见要用汉法，比内诸侯，固称病，遂不入见”。直到南越王兴即位后，才“因使者上书，请比内诸侯”，武帝许之，“赐其丞相吕嘉印，及内史、中尉、太傅印，余得自置。除其故黥、劓法，用汉法，比内诸侯”[①]。据此可知，当时诸侯有内外之分，外诸侯自置官吏，“擅杀生”，不用汉法，内诸侯则由中央为置相、二千石等主要官吏，用汉法[②]。值得注意的是，关于内诸侯的规定并非一开始就是这样。

刘邦所封异姓诸王，便与南越国情形相似。首先，异姓诸王皆立于刘邦称帝之前，当时刘邦的汉王名号与其他诸王尚“亡上下之分”[③]。刘邦在这种情况下封立异姓诸王，当然会要求它们听命于汉，但不大可能要求他们“用汉法”。其次，异姓诸王有权自置御史大夫以下所有官吏，甚至可以自置丞相。《史记》卷九二《淮阴侯列传》：“汉王……令张耳备守赵地，拜韩信为相国。”（第2619页）《汉书》卷三四《韩信传》同。周寿昌曰：“此则拜信为赵相国也。”[④]又《史记》卷九〇《彭越传》：刘邦曾“拜彭越为魏相国，擅将其兵”（第2592页）。是刘邦初立异姓王时，曾为他们指派相国，但这恐非固定制度。张耳死后，子敖嗣立为赵王，其相贯高、

①《史记》卷一一三《南越列传》，第2967—2972页；卷九七《陆贾列传》，第2697页。

②秦汉史料中不见“外诸侯”之称，言及“内诸侯”者也仅此一处。因此，汉代是否有内外诸侯之制，尚不能肯定。但秦对少数民族臣属国有“臣邦”、“外臣邦”两种称呼，西汉则称之为“内臣”、“外臣”。汉初同姓王属于“内臣”，南越则是“外臣”。既然“内臣”可称“内诸侯”，“外臣”称“外诸侯”便不无可能。关于秦汉的“内臣”与“外臣”，栗原朋信有详细研究，见氏著《秦漢史の研究》，吉川弘文馆，1960年，第243—257页。参阅邢义田：《天下一家——传统中国天下观的形成》，《秦汉史论稿》，台北：东大图书股份有限公司，1987年，第35页；陈力：《试论秦国之“属邦”与“臣邦”》，《民族研究》1997年第4期；刘瑞：《秦、西汉的“内臣”与“外臣”》，《民族研究》2003年第3期。

③《汉书》卷一《高帝纪》，第52页。

④周寿昌：《汉书注校补》卷三〇，《二十五史三编》，第3分册，第576页。

赵午,都是"赵国立名义不侵为然诺者",并且都是"故张耳客"。刘邦过赵,遇敖无礼,贯高、赵午等怒,欲刺杀刘邦。后事发,赵午自杀,贯高至长安证赵王无罪,亦自杀[①]。这两位赵相应是张耳或张敖自置,而非刘邦所命。又如,韩信封楚王后,"召辱己之少年令出胯下者以为楚中尉"[②]。正如钱穆先生所说,"此等皆与高祖素等夷,各据其手定之地,外托君臣,内实为敌国"[③]。

其后,刘邦灭异姓王,封同姓王,但对同姓诸王的置吏权仍大体保留,只剥夺了他们的置相权。《史记》卷五九《五宗世家》太史公曰:"高祖时诸侯皆赋,得自除内史以下,汉独为置丞相,黄金印。诸侯自除御史、廷尉正[④]、博士,拟于天子。"(第 2104 页)《续汉书·百官志五》:"汉初立诸王……国家唯为置丞相,其御史大夫以下皆自置之。"(第 3627 页)所指都是同姓诸王。《汉书》卷三八《高五王传赞》说得更为清楚:刘邦"以海内初定,子弟少,激秦孤立亡藩辅,故大封同姓,以填天下。时诸侯得自除御史大夫群卿以下众官,如汉朝,汉独为置丞相"(第 2002 页)。王国丞相由中央任免,自然不会再听诸侯王的摆布。但丞相的职责只是"统众官",负责治民的是内史,负责统兵的是中尉,而这些职位仍由诸侯王自行任免。

这种状况大约维持到吕后末年。《史记》卷五二《齐悼惠王世家》:魏勃为齐相曹参舍人,"参以为贤,言之齐悼惠王。悼惠王召

---

①《史记》卷八九《张耳列传》,第 2583、2584 页。

②《史记》卷九二《淮阴侯列传》,第 2626 页。

③钱穆:《秦汉史》,台北:东大图书股份有限公司,1957 年,第 229 页。

④"廷尉正"疑有误。《汉书》卷一九《百官公卿表上》:"景帝中五年令诸侯王不得复治国……省御史大夫、廷尉、少府、宗正、博士官。"据此,"廷尉正"应为"廷尉、宗正"之讹。

见，则拜为内史。始，悼惠王得自置二千石。及悼惠王卒而哀王立，勃用事，重于齐相”（第2004页）。案其上文，吕后崩，诸吕欲为乱，齐哀王阴谋发兵诛诸吕、夺帝位，魏勃时为中尉，同哀王舅驷钧、郎中令祝午一道，积极参与哀王之谋，唯齐相召平反对，魏勃从召平手中骗得兵权，包围相府，召平自杀，哀王遂反。魏勃任内史无疑是悼惠王自行决定的，任中尉应当是哀王决定的，故特受信任，权力重于中央任命的丞相。在哀王谋反事件中，丞相召平是中央所置，故站在汉朝一边，中尉魏勃、郎中令祝午等二千石是哀王自置，故站在齐国一边。同书卷一〇《孝文本纪》：陈平、周勃等消灭吕氏后“使人迎代王”为帝，代国郎中令张武等认为：“汉大臣皆故高帝时大将，习兵，多谋诈……实不可信，愿大王称疾毋往，以观其变。”中尉宋昌则全面分析了当时形势，认为“大臣因天下之心而欲迎立大王，大王勿疑也”（第413页）。他们的立场完全在代王一边。文帝即位后，“夕入未央宫，乃夜拜宋昌为卫将军，镇抚南北军，以张武为郎中令，行殿中”（第417页），对他们也十分信任。由此看来，代国的二千石应当也是代王自置，而非朝廷所置。

同姓诸王是何时失去自置二千石之权的？司马迁说是景帝平定七国之乱后。《史记》卷五九《五宗世家》：“自吴楚反后，五宗王世，汉为置二千石，去‘丞相’曰‘相’，银印。诸侯独得食租税，夺之权。”（第2104页）但《汉书》卷四四《淮南王传》载：文帝三年至六年间，薄昭曾写信谏淮南王刘长，其中有“汉法，二千石缺，辄言汉补，大王逐汉所置，而请自置相、二千石，皇帝委天下正法而许大王”之语（第2137页）。此信不见于《史记》，《汉书》显然另有所据，且原文照抄，可信度甚高。据此，王国二千石改由中央任免并非始于景帝，而是文帝初年已然。不过，新法并未要求将诸侯王任命的二千石立即罢免，代之以汉朝任命的二千石，而是规定当王国二千石出缺时，继任者改由汉朝任命。显然，全部完成这一替换过程需要一段时间。故文帝初年，贾谊上书说：当时诸侯王多“幼在怀衽，汉所置傅、相方握其事”，但“数年之后”，诸侯王都长大成人，就会出现“汉之所置傅归休而不肯往，汉所置相称病而赐罢”的情形①，仍然只及“汉所置傅、相”，而未及汉所置二千石。

景帝所“夺之权”，应是诸侯王对其他品秩更低的官吏的自置权，从而使诸侯王基本丧失了治民权。《汉书》卷一九《百官公卿表》：“景帝中五年，令诸侯王不得复治国，天子为置吏。”（第741页）所谓“天子为置吏”当指为置千石以下、五百石以上吏。《史记》卷一一八《衡山列传》：武帝元光六年，衡山王赐犯法，有司请逮治之，“天子不许，为置吏二百石以上”。《集解》引如淳曰：“《汉仪注》：‘吏四百石以下，自调除国中。’今王恶，天子皆为置之。”（第3095页）是武帝时诸侯王唯得自置四百石以下吏，千石以下、五百石以上吏的任免权可能已被景帝剥夺。此后，武帝又进一步剥夺了诸侯王的全部置吏权。《续汉书·百官志五》：“武帝改汉内史、中尉、郎中令之名，而王国如故，员职皆朝廷为署，不得自置。”（第3627页）

由于文帝初年“内诸侯”已失去自置二千石之权，在其后发生的诸侯王谋反事件中，二千石往往和相共同站在中央一边，因而被杀者很多。如七国之乱，“吴王先起兵，胶西正月丙午诛汉吏二千石以下，胶东、菑川、济南、楚、赵亦然，遂发兵西”②。其中，楚王

---

①阎振益、钟夏：《新书校注·宗首》，第25页。参见《汉书》卷四八《贾谊传》，第2233页。

②《史记》卷一〇六《吴王濞列传》，第2827页。

戊"应吴王反，其相张尚、太傅赵夷吾谏，不听，遂杀尚、夷吾"①；赵王遂响应吴楚，"其相建德、内史王悍谏，不听，遂烧杀德、悍"②。淮南王安起初亦"欲发兵应之，其相曰：'王必欲应吴，臣愿为将。'王乃属之。相已将兵，因城守，不听王而为汉"。武帝时，安又谋反，也因"恐相、二千石不听"，而欲杀之③。这一现象和上引魏勃之例明显不同，从一个侧面反映出文帝以来王国置吏权的变化。

无独有偶，"内诸侯"因不用汉法而被朝廷追究的记载，也始见于文帝初年。如《史记》卷一一八《淮南列传》载丞相张仓等奏曰："淮南王长废先帝法，不听天子诏……擅为法令，不用汉法及所置吏。"（第3077页）司马迁描述此事始末曰："及孝文帝初即位，淮南王自以为最亲，骄蹇，数不奉法。上以亲故，常宽赦之……当是时，薄太后及太子诸大臣皆惮厉王，厉王以此归国益骄恣，不用汉法，出入称警跸，称制，自为法令，拟于天子。"（第3076页）张仓等所谓"先帝"，可指刘邦，也可指惠帝、吕后。汉朝究竟从何时起要求王国"用汉法"，今尚无从确考。吕后干预王国事务较多，进行这项改革的可能性较大，但无明显证据。目前可以肯定的是，文帝初年王国二千石的任命权已被收归中央，王国也被要求"用汉法"。而淮南王长恃亲骄恣，"不听天子诏"，仍然"不用汉法及所置吏"，于是引起朝廷的不满。与此相关的是，朝廷与王国的矛盾在文帝以前主要表现为诸侯王谋反，而文帝以后除谋反外还往往表现为诸侯王违法。

---

①《汉书》卷三六《楚元王传》，第1924页。

②《汉书》卷三八《高五王传》，第1990页。

③《汉书》卷四四《淮南王传》，第2144、2150页。

《史记》卷一〇六《吴王濞列传》载："吴有豫章郡铜山，濞则招至天下亡命者，益铸钱，煮海水为盐。以故无赋，国用富饶……其居国以铜盐故，百姓无赋。卒践更，辄与平贾。岁时存问茂才，赏赐闾里。佗郡国吏欲来捕亡人者，讼共禁弗予。如此者四十余年，以故能使其众。"（第2822页）文中"四十余年"，《汉书》卷三五《荆燕吴传》作"三十余年"。《史记正义》曰："班固见其语在孝文之代，乃减十年，是班固不晓其理也。"今案刘濞于汉十二年受封，景帝三年被诛，王楚共四十一年。而他在景帝三年起兵时遗诸侯书中曾明言："寡人节衣食之用，积金钱，修兵革，聚谷食，夜以继日，三十余年矣。"[①]班固当是据此而改"四十余年"为"三十余年"。从文帝元年（前179年）到景帝三年（前154年）只有二十五年。然则刘濞的上述做法肯定从吕后甚至惠帝时就已经开始了，但当时未见朝廷加以追究，文帝即位后才有人"告之"。

《汉书》卷四八《贾谊传》载：文帝时贾谊上书曰："今或亲弟谋为东帝，亲兄之子西向而击，今吴又见告矣。"（第2232页）亲弟指淮南王刘长，亲兄之子指济北王刘兴居，吴则指刘濞。注引如淳曰："时吴王又不循汉法，有告之者。"案《史记》卷一〇六《吴王濞列传》载：晁错曾"数从容言吴过可削"，并"数上书说孝文帝"，但"文帝宽，不忍罚"。贾谊所说的告吴王不循汉法者应当就是晁错。景帝时晁错说上曰："今吴王前有太子之郄，诈称病不朝，于古法当诛。文帝弗忍，因赐以几杖，德至厚。当改过自新，乃益骄溢，即山铸钱，煮海水为盐，诱天下亡人，谋作乱。"（第2824页）是晁错所谓"吴过"主要有两项内容：一为"诈称病不朝"，二为"即山铸钱，煮海水为盐，诱天下亡人，谋作乱"。文帝时，皇太子误杀

①《史记》卷一〇六《吴王濞列传》，第2828页。

吴太子,“吴王愠”,遂“称病不朝”。文帝查明事实后,已赦吴王之罪,并赐以几杖。此事恐不能成为景帝削吴的借口。而“即山铸钱,煮海水为盐,诱天下亡人”早在文帝以前就开始了,但到文帝时才被加上“谋作乱”的帽子,到景帝时,遂成为削吴的口实。

三、文帝前王国与汉法的关系

由上文所述,我们知道,至少文帝初年,诸侯王已被剥夺了对二千石的任免权,并已被要求用汉法。那么,在此以前王国与汉法是怎样一种关系?这一问题在传统史料中因无直接证据而模糊不清,但地下出土的张家山汉简为我们提供了一些重要的间接史料,将其与《史记》、《汉书》、《新书》等文献中的相关记载结合起来进行分析,似可看出大致轮廓。

在今天所能见到的汉初法令中,涉及诸侯国的内容不多,其中最明确的是关于诸侯王及所属吏民不得反叛汉朝的规定。《汉书》卷一《高帝纪》载高祖十二年诏曰:“吾……与天下之豪士贤大夫共定天下,同安辑之。其有功者上致之王,次为列侯,下乃食邑……皆令自置吏,得赋敛……吾于天下贤士功臣,可谓亡负矣。其有不义背天子擅起兵者,与天下共伐诛之。”(第78页)事实上,诸侯王及所属吏民涉嫌谋反,都会受到严厉追究和制裁。如梁王彭越被诛,是因为梁国太仆告其“谋反”;淮南王黥布被诛,是因为淮南国中大夫贲赫告其“谋反有端”;楚王韩信被废为淮阴侯,也是因为“人有上书告楚王信反”①。刘邦平定诸侯王叛乱时,各国吏民受牵连者也很多。如赵相贯高等人谋刺

①见《史记》卷九〇《彭越列传》,第2594页;卷九一《黥布列传》,第2604页;卷九二《淮阴侯列传》,第2627页。

刘邦,事情败露后,刘邦下令逮捕赵王张敖及贯高等至长安,交汉廷尉审理[①]。蒯通劝韩信脱离刘邦,与汉、西楚“三分天下,鼎足而居”。韩信死后,刘邦得知此事,立刻以“教韩信反”的罪名,“诏齐捕蒯通”至长安[②]。陈豨、王黄叛乱时,代地吏民卷入者很多,幸而刘邦认为那是陈、王“劫掠”所致,“代地吏民非有罪也”,因而下令“赦代吏民”,否则亦将血流成河[③]。由彭越一案的处理还可看出有关司法程序:越被捕后,“囚之洛阳,有司治,反形已具,请论如法”,刘邦不忍,“赦以为庶人”,吕后令人“告彭越复谋反”,廷尉“奏请族之”,刘邦“乃可,遂夷越宗族,国除”[④]。汉朝廷尉参预了此案,并“请论如法”,说明汉法中有适用于诸侯王及其吏民谋反的条文。

刘邦消灭异姓王后,改立同姓王,王国的独立性仍然很强,因而汉朝对他们仍不放心。刘邦封刘濞为吴王,召而相之,以为“状有反相”,遂告诫濞曰:“汉后五十年东南有乱者,岂若邪?然天下同姓为一家也,慎无反!”[⑤]文帝时,袁盎为吴相,有人劝他上任后不要过于认真,“时说王曰‘毋反’而已”[⑥]。显然,“毋反”也是汉朝对所有同姓王的基本要求。高祖十二年诏发布时,异姓王只剩下力量最弱的长沙王,不会对汉朝构成威胁,故诏中所谓不得“背天子擅起兵”也是针对同姓王而言的。

除谋反外,诸侯王及其子孙的其他违法行为也要受汉朝法律

---

①事见《史记》卷八九《张耳列传》、《汉书》卷三二《张耳传》。

②《史记》卷九二《淮阴侯列传》,第2629页。

③《史记》卷八《高祖本纪》,第387页。

④《史记》卷九〇《彭越列传》,第2594页。

⑤《史记》卷一〇六《吴王濞列传》,第2821页。

⑥《史记》卷一〇一《袁盎列传》,第2741页。

的追究和制裁。《史记》卷六〇《三王世家》:“汉家有正法,王犯纤介小罪过,即行法直断耳。”(第 2118 页)这是昭帝时一位侍御史的话。汉初也有类似制度,但没这么严厉,诸侯王还享有许多法外特权。当时的《令》中有三十章涉及这方面的内容,故景帝时晁错欲“请诸侯之罪过,削其地”,不得不先说服景帝“更令三十章”,以取消这些特权①。可惜其具体内容今已不得而知。诸侯王子孙有罪也可享受减刑优待,具体规定见《二年律令·具律》。其辞曰:“吕宣王内孙、外孙、内耳孙玄孙,诸侯王子、内孙耳孙,彻侯子、内孙有罪,如上造、上造妻以上。”②所谓“如上造、上造妻以上”,指《具律》前文规定的“上造、上造妻以上,及内公孙、外公孙、内公耳玄孙有罪,其当刑及当为城旦舂者,耐以为鬼薪白粲”。其中“公孙”似指皇孙③,故其减刑优待高于诸侯王孙一等。吕宣王(吕后之父)诸孙则与“公孙”同,反映出吕氏家族当时的特殊地位。《具律》又曰:“公士、公士妻及□□行年七十以上,若年不盈十七岁,有罪当刑者,皆完之。”④公士和上造是二十等爵的第一和第二级。据《二年律令·户律》和《傅律》,公士之下有公卒和

①《史记》卷一〇一《晁错传》,第 2747 页。

②《张家山汉墓竹简(释文修订本)》,第 21 页。

③《汉书》卷二《惠帝纪》亦载此律,其文为:“上造以上及内外公孙耳孙有罪当刑及当为城旦舂者,皆耐为鬼薪白粲。”(第 85 页)文字略简,准确性却差了很多。史家据此为注,也都失之笼统。如应劭曰:“内外公孙,谓王侯内外孙也。”张晏曰:“公孙,宗室侯王之孙也。”师古曰:“内外公孙,国家宗室及外戚之孙也。”今案《具律》之文,“公孙”似指皇孙,与诸侯王孙、彻侯孙有别。又“耳孙”,应劭释为“玄孙之子”,李斐释为“曾孙”,晋灼释为“玄孙之曾孙”,各有所据,师古亦不知所从。今案《具律》之文,耳孙即曾孙。

④《张家山汉墓竹简(释文修订本)》,第 20 页。

士伍,故"□□"可能是"公卒"或"士伍"①。公士、公卒或士伍的身份低于上造,故其减刑优待低上造一等。《具律》不见诸侯王外孙及彻侯内耳孙减刑的条文。据上引之例推之,诸侯王外孙和彻侯内耳孙当如公士、公士妻等。至于外公耳玄孙、吕宣王外耳玄孙、诸侯王内玄孙外耳玄孙、彻侯内玄孙外孙外耳玄孙等,大概都和普通百姓一样,不能享受减刑优待了。

文帝以前的汉朝法律中,直接涉及诸侯国的内容主要是以上两个方面,而能表明文帝以前王国吏民在本国的一般违法行为也受汉法制裁的证据,在现有史料中全然不见。文帝十三年,齐国太仓令淳于意"有罪当刑,诏狱逮徙系长安"②。根据相关记载,淳于意之罪应不是谋反,而是一般的职务犯罪③。如果这一判断不错,这就是迄今所见汉朝直接干预王国吏民一般犯罪案件的最早的例子。这一现象可能意味着文帝以前汉朝法律对王国的干预是有限的。贾谊曾一再指出汉朝法令在诸侯国行不通。《新书·亲疏危乱》:"诸侯王虽名为人臣,实皆布衣昆弟之心,虑无不帝制而天子自为者。擅爵人,赦死罪,甚者或戴黄屋,汉法非立,

①《汉书》卷二《惠帝纪》亦载此律,其文为:"民年七十以上若不满十岁有罪当刑者,皆完之。"后"十"下脱"七"字,可能是传抄之误。将"公士、公士妻及□□"简化为"民",当是班固所为,亦不如《具律》原文准确。

②《史记》卷一〇五《扁鹊仓公列传》系此事于文帝"四年中"(第2795页)。同书卷一〇《孝文本纪》系此事于文帝十三年五月(第427页)。《汉书》卷二三《刑法志》同《文帝纪》(第1097页)。泷川资言《史记会注考证》曰:"据下文,文帝四年,即仓公治病有验之年。史公误以彼混此也。'四年中',疑当作'十三年'。"(北京:文学古籍刊行社,1955年,第4354页)今从之。

③苏卫国推测淳于意之"罪"与济北王叛乱有关,但无直接证据。见氏著《仓公狱事解析——〈史记·仓公传〉研读札记》,《理论界》2005年第8期。

汉令非行也。”同书《益壤》:“诸侯犹且人恣而不制也……汉法令不可得行矣。”[1]所谓“汉法非立,汉令非行”,应是汉初王国地区的普遍现象,当时未见有人提出批评。文帝时,贾谊、晁错等突然站出来激烈抨击这一现象,应是由于王国已被要求“用汉法”,而诸侯王们仍我行我素,一如既往。

汉初的诸侯王都是皇帝所立,是汉朝派往东方各地的统治者。在这一点上,他们与汉朝的郡守并无本质区别。但在制度上,王国毕竟是与汉朝“分地”而立的。在当时的法律和人们的观念中,它们既是汉帝国的一部分,又是与汉并立的“国”。这一点在传统史料中已有所反映,张家山汉简又提供了更加具体的证据。《二年律令·贼律》:“以城邑亭障反,降诸侯,及守乘城亭障,诸侯人来攻盗,不坚守而弃去之若降之,及谋反者,皆要(腰)斩。其父母、妻子、同产,无少长皆弃市。”[2]文中所谓“诸侯”显然是汉朝的敌国。如前述,萧何制定汉律始于高祖二年。从语气上看,这条律文便有可能是楚汉战争时期的产物。但在景帝平定吴楚七国之乱以前,王国对汉朝的军事威胁始终存在,汉与王国仍是随时可能发生战争的国与国的关系。汉初严格限制马匹出关,王国欲在关中买马,必须经汉朝批准,因而《津关令》有长沙国、鲁国及“汤沐邑在诸侯属长信詹事者”请求在关中买马并获得皇帝批准的令文[3]。这也是汉朝防范诸侯王的一种措施。贾谊所言“今大诸侯而多其力,因建关而备之,若秦时之备六国也”[4],则明确反映出当时汉朝与王国间的敌对态势。《二年律令·贼律》保留上

①阎振益、钟夏:《新书校注》,第120、56页。

②《张家山汉墓竹简(释文修订本)》,第7页。

③《张家山汉墓竹简(释文修订本)》,第87页。

④阎振益、钟夏:《新书校注·一通》,第113页。

引律文，正是这种态势在法律中的体现。又武帝时封皇子刘闳为王，其母王夫人希望将洛阳封给刘闳，但武帝以洛阳乃“汉国之大都”为由拒绝了王夫人的请求①。这里的“汉国”指的是汉朝直辖地区，是与诸侯国相对而言的。《奏谳书》所载高祖十年七月胡县奏谳文书，有“律所以禁从诸侯来诱者，令它国毋得取（娶）它国人也”之文②，也将“汉”与“诸侯”视为并立的“国”。

汉初王国与汉朝的这种并立甚至敌对的关系，又表现为相互间对人口的严格分割。《二年律令·贼律》有一支残简，其文为：“（前缺）来诱及为间者，磔。亡之（后缺）。”③案《二年律令·捕律》有“捕从诸侯来为间者一人，拜爵一级，有（又）购二万钱”之文④；上引胡县奏谳文书有“律所以禁从诸侯来诱者”之文，又有汉人至王国不归“以亡之诸侯论”的规定。据此，残简中“来诱及为间者，磔”前当缺“从诸侯”，是针对诸侯人的律文；“亡之”后当缺“诸侯”二字及处罚方式，是针对逃入诸侯国的汉人的律文。这条法律也将诸侯国视为敌国，因而也像是战争时期的产物。但从高祖十年七月胡县奏谳文书的内容看，此律在非战争状态下仍然适用。该文书载：齐国临淄狱史阑送原齐国贵族田氏徙长安；到长安后，阑取田氏女子南为妻，并企图携南返回临淄，被关吏查出；结果阑被扣上“诱汉民之齐国”的罪名，南则被扣上“亡之诸侯”的罪名⑤。这些材料表明，汉律严格禁止汉人擅离汉境留居诸侯国。而各诸侯国也有同样的禁令。吴王刘濞“招至天下亡命

---

①《史记》卷六〇《三王世家》，第 2115 页。
②《张家山汉墓竹简（释文修订本）》，第 93 页。
③《张家山汉墓竹简（释文修订本）》，第 8 页。
④《张家山汉墓竹简（释文修订本）》，第 29 页。
⑤《张家山汉墓竹简（释文修订本）》，第 93 页。

者……佗郡国吏欲来捕亡人者，讼共禁弗予”①。淮南王刘长“收聚汉、诸侯人及有罪亡者，匿与居”②。刘濞、刘长所收纳的逃亡人口，有汉人，也有其他诸侯国人。其他诸侯国官吏前来“捕亡人”，说明各王国也禁止本国人擅自脱离本国，留居他国。

在上述状态下，汉朝对王国的内部事务必然干预甚少，因而也知之甚少。于是我们看到，史家根据汉廷档案等材料记录下来的汉初王国史事，涉及其建国和谋反过程时都相当详细，而有关建国后至谋反前的内容却十分简略。如《史记》卷九二《淮阴侯列传》载汉五年韩信封楚王至汉六年谋反失国之间的楚国史事，只有“召所从食漂母，赐千金。及下乡南昌亭长，赐百钱”，“召辱己之少年令出胯下者，以为楚中尉”等三事（第2626页）。卷八九《张耳列传》于汉四年耳封赵王至汉七年其子敖失国之间的赵国史事，只有“汉五年，张耳薨，谥为景王。子敖嗣立为赵王。高祖长女鲁元公主为赵王敖后”等寥寥数语（第2582页）。卷九〇《彭越列传》于汉五年越封梁王至汉十年谋反败亡之间的梁国史事，只有“六年，朝陈。九年、十年，皆来朝长安”十三字（第2594页）。卷九一《黥布列传》于汉六年布封淮南王至汉十一年谋反败亡之间的淮南国史事，只有“七年，朝陈。八年，朝洛阳。九年，朝长安”十四字（第2603页）。卷九三《卢绾列传》于汉五年绾封燕王至汉十一年开始谋反之间的燕国史事，竟不载一字。同姓王的情

---

①《史记》卷一〇六《吴王濞列传》，第2823页。《集解》引徐广曰：“讼音松。”《正义》：“讼音容。言其相容禁止不与也。”《汉书》卷三五《荆燕吴传》作“颂共禁不与”（第1905页）。如淳曰：“颂犹公也。”师古曰：“颂读曰容。”王先谦《汉书补注》曰：“讼亦训公……颂亦训容……此言公容隐之，禁不与也。”（北京：中华书局，1983年，第946页）

②《汉书》卷四四《淮南王传》，第2141页。

形也大致相同。如卷五二《齐悼惠王世家》载刘肥自汉六年封齐王至惠帝六年卒之间的齐国史事，只有惠帝二年入朝长安时险遭吕后陷害一事。卷一〇六《吴王濞列传》载刘濞自汉十一年封吴王至文帝即位之间的吴国史事，只有“吴有豫章郡铜山，濞则招致天下亡命者益铸钱，煮海水为盐，以故无赋，国用富饶”一句（第2822页）。卷一一八《淮南列传》载高祖十一年刘长封淮南王至文帝即位之间的淮南国史事，只有“王早失母，常附吕后、孝惠，孝惠、吕后时以故得幸无患害，而常心怨辟阳侯，弗敢发”一句（第3076页）。卷五〇《楚元王世家》：汉六年，“以弟交为楚王，都彭城。即位二十三年卒”（第1988页）。卷五一《荆燕世家》：汉六年，“立刘贾为荆王”，十一年，被黥布所杀（第1994页）。其间史事全然不见记载。《汉书》相关各传亦同。

有迹象表明，文帝以前，在汉朝法律之下，各王国还有自己的法律，其中有些内容受到汉朝法令的制约，或得到允许，或受到限制，也有许多内容是各王国自行制定的。

前已述及，汉初王国制度多与汉制相同。贾谊《新书·等齐》说得更全面、更具体。官制方面：“天子之相，号为丞相，黄金之印；诸侯之相，号为丞相，黄金之印，而尊无异等，秩加二千石之上。天子列卿秩二千石，诸侯列卿秩二千石，则臣已同矣……天子卫御，号为大仆，银印，秩二千石；诸侯之御，号曰大仆，银印，秩二千石，则御已齐矣。”后妃和宫禁制度方面：“天子亲，号云太后；诸侯亲，号云太后。天子妃，号曰后；诸侯妃，号曰后……天子宫门曰司马，阑入者为城旦；诸侯宫门曰司马，阑入者为城旦。殿门具为殿门，阑入之罪亦具弃市……天子卑号皆称陛下，诸侯卑号称陛下。天子车曰乘舆，诸侯车曰乘舆，乘舆等也。”近侍制度方面：“诸侯王所在之宫卫，织履蹲夷，以皇帝所在宫法论之；郎中、谒者受谒取告，以官皇帝之法予之；事诸侯王或不廉洁平端，以事皇帝之法罪之。曰一用汉法，事诸侯乃事皇帝也。”①《等齐》主旨在于批评王国制度与汉朝制度多有相同之处，不能体现皇帝与诸侯王之间的君臣上下关系。所言“一用汉法”，应理解为王国有自己的法律，而其中涉及“事诸侯”的内容与汉朝法律中“事皇帝”的内容基本相同。王国法律中的这部分内容肯定是汉朝法令所允许的。

《二年律令·置吏律》有“诸侯王得置姬八子、孺子、良人”②和“诸侯王女毋得称公主”两条律文③。案《汉书》卷九七《外戚传》载汉初皇帝后妃制度曰：“嫡称皇后，妾皆称夫人。又有美人、良人、八子、七子、长使、少使之号焉。”（第3935页）而《置吏律》又曰：“彻侯得置孺子、良人。”④是“得置”乃限制之意。诸侯王的后妃制度在等级上低于皇帝，高于列侯。“诸侯王女毋得称公主”，指的是诸侯王女只能称“翁主”的制度。《史记》卷五二《齐悼惠王世家》《索隐》引如淳曰：“诸王女云翁主。”（第2007页）其例甚多，无须赘举。关于诸侯王置姬的限制和诸侯王女不得称公

---

①阎振益、钟夏：《新书校注》，第46、47页。“官皇帝”，裘锡圭先生指出，应该是“宦皇帝”的讹文。见氏著《说“宦皇帝”》，《古代文史研究新探》，南京：江苏古籍出版社，1992年，第152页。阎步克进一步证成此说。见氏著《论张家山汉简〈二年律令〉中的“宦皇帝”》，《中国史研究》2003年第3期。

②史传中常见诸侯王有“八子”、“良人”之例，但不见有“孺子”之例，唯《汉书》卷九七《外戚传》曰：“太子有妃，有良娣，有孺子，妻妾凡三等。”（第3961页）而据《汉书》卷四四《淮南衡山济北王传》，诸侯王又有“美人”、“材人”。盖《二年律令·置吏律》所载乃汉初制度，其后又有变化云。

③《张家山汉墓竹简（释文修订本）》，第38、39页。

④《张家山汉墓竹简（释文修订本）》，第39页。

主的规定见于汉律，以及《史记》卷五四《曹相国世家》所载“孝惠帝元年，除诸侯相国法”（第 2028 页），都是王国制度受汉朝法令限制的显证。

王国法令中有各国自行制定的内容，其明显证据也见于《新书·等齐》。其辞曰：“天子之言曰令，《令甲》、《令乙》是也；诸侯之言曰令，□仪之言是也。”①“□仪之言”一句，不同版本有出入，或作“仪之言”，或作“令仪之言”，或作“令仪令言”。钟夏校注曰：“‘仪之言是也’不成文，仪上必有字，疑系令字。古人书写重文，常在前文之下加二小撇，手民不察而略去，此类现象，本书不一而是，此处亦同，兹补一□。”其说可取。无论是“仪之言”、“令仪之言”还是“令仪令言”，都不影响我们对以下事实的认定，即：诸侯王有“令”，其性质与汉朝天子的“令”一样，具有法律效力；这些令又被整理成册，其性质与汉朝的《令甲》、《令乙》相同，是官吏治事断狱的依据，但其适用范围限于各王国之内。在王国自行颁布的法令中，不同于汉制之处肯定很多。如王国的丞相、御史大夫、太傅、内史等官，虽与汉官同名，但职掌很不一样②。在军事方面，异姓淮南、长沙国甚至沿用旧楚之制。《史记》卷九一《黥布列传》：刘邦镇压淮南王黥布时，“望布军置阵如项籍军”（第 2606 页）。卷九五《灌婴传》：婴参与镇压黥布，“斩亚将、楼烦将三人，击破布上柱国军及大司马军”（第 2672 页）；卷一八《高祖功臣侯者年表》：义陵侯吴程“以长沙柱国侯”（第 950 页）。亚将、楼烦将、柱国、上柱国、大司马都是旧

①阎振益、钟夏：《新书校注》，第 47 页。

②吴荣曾先生对此有细致考证。见氏著《西汉王国官制考实》，《北京大学学报》1990 年第 3 期。

楚官名。

在上述情形下，各王国都有一套自己的制度，并由此体现出政治上的相对独立性。汉朝允许王国的部分制度与汉制相同，并允许诸侯王拥有一定立法权，表现出对王国独立性的承认和尊重；在某些制度上压低王国的等级，则是为了体现诸侯王与皇帝的身份差异以及王国对汉帝国的从属关系。

也许正是由于王国法律的存在，汉朝法律对王国制度除上述重要内容外往往缺而不录。关于这一现象，《二年律令・秩律》为我们提供了重要线索。《秩律》二千石条："御史大夫，廷尉，内史，典客，中尉，车骑尉，大仆，长信詹事，少府令，备塞都尉，郡守、尉，卫将军，卫尉，汉中大夫令，汉郎中，奉常，秩各二千石。"①整理者指出："汉，指朝廷，与诸侯国区别"，"汉郎中，应即郎中令"。皆是。值得注意的是，上述官职中只有中大夫令和郎中令冠以"汉"字，其余则无②。汉初王国也设有御史大夫、内史、中尉、廷尉、少府、宗正、太仆、中大夫令、郎中令等职③，与汉官名称相同。因此，

①《张家山汉墓竹简(释文修订本)》，第69页。

②《秩律》释文于"汉郎中"后用顿号，意指"奉常"前省略了"汉"字，似嫌不妥。因为中大夫令已冠有"汉"字，若奉常前的"汉"字可以省略的话，郎中前的"汉"字也应省略，写作"汉中大夫令、郎中、奉常"即可。既然中大夫令和郎中各冠"汉"字，奉常前无"汉"字便不应视为省略，故"汉郎中"后应用逗号。

③参阅吴荣曾：《西汉王国官制考实》，《北京大学学报》1990年第3期。文献中未见王国奉(太)常，但封泥印章中有齐太祝印、齐太史印、菑川顷庙、齐悼惠寝、齐悼惠园、齐哀寝印、齐哀园印、齐典医丞、楚太史印等，似皆为奉(太)常属官。参阅陈直：《汉书新证》，天津：天津人民出版社，1959年，第78页；王恺：《狮子山楚王陵出土印章和封泥对研究西汉楚国建制及封域的意义》，《文物》1998年第8期；赵平安：《对狮子山楚王陵所出印章封泥的再认识》，《文物》1999年第1期。

《秩律》二千石条在中大夫令和郎中令前冠以“汉”字，肯定是为了表明此处的中大夫令和郎中令仅指汉官，不包括王国官。其他不冠“汉”字者，若汉与王国皆有，应兼指汉官和王国官。若是王国所无，当仅指汉官。

王国的中大夫令和郎中令既然不是二千石，以情理推之，当在千石之列①。然而我们在《秩律》千石和其他更低的秩级中都没有找到王国中大夫令和郎中令。不仅如此，王国千石以下的其他官职亦不见于《秩律》，其中县道官的情况最能说明问题。《秩律》列举了千石县近二十个②，八百石县近六十个③，六百石县道约二百个④，五百石道四个，三百石县邑二个。经与《汉书》卷二八《地理志》核对，这些县道分别属于内史、弘农、北地、陇西、上郡、西河、九原、云中、上党、河东、河南、河内、颍川、魏郡、东郡、沛郡、汝南、南阳、南郡、武陵、汉中、蜀郡、巴郡、广汉等郡⑤。对照西汉地图便可看出，这些郡全在关中、中原一带，显然是西汉初年的汉朝直辖地区。其中武泉、原阳、云中、沙陵、南舆⑥、圜阴、圜阳、中阳、平周、涅、襄垣、涉、武安、隆虑、荡阴、内黄、繁阳、顿丘、观、

---

①《汉书》卷一九《百官公卿表》诸侯王条载：“武帝……损其郎中令，秩千石。”（第741页）也许王国郎中令原本就是千石，后升为二千石，武帝时又恢复为千石。

②可识别者十五个。“云中”下有数字漫漶，疑有四五县缺失。

③可识别者五十四个。“朐忍”下有数字漫漶，疑有三四县缺失。

④可识别者一百九十个。一处简残，三处漫漶，约缺十余字，六七县。

⑤参阅《二年律令·秩律》注释；周振鹤：《〈二年律令·秩律〉的历史地理意义》，《学术月刊》2003年第1期。

⑥《汉书》卷二八《地理志下》五原郡条无“南舆”而有“南興（兴）”，《中国历史地图集》（上海：中华地图学社，1975年，第20—21页）依《地理志》作“南兴”。《张家山汉简》整理者认为《地理志》误，是。

东武阳、阳平、聊城、茬平、东阿、鄄城、濮阳、白马、燕、酸枣、阳武、中牟、启封(开封)、陈留、圉、傿陵、许、颍阴、襄城、定陵、偃(郾)、阳城、西平、阳安、朗陵、比阳、平氏、胡(湖)阳、春陵、随、西陵、沙羡、州陵、下隽、索、孱陵、夷道、夷陵、秭归、巫、朐忍、临江、涪陵等县,自北而南构成该地区的东界①。此界以东王国所辖各县全然不见。

这一现象告诉我们,《秩律》只有二千石条可能兼及汉官和王国官,千石以下各条则只及汉官,不及王国官。既然如此,有关千石以下王国官秩级的规定肯定另有所属,可能性最大的是在各王国的《秩律》中。

《秩律》如此,其他律令又如何呢?笔者进而翻检了《二年律令》的其他部分,发现凡是涉及具体地区的律文都有类似情形。如《行书律》:“十里置一邮。南郡江水以南至索(?)南水,廿里一邮。一邮十二室。长安广邮廿四室……北地、上、陇西,卅里一邮……复蜀、巴、汉(?)中、下辨、故道及鸡劍中五邮。”②《田律》:“入顷刍稿,顷入刍三石;上郡地恶,顷入二石;稿皆二石。”③其中

①只有丰、沛、宜成、鄭、城父、女阴、慎等县位于此界以东。丰、沛,晏昌贵认为二县“为高帝故乡,汉初地位特殊,故秩千石,其地虽在楚国(沛郡),其长官或属内史”。宜成,周振鹤认为即南郡之“宜城”;晏昌贵以为其说“可从”。鄭,晏昌贵提出两种可能:一“是南阳属县”,二“为萧何夫人之封国,与丰、沛同例,亦有特殊地位,其地虽在楚国,其长官则属中央”。城父,周振鹤以为系“父城”误倒,属颍川;晏昌贵则指出,颍川之“父城”原本就叫“城父”,“父城”乃后人传抄之误。女阴,晏昌贵认为释文“不确”,应为“安阴”,其地“汉初当属颍川郡”。慎,周振鹤以为简文脱“阳”字,应是“汝南郡之慎阳”;晏昌贵证成其说,认为西汉初年的慎县可能就在此地。见晏昌贵:《〈二年律令·秩律〉与汉初政区地理》,《历史地理》第21辑。以上说法,可供参考。

②《张家山汉墓竹简(释文修订本)》,第45、46页。

③《张家山汉墓竹简(释文修订本)》,第41页。

地名都在汉朝直辖区内，未见属于王国的地名。有些律文则明显是针对汉朝直辖地区的，将王国排除在外。如《贼律》有“伪写皇帝信玺、皇帝行玺，要（腰）斩以匀（徇）”和“伪写彻侯印，弃市；小官印，完为城旦舂”的条文，却无关于伪写诸侯王玺的处罚条文①。《置吏律》规定“县道官……受恒秩气禀，及求财用年输，郡关其守，中关内史”②，亦不及王国。那些与王国有关的内容，可能也在各王国的律令中。

张家山出土的《二年律令》肯定不是完整的汉初法律，而只是从中选抄的一小部分。因此我们不能肯定不见于《二年律令》的就是汉初法律中没有的。但《秩律》中不见千石以下王国官，绝非偶然，抄写者没必要也不可能将王国官特别是王国下属的县道官一一剔除。既然如此，我们便可大胆推断：文帝以前汉朝法律对王国事务的干预，主要限于诸侯王及其亲属的犯罪行为，普通吏民的谋反等重罪，以及后妃、宫禁、二千石以上职官等重要制度；除此之外，大量有关王国一般事务和制度的规定，可能都在各王国的法律中。由于诸侯王拥有一定立法权，王国法律中的这些内容肯定会有各自的特点，会在某些事务上体现诸侯王的个人意志，在某些方面服从于并服务于各国的实际需要，也会在一定程度上受到当地士人和文化的影响③。

①《张家山汉墓竹简（释文修订本）》，第9页。

②《张家山汉墓竹简（释文修订本）》，第37页。

③笔者曾在《汉代政治与〈春秋〉学》（北京：中国广播电视出版社，2001年）一书中提出，西汉初年刘邦至吕后时期，汉朝以郡国并行的方式实行过特殊的东方政策，即在要求中央直辖郡县“奉汉法以治”的同时，允许或默许东方王国不用汉法，从俗而治。又在《汉初王国制度考述》（《中国史研究》2004年第3期）一文中，利用《张家山汉墓竹简（二四七号墓）》中的新资料做了进一步论证，认为“王国法律中有些部分由汉朝统一制定，（转下页）

四、王国吏治的“从王”和“从俗”倾向

与其立法方面的自主权相比，汉初王国在司法和行政环节上的自主权更大，也更明显。《汉书》卷八六《何武传》载武奏言：“往者诸侯王断狱治政，内史典狱事，相总纲纪辅王，中尉备盗贼。今王不断狱与政，中尉官罢，职并内史。”（第3485页）何武虽是成帝、哀帝时人，但曾任楚国内史、汉廷尉，上奏时为御史大夫、司空，对汉初的王国制度及其后来的变化应很了解，故其所言汉初诸侯王有权“断狱治政”应是可信的。仲长统在《昌言·损益》篇中说：“汉之初兴，分王子弟，委之以士民之命，假之以杀生之权。”② 所言当亦不虚。除此之外，汉初王国的司法和行政自主权还表现在两个方面：一是王国官吏之“从王”，二是诸侯王之“从俗”。

高祖十二年诏书说，汉初诸侯王皆“自置吏”，即有权自行任

（接上页）有些部分由各国自行制定，具体内容与汉法有同有异”。由于缺乏直接证据，这一观点带有一定推测成分。刘华祝、李开元先生曾对笔者最初的说法口头提出质疑，认为证据不足。梁安合先生撰《也谈西汉初期诸侯王国的法律制度——与陈苏镇先生商榷》（《咸阳师范学院学报》2006年第2期），孙家洲和张忠炜先生撰《由新出汉简看汉初朝廷与诸侯王国之法律关系》（《安作璋先生史学研究六十周年纪念文集》，济南：齐鲁书社，2007年），又对笔者后来的说法提出具体商榷意见。邢义田先生在《秦或西汉初和奸案中所见的亲属伦理关系——江陵张家山二四七号墓〈奏谳书〉简180—196考论》（“中研院”历史语言研究所会议论文集之八《传统中国法律的理念与实践》，2008年5月，第116页）一文中，对笔者最初的说法表示怀疑，而认为笔者后来的说法“较为合适”。由于已刊布的简牍资料中，尚无汉初王国的文书，特别是法律文书，这个问题仍难免见仁见智。笔者在本书中大体仍持原有主张，但参考各位学者的意见在文字表述和分寸把握上做了调整。但愿日后会有汉初王国的法律文书出现，使这一问题得到彻底解决。

②《后汉书》卷四九《仲长统传》，第1650页。

命王国官吏以管理王国事务，而这便意味着他们有权“自治民”，故《汉书》卷五一《邹阳传》曰：“汉兴，诸侯王皆自治民聘贤。”（第2338页）当时，包括廷尉在内的王国二千石官和千石以下县令长都由诸侯王自行任命，这决定了他们都要“从王治”。《史记》卷五九《五宗世家》提供了两个稍晚的例子：

> （胶西王端）为人贼戾……相、二千石往者，奉汉法以治，端辄求其罪告之，无罪者诈药杀之……相、二千石从王治，则汉绳以法。故胶西小国，而所杀伤二千石甚众。（第2097页）
>
> （赵王彭祖）为人巧佞……相、二千石欲奉汉法以治，则害于王家。是以每相、二千石至，彭祖……多设疑事以作动之，得二千石失言，中忌讳，辄书之。二千石欲治者，则以此迫劫；不听，乃上书告，及污以奸利事……以故二千石莫敢治，而赵王擅权。（第2098页）

端和彭祖都是景帝之子，封胶西王和赵王都在景帝平定吴楚七国之乱后，其上述表现则发生在诸侯王的置吏权和治民权被收夺后。由此我们看到，诸侯王丧失置吏权和治民权后，其相、二千石按制度应当“奉汉法以治”，不能“从王治”。诸侯王要干预本国事务，只能不择手段地去控制其相、二千石。而这又提示我们，在诸侯王丧失置吏权和治民权之前，情况可能正好相反。那时，王国官吏由诸侯王自置，须向诸侯王负责，因而应皆“从王治”，而非“奉汉法以治”。

贾谊曾说：文帝初年“天下少安”，是因为“大国之王幼在怀衽，汉所置傅、相方握其事”；又预言：“数年之后，诸侯王大抵皆冠，血气方刚，汉之所置傅归休而不肯往，汉所置相称病而赐罢，彼自丞、尉以上遍置其私人”，发生谋反事件就不可避免了①。他担心的是，年幼的诸侯王一旦长大成人，并运用其置吏权在王国上下“遍置其私人”，汉朝就会丧失控制王国的能力。隐含其中的逻辑是，只有汉朝任命的王国傅、相才会听命于汉朝，诸侯王自置的王国官吏则必然听命于诸侯王。而在刘邦、吕后时期，壮王当国是多数现象。故贾谊断言，假若韩信、彭越等异姓诸王仍“案其国而居”，文帝必不能“自安”；假若齐悼惠王、楚元王等同姓诸王仍“案其国而居”，文帝也必不能“为治”②。言下之意，王国官吏“从王治”是文帝之前普遍存在的现象。

王国官吏“从王治”，必然使王国在日常司法过程中表现出更大的独立性。在这方面，《奏谳书》为我们提供了有价值的信息。《奏谳书》作为议罪案例的汇编，收录了汉高祖六年至十一年间南郡之夷道、江陵、安陆、内史之胡县和汉中、北地、蜀郡、河东、淮阳等郡上报廷尉的司法文书十六篇。和上文所述《二年律令》有关部分不见千石以下王国官和王国地名的情形相似，《奏谳书》中这些文书也全都出自汉朝直辖郡县，而无一例出自王国。这可能是由于当时王国所辖郡县的司法文书只向本国廷尉上报而不向汉朝廷尉上报的缘故。

汉初地方行政重心在县不在郡，司法裁决主要由县道承担，遇到重大或疑难案件时方须逐级上报或奏谳。《汉书》卷二三《刑法志》载高祖七年诏曰：“狱之疑者，吏或不敢决，有罪者久而不论，无罪者久系不决。自今以来，县道官狱疑者，各谳所属二千石官，二千石官以其罪名当报之。所不能决者，皆移廷尉，廷尉亦当

①阎振益、钟夏：《新书校注·宗首》，第25页。

②阎振益、钟夏：《新书校注·亲疏危乱》，第119、120页。

报之。廷尉所不能决，谨具为奏，傅所当比律令以闻。”（第 1106 页）《二年律令》中也有相关条文。《具律》：“诸欲告罪人，及有罪先自告而远其县廷者，皆得告所在乡，乡官谨听，书其告，上县道官。”①《兴律》：“县道官所治死罪及过失、戏而杀人，狱已具，勿庸论，上狱属所二千石官。二千石官令毋害都吏复案，问（闻）二千石官，二千石官丞谨录，当论，乃告县道官以从事。”②是一般情况下，断狱皆由县道官负责，只有重大案件须上报二千石及廷尉复查，遇到疑难案件则须启动谳狱程序。所谓“县道官”指各县道之令、长、丞。《具律》还规定了守、假县道官的断狱和谳狱权，如：“县道官守丞毋得断狱及谳。相国、御史及二千石官所置守、假吏，若丞缺，令一尉为守丞，皆得断狱、谳狱。”③文中“守、假吏”当指守、假令、长，他们和真令、长一样，有断狱和谳狱权。“县道官守丞”当指县道官中的守丞，他们没有断狱和谳狱权，除非在丞缺的情况下以县尉为守丞，方得断狱和谳狱。可见相关制度之严密。

《奏谳书》所载十六篇汉初司法文书中，前五篇是县道所谳的疑难案件，皆详细描述相关案情，故篇幅较大，最短的 175 字，最长的 355 字。下有“吏当”或“吏议”云云，当是廷尉掾史提出的处理意见④。

---

①《张家山汉墓竹简（释文修订本）》，第 22 页。

②《张家山汉墓竹简（释文修订本）》，第 62 页。

③《张家山汉墓竹简（释文修订本）》，第 23 页。

④《汉书》卷八三《朱博传》：博初任廷尉，命属吏“撰前世决事吏议难知者”（第 3404 页）。其中的“吏议”与《奏谳书》所见“吏当”、“吏议”应当是一回事，即廷尉掾史针对疑狱提出的处理意见。同书卷五八《兒宽传》：为“廷尉文学卒史……会廷尉时有疑奏，已再见却矣，掾史莫知所为。宽为言其意，掾史因使宽为奏。奏成，读之皆服”。廷尉张汤遂“以宽为奏谳掾，以古法义决疑狱”（第 2628 页）。是疑狱上报廷尉后，首先由掾史提出处理意见。“吏当”、“吏议”可能就是由此形成的。

再下有“廷报”云云，是廷尉做出的决定。有时作“廷以闻”，当是廷尉奏明皇帝后所做的决定。中间八篇是郡守所谳的疑难案件，皆寥寥数语，最短的只有22字，可能是将县道上报的案情加以简化后上报廷尉的。后三篇是县道将详细案情、处理意见和所适用的律令上报于郡，郡复查后又上报廷尉的文书，其中没有“敢谳之”、“某某谳”、“疑罪”等字样，似非谳狱文书①，但篇幅也较长，特别是“淮阳守行县掾新郪狱”一篇，由于案情复杂，长达618字。可以肯定，在所有案件中需要上报的重大案件和需要谳狱的疑难案件是少数，大量不需上报和谳狱的普通案件都由县道自行处理了。在这一过程中，县道无疑是最繁忙的，廷尉作为主管法律的部门也格外重要②，皇帝作为最高仲裁人则握有最后的决定权。

由于不见记载，我们对汉初王国断狱和谳狱的具体情形无从得知。但汉初王国的主要制度设施包括廷尉和县道，既与汉朝基本相同，其断狱和谳狱制度当亦与汉朝相似，即大量日常案件的处理由县道官承担，廷尉在谳狱中也扮演重要角色③，最后的决定权则在诸侯王手中。而这便意味着王国在日常司法过程中基本上脱离汉朝，自成系统。可能正是由于王国的重大和疑难案件也都在王国内部处理，有关司法文书才没有出现在属于汉朝系统的张家山出土之《奏谳书》中。

---

①张建国认为此类文书可称作“奏书”，以区别于“谳书”。见氏著《汉简〈奏谳书〉和秦汉刑事诉讼程序初探》，《中外法学》1997年第2期。

②《汉书》卷八三《朱博传》：“廷尉，职典决疑，当谳平天下狱。”（第3403页）

③现存封泥印章中，不见王国廷尉及其属官之印。但《史记》卷五九《五宗世家》太史公曰既有“诸侯自除……廷尉”之语（第2104页），《汉书》卷一九《百官公卿表》（第741页）和《续汉书·百官志五》（第3627页）皆明言景帝“省……（王国）廷尉”，汉初王国有廷尉当无疑义。

王国官吏“从王治”,使诸侯王的“自治”权得以实现。但同时,由于王国所辖地区都有自己的文化和习俗,王国官吏也多由本国士人充任,诸侯王们在治理自己的王国时,又往往表现出“从俗”倾向。

汉朝为了防范诸侯王,明令禁止汉朝士人私自到王国做官。《新书·壹通》:“所谓禁游宦诸侯……者,岂不曰诸侯得众则权益重……故明为之法,无资诸侯。”①王国士人到其他诸侯国做官也是违法的。文帝时,汉朝大臣数淮南王刘长罪过,其中之一便是“聚收汉、诸侯人及有罪亡者,匿与居,为治家室,赐其财物、爵禄、田宅,爵或至关内侯,奉以二千石”②。汉律对此有明确的处罚规定。《汉书》卷四四《淮南王传》:“亡之诸侯,游宦事人,及舍匿者,论皆有法。其在王所,吏主者坐。今(疑当作令)诸侯子为吏者,御史主;为军吏者,中尉主;客出入殿门者,卫尉、大行主;诸从蛮夷来归谊及以亡名数自占者,内史、县令主。相欲委下吏,无与其祸,不可得也。”(第2139页)文帝时如此,文帝之前既有禁止“亡之诸侯”的法令,则亦应如此。在如此严格的禁令下,敢于收纳和任用他国士人的诸侯王恐怕是少数,被收纳和任用的他国士人在该国的官吏中则肯定是少数。除丞相、太傅之外,王国的大小官职,包括二千石官和县道官,主要由本国士人担任,王国的日常行政、司法等事务也主要由本国士人运作。在这种情况下,诸侯王不可能事事躬亲,其治民权必然大部分落入王国士人手中。而这些土生土长的王国士人,在大量日常行政和司法事务中,除了按法律和制度行事外,也会将当地文化和习俗因素带入其中。

①阎振益、钟夏:《新书校注》,第113页。

②《史记》卷一一八《淮南列传》,第3077页。

在文化传统较深的地区，他们还会对诸侯王、王国相等外来统治者产生影响，使之自觉不自觉地走上“从俗”的道路。

曹参治齐是汉初王国“从俗”而治的典型例子。《汉书》卷四五《蒯通传》载：“齐悼惠王时，曹参为相，礼下贤人，请通为客。”曹参为齐相，所礼下之贤人自然多是齐人。蒯通原是范阳人，随韩信入齐后便留在齐地，故被刘邦称作“齐辩士”。蒯通又推荐“齐处士”东郭先生、梁石君等，曹参“皆以为上宾”（第2166页）。这些“齐士”聚集在曹参周围，必然对他产生影响，其中影响最大的则是盖公。据《史记》卷八〇《乐毅传》太史公曰，盖公是齐地黄老学派的重要传人，“教于齐高密、胶西，为曹相国师”（第2436页）。同书卷五四《曹相国世家》载曹参奉盖公为师之事曰：参任齐相后，“尽召长老诸生，问所以安集百姓，如齐故俗。诸儒以百数，言人人殊，参未知所定。闻胶西有盖公，善治黄老言，使人厚币请之。既见盖公，盖公为言治道贵清静而民自定，推此类具言之。参于是避正堂舍盖公焉。其治要用黄老术。故相齐九年，齐国安集，大称贤相”（第2029页）。

案“如齐故俗诸儒以百数”，《汉书》卷三九《曹参传》作“而齐故诸儒以百数”（第2018页）。王念孙《读史记杂志》曰：“本作‘如齐故诸儒以百数’，‘齐故诸儒’四字连读，‘如’与‘而’同……今本《史记》‘故’下有‘俗’字者，后人不知‘如’与‘而’同，而以‘如齐故’三字连读，遂于故下加‘俗’字。”①中华书局标点本《史记》删了“俗”字，而无校勘记。中华本所用底本是清同治年间所刻金陵书局本。今查该本，未删“俗”字，只是张文虎《校勘记》提

①《二十五史三编》，第1分册，第559页。

到王念孙说，但未下判断[1]。中华本无版本依据，仅依《汉书》及王说便删去“俗”字，似嫌不妥。况且《史记》原文亦非不可通。《史记》卷三二《齐太公世家》：“太公至国，修政，因其俗，简其礼，通工商之业，便鱼盐之利，而人民多归齐，齐为大国。”（第 1480 页）同书卷六二《管晏列传》：“管仲既任政相齐，以区区之齐在海滨，通货积财，富国强兵，与俗同好恶……俗之所欲，因而予之；俗之所否，因而去之。”（第 2132 页）是齐国本有“从俗”而治的传统。及至汉初，齐俗变诈，难以汉法治之。曹参在齐，对此必有深切感受，因而任齐相后明确提出“安集百姓，如齐故俗”的治国方针。曹参是楚人，不了解齐人习俗，故向齐地长老诸生请教。而黄老之术“以虚无为本，以因循为用”，主张“应物变化，立俗施事”[2]，最适合曹参的这一方针，遂为曹参所用。班固改《史记》之文，掩盖了这一重要史实，王念孙说则错上加错[3]。

萧何死后，曹参自齐丞相迁任汉相国，临行嘱其后相曰：“以齐狱市为寄，慎勿扰也。”后相曰：“治无大于此者乎？”参曰：“不然。夫狱市者，所以并容也，今君扰之，奸人安所容也？吾是以先之。”《集解》引《汉书音义》曰：“夫狱市兼受善恶，若穷极，奸人无所容窜；奸人无所容窜，久且为乱。秦人极刑而天下畔，孝武峻法而狱繁，此其效也。《老子》曰：‘我无为而民自化，我好静而民自正。’参欲以道化其本，不欲扰其末。”[4]然而“狱市”二字何意？注家都没有做出解释。

---

①见张文虎：《校刊史记集解索隐正义札记》卷四，清同治金陵书局本，第 29 页。

②《史记》卷一三〇《太史公自序》，第 3292 页。

③参韩兆琦编著：《史记笺证》，南昌：江西人民出版社，2004 年，第 3476 页。

④《史记》卷五四《曹相国世家》，第 2029 页。

梁玉绳《史记志疑》引《梁溪漫志》云:"《孟子》'庄嶽之间'注:'齐街里名。'《左传》襄公二十八年'反陈于嶽'注:'里名。'狱字合从嶽音。盖谓嶽市乃齐阛阓之地,奸人所容,故当勿扰之。"梁氏案:"此说颇新而非也。嶽、狱二字,未见通用。"又引宋朱翌《猗觉寮杂记》下曰:"狱、市二事:狱如教唆词讼,资给盗贼,市如用私斗秤,欺谩变易之类,皆奸人图利之所。若穷治尽,则事必枝蔓,此等无所容,必为乱,非省事之术也。"[①]陈直从《梁溪漫志》之说,曰:"余疑狱市为齐国大市之名。狱为嶽字省文,即齐国庄嶽之市。"[②]冯友兰亦从此说,认为"'狱'字为'嶽'字之误。嶽市是齐国都市中的闹市,其中人物不齐,难免有闹事的情况。曹参认为,要把这些情况都看成一种暂时的情况('寄'),不要干扰它"[③]。李根蟠反对陈直之说,指出"狱市"并非指齐国大市,史料中的"'狱市'一般与'市狱'通用,指'狱'和'市'二事",但"有时似乎又是一个专名",指"市"中"拘禁管理犯人的场所"[④]。施伟青则进一步指出,"'狱市'不是'大市',也不是指'狱'和'市'二事,而是指具有司法权的市场管理机构"[⑤]。今案《汉书》卷五《景帝纪》中五年九月诏曰:"狱,人之大命,死者不可复生,吏或不奉法,以货赂为市。"(第 148 页)后二年四月诏曰:"或诈伪为吏,吏以货赂为市。"(第 151 页)"狱"本是惩治奸人之所,但诈伪之吏以货赂为"市",遂使之成为容纳奸人之所。齐人"多变诈",狱吏

---

①《二十五史三编》,第 1 分册,第 432 页。

②陈直:《汉书新证》,北京:中华书局,2008 年,第 252 页。

③冯友兰:《中国哲学史新编》,北京:人民出版社,1985 年,第三册,第 16 页。

④李根蟠:《汉代的"大市"和"狱市"——对陈直〈汉书新证〉两则论述的商榷》,《中国社会经济史研究》2002 年第 1 期。

⑤施伟青:《"狱市"新探》,《中国经济史研究》2004 年第 2 期。

以货赂为市的问题可能比较严重。曹参所谓“狱市”或许是指“狱”中货赂之“市”。

无论“狱市”二字作何解释,曹参面对齐人“变诈”之俗,无为而治,听之任之,不“极刑”,不“峻法”,以“狱市”容纳奸人,是大家公认的事实。《曹相国世家》又说:曹参出任汉相后,专择“木诎于文辞”的“重厚长者”为吏,委以政事,自己则“日夜饮醇酒”,“不事事”(第2029页)。他在齐国时当亦如此。由这些事例看来,曹参成功的秘诀无非是用齐士、从齐俗而已。所谓“齐国安集,大称贤相”,则反映出齐人对曹参这一做法的赞同与支持。

吴王刘濞和淮南王刘长在各自国内也有类似举动。他们虽未打出黄老旗号,也未明确提出“如”其国“故俗”的方针,却也有些独特的做法。如刘濞利用境内的自然资源,“即山铸钱,煮海水为盐”,使“国用富饶”,进而实行一系列德政,使吴国“百姓无赋,卒践更,辄与平贾,岁时存问茂才,赏赐闾里”①。刘濞和刘长又都效法任侠,公然招纳和容隐亡命之人,甚至赐给他们财物、爵禄、田宅。和曹参等汉朝任命的王国傅、相相比,刘濞、刘长等诸侯王往往会更深地融入当地社会,成为当地社会的政治代表,甚至与汉为敌。因此,在当时人看来,诸侯王之所以不断谋反,除了他们个人的政治野心之外,王国士人及当地文化对他们的负面影响也是重要原因。如司马迁详述淮南王刘长、刘安和衡山王刘赐谋反事,最后感叹说:“此非独王过也,亦其俗薄,臣下渐靡使然也。夫荆楚僄勇轻悍,好作乱,乃自古记之矣。”②武帝子燕王旦争太子之

①《史记》卷一〇六《吴王濞列传》,第2822、2823页。

②《史记》卷一一八《淮南衡山列传》,第3098页。

位,武帝怒曰:“生子当置之齐鲁礼义之邦,乃置之燕赵,果有争心。”武帝子广陵王胥谋反,褚先生认为“广陵在吴越之地,其民精而轻”,胥谋反是“土地教化使之然也”①。

五、说“郡国诸侯各务自拊循其民”

《史记》卷一〇六《吴王濞列传》:“会孝惠、高后时,天下初定,郡国诸侯各务自拊循其民。吴有豫章郡铜山,濞则招致天下亡命者益铸钱,煮海水为盐,以故无赋,国用富饶。”(第2822页)“郡国诸侯”似包括郡守和诸侯王,但主要指诸侯王。“拊循”意为抚慰、安抚,但在秦末汉初特定背景下,它还有更具体的含义。《荀子·富国》:“垂事养民,拊循之,唲呕之。”杨倞注:“拊与抚同。拊循,慰悦之也。唲呕,婴儿语声也。”王先谦《集解》引郝懿行曰:“循与揗同。拊揗者,谓抚摩矜怜之也。唲呕者……盖为小儿语声,慈爱之也。”②《淮南子·泰族训》:“圣人之治天下,非易民性也。柎循其所有而涤荡之,故因则大,化则细矣。”许注:“能循,则必大也;化而欲作,则小矣。”张双棣《笺释》引王念孙云:“‘涤荡’与‘条畅’同……圣人顺民性而条畅之,所谓因也。反是则为作矣。”③郡国诸侯“拊循其民”应当“抚摩矜怜之”如父母之于赤子,“顺民性而条畅之”而“非易民性”。这符合刘邦立王国以“存恤”其众的初衷,而与秦朝立郡县“以矫端民心,去其邪僻,除其恶俗”的做法相反。

《史记》所举汉初郡国“自拊循其民”的直接例证是吴王刘

①《史记》卷六〇《三王世家》,第2116、2117、2118页。
②王先谦:《荀子集解》,北京:中华书局,1988年,第188页。
③张双棣:《淮南子校释》,北京:北京大学出版社,1997年,第2052页。

濞。如前述,刘濞在吴国以雄厚财力为后盾实行了种种德政,这自然是他"自拊循其民"的具体表现。但除此之外,《史记》还将刘濞公然招纳和容隐亡命之人,也看作他"自拊循其民"的一个方面。淮南王刘长也有"聚收汉诸侯人及有罪亡者"之事。这一点十分重要,比其他德政具有更深刻的含义。它使刘濞、刘长等诸侯王带上了几分豪侠色彩,从而更深地融入了当地社会。《史记》卷一一八《淮南列传》载:武帝时,淮南王刘安"阴结宾客,拊循百姓,为畔逆事"(第 3082 页)。这条材料更清晰地揭示出诸侯王"自拊循其民"的政治意义。

"亡命"或"亡人"就是脱离国家户籍从而逃避赋税力役及法律制裁者,其中有农民或奴隶,也有豪杰游侠。战国以来,随着变法运动的深入,特别是秦统一后秦法向全国的推广,违法亡命之人日益增多。而作为民间旧俗顽强存在的一种表现,容隐亡命之人常常得到民间舆论的赞许,以至成为贤豪大侠们的重要标志。如齐国孟尝君田文"招致诸侯宾客及亡人有罪者……舍业厚遇之,以故倾天下之士"①。秦末汉初大侠鲁人朱家,"所藏活豪士以百数,其余庸人不可胜言"②。

我们知道,战国以来,在法家兴起的同时,"儒"和"侠"作为与"法"对立的两种事物也发展起来。《韩非子·五蠹》:"儒以文乱法,侠以武犯禁。"③儒代表的是三代特别是西周的政治文化传统,侠代表的则是一种更古老、更原始的传统,是通行于基层社会的一种政治价值观及相应的行为准则。在战国变法运动中形成的"法"

①《史记》卷七五《孟尝君列传》,第 2353 页。

②《史记》卷一二四《游侠列传》,第 3184 页。

③陈奇猷:《韩非子集释》,北京:中华书局,1958 年,第 1057 页。

与“俗”的两极对立格局中，儒介于二者之间，侠则更贴近“俗”①。

“侠”又称“任侠”、“豪”、“贤豪”、“豪侠”等。对战国以来形成的豪侠阶层及其在汉初所发挥的作用，司马迁有很好的论述。《史记》卷一二四《游侠列传》指出：“孟尝、春申、平原、信陵之徒，皆因王者亲属，借于有土卿相之富厚，招天下贤者，显名诸侯，不可谓不贤者矣。”汉初则有“布衣之侠”朱家、田仲、王公、剧孟、郭解等。司马迁认为，这些游侠“其行虽不轨于正义”，“时捍当世之文网”，“然其言必信，其行必果，已诺必诚，不爱其躯，赴士之厄困，既已存亡死生矣，而不矜其能，羞伐其德”，“其私义廉洁退让，有足称者”（第3181页）。司马迁去汉初未远，还曾见过郭解。他对游侠的理解与同情，大概代表了汉初民间社会对这一阶层的通常看法。班固用东汉儒生之眼光看西汉初年之社会，故批评司马迁“序游侠则退处士而进奸雄”②，认为汉初游侠的活跃是“禁网疏阔”的结果。《汉书》卷九二《游侠传序》：“魏有信陵，赵有平原，齐有孟尝，楚有春申，皆借王公之势，竞为游侠，鸡鸣狗盗，无不宾礼……及至汉兴，禁网疏阔……布衣游侠剧孟、郭解之徒驰骛于闾阎，权行州域，力折公侯。”（第3697页）班固否定游侠之“私义”，但不得不承认“众庶荣其名迹，觊而慕之”。这表明，与“当世文网”相背的游侠“私义”，在汉初颇得“众庶”认同，从而在汉法之外构成一种以“侠”为标志的民间社会规则。《史记》卷一〇〇《季布列传》：“季布者，楚人也，为气任侠。”《集解》引如淳曰：“相与信为任，同是

①关于“俗”和“法”的对立，请参阅阎步克：《士大夫政治演生史稿》第三章第一节。战国游侠之风的盛行又与墨家中的“墨侠”一派有关。参阅侯外庐等：《中国思想通史》第一卷，北京：人民出版社，1957年，第472—475页。

②《汉书》卷六二《司马迁传》，第2738页。

非为侠。所谓'权行州里,力折公侯'者也。"(第 2729 页)①《游侠列传》述郭解事迹有如下一段:"洛阳人有相仇者,邑中贤豪居间者以十数,终不听。客乃见郭解。解夜见仇家,仇家曲听解。解乃谓仇家曰:'吾闻洛阳诸公在此间,多不听者。今子幸而听解,解奈何乃从他县夺人邑中贤士大夫权乎!'乃夜去,不使人知,曰:'且无用,待我去,令洛阳豪居其间,乃听之。'"(第 3187 页)是汉初县邑各有豪侠,常在国家法律之外以"私义"解决民间纠纷,有时居间调解,有时则诉诸武力。

吴王濞、淮南王长等不用汉法而效法任侠,刘邦、惠帝、吕后皆不加干预而默认之。不仅如此,刘邦还有意任用豪侠之士为地方长官。前已述及,汉五年,刘邦认为田横及其客皆为"齐人贤者",曾打算立田横为齐王,并任用其客,但因田横自杀,其客亦集体自杀而未果。又《史记》卷八九《张耳列传》载:汉九年,赵相贯高、赵午等密谋刺杀刘邦事发,赵午等十余人自杀,唯贯高为证明赵王无罪而就系。当时刘邦下令"赵有敢随王者罪三族",但仍有"孟舒、田叔等十余人赭衣自髡钳,称王家奴",随赵王至长安。贯高对狱曰:"独吾属为之,王实不知。"此后,任凭狱吏严刑拷打,"终不复言",最后使张敖无罪获释。刘邦"贤贯高为人能立然

①增渊龙夫对"任"、"侠"二字的语义做了详细考证,认为"战国时代的侠,应是指以私剑武勇立威于乡曲,聚集和自己有私交的徒党,若遇侵害宗族知友者,则以剑报之,是所在州里之雄,而且由于结成私交及经常注意节操,所以即使触犯法禁,却在民间中享有声望的那些人。所谓任,是指结成这种私交以信为基础,一旦结交,便意味对他担负责任,可以不顾个人利害生死而救交友知人之急,以身匿藏亡命罪人"。见氏著《汉代民间秩序的构成和任侠习俗》,孔繁敏译,《日本学者研究中国史论著选译》第三卷,北京:中华书局,1993 年,第 534 页。

诺”，亦释之，而贯高曰：“所以不死一身无余者，白张王不反也。今王已出，吾责已塞，死不恨矣。且人臣有篡杀之名，何面目复事上哉！纵上不杀我，我不愧于心乎？”于是自杀。刘邦因此“贤张王诸客，以钳奴从张王入关，无不为诸侯相、郡守者。及孝惠、高后、文帝、景帝时，张王客子孙皆得为二千石”（第2584页）。据同书卷一〇四《田叔列传》，刘邦曾接见张王诸客，“与语，汉廷臣毋能出其右者”，于是“尽拜为郡守、诸侯相”。其中田叔任汉中守十余年，孟舒任云中守十余年，都被文帝称为“长者”（第2776页）。田横、张敖之客皆齐、赵二地贤人长者，行事颇似“游侠”。赵翼《廿二史札记》“东汉尚名节”条即将贯高、田叔等人与《游侠传》中人物并列，其辞曰：“自战国豫让、聂政、荆轲、侯嬴之徒，以意气相尚，一意孤行，能为人所不敢为，世竞慕之。其后贯高、田叔、朱家、郭解辈，徇人刻己，然诺不欺，以立名节。”①

《史记》卷一〇《孝文本纪》载代国中尉宋昌语曰：“汉兴，除秦苛法，约法令，施德惠，人人自安，难动摇。”（第414页）卷一二二《酷吏列传》曰：“汉兴，破觚而为圜，斫雕而为朴，网漏于吞舟之鱼，而吏治烝烝，不至于奸，黎民艾安。”（第3131页）《汉书》卷二三《刑法志》曰：“当孝惠、高后时，百姓新免毒蠚，人欲长幼养老。萧、曹为相，填以无为，从民之欲，而不扰乱，是以衣食滋殖，刑罚用稀。”（第1097页）考虑到“汉承秦制”的事实，这些记载所反映的当主要是汉初东方各地的情形。

讨论汉初政治，承秦之制是一个方面，东方政策是同样重要的另一个方面。刘邦、萧何得以步秦后尘再建帝业，又能避免重蹈亡秦覆辙，原因之一是他们吸取了秦朝的教训，不急于整齐习

①王树民：《廿二史札记校证》，北京：中华书局，1984年，第102页。

俗、统一文化，在完成对全国的军事征服和政治统一之后，便暂时停住脚步，接受和容忍不同习俗并存的局面，针对不同地区实行不同的政策，在秦、韩、魏等西部地区设郡县"奉汉法以治"，在赵、燕、齐、楚等东部地区则立王国，允许诸侯王在一定范围内制定和颁布本国的政策法令，依靠本国士人在一定程度上"从俗"而治。在统一战争刚刚结束、文化上的战国局面依然存在、东方各地特别是楚齐赵地的文化传统仍有很大势力的情况下，将承秦而来的汉朝法律强行向全国推广，仍有激起东方社会反抗的危险。而郡国并行制正可起到缓解东西文化冲突的作用。西汉能成功地避开亡秦覆辙，将帝国的统治巩固下来，与此不无关系。

第四节　从清静无为到复古更化

西汉初年，黄老道家的政治学说一度受到朝廷的尊崇，除了它适合"轻徭薄赋"、"与民休息"的政策外，也是由于其清静无为之术，最符合郡国并行、东西异制的政治格局的需要。但实现文化的统一是当时历史的趋势，也是汉王朝的历史使命。因而东西异制的局面不可能长久维持下去，黄老道家学说也终有不再适应形势需要的一天。

文、景之世，历史沿着既定方向继续向前发展，王国的独立性日益削弱，中央对王国的控制逐渐加强，朝廷的法令终于越过关中和关东、郡县和王国的界线，真正覆盖了东方社会。在这一变化中，汉初的东方政策悄然淡出，当年秦朝的东方政策表现出死灰复燃之势，东西方之间的文化冲突再次显现出来。于是，黄老道家逐步退出政治舞台，儒家学派则起而代之，为巩固汉帝国的统治寻找新的出路，提供新的方案。

一、汉初的无为之术

《史记》卷九《吕太后本纪》太史公曰："孝惠皇帝、高后之时，黎民得离战国之苦，君臣俱欲休息乎无为，故惠帝垂拱，高后女主称制，政不出房户，天下晏然。刑罚罕用，罪人是希。民务稼穑，衣食滋殖。"（第412页）汉初的"无为之治"以惠帝、吕后时期最为典型，但其基础是刘邦、萧何奠定的。

后人对汉初政策多有赞美之辞。《史记》卷九九《叔孙通列传》：汉五年，刘邦初称帝，"悉去秦苛仪法，为简易。群臣饮酒争功，醉或妄呼，拔剑击柱，高帝患之"。于是，叔孙通请求"采古礼与秦仪"建立汉家"朝仪"。刘邦起自民间，众将也多是草莽英雄，不习朝廷礼仪，遂曰："可试为之，令易知，度吾所能行为之。"（第2722页）《汉书》卷四三《叔孙通传》所载与此同。而桓谭对此事加以提炼和夸大，说"高帝怀大智略，能自揆度。群臣制事定法，常谓曰：'卑而勿高也，度吾所能行为之。'宪度内疏，政合于时，故民臣乐悦，为世所思。此知大体者也"①。刘邦不学无术，所行政策皆因时制宜，因地制宜，全无学术背景和理论指导。桓谭将这种风格概括为"卑而勿高"是很恰当的。而当时能与之相吻合并能加以解说的政治理论，只有黄老道家的"无为"之说。

最早对刘邦进行政治理论说教、并得到刘邦首肯的学者是陆贾。史称陆贾著《新语》，"每奏一篇，高帝未尝不称善"②。王充

①《新论·言体》，见严可均辑：《全后汉文》卷一三，北京：中华书局，1958年，第539、540页。

②《史记》卷九七《陆贾列传》，第2699页。

《论衡·书解》篇曰:"高祖既得天下,马上之计未败,陆贾造《新语》,高祖粗纳采。"①所谓"粗纳采"究竟指《新语》的哪些内容?王充没有具体说明。学者大多认为,《新语》中的自然无为思想对汉初统治者崇尚黄老之学起了开先河的作用。刘邦是否受到自然无为思想的影响,还可以研究。但从其临死嘱吕后以曹参等人继萧何为相一事来看,他对汉初尊崇黄老确实起了推动作用。

《史记》卷八《高祖本纪》:"吕后问:'陛下百岁后,萧相国既死,令谁代之?'上曰:'曹参可。'问其次,上曰:'王陵可。然陵少戆,陈平可以助之。陈平智有余,然难以独任。周勃重厚少文,然安刘氏者必勃也,可令为太尉。'"(第391页)从这段文字看,刘邦做此安排时显然考虑了他们的秉性和能力。如前述,曹参时为齐相,"其治要用黄老术",以至于"齐国安集,大称贤相"。其他几人也与黄老有关。《汉书》卷四〇《陈平传》:平自少"治黄帝、老子之术"(第2038页)。同卷《王陵传》:陵"为人少文任气,好直言"(第2047页)。同卷《周勃传》:"为人木强敦厚……不好文学。"(第2054页)汉初之"文学"通常泛指儒、法、纵横等各家学说,"少文"、"敦厚"则是黄老学者的作风。《汉书》卷四六《万石君传》:石奋"无文学……郎中令王臧以文学获罪皇太后。太后以为儒者文多质少,今万石君家不言而躬行,乃以长子建为郎中令"(第2195页)。文中之太后就是"好黄帝、老子言"的窦太后。显然,曹参等人的学术立场和气质作风可以划归黄老一派。刘邦做出这样的人事安排,可能是想借黄老"无为"之术使既定政策得以维持。

不过,真正使黄老学说成为汉初指导思想的还是曹参。《史

①黄晖:《论衡校释》,北京:中华书局,1990年,第1156页。

记》卷五四《曹相国世家》:"参代何为汉相国,举事无所变更,一遵萧何约束。择郡国吏木诎于文辞,重厚长者,即召除为丞相史。吏之言文刻深,欲务声名者,辄斥去之。日夜饮醇酒。卿大夫已下吏及宾客见参不事事,来者皆欲有言。至者,参辄饮以醇酒,间之,欲有所言,复饮之,醉而后去,终莫得开说,以为常。"惠帝怪曹参不治事,曹参解释说:"高帝与萧何定天下,法令既明,今陛下垂拱,参等守职,遵而勿失,不亦可乎?"惠帝称"善",接受了曹参的主张(第2029页)。是惠帝、吕后时期汉朝君臣之"无为",主要指遵循刘邦、萧何之政策而不加改变。

所谓"萧何约束",就是汉初"法令"。其中既有继承秦律而来的大量条文,也有根据汉初实际情况制定的新内容。后者为东方王国的存在和自治提供了较大空间,从而形成前文所述东西异制的状况。这种状况不符合秦朝"法令出一"之先例,也不能满足当时社会对"大同"、"太平"的向往。所以,好"文辞"、"务声名"、"言文刻深"、不满现状者,便会"欲有所言",要求突破"萧何约束",变更汉初法令,就像后来的贾谊、晁错那样。道家学说则不同。司马谈《论六家要旨》曰:

> 道家无为,又曰无不为,其实易行,其辞难知。其术以虚无为本,以因循为用。无成执,无常形,故能究万物之情。不为物先,不为物后,故能为万物主。有法无法,因时为业;有度无度,因物与合……与时迁移,应物变化,立俗施事,无所不宜。①

①《史记》卷一三〇《太史公自序》,第3292页。

关于“立俗施事”,《淮南子·氾论训》将道理说得更清楚:

> 趋舍人异,各有晓心,故是非有处,得其处则无非,失其处则无是。丹穴、太蒙、反踵、空同、大夏、北户,奇肱、修股之民,是非各异,习俗相反,君臣、上下、夫妇、父子有以相使也。此之是,非彼之是也;此之非,非彼之非也;譬若斤斧椎凿之各有所施也。①

不同时代,不同地区,“是非各异,习俗相反”。故帝国统治者必须因“时”、“物”、“俗”制其宜,而不可强求一致。这是道家“因循”之术的精髓,也是“萧何约束”、汉初“法令”的特色所在。可见,黄老道家的理论不仅可以支持惠帝、吕后之“无为”,还能解释刘邦、萧何之政策法令。

曹参代萧何为相,正是天下初定、“欲有所言”者势力容易抬头之时。《史记》卷五四《曹相国世家》:参子窋为中大夫,奉惠帝之命谏参曰:“高帝新弃群臣,帝富于春秋,君为相,日饮,无所请事,何以忧天下乎?”参闻言大怒,“笞窋二百”,曰:“趣入侍,天下事非若所当言也。”(第2030页)曹窋的话不仅是惠帝的意思,也是“欲有所言”却“莫得开说”的那些“卿大夫以下吏及宾客”们的意思。曹参之“怒”,表明他对当时的形势有清醒的认识,对刘邦、萧何所制定的政策持坚定支持的态度。历史证明,曹参的主张和做法具有重要意义。它使刘邦、萧何所制定的政策在惠帝、吕后时期得以继续贯彻,使“郡国诸侯”又得到十余年宝贵时间去“自拊循其民”,以避免东西文化之间再次暴发激烈冲突,使汉家江山

①张双棣:《淮南子校释》,第1380页。

真正巩固下来。

曹参继萧何为相比惠帝继刘邦为帝晚两年。一般说来，皇位易主比相位易主更具划时代意义。但汉初政策被改变的危险主要不在高、惠之际，而在萧、曹之际。萧、曹皆为沛人，早年同为郡县小吏，相善为友。起兵反秦后，作为刘邦集团中最重要的成员，两人一文一武，一相一将，渐“有隙”，不“相能”。楚汉战争爆发后，萧何坐镇关中，深得民心，为“汉承秦制”做出重要贡献，是促成汉政权关中化的关键人物。曹参则随刘邦转战关东，后长年相齐，“从俗”而治，“大称贤相”，对汉初东方政策的形成和贯彻起了重要作用。刘邦封赏功臣时，“群臣争功”，首先是争萧、曹之功。刘邦认为萧何功最盛，位次当第一，而群臣除关内侯鄂君赞同刘邦外，皆曰曹参“功最多，宜第一”①。此事也透露出两人的不和。然而可贵的是，萧、曹都能不计前嫌，以大局为重，共同支持和贯彻东西异制的政策。《史记》卷五三《萧相国世家》：“何素不与曹参相能，及何病，孝惠自临视相国病，因问曰：‘君即百岁后，谁可代君者？’对曰：‘知臣莫如主。’孝惠曰：‘曹参何如？’何顿首曰：‘帝得之矣！臣死不恨矣！’”（第2019页）卷五四《曹相国世家》：“萧何卒，参闻之，告舍人：‘趣治行，吾将入相。’居无何，使者果召参。”（第2029页）汉初宰相皆用功臣，而且很重视功劳大小。曹参功次萧何，理应继萧何为相②。但既有吕后问刘邦和惠帝问萧何之事，功次显然不是汉初任命宰相的唯一依据。故萧、曹的默契，应当也是基于他们对当时形势和对策有共同的认识。

---

①《史记》卷五三《萧相国世家》，第2016页。

②相关考证，参拙文《论陆贾》，《北大史学》第1辑，北京：北京大学出版社，1993年；李开元：《汉帝国的建立与刘邦集团——军功受益阶层研究》，北京：三联书店，2000年，第205页。

二、汉文帝与诸侯王

刘邦、萧何的东西异制政策，为巩固汉朝统治起了重要作用，但却不可能长久，因为这种政策无法完成文化统一的任务，不能满足历史发展的要求。历史在这里并未找到新的出口，它只是暂时停住脚步，审慎地观察着前面的道路。当汉初政策的致命弱点终于暴露出来的时候，它便不得不继续冒险前进了。

《史记》卷一〇《孝文本纪》载：大臣既诛诸吕，使人迎立代王为帝。代国群臣多认为，"汉大臣皆故高帝时大将……特畏高帝、吕太后威耳。今已诛诸吕，新喋血京师，此以迎大王为名，实不可信"。唯中尉宋昌认为"群臣之议皆非"，要求代王"勿疑"。其理由有三："秦失其政，诸侯豪杰并起，人人自以为得之者以万数，然卒践天子之位者，刘氏也，天下绝望，一矣。高帝封王子弟，地犬牙相制，此所谓盘石之宗也，天下服其强，二矣。汉兴，除秦苛政，约法令，施德惠，人人自安，难动摇，三矣。"（第 413 页）宋昌的分析抓住了时局的主要方面，从而推动文帝做出入主长安的决策。但群臣的担忧也不是全无道理，驾驭汉初局面确实需要高帝、吕后之"威"，只不过对文帝来说最难对付的不是"汉大臣"，而是诸侯王。文帝显然不具备高帝、吕后之威，因而即位后，曾为盘石之宗的诸侯王立刻变成对他的主要威胁。

汉初王国，"齐最为大"。齐悼惠王非吕后子，其母曹氏乃刘邦微时外妇，故吕后与齐王关系一直比较紧张。惠帝二年，悼惠王入朝，与惠帝宴饮，"亢礼如家人"，吕后怒，欲诛之，悼惠王献城阳郡以为鲁元公主汤沐邑，才得以免祸。悼惠王子哀王在位期间，吕后又割齐之济南郡立兄子吕台为吕王，割齐之琅邪郡立刘邦从祖昆弟刘泽为琅邪王。而哀王之弟朱虚侯刘章、东牟侯刘兴居皆宿卫长安,其中刘章“有气力,忿刘氏不得职”,诸吕皆惮之,大臣皆依之。吕后崩,诸吕为乱,刘章“知其谋,乃使人阴出告其兄齐王,欲令发兵西,朱虚侯、东牟侯为内应,以诛诸吕,因立齐王为帝”。齐哀王发兵屯齐国西界,与汉将灌婴“连和”,“以待吕氏之变而共诛之”①。在齐国和汉朝联军的威慑下,刘章与丞相陈平、太尉周勃在长安发动政变,尽诛诸吕,平息了这场变乱。

在这次事件中,齐王及其二弟发挥了重要作用,因而由齐王入继大统便有极大可能。《史记》卷五二《齐悼惠王世家》说:“大臣议,欲立齐王。”此项动议当是刘章兄弟提出的,并得到部分大臣赞同。但由于琅邪王刘泽出面阻挠,群臣终于改变主意,迎立代王为帝。《悼惠王世家》载其事曰:“琅邪王及大臣曰:‘齐王母家驷钧,恶戾,虎而冠者也。方以吕氏故几乱天下,今又立齐王,是欲复为吕氏也。代王母家薄氏,君子长者;且代王又亲高帝子,于今见在,且最为长。以子则顺,以善人则大臣安。’于是大臣乃谋迎立代王。”(第2003页)当时,大臣以“朱虚侯功尤大”,答应“尽以赵地王朱虚侯,尽以梁地王东牟侯”。但文帝即位后,“闻朱虚、东牟之初欲立齐王,故绌其功”,只“益封章二千户,赐金千斤”了事。第二年,才割齐之城阳郡立章为城阳王,割齐之济北郡立兴居为济北王。二人“自以失职夺功”,十分不满。文帝三年,匈奴大入汉边,文帝发兵击之,且亲至太原。时刘章已死,刘兴居以为关中空虚,遂发兵反于济北。文帝得知,立刻撤回长安,遣军击破济北军,兴居自杀,国除为汉郡(第2010页)。

面对悼惠诸子的威胁,文帝必须设法削弱王国,强化皇权。最简单的办法当然是寻找借口废王国为汉郡,但迫于当时舆论的压

①《史记》卷五二《齐悼惠王世家》,第1999—2003页。

力，文帝不能这样做。此事在淮南王事件中表现得最为明显。文帝六年，淮南王长谋反，大臣治之，以为“当弃市”。文帝“不忍”，下令“赦长死罪，废勿王”，徙处蜀郡，一路上“载以辎车，令县以次传”。袁盎谏曰：“淮南王为人刚，今暴摧折之，臣恐卒逢雾露病死，陛下为有杀弟之名，奈何！”文帝曰：“吾特苦之耳，今复之。”但为时已晚，沿途各县“传淮南王者皆不敢发车封”，长果然不食而死。文帝得知后“哭甚悲”，问袁盎：“为之奈何？”盎答曰：“独斩丞相、御史以谢天下乃可。”文帝虽未斩丞相、御史，但下令将“诸县传送淮南王不发封馈侍者，皆弃市”。八年，“上怜淮南王”，封其四子皆为列侯。十二年，“民有作歌，歌淮南厉王曰：‘一尺布，尚可缝；一斗粟，尚可舂；兄弟二人不能相容。’”文帝闻之，叹曰：“尧、舜放逐骨肉，周公杀管、蔡，天下称圣。何者？不以私害公。天下岂以我为贪淮南王地邪？”乃徙城阳王为淮南王，“王淮南故地”①。可能是出于同样考虑，文帝废济北国为郡后，“悯济北王逆乱以自灭”，乃尽封悼惠王十子为列侯②，侯于济北国故地。皇帝收夺诸侯王的封地，会被视为“贪”王国土地而遭到舆论的谴责。所以贾谊曾建议文帝：“诸侯之地，其削颇入汉者，为徙其侯国及封其子孙于彼也。所以数偿之，一寸之地，一人之众，天子亡所利焉。”③

其实，文帝封悼惠王和淮南王诸子为列侯，既是安抚他们的策略，也是削弱他们的手段。在这一环节上，有些隐晦的史实，可以做些考证分析。

---

①《史记》卷一一八《淮南列传》，第3078—3080页。

②“十”，《史记》卷五二《齐悼惠王世家》、《汉书》卷四《文帝纪》、卷三八《高五王传》皆误作“七”。

③阎振益、钟夏：《新书校注·五美》，第67页。《汉书》卷四八《贾谊传》所载略同。

《汉书》卷四四《淮南王传》载薄昭谏淮南王长书中有这样一段话:“皇帝初即位,易侯邑在淮南者,大王不肯。皇帝卒易之,使大王得三县之实,甚厚。”晋灼注:“侯邑在淮南者,更易以他郡地封之,不欲使错在王国。”(第 2137 页)贾谊《新书·淮难》篇也提及此事:“侯邑之在其国者,毕徙之它所。陛下于淮南王不可谓薄矣。”①在当时制度背景下,这些记载意味着发生了如下变化:文帝以前淮南国境内有三个列侯的封邑,其赋税归列侯所有;文帝即位后将这些侯邑从淮南国迁出,在汉朝直辖的郡中重新安置;三位列侯的赋税收入改由新的侯国支付,原来的侯国恢复为县,其赋税转归淮南国所有。这一变化使淮南王得到“三县之实”,汉朝则损失了相应的赋税收入。薄昭、贾谊说文帝对淮南王“甚厚”、“不薄”,都是指此而言。令人费解的是,此事既令淮南王受益,而令汉朝吃亏,淮南王为何“不肯”?淮南王既然不肯,文帝又为何强行“易之”?

被文帝从淮南国迁出的三个侯国应是蓼、松兹和轪②。据《史》、《汉》功臣表,蓼侯孔聚乃高祖功臣,曾是韩信手下一员大将;松兹侯徐厉随刘邦起兵于沛,但无显赫战功,吕后四年才以常山丞相封侯;轪侯利仓亦未见有战功,惠帝二年以长沙相封侯,吕后二年卒,其子利豨袭爵。三侯与淮南王刘长即无历史渊源,亦无利害关系。文帝将他们的侯邑从淮南国迁出,看不出对淮南王

①阎振益、钟夏:《新书校注》,第 156 页。

②相关考证,见拙文《汉文帝“易侯邑”及“令列侯之国”考辨》,《历史研究》2005 年第 5 期。又 2004 年湖北省荆州市荆州区纪南镇松柏村 M1 汉墓出土的 35 号木牍,有《南郡免老簿》、《南郡新傅簿》和《南郡罢癃簿》,所载南郡县道侯国中都有“轪侯国”,发掘者“初步推断 M1 的年代为汉武帝早期”(荆州博物馆:《湖北荆州纪南松柏汉墓发掘简报》,《文物》2008 年第 4 期)。此“轪侯国”应是被文帝从淮南国迁出后的轪侯国。

有什么损害，也看不出对文帝有什么好处。

细检史籍，我们发现，除上述三侯之外，刘长的舅父赵兼也与此事有关。《史记》卷一〇《孝文本纪》：元年，“封淮南王舅父赵兼为周阳侯”（第421页）。同书卷一九《惠景间侯者年表》系此事于文帝元年四月辛未，《索隐》曰：“县名，属上郡。”（第996页）案《汉书》卷二八《地理志》，上郡有阳周而无周阳，《索隐》误。上引《孝文本纪》《正义》引《括地志》曰：“周阳故城在绛州闻喜县东二十九里。”其地汉初属河东郡，在汉朝直辖区域内。这件事孤立地看没什么特别，但若将其与文帝“易侯邑”一事联系起来，就会发现其中的奥秘。

文帝之前，王子封侯例皆置侯邑于本王国内。如惠帝元年长沙王子吴浅封便侯，邑在桂阳郡，汉初属长沙国。吕后元年长沙嗣成王子吴阳封沅陵侯，邑在武陵郡，亦属长沙国。吕后二年齐悼惠王子刘章封朱虚侯，邑在琅邪郡，属齐国。吕后六年齐悼惠王子刘兴居封东牟侯，邑在东莱郡，亦属齐国。吕后二年楚元王子刘郢客封上邳侯，邑在薛郡①，属楚国②。张敖原为赵王，后废

①《汉书》卷二八《地理志》东海郡下邳条注引应劭曰：“邳在薛，其后徙此，故曰下。”臣瓒曰：“有上邳，故曰下邳也。”（第1589页）《水经注疏》卷二五《泗水注》：“泗水又南，漷水注之，又迳薛之上邳城西而南注者也。”（郦道元注，杨守敬、熊会贞疏，段熙仲点校，陈桥驿复校，南京：江苏古籍出版社，1989年，第2130页）《汉书补注》卷一五《王子侯表》“上邳侯郢客”条王先谦曰：“上邳即邳，在薛县。”（第169页）

②吕后时割楚国薛郡另立鲁国，封张敖和鲁元公主之子张偃为王。《史记》卷一八《高祖功臣侯者年表》“宣平侯”条：吕后六年，“薨，子偃为鲁王，国除”（第950页）。《汉书》卷三二《张耳传》：“高后元年，鲁元太后薨。后六年，宣平侯张敖复薨。吕太后立敖子偃为鲁王。”（第1842页）是割薛置鲁在吕后六年。《史记》卷九《吕太后本纪》系于吕后元年，卷一七《汉兴以来诸侯王年表》系于惠帝七年，《汉书》卷一六《高祖功臣表》“宣平侯张敖”条系于吕后二年，皆误。参阅周振鹤：《西汉政区地理》，第27页。

为宣平侯。吕后八年封其子张侈为信都侯、张受为乐昌侯，其邑都在赵国[①]，当是依王子封侯之通例。

王子如此，王之外戚也是如此。据《史记·孝文本纪》：文帝在封赵兼为周阳侯的同时，又封“齐王舅父驷钧为清郭侯”。《集解》引如淳曰：“邑名，六国时齐有清郭君。”（第 421 页）清郭，《史记》卷一九《惠景间侯者年表》误作“清都”，故《索隐》曰：“清郭侯驷钧。齐封田婴为清郭君。”（第 995 页）《汉书》卷四《文帝纪》作“靖郭”（第 115 页）。钱大昕《廿二史考异》卷二“清郭”条：“清，读若靖，即《战国策》之靖郭也。”[②]《史记》卷七五《孟尝君列传》载：齐国贵族田婴封于薛，死后“谥为靖郭君”。《索隐》按：“谓死后别号之曰‘靖郭’耳，则‘靖郭’或封邑号，故汉齐王舅父驷钧封靖郭侯是也。”（第 2353 页）明董说《七国考》卷一“靖郭君”条曰：“按战国臣死无谥，《索隐》为是耳。靖郭君，又名薛公。”[③]是靖郭乃齐国地名，汉初因之，文帝以封驷钧。钱大昕赞同此说，还据此对赵兼封于河东周阳之说提出质疑：“予谓驷钧以齐王舅父得侯，即裂齐地而封之；赵兼以淮南舅父得侯，其封邑亦当在淮南境

---

①据《汉书》卷二八《地理志》，信都县属信都国，汉初属赵国无疑；乐昌则属东郡，不在赵国境内。但《二年律令·秩律》所载汉朝直辖县道中无乐昌，其东郡北部以顿丘、观、东武阳、阳平、聊城一线为界，乐昌在此界之外，当时应属赵国。又《后汉书》卷四五《张酺传》言：“敖子寿，封细阳之池阳乡，后废，因家焉。”（第 1528 页）钱大昕认为张寿即张受，故乐昌国应在汝南郡细阳县之池阳乡。钱氏似不知《汉志》东郡有乐昌，故曰“不审《地理志》何以阙之”（《廿二史考异》，《嘉定钱大昕全集》，南京：江苏古籍出版社，1998 年，第二册，第 29 页）。笔者认为，汉初即有乐昌县，则乐昌侯国理应在此。张受后人定居细阳可能另有原委。《后汉书》之说未可遽信。

②《嘉定钱大昕全集》，第二册，第 30 页。

③缪文远：《七国考订补》，上海：上海古籍出版社，1987 年，第 61 页。

内。"①钱氏认为汉初诸侯王之外戚封侯当从王子之例封于王国之内是对的,认为赵兼的封邑应在淮南国境内却错了。他忽略了文帝在淮南"易侯邑"之事。

易侯邑和封赵兼发生在同一年,其间存在这样的逻辑关联:淮南国内原有的侯邑既须迁出,赵兼的侯邑当然不能置于淮南国内。文帝当时只将淮南国中的侯邑迁出,可能就是为了将赵兼的侯邑置于汉郡中。不过仅仅如此,还不能使赵兼离开淮南国。按汉初制度,列侯例不就国,功臣侯大都居住在长安,王子侯一般都住在王国的都城②。王之外戚当与王子同。因此,赵兼虽封于周阳,仍可留在淮南王身边。然而这一制度很快也发生了变化。文帝封赵兼后不久,便下达了"令列侯之国"诏。《史记》卷一〇《孝文本纪》二年十月诏曰:"朕闻古者诸侯建国千余,各守其地,以时入贡,民不劳苦,上下欢欣,靡有遗德。今列侯多居长安,邑远,吏卒给输费苦,而列侯亦无由教驯其民。其令列侯之国,为吏及诏所止者,遣太子。"(第422页)大概列侯们都不愿之国,因而拖拖拉拉,迟迟不肯动身。于是,次年十一月文帝又下诏重申前命:"前日诏遣列侯之国,或辞未行。丞相朕之所重,其为朕率列侯之国。"(第424页)文帝决心很大,绛侯周勃因此被免去丞相之职,举家搬到绛县去了。周勃带头,其他应该就国的列侯想必也都离开了长安。"列侯之国"作为一项制度肯定具有普遍性,而非专门针对住在长安的列侯而设③。这样一来,赵兼就必须远离淮南而

①钱大昕:《廿二史考异》"周阳"条,《嘉定钱大昕全集》,第二册,第30页。

②参阅柳春藩:《秦汉封国食邑赐爵制》,沈阳:辽宁人民出版社,1984年,第79页。

③说见马雍:《轪侯和长沙国丞相》,《文物》1972年第9期。

就国周阳了。后来,刘长谋反事发,文帝"尽诛所与谋者"①,而赵兼虽被认定"有罪",却只受到"免侯"的处分②,可能就是由于他不在刘长身边、未直接参与谋反的缘故。

列侯之国令是文帝下达的,建议却是贾谊提出的。《史记》卷八四《贾生列传》:"诸律令所更定,及列侯悉就国,其说皆自贾生发之。"(第 2492 页)贾谊是汉初最重要的儒家学者之一,有一套以"礼"为核心的政治学说。他向文帝提出令列侯就国的建议,必有一套说辞。上引文帝诏中"朕闻古者"云云,或许就是从贾谊那儿来的。不过,汉代列侯无治民权③,即使就国也"无由教驯其民"。故诸侯"各守其地,以时入贡,民不劳苦,上下欢欣,靡有遗德"的古代盛世情景,不可能通过"列侯就国"而再现。贾谊和文帝都是务实的政治家,对如此简单的道理不会不懂。"吏卒给输费苦"倒是实情,但只涉及少数侯国臣民,对朝廷影响甚小。因此,贾谊和文帝提出并强制推行这一举措,一定还有其他用意。

马雍认为,令列侯之国"是为了把丞相绛侯周勃以及其他一些居住在长安的列侯遣散到他们所封的县邑去"④。李开元进一步指出,文帝此举是为了削弱朝廷中以列侯为代表的"军功受益阶层"的力量⑤。这种解释固然不错。功臣侯势力确实是汉初举足轻重的力量。刘邦消灭异姓王靠的是他们,在长安发动政变、消灭吕氏、迎立文帝的也是他们。文帝入京前,代国群臣大多不信任这

---

①《史记》卷一一八《淮南列传》,第 3079 页。

②《史记》卷一九《惠景间侯者年表》,第 996 页;《汉书》卷一八《外戚恩泽侯表》,第 684 页。

③参柳春藩:《秦汉封国食邑赐爵制》,第 78 页。

④马雍:《轪侯和长沙国丞相》,《文物》1972 年第 9 期。

⑤李开元:《汉帝国的建立与刘邦集团——军功受益阶层研究》,第 214 页。

些“习兵,多谋诈”的“高帝时大将”,文帝也曾“狐疑”。文帝入主未央宫后,当夜就拜宋昌为卫将军,张武为郎中令,用代来旧臣控制京师宿卫力量,也表现出他对功臣侯势力的防范心理。但赵兼一事使我们意识到,“易侯邑”和“令列侯之国”两项措施是相互关联的,贾谊和文帝设计这两项措施,很可能是通盘考虑的,主要目的是想解决只有这两项措施同时发挥作用才能解决的某个问题。从这一角度看,诸侯王之子弟和外戚所受的影响比功臣侯更大,因而王国势力很可能是文帝此举之不便明言的主要打击目标①。

淮南王长是刘邦少子。文帝即位时刘邦之子仍在世者除了文帝就只有他了。《史记》卷九《吕太后本纪》载:大臣消灭诸吕后议立新帝时,刘长也是被考虑的人选之一,但因其年少,“母家又恶”,而被否决了。这里的“母家”即指刘长的舅父赵兼。史称刘长“自以为最亲,骄蹇,数不奉法……出入警跸,称制,自作法令,数上书不逊顺”。文帝令薄昭对他提出警告之后,刘长非但不听,反而“不悦”,遂令“大夫但、士伍开章等七十人与棘蒲侯太子奇谋反……谋使闽越及匈奴发其兵”②。刘长谋反一事是否属实令人怀疑,但文帝即位后,他在诸王中血统最尊,对文帝的皇位和权威有一定威胁,这是事实。对这样一个诸侯王,文帝当然要及早设法加以控制。文帝元年,刘长不过二十岁,他的几个儿子或在襁褓,或在孕中③,都不能成为他的助手,因而舅父

①相关分析见拙文《汉文帝“易侯邑”及“令列侯之国”考辨》,《历史研究》2005年第5期。

②《汉书》卷四四《淮南王传》,第2136—2140页。

③《汉书》卷四四《淮南王传》曰:高祖八年,其母“有身”。若次年出生,至文帝元年当二十岁(第2135页)。又曰:“孝文八年……王有四子,年皆七八岁。”(第2144页)则文帝元年,四子或刚刚出生,或尚在孕中。

赵兼必是他身边最亲近、最重要的人物。赵兼早有“恶”名，也会增加文帝对他的顾忌。此人因文帝“易侯邑”和“令列侯之国”而离开淮南国，正可起到削弱刘长势力的作用。明乎此，文帝之所以要强行“易侯邑在淮南者”，而刘长之所以“不肯”，便都可以理解了。

继淮南之后，文帝又对齐国采取了类似手段，以削弱齐王势力。四年五月，文帝将齐悼惠王子十人同时封为列侯，而其侯邑似皆不在齐国境内。据《汉书》卷一五《王子侯表》，十侯是管侯罢军、氏丘侯宁国、营侯信都、杨丘侯安、杨虚侯将闾、朸侯辟光、安都侯志、平昌侯卬、武成侯贤、白石侯雄渠。杨虚，《汉书》卷二八《地理志》作“楼虚”，属平原郡（第1579页）。《水经注疏》卷五《河水注》：“《地理志》杨虚，平原之隶县也。汉文帝四年，以封齐悼惠王子将庐为侯国也。”[1]《汉书补注》卷一五《王子侯表》“杨虚侯”条王先谦曰：“据《河水注》，杨虚即平原楼虚县。”（第170页）是杨虚侯之封邑在平原郡。朸、平昌[2]，据《汉书·地理志》皆属平原郡。白石，见于《汉书·地理志》金城郡，然《史记》卷五二《齐悼惠王世家》“胶东王雄渠”条《正义》曰：“白石古城在德州安德县北二十里。”（第2012页）唐德州安德县即汉平原郡安德县。据此，平原郡亦有白石，刘雄渠之封邑当在此。武城，见于《汉书·地理志》定襄郡和左冯翊，然《史记·齐悼惠王世家》“武城侯”条《索隐》曰：“《地理志》县名，属平原。”（第2011页）则唐人司马贞所见《汉志》平原郡下似有武城县。同条《正义》曰：“贝州县。”唐贝州武城县所在地紧邻《汉书·地理志》所载平原郡，汉初

---

①段熙仲点校、陈桥驿复校本，第493页。

②《史记》卷五二《齐悼惠王世家》作“昌平”，误。

当属平原郡。杨丘即阳丘[①]，在济南郡。管，《汉书·地理志》无此县，唯河南郡中牟条本注曰："有莞叔邑。"（第1555页）《续汉书·郡国志》河南尹中牟条本注曰："有管城。"（第3389页）然《水经注疏》卷八《济水注》载："济水东，迳菅县故城南。汉文帝四年，封齐悼惠王子罢军为侯国。"据此，罢军封于菅。《疏》引赵一清曰："《史》、《汉表》皆作管共侯罢军，误也……菅字为是。"[②]菅也在济南郡。《汉书·地理志》所载平原郡原是济北郡，属齐国。文帝二年以济北、济南二郡立济北国[③]。次年，济北国废，二郡遂归汉。以上七侯邑看来都在其中。

其余三侯邑，地望不详。营，《汉书·地理志》无。《史记》卷一九《惠景间侯者年表》"营侯"条《索隐》曰："《表》在济南。"（第998页）今案《汉书》卷一五《王子侯表》"营平侯"条无此注，王先谦《补注》曰："《索隐》：'《汉表》在济南。'此夺济南二字。"（第170页）据此，营当属济南郡。然《水经注疏》卷二六《淄水注》曰："（绳水）西北流迳营城北，汉文帝四年，封齐悼惠王子刘信都为侯国。绳水又西迳乐安博昌县故城南。"[④]则营又在博昌县东南，当时属齐国。安都，《汉书·地理志》亦无。《史记·齐悼惠王世家》"安都侯志为济北王"条《正义》曰："安都故城在瀛州高阳县西南三十九里。"（第2010页）高阳见于《汉书·地理志》涿郡，汉初属燕国。氏丘，《史记·惠景间侯者年表》作"瓜丘"，皆不见于《汉书·地理志》。《索隐》作"斥丘"（第998页），《汉书·地理

①《水经注疏》卷八《济水注》："（百脉水）西北流，迳阳丘县故城中。汉孝文帝四年，以封齐悼惠王子刘安为阳丘侯。"（第751页）

②段熙仲点校、陈桥驿复校本，第750页。

③参阅周振鹤：《西汉政区地理》，第104—105页。

④段熙仲点校、陈桥驿复校本，第2253—2254页。

志》属魏郡。然钱大昕《廿二史考异》卷二"斥丘"条曰:"予谓斥丘侯唐厉,高帝所封,传三世,至元鼎初尚无恙,不应更封他人。"①我认为,既然前面七个侯邑都在济北、济南境内,后面三个侯邑应当也不例外。《新书·五美》曰:"诸侯之地其削颇入汉者,为徙其侯国及封其子孙于彼也。"②贾谊此疏做于文帝六年之后③,所言是文帝已经在齐国实行过的办法,贾谊只是建议将这一办法向其他诸侯国推广。由此看来,将悼惠诸子封于削自齐国的济北、济南之地,是文帝有意做出的安排。除非二郡容纳不下,否则不应有例外。

悼惠诸子如此,哀王舅父驷钧又如何了?据前引史料载,驷钧封于靖郭,其地当在齐国。然《汉书》卷一八《外戚恩泽侯表》曰:"邬侯驷钧,以齐王舅侯。"(第684页)司马贞和颜师古都注意到这条材料,并推测说驷钧可能先封靖郭后改封于邬。《史记》卷一〇《孝文本纪》"驷钧为清郭侯"条《索隐》:"按《表》,驷钧封邬侯。不同者,盖后徙封于邬。"(第421页)《汉书》卷四《文帝纪》"驷钧为靖郭侯"条师古曰:"岂初封靖郭后改为邬乎?"(第115页)但杭世骏认为:驷钧"享国甚短,并无徙封之说",邬与郭可能"以偏旁形似而差","又并清字脱去耳",因此"邬"可能是"清郭"之误④。其说也不无道理。今案《汉书》卷二八《地理志》,邬县在

①《嘉定钱大昕全集》,第二册,第30页。

②阎振益、钟夏:《新书校注》,第67页。

③上引《五美》之文又曰:"地制一定……栈奇、启章之计不萌。"阎振益、钟夏校注引卢文弨曰:"《汉书》作柴奇。柴与栈,音义得两通。"又曰:"《汉书》启作开,避景帝讳。"(第69、70页)柴奇即"棘蒲侯太子奇",启章即"士伍开章"。二人参预刘长谋反在文帝六年。贾谊此疏,必作于其后。

④杭世骏:《史记考证》,《二十五史三编》,第1分册,第105页。

太原郡,汉初属代国。文帝“易侯邑”是将王国内的侯国迁入汉郡,不大可能将驷钧之邑从齐国迁入代国。然而据上引贾谊所言“徙其侯国及封其子孙于彼”推测,文帝在封悼惠诸子的同时,也将齐国境内原有的侯国迁出了。因此,驷钧的侯邑不会继续留在齐国。上引《汉书·外戚恩泽侯表》“邬侯驷钧”条又曰:“六年,坐济北王兴居举兵反弗救,免。”驷钧对济北王谋反有“救”的义务,应是由于他当时住在济北国境内。由此推测,靖郭可能就在齐国之济北或济南郡内,文帝二年改属济北国;三年,济北国废,靖郭便随之归汉了。

和淮南国相比,文帝的“易侯邑”和“令列侯之国”政策在齐国收到更明显的效果。悼惠十子和驷钧应当都离开了齐国国都,居住在各自的封邑,从而落入汉朝济北、济南二郡的监视和控制之下。失去他们的辅佐和支持,年幼的齐文王当然不能有任何作为。从那以后,齐国一片宁静,未发生任何对汉朝不利的事件。故《史记·齐悼惠王世家》载文王事迹,只有“立十四年卒,无子,国除,地入于汉”一句(第 2005 页)。《汉书》卷三八《高五王传》亦同。

由以上所述可见,汉文帝的“易侯邑”和“令列侯之国”政策,表面上是针对功臣侯的,其实主要矛头是指向淮南国和齐国的,是文帝削弱和控制王国势力的又一举措。通过这一举措,文帝成功地将淮南王、齐王之子弟、外戚调离王国,置于汉郡的严密监视和控制之下,从而分散和瓦解了这两支威胁最大的王国势力。

三、文景对诸侯王权力的收夺及其东方政策的转变

在汉初特定情形下,文帝要削弱王国,最好的办法还是收夺诸侯王的置吏权,并使王国全面遵行“汉法”。据《史记》卷一一

八《淮南列传》载，淮南王刘长“擅为法令，不用汉法”有以下表现：“身自贼杀无罪者一人；令吏论杀无罪者六人；为亡命弃市罪诈捕命者以除罪；擅罪人，罪人无告劾，系治城旦舂以上十四人；赦免罪人，死罪十八人，城旦舂以下五十八人；赐人爵关内侯以下九十四人。”（第3077页）是文帝要求诸侯王用汉法，等于剥夺了他们在封国之内的生杀予夺之权。此外，王国违法，中央还可对其主管官吏进行追究。薄昭在谏刘长书中说：诸侯王“舍匿”汉及其他王国之人，朝廷“论皆有法”，“吏主者坐”，“相欲委下吏，无与其祸”，亦“不可得”；还警告说：“王若不改，汉系大王邸，论相以下，为之奈何！”①诸侯王及王国官吏若都能“奉汉法以治”，诸侯王的自治权将被掏空，王国与汉郡便没有本质的区别了，王国对中央的威胁自会大大减弱乃至消失。

然而事情并非如此简单。文帝收夺诸侯王权力的做法首先遇到“恃亲骄恣”的淮南王刘长的挑战。汉朝大臣提出的对刘长的处置意见相当严厉，必欲置之死地而后快。文帝虽然一再流露出手足之情，最终还是使他死于迁徙途中。下一个挑战者是吴王刘濞。刘濞诈称病不朝，朝廷“验问实不病，诸吴使来，辄系责治之”，几乎逼得刘濞造反。后刘濞使人为秋请，文帝复责问之，吴使者对曰：“王实不病，汉系治使者数辈，以故遂称病。且夫‘察见渊中鱼，不祥’。今王始诈病，及觉，见责急，愈益闭，恐上诛之，计乃无聊。唯上弃之而与更始。”于是，文帝做出让步，“赦吴使者归之，而赐吴王几杖，老，不朝。吴得释其罪，谋亦益解”②。文帝的这一举动，避免了朝廷与吴国矛盾的激化，避免了一场新的内战，

①《汉书》卷四四《淮南王传》，第2139页。

②《史记》卷一〇六《吴王濞列传》，第2823页。

但也使其收夺诸侯王权力的努力打了折扣。

贾谊分析当时形势曰：

> 夫树国固必相疑之势，下数被其殃，上数爽其忧，甚非所以安上而全下也。今或亲弟谋为东帝，亲兄之子西向而击，今吴又见告矣……数年之后，诸侯之王大抵皆冠，血气方刚……如此，有异淮南、济北之为邪！此时而欲为治安，虽尧舜不治。①

所谓"树国固必相疑之势"，注引郑氏曰："今建立国泰大，其势必固相疑也。"臣瓒曰："树国于险固，诸侯强大，则必与天子有相疑之势也。"师古曰："郑说是也。"臣瓒之失在于训"固"为"险固"，至于王国过于强大势必与朝廷形成"相疑之势"，则与郑氏说同。是贾谊之意以为，王国太大，与朝廷成相疑之势，是问题的关键。他预言，如果还不改变这种状况，数年之后，当幼弱诸王皆冠之时，济北、淮南、吴王之事还会发生。

贾谊提出的对策是"众建诸侯而少其力"，所谓"力少则易使以义，国小则无邪心"②。具体措施是："割地定制，齐为若干国，赵、楚为若干国，制既各有理矣。于是齐悼惠王之子孙王之，分地尽而止，赵幽王、楚元王之子孙，亦各以次受其祖之分地，燕、吴、淮南他国皆然。其分地众而子孙少者，建以为国，空而置之，须其子孙生者，举使君之。诸侯之地其削颇入汉者，为徙其侯国及封其子孙于彼也，所以数偿之。"贾谊认为，实行这一策略可以收到

①《汉书》卷四八《贾谊传》，第2232、2233页。参《新书·藩伤》、《宗首》。

②阎振益、钟夏：《新书校注·藩强》，第40页。

两方面的效果：一方面，“一寸之地，一人之众，天子无所利焉，诚以定治而已，故天下咸知陛下之廉”；另一方面，“地制一定，宗室子孙虑莫不王……下无倍背之心，上无诛伐之志，上下欢亲，诸侯顺附，故天下咸知陛下之仁”。既解决了诸侯王强大难制的问题，又避免了皇帝贪图王国土地之嫌，最终将王国置于汉法管理之下，做到“法立而不犯，令行而不逆”①。贾谊还警告文帝说：“陛下即不为千载之治安，如今之势，岂过一传哉？诸侯犹且人恣而不制也，至其相与，持之以纵横之约相亲耳，汉法令不可得行矣。”②但文帝并未采纳贾谊的上述主张。

史称：文帝十六年，帝思贾谊之言，分齐为六国、淮南为三国，尽立悼惠王六子、厉王三子为王。其实，这并不符合贾谊的主张。《汉书》卷四八《贾谊传》：“时又封淮南厉王四子皆为列侯。谊知上必将复王之也，上疏谏。”大意是说：厉王有罪而废，“自疾而死”，封其子为王，等于“擅仇人足以危汉之资”，“假贼兵为虎翼”，且“虽割而为四，四子一心也”，收不到“众建诸侯而少其力”的效果（第2263页）。同理，齐虽割而为六，但六子一心，对汉朝仍是一大威胁。贾谊所谓“众建诸侯”，是要使诸王子孙皆为王侯，从而使其“力少”、“国小”到足够程度，而非仅仅“分齐为六国、淮南为三国”。

晁错不同于贾谊之处，在于他敢于藐视舆论，公然主张削藩。史称：文帝时，晁错“言削诸侯事及法令可更定者，书数十上。孝文不听，然奇其才，迁为中大夫”。景帝即位后，晁错受到重用，遂“更令三十章”，并根据新令“请诸侯之罪过，削其地，收其枝郡”。

①阎振益、钟夏：《新书校注·五美》，第67页。
②阎振益、钟夏：《新书校注·益壤》，第56页。

晁错认为,“不如此,天子不尊,宗庙不安”①。又曰:“今削之亦反,不削之亦反。削之,其反亟,祸小;不削,反迟,祸大。”②晁错的做法激化了朝廷和王国的矛盾,也加速了诸侯王问题的解决。景帝平定七国之乱后,王国势力受到沉重打击。《史记》卷一七《汉兴以来诸侯王年表》曰:“吴楚时,前后诸侯或以適削地,是以燕、代无北边郡,吴、淮南、长沙无南边郡,齐、赵、梁、楚支郡名山陂海咸纳于汉。诸侯稍微,大国不过十余城,小侯不过数十里……而汉郡八九十,形错诸侯间,犬牙相临。”(第803页)王国过于强大的问题既已解决,进一步收夺诸侯王的置吏权从而基本剥夺其自治权,便是轻而易举的事了。

文景二帝通过削藩和收夺诸侯王的自治权,消除了分裂因素,巩固了统一局面,但同时也带来负面效应,使汉朝在秦朝的老路上又向前迈进了一步。一方面,许多原属王国的地区变成了汉郡,当地人民便须向汉朝输租服役,而这势必会因距离遥远大大加重他们的负担。贾谊曾明确指出这一问题。《新书·一通》篇说:

> 天子都长安,而以淮南东南边为奉地,弥道数千,不轻输致。③

同书《属远》篇说:

> 今汉越两诸侯之中分,而乃以庐江之为奉地,虽秦之远

---

①《史记》卷一〇一《晁错列传》,第2746、2747页。

②《史记》卷一〇六《吴王濞列传》,第2825页。

③阎振益、钟夏:《新书校注》,第114页。

边，过此不远矣。令此不输将、不奉主，非奉地义也，尚安用此而久县其心哉！若令此如奉地之义，是复秦之迹也，窃以为不便。夫淮南窳民贫乡也，繇使长安者，自悉以补，行中道而衣，行胜已羸弊矣，强提荷弊衣而至。虑非假货，自诸非有以所闻也。履蹻不数易不足以至，钱用之费称此，苦甚……夫行数千里，绝诸侯之地而县属汉，其势终不可久。汉往者家号泣而送之，其来繇使者家号泣而遣之，俱不相欲也。其苦属汉而欲王，类至甚也。逋遁而归诸侯者，类不少矣。①

关东特别是楚地人民“苦属汉”与其先人当年“苦秦”颇相似。

另一方面，收夺诸侯王的自治权也破坏了东西异制的局面，使“汉法”真正成为全国通行的法律，而这很可能会引发“汉法”与关东民俗的冲突。事实上我们看到，自文帝以后，汉法过于严刻的问题开始显现出来。

《史记》卷一〇《孝文本纪》：十三年五月，“齐太仓令淳于公有罪当刑，诏狱逮徙系长安”。其女缇萦上书曰：“妾父为吏，齐中皆称其廉平，今坐法当刑。妾伤夫死者不可复生，刑者不可复属，虽复欲改过自新，其道无由也。妾愿没入为官婢，赎父刑罪，使得自新。”文帝怜悲其意，下令曰：“盖闻有虞氏之时，画衣冠异章服以为僇，而民不犯，何则？至治也！今法有肉刑三，而奸不止，其咎安在？非乃朕德薄而教不明与！吾甚自愧。故夫驯道不纯而愚民陷焉。《诗》曰：‘恺悌君子，民之父母。’今人有过，教未施而刑加焉，或欲改行为善而道毋由也。朕甚怜之。夫刑至断支体，

①阎振益、钟夏：《新书校注》，第117页。

刻肌肤，终身不息，何其楚痛而不德也！岂称为民父母之意哉？”（第427页）细味缇萦之语，其父为吏既有“廉平”之称，又要求得到“改过自新”的机会，当非知法犯法。言下之意，淳于公作为齐吏，对汉法尚不熟悉，因此犯法，情有可原。而文帝也承认此案存在“教未施而刑加焉”的问题，故对照有虞氏，着重检讨其“德薄”、“教不明”以致出现“驯道不纯而愚民陷”的情况。在王国全面遵行汉朝法律还不久的背景下，缇萦的上书有重大意义，可视为东方社会向文帝提出的抗议。文帝应当意识到了这一点，故有上述罪己之诏，并对刑法进行了改革。

《汉书》卷二三《刑法志》载：文帝因淳于公一案，下令“除肉刑，有以易之；及令罪人各以轻重，不亡逃，有年而免”。于是定律曰：“诸当完者，完为城旦舂；当黥者，髡钳为城旦舂；当劓者，笞三百；当斩左止者，笞五百；当斩右止，及杀人先自告，及吏坐受赇枉法，守县官财物而即盗之，已论命复有笞罪者，皆弃市。罪人狱已决，完为城旦舂满三岁，为鬼薪白粲。鬼薪白粲一岁，（免为庶人。鬼薪白粲满二岁，）为隶臣妾。隶臣妾一岁，免为庶人。隶臣妾满二岁，为司寇。司寇一岁，及（司寇）作如司寇二岁，皆免为庶人。其亡逃及有罪耐以上，不用此令。前令之刑城旦舂，岁而非禁锢者，如完为城旦舂，岁数以免。”（第1098页）①此次改革有两项内容：一是废除肉刑，二是将徒刑由终身劳役刑改为有期劳役刑②。

将终身劳役刑改为有期劳役刑，是汉朝对承秦而来的法律制

①括弧内的文字据滋贺秀三说补。见氏著《西汉文帝的刑法改革和曹魏新律十八篇篇目考》，姚荣涛译，《日本学者研究中国史论著选译》第八卷，北京：中华书局，1992年，第76—82页。

②参阅于豪亮：《西汉对法律的改革》，《中国史研究》1982年第2期；张建国：《西汉刑制改革新探》，《历史研究》1996年第6期。

度所做的一次重大改革。我们知道,秦的徒刑是没有刑期的终身劳役刑,汉初继承了秦的这一制度。而战国时代齐国似已有有期徒刑。银雀山汉简《守法守令十三篇》是战国时代齐国的作品,主要记述齐国的"法"和"令"。其中的《田法》在谈到对不按规定缴纳租税者的处罚时,有"罚为公人一岁"、"罚为公人二岁"、"以为公人终身"、"黥刑以为公人"等语。吴九龙认为,"'罚为公人'是一种徒刑",其"服刑是有一定的期限的"①。陈乃华则指出,文帝十三年以后"关于徒刑刑期的法律规定,接受已成定制的齐国法制的影响是可能的"②。也有学者认为秦的徒刑是有期的,其中"城旦"的刑期可能是六岁,司寇的刑期可能是三岁③。即使如此,汉文帝所定刑期也比秦朝短些。此项改革应是文帝对东方社会做出的一种让步,对缓解汉法与东方民俗的矛盾会有一定作用。

废除肉刑的效果却不太好。《汉书·刑法志》:"是后,外有轻刑之名,内实杀人。斩右止者又当死。斩左止者笞五百,当劓者笞三百,率多死。"景帝意识到这一问题,遂于元年下诏曰:"加笞与重罪无异,幸而不死,不可为人。其定律:笞五百曰三百,笞三百曰二百。"但仍然过重,受刑者"犹尚不全"(第1099页)。同书卷五《景帝纪》中六年十二月载:"又惟酷吏奉宪失中,乃诏有司减笞法,定箠令。"(第149页)《刑法志》载其诏曰:"加笞者,或至死而笞未毕,朕甚怜之。其减笞三百曰二百,笞二百曰一百。"又载所定《箠令》曰:"笞者,箠长五尺,其本大一寸,其竹也,末薄半寸,

①见吴九龙:《银雀山汉简齐国法律考析》,《史学集刊》1984年第4期。
②见陈乃华:《论齐国法制对汉制的影响》,《中国史研究》1997年第2期。
③见高敏:《关于〈秦律〉中的"隶臣妾"问题质疑——读〈云梦秦简〉札记兼与高恒同志商榷》,《云梦秦简初探》,郑州:河南人民出版社,1979年。

皆平其节。当笞者笞臀。毋得更人,毕一罪乃更人。”班固论曰:“自是笞者得全,然酷吏犹以为威。死刑既重,而生刑又轻,民易犯之。”(第1100页)文帝时,张释之已注意到这一问题,并提出了解决办法。

《汉书》卷五〇《张释之传》载:释之为谒者,“既朝毕,因前言便宜事。文帝曰:‘卑之,毋甚高论,令今可行也。’于是释之言秦汉之间事,秦所以失,汉所以兴者。文帝称善,拜释之为谒者仆射”。后从文帝至虎圈,文帝“问上林尉禽兽簿,十余问,尉左右视,尽不能对。虎圈啬夫从旁代尉对上所问禽兽簿甚悉,欲以观其能口对响应亡穷者。文帝曰:‘吏不当如此邪?尉无赖!’诏释之拜啬夫为上林令。释之前曰:‘陛下以绛侯周勃何如人也?’上曰:‘长者。’又复问:‘东阳侯张相如何如人也?’上复曰:‘长者。’释之曰:‘夫绛侯、东阳侯称为长者,此两人言事曾不能出口,岂效此啬夫喋喋利口捷给哉!且秦以任刀笔之吏,争以亟疾苛察相高,其敝徒文具,亡恻隐之实。以故不闻其过,陵夷至于二世,天下土崩。今陛下以啬夫口辩而超迁之,臣恐天下随风靡,争口辩,亡其实。且下之化上,疾于景响,举错不可不察也。’文帝曰:‘善。’乃止不拜啬夫。就车,召释之骖乘,徐行,行问释之秦之敝。具以质言。至宫,上拜释之为公车令”(第2307页)。

张释之向文帝言秦汉之间事,并由此受到赏识,说明如何认识“秦之敝”,从而避免重蹈亡秦覆辙,在文帝时又成了引人注目的话题。张释之不是儒生,所言肯定与陆贾、贾谊等人不同。就其因啬夫一事所发议论看,“秦之敝”主要是“任刀笔之吏”,而“今可行”之对策便是任用“长者”。这种看法与曹参、陈平等人大体相同,仍是道家思路。但曹参、陈平所关心的主要是坚持刘邦、萧何制定的东西异制政策而不加改变;张释之所强调的则是在汉法真正覆盖全国之时,防止官吏出现"争以亟疾苛察相高"的风气。

释之之论确实卑而不高,他并未要求文帝改变政治方向,而只想尽力阻止汉朝在秦朝的老路上走得太远。但尽管张释之的主张得到文帝的赞同,景帝、窦太后等也都崇尚黄老,注重选拔"长者"为吏,对官吏苛察及滥用权力的批评仍日甚一日。与张释之同时的冯唐曾说文帝"法太明,赏太轻,罚太重"①。景帝后期,问题更加严重。《汉书》卷五《景帝纪》:

> 中五年九月诏:"法令度量,所以禁暴止邪也。狱,人之大命,死者不可复生。吏或不奉法令,以货赂为市,朋党比周,以苛为察,以刻为明,令亡罪者失职,朕甚怜之。有罪者不伏罪,奸法为暴,甚亡谓也。诸狱疑,若虽文致于法而于人心不厌者,辄谳之。"(第148页)
>
> 后元年正月诏:"狱,重事也。人有智愚,官有上下。狱疑者谳有司。有司所不能决,移廷尉。有令谳而后不当,谳者不为失。欲令治狱者务先宽。"(第150页)
>
> 后二年四月诏:"今岁或不登,民食颇寡,其咎安在?或诈伪为吏,吏以货赂为市,渔夺百姓,侵牟万民。县丞,长吏也,奸法与盗盗,甚无谓也。其令二千石各修其职;不事官职耗乱者,丞相以闻,请其罪。"(第151页)
>
> 五月又诏:"人不患其不知,患其为诈也;不患其不勇,患其为暴也;不患其不富,患其亡厌也。其唯廉士,寡欲易足。今訾算十以上乃得宦,廉士算不必众。有市籍不得宦,无訾

①《汉书》卷五〇《冯唐传》,第2314页。

又不得宦，朕甚愍之。訾算四得宦，亡令廉士久失职，贪夫长利。”（第152页）

诏书要求各级官吏廉洁奉法，不得“货赂为市”、“渔夺百姓”；同时又要求“治狱者务先宽”，并重申了奏谳制度。其中特别值得注意的是“虽文致于法而于人心不厌者，辄谳之”一句。张家山汉简《奏谳书》第四例廷尉报曰：“律白，不当谳。”①意即：律文已有明确规定的案件，不应上报。是汉初奏谳本限于“疑狱”，即那些法律规定不明确的疑难案件。景帝则将律文有明确规定但“于人心不厌”的案件也纳入奏谳范围。这意味着法律有时也要尊重“人心”，当然包括往往与之不合的东方习俗。这应是景帝继文帝之后对东方社会做出的又一次让步。

史家对文景之治多有誉美之辞。《史记》卷一〇《孝文本纪》：“孝文帝……专务以德化民，是以海内殷富，兴于礼义。”（第433页）《汉书》卷五《景帝纪》赞曰：“周秦之敝，网密文峻，而奸轨不胜。汉兴，扫除烦苛，与民休息。至于孝文，加之以恭俭，孝景遵业，五六十载之间，至于移风易俗，黎民醇厚。周云成康，汉言文景，美矣！”（第153页）其实，文景时期的繁荣主要是刘邦以来特别是惠帝、吕后时期与民休息的结果。而在繁荣景象背后，文景二帝对诸侯王权力的收夺，客观上改变了汉初的东方政策，使东西方之间的文化冲突再次出现。他们对刑法的改革，肯定起到了缓解冲突的作用，但还不能从根本上解决问题。总地看，文景时期随着汉法进一步向东方推广，当年秦朝的东方政策又出现复活的趋势。这是景武之际儒术兴起的重要背景。

---

①《张家山汉墓竹简〈释文修订本〉》，第94页。

众所周知，刘邦不好儒，甚至憎儒服、溺儒冠。萧何“次律令”，还保留了《挟书律》与《妖言令》。惠帝以后，逐渐废除了这些法令，儒生们才又开始讲习和传授经典，但政治上仍然受到排挤。《史记》卷一二一《儒林列传序》曰：“孝惠、吕后时，公卿皆武力有功之臣。孝文时颇征用，然孝文帝本好刑名之言。及至孝景，不任儒者，而窦太后又好黄老之术，故诸博士具官待问，未有进者。”（第3117页）这种政治环境对儒学的复兴当然是很不利的。不仅如此，由于秦始皇焚书坑儒的影响，儒家经典长期不能公开流传，至使散失严重，大多残缺不全。然而汉初儒家学者并未放弃复兴儒学的努力，也没有抱残守缺。他们针对汉初政治的实际问题，对秦政和法家学说进行了批判，同时提出相应的对策及理论依据，从而创造性地发展了儒家学说。因此我们看到，汉初几十年，特别是文景时期，出现了与“承秦”相反却又与之密切相关的现象，即儒学的复兴。

儒法两家历来针锋相对，水火不容。因而汉初诸儒对汉朝重走秦朝老路十分敏感，反对态度也十分坚决。前述陆贾、贾谊、董仲舒等人对秦政的批判，其实都是针对汉政而发的。陆贾“时时前说称《诗》、《书》”，所针对的显然是刘邦欲“以马上治之”。《新语·思务》篇：“今之为君者则不然，治不以五帝之术，则曰今之世不可以道德治也。为臣者不思稷、契，则曰今之民不可以仁义正也。为子者不执曾、闵之质，朝夕不休，而曰家人不和也。学者不操回、赐之精，昼夜不懈，而曰世所不行也。”①这段文字是对“今”

①王利器：《新语校注》，北京：中华书局，1986年，第171页。

之情形的客观描述，而这里的“今”乃相对于唐虞三代而言，包括秦和汉初。

贾谊《治安策》：“商君遗礼义，弃仁恩，并心于进取，行之二岁，秦俗日败。”汉朝建立后，“曩之为秦者，今转而为汉矣。然其遗风余俗，犹尚未改。今世以侈靡相竞，而上亡制度，弃礼谊，捐廉耻，日甚，可谓月异而岁不同矣”。他认为，汉之所以继承了秦之败俗，是因为沿用了秦朝的文吏政治。所谓“大臣特以簿书不报，期会之间，以为大故。至于俗流失，世坏败，因恬而不知怪，虑不动于耳目，以为是适然耳”。并批评说：“夫移风易俗，使天下回心而向道，类非俗吏之所能为也。俗吏之所务，在于刀笔筐箧，而不知大体。”①

董仲舒对汉初政策的批评更为尖锐。他说：“秦……重禁文学，不得挟书，弃捐礼谊而恶闻之，其心欲尽灭先王之道，而颛为自恣苟简之治。”汉朝建立后，“其遗毒余烈，至今未灭，使习俗薄恶，人民嚚顽，抵冒殊扞”。和贾谊一样，董仲舒也认为汉初几十年走的是秦朝的老路，同时进一步指出，汉朝若想走出死胡同，只有“更化”。他说：“今汉继秦之后，如朽木粪墙矣，虽欲善治之，亡可奈何。法出而奸生，令下而诈起，如以汤止沸，抱薪救火，愈甚亡益也。窃譬之琴瑟不调，甚者必解而更张之，乃可鼓也；为政而不行，甚者必变而更化之，乃可理也。当更张而不更张，虽有良工不能调也；当更化而不更化，虽有大贤不能善治也。”并明确指出：“汉得天下以来，常欲善治而至今不可善治者，失之于当更化而不更化也。”②

---

①《汉书》卷四八《贾谊传》，第 2244 页。

②《汉书》卷五六《董仲舒传》，第 2504 页。

汉初诸儒自称长于“守成”。他们所说的“守成”，是指完成军事征服和政治统一的任务后，用仁义礼乐进行道德教化，从而移风易俗，实现文化的整合与统一。这种守成之术被称作“任德教”，与法家所倡导的“任刑罚”相对。而所谓“更化”，就是抛弃承秦而来的法治政策，代之以儒家的“任德教”。

统一是秦汉历史的大趋势，而文化的统一是其中十分重要的一环。秦末汉初的历史表明，文化的统一比政治、军事的统一更难。完成这项任务，既不能像法家及秦朝那样操之过急，也不能像道家及汉初那样无所作为。它需要一个通向理想目标的温和的、渐进的过程，而当时能适应这种需要的政治理论只有儒家的“德教”学说。于是，景武之际，当历史在秦朝的老路上再次走入死胡同的时候，儒家便登上了政治舞台。

第二章 “以礼为治”和“以德化民”

——汉儒的两种政治学说

儒家在孔子之后分为若干家，其中尤以孟子、荀子影响最大。汉代只有孔子被神化，称为“圣人”，孟子和荀子尚为等而下之的“仁人”①。因此，汉代儒家学者都奉孔子为先师，而无人以孟子或荀子后学自诩。但孟子和荀子的思想对汉儒的影响是不可否认的，故汉初儒家学者中也隐约存在对立的两派，而自从董仲舒以“《春秋》公羊学”的形式提出一套系统的政治学说之后，汉儒内部两派的论争便集中表现为《春秋》三传之争。

司马谈《论六家要指》曰：“《易大传》：‘天下一致而百虑，同归而殊途。’夫阴阳、儒、墨、名、法、道德，此务为治者也，直所从言之异路，有省不省耳。”②从现代学科分类角度看，先秦诸子在理论层次、研究方法、观察角度等方面往往不同，但它们阐述的大多是关于如何“治”国、“治”天下的学问。这些学问通常包括人性论、治国方略、历史观、宇宙观等不同层次的内容。其中，人性论是基础，治国方略是核心，历史观和宇宙观是对治国方略的史学和哲

---

①见《汉书》卷二〇《古今人表》，第924、942、950页。

②《史记》卷一三〇《太史公自序》，第3288页。

学论证。在这些内容上表现出来的差别，为我们提供了识别其“殊途”、“异路”的标尺。在儒家内部，孟学与荀学处处对立。孟子言“性善”，荀子言“性恶”；孟子倡导“仁政”，荀子倡导“礼治”；孟子“言必称尧舜”，荀子主张“法后王”、“复周道”；孟子重“天命”，荀子则主张“制天命而用之”。汉儒的两种政治学说，也可从这几个方面大致看出其不同，而最终的区别在于他们为汉朝设计了两种不同的拨乱反正之道。

本章所论汉儒主要指贾谊、申公、董仲舒等。他们都与《春秋》学有关，贾谊治《左氏》，申公治《穀梁》，董仲舒治《公羊》。贾谊、申公都是荀子后学，其政治学说和主张基本相同，属荀学一派；董仲舒的政治学说和主张，则处处与贾谊、申公等对立，在学术理路上去荀学较远，而离孟学较近。贾谊和董仲舒历来受到学界的重视，研究成果甚多。但他们的政治思想及其对汉代政治变迁的影响，仍是有待深入研究的课题。这项研究应从董仲舒入手，因为董仲舒的政治学说十分复杂，对汉代政治的影响也很深，贾谊及申公的学说则相对简单。若能结合汉初政治所面临的难题，深入剖析董仲舒政治学说的各主要环节，从而对董仲舒为汉朝设计的拨乱反正之道获得进一步认识，解决其他问题就比较容易了。这是笔者的研究思路。在下面的叙述中，我们还是依时间顺序，先交代贾谊、申公的“以礼为治”说，再讨论董仲舒的“以德化民”说。

第一节　荀子后学的政治学说

荀子是战国末年的儒学大师，对汉初儒学有很大影响。《史记》卷四六《田敬仲完世家》:“宣王喜文学游说之士,自如驺衍、淳于髡、田骈、接予、慎到、环渊之徒七十六人,皆赐列第,为上大夫,不治而议论。是以齐稷下学士复盛,且数百千人。”(第1895页)这就是著名的稷下学宫。同书卷七四《荀卿列传》:“荀卿,赵人,年五十始来游学于齐。”当亦为上大夫之一。到齐襄王时,“田骈之属皆已死”,“荀卿最为老师”。襄王“修列大夫之缺,而荀卿三为祭酒”。后荀子遭人谗毁,离齐至楚,春申君以为兰陵令。及“春申君死而荀卿废,因家兰陵……序列著数万言而卒”(第2348页)。楚兰陵原应属鲁,故《史记》卷七八《春申君列传》曰:“为楚北伐灭鲁,以荀卿为兰陵令。”(第2395页)荀子在兰陵影响深远。刘向《孙卿书录》曰:“兰陵多善为学,盖以孙卿也。长老至今称之曰:‘兰陵人喜字为卿,盖以法孙卿也。’”①据前人研究,荀子还曾游燕、秦,但未受到重视,也未久留②。故荀子一生的学术活动主要在齐鲁之地,而齐鲁正是西汉儒学的大本营。

儒家经学形成于战国,繁荣于西汉,而荀子正是承前启后的人物。《汉书》卷三六《楚元王传》:“少时尝与鲁穆生、白生、申公同受《诗》于浮丘伯。伯者,孙卿门人也。”(第1921页)卷八八《儒林传》:“申公,鲁人也,少与楚元王交俱事齐人浮丘伯,受《诗》。”(第3608页)《盐铁论·毁学》:“李斯与包丘子俱事荀卿。”③包丘子即浮丘伯。刘向《孙卿书录》曰:李斯、韩非、浮丘伯皆从荀子“受业,为名儒”④。申公所传之《诗》乃《鲁诗》,故荀子可谓《鲁诗》先师。《史记》卷一二一《儒林列传》说申公以《诗》经

---

①王先谦:《荀子集解》,北京:中华书局,1988年,第559页。

②参阅汪中:《荀卿子通论》,王先谦:《荀子集解·考证下》,第21—33页。

③王利器:《盐铁论校注》,北京:中华书局,1992年,第229页。

④王先谦:《荀子集解》,第558页。

教授，所举弟子无瑕丘江公之名，后文则曰“瑕丘江生为《穀梁春秋》”（第3129页），而未言其师承。据此，司马迁好像不知道瑕丘江公也是申公弟子，其《穀梁》学亦传自申公。但《汉书》卷八八《儒林传》明确记载：“申公卒以《诗》、《春秋》授……瑕丘江公受《穀梁春秋》及《诗》于鲁申公。”（第3608、3617页）是申公除了治《鲁诗》外，还治《穀梁春秋》。申公之《穀梁》学从何而来，《汉书》亦未明言，以情理推之，应当也受自浮丘伯。唐杨士勋《穀梁传疏》曰：“穀梁子……受经于子夏，为经作传，故曰《穀梁传》。传孙卿，孙卿传鲁人申公。”①荀子与申公时代不相接，不大可能亲传申公②。杨士勋的说法可能漏了中间的浮丘伯。据此，荀子应当也是《穀梁》先师。又《左传序》孔颖达疏引刘向《别录》：“左丘明授曾申，申授吴起，起授其子期，期授楚人铎椒，作《抄撮》八卷授虞卿，虞卿作《抄撮》九卷授荀卿，荀卿授张苍。”③陆德明《经典释文序录》述《左传》传授系统曰：“左丘明作《传》以授曾申，申传卫人吴起，起传其子期，期传楚人铎椒，椒传赵人虞卿，卿传同郡荀

---

①《十三经注疏》，北京：中华书局，1980年，第2358页。

②案荀子生卒年月无考，《史记》卷七四《荀卿列传》曰：“春申君死而荀卿废，因家兰陵。李斯尝为弟子，已而相秦。”《盐铁论·毁学》篇：“方李斯之相秦也，始皇任之，人臣无二，然而荀卿为之不食，睹其罹不测之祸也。”据《史记》卷一五《六国年表》，春申君死在公元前238年，如果荀子于齐襄王以前（公元前283年以前）入齐，且时已五十岁，则春申君死时，他至少已有九十五岁。李斯为丞相在始皇二十八年（前219年）之后。《史记》卷六《秦始皇本纪》载二十八年所立琅邪刻石有“卿李斯”之名，知李斯此时尚非丞相。若李斯为相时荀子仍然在世，至少应有一百一十五岁。而据《汉书》卷八八《儒林传》，武帝建元元年（前140年），申公年“八十余”，则其生年当在公元前220年稍前，若十五岁入学，当在公元前205年稍前，而此时荀子至少应有一百二十八岁。

③《十三经注疏》，第1703页。

卿名况。”又述《毛诗》传授系统曰：“一云：子夏传曾申，申传魏人李克，克传鲁人孟仲子，孟仲子传根牟子，根牟子传赵人孙卿子，孙卿子传鲁人大毛公。”①据此，荀子亦为《左传》和《毛诗》先师。汪中《荀卿子通论》说：“荀卿之学，出于孔氏，而尤有功于诸经……盖自七十子之徒既殁，汉诸儒未兴，中更战国、暴秦之乱，六艺之传赖以不绝者，荀卿也。”②荀子在儒家经典的传授系统中占有重要地位，是不争的事实。

除了传授经典之外，《荀子》一书在汉初也颇有影响。刘向《孙卿书录》云：“所校雠中《孙卿书》凡三百二十二篇，以相校除复重二百九十篇，定著三十二篇。”③刘向所见“中《孙卿书》”当是汉初以来皇家图书馆逐渐收藏的，其中重复者达十分之九，足见其流传之广。此书不仅流传广泛，还常被诸儒征引。谢墉《荀子笺释序》曰：“《小戴》所传《三年问》全是《礼论》篇，《乐记》、《乡饮酒义》所引俱出《乐论》篇，《聘义》子贡问贵玉贱珉亦与《法行》篇大同。《大戴》所传《礼三本》篇亦出《礼论》篇，《劝学》篇即《荀子》首篇，而以《宥坐》篇末见大水一则附之，《哀公问五义》出《哀公》篇之首。”④汪中《荀卿子通论》曰：“《韩诗》之存者，《外传》而已，其引《荀卿子》以说《诗》者四十有四。”又曰：“《大戴礼·曾子立事》篇载《修身》、《大略》二篇文，《小戴·乐记》、《三年问》、《乡饮酒义》篇载《礼论》、《乐论》篇文。”⑤此外，《史记·礼书》也

①吴承仕：《经典释文序录疏证》，北京：中华书局，2008 年，第 108、79 页。

②引自王先谦：《荀子集解·考证下》，第 21、22 页。

③王先谦：《荀子集解》，第 557 页。

④引自王先谦：《荀子集解·考证上》，第 13 页。

⑤引自王先谦：《荀子集解·考证下》，第 21、22 页。

几乎照抄《荀子·礼论》之文[①]。

在荀子后学中，系统继承和发展其思想并对汉代政治文化产生较大影响的，则有贾谊和申公。

一、"以礼义治之"——贾谊的政治学说

《汉书》卷四八《贾谊传》："贾谊，洛阳人也，年十八，以能诵《诗》、《书》属文称于郡中。河南守吴公闻其秀材，召置门下，甚幸爱。文帝初立，闻河南守吴公治平为天下第一，故与李斯同邑，而尝学事焉，征以为廷尉。廷尉乃言谊年少，颇通诸家之书。文帝召以为博士。"（第2221页）吴公是李斯的学生，而李斯是荀子的学生。据此，贾谊可以算作荀子的三传弟子。这是关于贾谊与荀子之关系的最为确切的记载。但李斯是著名法家学者，吴公以李斯弟子而被征为廷尉，可能也以明习法律见长，而贾谊的思想虽兼有儒、法、道等家的成分，却明显以儒为主。所以，贾谊的思想未必来自李斯、吴公一系的影响。同书卷八八《儒林传》："汉兴，北平侯张苍及梁太傅贾谊……皆修《春秋左氏传》。"（第3620页）刘向《别录》："左丘明授……荀卿，荀卿授张苍。"[②]陆德明《经典释文序录》："左丘明作《传》以传……荀卿名况，况传武威张苍，苍传洛阳贾谊。"[③]此说未必可信，因为《史记》、《汉书》之贾谊、张苍本传都没有明确记载荀子、张苍、贾谊之间有师承关系。但贾谊的学说受荀子影响甚大，是学界公认的事实[④]。或许正是

---

①《史记·礼书》非司马迁原文，乃后人所补。参《史记》卷一三〇《太史公自序》注，第3321页。

②《左传序》孔颖达疏引，《十三经注疏》，第1703页。

③吴承仕：《经典释文序录疏证》，第108页。

④如侯外庐等认为："贾谊必深得荀子一派儒学的教养。"见氏著《中（转下页）

由于荀子和贾谊在思想上有明显的继承关系，后人才杜撰了他们在《左传》传授系统中的师承关系。

《史记》卷八四《贾生列传》："贾生以为汉兴至孝文二十余年，天下和洽，而固当改正朔，易服色，法制度，定官名，兴礼乐。乃悉草具其事仪法，色尚黄，数用五，为官名，悉更秦之法。"（第2492页）宣帝时，路温舒上书曰："文帝永思至德，以承天心，崇仁义，省刑罚，通关梁，一远近，敬贤如大宾，爱民如赤子，内恕情之所安，而施之于海内，是以囹圄空虚，天下太平。"①东汉王充则认为，贾谊所谓"和洽"就是"太平"，故曰："如贾生之议，文帝时已太平矣。"②其实不然。贾谊《新书·数宁》篇明言："进言者皆曰天下已安矣，臣独曰未安；或者曰天下已治矣，臣独曰未治。"未安未治，当然不是"太平"。《数宁》篇又曰："祖有功，宗有德。始取天下为功，始治天下为德。"汉家"始取天下"者是刘邦，故为祖，"始治天下"的宗则尚未有其人。贾谊认为"始治天下"者必须是圣人，所谓"圣王之起，大以五百为纪。自武王已下，过五百岁矣，圣王不起，何怪矣！及秦始皇帝，似是而卒非也，终于无状。及今天下集于陛下，臣观宽大知通，窃曰足以操乱业，握危势，若今之贤也。明通以足，天纪又当，天宜请陛下为之矣。然又未也者，又

（接上页）国思想通史》第二卷，北京：人民出版社，1957年，第66页。冯友兰认为："贾谊对于'礼'的理论……同荀况是一致的……是接着荀况讲的。"见氏著《中国哲学史新编》，北京：人民出版社，1985年，第三册，第26页。金春峰则指出："贾谊希望在汉代以荀子《礼论》思想为蓝图，建立起地主阶级的礼治的等级秩序井然不紊的社会。荀子的'礼论'思想成为贾谊建设社会秩序的基本指导思想。"见氏著《汉代思想史》，北京：中国社会科学出版社，1997年修订第2版，第91页。

①《汉书》卷五一《路温舒传》，第2368页。

②黄晖：《论衡校释·宣汉》，北京：中华书局，1990年，第818页。

将谁须也?”他认为文帝便是那姗姗来迟的汉家“圣王”,应当肩负起“始治天下”的责任,“因顾成之庙为天下太宗”①。

贾谊把“取天下”和“治天下”区分开来,所言“天下和洽”则是一种“取”而未“治”的局面。他认为“取与守不同术”,“取”天下可以像秦朝那样“先诈力而后仁义”,但“守”天下或“治”天下必须“易”其道、“改”其政,“并殷周之迹以制御其政”,方能实现“天下太平”。《新书·修政语上》:“天下太平,唯躬道而已。”《修政语下》:“守天下者,非以道则弗得而长也。”这里的“道”就是儒家所标榜的先王之道,即《修政语上》所谓“职道义,经天地,纪人伦,序万物,以信与仁为天下先”②。所以,贾谊要求文帝及时转变政策。他说:“今有何如? 进取之时去矣,并兼之势过矣。”③因而必须结束“取天下”阶段,开始“治天下”过程。改正朔、易服色等正是体现这一转变的象征性举措。我们知道,秦为水德,数用六,色尚黑,贾谊则主张汉为土德,数用五,色尚黄。根据五德终始说,“五德转移,治各有宜”④。秦为水德,故“刚毅戾深,事皆决于法,刻削毋仁恩和义”⑤。汉为土德,自应与秦不同。而当时的情形是“汉承秦之败俗,废礼义,捐廉耻”⑥,“天下犹行弊世德与其功烈风俗也”⑦。

据《汉书》卷四八《贾谊传》所载《治安策》,谊所言“未安”、

①阎振益、钟夏:《新书校注》,第29、30页。

②阎振益、钟夏:《新书校注》,第359、371页。

③阎振益、钟夏:《新书校注·时变》,第97页。

④《史记》卷七四《孟子荀卿列传》,第2344页。

⑤《史记》卷六《秦始皇本纪》,第238页。

⑥《汉书》卷二二《礼乐志》,第1030页。

⑦阎振益、钟夏:《新书校注·立后义》,第409页。

“未治”主要包括“可为痛哭者一,可为流涕者二,可为长太息者六”(第2230页)。《新书·数宁》篇同。但《治安策》实际只载一痛哭、二流涕、三太息,《新书》则载一痛哭、二流涕、四太息。据研究,《治安策》系班固“概括、删削”《新书》而成,今本《新书》虽“有一些残缺失次的情况”,但“与原本有一脉相承的继承关系”,“内容可靠”①。

今案:《新书》一痛哭见于《大都》篇,言诸侯王事;《治安策》则删取《大都》及《数宁》、《藩伤》、《宗首》、《亲疏危乱》、《制不定》、《藩强》、《五美》等篇为“可痛哭者”,亦言诸侯王事。

《新书》二流涕,其一见于《威不信》篇,言匈奴事,其二见于《无蓄》篇,言崇本抑末事;《治安策》则删取《威不信》及《解县》、《势卑》篇的一部分文字为一流涕,又取这三篇中另一部分文字为二流涕,《无蓄》之文则被收入《汉书》卷二四《食货志上》。案《治安策》二流涕之文,皆言匈奴事,且皆据《威不信》、《解县》、《势卑》三篇删改组合而成,若删去第一句“可为流涕者此也”,便是一篇上下文意贯通的文章。班固在《贾谊传赞》中明言:“凡所著述五十八篇,掇其切于世事者著于传云。”(第2265页)故“可为长太息者六”,《治安策》只收其三。由此推论,班固既将《无蓄》之文收入《食货志》,将《威不信》及《解县》、《势卑》之文收入《治安策》,绝不会硬将后者一分为二,以足二流涕之数。笔者颇疑《治安策》中第一句“可为流涕者此也”是衍文,乃后人传抄时妄加。

《新书》四太息,其一见于《等齐》篇,言天子、诸侯制度无别事,《汉书》未收。其二见于《阶级》篇,言“礼不及庶人,刑不至君

①魏建功、阴法鲁、吴竞存、孙钦善《关于贾谊〈新书〉真伪问题的探索》,《北京大学学报》1961年第5期。

子”事,《治安策》取其文及《保傅》篇、《大戴礼·礼察》篇为三太息之三。《崇文总目》云:《新书》“本七十二篇,刘向删定为五十八篇”①。但原本五十八篇中《过秦》只分上下两篇,而今本五十八篇中《过秦》分上中下三篇,这说明原本五十八篇中另有一篇亡佚。《治安策》中见于《大戴礼·礼察》篇的那段文字,不见于今本《新书》。《治安策》既是班固据《新书》“概括、删削”而成,《礼察》篇便很有可能是《新书》原本所有而后亡佚的那一篇。清汪中校《新书》,据《汉书》将此篇补入,余嘉锡表示赞同②。其三见于《孽产子》篇,言富人大贾奢侈事,《治安策》删取其文以为三太息之一。其四见于《铜布》篇,言放民铸钱之弊,《汉书》收入《食货志下》。此外,《治安策》三太息之二,系删取《新书》之《俗激》、《时变》二篇为之,言移风易俗事,而二篇皆无“可为长太息”之文。班固不遵贾谊原意而凭空捏造一太息的可能性极小,而《俗激》和《时变》中的某一篇原有“可为长太息者”字样、后来脱去的可能性则较大。这样,六太息中我们尚可见到其五。

贾谊用“礼”的尺度衡量汉初社会,认为当时问题甚多,“背理而伤道者,难遍以疏举”③,所谓一痛哭、二流涕、六太息则是其中最严重者。班固删取《新书》之文编《治安策》,只取一痛哭、一流涕、三太息,又进一步突出了三个问题,即诸侯王问题、匈奴问题和“汉承秦之败俗”问题。

对诸侯王,贾谊主张先运用天子的“权势法制”,强行“割地定制”,将大国分为若干小国,使诸侯王“不敢有异心,辐凑并进而归

①《丛书集成初编》0022,北京:中华书局,1985年,第128页。
②余嘉锡:《四库提要辨证》,北京:中华书局,1980年,第541页。
③《汉书》卷四八《贾谊传》,第2230页。

命天子”[①],“汉法”便可行于王国,天子与诸侯王的关系便可真正纳入礼的范畴,王国对汉朝的威胁自然就消失了。那时便可“行兼爱无私之道,罢关一通”,废除函谷、临晋及武关,令关中、关东“似一家”[②]。

对匈奴,贾谊认为只要“建三表,设五饵”,即向匈奴“谕天子之信”、“之爱”、“之好”,对匈奴之使者、降者赏以车服、美食、乐舞、美宅及近侍之职,使匈奴之人纷纷投奔汉朝,就可“使单于无臣之使,无民之守”,不得不“系颈顿颡,请归陛下之义”[③],从而解“天下倒悬”之势,将汉朝与匈奴的关系也纳入天子“征令”、夷狄“供贡”的礼的范畴。班固批评三表五饵“其术固以疏矣”[④],文帝也未加采纳,但汉武帝后来有过与之相似的举动。

“汉承秦之败俗”问题就紧迫性而言仅居第三,但其矛头直指“承秦”而来的“汉制”,涉及汉朝基本政策的转变和汉初历史的出路,故意义最为深远。《新书·时变》篇描述汉初情形说:

> 胡以孝弟循顺为?善书而为吏耳。胡以行义礼节为?家富而出官耳。骄耻偏而为祭尊,黥劓者攘臂而为祭政。行惟狗彘也,苟家富财足,隐机盱视而为天子耳。唯告罪昆弟,欺突伯父,逆于父母乎,然钱财多也,衣服修也……车马严也,走犬良也。矫诬而家美,盗贼而财多,何伤。欲交,吾择贵宠者而交之;欲势,择吏权者而使之。取妇嫁子,非有权

---

①阎振益、钟夏:《新书校注·五美》,第67页。
②阎振益、钟夏:《新书校注·一通》,第113页。
③阎振益、钟夏:《新书校注·匈奴》,第135页。
④《汉书》卷四八《贾谊传赞》,第2265页。

势，吾不与婚姻；非贵有戚，不与兄弟；非富大家，不与出入。因何也？今俗侈靡，以出伦逾等相骄，以富过其事相竞。今世贵空爵而贱良，俗靡而尊奸；富民不为奸而贫为里侮也，廉吏释官而归为邑笑；居官敢行奸而富为贤吏，家处者犯法为利为材士。故兄劝其弟，父劝其子，则俗之邪至于此矣。

汉初何以出现如此败“俗”？贾谊认为是从秦朝继承下来的：“商君违礼义，弃伦理，并心于进取，行之二岁，秦俗日败。秦人有子，家富子壮则出分，家贫子壮则出赘。假父耰锄杖彗，耳虑有德色矣；母取瓢碗箕帚，虑立讯语。抱哺其子，与公并踞；妇姑不相说，则反唇而睨。其慈子嗜利而轻简父母也，虑非有伦理也，亦不同禽兽仅焉耳。”汉朝承秦而立，于是“曩之为秦者，今转而为汉矣”①。

贾谊认为，秦俗之败是由于实行“法治”，汉朝要想避免重蹈覆辙，就必须改行“礼治”。为什么这样说呢？他从人性论、治国方略、王道观等方面进行了论证。

孔子说过：“性相近也，习相远也。”但未说明这“相近”之“性”是善的还是恶的。《论衡·本性》篇：“周人世硕以为‘人性有善有恶；举人之善性养而致之则善长，恶性养而致之则恶长’……故世子作《养性书》一篇。密子贱、漆雕开、公孙尼子之徒，亦论情性，与世子相出入，皆言性有善有恶。”②案《汉书》卷三〇《艺文志》，有《漆雕子》十三篇、《宓子》十六篇、《世子》二十一篇、《公孙尼子》二十八篇，当皆战国作品。据《艺文志》本注及《史记》卷六七《仲尼弟子列传》，漆雕开和宓子贱是孔子弟子，世

①阎振益、钟夏：《新书校注》，第96、97页。
②黄晖：《论衡校释》，第132、133页。

硕和公孙尼子则是“七十子之弟子”。《孟子·告子》:“或曰:性可以为善,可以为不善,是故文武兴则民好善,幽厉兴则民好暴。”①《郭店楚墓竹简》也有类似说法。《性自命出》篇:“四海之内,其性一也。其用心各异,教使然也。”又曰:“好恶,性也。所好所恶,物也。善不[善,性也],所善所不善,势也。”②此说显然是“性有善有恶”论。

此外,据《郭店楚墓竹简》,早在孟子之前,儒家已有“性三品”说。孔子说过,“生而知之者,上也;学而知之者,次也;困而学之,又其次也;困而不学,民斯为下矣”,“唯上知与下愚不移”,“中人以上,可以语上也”③。儒家历来认为“性”与“智”高度相关,故才智差异必然导致人性不同。《郭店楚墓竹简·成之闻之》篇有“圣人之性与中人之性”之语。既有“圣人之性”和“中人之性”,当亦有“下愚之性”。《成之闻之》篇又曰:“民皆有性而圣人不可莫也。”既曰“民斯为下”,其“性”便是“下愚之性”了。《性自命出》篇曰:“未教而民恒,性善者也。”④既有“性善”者和“性有善有恶”者,当亦有“性恶者”。这应该是儒家内部自孔子之后出现的最早的人性论观点。其后才有告子(与孟子同时)的“性无善恶”论、失姓名者的“有性善有性不善”论,以及孟子的“性善”论和荀子的“性恶”论⑤。从逻辑上看,以“有善有恶”论为核心的

---

①焦循:《孟子正义·告子上》,北京:中华书局,1987年,第748页。

②《郭店楚墓竹简》,北京:文物出版社,1998年,第179页。《上海博物馆藏楚简·性情论》与此同。

③引文见刘宝楠:《论语正义》之《季氏》、《阳货》、《雍也》,北京:中华书局,1990年,第664、678、235页。

④《郭店楚墓竹简》,第168、181页。

⑤参阅张岱年:《中国哲学大纲》第二部分第二篇,北京:中国社会科学出版社,1982年。

"性三品"说与孔子思想最为接近,可能是孔子后学中最早流行的一种观点。"性无善恶"论和"有性善有性不善"论显然是作为"性有善有恶"论的对立面而产生的,"性善"论和"性恶"论则是在"性三品"说的基础上分别走向两个极端的结果。不过,以"有善有恶"论为核心的"性三品"说始终是主流。

学人或以为"性三品"说与"性相近"说自相矛盾,其实不然。"三品"之中,性善的"上智"之人和性恶的"下愚"之人都在"不移"之列,且人数绝少,故不能成为确定治国方略的人性论基础,唯有可善可恶的"中人",既占人口大多数,又会因后天习俗和教化的影响而成长为善人或恶人,因而是儒家关注的主要对象。入汉以后,儒家学者皆持"性三品"说。董仲舒曾有明确表述。《春秋繁露·实性》篇曰:"圣人之性不可以名性,斗筲之性又不可以名性,名性者,中民之性。"①王符说得更清楚。《潜夫论·德化》篇:"上智与下愚之民少,而中庸之民多。中民之生世也,犹铄金之在炉也,从笃(当作"范")变化,惟冶所为,方圆薄厚,随熔制尔。"②而其核心部分又有两种基本观点:一是性善情恶论,二是性有善有恶论。前者以善为主,后者则善恶并重。相对而言,前者偏近孟学立场,后者则偏近荀学立场。

贾谊在人性论问题上,持以"性有善有恶"论为中心的"性三品"说。《新书·连语》:

臣又窃闻之曰:有上主者,有中主者,有下主者。上主者,可引而上,不可引而下;下主者,可以引而下,不可引而

①苏舆:《春秋繁露义证》,北京:中华书局,1992年,第311页。
②彭铎:《潜夫论笺校正》,北京:中华书局,1985年,第378页。

上；中主者，可引而上，可引而下。故上主者，尧、舜是也，夏禹、契、后稷与之为善则行，鲧、讙兜欲引而为恶则诛，故可与为善而不可与为恶。下主者，桀、纣是也，虽侈、恶来进与为恶则行，比干、龙逢欲引而为善则诛，故可与为恶而不可与为善。所谓中主者，齐桓公是也，得管仲、隰朋则九合诸侯，任竖貂、易牙则饿死胡宫，虫流而不得葬。故材性乃上主也，贤人必合而不肖人必离，国家必治，无可忧者也。若材性下主也，邪人必合，贤正必远，坐而须亡耳，又不可胜忧矣。故其可忧者唯中主尔，又似练丝，染之蓝则青，染之缁则黑，得善佐则存，无善佐则亡。①

在贾谊看来，秦二世就是这样一个“可忧”的“中主”。《新书·保傅》：

人性非甚相远也，何殷周之君有道而长也，而秦无道之暴也？其故可知也……殷、周之所以长久者，其辅翼太子有此具也。及秦而不然。其俗固非贵辞让也，所上者告讦也；固非贵礼让也，所上者刑罚也。使赵高傅胡亥而教之狱，所习者非斩劓人，则夷人之三族也。故今日即位，明日射人，忠谏者谓之诽谤，深为之计者谓之妖言，其视杀人若艾草菅然。岂胡亥之性恶哉？其所以集道之者非理故也。②

人性本不相远，善恶之别主要来自后天的“俗”、“教”、“习”。“中

①阎振益、钟夏：《新书校注》，第198页。
②阎振益、钟夏：《新书校注》，第183、185页。

主"如是,"民"亦如是。《新书·大政下》:"夫民者,贤、不肖之材也,贤、不肖皆具焉。"①这显然是"性有善有恶"论②。

在治国方略问题上,贾谊继承和发展了荀子的"礼治"学说,针对秦朝和汉初的法治政策,明确提出"以礼义治之"的主张。

儒家内部由人性论产生的理论分歧,首先在于"仁"和"礼"孰为第一性。孟子认为"人皆有不忍人之心"③,故本性是善的。君子能使其善性得到发扬,故有仁爱之心。有了仁爱之心,便会自觉遵守礼义。所谓"仁,人心也;义,人路也"④。"义,路也;礼,门也。惟君子能由是路,出入是门也"⑤。因此,"仁"是第一性的。荀子则认为人生来"好利而欲得",故本性是恶的。善来自圣王制定的"礼义法度"。欲使"天下皆出于治,合于善",只有"明礼义以化之,起法正以治之,重刑罚以禁之"⑥。因此,"礼"是第一性的。

贾谊认为民之性"有善有恶","可与为善,可与为恶",因而后天的引导具有决定性意义。《治安策》曰:"世主欲民之善同,而所以使民善者或异。或道之以德教,或驱之以法令。道之以德教者,德教洽而民气乐;驱之以法令者,法令极而民风哀。"又曰:"以礼义治之者,积礼义;以刑罚治之者积刑罚。刑罚积而民怨背,礼

---

①阎振益、钟夏:《新书校注》,第349页。

②参阅王兴国:《贾谊评传》,南京:南京大学出版社,1992年,第246—249页。侯外庐等认为,贾谊的人性论"是荀子人性论的演绎"。见氏著《中国思想通史》第二卷,第67页。

③焦循:《孟子正义·公孙丑上》,第232页。

④焦循:《孟子正义·告子上》,第786页。

⑤焦循:《孟子正义·万章下》,第723页。

⑥王先谦:《荀子集解·性恶》,第438、440页。

义积而民和亲。”①显然，在贾谊看来，“道之以德教”就是“以礼义治之”，“驱之以法令”就是“以刑罚治之”。和荀子一样，贾谊的学说也以“礼”为核心，但荀子之“礼”与仁相对而近于法，贾谊之“礼”则与法相对而近于仁。这是贾谊在汉初特定条件下对荀子“礼治”学说的发展。

贾谊认为，礼和法都具有禁恶止邪的功能，所不同的是“礼者禁于将然之前，而法者禁于已然之后”②。儒家所谓礼可泛指一切政治、经济、文化制度，其主要精神在于维护社会不同阶层之间尊卑贵贱的等级秩序。贾谊亦然。他说：“礼者，所以固国家，定社稷，使君无失其民者也。主主臣臣，礼之正也；威德在君，礼之分也；尊卑大小，强弱有位，礼之数也……故礼者，所以守尊卑之经、强弱之称者也。”③又说：“所持以别贵贱、明尊卑者，等级、势力、衣服、号令也。”④有了这样的礼，便能使“卑不疑尊，贱不逾贵，尊卑贵贱，明若白黑，则天下之众不疑眩耳”⑤。“卑尊已著，上下已分，则人伦法矣。于是主之与臣，若日之与星以。臣不几可以疑主，贱不几可以冒贵。下不凌等则上位尊，臣不逾级则主位安。谨守伦纪，则乱无由生”⑥。礼还可以“去淫侈之俗，行节俭之术，使车舆有度，衣服器械各有制数”，从而使“君臣绝尤而上下分明矣。擅遏则让，上僭者诛，故淫侈不得生，知巧诈谋无为起，奸邪

---

①《汉书》卷四八《贾谊传》，第2253页。

②《汉书》卷四八《贾谊传》，第2252页。

③阎振益、钟夏：《新书校注·礼》，第214页。

④阎振益、钟夏：《新书校注·等齐》，第47页。

⑤阎振益、钟夏：《新书校注·数宁》，第30页。

⑥阎振益、钟夏：《新书校注·服疑》，第54页。

盗贼自为止,则民离罪远矣”[①]。

礼不仅能禁恶止邪,还能扶正劝善,在“绝恶于未萌”的同时,还能“起教于微眇”。《新书·大政下》:“夫民之为言也,瞑也;萌之为言也,盲也。故惟上之所扶而以之,民无不化也。”[②]民之性有善的一面,但不能自明,有待王者之教化。《新书·六术》说得更清楚:“人有仁、义、礼、智、信之行,行和则乐兴,乐兴则六,此之谓六行……然而人虽有六行,微细难识,唯先王能审之。凡人弗能自至,是故必待先王之教,乃知所从事。”[③]因此,教化必须是自上而下的,其主要手段则是礼义。

《新书·保傅》言殷、周“辅翼太子”之“具”曰“太子初生,固举以礼”,使“自为赤子而教固已行矣”;又为置三公、三少,“以道习之,逐去邪人,不使见恶行”;稍长则入于学,使之“上亲而贵仁”,“上齿而贵信”,“上贤而贵德”,“上贵而尊爵”;既冠而成人,则置“司直之史”书其过,置“彻膳之宰”收其膳,使之“习与智长,故切而不愧,化与心成,故中道若性”;及为天子,仍须处处循礼,“不得为非”。贾谊认为“天下之命,县于太子”,“太子正而天下定矣”,而对太子的教育必须“早”,因为“心未滥而先谕教,则化易成也”[④]。这是贾谊心目中典型的教化过程。

对大臣,贾谊主张“设廉耻礼义以遇”之。《新书·阶级》:“古者礼不及庶人,刑不至君子,所以厉宠臣之节也……遇之有礼,故群臣自憙;厉以廉耻,故人务节行。上设廉耻礼义以遇其

---

①阎振益、钟夏:《新书校注·瑰玮》,第104页。

②阎振益、钟夏:《新书校注》,第349页。

③阎振益、钟夏:《新书校注》,第316页。

④阎振益、钟夏:《新书校注》,第183—186页。

臣,而群臣不以节行而报其上者,即非人类也。故化成俗定,则为人臣者,主丑亡身,国丑亡家,公丑亡私。利不苟就,害不苟去,唯义所在,主上之化也。”有了“顾行而忘利,守节而服义”的大臣,皇帝便可高枕无忧了,“可以托不御之权,可以托五尺之孤”①。

对百姓,贾谊强调必须用“礼义”取代“邪俗”。《新书·俗激》曰:“夫邪俗日长,民相然席于无廉丑,行义非循也。岂且为人子背其父,为人臣因忠于主哉?岂为人弟欺其兄,为人下因信其上哉?”不孝则不忠,不悌则不尊。民如此,“陛下虽有权柄事业,将所寄之?”针对当时“世以侈靡相竞,而上无制度,弃礼义,捐廉丑,日甚,可谓月异而岁不同”的严重情况,贾谊认为必须“移风易俗,使天下移心而向道”,而要达到这一目的,必须“立君臣,等上下……令主主臣臣,上下有差,父子六亲,各得其宜,奸人无所冀幸”②。

总之,在贾谊看来,“礼义”能为人们提供外在的行为规范和内在的价值取向,人们在这种行为规范和价值取向的约束和引导下,必将“日迁善远罪而不自知”。“礼”的这一优势,是“法”所望尘莫及的。因此,贾谊一再要求汉文帝“定经制”,即建立稳定持久的礼乐制度。他认为,这项事业将是一劳永逸的,所谓“立经陈纪,轻重周得,后可以为万世法程,后虽有愚幼不肖之嗣,犹得蒙业而安”。因此,“定经制”就是“建久安之势,成长治之业”③。贾谊断言,“此业一定,世世常安,而后有所持循矣”④。《汉书》卷二二《礼乐志》概括贾谊的政治方略说:“汉兴至今二十余年,宜定制

①阎振益、钟夏:《新书校注》,第81、82页。
②阎振益、钟夏:《新书校注》,第91、92页。
③阎振益、钟夏:《新书校注·数宁》,第31页。
④阎振益、钟夏:《新书校注·俗激》,第92页。

度，兴礼乐，然后诸侯轨道，百姓素朴，狱讼衰息。”（第1020页）“定制度，兴礼乐”是贾谊的基本口号。在他看来，这是通往“天下太平”的必由之路。

贾谊主张“以礼义治之”，必然会以三代特别是西周为法，因而其王道观也与荀子基本相同。虽然他有时也提到五帝、尧舜，但每当论及制度礼乐，总是将三代与秦对举。如《新书·过秦下》：“借使秦王论上世之事，并殷周之迹，以制御其政，后虽有淫骄之主，犹未有倾危之患也。故三王之建天下，名号显美，功业长久……故周王序得其道，千余载不绝，秦本末并失，故不能长。”①《新书·保傅》：“殷为天子三十余世而周受之，周为天子三十余世而秦受之，秦为天子二世而亡。人性非甚相远也，何殷周之君有道而长也，而秦无道之暴也？其故可知也。”②汉初儒生群体受荀子影响甚大，故“汉家法周”之说一度被普遍接受。如景帝时，窦太后欲以梁孝王为景帝后嗣，“袁盎诸大臣通经术者”反对，曰：“方今汉家法周，周道不得立弟，当立子。”其事遂止③。武帝时，公孙弘上书，也有“陛下躬孝弟，监三王，建周道，兼文武”之语④。贾谊的观点既与时人相同，自然无须做太多论证了。

《史记》卷八四《贾生列传》：贾谊提出“改正朔、易服色”等建议后，文帝因“初即位，谦让未遑也”（第2492页）。同书卷二八《封禅书》：文帝十二年，贾谊死；次年，鲁人公孙臣再次提出“宜改正朔、易服色”；十五年，“文帝乃召公孙臣，拜为博士，与诸生草改历、服色事”；十六年，方士新垣平说“长安东北有神气，成五

①阎振益、钟夏：《新书校注》，第14、16页。
②阎振益、钟夏：《新书校注》，第183页。
③《史记》卷五八《梁孝王世家》褚先生曰，第2091页。
④《汉书》卷五八《公孙弘传》，第2622页。

采……天瑞下，宜立祠上帝，以合符应”，文帝遂作五帝庙，又“使博士诸生刺六经中作《王制》，谋议巡狩封禅事”；十七年，有人告发新垣平“所言气神事皆诈”，文帝诛之，从此“怠于改正朔服色神明之事”（第1381页）。公孙臣、新垣平等人的主张与贾谊一脉相承。文帝采纳他们的建议，着手定制度、兴礼乐，等于推行贾谊的政治主张。

关于《王制》，《汉书·艺文志》未著录，而今本《礼记》有《王制》篇。《礼记》中的这篇《王制》与汉文帝所作的《王制》是何关系？学者意见不一。或云文帝所作《王制》就是《礼记》中的《王制》①，或云“文帝所造书……非今《礼记》所有《王制》”②。《礼记》是“礼学家们附《士礼》而传习的有关资料的汇辑本”③，其前身是各种《记》，如《汉书·艺文志》礼类有《记》百三十一篇，《明堂阴阳（记）》三十三篇，《王史氏（记）》二十一篇，乐类有《乐记》二十三篇，论语类有《孔子三朝（记）》七篇。《隋书·经籍志》认为：刘向“考校经籍”时，得上述五种《记》，“合二百十四篇”，后戴德“删其烦重，合而记之，为八十五篇，谓之《大戴记》”，戴圣又“删大戴之书，为四十六篇，谓之《小戴记》”④。此说未必可信，但《礼记》确实源于刘向整理过的各种《记》，《王制》则是其中之一。郑玄《三礼目录》记载了《礼记》各篇在刘向《别录》中的出处，计有《制度》、《通论》、《明堂阴阳记》、《丧服》、《世子法》、《祭祀》、《子法》、《乐记》、《吉礼》、《吉事》、《丧礼》等门类，其中《王制》篇

①见《礼记·王制》疏引卢植语，《十三经注疏》，第1321页。

②王鸣盛：《十七史商榷》卷一三“文帝王制”条，黄曙辉点校，上海：上海书店出版社，2005年，第90页。

③见王文锦：《大戴礼记解诂》前言，北京：中华书局，1983年，第6页。

④《隋书》卷三二《经籍志一》，北京：中华书局，1973年，第925页。

"于《别录》属《制度》"①。是《礼记》之《王制》在刘向《别录》中曾有著录。而上引《史记·封禅书》"作《王制》"条《索隐》曰:"刘向《七录》云,文帝所造书有《本制》、《兵制》、《服制》篇。"(第1383页)据此,文帝所作《王制》在刘向《别录》中亦有著录。没有材料可以证明《别录》中有两种《王制》,因此二者应当是一码事。《礼记·王制》多次提到"有虞氏"、"夏后氏"、"殷氏"、"周氏"如何如何,显然是汉人语气。这意味着《礼记》中的《王制》与文帝所作《王制》在成书时间上也是一致的。

从内容上看,汉人所引《王制》之文,大多见于今本《礼记·王制》篇。如:

> 《汉书》卷六四《贾捐之传》载石显上奏,有"《王制》:顺非而泽,不听而诛"之语(第2837页)。
>
> 《礼记·王制》:"行伪而坚,言伪而辩,学非而博,顺非而泽,以疑众,杀。"(《十三经注疏》,第1344页)
>
> 《汉书》卷七三《韦贤传》载王舜、刘歆议曰:"《礼记·王制》……天子七日而殡,七月而葬;诸侯五日而殡,五月而葬。"(第3126页)
>
> 《礼记·王制》:"天子七日而殡,七月而葬;诸侯五日而殡,五月而葬;大夫、士、庶人三日而殡,三月而葬。"(《十三经注疏》,第1334页)
>
> 《汉书》卷九九《王莽传》载莽上奏,有"《礼记·王制》千七百余国"之语(第4089页)。
>
> 《礼记·王制》:"凡九州千七百七十三国。"(《十三经注

---

①《礼记·王制》疏引郑《目录》,《十三经注疏》,第1321页。

疏》,第 1324 页)

《汉书》卷九九《王莽传》:"莽以《周官》、《王制》之文,置卒正、连率、大尹。"(第 4136 页)

《礼记·王制》:"十国以为连,连有率;三十国以为卒,卒有正。"(《十三经注疏》,第 1325 页)

但汉人所见《王制》也有今本《礼记·王制》所没有的内容。例如,刘向《别录》说文帝所作《王制》分《本制》、《兵制》、《服制》三篇,而今本《礼记·王制》没有这些篇名。又如,《史记》卷二八《封禅书》称:文帝"使博士诸生刺六经中作《王制》,谋议巡狩封禅事"(第 1382 页),后武帝封禅时,群儒又"采封禅《尚书》、《周官》、《王制》之望祀射牛事"(第 1397 页)。据此,汉人所见《王制》有关于封禅的内容,而今本《礼记·王制》如孙希旦所说"独封禅不见于篇中"①。又如,《白虎通·崩薨》引《礼·王制》曰:"天子棺椁九重,衣衿百二十称。公侯五重,衣衿九十称。大夫有大棺三重,衣衿五十称。士再重,无大棺,以衣衿三十称。单袷备为一称。"②亦不见于今本《礼记·王制》。

孙希旦怀疑有关封禅的内容可能被二戴"所删去"。王应麟《汉书艺文志考证》"王制"条则曰:"今《礼记·王制》篇盖其略也。"③意谓《礼记》之《王制》可能是文帝所作《王制》的删节本。今案:"本制"可能指基本政治制度。《礼记·王制》开篇曰:"王者之制禄爵,公、侯、伯、子、男,凡五等。"下文讲班爵、授禄、巡狩、

①孙希旦:《礼记集解·王制》篇,北京:中华书局,1989 年,第 309 页。
②陈立:《白虎通疏证》,吴则虞点校,北京:中华书局,1994 年,第 553 页。
③《二十五史补编》,第 1398 页。

朝觐等制。《正义》曰:“凡王者之制度,禄爵为重。”[1]爵禄等制正是儒家理想王国的基本制度。这部分内容可能来自文帝所作《王制》的《本制》篇。《礼记·王制》又有关于刑狱的内容,如“司寇正刑明辟,以听狱讼”,“凡听五刑之讼,必原父子之亲,立君臣之义,以权之”等等[2]。古者兵刑不分,故这部分内容可能来自《兵制》篇。《服制》,从字面上看,应当是讲丧服等制度的。《礼记·王制》有大量丧葬祭祀的内容,却没有关于丧服的内容,可能也被删去了。《礼记·王制》涉及内容很广,除上面提到的几项之外,还有田猎、学校、养老、教化等等,其中很可能也有来自文帝所作《王制》三篇之外的内容。

总之,今本《礼记·王制》篇应当是由文帝所作《王制》发展而来的。朱彬《礼记训纂》引王懋竑曰:“《王制》乃汉文帝令博士诸生作,其时去先秦未远,老师素儒犹有一二存者,皆采取六经、诸子之言,如班爵禄取之《孟子》,巡狩取之《虞书》,岁三田及大司徒、大司马、大司空三官,取之《公羊》,诸侯朝聘取之《左氏》。古书今不可尽见,盖皆有所本也。”[3]孙希旦《礼记集解》则曰:“汉人采辑古制,盖将自为一代之典,其所采以周制为主,而亦或杂有前代之法,又有其所自为损益、不纯用古法者。”[4]这些特点间接反映出贾谊和受其影响的儒生方士们对“汉家制度”的设想。

二、申公及其弟子的政治主张

前已述及,申公乃荀子再传弟子,是汉初《鲁诗》和《穀梁春

①《十三经注疏》,第1321页。
②《十三经注疏》,第1343页。
③朱彬:《礼记训纂》,北京:中华书局,1996年,第163页。
④孙希旦:《礼记集解》,第309页。

秋》大师。《史记》卷一二一《儒林列传》载其事迹曰:“高祖过鲁,申公以弟子从师入见高祖于鲁南宫。吕太后时,申公游学长安,与刘郢同师。已而郢为楚王,令申公傅其太子戊。戊不好学,疾申公。及王郢卒,戊立为楚王,胥靡申公。申公耻之,归鲁,退居家教,终身不出门,复谢绝宾客,独王命召之乃往。弟子自远方至受业者百余人。”(第 3120 页)《汉书》卷八八《儒林传》作“千余人”。其中“为博士者十余人”,官至二千石者亦十余人,如王臧至郎中令,赵绾至御史大夫,孔安国至临淮太守,周霸至胶西内史,夏宽至城阳内史,鲁赐至东海太守,缪生至长沙内史,徐偃至胶西中尉,阙门庆忌至胶东内史。其“学官弟子”至于大夫、郎中、掌故的亦“以百数”(第 3608 页)。这是荀子后学中势力最盛的一支。

《史记·儒林列传》:“申公独以《诗》经为训以教,无传,疑者则阙不传。”(第 3121 页)“训”,《汉书·儒林传》作“训故”。《汉书》卷三六《楚元王传附刘歆传》:“初《左氏传》多古字古言,学者传训故而已。”(第 1967 页)同书卷三〇《艺文志》诗经类有“《鲁故》二十五卷”,“《鲁说》二十八卷”,师古注曰:“故者,通其指义也。”(第 1708 页)是“训故”指文字解读与释义。“无传”,《史记·儒林列传》《索隐》曰:“谓申公不作《诗传》。”《汉书·儒林传》师古注曰:“口说其指,不为解说之传。”(第 3609 页)但《汉书·楚元王传》又曰:“申公始为《诗传》,号《鲁诗》。”师古注曰:“凡言传者,谓为之解说,若今《诗毛氏传》也。”(第 1922 页)未知孰是。又《汉书》卷五三《河间王德传》“文约指明”条师古注曰:“指谓义之所趋,若人以手指物也。”(第 2411 页)《鲁诗》及《鲁故》、《鲁说》皆已失传,申公所言之“指”今已不得而知。但从有关申公弟子的记载中,我们仍可大致看出《鲁诗》一家政治学说之梗概。

《汉书》卷八八《儒林传》：申公再传弟子王式曾为昌邑王师，“以《诗》三百五篇朝夕授王，至于忠臣孝子之篇，未尝不为王反复诵之也；至于危亡失道之君，未尝不流涕为王深陈之也”。弟子唐长宾、褚少孙“问经数篇”，王式谢曰：“闻之于师具是矣，自润色之。”后唐、褚二生应博士弟子之选，“抠衣登堂，颂礼甚严，试诵说，有法，疑者丘盖不言”。及王式为博士，诸博士共持酒肉劳之，江公谓歌吹诸生曰：“歌《骊驹》。”王式曰：“闻之于师：客歌《骊驹》，主人歌《客毋庸归》。今日诸君为主人，日尚早，未可也。”江公问：“经何以言之？”王式曰：“在《曲礼》。”（第3610页）是《鲁诗》之学，在宣扬忠臣孝子之义、贤君慈父之道的同时，特别重视“礼”。

申公如何传授《穀梁》之学，今亦不得而知。但《穀梁传》尚在，传文体现出来的“穀梁义”与荀子思想十分相近，则是学界的共识。汪中《荀卿子通论》：“《礼论》、《大略》二篇，《穀梁》义具在。”①戴彦升《陆子新语序》：“今《荀子·礼论》、《大略》二篇，具《穀梁》义。”②今案《荀子·大略》篇之文，确有几条与《穀梁传》相同或相近。如：

《穀梁传》隐公元年七月：“乘马曰赗，衣衾曰襚，贝玉曰含，钱财曰赙。”（《十三经注疏》，第2366页）

《大略》：“货财曰赙，舆马曰赗，衣服曰襚，玩好曰赠，玉贝曰唅。”（《荀子集解》，第492页）

《穀梁传》隐公八年七月：“诰誓不及五帝，盟诅不及三

①王先谦：《荀子集解·考证下》引，第22页。

②王利器：《新语校注·书录》，北京：中华书局，1986年，第218页。

王，交质子不及二伯。”（《十三经注疏》，第2370页）

《大略》：“诰誓不及五帝，盟诅不及三王，交质子不及五伯。”（《荀子集解》，第519页）

《穀梁传》隐公二年春：“会者，外为主焉尔。知者虑，义者行，仁者守。”（《十三经注疏》，第2366页）

《大略》：“诸侯相见，卿为介，以其教出毕行，使仁居守。”（《荀子集解》，第487页）

《穀梁传》桓公三年七月：“逆女，亲者也。使大夫，非正也……子贡曰：‘冕而亲迎，不已重乎？’孔子曰：‘合二姓之好，以继万世之后，何谓已重乎！’”（《十三经注疏》，第2373页）

《大略》：“亲迎之道，重始也。”（《荀子集解》，第495页）

《礼论》篇专论祭祀丧葬之礼，并以此为中心，系统论述了礼的起源、功能和义理。值得注意的是，该篇论祭祀丧葬之礼是从这样一种制度开始的：“王者天太祖，诸侯不敢坏，大夫士有常宗，所以别贵始。贵始，得之本也。”杨倞注：“得，当为德。言德之本在贵始。《穀梁传》有此语。”《礼论》下文又曰：“郊止乎天子，而社止于诸侯，道及士大夫，所以别尊者事尊，卑者事卑，宜大者巨，宜小者小也。故有天下者事十（当作七）世，有一国者事五世，有五乘之地者事三世，有三乘之地者事二世，持手而食者不得立宗庙，所以别积厚。积厚者流泽广，积薄者流泽狭也。”①今案《公羊传》、《左传》皆无此说，而《穀梁传》僖公十五年九月曰：“天子至于士，皆有庙。天子七庙，诸侯五，大夫三，士二。故德厚者流光，德薄者流卑。是以贵始，德之本也，始封必为祖。”文公二年八月又曰：

①王先谦：《荀子集解》，第349—351页。

"无祖,则无天也。"[①]上引《礼论》之文显然由此而来。

范宁《穀梁传序》说:孔子见"周道衰陵,乾纲绝纽,礼坏乐崩",遂"因鲁史而修《春秋》",褒贬于其中,意在"举得失以彰黜陟,明成败以著劝诫",为后世提供"不易之宏轨,百王之通典",以"定天下之邪正"[②]。范宁虽是东晋人,释《春秋》又不专主《穀梁》,而是兼取三传,但此说基本符合《穀梁传》原意。今案《穀梁传》判定是非邪正,皆以礼为准,凡符合礼者,谓之"礼也"、"正也",凡不合礼者,谓之"非礼也"、"非正也"。宣公十五年六月《传》则曰:"为人臣而侵其君之命而用之,是不臣也。为人君而失其命,是不君也。君不君,臣不臣,此天下所以倾也。"[③]认为春秋以来天下之所以大乱,是因为君臣秩序被颠倒了。故其所言之礼虽涉及政治、经济、宗教等各方面,其主旨则是强调恢复君臣尊卑之等级秩序。如:

庄公二十四年三月:"礼,天子之桷,斫而砻之,加密石焉;诸侯之桷,斫而砻之;大夫斫之;士斫本。"(《十三经注疏》,第2386页)

僖公八年正月:"王人之先诸侯,何也?贵王命也。朝服虽敝,必加于上;弁冕虽旧,必加于首;周室虽衰,必先诸侯。"(《十三经注疏》,第2395页)

隐公五年春:"礼,尊不亲小事,卑不尸大功。"(《十三经注疏》,第2369页)

---

①《十三经注疏》,第2397、2405页。

②《十三经注疏》,第2358—2360页。

③《十三经注疏》,第2415页。

等等。正如清人钟文烝所说："《穀梁》多特言君臣、父子、兄弟、夫妇，与夫贵礼贱兵，内夏外夷之旨。"[①]礼的本质在于"别贵贱"，故昭公四年七月《传》概括说："《春秋》之义，用贵治贱，用贤治不肖，不以乱治乱也。"[②]文公十四年九月范宁《集解》则曰："《春秋》以正治不正，不以乱平乱。"[③]以正治不正，就是以礼治非礼。所谓"穀梁义"大致如此。

申公之学，重心在一个"礼"字。申公及其弟子针对汉初政治提出的对策，也未跳出荀子、贾谊之窠臼。

《汉书》卷六《武帝纪》建元元年秋："议立明堂。遣使者安车蒲轮，束帛加璧，征鲁申公。"（第157页）《史记》卷一二一《儒林列传》述其原委曰：御史大夫赵绾和郎中令王臧"请天子，欲立明堂以朝诸侯，不能就其事，乃言师申公"。于是武帝遣使迎申公，"舍鲁邸，议明堂事"（第3121页）。这件事的政治意义将在下文讨论，此处要说明的是，申公师徒"议立明堂"，并不只是想设计一座礼制建筑，而是要效法周公制礼作乐之先例，为汉朝建立一套符合儒家理想的政治制度，以取代承秦而来的汉初制度。

据说，立明堂以朝诸侯是周公故事。《逸周书·明堂解》："周公摄政君天下，弭乱六年而天下大治，乃会方国诸侯于宗周，大朝诸侯（于）明堂之位。"[④]儒家学者普遍相信此说，故《孟子·梁惠王下》曰："夫明堂者，王者之堂也。"[⑤]《荀子·强国》篇则有"筑明

---

①钟文烝：《春秋穀梁经传补注》，骈宇骞、郝淑慧点校，北京：中华书局，1996年，第29页。

②《十三经注疏》，第2434页。

③《十三经注疏》，第2409页。

④黄怀信：《逸周书校补注译（修订本）》，西安：三秦出版社，2006年，第289页。

⑤焦循：《孟子正义》，第132页。

堂……而朝诸侯"之语①。而据《逸周书·明堂解》,周公朝诸侯于明堂,是为了明确天子和大小诸侯之间的等级秩序和权利义务关系:

> 天子之位:负斧扆,南面立,率公卿士侍于左右;三公之位:中阶之前,北面东上;诸侯之位:阼阶之东,西面北上;诸伯之位:西阶之西,东面北上;诸子之位:门内之东,北面东上;诸男之位:门内之西,北面东上。九夷之国:东门之外,西面北上;八蛮之国:南门之外,北面东上;六戎之国:西门之外,东面南上;五狄之国:北门之外,南面东上;四塞九□之国、世告至者:应门之外,北面东上。宗周明堂之位也。②

这种秩序正是儒家礼治的基础,是天子制礼作乐以兴太平的前提。故《明堂解》又说:"明堂,明诸侯之尊卑也。故周公建焉,而明诸侯于明堂之位,制礼作乐,颁度量,而天下大服,万国各致其方贿。"③《礼记·明堂位》、《大戴礼·明堂》所载与此基本相同④。

---

①王先谦:《荀子集解》,第 302 页。

②黄怀信:《逸周书校补注译(修订本)》,第 290 页。

③黄怀信:《逸周书校补注译(修订本)》,第 291 页。

④以此为基础,汉初人对明堂的功能还有进一步发挥。《淮南子·主术训》:"文王周观得失,遍览是非,尧舜所以昌,桀纣所以亡者,皆著于明堂……成康继文武之业,守明堂之制,观存亡之迹,见成败之变,非道不言,非义不行,言不苟出,行不苟为,择善而后从事焉。"《泰族训》:"五帝三王之莅政施教……仰取象于天……乃立明堂之朝,行明堂之令,以调阴阳之气,以和四时之节,以辟疾病之灾。"(《淮南鸿烈集解》,第 312、671 页)不过,申公师徒对明堂之制的理解并非如此抽象。

周公制礼作乐是从设明堂开始的，申公师徒“议立明堂”则意味着他们将开始为汉朝制礼作乐。《史记》卷二八《封禅书》：“（建元）元年，汉兴已六十余岁矣，天下艾安，搢绅之属皆望天子封禅改正度也，而上乡（向）儒术，招贤良，赵绾、王臧等以文学为公卿，欲议古立明堂城南，以朝诸侯，草巡狩封禅改历服色事。”（第1384页）《汉书》卷五二《田蚡传》：“赵绾为御史大夫，王臧为郎中令，迎鲁申公，欲设明堂，令列侯就国，除关，以礼为服制，以兴太平。”（第2379页）综合这两条记载，申公师徒制礼作乐的具体内容，包括改正朔、易服色（以礼为服制）、巡狩、封禅、令列侯就国、除关等项，其目的则是为了在“天下艾安”的基础上，通过制礼作乐，实现天下“太平”，再现成康盛世。

稍加对比就可看出，申公师徒的改革思路和贾谊基本相同，具体措施也大多是贾谊已经提出过的。据《史记》卷八四《贾生列传》，贾谊曾提出“改正朔，易服色，法制度，定官名，兴礼乐”，且“草具其事仪法，色尚黄，数用五，为官名，悉更秦之法”（第2492页），未及明堂、巡狩、封禅之事。然《新书·辅佐》篇曰：“典方典容仪，以掌诸侯、远方之君……天子巡狩，则先循于其方。”《胎教》篇曰：“成王有知，而选太公为师，周公为傅，前有与计而后有与虑也。是以封于泰山，而禅于梁父，朝诸侯，一天下。”①“朝诸侯”当即《逸周书》所说的朝诸侯于明堂。是贾谊已有明堂、巡狩、封禅之说。申公师徒的明堂、正朔、服色、巡狩、封禅之议，不过是旧事重提而已。

“令列侯就国”和“除关”，也是贾谊提出过的主张。《史记·贾生列传》明言：“列侯悉就国”乃“自贾生发之”。详情已见前

①阎振益、钟夏：《新书校注》，第206、391页。

文。汉初建武关、函谷关和临晋关,以“备山东诸侯”,而贾谊认为应当“罢关一通”,“示天下无以区区独有关中者”①。《汉书》卷四《文帝纪》十二年三月:“除关无用传。”(第 123 页)是文帝曾采纳贾谊的这一建议。但七国之乱暴发后,景帝为了加强对东方诸侯的防御,于四年春“复置诸关用传出入”,中四年春又下令“禁马高五尺九寸以上,齿未平,不得出关”②。显然,申公师徒在这两个问题上,只是在重复贾谊的主张。

申公及其弟子皆无著作传世,文献中有关他们的记载也不多。但由以上所述,我们大致可以看出,作为荀子后学,申公及其弟子的学说与主张和贾谊基本相同。

第二节 “以德善化民”——董仲舒的政治学说

《史记》卷一二一《儒林列传》:“董仲舒,广川人也。以治《春秋》,孝景时为博士。下帷讲诵,弟子传以久次相受业,或莫见其面……其传公羊氏也。”(第 3127 页)西汉经学重“师法”、“家法”,《春秋》公羊一家自董仲舒以下脉络清晰,《汉书》卷五六《董仲舒传》载仲舒对策则有“臣愚不肖,述所闻,诵所学,道师之言,仅能勿失”(第 2519 页)之语,但其师是谁,《史》、《汉》皆未明言。《公羊传序》徐彦疏引戴宏序曰:“子夏传与公羊高,高传与其子平,平传与其子地,地传与其子敢,敢传与其子寿,至汉景帝时,寿乃(与)其弟子齐人胡母子都著于竹帛,与董仲舒皆见于

①阎振益、钟夏:《新书校注》,第 113 页。

②《汉书》卷五《景帝纪》,第 143、147 页。

图谶是也。”①董仲舒是否公羊寿弟子？戴宏亦未明言。《汉书》卷八八《儒林传》：“胡母生字子都，齐人也，治《公羊春秋》，为景帝博士。与董仲舒同业，仲舒著书称其德。”（第3615页）案《后汉书》卷六三《李固传》：固乃司徒李郃之子。注引谢承《后汉书》曰：“固……每到大学，密入公府，定省父母，不令同业诸生知是郃子。”（第2073页）又《南史》卷二一《王弘传附王瞻传》：“年六岁从师，时有伎经门过，同业皆出观，瞻独不视，习业如初。”②是“同业”即同学。胡母子都和董仲舒都曾于景帝时为博士，年辈应亦相当。所以，董仲舒很可能也是公羊寿的弟子③。

《汉书》卷五六《董仲舒传》载：景帝时，仲舒为博士，“三年不窥园……进退容止，非礼不行，学士皆师尊之”。武帝即位，举贤良文学，仲舒以贤良对策，发表了著名的《天人三策》。“对既毕，天子以仲舒为江都相”，后废为中大夫，又出为胶西相，“及去位归居”，“以修学著书为事”。其间，“朝廷如有大议，使使者及廷尉张汤就其家而问之，其对皆有明法”。“所著皆明经术之意，及上疏条教，凡百二十三篇。而说《春秋》事得失，《闻举》、《玉杯》、《蕃露》、《清明》、《竹林》之属，复数十篇，十余万言，皆传于后世”（第2495页）。同书卷三〇《艺文志》儒家类有“《董仲舒》百二十三篇”（第1727页），六艺《春秋》类有“《公羊董仲舒治狱》十六篇”（第1714页）。《春秋繁露》一书至《隋书·经籍志》始见著

①《十三经注疏》，第2190页。此说当然不尽可信，很可能出自谶纬。相关考证可参徐复观：《中国经学史的基础》，台北：台湾学生书局，1982年，第178—180页。

②《南史》，北京：中华书局，1975年，第581页。

③皮锡瑞亦推测：“董子或亦师公羊寿。”见氏著《经学通论》四《春秋》，北京：中华书局，1954年，第4页。

录，当是后人据“《闻举》、《玉杯》、《蕃露》、《清明》、《竹林》之属”编辑而成。后世学者颇疑今本《春秋繁露》“非其本真”[①]。此事难以详考。好在董仲舒的著作还有《汉书》本传所载《天人三策》在，因而《春秋繁露》各篇，凡其思想与《天人三策》相符者，即使不是董仲舒自撰，也一定出自其弟子或后学之手，仍可用作研究董仲舒思想的资料[②]。

董仲舒曾激烈批评秦朝和汉初的法治政策，同时以阐释《公羊传》的形式提出一套相当系统且精致的政治学说。

一、“《春秋》为汉制法”

《公羊传》哀公十四年春：“君子曷为为《春秋》？拨乱世，反诸正，莫近诸《春秋》……制《春秋》之义，以俟后圣。”[③]董仲舒、何休等又将“后圣”释为继周而起的“新王”，也就是“圣汉”。《春秋繁露·俞序》：“仲尼之作《春秋》也，上探正天端……下明得失，起贤才，以待后圣。”《三代改制质文》：“《春秋》应天作新王之

①陈振孙：《直斋书录解题》，上海：上海古籍出版社，1987年，第55页。参张志康：《董仲舒建立新儒学质疑》，《中国史研究》1991年第3期。也有学者认为：“《春秋繁露》一书决非后人所依托，而当为董氏本人著述。”参黄朴民：《关于董仲舒研究的史料依据问题》，《文献》1992年第3期。

②学人普遍承认《天人三策》和《春秋繁露》的思想是一致的。如徐复观说：《天人三策》“是《春秋繁露》的拔萃，或者可以说是一种‘浓缩’本”。见氏著《两汉思想史》卷二，台北：台湾学生书局，1980年，第422页。黄朴民列举了《汉书》本传所载《天人三策》与《春秋繁露》的若干相同处，并断言《春秋繁露》“应该和《汉书》本传一样，成为我们今天研究董仲舒新儒学的最基本材料”。见氏著《董仲舒与新儒学》，台北：文津出版社，1992年，第66页。

③《十三经注疏》，第2354页。《公羊传》所谓“君子”指孔子。参林义正：《春秋公羊传伦理思维与特质》，台北：台湾大学出版中心，2003年，第8页。

事。"《玉杯》:"孔子立新王之道。"①何休注"以俟后圣"曰:"待圣汉之王以为法。"又引《演孔图》曰:"孔子仰推天命,俯察时变,却观未来,豫解无穷,知汉当继大乱之后,故作拨乱之法以授之。"王充《论衡·程材》:"《春秋》,汉之经,孔子制作,垂遗于汉。"同书《须颂》:"《春秋》为汉制法。"②这应是当时流行的说法。

《春秋繁露·楚庄王》:"《春秋》之道,奉天而法古。"③根据《春秋》为汉制法说,《春秋》之道便是汉道。那么,这"奉天而法古"的汉道究竟是怎么一回事?董仲舒在《天人三策》中回答说:"王者承天意以从事,故任德教而不任刑……为政而任刑,不顺于天,故先王莫之肯为也。"又说:"古者修教训之官,务以德善化民,民已大化之后,天下常亡一人之狱矣。"④显然,在董仲舒看来,"德教"就是"以德善化民"。司马迁称之为"以德化民",并说汉文帝统治天下的方式就是"务以德化民"。《史记》卷一〇《孝文本纪》:

孝文帝……即位二十三年,宫室苑囿狗马服御无所增益。有不便,辄弛以利民。尝欲作露台,召匠计之,直百金。上曰:"百金,中民十家之产。吾奉先帝宫室,常恐羞之,何以

①苏舆:《春秋繁露义证》,第158、187、28页。有日本学者认为,董仲舒未曾"明言"《春秋》是孔子为汉制法之作,明确提出此说的是后出的纬书。见河口音彦:《三世異辞について》,《支那学研究》第16集。岩本宪司已引《春秋繁露·玉杯》和《三代改制质文》之文进行了反驳。见氏著《何休三世異辞說試論》,《東方学》第61辑。

②黄晖:《论衡校释》,第542、857页。

③苏舆:《春秋繁露义证》,第14页。

④《汉书》卷五六《董仲舒传》,第2502、2515页。

台为！”上常衣绨衣，所幸慎夫人，令衣不得曳地，帷帐不得文绣，以示敦朴，为天下先。治霸陵皆以瓦器，不得以金银铜锡为饰，不治坟，欲为省，毋烦民。南越王尉佗自立为武帝，然上召贵尉佗兄弟，以德报之，佗遂去帝称臣。与匈奴和亲，匈奴背约入盗，然令边守备，不发兵深入，恶烦苦百姓。吴王诈病不朝，就赐几杖。群臣如袁盎等称说虽切，常假借用之。群臣如张武等受赂遗金钱，觉，上乃发御府金钱赐之，以愧其心，弗下吏。专务以德化民，是以海内殷富，兴于礼义。（第433页）

班固在《汉书》卷四《文帝纪》中引此文为赞，也有“专务以德化民”之语（第135页）。又在卷一〇〇下《叙传》中说：

太宗穆穆，允恭玄默，化民以躬，帅下以德。农不供贡，罪不收孥，宫不新馆，陵不崇墓。我德如风，民应如草，国富刑清，登我汉道。（第4237页）

以上赞辞以汉文帝为例描述了“以德化民”的具体表现。概括起来，要点有三：一是节俭敦朴，不与民争“利”；二是以身作则，“为天下先”；三是宽以待人，注重感化其“心”。撇开具体事例，我们又看到，所谓“以德化民”是这样一种过程：统治者“化民以躬，帅下以德”在先，天下“兴于礼义”、“国富刑清”在后。在两汉历史上，文帝之治最受汉儒称道，但与董仲舒所描述的上古先王的“以德善化民”仍有相当距离。后者可能正是司马迁据以塑造汉文帝形象的理论原型。

董仲舒“以德善化民”说的基础，是他对人性问题的独到看法。他承认性有三品，但“名性，不以上，不以下，以其中名之”①。“中民”即“万民”，就是千千万万普通百姓。在这个问题上，董仲舒持性善情恶论。《天人三策》明确提出：“天令之谓命，命非圣人不行；质朴之谓性，性非教化不成；人欲之谓情，情非度制不节。是故王者上谨于承天意，以顺命也；下务明教化民，以成性也；正法度之宜，别上下之序，以防欲也。修此三者，而大本举矣。”②

“质朴之谓性，性非教化不成”，是将“性”视为人类“生而所自有”的“自然之资”③，其中包含着善的萌芽，但尚未发育成长，故“可谓有善质，而不可谓善”④。要使“善质”成长为“善”，必须经过后天的教化，所谓“性待渐于教训而后能为善”。性与善的关系如同禾与米一样，“善如米，性如禾。禾虽出米，而禾未可谓米也。性虽出善，而性未可谓善也”⑤。“人欲之谓情，情非度制不节”，是将“情”定义为人类固有的追求享受的欲望。它具有恶的本质，使“万民之从利也，如水之走下”⑥，而不能自止。只有用“度制”加以约束，才能“损其欲而辍其情”，“枉众恶于内，弗使得发于外”⑦。“天令之谓命，命非圣人不行”，是将“命”说成上天赋予圣人或王者的使命。“天生民性有善质而未能善”⑧，“民之情不能制其欲，使之度”⑨，则是上天为王者留下的用武之地。所以，

①苏舆：《春秋繁露义证·深察名号》，第300页。
②《汉书》卷五六《董仲舒传》，第2515页。
③苏舆：《春秋繁露义证·深察名号》，第291页；《实性》，第312页。
④苏舆：《春秋繁露义证·深察名号》，第297页。
⑤苏舆：《春秋繁露义证·实性》，第311、312页。
⑥《汉书》卷五六《董仲舒传》，第2503页。
⑦苏舆：《春秋繁露义证·深察名号》，第293、296页。
⑧苏舆：《春秋繁露义证·深察名号》，第302页。
⑨苏舆：《春秋繁露义证·天道施》，第470页。

王者的任务就是“明教化民，以成性”和“正法度之宜，别上下之序，以防欲”。其中，“防欲”是为“成性”服务的，“成性”才是最终目的。故曰：“王，承天意以成民之性为任者也。”①此说将善的根源归于“性”，将恶的根源归于“情”，是典型的“性善情恶”论。

董仲舒既然断言性有“善质”而“可善”，又将“成民之性”视为王者的终极使命，就必然认为“仁”为第一性，“礼”为第二性，亦即先有“仁”而后有“礼”。所以，他将人们接受教化的过程描述为：“明于天性，知自贵于物；知自贵于物，然后知仁谊；知仁谊，然后重礼节；重礼节，然后安处善；安处善，然后乐循理；乐循理，然后谓之君子。”从“明于天性”开始，必然“知仁谊，然后重礼节”。根据这一规律，王者施行教化亦当先使民知仁义，然后制礼作乐。以西周为例：“文王顺天理物，师用贤圣……爱施兆民，天下归之……武王行大谊，平残贼，周公作礼乐以文之。”②由此，董仲舒强调，王者必须待教化成功之后方可制礼作乐。《天人三策》：“教化之情不得，雅颂之乐不成。”③《春秋繁露·楚庄王》：“天下未遍合和，王者不虚作乐。”同书《盟会要》：“清廉之化流，然后王道举，礼乐兴。”④仁义不成，礼乐不兴。这意味着汉王朝治天下亦当先行教化以求仁义，而不可急于制礼作乐。

那么，王者在制礼作乐前应如何教化百姓？董仲舒回答说，还得用礼乐，因为未善之性“非教化不成”，利欲之情“非度制不节”。但这种礼乐不是王者自己制作的，而是从先王礼乐中选用的。《天人三策》：

---

①苏舆：《春秋繁露义证·深察名号》，第302页。

②《汉书》卷五六《董仲舒传》，第2516、2509、2510页。

③《汉书》卷五六《董仲舒传》，第2499页。

④苏舆：《春秋繁露义证》，第20、141页。

王者未作乐之时，乃用先王之乐宜于世者，而以深入教化于民。①

这段话是在回答武帝关于圣王之乐的提问时说的，故只及乐，而未及礼。考《汉书》卷七二《王吉传》载吉上疏曰："王者未制礼之时，引先王礼宜于今者而用之。"（第3063页）语句完全相同。又《白虎通·礼乐》篇曰："王者始起，何用正民？以为且用先王之礼乐。天下太平，乃更制作焉。"②《公羊传》隐公五年九月何休注曰："王者……未制作之时，取先王之礼乐宜于今者用之。"③皆礼乐并称。董仲舒原意当亦如此。

那么，"宜于"汉朝之"世"的是哪代先王的礼乐？董仲舒也做了回答。《春秋繁露·三代改制质文》：

《春秋》应天作新王之事……乐宜亲招武，故以虞录亲乐。制宜商，合伯子男为一等。④

钟肇鹏先生释曰："'招'读为'韶'，'招武'即萧韶九成，虞舜之乐……'武'、'舞'古通。"⑤是"招武"即"《韶》舞"。后"乐"字旧皆断属下句，作"乐制宜商"，其意不可解。卢文弨校语曰："乐制，疑当作制爵。"钟肇鹏则认为"乐制"当作"爵制"。康有为将其断

①《汉书》卷五六《董仲舒传》，第2499页。
②陈立：《白虎通疏证》，第99页。
③《十三经注疏》，第2207页。
④苏舆：《春秋繁露义证》，第187、191页。
⑤钟肇鹏：《春秋繁露校释（校补本）》，石家庄：河北人民出版社，2005年，第433、434页。

属上句,作“乐宜亲招武,故以虞录亲乐”①,于意为长,今从之。其意是说宜于汉朝之世的先王之乐为虞舜之乐。“制”,按同篇所说,指的是立嗣、婚冠、丧葬、爵禄等礼制。“商”则是虞舜之制的特点,其中包括“制爵三等”,即将公、侯、伯、子、男五等爵中的后三等合为一等。所以,“制宜商,合伯子男为一等”,是说宜于汉朝之世的先王礼制是虞舜之制。

《礼记·表记》有一段孔子赞扬虞舜的话:

> 后世虽有作者,虞帝弗可及也已矣!君天下,生无私,死不厚其子,子民如父母,有憯怛之爱,有忠利之教,亲而尊,安而敬,威而爱,富而有礼,惠而能散,其君子尊仁畏义,耻费轻实,忠而不犯,义而顺,文而静,宽而有辨。《甫刑》曰:“德威惟威,德明惟明。”非虞帝,其孰能如此乎!②

董仲舒对舜的推崇或源于此。《春秋繁露·三代改制质文》述“主天法商”的虞舜礼制曰:

> 其道佚阳,亲亲而多仁朴。故立嗣予子,笃母弟,妾以子贵。昏冠之礼,字子以父,别眇夫妇,对坐而食。丧礼别葬,祭礼先腥,夫妻昭穆别位。制爵三等,禄士二品。制郊宫明堂员,其屋高严侈员,惟祭器员。玉厚九分,白藻五丝。衣制大上,首服严员。鸾舆尊盖,法天列象,垂四鸾。乐载鼓,用锡儛,儛溢员,先毛血而后用声。正刑多隐,亲戚多讳。封禅

①《春秋董氏学》,北京:中华书局,1990年,第74页。
②《十三经注疏》,第1642页。

于尚位。①

这套制度显然是狭义的礼，大多只有象征性意义。董仲舒所强调的应是体现在各项具体制度中的“亲亲而多仁朴”的基本原则。“亲亲”就是孝，“尊尊”则是忠。《汉书》卷八〇《宣元六王传》：“亲亲之恩莫重于孝，尊尊之义莫大于忠。”（第 3320 页）所谓虞制尚“亲亲”，便意味着汉家应当重孝道。“仁朴”则是仁厚、敦朴的统治作风。

《韶》是歌颂舜之功德的庙乐。《春秋繁露·楚庄王》释其义曰：“舜时，民乐其昭尧之业，故《韶》。韶者，昭也。”②《白虎通·礼乐》亦曰：“舜曰《萧韶》者，舜能继尧之道也。”③是舜之功德主要在于能“昭尧之业”，“继尧之道”。所以，董仲舒在《天人三策》中指出，舜“即天子之位，以禹为相，因尧之辅佐，继其统业”。又说舜“改正朔，易服色，以顺天命而已，其余尽循尧道”④。而尧道的特点就是“以德化民”。《尚书·尧典》：“克明俊德，以亲九族；九族既睦，平章百姓；百姓昭明，协和万邦。”⑤《天人三策》则说：“尧兢兢日行其道，而舜业业日致其孝，善积而名显，德章而身尊……此唐虞之所以得令名。”又说：“尧受命……务求贤圣，是以得舜、禹、稷、卨、咎繇。众圣辅德，贤能佐职，教化大行，天下和洽。”因此，汉家施行教化也应“尽循尧道”。《天人三策》：“《春秋》深探其本，而反自贵者始。故为人君者，正心以正朝廷，正朝

①苏舆：《春秋繁露义证》，第 205—208 页。

②苏舆：《春秋繁露义证》，第 20 页。

③陈立：《白虎通疏证》，第 102 页。

④《汉书》卷五六《董仲舒传》，第 2509 页。

⑤《十三经注疏》，第 119 页。

廷以正百官,正百官以正万民,正万民以正四方。”[①]《公羊传》哀公十三年秋何休注所云“先自正,而后正人,正人当先正大以帅小”[②],亦为此意。

以其人性论为前提,董仲舒又认为,王者治天下必须从“防欲”开始,因为“利”比“义”具有更大的诱惑力。《春秋繁露·玉英》:“凡人之性莫不善义,然而不能义者,利败之也。”利欲不但阻碍“善质”的成长,还会酿成大患。《盟会要》:“患乃至于弑君三十六,亡国五十二,细恶不绝之所致也。”[③]尤其是“身宠而载高位,家温而食厚禄”的统治者,若“乘富贵之资力,以与民争利于下”,必会使“民日削月朘,浸以大穷”,“穷急愁苦”则铤而走险。故曰“居君子之位而为庶人之行者,其患祸必至”[④]。而“防欲”的最佳手段则是礼。《春秋繁露·度制》:“圣人之道,众堤防之类也,谓之度制,谓之礼节。”《天道施》:“礼,体情而防乱者也。”[⑤]礼能使“富者足以示贵而不至于骄,贫者足以养生而不至于忧……贵贱有等,衣服有别,朝廷有位,乡党有序,则民有所让而不敢争”。从而防患于未然,并为“成民之性”扫除障碍。所谓“天下者无患,然后性可善;性可善,然后清廉之化流”[⑥]。

以“清廉之化”成“可善”之“性”,就是用先王之乐“深入教化于民”。因为“乐者,所以变民风,化民俗也;其变民也易,其化人

①《汉书》卷五六《董仲舒传》,第2517、2508、2502页。
②《十三经注疏》,第2352页。
③苏舆:《春秋繁露义证》,第73、141页。
④《汉书》卷五六《董仲舒传》,第2520页。
⑤苏舆:《春秋繁露义证》,第231、469页。
⑥苏舆:《春秋繁露义证》,第228、231、141页。

也著”①。在这一过程中，最高统治者必须像尧舜那样“先自正，而后正人”。自正又要先“正心”，心正然后见诸言行，不仅“说仁义而理之”，更要“显德以示民”②。大小官吏也应以身作则，因为“天子大夫者，下民之所视效，远方之所四面而内望也。近者视而放之，远者望而效之”③。《白虎通·三教》：“教者，何谓也？教者，效也。上为之，下效之。”④正是对董仲舒这一思想的概括。

汉朝在制礼作乐之前应先用虞舜礼乐教化百姓，是董仲舒特有的提法。其用意是鼓吹和三代“礼治”不同的“以德化民”。《公羊传》哀公十四年：“君子曷为为《春秋》？……其诸君子乐道尧舜之道与？末不亦乐乎尧舜之知君子也？制《春秋》之义，以俟后圣。”何休注曰：“道同者相称，德合者相友。故曰：乐道尧舜之道……末不亦乐后有圣汉受命而王，德如尧舜之知孔子为制作。”徐彦疏曰：“孔子之道同于尧舜，故作《春秋》以称述尧舜是也……孔子之德合于尧舜，是以爱而慕之，乃作《春秋》，与其志相似也……孔子之道既与尧舜雅合，故得与尧舜相对为首末。”⑤是《传》中“君子”和“末”皆指孔子，意思是说，孔子作《春秋》既是称述尧舜之道，又是效法尧舜为己制作之先例而为汉家制法。所以董仲舒等汉代《公羊》学者都认为，《春秋》之道就是尧舜之道，“《春秋》之义”便是尧舜之“德”。《春秋繁露·俞序》：“苟能述《春秋》之法，致行其道……乃尧舜之德也。”⑥《公羊传》宣公九年

---

①《汉书》卷五六《董仲舒传》，第2499页。

②苏舆：《春秋繁露义证·重政》，第148页；《身之养重于义》，第265页。

③《汉书》卷五六《董仲舒传》，第2521页。

④陈立：《白虎通疏证》，第371页。

⑤《十三经注疏》，第2354页。

⑥苏舆：《春秋繁露义证·俞序》，第160页。

正月徐彦疏:“何氏之意以为,《春秋》之道祖述尧舜。”①因此,关于“《春秋》之义”的理论,是董仲舒“以德善化民”说的核心内容。

二、《春秋》之义与权变

在儒家学说中,“义”是仅次于“仁”的重要概念,但其发展和成熟都晚于“仁”。《论语》中言“义”之处不多,含意也不甚明确,大致是指与“利”相对的一种价值取向,如“君子喻于义,小人喻于利”,“见利思义”等等②,而仁义并称者一处也没有。《郭店楚墓竹简》始见仁义并举之例。如《六德》:“仁,内也;宜(义),外也。”《语丛三》:“义,宜也;爱,仁也。”③《礼记·中庸》:“义者,宜也。”④与《郭店楚简》同。《孟子》也往往仁义连用,其中“义”的含意更为清楚,如“仁,人之安宅也。义,人之正路也”。“恻隐之心,仁也。羞恶之心,义也”。“仁,人心也;义,人路也”。并主张在“生”与“义”不可兼得的情况下,应当“舍生而取义”⑤。汉儒亦训“义”为“宜”。贾谊《新书·道术》:“行充其宜谓之义”⑥。《汉书》卷五八《公孙弘传》:“义者,宜也……明是非,立可否,谓之义。”(第2616页)用今天的话说,“义”就是正确的行为准则⑦。

《公羊传》认为,孔子通过作《春秋》而为后圣立法,首先是

---

①《十三经注疏》,第2281页。

②刘宝楠:《论语正义·里仁》,第154页;《宪问》,第568页。

③《郭店楚墓竹简》,第188、211页。

④《十三经注疏》,第1629页。

⑤焦循:《孟子正义·离娄上》,第507页;《告子上》,第757、786、783页。

⑥阎振益、钟夏:《新书校注》,第303页。

⑦参阅赵俊:《说“义”——史学批评范畴研究》,《中国社会科学院研究生院学报》1996年第5期。

“立《春秋》之义”。董仲舒则反复强调“《春秋》立义”,“《春秋》,义之大者也”,“《春秋》正是非,故长于治人”①。受其影响,汉人普遍认为《春秋》是立义之书。《汉书》卷六二《司马迁传》:“孔子之时,上无明君,下不得任用,故作《春秋》,垂空文以断礼义,当一王之法。”(第 2719 页)又曰:“《春秋》……别嫌疑,明是非,定犹与,善善恶恶,贤贤贱不肖……王道之大者也。”又曰:“《春秋》以道义。”(第 2717 页)《史记》卷一四《十二诸侯年表序》:“孔子……次《春秋》,上记隐,下至哀之获麟,约其辞文,去其烦重,以制义法。”(第 509 页)《论衡・超奇》篇:“孔子得史记以作《春秋》。及其立义创意,褒贬诛赏,不复因史记者,眇思自出于胸中也。”②

董仲舒所谓《春秋》之义常常有很具体的内容。例如《春秋繁露・王道》篇说:“《春秋》立义:天子祭天地,诸侯祭社稷,诸山川不在封内不祭。有天子在,诸侯不得专地,不得专执天子之大夫,不得舞天子之乐,不得致天子之赋,不得适天子之贵。君亲无将,将而诛。大夫不得世,大夫不得废置君命……”③等等。但他认为更重要的是体现在这些具体内容中的基本精神,只有抓住了《春秋》的基本精神,才能据以判断所有事物的是非曲直。所以他说《春秋》是“义之大者”,“得一端而博达之,观其是非,可以得其正法”。又说:“为《春秋》者,得一端而多连之,见一空而博贯之,则天下尽矣。”例如鲁僖公曾因“亲任季子”而使“国家安宁”,季子死后便“国衰益危”,这说明为国必须“任贤”。董仲舒指出,《春

①见苏舆:《春秋繁露义证・王道》,第 113 页;《楚庄王》,第 12 页;《玉杯》,第 36 页。

②黄晖:《论衡校释》,第 606 页。

③苏舆:《春秋繁露义证》,第 112 页。

秋》所揭示的这一道理具有普遍意义，“以鲁人之若是也，亦知他国之皆若是也。以他国之皆若是，亦知天下之皆若是也。此之谓连而贯之”①。

其实，汉儒各家对“义”的看法大同小异，无非是三纲五常之类，而《公羊》家的特点在于讲“权变”。《后汉书》卷三六《贾逵传》：“《公羊》多任于权变。”（第1236页）何谓“权变”？《孟子·离娄上》：“男女授受不亲，礼也；嫂溺援之以手者，权也。”赵岐注：“权者，反经而善也。”②《公羊传》桓公十一年九月：“宋人执郑祭仲。祭仲者何？郑相也。何以不名？贤也。何贤乎祭仲？以为知权也……权者何？权者，反于经然后有善者也。”③《春秋繁露·竹林》：“祭仲……枉正以存其君……《春秋》以为知权而贤之……故凡人之有为也，前枉而后义者，谓之中权。”④可见，《公羊》家所谓“权变”强调的是手段的灵活性，也就是说为了达到“义”或“善”的目的，在不同情形下可以采取不同的行为方式。这叫作“量势立权，因事制义”⑤。

根据这一思想，董仲舒提出“《春秋》有经礼，有变礼。为如安性平心者，经礼也。至有于性虽不安，于心虽不平，于道无以易之，此变礼也”⑥。“变礼”的概念否定了将礼法制度视为绝对行为准则的观点，并与“经礼”概念一道托出“义”作为更高原则。与“经礼”、“变礼”等概念相应，董仲舒所谓《春秋》之义也有常、

---

①苏舆：《春秋繁露义证·楚庄王》，第12页；《精华》，第97页。

②焦循：《孟子正义》，第521页。

③《十三经注疏》，第2219页。

④苏舆：《春秋繁露义证》，第59、60页。

⑤苏舆：《春秋繁露义证·考功名》，第178页。

⑥苏舆：《春秋繁露义证·玉英》，第74页。

变之分。《春秋繁露·精华》篇:"《春秋》固有常义,又有应变。"① 就具体的《春秋》之义而言,"不义之中有义,义之中有不义。"隐含其中而又凌驾其上的最终原则是抽象的《春秋》之义,所谓"辞不能及,皆在于指,非精心达思者,其孰能知之!"苏舆《义证》曰:"指,即孟子之所谓义。思者,思圣人未言之旨要。"以精心达思求得《春秋》之指,就是要抓住抽象的《春秋》之义。故曰:"说《春秋》者,无以平定之常义,疑变故之大则,义几可谕矣。"抓住了抽象的《春秋》之义,便达到了最高境界,"见其指者,不任其辞;不任其辞,然后可与适道矣"②。

用抽象的《春秋》之义判断行为的是非曲直,必须考虑行为发生的具体环境,所谓"《春秋》无通辞,从变而移"③。其中"时"与"处",亦即行为发生的时间和空间条件,又是两个最为重要的因素。关于"时",董仲舒在《春秋繁露·竹林》篇中批评郑悼公"父卒未逾年即以丧举兵"时,有"行身不放义,兴事不审时"之语④。同书《精华》篇:"《春秋》无达辞。"苏舆《义证》引程子云:"《春秋》以何为准?无如中庸。欲知中庸,无如权。何物为权?义也,时也。"⑤关于"处",《精华》篇引难者语曰:"《春秋》之法,大夫无遂事。又曰:出境有可以安社稷、利国家者,则专之可也。又曰:大夫以君命出,进退在大夫也。又曰:闻丧徐行而不反也。夫既曰无遂事矣,又曰专之可也;既曰进退在大夫矣,又曰徐行而不反也。若相悖然,是何谓也?"董仲舒回答说:"四者各有所处。得其

---

①苏舆:《春秋繁露义证》,第89页。

②苏舆:《春秋繁露义证·竹林》,第50、55、51页。

③苏舆:《春秋繁露义证·竹林》,第46页。

④苏舆:《春秋繁露义证·竹林》,第66页。

⑤苏舆:《春秋繁露义证》,第95页。

处则皆是也，失其处则皆非也。”苏舆《义证》于此曰：“审处亦精义之学。”[①]甚得要领。董仲舒认为，正因为“时”与“处”有常有变，所以“礼”和“义”也有常有变，“变用于变，常用于常，各止其科，非相妨也”。苏氏《义证》进一步解释说：“《春秋》有变科，有常科，各因时、地而用之。不可以常而概变，亦不可骛变而忽常。”[②]所谓“各因时、地而用之”，一语中的，揭示了《公羊》家“权变”理论的关键所在。

《公羊》家所谓“时”主要指拨乱反正的阶段性。他们说，孔子作《春秋》是假托鲁国十二公之事以述“新王”拨乱反正之法，故鲁国日趋衰败的历史在孔子笔下被描述成新王朝建立后由大乱渐至大治的过程。其间又可分为太平之前和太平之后两大阶段。《公羊传》僖公元年春正月：“不与诸侯专封也。曷为不与？实与而文不与。文曷为不与？诸侯之义，不得专封也。诸侯之义不得专封，则其曰实与之何？上无天子，下无方伯，天下诸侯有相灭亡者，力能救之，则救之可也。”何休释“诸侯之义不得专封”曰：“此道太平制。”[③]不言而喻，“力能救之，则救之”便是乱世制。其意是说，太平以后“诸侯不得专封”，但太平之前可以不拘此制。《公羊传》中类似的说法不少，都是将太平之前和太平之后加以区别。董仲舒所谓“无以平定之常义，疑变故之大则”，就是反对用太平之常义否定乱世之权变。

事实上，《公羊》家认为孔子在《春秋》中所交待的主要是太平之前应如何拨乱反正，而不是太平之后如何如何。《公羊传》哀

①苏舆：《春秋繁露义证》，第 88 页。

②苏舆：《春秋繁露义证》，第 53 页。

③《十三经注疏》，第 2246 页。

公十四年春："西狩获麟。"何休注："上有圣帝明王，天下太平，然后乃至……拨乱功成于麟，犹尧舜之隆，凤凰来仪。故……《春秋》记以为瑞，明太平以瑞应为效也。"①哀公十四年春是孔子假定的"拨乱功成"、"天下太平"之时，同时也是《春秋》绝笔之处，所以说《春秋》之道是拨乱反正之道，所谓"拨乱世，反诸正，莫近诸《春秋》"。而《公羊》家所谓"时"与"处"在太平之前这一阶段中还有具体变化，根据这些变化他们又提出了关于拨乱反正的步骤与策略的主张。

三、拨乱反正的步骤与策略

按《公羊》家的说法，孔子在描述拨乱反正的过程时曾将其分为三个阶段。《公羊传》隐公元年十二月："所见异辞，所闻异辞，所传闻异辞。"②董仲舒解释说："《春秋》分十二世以为三等：有见，有闻，有传闻。有见三世，有闻四世，有传闻五世。故哀、定、昭，君子之所见也；襄、成、文、宣，君子之所闻也；僖、闵、庄、桓、隐，君子之所传闻也。所见六十一年，所闻八十五年，所传闻九十六年。于所见微其辞，于所闻痛其祸，于传闻杀其恩……屈伸之志，详略之文，皆应之。"③从"所传闻"到"所闻"再到"所见"，构成一个由乱而治的渐进过程，何休则将这三个阶段分别称为"衰乱"、"升平"和"太平"之世。这就是所谓"张三世"。

与"张三世"密切相关的还有所谓"异外内"。《公羊传》成公十五年十一月："《春秋》内其国而外诸夏，内诸夏而外夷狄。王者

---

①《十三经注疏》，第 2352 页。

②《十三经注疏》，第 2200 页。又见桓公二年三月，第 2213 页；哀公十四年春，第 2353 页。

③苏舆：《春秋繁露义证 · 楚庄王》，第 9 页。

欲一乎天下,曷为以外内之辞言之?言自近者始也。”何休注:“内其国者,假鲁以为京师也。诸夏,外土诸侯也。”①《春秋繁露·竹林》篇:“《春秋》……于诸夏也,引之鲁则谓之外,引之夷狄则谓之内。”②其意是说,整个天下是由王者所在之京师、诸侯所在之外土和周边夷狄三个区域组成的,而“新王”拨乱反正必须先内后外,由近及远。《公羊传》僖公四年夏:“(齐)桓公救中国,而攘夷狄,卒怗荆。以此为王者之事也。”何休注:“言桓公先治其国以及诸夏,治诸夏以及夷狄,如王者为之。”③刘向《说苑·指武》篇:“内治未得,不可以正外;本惠未袭,不可以制末。是以《春秋》先京师而后诸夏,先诸华而后夷狄。”④

“三世”是时间概念,“外内”是空间概念,将“张三世”与“异外内”结合起来,便形成《公羊》家的三世异治说。《公羊传》隐公元年十二月何休注:

> 异辞者……将以理人伦,序人类,因制治乱之法……于所传闻之世,见治起于衰乱之中,用心尚麄觕,故内其国而外诸夏,先详内而后治外,录大略小,内小恶书,外小恶不书,大国有大夫,小国略称人,内离会书,外离会不书是也。于所闻之世,见治升平,内诸夏而外夷狄,书外离会,小国有大夫,宣十一年秋晋侯会狄于攒函,襄二十三年邾娄鼻我来奔是也。至所见之世,著治太平,夷狄进至于爵,天下远近小大若一,

①《十三经注疏》,第2297页。
②苏舆:《春秋繁露义证》,第50页。
③《十三经注疏》,第2249页。
④向宗鲁:《说苑校证》,北京:中华书局,1987年,第369页。

用心尤深而详，故崇仁义，讥二名，晋魏曼多、仲孙何忌是也。①

这段话大意是说，孔子作《春秋》时，通过“详”和“略”、“内”和“外”的变化，将所传闻之世、所闻之世和所见之世，分别描述为新王治理“衰乱”、“升平”、“太平”之世的过程。其中每个过程都是拨乱反正的一个步骤，每个步骤又都有不同的任务和相应的策略。《公羊传》庄公十年九月何休注：“《春秋》假行事以见王法。”又文公九年冬注：“入文公所闻世，见升平法，内诸夏以外夷狄也。”②据此，所谓“见治升平”就是借“所闻之世”来表现“升平法”，而“见治起于衰乱之中”和“著治太平”，便应是借“所传闻之世”和“所见之世”来表现衰乱法和太平法。于是，三世异辞的《春秋》笔法被解释为三世异治的治国方略。

皮锡瑞对此有简明的描述：“春秋初年，王迹犹存。及其中叶，已不逮春秋之初。至于定、哀，骎骎乎流入战国矣。而论《春秋》三世之大义，《春秋》始于拨乱，即借隐桓庄闵僖为拨乱世；中于升平，即借文宣成襄为升平世；终于太平，即借昭定哀为太平世。世愈乱而《春秋》之文愈治，其义与时事正相反。盖《春秋》本拨乱而作，孔子欲明驯致太平之义，故借十二公之行事，为进化之程度，以示后人治拨乱之世应如何，治升平之世应如何，治太平之世应如何。义本假借，与事不相比附。”③这是不是孔子的原意，

---

①《十三经注疏》，第2200页。

②《十三经注疏》，第2232、2270页。

③《经学通论》四《春秋》“论三统三世是借事明义黜周王鲁亦是借事明义”条，第22、23页。

我们不得而知，但汉代《公羊》家的说法确是如此①。

需加辨明的是，何休所谓“升平”并非已然升平之世，而是逐渐接近升平的阶段。《公羊传》宣公十一年秋何休注：“所闻世治近升平。”襄公二十三年夏：“邾娄鼻我来奔。邾娄鼻我者何？邾娄大夫也。邾娄无大夫，此何以书？以近书也。”何休注：“以奔无他义，知以治近升平书也。”同样，“太平世”也非已然太平之世，而是逐渐接近太平的阶段。《公羊传》昭公二十七年冬：“邾娄快来奔。邾娄快者何？邾娄之大夫也。邾娄无大夫，此何以书？以近书也。”何休注：“说与鼻我同义。”徐彦疏：“然则邾娄快亦以奔无它义，知以治近太平书也。”②在现存董仲舒的著作中，没有用“太平”、“升平”、“衰乱”的概念指称“所见”、“所闻”、“所传闻”之世的记载，但有迹象表明他可能已经提出了三世异治的说法③。《春秋繁露·俞序》篇：“《春秋》详己而略人，因其国而容天下……始言大恶杀君亡国，终言赦小过。是亦始于麤粗，终于精微。教化流行，德泽大洽，天下之人，人有士君子之行而少过矣，亦讥二名之意也。”④与上引何休之说相对照，董仲舒所谓“详己而略人，因

①林义正认为，上引皮锡瑞的解说，“严守公羊家法，具就学论学之风，不作基于现实目的的过度引申，故其说大可助吾人理解公羊三世说之底蕴”。见氏著《春秋公羊传伦理思维与特质》，台北：台湾大学出版中心，2003年，第206页。

②《十三经注疏》，第2284、2309、2330页。

③岩本宪司提出，《公羊传》和董仲舒只有“二世说”，即“远近异辞说”，“三世说”初步形成于嬴公、眭孟，至何休才形成完备的“三世异辞说”。见氏著《公羊三世說の成立過程》，《日本中国学会報》第32集；《何休三世異辞說試論》，《東方学》第61辑。林义正已辨其非。见氏著《春秋公羊传伦理思维与特质》，第189—198页。

④苏舆：《春秋繁露义证》，第161、163页。

其国而容天下”，显然就是“异外内”；所谓“始于麤粗，终于精微”，则是于所传闻之世“用心尚麄觕”，至所见之世“用心尤深而详”；其释“讥二名之意”为“教化流行，德泽大洽”，也就是“著治太平”。

三世异治说的具体内容相当繁琐，但从以下材料中我们可以见其大概。关于所传闻之世：

《春秋繁露·仁义法》篇：“《春秋》刺上之过，而矜下之苦，小恶在外弗举，在我书而诽之。”①

《公羊传》隐公十年六月：“《春秋》录内而略外，于外大恶书，小恶不书，于内大恶讳，小恶书。”何休注：“于内大恶讳、于外大恶书者，明王者起，当先自正，内无大恶，然后乃可治诸夏大恶……内小恶书、外小恶不书者，内有小恶，适可治诸夏大恶，未可治诸夏小恶。”

隐公二年春：“公会戎于潜。”何休注：“王者不治夷狄，录戎者，来者勿拒，去者勿追。”

桓公三年秋七月何休注：“楚灭邓、谷不书者，后治夷狄。”

隐公二年春徐彦疏：“所传闻之世，王者草创，夷狄有罪，不暇治之。”②

关于所闻之世：

《公羊传》襄公二年冬：“仲孙蔑会晋荀罃、齐崔杼、宋华

①苏舆：《春秋繁露义证》，第255页。

②《十三经注疏》，第2210、2202、2214页。

元、卫孙林父、曹人、邾娄人、滕人、薛人、小邾娄人于戚，遂城虎牢。虎牢者何？郑之邑也。其言城之何？取之也。取之则曷为不言取之？为中国讳也。曷为为中国讳？讳伐丧也。”

襄公二十三年何休注：“所闻之世，内诸夏，治小如大，廪廪近升平，故小国有大夫，治之渐也。”

宣公十一年秋何休注：“所闻世治近升平，内诸夏而详录之，殊夷狄也。”

宣公十五年六月何休注：“所闻世始录小国也……因可责而责之。”

文公九年冬：“椒者何？楚大夫也。楚无大夫，此何以书？始有大夫也。始有大夫，则何以不氏？许夷狄者，不一而足也。”何休注：“许，与也。足其氏，则当纯以中国礼责之。嫌夷狄质薄，不可足备，故且以渐。”①

关于所见之世：

《春秋繁露·奉本》篇：“《春秋》……宗定哀以为考妣，至尊且高，至显且明……微国之君，卒葬之礼，录而辞繁。远夷之君，内而不外。当此之时，鲁无鄙疆，诸侯之伐哀者皆言我。”②

《公羊传》昭公元年春正月：“叔孙豹会……宋向戌、卫石恶。”何休注：“戌、恶皆与君同名。不正之者，正之当贬，贬之

①《十三经注疏》，第2301、2309、2284、2286、2270页。
②苏舆：《春秋繁露义证》，第280、281页。

> 嫌触大恶。方讥二名，为讳。义当正，亦可知。”
>
> 昭公三年冬：“北燕伯款出奔齐。”何休注：“名者，所见世著治太平，责小国详，录出奔，当诛。”徐彦疏：“《春秋》之义，有三世异辞。入所见之世，小国出奔而书其名，故知义然也……言出奔当诛者，谓太平之世，民皆有礼，况于诸侯！不死社稷而弃国出奔，当合诛灭矣。”
>
> 昭公六年春正月何休注：“入所见世，责小国详，始录内行也。诸侯内行小失不可胜书，故于终略责之，见其义。”
>
> 昭公十六年春何休注：“戎曼称子者，入昭公，见王道太平，百蛮贡职，夷狄皆进至其爵。”①

把以上内容再概括一下，我们便可看到三世异治说的基本框架：第一阶段，先治“京师”之“大恶”，然后治“京师”之“小恶”和“诸夏大恶”，而“不治夷狄”。所谓“内大恶讳”是说王者始起必须“先自正”，做到“内无大恶”。“外大恶书”和“内小恶书”，是说京师无大恶之后应治“京师”之“小恶”和“诸夏大恶”。第二阶段，京师已无“小恶”，诸夏“大恶”亦除，故应“治诸夏小恶”和夷狄之大恶。所谓“为中国讳”，包含为诸夏讳大恶之意。“治小如大”是说应像第一阶段治诸夏大恶那样“治诸夏小恶”。“殊夷狄”就是“外夷狄”，这意味着对夷狄应当“治之”了，但还不可“纯以中国礼责之”，按照“录内而略外”的原则和第一阶段“外诸夏”之例，其含意应当是治夷狄大恶，不治夷狄小恶。第三阶段，诸夏小恶和夷狄大恶已除，故应进一步治诸夏之“内行小失”和夷狄之小恶。所谓“鲁无鄙疆”，“远夷之君，内而不外”，“夷狄皆进至其

---

①《十三经注疏》，第2316、2317、2318、2324页。

爵”,是说取消内外界限,视夷狄如同京师和诸夏,使包括夷狄在内的“天下之人”都能“有士君子之行而少过”,从而实现“天下太平”的理想。

董仲舒认为,汉王朝在完成上述过程之后,就可以制礼作乐了,所谓“应其治时,制礼作乐以成之”①。其目的是巩固教化成果,使之形式化为具体完备又独具本朝特色的行为准则和道德规范,为子孙后代治理天下提供一套制度。《天人三策》:“圣王已没,而子孙长久安宁数百岁,此皆礼乐教化之功也……教化已明,习俗已成,子孙循之,行五六百岁尚未败也。”②说的都是制礼作乐之后的情形。所谓“治时”就是“功成”、“治定”、天下“太平”之时。《吕氏春秋·大乐》:“天下太平,万物安宁,皆化其上,乐乃可成。”③《礼记·乐记》:“王者功成作乐,治定制礼。”郑玄注曰:“功成,治定,同时耳。功主于王业,治主于教民。”④《白虎通·礼乐》篇:“太平乃制礼作乐。”⑤这是汉儒普遍接受的观点。但功成治定、天下太平的标准是什么?达到这一标准大致需要多长时间?当时却有不同看法。

孔子曾说:“如有王者,必世而后仁。”又说:“善人为邦百年,亦可以胜残去杀矣。”⑥班固解释说:此“言圣王承衰拨乱而起,被民以德教,变而化之,必世然后仁道成焉;至于善人,不入于室,然

---

①苏舆:《春秋繁露义证·楚庄王》,第20页。

②《汉书》卷五六《董仲舒传》,第2499、2504页。

③陈奇猷:《吕氏春秋校释》,上海:学林出版社,1984年,第255页。

④《十三经注疏》,第1530页。

⑤陈立:《白虎通疏证》,第98页。

⑥刘宝楠:《论语正义·子路》,第530、531页。

犹百年胜残去杀矣。此为国者之程式也”①。按此“程式”,汉朝拨乱反正所需时间,少则一世(三十年),多则百年。汉初叔孙通制定礼仪,征鲁儒生三十余人,其中两人认为“礼乐所由起,百年积德而后可兴”,因而拒绝前往②。可见,此说在汉初已经流行了。

董仲舒“以德善化民”说的最大特点,是强调制礼作乐之前的教化过程,制礼作乐则是该过程的终点。所以,他对太平的标准和制礼作乐的时机必须做出与之相应的明确规定。首先,他认为“必世而后仁”系指尧而言。《天人三策》:“臣闻尧受命……教化大行,天下和洽……故孔子曰:‘如有王者,必世而后仁。’此之谓也。”③尧是董仲舒心目中的头号圣人,故三十年当是必不可少的下限。至于上限,董仲舒未囿于“百年”之说,而是在太平的标准上大做文章。《天人三策》以尧为例曰“教化大行,天下和洽”,就是“万民皆安仁乐谊,各得其宜,动作应礼,从容中道”。又发挥《春秋》之意曰:“四方正,远近莫敢不壹于正,而亡有邪气奸其间者。是以阴阳调而风雨时,群生和而万民殖,五谷孰而草木茂,天地之间被润泽而大丰美,四海之内闻盛德而皆来臣,诸福之物,可致之祥,莫不毕至,而王道终矣。”最后概括说:“大治”就是“上下和睦,习俗美盛,不令而行,不禁而止,吏无奸邪,民亡盗贼,囹圄空虚,德润草木,泽被四海,凤凰来集,麒麟来游”④。《春秋繁露》及《全汉文》所收《雨雹对》,对“太平之世”的种种祥瑞还有更为详尽的描述。显然,照此标准,“太平”只能是海市蜃楼,永远可望

①《汉书》卷二三《刑法志》,第1108页。

②《汉书》卷四三《叔孙通传》,第2126页。

③《汉书》卷五六《董仲舒传》,第2508页。

④《汉书》卷五六《董仲舒传》,第2508、2503、2520页。

而不可即,制礼作乐也只能是一种政治理想,以此为目标的教化过程事实上将永无止境。

如前述,治“太平”之世应用“太平法”,包括视“天下远近小大若一”和“讥二名”。“二名”就是人名用两字。“讥二名”是说《春秋》主张人名用一字,而以用两字为“非礼”。《公羊传》定公六年冬:“季孙斯、仲孙忌帅师围运。此仲孙何忌也,曷为谓之仲孙忌?讥二名。二名,非礼也。”何休注:“《春秋》定哀之间,文致太平,欲见王者治定,无所复为讥,唯有二名故讥之。此《春秋》之制也。”[①]《公羊》家认为,“二名”是所有“非礼”现象中危害最小的一种,因而只有连“内行小失”也被消灭之后,禁止“二名”才能提上日程。而消灭“内行小失”也需要一个先京师而后诸夏、先诸夏而后夷狄的过程。《公羊传》哀公十三年秋:“晋魏多帅师侵卫。此晋魏曼多也,曷为谓之晋魏多?讥二名。二名,非礼也。”何休注:“复就晋见者,明先自正而后正人,正人当先正大以帅小。”徐彦疏:“彼已于鲁见,讫今复就晋见之者,明先自正而后正人也。等是正人,而于晋者,见当先正大国以帅于小国故也。”又昭公四年夏徐彦疏:“等是太平[②],亦有粗细。昭当其父,非己时事,定、哀之世,乃醇粹也。”[③]据此,“新王”在拨乱反正最后阶段的最后一项任务,是由己及人、由内及外地消灭“内行小失”,达到“无所复为讥”也就是无所复为治的境界。显然,这项任务永远不可能真正完成。

四、礼乐教化的阶段性与针对性

根据《公羊》家的三世异治说,在拨乱反正的过程中,随着时

---

①《十三经注疏》,第2339页。

②“平”,原文作“年”,显系阮元刻本的讹字,其他版本皆不误。

③《十三经注疏》,第2352、2317页。

间和空间条件的变化，王者之“用心”也应由“麄桷”渐至于“尤深而详”，亦即先治“大恶”，再治“小恶”，最后治“内行小失”。《春秋繁露·俞序》篇概括这一过程曰：“《春秋》……始言大恶杀君亡国，终言赦小过。是亦始于麤粗，终于精微。”①

《公羊传》隐公二年夏五月：“无骇帅师入极。无骇者何？展无骇也。何以不氏？贬。曷为贬？疾始灭也。始灭昉于此乎？前此矣。前此，则曷为始乎此？托始焉尔。曷为托始焉尔？《春秋》之始也。此灭也，其言入何？内大恶，讳也。”②鲁国大夫展无骇率鲁军灭了极国，《春秋》记录此事用了“贬”和“讳”的笔法，意在说明拨乱反正应从治内大恶开始。董仲舒所谓“始言大恶杀君亡国”就是指此而言。“新王”拨乱反正当然要首先消灭“杀君亡国”之类的现象，故《公羊传》僖公四年夏曰：“（齐）桓公救中国，而攘夷狄，卒怗荆。以此为王者之事也。”③

“小恶”又称“细恶”，包括“诸侯擅兴兵”、“逆女不亲迎”、“取邑”、“离会”、“内娶”等等。董仲舒认为杀君亡国之大恶是由此类细恶发展而成的。《春秋繁露·盟会要》：“弑君三十六，亡国五十二，细恶不绝之所致也。”《度制》：“凡百乱之源，皆出嫌疑纤微，以渐浸稍长至于大。”④因此他主张“恶无小而不去”⑤。而小恶又是在情欲的驱动下产生的。《天人三策》：“情者，人之欲

①苏舆：《春秋繁露义证》，第163页。

②《十三经注疏》，第2202页。

③《十三经注疏》，第2249页。

④苏舆：《春秋繁露义证》，第141、231页。

⑤苏舆：《春秋繁露义证·盟会要》，第142页。同书《王道》篇作“恶无细而不去”，第109页。

也。"①"欲"就是对"财利"的追求。董仲舒认为,世间的"财利"是有限的,"有所积重,则有所空虚"。若"人人从其欲,快其意,以逐无穷",必然会"大乱人伦,而靡斯财",导致贫富悬殊。"大富则骄,大贫则忧,忧则为盗,骄则为暴",结果必然是天下大乱②。所以,治小恶的方法是用"礼"对人们的物质欲望加以节制,即《天人三策》所说"正法度之宜,别上下之序,以防欲也"③。

"内行小失"一语见于《公羊传》昭公六年正月"杞伯益姑卒"条何休注④,但不知所指何事。陈立《公羊义疏》曰:"杞伯内行有失,经传无文,何氏或别有所据。"⑤今案何休曰"所见世"始治"诸侯内行小失",又曰"于终略责之",是"终"指与"《春秋》之始"相对的《春秋》之终,即"所见世"。而董仲舒所说的"终言赦小过"之"终"亦指"所见世"。故何休所言"内行小失"的含义当与董仲舒所言"小过"相同。《春秋繁露·俞序》篇曰:"《春秋》缘人情,赦小过,而《传》明之,曰'君子'辞也。"《玉杯》篇又曰:"赦止之罪,以《传》明之。"⑥《传》指《公羊传》,"君子"指孔子,"止"则指"许世子止"。董仲舒的意思是说,孔子作《春秋》时曾通过"赦止之罪"提出"缘人情,赦小过"的主张,而《公羊传》对此有明确记载。今案《公羊传》昭公十九年有如下一段文字:

> 夏五月戊辰,许世子止弑其君买……冬,葬许悼公。贼

①《汉书》卷五六《董仲舒传》,第 2501 页。

②苏舆:《春秋繁露义证·度制》,第 227、232 页。

③《汉书》卷五六《董仲舒传》,第 2515 页。

④《十三经注疏》,第 2318 页。

⑤《清经解续编》,南京:凤凰出版社,2005 年,第 6199 页。

⑥苏舆:《春秋繁露义证》,第 163、42 页。

未讨,何以书葬?不成于弑也。曷为不成于弑?止进药而药杀也。止进药而药杀,则曷为加弑焉尔?讥子道之不尽也……止进药而药杀,是以君子加弑焉尔。曰"许世子止弑其君买",是君子之听止也,"葬许悼公",是君子之赦止也。赦止者,免止之罪辞也。

何休注曰:"原止进药,本欲愈父之病,无害父之意,故赦之。"①据此,董仲舒所谓"小过"指的是为父进药而不先尝之类的过失。

"治小失"和"赦小过"乍一看好像自相矛盾,其实不然。"治"是目的,"赦"是手段,二者的结合正是"以德善化民"之要义所在。董仲舒曾针对许止弑父和与之类似的赵盾弑君等事,对这一观点做了明确说明。《春秋繁露·玉杯》:"臣之宜为君讨贼也,犹子之宜为父尝药也。子不尝药故加之弑父,臣不讨贼故加之弑君,其义一也……故盾之不讨贼为弑君也,与止之不尝药为弑父无以异。"他认为,孔子对许止、赵盾做"名为弑父而实免罪"和"名为弑君而罪不诛"的特殊处理,有两方面的含义:一方面是要说明"矫者不过其正弗能直",针对人们"不知恶而恬行不备"的状况,必须提出高标准,"重累责之","所以示天下废臣子之节,其恶之大若此",以便使人们知道"君臣之大义,父子之道,乃至乎此"②。另一方面是反对"求备于人",强调"缘人情,赦小过"。《俞序》:"上奢侈,刑又急,皆不内恕,求备于人,故次以《春秋》缘人情,赦小过。"③缘人情就是案其事而观其心,考察行为动机。如

①《十三经注疏》,第2324页。

②苏舆:《春秋繁露义证》,第41—44页。

③苏舆:《春秋繁露义证》,第163页。

果动机是好的，尽管造成严重后果，也应视为“小过”而赦之。《玉杯》：“今案盾事而观其心……非篡弑之邻也……训其终始，无弑之志。”①《春秋决狱》：“甲父乙与丙争言相斗，丙以佩刀刺乙，甲即以杖击丙，误伤乙。甲当何论？或曰：殴父也，当枭首。议曰：臣愚以父子至亲也，闻其斗莫不有怵怅之心，扶伏而救之，非所以欲诟父也。《春秋》之义，许止父病，进药于其父而卒，君子原心，赦而不诛。”②由此而形成的流行说法是：“《春秋》之义，原心定过，赦事诛意。故许止虽弑君而不罪，赵盾以纵贼而见书。”③总而言之，治小失既要坚持高标准，又不能求全责备，这叫“举大德，赦小过”，其目的不是规范人们的日常行为，而是启发人们的道德自觉，即《玉杯》篇所谓“使人湛思而自省悟以反道”④。《孟子·滕文公上》曰：“劳之来之，匡之直之，辅之翼之，使自得之，又从而振德之。”⑤《大戴礼记·子张问入官》篇亦曰：“枉而直之，使自得之；优而柔之，使自求之；揆而度之，使自索之。民有小罪，必以其善以赦其过。”卢辩注曰：“民有邪枉，教之使自得也……优柔，谓宽教之。揆度，谓量民之材而施教之。”⑥与董仲舒同时的东方朔曾用此说来概括《公羊》家“赦小过”之义，他说：“举大德，赦小过，无求备于一人之义也。枉而直之，使自得之；优而柔之，使自求之；揆而度之，使自索之。盖圣人教化如此，欲自得之。”⑦

---

①苏舆：《春秋繁露义证》，第41页。
②《太平御览》卷六四〇引，北京：中华书局，1960年，第2868页。
③《后汉书》卷四八《霍胥传》，第1615页。
④苏舆：《春秋繁露义证》，第43页。
⑤焦循：《孟子正义》，第389页。
⑥王聘珍：《大戴礼记解诂》，北京：中华书局，1983年，第141页。
⑦《汉书》卷六五《东方朔传》，第2866页。

使人“自省悟以反道”就是唤醒人们固有的善良本性。《春秋繁露·深察名号》:“性有似目,目卧幽而瞑,待觉而后见。”又曰:“万民之性……如瞑者待觉,教之然后善。”①在董仲舒看来,礼和乐都是教化之具。但《天人三策》既曰“质朴之谓性,性非教化不成;人欲之谓情,情非度制不节”,又曰“下务明教化民,以成性也;正法度之宜,别上下之序,以防欲也”②,则其“教化”二字的确切含义不是“节民以礼”。按照董仲舒的逻辑,由于人们“性”中的“善质”使之天生具有向善的本能,经过王者的教化而“自省悟以反道”是完全可能的;由于“自省悟以反道”是完全可能的,所以“教化”的方法是与“正法度之宜,别上下之序,以防欲”有明显区别的“明教化民,以成性”。这里的“教”是树立榜样的意思,用董仲舒的话说,叫作“显德以示民”。《春秋繁露·身之养重于义》:“先王显德以示民,民乐而歌之以为诗,说而化之以为俗。故不令而自行,不禁而自止,从上之意,不待使之,若自然矣。”③显然,先王“明教化民”的具体做法是“显德以示民”,而其所显之“德”主要保存在人民歌颂他们的“乐”中。《天人三策》:“王者功成作乐,乐其德也。”④《春秋繁露·楚庄王》:“作乐之法,必反本之所乐……各顺其民始乐于己也。”⑤董仲舒认为,“新王”要“成民之性”,必须用适合自己所处历史阶段的先王之德去教化百姓,因而必须取先王之乐“宜于世者”宣扬之、效法之。

---

①苏舆:《春秋繁露义证》,第 297 页。

②《汉书》卷五六《董仲舒传》,第 2515 页。

③苏舆:《春秋繁露义证》,第 265 页。

④《汉书》卷五六《董仲舒传》,第 2499 页。

⑤苏舆:《春秋繁露义证》,第 22 页。

五、仁义法

《公羊》家所谓“礼乐教化”的突出特点，是注重启发人们的道德自觉，因此在方法上他们不仅强调“先自正而后正人”，还主张“躬自厚而薄责于人”。《公羊传》襄公九年春何休注：“《春秋》以内为天下法，动作当先自克责。”哀公十三年秋注：“先自正而后正人，正人当先正大以帅小。”隐公二年春注：“《春秋》王鲁，明当先自详正，躬自厚而薄责于人。”同年九月注：“内逆女常书，外逆女但讥始不常书者，明当先自正。躬自厚而薄责于人，故略外也。”①“躬自厚而薄责于人”的提法始见于《论语·卫灵公》篇，意思是严以律己，宽以待人。这本是极普通的思想，但经过董仲舒一番发挥，却成了《公羊》学理论中被称作“仁义法”的重要组成部分。《春秋繁露·仁义法》：“以仁治人，义治我，躬自厚而薄责于外，此之谓也。”②

关于“仁”与“义”的区别，董仲舒在《仁义法》中解释说：“仁者，爱人之名也……义者，谓宜在我者。”董仲舒好以字形说义，义字之繁体从“羊”从“我”，故训义为我。苏舆《义证》曰：“古释仁为爱人，无异说也。惟义训我，则董创说。”③《吕氏春秋·举难》有“君子责人则以仁，自责则以义”④的说法，周桂钿认为，“也许董仲舒的仁义论直接来源于《吕氏春秋》”⑤。其说可参。周辅成指出，“‘义’本作‘宜于社会’解释”，经过董仲舒的“一番改变”，

①《十三经注疏》，第2303、2352、2202、2203页。

②苏舆：《春秋繁露义证》，第255页。

③苏舆：《春秋繁露义证》，第251、253、249页。

④陈奇猷：《吕氏春秋校释》，第1309页。

⑤周桂钿：《秦汉思想史》，石家庄：河北人民出版社，2000年，第143页。

"变成了以正我为主"①。周桂钿进一步指出:"董仲舒在中央集权的大一统时代,做这种改变,是一种发展,也是一种进步。他要求统治者用封建伦理严格约束自己,限制穷侈极奢的愿望与行为。"②其说皆是。

从逻辑上看,董仲舒的"以义正我"之说,应是对孟子"仁心义路"之说的继承和发展。在这个问题上,董仲舒的贡献主要是使"义"的含义及其与"仁"的界限和相互关系变得更加明确了。以其对"义"的独到看法为前提,他认为"人莫欲乱,而大抵常乱"是因为"暗于人我之分,而不省仁义之所在",常常"以仁自裕,而以义设人";所以"《春秋》为仁义法",规定"仁之法在爱人,不在爱我;义之法在正我,不在正人。我不自正,虽能正人,弗予为义。人不被其爱,虽厚自爱,不予为仁"。仁与义必须分别用来治人与我,而不可颠倒,二者的根本区别在于作用方向刚好相反,"仁谓往,义谓来,仁大远,义大近"。统治者懂得了这一"仁义之别",并"以纪人我之间",就可以"辨乎内外之分,而著于顺逆之处",就算掌握了《春秋》之道的要诀③。自董仲舒以后,这种说法相当流行。如《汉书》卷六五《东方朔传》载朔《非有先生论》有"引义以正其身,推恩以广其下"之语(第2871页);同书卷六〇《杜钦传》载钦对策曰:"王者法天地,非仁无以广施,非义无以正身。克己就义,恕以及人,六经之所上也。"(第2674页)徐幹《中论·修本》篇亦曰:"孔子之制《春秋》也,详内而略外,急己而宽人。"④

①周辅成:《论董仲舒思想》,上海:上海人民出版社,1961年,第98页。

②周桂钿:《秦汉思想史》,第140页。

③苏舆:《春秋繁露义证·仁义法》,第250、254页。

④徐湘霖:《中论校注》,成都:巴蜀书社,2000年,第38页。

在《仁义法》中，董仲舒根据上述原则，提出礼乐教化的具体操作应是“内治反理以正身，据礼以劝福；外治推恩以广施，宽制以容众。”这句话不仅体现了先正己而后正人的思想，还包含着“治身之与治民所先后者不同”的观点。董仲舒释其意曰：“孔子谓冉子曰：‘治民者先富之，而后加教。’语樊迟曰：‘治身者，先难后获。’……《诗》曰：‘饮之食之，教之诲之。’先饮食而后教诲，谓治人也。又曰：‘坎坎伐辐，彼君子兮，不素餐兮。’先其事，后其食，谓治身也。”①

“反理以正身”的“理”与“义”相近，指“义”中包含的道理。《孟子・告子上》：“心之所同然者，何也？谓理也，义也……理义之悦我心，犹刍豢之悦我口。”②贾谊《新书・道德说》说得更清楚：“德生理，理立则有宜，适之谓义。”③任继愈认为：“理在这里就表现着事物之间一种恰当的相互关系。”④故苏舆《春秋繁露义证》释“反理以正身”曰：“反之义理，以正其身。”而在董仲舒的思想中，“反之义理”又包括两层含义：

一是行其“义”，也就是“事明义”。《春秋繁露・身之养重于义》：“圣人事明义，以照耀其所暗，故民不陷。《诗》云：‘示我显德行。’此之谓也。”如前述，王者要“成民之性”必须“显德以示民”，而“显德”就是“示明义”，故曰：“圣人天地动、四时化者，非有他也，其见义大故能动，动故能化，化故能大行，化大行故法不犯，法不犯故刑不用，刑不用则尧舜之功德。此大治之道也。”

---

①苏舆：《春秋繁露义证》，第 254 页。

②焦循：《孟子正义》，第 765 页。

③阎振益、钟夏：《新书校注》，第 327 页。

④任继愈主编：《中国哲学发展史》（秦汉），北京：人民出版社，1998 年，第 155 页。

二是明其“理”,即认清“义之养生人大于利”的道理。《身之养重于义》解释说:“天之生人也,使人生义与利”,其中“利以养其体,义以养其心”。就价值而言,“体莫贵于心,故养莫重于义”。就功利而言,若“甚有利而大无义”,必会招致大祸,“非立死其罪,即旋伤殃忧尔”。反之,若“大有义而甚无利”,则“虽贫与贱,尚荣其行,以自好而乐生”。所以“人有义者,虽贫能自乐也;而大无义者,虽富莫能自存”①。

董仲舒认为,如此深奥的人生哲理只有圣人或君子才能明白,因而以此正身只是圣人和君子的任务。既然“尧舜之功德”是从“事明义”开始的,那么汉朝统治者行尧舜之道就应从“以义正我”入手。董仲舒说“宜于”汉家之“世”的先王之乐是舜之《韶》乐,又说《韶》所歌颂的舜之功德是“昭尧之业”、“继尧之道”②,其心在此矣。

“据礼以劝福”是要求统治者不要穷奢极欲,以避免因贫富差别进一步扩大而导致社会矛盾激化。董仲舒认为,在财富有限的前提下,合理的社会秩序是“已有大者不得有小”,“诸有大俸禄亦皆不得兼小利,与民争利业”③,而先王之礼正体现了这一原则。他又认为,周末以来“刑罚之所以蕃而奸邪不可胜”,首先是由于“身宠而载高位,家温而食厚禄”的统治者不遵先王之礼,“乘富贵之资力,以与民争利于下”,“众其奴婢,多其牛羊,广其田宅,博其产业,畜其积委”,结果使得“民日削月朘,浸以大穷”,“穷急愁

---

①苏舆:《春秋繁露义证》,第263—266页。

②苏舆:《春秋繁露义证·楚庄王》:“舜时,民乐其昭尧之业,故《韶》。韶者,昭也。”(第20页)陈立:《白虎通疏证·礼乐》:“舜曰《萧韶》者,舜能继尧之道也。”(第102页)

③苏舆:《春秋繁露义证·度制》,第230页。

苦”，则铤而走险，最终酿成杀君亡国之祸①。故曰：“奢侈使人愤怨……终皆祸及身。”②又曰：“居君子之位而为庶人之行者，其患祸必至。”所以董仲舒主张凡“受禄之家”都应“食禄而已，不与民争业”③，并应提倡节俭质朴，以纠奢侈之弊。

“推恩以广施”和“宽制以容众”是“以仁治人”的具体方式。周桂钿解释说：“推恩广施，可以使多数人得到好处。宽制容众，就是放宽制度，容纳各种各样的人。”④此说固然不错，但除此之外可能还有更深的含义。

“推恩以广施”似包含着“节民以礼”的思想。因为在董仲舒看来，“节民以礼”是王者“爱人”的集中表现。《春秋繁露·俞序》曰：“爱人之大者，莫大于思患而豫防之。”⑤所谓“思患而豫防之”就是将争夺战乱之祸消灭在萌芽状态。《仁义法》：“兵已加焉乃往救之，则弗美；未至豫备之，则美之。善其救害之先也。夫救蚤而先之，则害无由起，而天下无害矣。然则观物之动，而先觉其萌，绝乱塞害于将然而未形之时，《春秋》之志也，其明至矣。非尧舜之智，知礼之本，孰能当此？”⑥能够“知礼之本”的“尧舜之智”，就是能认识到“患”、“害”之源，并及早加以防范。这里的患害之源显然也是“情欲”，但与君子不同，人民不可能自觉地用礼来约束自我，所谓“民之情不能制其欲，使之度”⑦，故需统治者自

①《汉书》卷五六《董仲舒传》，第2520页。
②苏舆：《春秋繁露义证·俞序》，第162页。
③《汉书》卷五六《董仲舒传》，第2521页。
④周桂钿：《秦汉思想史》，第135页。
⑤苏舆：《春秋繁露义证》，第162页。
⑥苏舆：《春秋繁露义证》，第251页。
⑦苏舆：《春秋繁露义证·天道施》，第470页。

上而下地建立和推行礼法度制，使“贵贱有等，衣服有制，朝廷有位，乡党有序”，从而使“民有所让而不敢争”①，最终使人民免遭“患”、“害”之苦。

“宽制以容众”则包含着“缘人情，赦小过”的主张，强调的是道德教化的非强制性和启发性。董仲舒认为，对“义”的得失好恶是主观意志现象，所谓“有为而得义者，谓之自得；有为而失义者，谓之自失。人好义者，谓之自好；人不好义者，谓之不自好”②。“民”虽然性有“善质”，但智慧不足，对“义之养生人大于利”的道理“不能知而常反之”，故“皆趋利而不趋义”③。因此，要想使“民”皆“趋义”而不“趋利”，必先使之“自得”其“义”、“自好”其“义”，亦即认识并主动追求“义”。而要达到这一目的，不能将“义”强加于“民”，而只能通过圣人或君子的教化与示范，使之“自省悟以反道”。

由以上所述可见，董仲舒所谓“礼乐教化”的特点是强调“以义正我”。按照他的逻辑，天下能否太平，最终要看统治者能否“成民之性”；而“成民之性”的教化能否成功，主要取决于统治者能否“以义正我”。他相信“君子之德风，小人之德草，草上之风，必偃”④，相信“君仁莫不仁，君义莫不义，君正莫不正，一正君而国定矣”⑤，因而断言：“王者有明著之德行于世，则四方莫不响应，风化善于彼矣。”⑥这是“以德化民”说全部理论的最后归宿。

①苏舆：《春秋繁露义证・度制》，第231页。
②苏舆：《春秋繁露义证・仁义法》，第254页。
③苏舆：《春秋繁露义证・身之养重于义》，第263—265页。
④刘宝楠：《论语正义・颜渊》，第506页。
⑤焦循：《孟子正义・离娄上》，第526页。
⑥苏舆：《春秋繁露义证・郊语》，第401页。

第三节　董仲舒的王道、天道理论及汉儒的两种德教说

董仲舒的政治主张和贾谊、申公等明显不同。这是否使得汉儒内部形成了对立的两派呢？回答是肯定的。根据"《春秋》为汉制法"说，孔子在《春秋》中对"汉道"早有正面规定，而这些规定都是针对周末"大乱"之世的种种政治弊端做出的，所以《春秋》首先是一部批判性著作。在董仲舒看来，《春秋》不仅反对"不任德教而任刑"的法治主义，对荀子及其后学所宣扬的"周道"即礼治主义也持否定态度。为了证明这一点，董仲舒又提出了与其"汉道"理论相应的关于"王道"和"天道"的理论。

一、汉道与王道

法家批判儒家的先王观，主要以历史进化论为武器。他们认为，"前世不同教"，"帝王不相复"，"各当时而立法，因事而制礼"，历史上根本不存在不变的王道；相反，"三代不同礼而王，五霸不同法而霸"，恰好证明"治世不一道，便国不必法古"。因此，治当今之世，应当实行能够富国强兵的"法治"，而不可拘泥于先王之道①。受其影响，汉初人仍普遍存在"古苟可循，先王之道何莫相因"的疑问②。汉武帝对儒术的怀疑主要也表现在这个方面，故《汉书》卷五六《董仲舒传》所载三道册问诏中，都有是否存在"百王同之"、"同条共贯"、"久而不易"的王道的问题。

---

①高亨：《商君书注译・更法》，北京：中华书局，1974 年，第 16、17 页。
②苏舆：《春秋繁露义证・楚庄王》，第 17 页。

针对这一情况，董仲舒突出强调了王道的统一性和不变性。他说："尧舜三王之业，皆由仁义为本。仁者所以理人伦也，故圣王以为治首。"①以仁义为本，是先王之道的共同本质。从这个意义上说，"天下无二道，故圣人异治同理也"。圣人所同之"理"便是王道之"大数"，"得大数而治，失大数而乱，此治乱之分也"。那么，先王礼乐为何各不相同？新王为何一定要改制？董仲舒回答说："所谓新王必改制者，非改其道，非变其理。"虽然"必改正朔，易服色，制礼乐"，但"其大纲：人伦道理、政治教化、习俗文义，尽如故，亦何改哉！故王者有改制之名，无易道之实"②。这不变的"大数"、"大纲"，就是汉儒共同倡导的"德教"。《盐铁论·遵道》篇载文学曰："圣王之治世，不离仁义。故有改制之名，无变道之实。上自黄帝，下及三王，莫不明德教，谨庠序，崇仁义，立教化。此百世不易之道也。"③这段话准确地概括了董仲舒关于王道之不变性的理论。

荀子反对孟子"舍后王而道上古"，而将"周道"奉为王道最完美的典范。他说："王者之制，道不过三代，法不贰后王。道过三代谓之荡，法贰后王谓之不雅。"又说："圣王有百，吾孰法焉？……后王是也。"后王指文、武、周公。故曰："欲知上世则审周道。"④可能

---

①董仲舒：《诣丞相公孙弘记室书》，见严可均：《全汉文》，北京：中华书局，1958 年，第 258 页。

②见苏舆：《春秋繁露义证·楚庄王》，第 14、17、18 页；《三代改制质文》，第 185 页。

③王利器：《盐铁论校注》，第 292 页。盐铁之议爆发于"公羊大兴"之时，《盐铁论》作者桓宽又是《公羊》学家。故该书所引《春秋》皆为《公羊传》，所载贤良、文学之语，多为董仲舒之《公羊》说。

④王先谦：《荀子集解·王制》，第 158 页；《非相》，第 79、80、81 页。

是受荀子影响,汉初人普遍接受"汉家法周"之说①。

针对这种观点,董仲舒又极力证明先王之道存在差异性和可变性。《公羊传》隐公元年释《春秋》"王正月"之义曰:"王者孰谓? 谓文王也。曷为先言王而后言正月? 王正月也。何言乎王正月? 大一统也。"何休注曰:"文王,周始受命之王……方陈受命制正月,故假以为王法。"又于隐公七年三月注曰:"《春秋》王鲁,托隐公以为始受命王。"②是《公羊》家认为,孔子于鲁隐公元年所书之"王",是早已死去数百年的周文王,而非当时在位的周平王,其用意则是假托周文王之名和鲁隐公之事,以述新王受命之法。董仲舒发挥此说,提出汉家受命代周必须改制以应天的主张。《春秋繁露·三代改制质文》:"何以谓之王正月? 曰:王者必受命而后王。王者必改正朔,易服色,制礼乐,一统于天下……故《春秋》应天作新王之事,时正黑统,王鲁,尚黑,绌夏,亲周,故宋,乐宜亲招武……制宜商。"③"时正黑统"是说,汉朝应当用夏历,以建寅之月为正月。"绌夏,亲周,故宋"是说,汉作为"新王"应当降周爵为公,封以大国,和宋并称"二王之后",夏则绌为五帝,改封小国。

当然,按董仲舒的说法,王者必改制但未必改道。改道与否取决于"继治世"还是"继乱世",所谓"继治世者其道同","继乱世者其道变"。舜所继为"治世",故"尽循尧道";商、周所继为"乱世",故"其道变"。而孔子作《春秋》正值"周之末世,大为亡

①《史记》卷五八《梁孝王世家》,第 2091 页。

②《十三经注疏》,第 2196、2208 页。

③苏舆:《春秋繁露义证》,第 185、187 页。

道，以失天下”之时①，遂“祖述尧舜”以立新王之道。《史记》卷一三〇《太史公自序》：“余闻董生曰：周道衰废，孔子……是非二百四十二年之中，以为天下仪表，贬天子，退诸侯，讨大夫，以达王事。”（第3297页）又曰：“桀纣失其道而汤武作，周失其道而《春秋》作。”（第3310页）此说在汉代颇为流行。刘向《说苑·君道》：“孔子曰：‘夏道不亡，商德不作。商德不亡，周德不作。周德不亡，《春秋》不作。《春秋》作，而后君子知周道亡也。’”②王充《论衡·对作》：“孔子作《春秋》，周民弊也……周道不弊，则民不文薄；民不文薄，《春秋》不作。”③董仲舒认为，《春秋》之道是对周道的否定，所以汉家之于周，正如周之于殷、殷之于夏一样，也应变其道。

那么，《春秋》“祖述尧舜”甚至明确规定汉家应用虞舜礼乐的根据是什么？董仲舒回答说，是王道演进固有的循环规律。《春秋繁露·三代改制质文》：“王者……有再而复者，有三而复者，有四而复者。”其中“四而复者”即指礼乐，所谓“礼乐各以其法象其宜，顺数四而相复”。“法”指王者礼乐的不同模式，共有商、夏、质、文四种，故又称“四法”。虞、夏、殷、周四代“各以其法象其宜”，故舜礼“法商”，禹礼“法夏”，汤“制质礼”，文王“制文礼”，四礼异制④；“舜作《韶》，而禹作《夏》，汤作《护》，而文王作《武》，四乐殊名”⑤。根据“四而复”的规律，汉继周后，应“法商而王”，故制礼作乐之前当用虞舜礼乐。这种“四法”说在《春秋》经和《公羊传》中皆无出处，可能是董仲舒对当时普遍流行的“文

①《汉书》卷五六《董仲舒传》，第2519、2518、2504页。

②向宗鲁：《说苑校证》，第31页。

③黄晖：《论衡校释》，第1177页。

④苏舆：《春秋繁露义证》，第200、186、187、204页。

⑤苏舆：《春秋繁露义证·楚庄王》，第22页。

质”说和“三教”说加以改造和利用的产物。

孔子曾用“文”和“质”概括“礼”和“仁”的关系说:“质胜文则野,文胜质则史。”在谈到三代礼制时又说:“周监于二代,郁郁乎文哉！吾从周。”①于是有“文”是殷周之治的特点、“质”是虞夏之治的特点的说法。《礼记·表记》:“子曰:‘虞夏之质,殷周之文,至矣;虞夏之文不胜其质,殷周之质不胜其文。’”②此外,阴阳五行家又有文质变救说。《汉书》卷六四《严安传》:“臣闻邹子曰:政教文质者,所以云救也,当时则用,过则舍之,有易则易之。”邹子,本或作“邹衍”。师古曰:“邹衍之书也。”(第2809页)汉儒的文质说似乎受后者影响较大。《史记》卷五八《梁孝王世家》褚先生述袁盎等语曰:“殷道亲亲者立弟;周道尊尊者立子。殷道质,质者法天……周道文,文者法地。”(第2091页)《尚书大传》:“王者一质一文,据天地之道。”《礼三正记》:“文质再而复……质法天,文法地。”③《公羊传》隐公七年夏何休注:“《春秋》变周之文,从殷之质。”④

根据这种文质说,汉家不“法周”,便应“从殷”,无论如何与尧舜无涉。于是董仲舒改造此说曰:“何谓再而复?……周爵五等,《春秋》三等。《春秋》何三等?……商质者主天,夏文者主地。《春秋》者主人(应作‘天’),故三等也。”⑤后文又曰:商、质皆“佚阳”、“亲亲”,夏、文皆“进阴”、“尊尊”。显然,董仲舒的“四法”说和当时流行的文质说有一些共同之处。前者的“商”与

①刘宝楠:《论语正义·雍也》,第233页;《八佾》,第103页。

②《十三经注疏》,第1642页。

③陈立:《白虎通疏证·三正》,第368页。

④《十三经注疏》,第2209页。又见隐公十一年春、桓公十一年九月注。何休注《公羊传》用胡母生条例,有些观点与董仲舒不同,此即一例。

⑤苏舆:《春秋繁露义证·三代改制质文》,第203、204页。

“质”都具备后者“质”的特点，前者的“夏”与“文”都具备后者“文”的特点。刘向《说苑·修文》曰：“商者常也，常者质，质主天。夏者大也，大者文也，文主地。”①据郑玄《六艺论》，刘向曾是《公羊》大师颜安乐弟子②，故此说当出自董仲舒或其后学。但“四法”毕竟代表四种不同的制度，与当时流行的“文质”概念不完全相同。二者的关系是：

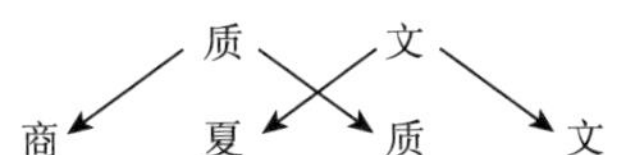

由此，董仲舒将“文质”扩大为“四法”，将“再而复”推演为“四而复”，从而使文质说变成为其“制宜商”的主张服务的王道理论。《春秋繁露·十指》：“《春秋》……大略之要有十指……承周文而反之质，一指也……承周文而反之质，则化所务立矣。”③与流行的文质说不同的是，董仲舒所谓“反之质”不是“从殷之质”，而是从虞之商。

完整的“三教”说始见于《史记》卷八《高祖本纪》：

> 太史公曰：夏之政忠。忠之敝，小人以野，故殷人承之以敬。敬之敝，小人以鬼，故周人承之以文。文之敝，小人以僿，故救僿莫若以忠。三王之道若循环，终而复始。周秦之间，可谓文敝矣……故汉兴，承敝易变。（第 393 页）④

---

①向宗鲁：《说苑校证》，第 476 页。

②《公羊传序疏》引，《十三经注疏》，第 2190 页。

③苏舆：《春秋繁露义证》，第 145、146 页。

④又见《说苑·修文》篇、《白虎通义·三教》篇、《论衡·齐世》篇、《礼记·表记》疏引《春秋元命包》等。

《正义》曰:“太史公引《礼》文为此赞。”①今案《礼记·表记》:“子曰:夏道尊命……其民之敝,蠢而愚,乔而野,朴而不文;殷人尊神……其民之敝,荡而不静,胜而无耻;周人尊礼……其民之敝,利而巧,文而不惭,贼而蔽。”②这段文字已初步提出三王之道各有所“尊”亦各有其“敝”的说法,应是战国儒家旧说。《淮南子·要略》说墨子“背周道而用夏政”③。汉儒的三教说可能是综合这些说法而成的④。《汉书》卷五六《董仲舒传》载武帝册问诏有“三王之教所祖不同,而皆有失”之语,董仲舒则对以“夏上忠,殷上敬,周上文者,所继之救当用此也”(第2518页)。这似乎表明在董仲舒对策之前,三教说已经流行了。

根据这种三教说,汉家继周,应当“用夏之忠”,亦与尧舜无关。于是董仲舒又打破五帝与三王的界线,将禹拉入尧舜一边。《春秋繁露·楚庄王》:“禹之时,民乐其三圣相继,故《夏》。夏者,大也。”⑤三圣指尧舜禹。《白虎通·礼乐》篇亦曰:“禹曰《大夏》者,言禹能顺二圣之道而行之。”⑥与董仲舒的说法相同。这样一来,禹之道便等同于尧舜之道了。此外,孔子曾说:“殷因于夏礼,所损益可知也;周因于殷礼,所损益可知也。”⑦未言虞损益唐礼、夏损益虞礼。董仲舒在《天人三策》中解释道:殷、周损益前

①泷川资言:《史记会注考证》,北京:文学古籍刊行社,1955年,第696页。
②《十三经注疏》,第1641页。
③刘文典:《淮南鸿烈集解》,第709页。
④黄朴民认为,董仲舒主张“用夏之忠”是受墨学影响。见氏著《董仲舒与新儒学》,第86页。
⑤苏舆:《春秋繁露义证》,第20页。
⑥陈立:《白虎通疏证》,第102页。
⑦刘宝楠:《论语正义·为政》,第71页。

朝之礼，遂使三王之道表现出不同特点，即“夏上忠，殷上敬，周上文”；而“夏因于虞”，虞因于唐，孔子“独不言所损益者”，是由于“其道如一而所上同也”，由此得出“禹继舜，舜继尧，三圣相受而守一道”，亦即唐、虞、夏皆“上忠”的结论。这一说法和他对舜、禹之乐的描述完全一致。因而三教说又成了为其“乐宜亲《韶》舞”的主张服务的王道理论。《天人三策》：“今汉……若宜少损周之文致，用夏之忠者。”①董仲舒所谓“夏之忠”，实指尧舜之道。

由以上所述可知，董仲舒为反驳法家和荀子一派的先王观，提出王道兼有不变性和可变性的理论。而为避免自相矛盾，他在说明二者的关系时又用了“正”、“偏”、“弊”三个概念。

《天人三策》引申《春秋》“春王正”三字之意曰：“臣谨案《春秋》之文，求王道之端，得之于正。正次王，王次春。春者，天之所为也；正者，王之所为也。其意曰：上承天之所为，而下以正其所为。正王道之端云尔。”由此得出“王者……任德教而不任刑”的结论。是“任德教”为王道之“正”。又曰：“先王之道必有偏而不起之处，故政有眊而不行，举其偏者以补其弊而已矣。三王之道所祖不同，非其相反，将以救溢扶衰。”②《春秋繁露·王道》：“《春秋》……救文以质。”③是文质和三教皆为王道之“偏”。《天人三策》：“弊者，道之失也。”显然指野、鬼、僿而言。《春秋繁露·玉杯》：“《春秋》之序道也，先质而后文……其有继周之弊，故若此也。”④是文质亦有“弊”。其弊为何？汉儒皆未明言。若按上引《论语·雍也》之说，则质之弊当为“野”，文之弊当为“史”。

①《汉书》卷五六《董仲舒传》，第2518页。

②《汉书》卷五六《董仲舒传》，第2501、2518页。

③苏舆：《春秋繁露义证》，第123页。

④苏舆：《春秋繁露义证》，第27、30页。

董仲舒既然认为先王皆“任德教”，同时又有“上忠”、“上敬”、“上文”和或“质”或“文”的区别，所谓“王道”便是“正”和“偏”的统一。用现代语言加以表述，则“正”是“偏”的本质特征，是王道的抽象原则；“偏”是“正”的具体表现，是王道的存在形式。而按董仲舒的逻辑，“正”是完美的，因而是永恒的。故曰：“夫乐而不乱、复而不厌者谓之道；道者万世无弊。”①“偏”则与“不起之处”并存，既会产生相应的“弊”，又可用以“救弊”，故须不断转换，依次而“举”。“弊”背离了王道之“正”，因而已不是王道，所谓“为政而任刑，谓之逆天，非王道也”②。但“弊”既是由“偏”而生，又须举“偏”以救，便不能与王道完全无关，而是“道之失”，其性质和排列顺序也要受“偏”制约。于是，我们看到，董仲舒根据同一原理为王道构筑了两个封闭的运行模式：

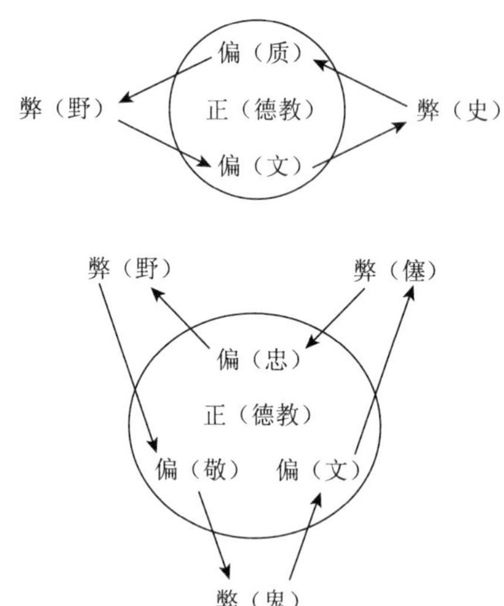

---

①《汉书》卷五六《董仲舒传》，第 2518 页。

②苏舆：《春秋繁露义证·阳尊阴卑》，第 328 页。

这两个模式表明，汉家“尚质”和“上忠”既符合王道的不变性，也符合王道的可变性。而这又意味着汉家不仅要否定秦政，也应否定周道。《天人三策》：“汉得天下以来，常欲善治而至今不可善治者，失之于当更化而不更化也。”更化就是改变教化方式。董仲舒认为，汉政之“失”在于沿用秦政而不改，“废先王德教之官，而独任执法之吏治民”，致使“法出而奸生，令下而诈起，如以汤止沸，抱薪救火，愈甚无益也”。但同时他又认为，秦政是周道的产物，其“失”在于继周之“弊”而不改。所谓“周之末世，大为无道，以失天下。秦继其后，独不能改，又益甚之……自古以来，未尝有以乱济乱，大败天下之民如秦者也”①。所以，汉朝所继承的是周秦两朝之弊。《汉书》卷二七《五行志》载董仲舒语：“昔秦受亡周之弊而亡以化之，汉受亡秦之弊又亡以化之。夫继二弊之后，承其下流，兼受其猥，难治甚矣。”（第1332页）周道之弊为“史”和“僿”。《史记》卷八《高祖本纪》《正义》曰：“僿，犹细碎也。言周末世，文细碎，鄙陋，薄恶。”②同书卷一二四《游侠列传》《正义》曰：“文之蔽，小人以僿，谓细碎苛法乱政。”（第3181页）“僿”或作“薄”。《说苑·修文》：“周人教以文，而君子文矣，小人之失薄。救薄莫如忠。”③《史记·高祖本纪》《集解》引郑玄曰：“薄，苟习文法，无悃诚也。”（第394页）“史”则指言辞华丽，此处有虚伪浮夸之意。《论语·雍也》包氏注：“史者，文多而质少。”邢昺疏：“文多胜于质，则如史官也。”刘宝楠正义：“史官文胜质，则当时记载，或讥为浮夸者是也。”④汉家“尚质”和“上忠”则当与

---

①《汉书》卷五六《董仲舒传》，第2505、2502、2504页。

②泷川资言：《史记会注考证》，第88页。

③向宗鲁：《说苑校证》，第477页。

④《十三经注疏》，第2479页；刘宝楠：《论语正义》，第234页。

之相反，强调宽厚仁爱和节俭质朴。《白虎通·崩薨》："夏后氏教以忠。忠者，厚也。"①《史记·高祖本纪》《集解》引郑玄曰："忠，质厚也。"（第394页）《论衡·问孔》："忠者，厚也。厚人，仁矣。"②又《春秋繁露·玉杯》："《春秋》……先质而后文……见其好诚以灭伪。"③《汉书》卷六〇《杜钦传》："今汉家承周秦之弊，宜抑文尚质，废奢长俭，表实去伪。"（第2674页）显然，根据董仲舒的三教说和文质说，秦政之刻薄少恩和奢华虚伪，都是周道之"弊"的极端表现。因此，他所说的"更化"不仅意味着"任德教而不任刑"，也意味着"承周文而反之质"和"损周之文致，用夏之忠者"。

当然，董仲舒反对汉朝"上文"，只是反对荀子及其后学的礼治主义，而不是全然否定"礼"和"文"。在他看来，理想社会必须建立完备的礼制，而完备的礼制必须"质文两备"，"志""物"兼存。《春秋繁露·玉杯》："志为质，物为文……质文两备，然后其礼成。"④此处所谓"志"与"物"指礼的内容和形式。但董仲舒又认为，汉朝要建立"质文两备"的理想社会，必须经过一个"右志而左物"、"先质而后文"的过程。因为"文"和"质"的关系是"文著于质"，必须先有"质"，然后才能有"文"。在二者"不能备而偏行之"的情况下，便应"宁有质而无文"。所以，董仲舒反复强调："《春秋》之论事，莫重于志……礼之所重者在其志……《春秋》之好微与？其贵志也。"又说："礼者庶于仁，文质而成体者也。今使人相食，大失其仁，安著其礼？方救其质，奚恤其文？"⑤

---

①陈立：《白虎通疏证》，第550页。

②黄晖：《论衡校释》，第408页。

③苏舆：《春秋繁露义证》，第27、30页。

④苏舆：《春秋繁露义证》，第27页。

⑤苏舆：《春秋繁露义证·玉杯》，第25、27、38页；《竹林》，第55页。

二、王道与天道

“天”是中国古代的最高神。“天道”及“天命”则是儒家论证王道神圣及其运作规律的神学依据。董仲舒以其王道观为基础，也在这方面提出了一套精致的理论。所谓“道之大原出于天，天不变，道亦不变”，就是其中的典型公式。

儒家所谓“天道”通常指上天化生万物的方式，亦即阴阳、四时等自然现象的运动规律；所谓“天命”则指上天对人间治乱祸福的安排和干预，集中表现为肩负特定使命的“圣人”或“王者”的降生。

在孔子看来，天道是有规律可循的。他说：“天何言哉！四时行焉，百物生焉。”又说：“唯天为大，唯尧则之。”王者效法天道，便可使天下大治。从这个意义上说，治乱在人。故曰：“人能弘道，非道弘人。”但天命却难以捉摸。所谓“文王既没，文不在兹乎？天之将丧斯文也，后死者不得与于斯文也；天之未丧斯文也，匡人其如予何”。这又意味着治乱在天。故曰：“道之将行也与，命也；道之将废也与，命也。”①孟子的“仁政”以圣王问世为先决条件，所以他更看重天命，所谓“五百年必有王者兴，其间必有名世者”。但“由周而来，七百有余岁矣”，圣王何以迟迟不出？答曰：“天未欲平治天下也。”②董仲舒继承了孔孟这一思想，明确提出“圣人法天而立道”和“天令之谓命，命非圣人不行”的观点③。但他所说的王道兼有不变性和可变性，远比孔孟的王道观复杂。因而他

①刘宝楠：《论语正义・阳货》，第698页；《泰伯》，第308页；《卫灵公》，第636页；《子罕》，第327页；《宪问》，第593页。

②焦循：《孟子正义・公孙丑下》，第309页。

③《汉书》卷五六《董仲舒传》，第2515页。

的天道理论也必须有相应的发展，尤其是要将有常的天道与无常的天命统一起来。

荀子的“礼治”以先王礼法为依据，因此他强调效法天道，而反对孟子的天命论，主张“制天命而用之”。他说：“天行有常，不为尧存，不为桀亡。”“天有常道”，圣王“道其常”而以礼义为“道贯”，遂创立了王道。如今，圣王已没，但礼法尚存，“贯之大体未尝亡也”。统治者只要“理贯不乱”，“修道而不贰”，便可重建先王盛世。故曰：“治乱非天也。”①法家否定万世不变的天道，也否定一成不变的王道。他们认为“天命”就是“昼夜四时之候”，亦即“自然之数”；“天之道”则是“万物之理”的总和。而自然或万物“各有理”，人君治国应当“因天之道，反形之理”，根据“古今异俗，新故异备”的原则，实行适于当今的法治，而不可“以先王之政，治当世之民”②。对这两种观点，董仲舒也必须进行反击。

在上述背景下，仔细分析董仲舒关于王道与天道之关系的论述，我们发现，他以阴阳学说为论证手段，在“道之大原出于天”这一大前提下，至少又提出了五个不同的小前提，从而引出五种不同的结论。

首先，针对法家的观点，他反复强调“天道任德不任刑”：

> 《天人三策》：“王者欲有所为，宜求其端于天。天道之大者在阴阳。阳为德，阴为刑，刑主杀而德主生。是故阳常居大夏，而以生育养长为事；阴常居大冬，而积于空虚不用之

①王先谦：《荀子集解·天论》，第306页。

②陈奇猷：《韩非子集释·扬权》“天有大命”条旧注及奇猷案，第125页；《解老》，第365页；《扬权》，第122页；《五蠹》，第1051、1040页。

处。以此见天之任德不任刑也。"①

《春秋繁露·阴阳位》:"夏出长于上,冬入化于下者,阳也;夏入守虚地于下,冬出守虚位于上者,阴也。阳出实入实,阴出空入空。天之任阳不任阴,好德不好刑,如是也。"

《春秋繁露·天道无二》:"天之常道……阳出而前,阴出而后,尊德而卑刑之心见矣。"②

《春秋繁露》中类似的论证还有很多,都是将"天之常道"释为阴阳运转之规律,又将这些规律说成上天任德不任刑的表现。由此引出的结论便是"王者……任德教而不任刑"。

其次,针对荀子一派的观点,董仲舒又提出"四法如四时"。他说:"天地之气……分为阴阳,判为四时。"上天根据阴阳四时依次更替之法则,为王者规定了文质和四法循环的机制。"四法如四时然,终而复始,穷则反本"。"商质者……佚阳","夏文者……进阴"。其间每一次变化都是由天命支配的,都将导致王者及其制度的改变。"四法之天施符授圣人,王法则性命形乎先祖,大昭乎王君。故天将授舜,主天法商而王,祖锡姓姚氏。至舜形体大上而员首,而明有二童子,性长于天文,纯于孝慈"。禹、汤、文王也都经历过类似的"受命"过程。故曰:"天子命无常,唯命是德庆。"③"子"当作"之"。《诗·大雅·文王》:"天命靡常。"《尚书·蔡仲之命》:"皇天无亲,惟德是辅。"④皆其证。这是用天

①《汉书》卷五六《董仲舒传》,第2502页。

②苏舆:《春秋繁露义证》,第338、345页。

③苏舆:《春秋繁露义证·五行相生》,第362页;《三代改制质文》,第212、204、187页。

④《十三经注疏》,第505、227页。

命之“无常”论证王道之可变。其结论则是“礼乐……四而复”。

再次，根据董仲舒对三教说的解释，“上忠”、“上敬”、“上文”系王道之“偏”，与“任德教”不是一码事。三教之循环与文质、四法之更迭也互不相关。因而上述天道和天命理论皆无法为之辩护。于是，董仲舒又从三教改变与否取决于有无“救弊之政”的观点出发，运用阴阳灾异学说，创造了一套专门为其三教说服务的天命理论。其中包括三个命题：

一曰“天不变，道亦不变”。其上下文是：

> 夏因于虞，而独不言所损益者，其道如一而所上同也。道之大原出于天，天不变，道亦不变。是以禹继舜，舜继尧，三圣相受而守一道。亡救弊之政也，故不言其所损益也。由是观之，继治世者其道同。①

显然，“道亦不变”指的是尧、舜、禹皆“上忠”。“天不变”则专指与舜、禹所继“治世”相应的天无“灾异之变”而降祥瑞。众所周知，董仲舒的“天人感应”说将祥瑞描述为上天对有道之君及其治世的褒奖。他说：人君有道，天下大治，“天瑞”就会“应诚而至”②。所谓“五帝三王之治天下……天为之下甘露，朱草生，醴泉出，风雨时，嘉禾兴，凤凰、麒麟游于郊”③。新王见“天不变”，便知所继为“治世”，无须“救弊”，故“道亦不变”。必须强调的是，董仲舒的这一命题仅仅是指禹继舜、舜继尧两个特定事例而

①《汉书》卷五六《董仲舒传》，第2518页。
②《汉书》卷五六《董仲舒传》，第2500页。
③苏舆：《春秋繁露义证·王道》，第101、102页。

言，所云“天”与“道”之“不变”都是相对的、有条件的，并无天永远不变、道也永远不变的意思。将其夸大为普遍原理，并用以概括董仲舒的宇宙观和历史观，是对该命题原意的严重曲解①。

二曰“天”若“变”。对这一小前提及其结论，董仲舒没有概括为像“天不变，道亦不变”那样明确的命题。这是因为其内容比较复杂，不能用同样简单的公式加以表述。

《天人三策》：“三王之道所祖不同……将以救溢扶衰，所遭之变然也。”②此处之“变”就是来自上天的“灾异之变”，而将“灾异之变”说成上天对失道之君及其“乱世”的谴告，正是董仲舒“天人感应”说的主要内容。《天人三策》：“臣谨案《春秋》之中，视前世已行之事，以观天人相与之际，甚可畏也！国家将有失道之败，而天乃先出灾害以谴告之；不知自省，又出怪异以警惧之；尚不知变，而伤败乃至。”③这里，董仲舒将天之“变”分为三等：一为“灾害”，二为“怪异”，三为“伤败”。由此得出的结论则有相反的两种：

一是兴复旧道。他说，上天对人间统治者总是尽力扶持的，“自非大亡道之世者，天尽欲扶持而全安之”。所以，当“国家将有失道之败”或其道虽“衰”而未“亡”时，天便会出灾害和怪异以示警告，意在“仁爱人君而欲止其乱也”。人君“遭”此，便应“自省”其

---

①上世纪 80 年代以来，已有学者指出这一错误。如梁孔：《也谈董仲舒的“天不变，道也不变”》，《中国史研究》1987 年第 2 期；倪其心：《“天不变，道亦不变”——兼说汉武帝独尊儒家的故事》，《中国典籍与文化》1994 年第 1 期；拙文《汉道、王道、天道——董仲舒〈春秋〉公羊说新探》，《国学研究》第二卷，北京：北京大学出版社，1994 年。

②《汉书》卷五六《董仲舒传》，第 2518 页。

③《汉书》卷五六《董仲舒传》，第 2498 页。

失,“举其偏者以补其弊”,以求重振其道。周宣王之“中兴”就是这样的例子:“周道衰于幽、厉,非道亡也,幽、厉不由也。至于宣王,思昔先王之德,兴滞补弊,明文、武之功业,周道灿然复兴。”①

二是“其道变”。若灾异已降,人君仍不知悔改,天下便会大乱,出现桀、纣和周末那样的“大亡道之世”。于是,“伤败乃至”,“日为之食,星陨如雨,雨螽,沙鹿崩,夏大雨水,冬大雨雪”②。新王“遭”此,则应变道以“救弊”。所谓“继乱世者其道变”即指此而言。殷继夏而“上敬”,周继殷而“上文”,皆为其例。

以上分析表明,董仲舒的天道理论是在“道之大原出于天”的原则下和其王道理论的基础上推演而成的。故其小前提与王道理论的各主要观点,都呈现出一一对应的关系。概括起来,可列为如下公式:

<table>
<tr><th>大前提</th><th colspan="2">小前提</th><th>结论</th></tr>
<tr><td rowspan="5">道之大原出于天</td><td colspan="2">天道任德不任刑</td><td>王者任德教不任刑</td></tr>
<tr><td colspan="2">四法如四时</td><td>礼乐四而复</td></tr>
<tr><td colspan="2">天不变</td><td>道亦不变</td></tr>
<tr><td rowspan="2">天若变</td><td>灾害、怪异</td><td>兴复旧道</td></tr>
<tr><td>伤败</td><td>其道变</td></tr>
</table>

这里,分别与王道之不变性和可变性相对应的“天道”和“天命”,仍是两个不同的概念,但又相互渗透或重合。前者是体现“天意”的阴阳运转的抽象本质,是上天对所有王者提出的基本要求和做出的示范;后者则是符合阴阳、四时运转的具体规律并表

①《汉书》卷五六《董仲舒传》,第2498页。
②苏舆:《春秋繁露义证·王道》,第108页。

现为祥瑞、灾异等特殊现象的“天令”，是上天给予特定王者的具体指令和启示。二者都是天的意志，又都有类似的表达方式。于是，董仲舒所说的“天道”进一步神学化了，他所说的“天命”则变得有规律可循，能被圣人所认知了。因而他有时也将“天命”称为“天道”。《春秋繁露·三代改制质文》：“天道各以其类动，非圣人孰能明之！”①即指王者受命改制而言。通过这种以自然现象附会天意的手段，董仲舒排除了“天道”与“天命”概念的矛盾，提出了新的神学天道观。

根据这种天道观，上天时刻要求人君“任德教而不任刑”，又总是针对人间之治乱及时下达相应的指令。人君只要能认识并遵从天的旨意，天下就可大治。而上天对汉家的要求和指令，早在周末大乱之时便已下达。孔子认识到这一天意，以“作《春秋》”的方式将其表述出来，而董仲舒又对孔子的表述做了进一步阐释。因此，汉朝统治者作为受命代周的“新王”，只需采纳董仲舒的主张，就可完成上天赋予自己的使命。董仲舒的全部天道理论最终要说明的就是这个问题。《天人三策》：“今陛下并有天下……然而功不加于百姓者，殆王心未加焉。曾子曰：‘尊其所闻，则高明矣；行其所知，则光大矣。高明光大，不在于它，在乎加之意而已。’愿陛下因用所闻，设诚于内而致行之，则三王何异哉！”②自信而又急迫之情，溢于言表。

三、两种“德教”

“德教”是汉儒的共同口号。贾谊说“欲民之善”当“道之以

---

①苏舆：《春秋繁露义证》，第213页。

②《汉书》卷五六《董仲舒传》，第2511页。

德教”。董仲舒主张“任德教而不任刑”。后来的刘向也主张“先德教而后刑罚……尚其德而希其刑”[①]。汉元帝为太子时曾劝宣帝:“陛下持刑太深,宜用儒生。”宣帝斥之曰:“汉家自有制度,本以霸王道杂之,奈何纯任德教,用周政乎!”[②]亦将“任德教”视为儒生之“王道”。但前已述及,贾谊之“德教”是“以礼义治之”,董仲舒之“德教”则是“以德善化民”,二者也有所不同。

那么,汉儒是否将“以礼义治之”和“以德善化民”看作两种不同的政治主张呢?在汉代史料中,我们找不到直接证据。但《三国志》卷四《魏书·三少帝纪》有如下记载:高贵乡公幸太学讲《礼记》,问曰:“‘太上立德,其次务施报’。为治何由而教化各异?皆修何政而能致于立德,施而不报乎?”博士马照对曰:“‘太上立德’,谓三皇五帝之世以德化民。‘其次施报’,谓三王之世以礼为治也。”帝曰:“二者致化薄厚不同,将主有优劣邪?时使之然乎?”照对曰:“诚由时有朴文,故化有薄厚也。”[③]高贵乡公所谓“教化”显然与“德教”同义,马照所云“以德化民”和“以礼为治”,则是“德教”的两种形式。高贵乡公时去汉未远,曹魏经学又直接承自汉儒,故马照所言当是汉儒旧说,是汉儒对其内部两种不同主张的概括性描述。

据高贵乡公和马照所说,“以德化民”和“以礼为治”的根本区别是“化有薄厚”,即以德化民“厚”,以礼为治“薄”,相对而言,前者境界更高,更完美。对导致这一区别的原因则有两种不同的说法:一曰“主有优劣”,二曰“时有朴文”。“主有优劣”强调主观

---

①向宗鲁:《说苑校证·政理》,第143、144页。

②《汉书》卷九《元帝纪》,第277页。

③《三国志》,北京:中华书局,1959年,第138页。

因素,认为三皇五帝之德优于三王,因而三皇五帝可“以德化民”,三王则只能“以礼为治”。“时有朴文”强调客观条件,认为上古民风淳朴,三代之俗浇薄,对淳朴之民可以德化之,对浇薄之俗只能以礼为治。显然,前一种说法是对“以德化民”的支持,后一种说法是对“以礼为治”的辩解。

明乎此,再回过头来看汉人的相关表述,便可发现对上述问题的认识在汉代已经存在了。《汉书》卷八《宣帝纪》载宣帝语:“上古之治……其德弗可及已。朕既不明……将欲配三王之隆。”(第273页)《白虎通·爵》:“帝、王之德有优劣。”同书《号》:“德合天地者称帝,仁义合者称王,别优劣也。”①这不就是“主有优劣”吗?《汉书》卷二三《刑法志》:“禹承尧舜之后,自以德衰而制肉刑,汤、武顺而行之者,以俗薄于唐虞故也。”(第1112页)这不就是“时有朴文”吗?《潜夫论·衰制》:“治世者若登丘矣,必先蹑其卑者,然后乃得履其高。是故……道齐三王,然后五帝之化乃可行也。”②这种说法也承认三皇五帝之治比三王之治更完美。

高贵乡公所问“太上立德,其次务施报”一语见于《礼记·曲礼上》③,郑玄注曰:“太上帝、皇之世,其民施而不惟报……三王之世,礼始兴焉。”孔颖达疏曰:“太上谓三皇五帝之世也。其时犹淳厚其德,不尚往来之礼……德主务施其事,但施而不希其反也。”又曰:“其次谓三王之世也……独亲其亲,独子其子,货力为己,施则望报。”孔疏之语出自《礼记·礼运》篇,其文曰:“大道之行也,天下为公,选贤与能,讲信修睦。故人不独亲其亲,不独子

---

①陈立:《白虎通疏证》,第2、43页。

②彭铎:《潜夫论笺校正》,北京:中华书局,1985年,第243页。

③“立德”,今本作“贵德”。

其子……货恶其弃于地也，不必藏于己；力恶其不出于身也，不必为己……是谓大同。今大道既隐，天下为家，各亲其亲，各子其子，货力为己……礼义以为纪，以正君臣，以笃父子……禹、汤、文、武、成王、周公，由此其选也……是谓小康。”郑玄注曰：“大道谓五帝时也。”又释“由此其选”曰：“由，用也，能用礼义以成治。”①马照的说法是对这种观点的更明确的表述。钱大昕《廿二史考异》卷一五“博士马照”条曰：“《毛诗正义》往往载马昭说，即其人也。昭说经，主郑氏，与王肃多异。”②若此，则马照之说有可能来自郑玄。由此推论，“以德化民”和“以礼为治”在汉代可能已经被用来解释“大同”、“小康”之说了。

以上考证表明，所谓“以礼为治”和“以德化民”，很可能来自贾谊、申公一派的“以礼义治之”和董仲舒一派的“以德善化民”，而汉王朝究竟应该“以礼为治”还是“以德化民”则是汉儒内部长期争论的问题。意识到这一点，我们对汉代自武帝以后发生的学术与政治变迁便可获得更深入的理解。

---

①《十三经注疏》，第1231、1414页。

②《嘉定钱大昕全集》，第二册，第361页。

第三章 “霸王道杂之”

——《公羊》学对西汉中期政治的影响

汉宣帝曾说:“汉家自有制度,本以霸王道杂之。”其实,“霸王道杂之”主要是西汉中期武、昭、宣三朝政治的特色,是汉武帝将承秦而来的法治传统和文景以来迅速兴起的儒术结合起来的产物。那么,武帝所尊之儒是儒家中的哪一派?这一派的政治主张对西汉中期的内外政策产生了哪些实际影响?本章将基于对汉儒内部两种不同政治主张的认识,对这些问题进行探讨和说明。

第一节 汉武尊儒始末

景武之际,尊儒已成为不可阻挡的历史潮流,武帝在潮流的裹挟和推动下走上尊儒的道路。但当时儒家内部存在两种不同的政治主张,武帝尊儒须选择其中一种。究竟选择哪一种,是个颇费斟酌的问题,在实践中也经历了一番周折。

一、从“长者”到“儒生”

“长者”本意似指年长之人。《礼记 · 曲礼上》:“谋于长者,必操几杖以从之。”“群居五人，则长者必异席”。“长者举未爵，少者不敢饮”①。在古代宗族社会中，年长之人担负着政治、文化、宗教、道德等各方面的社会职责，是维持和传承社会规则的主要力量。因而“长者”之概念又有“大人”、“贤人”、“君子”等引申意。《周书·康诰》：“绍闻衣德言，往敷求于殷先哲王，用保乂民。”②《史记》卷三七《卫康叔世家》将此句译为“必求殷之贤人、君子、长者，问其先殷所以兴，所以亡，而务爱民”（第1590页）。《战国策·赵策三》：“公甫文伯官于鲁，病死，妇人为之自杀于房中者二八。其母闻之……曰：孔子，贤人也，逐于鲁，是人不随。今死，而妇人为死者十六人。若是者，其于长者薄，而于妇人厚。”③《史记》卷八《高祖本纪》载郦食其曰：“诸将过此者多，吾视沛公大人长者。”（第358页）卷四九《外戚世家》：绛侯、灌将军为窦长君、少君“选长者士之有节行者与居。窦长君、少君由此为退让君子”（第1974页）。与之相对的则是“小人”。同书卷七七《魏公子列传》：“市人皆以（侯）嬴为小人，而以公子为长者能下士也。”（第2378页）

长者之特征有仁慈、宽厚、守信、谨慎、廉洁、无私、不贪诸端。《史记》卷七《项羽本纪》：陈婴“素谨信，称为长者”（第298页）。《汉书》卷三二《张耳陈余传》：“长者，不倍德。”（第1840页）《史记》卷八《高祖本纪》：“秦父兄苦其主久矣，今诚得长者往，毋侵暴，宜可下……沛公素宽大长者，可遣。”（第357页）卷一〇三《万石张叔列传》：张欧，“其人长者……为吏，未尝言案人，专以诚长者处官。官属以为长者，亦不敢大欺。上具狱事，有可却，却之；不可者，不得

---

①《十三经注疏》，第1233、1243页。

②《十三经注疏》，第203页。

③《战国策》，高诱注，上海：上海书店出版社，1987年，第二册，第71页。

已，为涕泣面对而封之。其爱人如此”（第2773页）。卷三〇《平准书》：汉击匈奴，“卜式上书，愿输家之半县官助边”，而不求回报，又“持钱二十万予河南守，以给徙民”。武帝“赐式外繇四百人，式又尽复予县官”。武帝以为“长者”（第1431页）。相反，项羽“僄悍滑贼”，时人以为非长者。韩信出卖锺离眛“以自媚于汉”，眛骂信曰：“公非长者！”①“楚人曹丘生，辩士，数招权顾金钱”。季布以为“非长者”②。刘邦“微时，尝辟事，时时与宾客过巨嫂食。嫂厌叔，叔与客来，嫂详为羹尽，栎釜，宾客以故去。已而视釜中尚有羹，高祖由此怨其嫂”，以为其嫂“不长者”，因封其子为“羹颉侯”③。

如前所述，汉初用来抵销承秦之制所带来的负面作用的办法，除了减轻刑律外，便是任用“长者”，而此时所谓“长者”又多了重厚少文一项特征。《史记》卷八《高祖本纪》载刘邦语曰：“周勃重厚少文。”（第392页）卷五七《绛侯周勃世家》：“勃为人木强敦厚……不好文学，每召诸生说士，东向坐而责之：‘趣为我语。’其椎少文如此。”《索隐》曰：“其质朴之性，以斯推之，其少文皆如此。”（第2071页）卷一〇二《张释之列传》：释之问：“绛侯周勃何如人也？”文帝答：“长者也。”又问：“东阳侯张相如何如人也？”复答：“长者。”（第2752页）张相如，《史记》、《汉书》皆无传。据张释之说，此人与周勃一样，“言事曾不能出口”，当亦“木强敦厚”、“不好文学”之人。又卷八四《贾生列传》：文帝“议以为贾生任公卿之位。绛、灌、东阳侯、冯敬之属尽害之，乃短贾生曰：‘洛阳之人，年少初学，专欲擅权，纷乱诸事。’”（第2492页）此处绛侯即周勃，东阳侯

①《史记》卷九二《淮阴侯列传》，第2627页。
②《史记》卷一〇〇《季布列传》，第2731页。
③《史记》卷五〇《楚元王世家》，第1987页。

即张相如,二人政见亦相同。既非喋喋利口之文吏,又非文多质少之儒生,质朴中带着几分粗鲁,这就是张释之心目中的"长者"。

由于黄老学说的流行,汉初"长者"又染上了浓重的道家色彩。《史记》卷五四《曹相国世家》:曹参相齐,"其治要用黄老术",及为汉相,"择郡国吏木诎于文辞,重厚长者,即召除为丞相史。吏之言文刻深,欲务声名者,辄斥去之"(第2029页)。卷一〇四《田叔列传》:叔曾"学黄老术于乐巨公所","孝文帝既立,召田叔问之曰:'公知天下长者乎?'对曰:'臣何足以知之?'上曰:'公,长者也,宜知之。'"(第2775、1776页)卷一二〇《汲郑列传》:"郑庄……好黄老之言,其慕长者如恐不见。"(第3112页)卷一二七《日者列传》所载卜者司马季主,向贾谊、宋忠大谈"长者之道",曰:"君子处卑隐以辟众,自匿以辟伦,微见德顺以除群害,以明天性,助上养下,多其功利,不求尊誉。"(第3220页)显然是道家之言。卷四九《外戚世家》:"窦太后好黄帝、老子言。"(第1975页)窦氏尊黄老之术的具体表现,也是重用重厚少文的长者。卷一〇三《万石张叔列传》:万石君石奋"无文学,恭谨无与比"。四子"皆以驯行孝谨,官皆至二千石"。武帝建元二年,"郎中令王臧以文学获罪,皇太后以为儒者文多而质少,今万石君家不言而躬行,乃以长子建为郎中令,少子庆为内史"(第2763页)。卷一三〇《太史公自序》曰:"敦厚慈孝,讷于言,敏于行,务在鞠躬,君子长者。作万石张叔列传。"(第3316页)①

①关于汉初黄老之术与长者的关系,可参阅钟肇鹏:《论黄老之学》,《世界宗教研究》1981年第2期;阎步克:《士大夫政治演生史稿》,第269—280页。上田早苗认为,汉初"长者"之"重厚"与"自尊",是"黄老术"与"任侠"相结合的产物,见氏著《漢初における長者——〈史記〉にあらわれた理想的人間像》,《史林》第55卷第3号。

《万石张叔列传》所收石奋、石建、石庆、卫绾、直不疑、周仁、张欧诸人,都是司马迁眼中典型的"君子长者"。其中直不疑"学《老子》言",为官"唯恐人知其为吏迹也。不好立名称,称为长者"(第2771页)。张欧"治刑名言",但"专以诚长者处官"(第2773页)。周仁"以医见","上时问人,仁曰:'上自察之。'然亦无所毁"。"上所赐甚多,然常让,不敢受也。诸侯群臣赂遗,终无所受"(第2771页)。万石君父子则"无文学",专以"恭谨"见长。石奋"过宫门阙","必下车趋,见路马必式焉。子孙为小吏,来归谒……必朝服见之,不名。子孙有过失,不谯让,为便坐,对案不食。然后诸子相责,因长老肉袒固谢罪,改之,乃许。子孙胜冠者在侧,虽燕居必冠,申申如也。僮仆欣欣如也,唯谨。上时赐食于家,必稽首俯伏而食之,如在上前。其执丧,哀戚甚悼。子孙遵教,亦如之"(第2764页)。石建为郎中令,"书奏事,事下,建读之,曰:'误书!"马"者与尾当五,今乃四,不足一。上谴死矣!'甚惶恐。其为谨慎,虽他皆如是"(第2766页)。石庆为太仆,"御出,上问车中几马,庆以策数马毕,举手曰:'六马。'庆于诸子中最为简易,然犹如此"(第2767页)。如此"长者"与周勃、张相如之流已大不相同了。他们脱去了武夫的粗鲁,而与儒生之风范十分接近了。《万石列传》曰:"万石君家以孝谨闻乎郡国,虽齐鲁诸儒质行,皆自以为不及也。"(第2764页)

值得注意的是,景帝时期还出现了同情甚至通晓儒家"经术"的"长者"。《史记》卷一〇一《袁盎列传》:盎称为"长者",在朝"常引大体慷慨"。如,绛侯周勃为相,"有骄主色",而文帝"谦让"。盎以为"臣主失礼",遂"廷毁"周勃"非社稷臣"。周勃怨之,盎亦不谢。已而周勃被诬告谋反,"宗室诸公莫敢为言,唯袁盎明绛侯无罪"。又,淮南王"骄甚",盎以为"诸侯大骄必生患,可适削地”，文帝不听。及淮南王谋反事觉，文帝迁之于蜀，盎谏文帝不应“暴摧折之”，以免落得“杀弟之名”。文帝又不听，淮南王遂死于迁徙途中，文帝“哭甚哀”，悔不用袁盎之言。又，文帝宠幸慎夫人，“常同席坐”。盎以为“慎夫人乃妾，妾主岂可与同坐哉！适所以失尊卑矣”，遂“引却慎夫人坐”。文帝、慎夫人皆怒，而袁盎以“尊卑有序则上下和”及戚夫人“人彘”一事说之，文帝、慎夫人乃悦（第2737页）。袁盎之慷慨正气确是“长者”风度，而所引“大体”皆君臣尊卑之礼，颇有儒者意味。

不仅如此，袁盎可能还通晓儒家经术。《袁盎列传》载：“梁王欲求为嗣，袁盎进说，其后语塞。”（第2744页）同书卷五八《梁孝王世家》载其事曰：“上废栗太子，窦太后心欲以孝王为后嗣。大臣及袁盎等有所关说于景帝，窦太后义格，亦遂不复言以梁王为嗣事由此。以事秘，世莫知。”（第2084页）而褚先生曰：

> 盖闻梁王西入朝，谒窦太后，燕见，与景帝俱侍坐于太后前，语言私说。太后谓帝曰：“吾闻殷道亲亲，周道尊尊，其义一也。安车大驾，用梁孝王为寄。”景帝跪席举身曰：“诺。”罢酒出，帝召袁盎诸大臣通经术者曰：“太后言如是，何谓也？”皆对曰：“太后意欲立梁王为帝太子。”帝问其状，袁盎等曰：“殷道亲亲者，立弟。周道尊尊者，立子。殷道质，质者法天，亲其所亲，故立弟。周道文，文者法地，尊者敬也，敬其本始，故立长子。周道，太子死，立嫡孙。殷道，太子死，立其弟。”帝曰：“于公何如？”皆对曰：“方今汉家法周，周道不得立弟，当立子。故《春秋》所以非宋宣公。宋宣公死，不立子而立弟。弟受国死，复反之与兄之子。弟之子争之，以为我当代父后，即刺杀兄子。以故国乱，祸不绝。故《春秋》曰‘君子大

居正,宋之祸宣公为之’。臣请见太后白之。”袁盎等入见太后:“太后言欲立梁王,梁王即终,欲谁立?”太后曰:“吾复立帝子。”袁盎等以宋宣公不立正,生祸,祸乱后五世不绝,小不忍害大义状报太后。太后乃解说,即使梁王归就国。(第2091页)

这段故事,司马迁可能不知道。班固未加引用,显然对其真实性表示怀疑。司马光则相信此说,故《资治通鉴》卷一六节取褚氏之文曰:“帝以访诸大臣,大臣袁盎等曰:‘不可。昔宋宣公不立子而立弟,以生祸乱,五世不绝。小不忍,害大义,故《春秋》大居正。’由是太后议格,遂不复言。”(第535页)清人梁玉绳对褚氏续传多持否定态度,《史记志疑》田叔列传条曰:“褚生所续之传,多不足据。”梁孝王世家条则曰:“褚生续语可删。”①今案:褚少孙乃西汉元、成间人,去景帝时未远,又曾在宫中为郎,且云:“臣为郎时,闻之于宫殿中老郎吏好事者称道之也。”②作为宫中传说,其细节容有夸张不实之处,但基本史实应当不是虚构的。结合上述袁盎重视君臣尊卑之礼的事实,笔者认为其通晓经术不无可能。又《史记·袁盎列传》说:袁盎和窦婴“素相与善”,晁错被诛后,景帝以袁盎为太常,窦婴为大将军,两人权倾一时,“诸陵长者、长安中贤大夫争附两人,车随者日数百乘”(第2742页)。而窦婴正是以“好儒”著称的,对窦太后欲以梁王为嗣也表示反对③。袁盎对儒术的态度与窦婴应当是一致的。

---

①《二十五史三编》,第1分册,第482、436页。

②《史记》卷五八《梁孝王世家》,第2089页。

③见《史记》卷五八《梁孝王世家》,第2090页。

被司马迁收入《万石张叔列传》的卫绾,事文帝,“醇谨无他”,事景帝,“日以谨力”;曾为中郎将,“郎官有谴,常蒙其罪,不与他将争,有功,常让他将,上以为廉,忠实无他肠”;被文、景二帝称为“长者”(第2768页)。正是这个卫绾,于武帝建元元年诏举贤良方正直言极谏之士后,奏罢所举贤良中“治申、商、韩非、苏秦、张仪之言”者,对罢黜百家、独尊儒术起了推动作用。又田叔本是黄老学者,而据《梁孝王世家》褚先生曰:梁孝王遣人刺杀袁盎等大臣事发,“文吏穷本之,谋反端颇见。太后不食,日夜泣不止。景帝甚忧之,问公卿大臣,大臣以为遣经术吏往治之,乃可解。于是遣田叔、吕季主往治之。此二人皆通经术,知大体”(第2092页)。《汉书》卷三七《田叔传》和《资治通鉴》卷一六皆载其“案梁”事,但不言其通经术。班固和司马光于此皆不信褚生之说。褚生之说未必属实,但至少代表了元、成之际儒家学者的一种看法。

汉初政治有两大潮流,一是承秦,二是尚质。儒、道二家跻身政治舞台,皆由后者。道家首先因其重厚少文赢得最高统治者的青睐。儒家也在尚质问题上大做文章,进而取道家而代之。《史记》卷一二一《儒林列传》:武帝“问治乱之事。申公时已八十余,老,对曰:‘为治者不在多言,顾力行何如耳。’”(第3121页)一副长者面孔,俨然道家语气,与万石君父子之“不言而躬行”如出一辙。司马迁认为申公做此回答是因为年老昏瞀,似未得要领。我们看到的是儒生迎合潮流的努力。与申公模仿道家不同,董仲舒将“上忠”、“尚质”解释为《春秋》之道的基本特征,从而将《公羊》家的政治主张与汉初尚质潮流有机地结合起来。《史记》卷八《高祖本纪》太史公曰:“汉兴,承敝易变,使人不倦,得天统矣。”(第394页)就是指汉家“上忠”、“尚质”而言。这里,周勃、张相如之流的“重厚少文”，曹参、田叔之流的“用黄老术”，万石君父子的“不言而躬行”，董仲舒等《公羊》家的“以德善化民”，都被认为符合汉家所当之“天统”，具有与周秦之“文敝”相对立的共同本质。然而其间的变化及其体现出的潮流的发展趋势也是显而易见的。

景、武之际维护黄老最力者是窦太后。《史记》卷四九《外戚世家》说：由于窦太后好黄老，“帝及太子、诸窦不得不读《黄帝》、《老子》，尊其术”（第 1975 页）。然而，景帝对儒术并不像窦太后那样反感。在他那里，儒、道两家似乎是并重的。《史记》卷一二一《儒林列传》：大儒辕固曾与黄老学者黄生“争论景帝前”，黄生认为：“汤武非受命，乃弑也。”辕固反驳说：“不然。夫桀纣虐乱，天下之心皆归汤武……汤武不得已而立，非受命为何？”黄生争辩说：“冠虽敝，必加于首；履虽新，必关于足。何者？上下之分也。今桀纣虽失道，然君上也；汤武虽圣，臣下也。夫主有失行，臣下不能正言匡过以尊天子，反因过而诛之，代立践南面，非弑而何也？”辕固则以“必若所云，是高帝代秦即天子之位，非邪”将了黄生一军。于是景帝说：“食肉不食马肝，不为不知味；言学者无言汤武受命，不为愚。”又窦太后曾召辕固问《老子》，固曰：“此是家人言耳。”太后怒，命固入圈刺豕。景帝认为“固直言无罪，乃假固利兵……豕应手而倒”。窦太后“无以复罪，罢之”。不久，“景帝以固为廉直，拜为清河王太傅”（第 3122 页）。在儒、道两家的这两次冲突中，景帝似乎希望双方求同存异，并不偏袒道家，甚至还保护了儒家。窦氏成员中也有违背太后之意而“好儒术”者，如窦婴。武帝则走得更远，即位后终于将儒术捧上独尊的宝座。

班固在《汉书》卷六《武帝纪赞》中说：“孝武初立，卓然罢黜百家，表章六经。”（第 212 页）后人沿用此说，遂将尊儒之功归于武帝。然而由以上事实我们大致可以看出，汉初用来克服秦政弊端的是“长者”政治，随着秦朝东方政策复活趋势的出现，所谓“长者”的形象和内涵又逐渐发生变化。儒术取黄老而代之，作为景、武之际一股强劲的历史潮流，便是这一变化的结果。正是为了阻挡这股潮流，黄生、窦后等黄老阵营中人才极力反对儒术，使儒、道的对立政治化、公开化。最后，黄老道家虽有窦后之威，也未能挡住这股潮流，汉武帝及更多的贵戚大臣还是在潮流的裹挟和推动下走上了尊儒的道路。

二、申公师徒的改制及其失败

《史记》卷一一《孝景本纪》：后元年八月，“以御史大夫绾为丞相”（第447页）。卷一〇三《万石张叔列传》载：“上（景帝）立胶东王（即武帝）为太子，召绾，拜为太子太傅。久之，迁为御史大夫。五岁，代桃侯（刘）舍为丞相，朝奏事如职所奏。然自初官以至丞相，终无可言。天子以为敦厚，可相少主，尊宠之，赏赐甚多。”（第2770页）又载：“景帝后元年，拜（直不疑）为御史大夫。”（第2771页）《汉书·卫绾传》、《直不疑传》与此同。如前述，卫绾和直不疑皆所谓“长者”。《史记索隐》释“朝奏事如职所奏”曰：“以言但守职分而已，不别有所奏议也。”师古释“自初官以至丞相，终无可言”曰：“不能有所兴建及废罢。”①显然，卫绾和直不疑是一对守成的宰相，景帝晚年对他们的任用和尊宠，是为身后所做的一项政治安排，其用意是希望汉初政策能够继续维持下去。

然而武帝即位后第二年，景帝的上述安排就被改变了。《汉书》卷一九《百官公卿表》：“建元元年六月……丞相绾免。丙寅，

①《汉书》卷六四《卫绾传》，第2202页。

魏其侯窦婴为丞相。武安侯田蚡为太尉。”(第766页)《史记·万石张叔列传》说,绾被罢免是因为“景帝疾时,诸官囚多坐不辜者,而君不任职”;又说直不疑“与丞相绾俱以过免”。同书卷一〇七《魏其武安侯列传》则说绾以“病免”(第2842页)。《汉书》卷五二《田蚡传》同。大概以“病免”是当时对外的说法,“以过免”才是真正原因。不过,景帝死于后三年正月,去建元元年六月已近一年半。因一年半以前的过失而免去两位“但守职分”的宰相,不能不令人产生“欲加之罪,何患无辞”的感觉。显然,卫绾、直不疑被免职,主要不是因为其过失,而是因为当权者要更换宰相人选。当时能够影响此事的,除武帝之外,还有外戚窦氏与王氏。武帝即位时,年仅十六。祖母窦氏被尊为太皇太后,母王氏被尊为皇太后。窦氏辈分最高,对武帝初年的朝政影响最大,王氏次之。武帝本人则在相当程度上处于被操纵的地位。

卫绾、直不疑被免官一事,很可能是窦太后发动的。因为窦太后对景帝任用卫绾为相本来就不赞成。《史记》卷一〇七《魏其武安侯列传》:“桃侯免相,窦太后数言魏其侯。孝景帝曰:‘太后岂以为臣有爱,不相魏其?魏其者,沾沾自喜耳,多易。难以为相持重。’遂不用,用建陵侯卫绾为丞相。”(第2841页)窦太后有一兄一弟,兄字长君,弟字少君,窦婴只是窦太后的“从昆弟子”或“从兄子”。但长君、少君皆为“退让君子”,无大才能,窦婴则“任侠”、“喜宾客”,“宗室诸窦毋如窦婴贤”①,因而是窦太后的主要依靠力量。景帝即位后,窦婴为詹事,“掌皇后、太子家”②。及窦

①《史记》卷四九《外戚世家》,第1974页;卷一〇七《魏其武安侯列传》,第2839页。

②《汉书》卷一九《百官公卿表》,第734页。

太后欲以梁王为嗣，窦婴曰：“天下者，高祖天下，父子相传，此汉之约也，上何以得擅传梁王！”窦太后“由此憎窦婴”，除其门籍，使不得入朝请。后因袁盎入说，窦太后放弃了以梁王为嗣的企图，对窦婴“亦惭”，不再憎之。七国叛乱，景帝以窦婴为大将军率军平之，以功封魏其侯。此事使窦婴名望大增，“诸游士宾客争归魏其侯”，“每朝议大事……诸列侯莫敢与亢礼”。后为栗太子傅，景帝废太子，窦婴“数争不能得”，一度谢病不朝，与景帝发生矛盾。于是有窦太后欲以窦婴为相，而景帝不用之事①。

建元元年六月，卫绾、直不疑免官后，“议置丞相、太尉”。对此，窦太后有很大发言权，其心目中的人选无疑是窦婴。能与窦氏相争的只有外戚王氏，王氏推出的候选人则是王太后同母异父的弟弟田蚡。《魏其武安侯列传》载：窦婴贵为大将军时，田蚡方为诸郎，“往来侍酒魏其，跪起如子姓”。景帝晚年，田蚡日益贵幸，“辩有口，学《盘盂》诸书，王太后贤之”。及武帝即位，田蚡以帝舅封侯，进一步成为统治核心中的人物。史称：武帝“所镇抚多有田蚡宾客计策”。于是，蚡“欲用事为相，卑下宾客，进名士家居者贵之，欲以倾魏其诸将相”。颇有取窦氏而代之之势。正当窦、王两家争夺相权的矛盾一触即发之时，籍福说田蚡曰：“魏其贵久矣，天下士素归之。今将军初兴，未如魏其，即上以将军为丞相，必让魏其。魏其为丞相，将军必为太尉。太尉、丞相尊等耳，又有让贤名。”看来，如果王太后坚持，武帝有可能让田蚡做丞相。但田蚡审时度势，采纳了籍福的建议，“微言太后风上”，于是武帝以窦婴为丞相，田蚡为太尉(第 2841 页)。窦、王两家各得其所，相安无事。

---

①《史记》卷一〇七《魏其武安侯列传》，第 2839 页。

在外戚瓜分丞相、太尉的同时，武帝也按照自己的意愿提拔和重用了王臧、赵绾。《史记》卷一二一《儒林列传》说：王臧曾“事孝景帝为太子少傅，免去”。此太子当即武帝。是王臧曾为武帝老师，武帝对其师徒的政治主张当有所了解。所以，武帝即位后，王臧立刻利用这一大好时机，“上书宿卫”。而武帝此时“方好文词”，与王臧、赵绾一拍即合。于是，王臧“累迁，一岁中为郎中令”（第 3121 页），赵绾迁至御史大夫，与窦婴、田蚡一起位列三公。史称：“赵绾、王臧之属明儒学，而上亦向之，于是招方正贤良文学之士。”（第 3118 页）据《汉书》卷六《武帝纪》，武帝第一次举贤良文学在建元元年十月，则赵绾、王臧得到武帝赏识当在其先。和外戚窦、王两家只顾家族利益不同，武帝重用王臧、赵绾完全出于政治需要，表现出鲜明的学术立场。有趣的是，窦婴和田蚡作为两家外戚的代表，虽然都不是儒生，却“俱好儒术”，与武帝走到一起来了。

在武帝的支持和窦婴、田蚡的推动下，王臧、赵绾掀起一场推行儒术的改制运动，但很快便宣告失败了。《史记·魏其武安侯列传》对其始末原委做了如下记载：

> 魏其、武安俱好儒术，推毂赵绾为御史大夫，王臧为郎中令。迎鲁申公，欲设明堂，令列侯就国，除关，以礼为服制，以兴太平。举谪诸窦宗室毋节行者，除其属籍。时诸外家为列侯，列侯多尚公主，皆不欲就国，以故毁日至窦太后。太后好黄老之言，而魏其、武安、赵绾、王臧等务隆推儒术，贬道家言，是以窦太后滋不悦魏其等。及建元二年，御史大夫赵绾请无奏事东宫。窦太后大怒，乃罢逐赵绾、王臧等，而免丞相、太尉，以柏至侯许昌为丞相，武强侯庄青翟为御史大夫。（第 2843 页）

案《汉书》卷一九《百官公卿表》，卫绾罢相在建元元年六月，直不疑免御史大夫当与之同时；窦婴、田蚡为丞相、太尉在六月丙寅；而继直不疑为御史大夫的是“齐相牛抵”，牛抵之后才是赵绾。赵绾何时取代牛抵，史无明文，当在七月以后。同书卷六《武帝纪》建元元年七月条后，只有“议立明堂，遣使者安车蒲轮，束帛加璧，征鲁申公”一句，班固可能不知其时日，故系于此年年末。其下二年冬十月条则曰：“御史大夫赵绾坐请毋奏事太皇太后，及郎中令王臧皆下狱，自杀。丞相婴、太尉蚡免。”（第157页）据此，从建元元年六月到次年十月的四个月中，窦婴、田蚡和申公师徒在武帝的支持下，企图将贾谊、申公一派的政治主张付诸实施，结果因窦太后反对而失败。

据上引史料，窦太后反对申公师徒的改革，首先是因为改革措施中有“令列侯就国”和“举谪诸窦宗室毋节行者，除其属籍”两项，前者因外戚为列侯者和列侯尚公主者不愿之国而遭到反对，后者直接打击窦氏家族无节行者，因而也遭到他们的反对。荀悦《汉纪》述此事，特别强调了后一方面的原因。其辞曰：“蚡、婴、绾、臧皆同心，欲立太学，建立明堂，以朝诸侯。而婴请无奏事太皇太后，又窦氏子弟无行者绝属籍，故毁谤日至。窦太后怒，皆抵之罪，明堂遂不立。”①

今案《史记》卷四九《外戚世家》、《汉书》卷九七《外戚传》，窦氏为列侯者凡三人，除窦婴外，还有窦长君之子彭祖和窦少君。长君、少君皆“退让君子”，彭祖事迹不详。窦太后只有一女刘嫖，为长公主，堂邑侯陈午尚之。王氏为列侯者亦三人，除田蚡外，还有王信和田胜。史称“信好酒，田蚡、胜贪”，皆属“毋节行者”。

---

①《两汉纪》，张烈点校，上册，第157页。

王太后微时曾嫁为金王孙妇，生一女名俗，号修成君，其子号修成子仲，“以太后故，横于京师”，“骄恣，陵折吏民，皆患苦之”①。王太后与景帝又有三女。长女平阳公主，平阳侯曹时尚之。次女南宫公主，三女林虑公主，不知何人尚之。显然，“令列侯就国”涉及王氏五人，涉及窦氏四人。“举谪诸窦宗室毋节行者”，其实主要针对王氏，窦氏不见有“毋节行者”，《魏其武安侯列传》所言“诸窦”云云与事实不符。王太后未见站出来反对改革，说明来自外戚王氏的阻力并不很大。窦氏反对改革的呼声肯定更小，未必会成为促使窦太后站到改革对立面的一项因素。

如此看来，窦太后好黄老而不悦儒术，便几乎是她反对改革的全部原因了。《史记》卷二八《封禅书》对此事也有一段概括性描述：

> （建元）元年，汉兴已六十余岁矣，天下艾安，缙绅之属皆望天子封禅改正度也，而上向儒术，招贤良，赵绾、王臧等以文学为公卿，欲议古立明堂城南，以朝诸侯。草巡狩封禅改历服色事未就，会窦太后治黄老言，不好儒术，使人微伺得赵绾等奸利事，召案绾、臧，绾、臧自杀，诸所兴为皆废。（第1384页）

这段文字没有“毁谤日至”等庸俗不实的内容，突出了儒道之争这一学术背景，比《汉纪》来得深刻。

《汉书》卷五二《田蚡传》：赵绾请毋奏事东宫，窦太后大怒，

①《史记》卷四九《外戚世家》，第1978、1982页；《汉书》卷九七《外戚传》，第3948页。

曰:"此欲复为新垣平邪!"(第2379页)据《史记·封禅书》:新垣平乃一方士,以"望气"受到文帝赏识,拜"上大夫,赐累千金"。所言"巡狩封禅"及"正朔服色"等事,与贾谊、申公等儒生同,但"所言神气事",如"长安东北有神气,成五彩"、"阙下有宝玉气来者"、"东北汾阴直有金宝气,意周鼎其出乎"等等,"皆诈也"。其事败露后被诛。"自是之后,文帝怠于改正朔服色神明之事"(第1382页)。文帝将方士与儒生视为同类,窦太后亦将申公师徒与新垣平视为同类。新垣平以诈言神气事被诛,窦太后亦曾"微伺得赵绾等奸利事",从而迫使绾、臧自杀。但文帝只是因新垣平之"诈"而失去了对"巡狩封禅"、"正朔服色"等事的兴趣,窦太后则是有意寻找借口以破坏儒生的改革,其学术立场比文帝鲜明得多。《史记》卷一〇三《万石张叔列传》说"王臧以文学获罪"后,窦太后"以为儒者文多质少",遂以"不言而躬行"的石建取代王臧为郎中令(第2765页)。而据同书卷九六《张丞相列传》,新上任的丞相许昌和御史大夫庄青翟,"皆以列侯继嗣,娖娖廉谨,为丞相备员而已,无所能发明功名有著于当世者"(第2685页),与万石君家如出一辙。显然,排斥儒术是窦太后打击申公师徒的主要动机。

然而儒术的兴起在武帝初年已是大势所趋。窦太后打击申公师徒的全部历史意义,不过是将儒术之"独尊"向后推迟了六年。《汉书》卷六《武帝纪》:建元六年五月,"太皇太后崩"(第160页)。卷一九《百官公卿表》:建元六年六月,"丞相昌免,武安侯田蚡为丞相"(第769页)。卷五二《田蚡传》载其事曰:"六年,窦太后崩,丞相昌、御史大夫青翟坐丧事不办免。上以蚡为丞相……天下士郡诸侯愈益附蚡。"(第2379页)所谓"丧事不办"显然也是借口,重新起用田蚡、重申尊儒立场才是目的。《史记》卷一二一《儒林列传》描述当时情形说:"及窦太后崩,武安侯田蚡

为丞相，绌黄老刑名百家之言，延文学儒者数百人。”（第3118页）

在窦太后打击申公师徒的事件中，武帝持什么态度？《史记·儒林列传》说：

> 绾、臧请天子，欲立明堂以朝诸侯。不能就其事，乃言师申公。于是天子使使束帛加璧，安车驷马迎申公，弟子二人乘轺传从。至，见天子，天子问治乱之事。申公时已八十余，老，对曰：“为治者不在多言，顾力行何如耳。”是时天子方好文词，见申公对，默然。然已招致，则以为太中大夫，舍鲁邸，议明堂事。太皇太后好老子言，不说儒术，得赵绾、王臧之过，以让上。上因废明堂事，尽下赵绾、王臧吏，后皆自杀。申公亦疾免以归，数年卒。（第3121页）

《汉书·儒林传》所载与此同。

这段记载表明，武帝顺从窦太后并非完全出于被迫。事实上，申公师徒的政治主张一度赢得武帝的欣赏，但没能维持多久。因为他们推行自己政治主张的努力，很快就遇到了设计明堂等技术上的难题①。明堂制度是汉儒聚讼纷纭的问题，直到王莽时才由刘歆主持建成。王臧、赵绾虽把申公请到京师参与“议明堂事”，但能否议成尚未可知。更重要的是，申公回答武帝之问不合其意，终于使武帝大失所望。“然已招致”云云，说明武帝已经失去了先前的积极态度。值得注意的是，武帝对申公的失望主要是

---

①徐复观认为：周代“明堂即是太庙”，而“汉代早另有庙制，与明堂无关”。王臧、赵绾建明堂，“其所以难就，是要在庙制之外，再创造一套建筑与仪式出来的原故”。见氏著《两汉思想史》卷二，台北：台湾学生书局，1980年，第27页。

因为他那句“为治者不在多言,顾力行何如耳”。这与窦太后不满于申公师徒“文多质少”的立场刚好相反。武帝不满于此,说明他所需要、所期盼的是更加“多文”“多言”的儒术①。其后,赵绾、王臧等人与窦太后的矛盾激化,武帝遂“因”窦太后之“让”而抛弃了申公师徒。在这一事件中,汉武帝表面上站到了窦太后一边,其实动机完全不同。窦太后要打击的是与“黄老”对立的“儒术”,而汉武帝所抛弃的只是“儒术”中的一种。因此,这一事件的后果,除了将汉家“尊儒”推迟六年以外,还有一个更重要的方面,那就是:当建元六年以后武帝再次尊儒之时,所尊的不是贾谊、申公一派,而是以董仲舒、公孙弘为代表的《公羊春秋》学派。

三、《公羊》家的兴起

西汉初年,特别是文景时期,随着儒学的兴起,《公羊》家的学说也开始传播。景帝时,《公羊》大师胡母子都和董仲舒都曾出任博士。前述袁盎等大臣反对梁王为嗣时所引“《春秋》大居正”便是《公羊》说。又《史记》卷四九《外戚世家》载:大行欲立栗太子之母栗姬为皇后,遂奏曰:“‘子以母贵,母以子贵’。今太子母无号,宜立为皇后。”《索隐》曰:“此皆《公羊传》文。”(第 1977 页)可见,《公羊》学至少在景帝时已开始影响朝政了。但《公羊》学真正兴起并成为朝廷法定的正统学说,还是武帝年间的事。

武帝对《公羊》学的了解有一个过程。其中重要的事情有三件:一是董仲舒以贤良对策,二是公孙弘受到武帝赏识,三是董仲舒与江公辩论。这三件事使《公羊》家向正统学说的宝座依次迈

①参杨向奎:《中国古代社会与古代思想研究》,上海:上海人民出版社,1964 年,第 254 页。

出了三大步。

董仲舒曾应贤良文学之举到京师长安参加对策并作了著名的《天人三策》一事，乃人所共知。但此事究竟发生在哪一年，却是千古疑案。前人对此有各种说法①，其中证据较充分因而影响较大的是建元元年（前140年）说和元光元年（前134年）五月说。这两种说法的分歧来自司马迁和班固的不同记载。

武帝一朝举贤良文学共有三次。第一次在建元元年。《汉书》卷六《武帝纪》："建元元年冬十月，诏丞相、御史、列侯、中二千石、二千石、诸侯相，举贤良方正直言极谏之士。丞相绾奏：'所举贤良，或治申、商、韩非、苏秦、张仪之言，乱国政，请皆罢。'奏可。"（第155页）同书卷六四《严助传》："郡举贤良，对策百余人，武帝善助对，由是独擢助为中大夫。"（第2775页）严助本作庄助，班固避明帝讳改。《史记》卷一一四《东越列传》载建元三年，闽越发兵围东瓯事，有"中大夫庄助诘蚡"之语（第2980页）；《汉书·严助传》载建元六年武帝谕淮南王，则有"使中大夫助谕朕意"之语（第2786页）。若严助建元年间已为中大夫，其以贤良对策必在建元元年。第二次在元光元年。《汉书·武帝纪》："元光元年……五月，诏贤良曰：'……贤良明于古今王事之体，受策察问，咸以书对，著之于篇，朕亲览焉。'于是董仲舒、公孙弘等出焉。"（第160页）荀悦《汉纪》武帝元光元年条亦载："五月，诏举贤良。"②第三次在元光五年。《汉书·武帝纪》："（元光）五

①岳庆平《董仲舒对策年代辨》（《北京大学学报》1986年第3期），周桂钿《秦汉思想史》第八章《对策之年考》一节，刘国民《董仲舒对策之年辨兼考公孙弘对策之年》（《古籍整理研究学刊》2004年第3期）等，都对前人的各种说法做了较全面的介绍和分析。

②《两汉纪》，张烈点校，上册，第177页。

年……征吏民有明当时之务、习先圣之术者，县次续食，令与计偕。”(第164页)《史记》卷一一二《平津侯列传》：“元光五年，有诏征文学。”(第2949页)

《史记》原有《今上本纪》，可惜早已亡佚，不知其中对董仲舒对策之年代是否做了确切交待。但今本《史记》并未提到《天人三策》，对董仲舒曾参加对策一事也没有记载。董仲舒对策于建元元年的说法，是后世学者根据《史记》和《汉书》的有关记载推测出来的。《史记》卷一二一《儒林列传》：“今上即位，赵绾、王臧之属明儒学，而上亦向之，于是招方正贤良文学之士。”(第3118页)又曰：“今上即位，(董仲舒)为江都相……中废为中大夫，居舍，著《灾异之记》。是时，辽东高庙灾，主父偃疾之，取其书奏之天子……于是下董仲舒吏，当死，诏赦之。”(第3128页)而据上引《汉书·武帝纪》，武帝在即位后的第一年岁首，即建元元年冬十月，便诏举贤良方正直言极谏之士。同书卷五六《董仲舒传》则说：“仲舒以贤良对策焉……对即毕，天子以仲舒为江都相。”(第2495页)又据《汉书·武帝纪》，“辽东高庙灾”发生在建元六年二月。司马迁既曰“是时”，则董仲舒“为中大夫，居舍”，应是建元六年之前的事，其应征对策及拜江都相，更在废为中大夫之前。据此，把司马迁所说的“今上即位”理解为建元元年，是顺理成章的。司马迁生活在武帝时代，与董仲舒同时而稍晚，并曾亲闻仲舒教诲。班固则是东汉章帝时人，距董仲舒已有一百多年。仅从这个方面看，司马迁的说法应当比班固的更为可信。后世史家在这个问题上大多采纳司马迁之说，这是重要原因。如苏舆便断言：“史公学于董生，记事必确。”①

①见《春秋繁露义证》附《董子年表》，第492页。

然而经验告诉我们，后朝史家所能见到的前朝史料往往比前朝史家所能见到的更多。《汉书》对西汉前期史实的记载往往超出《史记》，就是一个例证。就董仲舒而言，司马迁虽然自称曾亲聆董生教诲，因而被后世学者称作董仲舒后学，但他很可能没见过《天人三策》。《史记》卷一二一《儒林列传》说董仲舒晚年"以修学著书为事"（第 3128 页）。卷一四《十二诸侯年表序》说"董仲舒推《春秋》义，颇著文焉"（第 510 页）。看来，在司马迁时代，董仲舒的著作已开始流传，但《天人三策》应当不在其中。《汉书》卷五六《董仲舒传》载武帝册问诏，有"乃其不正不直，不忠不极，枉于执事，书之不泄，兴于朕躬，毋悼后害"之语，师古注曰："公卿执事有不忠直而阿枉者，皆令言之。朕自发书，不有漏泄，勿惧有后害而不言也。"（第 2498 页）是当时对策皆高度保密，公卿执事尚不得见，更不可能流传民间。《天人三策》流传民间可能始于昭、宣时期。《汉书》卷六六《杨恽传》载，宣帝时恽报孙会宗书曰："董生不云乎：'明明求仁义，常恐不能化民者，卿大夫意也；明明求财利，常恐困乏者，庶人之事也。'"师古注曰："引董仲舒之辞也。"（第 2896 页）案《汉书·董仲舒传》载《天人三策》有："夫皇皇求财利常恐乏匮者，庶人之意也；皇皇求仁义常恐不能化民者，大夫之意也。"（第 2521 页）杨恽所引董生之语当由此而来。《汉书》卷三〇《艺文志》儒家类有"《董仲舒》百二十三篇"（第 1727 页）。《艺文志》乃据刘向《别录》、刘歆《七略》写成，所以《董仲舒》百二十三篇应当在成、哀时期已经形成并流传于世了，而《天人三策》亦在其中。《董仲舒传》末载班固语曰："仲舒所著，皆明经术之意，及上疏条教，凡百二十三篇……皆传于后世。掇其切当世施朝廷者著于篇。"班固读过《董仲舒》百二十三篇，因而见到了《天人三策》，并在《董仲舒传》中将其全文抄录下来。

由此看来,《汉书》所载《天人三策》是昭宣以后传世的、司马迁未曾见过的作品,因而是比《史记》更早也更可靠的文献。

班固在上引《汉书·武帝纪》元光元年五月那条记载中明确指出,董仲舒是在此次诏举贤良文学后“出焉”;而在《董仲舒传》中又说:“对既毕,天子以仲舒为江都相……中废为中大夫。先是,辽东高庙、长陵高园殿灾。仲舒居家推说其意,草稿未上,主父偃候仲舒,私见,嫉之,窃其书而奏焉……于是下仲舒吏,当死,诏赦之。”(第2524页)这段文字与上引《史记·儒林列传》的记载基本相同,只是将“是时”改为“先是”,其意是说,仲舒对策、任江都相及废为中大夫,都在建元六年之后,“居家推说其意”,则是为中大夫时推说数年前发生的灾异。那么,有没有证据可以支持班固的这一说法呢?有,而且相当过硬。

《汉书·董仲舒传》所载《天人三策》有如下一段:

> 汉得天下以来,常欲善治而至今不可善治者,失之于当更化而不更化也……今临政而愿治七十余岁矣,不如退而更化。(第2505页)

同书卷二二《礼乐志》对《天人三策》有一简略记载,其中也有这一段。反对元光元年五月说的学者,对这句话做了种种分析,试图否定“七十余岁”这一数字,但仍缺乏令人信服的证据[①]。《天人三策》可信度极高,这是大家公认的事实,而这一句在《汉书》中两次出现,更不容有衍误之疑。从上下文看,“今临政而愿治七十

①如苏诚鉴:《董仲舒对策在元朔五年议》,《中国史研究》1984年第3期;王葆玹:《今古文经学新论》,中国社会科学出版社,1997年,第221—230页。

余岁”，显然就是“汉得天下以来”已七十余岁，而“汉得天下以来”在汉人口中又作“自汉初定以来”或“汉兴以来”。刘邦起兵在秦二世元年（前 209 年），被项羽封为汉王后始建元，称汉元年（前 206 年），称皇帝则在汉五年（前 202 年）。按照汉人的观念，“汉得天下”或“汉初定”或“汉兴”之年就是汉元年。从这一年算起，到建元元年（前 140 年）是六十七年，故《史记》卷二八《封禅书》曰：“今天子……元年，汉兴已六十余岁矣。”（第 1384 页）《汉书》卷二五《郊祀志》亦曰：“武帝初即位……汉兴已六十余岁矣。”（第 1215 页）同书卷六四《严助传》载淮南王刘安建元六年上疏则有“自汉初定已来七十二年”之语（第 2777 页）。据此，董仲舒若于建元元年对策，不得曰“今临政而愿治七十余岁矣”。而从汉元年到元光元年（前 134 年）则是七十三年，与“七十余岁”正合。

建元元年，武帝初次尊儒，活跃在政治舞台上的是以《鲁诗》和《穀梁》学名家的申公师徒，所举贤良中最受赏识的则是严助。据《汉书・严助传》：助是“严（庄）夫子子”，或“族家子”。注引张晏曰：“夫子，严（庄）忌也。”（第 2775 页）案《汉书》卷五一《邹阳传》，庄忌乃文景时人，“以文辩著名”（第 2338 页）。严助亦能言善辩。本《传》曰：武帝常令助“与大臣辩论，中外相应以义理之文，大臣数诎”（第 2775 页）；后出为会稽太守，数年无消息，武帝赐书，命其做出解释，同时要求“具以《春秋》对，毋以苏秦从横”（第 2789 页）。这说明，严助本长于纵横之学。公孙弘也参加了建元元年的贤良对策，但未受到武帝的赏识。《史记》卷一一二《平津侯列传》：“建元元年，天子初即位，招贤良文学之士。是时弘年六十，征以贤良。为博士，使匈奴，还报，不合上意，上怒，以为不能，弘乃病免归。”（第 2949 页）据同书卷一二一《儒林列传》，公孙弘曾学于胡母子都，是《公羊》学家。他在建元元年的遭遇，从一个侧面反映了《公羊》学派当时的处境。

元光元年，武帝重申尊儒立场，董仲舒脱颖而出，作《天人三策》。但从司马迁竟然没见过《天人三策》甚至不知董仲舒曾参加对策一事看来，《天人三策》当时并未被世人所知，因而没有引起任何反响。武帝本人对《天人三策》也未表示明确态度。《汉书·董仲舒传》只是说："对既毕，天子以仲舒为江都相，事易王。"而江都易王是有名的骄王；后"废为中大夫"，又因推说灾异，险些被武帝处死（第2523页）。仲舒对策后的这些经历表明，武帝当时虽初步了解了《公羊》家的学说，但尚未给予充分重视。

元光五年，武帝第三次诏举贤良文学。公孙弘再次应征，而结果与上次大不相同。《史记》卷一一二《平津侯列传》：

> 菑川国复推上公孙弘。弘让谢国人曰："臣已尝西应命，以不能罢归，愿更推选。"国人固推弘，弘至太常。太常令所征儒士各对策，百余人，弘第居下。策奏，天子擢弘对为第一。召入见，状貌甚丽，拜为博士。（第2949页）

其后，公孙弘又多次上书言事，进一步赢得武帝信任，当年即迁左内史。四年后，即元朔三年（前126年），迁御史大夫。二年后，即元朔五年（前124年），又迁丞相，封平津侯。公孙弘得以迅速升迁，靠的是《公羊》学。《史记》卷三〇《平准书》："公孙弘以《春秋》之义绳臣下，取汉相。"（第1424页）《盐铁论·刺复》："公孙丞相以《春秋》说先帝，遽即三公。"①这也说明汉武帝对《公羊》学

①王利器：《盐铁论校注》，第131页。

的偏爱在逐步提高。

《史记》卷一二一《儒林列传》:“瑕丘江生为《穀梁春秋》。自公孙弘得用,尝集比其义,卒用董仲舒。”(第3129页)《汉书》卷八八《儒林传》载此事较详:

> 武帝时,江公与董仲舒并。仲舒通五经,能持论,善属文。江公讷于口,上使与仲舒议,不如仲舒。而丞相公孙弘本为《公羊》学,比辑其议,卒用董生。于是上因尊《公羊》家,诏太子受《公羊春秋》,由是《公羊》大兴。(第3617页)

瑕丘江公乃申公弟子,“受《穀梁春秋》及《诗》于鲁申公”。公孙弘自元朔五年十一月为相,元狩二年三月薨,在任三年多。江公与董仲舒的这场辩论应当就发生在这期间。这是汉代历史上《公羊》家与《穀梁》家的第一次论战,其结果是《公羊》家占了上风,赢得武帝的尊崇,因而大兴于世。班固将《公羊》家的这次胜利,归因于董仲舒“能持论,善属文”而江公“讷于口”,及公孙弘对《公羊》学的偏袒。这可能和班固的学术立场有关①。事实上,纵观景武之际政治和学术演变的全过程,《公羊》之兴乃势所必然。武帝对《公羊》学日益明显的偏爱则起了很大的推动作用。

“《公羊》大兴”,首先表现为投入《公羊》家门下的儒生大为增加,其中尤以董仲舒一支最盛。《史记》卷一二一《儒林列传》:“胡毋生,齐人也。孝景时为博士,以老归教授。齐之言《春秋》者多受胡毋生,公孙弘亦颇受焉。”(第3128页)《汉书·儒林传》与

①班固偏爱古文学,于《春秋》三传明显偏袒《左氏》。而汉代《左氏》学家通常与《穀梁》家站在一边,与《公羊》家对立。

此同。西汉《公羊》家胡毋生一支的传授情况，如此而已。关于董仲舒一支，《史记·儒林列传》曰："仲舒弟子遂者：兰陵褚大，广川殷忠，温吕步舒。褚大至梁相，步舒至长史……弟子通者，至于命大夫；为郎、谒者、掌故者以百数。而董仲舒子及孙皆以学至大官。"（第3129页）《汉书·儒林传》言之更详："弟子遂之者，兰陵褚大，东平嬴公，广川段仲，温吕步舒。大至梁相，步舒丞相长史，唯嬴公守学不失师法，为昭帝谏大夫，授东海孟卿、鲁眭孟……孟弟子百余人，唯（严）彭祖、（颜）安乐为明，质问疑谊，各持所见。孟曰：'《春秋》之意，在二子矣！'孟死，彭祖、安乐各专门教授。由是《公羊春秋》有颜、严之学。"（第3616页）与此同时，《穀梁》学却奄奄一息，不绝如缕。

更重要的是，武帝一朝，开边、改制、兴利、用法，完全背离了汉初清静无为的传统，《公羊》学则为实现这一重大转变提供了理论武器。《汉书》卷六四《严助传》："武帝……擢助为中大夫。后得朱买臣、吾丘寿王、司马相如、主父偃、徐乐、严安、东方朔、枚皋、胶仓、终军、严葱奇等，并在左右。是时征伐四夷，开置边郡，军旅数发，内改制度，朝廷多事，屡举贤良文学之士。公孙弘起徒步，数年至丞相，开东阁，延贤人与谋议，朝觐奏事，因言国家便宜。上令助等与大臣辩论，中外相应以义理之文。"（第2775页）司马相如、东方朔、枚皋、严葱奇皆以赋颂见长①，武帝"颇俳优畜之"，"不得比严助等得尊官"②。主父偃、徐乐、严安似为纵横家③。朱买臣、吾丘

①《汉书》卷三〇《艺文志》赋家类有"司马相如赋二十九篇"，"枚皋赋百二十篇"，"庄葱奇赋十一篇"，杂家类有"东方朔二十篇"。

②《汉书》卷五一《枚乘传附枚皋传》，第2366页。

③《汉书》卷三〇《艺文志》纵横家类有"《主父偃》二十八篇"，"《徐乐》一篇"，"《庄安》一篇"。

寿王、终军皆为儒家。严助本是纵横家,后来也成为儒家[①]。其中最受武帝重用的是严助和吾丘寿王。

公孙弘及严助等人是协助武帝开创新局面的重要人物。其中,公孙弘"本为《公羊》学";严助亦通《公羊》学,武帝令其"具以《春秋》对",乃对以"《春秋》天王出居于郑,不能事母,故绝之"。师古曰语出《公羊传》[②]。今案《春秋公羊传》僖公二十四年有:"天王出居于郑。王者无外,此其言出何?不能乎母也。"何休注:"不能事母,罪莫大于不孝,故绝之,言出也。"[③]朱买臣与严助同乡,经严助推荐,得武帝召见,"说《春秋》,言《楚辞》,帝甚说之",遂拜为中大夫,"与严助俱侍中"[④]。所说《春秋》肯定也是《公羊》。吾丘寿王初"以善格五召待诏",后"诏使从中大夫董仲舒受《春秋》,高材通明",成为董仲舒的学生[⑤]。终军"少好学,以辩博能属文闻于郡中"。元鼎年间,博士徐偃"使行风俗",以"《春秋》之义,大夫出疆,有可以安社稷,存万民,颛之可也"为由,"矫制,使胶东、鲁国鼓铸盐铁"。张汤"致其法,不能诎其义",而终军以"《春秋》王者无外"之义诘之,偃乃"穷诎,服罪"[⑥]。案徐偃所引"《春秋》之义"出《公羊传》庄公十九年,终军所言"王者无外",则见于《公羊传》隐公元年、桓公八年、僖公二十四年和成公十二年。则终军亦通《公羊》学。主父偃初"学长短纵横术,晚乃学

---

①《汉书》卷三〇《艺文志》儒家类有"《终军》八篇","《吾丘寿王》六篇","《庄助》四篇"。

②《汉书》卷六四《严助传》,第2789页。

③《十三经注疏》,第2259页。

④《汉书》卷六四《朱买臣传》,第2791页。

⑤《汉书》卷六四《吾丘寿王传》,第2794页。

⑥《汉书》卷六四《终军传》,第2814、2817页。

《易》、《春秋》、百家之言”[1]。所学《春秋》应当也是《公羊》学。可以想见，公孙弘、严助等人用来推动武帝事业的“义理之文”，必有浓重的《公羊》学色彩。

第二节 《公羊》学对武帝内外政策的影响

汉武帝“尊《公羊》家”究竟有多少实际意义？这取决于《公羊》家的政治学说对武帝一朝的内外政策究竟产生了怎样的影响。这个问题在我们的研究中是极为重要的一环，必须进行深入的剖析。笔者认为，《公羊》学对武帝一朝政策的影响主要表现在以下几个方面：武帝对其所处时代和所负历史使命的认识，出师征伐、拓土开边的对外政策，变更制度特别是对法律制度进行的改革，三十年完成全部事业然后转入守成的预设时间表，以及没能按时转变政策使对外战争又延续了数十年。下面分别考述之。

一、从“升平”到“太平”

《公羊》学在武帝一朝的影响，首先表现在武帝和当时的儒学士大夫们对其所处时代和所负使命的认识上。

前已述及，《公羊传》有“三世异辞”之说，到董仲舒时发展为“三世异治”的治国方略，即“衰乱”世应“内其国而外诸夏”，“升平”世应“内诸夏而外夷狄”，“太平”世则应“远夷之君，内而不外”，“天下远近小大若一”。此说带有明显的人工痕迹和理想成分，但不是董仲舒凭空编造的，而是有其现实基础的。

---

①《汉书》卷六四《主父偃传》，第2798页。

商周有“内外服”制度，将国家分为内服和外服两部分。《尚书·酒诰》：“越在外服，侯甸男卫邦伯；越在内服，百僚庶尹，惟亚惟服宗工，越百姓里居。”①内服就是王畿，是天子的直接控制区；外服则诸侯林立，并有很强的独立性。这和“内其国而外诸夏”有相近之处。但“内诸夏而外夷狄”肯定是战国以后的情形。春秋以前，华夏文明主要存在于“国”中，形成一个个点，周围的“野”则遍布夷狄，对天子而言，二者不存在“内外”和“远近”的区别。及至战国，少数大国吞并了周围的夷狄和小国，中原成为“诸夏”的地盘②。夷狄只存在于四周边远地区，故称“远夷”。秦汉帝国建立后，整个天下便由“关中”、“关东”和“四夷”三部分组成。这应当是京师、诸夏、夷狄内外、远近有别之说的真实背景。其中秦、西汉两朝统一天下，都是由关中而关东、由诸夏而夷狄的过程，但秦的统一只是军事征服和政治统一，西汉除此之外还经历了一个由汉朝而诸侯、由中原而四夷逐步推行“汉法”的过程。“三世异治”说所强调的正是一种以文化整合为目的的教化过程，与汉初政治发展的实际历程最为接近。

秦及汉初所谓“关中”、“关东”，以武关、函谷关、临晋关为界。《史记》卷七《项羽本纪》：“关中阻山河四塞。”《集解》引徐广曰：“东函谷，南武关，西散关，北萧关。”（第315页）与“关东”相对而言，“关中”指函谷关以西。《汉书》卷一《高帝纪》：“先入定关中者王之。”师古注曰：“自函谷关以西，总名关中。”（第16页）武关和临晋关也是出入关中、关东的重要关口。刘邦灭秦自武关

①《十三经注疏》，第207页。

②参阅邢义田：《天下一家——传统中国天下观的形成》，《秦汉史论稿》，第24页。

而入,与项羽争雄则自临晋关而出。汉朝建立后定都关中,关东则王国林立。为了防备东方诸侯,函谷、武关、临晋一线仍然设关立卡。

不过,汉初用来控制关东诸侯的主要军事设施不是函谷等关,而是洛阳之武库和荥阳之敖仓。吴楚七国叛乱之初,吴少将桓将军曾说刘濞曰:“愿大王所过城邑不下,直弃去,疾西据洛阳武库,食敖仓粟,阻山河之险以令诸侯,虽毋入关,天下固已定矣。”①这是洞悉中原形势的见解,吴王不用,已先失一着。汉朝大将周亚夫则用赵涉之谋,不走函谷关,而绕道蓝田,出武关,从而避开了崤黾之间的吴国伏兵,“抵洛阳”,“直入武库”,又“会兵荥阳”②,控制了敖仓,为粉碎七国之乱奠定了基础。自汉初以来,洛阳始终在汉朝手中,因而函谷等关不是前线,其意义主要不在军事方面,而在政治、治安等方面。

古代关津有以下几项功能:一曰“讥”。《礼记·王制》:“关执禁以讥,禁异服,识异言。”郑玄注:“讥,呵察。”《周礼·地官·司关》:“国凶札……犹几(讥)。”郑司农云:“犹几,谓……犹苛察,不得令奸人出入。”③西汉亦然,如武帝天汉二年十一月诏关都尉曰:“今豪杰多远交,依东方群盗,其谨察出入者。”④关吏“察出入者”主要通过用“传”制度。《史记》卷一一《孝景本纪》四年后九月条《集解》引张晏曰:“传,信也,若今过所也。”又引如淳曰:“两行书缯帛,分持其一,出入关,合之乃得过,谓之传。”(第442页)《汉书》卷六四《终军传》:选为博士弟子,“从济南当诣博士,

①《史记》卷一〇六《吴王濞列传》,第2832页。
②《汉书》卷四〇《周亚夫传》,第2059页。
③《十三经注疏》,第1344、739页。
④《汉书》卷六《武帝纪》,第204页。

步入关，关吏予军繻。军问：‘以此何为？’吏曰：‘为复传，还当以合符。’军曰：‘大丈夫西游，终不复传还。’弃繻而去”。后来，终军“为谒者，使行郡国，建节东出关”（第2819页）。同书卷九〇《酷吏宁成传》：官至内史，后“抵罪髡钳”，自以为不会再被任用，“乃解脱，诈刻传出关归家”（第3650页）。是平民出入关皆须用“传”。用“传”制度不仅可防止奸人入关，还可禁止关中士人及马匹、兵器流入关东。《新书·一通》：“所为禁游宦诸侯及无得出马关者，岂不曰诸侯得众则权益重，其国众车骑则力益多，故明为之法，无资诸侯。”①《汉书》卷五《景帝纪》中四年春三月：“御史大夫（卫）绾奏禁马高五尺九寸以上，齿未平，不得出关。”注引服虔曰：“马十岁，齿下平。”（第147页）卷七《昭帝纪》始元五年夏：“罢……马弩关。”注引孟康曰：“旧马高五尺六寸齿未平，弩十石以上，皆不得出关，今不禁也。”（第222页）是汉初对关中之人、马、弩出关皆有限制。

二曰“征”。《孟子·公孙丑上》：“关讥而不征。”赵岐注：“言古之设关，但讥禁异言，识异服耳，不征税出入者也。”②是“讥”为古制，“征”乃后起。《周礼·地官·司关》：“司货贿之出入者，掌其治禁与其征廛。凡货不出于关者，举其货，罚其人。凡所达货贿者，则以节传出之。”郑玄注：“征廛者，货贿之税与所止邸舍也。不出于关，谓从私道出辟税者，则没其财而挞其人。”③汉初函谷诸关也向出入者征收关税。《汉书》卷六《武帝纪》太初四年冬：“徙弘农都尉治武关，税出入者以给关吏卒食。”（第202页）同书卷九

①阎振益、钟夏：《新书校注》，第113页。

②焦循：《孟子正义》，第229页。

③《十三经注疏》，第739页。

○《酷吏宁成传》:"为关都尉。岁余,关吏税肄郡国出入关者,号曰:'宁见乳虎,无直宁成之怒。'"(第3653页)但此项税收在当时财政中不占重要地位。

三曰"告"。《周礼·地官·司关》:"凡四方之宾客叩关,则为之告。"郑注曰:"谓朝聘者也。叩关,犹谒关人也。"贾疏曰:"畿外诸侯来朝,使卿大夫来大聘、小聘,但至关门,皆先谒关人。关人止客,则奔告王。王使小行人逆劳于畿也。"孙诒让案:"盖宾客至关,则止于馆,俟关人告王遣劳而后入也。"①汉初亦有此制。《史记》卷五八《梁孝王世家》载:"梁孝王入朝。景帝使使持节乘舆驷马,迎梁王于关下。"又载:梁王派人刺杀袁盎等大臣后,为了消除景帝的"怨望",乃"上书请朝。既至关……乘布车,从两骑入,匿于长公主园。汉使使迎王,王已入关,车骑尽居外,不知王处。太后泣曰:'帝杀吾子!'景帝忧恐。于是梁王伏斧质于阙下,谢罪,然后太后、景帝大喜,相泣,复如故。悉召王从官入关"(第2085页)。是汉之关中即古之王畿,诸侯王入朝须先至关,待关吏告之天子,天子遣使来迎,方可进入。

以上三项制度使得关中与关东成为汉朝境内的两个区域。对天子而言,二者有内外远近亲疏之别。而所谓"疏山东,孽诸侯",不仅指汉初对关东的防范与歧视,也意味着汉朝在关中和关东实行不同的政策。对关中的政策与秦一脉相承,郡县长官皆由中央任免,"奉汉法以治"。关东诸侯则"自置吏","自治民",拥有相当自主权。《史记》卷二五《律书》:"高祖有天下,三边外畔;大国之王虽称蕃辅,臣节未尽。会高祖厌苦军事……故偃武一休

①孙诒让:《周礼正义》,王文锦、陈玉霞点校,北京:中华书局,1987年,第1109页。

息，羁縻不备。”（第1242页）这不是“内京师而外诸夏”吗？

自文帝以后，汉朝开始解决诸侯王问题。主要手段是逐步剥夺诸侯王的置吏权，并要求王国全面“用汉法”。与此同时，“除关”也被提上议事日程。贾谊曾建议文帝废除函谷等关。《新书·一通》说：“大诸侯多其力，因建关而备之。”即对汉朝不利，不能维持长久的稳定，又“不服人心，害兼覆之义”；不如“割地定制”，将大国分为若干小国，“使无可备之患，因行兼爱无私之道，罢关一通，示天下无以区区独有关中者”①。文帝先后解决了济北王、淮南王的谋反事件后，采纳了贾谊的建议，于十二年三月下令“除关无用传”②。此事意味着汉朝开始改变对关东的歧视态度和防范政策，将关东视同关中，在政治上取消了二者的内外远近亲疏之别，“令似一家”。后来，晁错以贤良对策，策中赞颂文帝“所为天下兴利除害，变法易故，以安海内者，大功数十，皆上世之所难及”，其中之一便是“通关去塞，不孽诸侯”③。景帝初即位，下诏称扬文帝功德，第一项就是“通关梁，不异远方”④。宣帝时，路温舒说文帝曾使“天下太平”，其措施也包括“通关梁，一远近”⑤。七国之乱平后，景帝于四年春，“复置诸关用传出入”。应劭曰：“以七国新反，备非常。”⑥此后的函谷诸关虽仍用传出入，但意义不同于前。它们主要是一种治安设施，而非政治设施。文帝将关东视同关中的政策，在景帝以后继续执行，从而确立了汉

①阎振益、钟夏：《新书校注》，第113页。
②《汉书》卷四《文帝纪》，第123页。
③《汉书》卷四九《晁错传》，第2296页。
④《史记》卷一〇《孝文本纪》，第436页。
⑤《汉书》卷五一《路温舒传》，第2368页。
⑥《汉书》卷五《景帝纪》，第143页。

朝对关东广大地区的直接统治。这是文景二帝对汉朝的一大贡献。但这一时期,汉朝对周边少数民族仍采取和亲与羁縻政策。

汉初周边民族对汉朝威胁最大的是匈奴。《史记》卷一一〇《匈奴列传》:战国末年,燕、赵、秦三国皆“筑长城以拒胡”。其中秦国长城西起今岷县,经临洮、渭源、固原、环县、吴旗、靖边、榆林、准格尔旗,直达十二连城。秦灭六国后,派蒙恬“北击胡,悉收河南地”,于是又“因河为塞”,对赵长城加以扩建,并“筑四十四县城临河,徙谪戍以充之”。及“蒙恬死,诸侯叛秦,中国扰乱,诸秦所徙谪戍边者皆复去,于是匈奴得宽,复稍度河南与中国界于故塞”(第 2885 页)。下文又曰:冒顿单于“悉复收秦所使蒙恬所夺匈奴地者,与汉关故河南塞……是时汉兵与项羽相距,中国罢于兵革,以故冒顿得自强”(第 2890 页)。案《汉书》卷一《高帝纪》高帝二年十一月:“缮治河上塞。”(第 33 页)“上”应为“南”之误。《汉书·高帝纪》同年六月:“兴关中卒乘边塞。”注引李奇曰:“乘,守也。”师古曰:“乘,登也,登而守之。”(第 38 页)此“边塞”当指“河南塞”。刘邦当时刚被项羽击溃于彭城,正需关中派兵支援,在这个时候兴卒守河南塞,一定是因为西北方向遇到来自匈奴的巨大压力。

高帝七年,韩王信反,降匈奴。匈奴得信,因引兵南越句注山,攻太原,至晋阳下。刘邦率大军往击之,匈奴“详败走,诱汉兵”,又“匿其精兵,见其羸弱”。刘邦误以为“匈奴可击”,遂“北逐之”。至平城,被匈奴大军围于白登,七日后乃得解①。此事使刘邦认清了匈奴的实力,于是刘敬说刘邦曰:“天下初定,士卒罢于兵革,未可以武服也。冒顿杀父代立,妻群母,以力为威,未可

①《史记》卷一一〇《匈奴列传》,第 2894 页。

以仁义说也。独可以计久远子孙为臣耳。”由此提出“和亲”之计，即“以嫡长公主妻之，厚奉遗之，彼知汉嫡女送厚，蛮夷必慕以为阏氏，生子必为太子，代单于……陛下以岁时汉所余彼所鲜数问遗，因使辩士风谕以礼节。冒顿在，固为子婿；死，则外孙为单于。岂尝闻外孙敢与大父抗礼者哉？兵可无战以渐臣也”。刘邦称“善”，“使刘敬往结和亲约”①。从此，惠帝、吕后、文帝、景帝都沿用这一政策。

通过和亲使冒顿“子孙为臣”，与贾谊“五饵三表”之说一样，其术亦疏矣。实际上，和亲之约的主要内容是：汉朝与匈奴“约为昆弟”，双方以长城为界，互不侵犯。《史记》卷一一〇《匈奴列传》载文帝后二年遗匈奴书曰：“先帝制：长城以北，引弓之国，受命单于；长城以内，冠带之室，朕亦制之。使万民耕织射猎衣食，父子无离，臣主相安，俱无暴逆。”又载文帝诏御史曰：“和亲已定……匈奴无入塞，汉无出塞，犯今约者杀之。”（第2902页）所谓“昆弟”意味着匈奴与汉朝是地位相等的“敌国”。《史记·匈奴列传》：“至冒顿而匈奴最强大，尽服从北夷，而南与中国为敌国。”（第2890页）《尔雅·释诂》：“敌，匹也。”又曰：“敌，当也。”②上引文帝遗匈奴书曰：“汉与匈奴，邻国之敌。”两国之君地位也相等。匈奴遗汉书抬头称：“天所立匈奴大单于敬问皇帝无恙。”汉遗匈奴书抬头称：“皇帝敬问匈奴大单于无恙。”文帝遗匈奴书则明确表示：“万民熙熙，朕与单于为之父母。”③

汉朝初年，匈强汉弱。匈奴每每背约入塞，虏略汉边。汉朝

①《史记》卷九九《刘敬列传》，第2719页。

②《十三经注疏》，第2569、2576页。

③《史记》卷一一〇《匈奴列传》，第2903、2896页。

守约，对匈奴用兵也以长城为限，“逐出塞即还”[1]，“不发兵深入”[2]。同时不断遣公主、送絮缯酒米食物于匈奴，重申和亲之约。如此和亲确如乌维单于所说，“汉常遣翁主，给缯絮食物有品，以和亲，而匈奴亦不扰边”。公主及缯絮食物只是汉朝换取和平的代价。而匈奴则以扰边相要挟，迫使汉朝输送物品。降于匈奴的原汉朝宦官中行说曾斥责汉朝使者：“无多言，顾汉所输缯絮米蘖，令其量中，必善美而已矣……所给备善则已；不备，苦恶，则候秋孰，以骑驰蹂而稼穑耳。”[3]语气张狂，但所言是实情。

汉朝南方最大的少数民族政权是南越。秦朝灭亡后，赵佗自立为南越王。《史记》卷一一三《南越列传》说：刘邦“为中国劳苦，故释佗弗诛”。是佗自立为王，罪乃当诛。但汉朝对关东地区的统治尚未稳定，当然顾不上对南越兴师问罪。后刘邦派陆贾出使南越，立佗为王，“与剖符通使，和集百越，毋为南边患害，与长沙接境”，正式承认南越为“外臣”，并设“边关”以隔异之。吕后时，下令“禁南越关市铁器”（第 2967 页）。《汉书》卷五〇《汲黯传》注引应劭曰：“律：胡市，吏民不得持兵器及铁出关。”（第 2321 页）此律或即吕后所定，非仅针对南越。《史记·南越列传》：佗怨汉朝“别异蛮夷，隔绝器物”，遂自称“南越武帝”，并发兵攻打长沙边邑。文景时期，对南越继续实行羁縻政策。文帝“为佗亲冢在真定，置守邑，岁时奉祀。召其从昆弟，尊官厚赐宠之”。又派陆贾出使南越，“让佗自立为帝，曾无一介之使报者”。佗乃“顿首谢，愿长为藩臣，奉贡职”。自此以后，南越表面“去帝制”，向汉朝“称臣，使

[1]《史记》卷一一〇《匈奴列传》，第 2901 页。
[2]《史记》卷一〇《孝文本纪》，第 433 页。
[3]《史记》卷一一〇《匈奴列传》，第 2913、2901 页。

人朝请”，实际在国内仍“窃如故号名”（第 2970 页），并仍然自置官吏，不用汉法，“贡酎之奉不输大内，一卒之用不给上事”①。文景二帝满足于南越形式上的臣服，没有将对内诸侯的政策推广至“外臣”。

闽越和东越（又称东瓯）是汉朝东南的两个越人政权。《史记》卷一一四《东越列传》：闽越王无诸和东瓯王摇都是越王句践之后。秦朝末年，二人率越人从吴芮，参加反秦战争。楚汉相争，二人又“率越人佐汉”，因而也被汉朝立为王，成为“外臣”。景帝时，吴楚七国反叛，召闽越参加，“闽越未肯行，独东瓯从吴”。但吴楚败后，东瓯“受汉购”，杀吴王于丹徒，“以故皆得不诛，归国”（第 2979 页）。《汉书》卷三五《荆燕吴传》则曰：吴王败后，“与麾下壮士千人夜亡去，度淮走丹徒，保东越。东越兵可万余人，使人收聚亡卒”。在这种情况下，汉朝没有发兵追击，只是“使人以利啖东越”，于是“东越绐吴王”，乘其劳军而杀之（第 1916 页）。东越杀吴王是为了得到汉朝的赏金。从吴王太子驹逃入闽越，而汉朝不加追究一事来看，东越即使不杀吴王，汉朝也未必会出兵讨伐。与之形成对照的是，参与叛乱的吴、楚、赵、胶东、胶西、济南、菑川等内诸侯都被杀了。齐王本来“许诺”参加反叛，后又“后悔，背约城守”。胶西、菑川、济南“三国兵共围齐”。齐王因“围急”，又“阴与三国通谋，约未定”，得知汉已出兵，“喜，及其大臣乃复劝王毋下三国”。不久，汉军“击破三国兵，解齐围。已而复闻齐初与三国有谋，将欲移兵伐齐。齐孝王惧，乃饮药自杀”。事后，景帝“以为齐首善，以迫劫有谋，非其罪也，乃立孝王太子为齐王”②。汉军“伐

---

①《汉书》卷六四《严助传》，第 2778 页。

②《史记》卷五二《齐悼惠王世家》，第 2006 页；《汉书》卷三五《荆燕吴传》，第 1909 页。

齐”是件大事，前线将领不会不经景帝首肯便擅自行事。齐王惧而自杀，而事后景帝并未责罚前线将领，说明景帝对齐王有罪是认可的。“首善”云云及继嗣不废，都是齐王用自杀换来的结果。相比之下，景帝对闽越和东越就宽容得多了。

汉初对东北和西南各少数民族也采取类似政策。《史记》卷一一五《朝鲜列传》：战国时，燕“尝略属真番、朝鲜，为置吏，筑鄣塞”。秦朝“以属辽东外徼”。汉初，“为其远难守，复修辽东故塞，至浿水为界，属燕”。燕王卢绾反，逃入匈奴，朝鲜王满遂“亡命，聚党千余人，椎结蛮夷服而东走出塞，渡浿水，居秦故空地上下鄣，稍役属真番、朝鲜蛮夷及故燕、齐亡命者王之”。惠帝、吕后时，“约满为外臣，保塞外蛮夷，无使盗边；诸蛮夷君长欲入见天子，勿得禁止”。此后，“满得兵威财物侵降其旁小邑，真番、临屯皆来服属，方数千里。传子至孙右渠，所诱汉亡人滋多，又未尝入见；真番旁众国欲上书见天子，又拥阏不通”（第2985页）。汉朝对此皆不闻不问。《史记》卷一一六《西南夷列传》：“西南夷君长以十数……皆巴蜀西南外蛮夷也。”“外”即“徼外”①。秦朝曾“略通五尺道，诸此国颇置吏焉”。汉初则“皆弃此国而开蜀故徼”（第2991页），又将其视为塞外蛮夷。文景时期仍然如此。

总之，文景时期，汉朝加强了对内诸侯事务的干预，实现了对关东地区的直接统治，对“外臣”及其他蛮夷政权则坚持和亲与羁縻政策，汉朝的政治、军事、文化势力范围仍在徼塞边关以内。《史记》卷二五《律书》载：文帝即位后，将军陈武等曾提出：“南越、朝鲜自全秦时内属为臣子，后且拥兵阻阨，选蠕观望。高祖时

---

①《汉书》卷九五《西南夷传》师古注曰：“西南之徼，犹北方之塞也。”（第3839页）

天下新定，人民小安，未可复兴兵。今陛下仁惠抚百姓，恩泽加海内，宜及士民乐用，征讨逆党，以一封疆。”但文帝回答说：“朕能任衣冠，念不到此……愿且坚边设候，结和通使，休宁北陲，为功多矣。且无议军。”（第1242页）这不是“内诸夏而外夷狄”吗？

刘邦、惠帝、吕后时期相当于“内其国而外诸夏”的“衰乱”之世，文帝、景帝时期相当于“内诸夏而外夷狄”的“升平”之世。以此类推，武帝时期便应相当于“远夷之君内而不外”、“天下远近小大若一”的“太平”之世。上面说过，《公羊》家所谓“太平”之世并非已然太平之时，而是逐渐接近太平的阶段，其任务是完成从升平向太平的过渡，最终实现天下太平。《汉书》卷五六《董仲舒传》载武帝册问诏曰：

> 盖闻虞舜之时，游于岩郎之上，垂拱无为，而天下太平。周文王至于日昃不暇食，而宇内亦治……今朕亲耕藉田以为农先，劝孝弟，崇有德，使者冠盖相望，问勤劳，恤孤独，尽思极神，功烈休德未始云获也。（第2506页）

言语之间流露出向往太平的急切心情。董仲舒对曰：

> 今陛下并有天下，海内莫不率服，广览兼听，极群下之知，尽天下之美，至德昭然，施于方外。夜郎、康居，殊方万里，说德归谊，此太平之致也。然而功不加于百姓者，殆王心未加焉。（第2511页）①

①祝总斌先生认为，此处“太平”指“太平世”。见《有关〈史记〉崇儒的几个问题》，《国学研究》（北京大学）第二卷，北京大学出版社，1994年。

案《春秋繁露·郊语》曰:“天下和平,则灾害不生。今灾害生,见天下未和平也。天下所未和平者,天子之教化不行也。”[①]武帝册问诏明言“今阴阳错缪,氛气充塞,群生寡遂,黎民未济”,董仲舒亦曰“功不加于百姓”,“王心未加”,则所谓“太平之致”非已然太平可知。结合上下文分析,董仲舒的意思应当是说:太平景象已开始出现,但还不够,还不是真正的太平盛世。《春秋繁露·考功名》说“圣人致太平,非一善之功也”[②],也是这个意思。《汉书·董仲舒传》载其对策还有一段话:

> 今陛下贵为天子,富有四海,居得致之位,操可致之势,又有能致之资,行高而恩厚,知明而意美,爱民而好士,可谓谊主矣。然而天地未应而美祥莫至者,何也?凡以教化不立而万民不正也。(第2503页)

这段话的意思和上面一段大致相同,认为武帝具备“致”太平的基本条件,所缺的只是“更化”。同书卷八八《儒林列传》载公孙弘语曰:“今陛下昭至德,开大明,配天地,本人伦,劝学修礼,崇化厉贤,以风四方,太平之原也。”(第3594页)是董仲舒、公孙弘等皆认为,武帝一朝的历史使命是实现天下太平,最终完成汉朝拨乱反正的任务。

《史记》卷一一二《平津侯列传》载武帝语曰:“古者赏有功,褒有德,守成尚文,遭遇右武,未有易此者也。”(第2952页)《资治通鉴》卷二二载武帝语曰:“太子敦重好静,必能安天下……欲求

---

①苏舆:《春秋繁露义证》,第401页。

②苏舆:《春秋繁露义证》,第177页。

守文之主,安有贤于太子者乎!”下文载:“太子每谏征伐四夷,上笑曰:‘吾当其劳,以逸遗汝,不亦可乎!’”(第726页)武帝认为自己的时代仍是“遭遇”之时,“拨乱反正”尚未成功,仍须“右武”、“赏功”。但他已处于拨乱反正的最后阶段,因而他的继承人将是一位“守文之主”。这与上述《公羊》家的看法是一致的。

武帝时已进入“太平”之世,这意味着他应当“治夷狄”了。《史记》卷一一七《司马相如列传》:汉开西南夷道,时人多反对,相如乃作文,欲“令百姓知天子之意”。其辞曰:“今封疆之内,冠带之伦,咸获嘉祉,靡有阙遗矣。而夷狄殊俗之国,辽绝异党之地,舟舆不通,人迹罕至,政教未加,流风犹微……父兄不辜,幼孤为奴,系累号泣,内向而怨,曰‘盖闻中国有至仁焉,德洋而恩普,物靡不得其所,今独曷为遗己’。举踵思慕,若枯旱之望雨。盭夫为之垂涕,况乎上圣,又恶能已?”(第3048页)这段文字表明武帝确实将“治夷狄”视为自己的重要使命。此外,汉朝建立后“当更化而不更化”,补上“更化”这一课也是武帝面临的重要任务。《资治通鉴》卷二二载武帝谓大将军卫青语曰:“汉家庶事草创,加四夷侵陵中国,朕不变更制度,后世无法;不出师征伐,天下不安;为此者不得不劳民。”(第726页)“出师征伐”就是“治夷狄”,“变更制度”就是“更化”。这表明武帝对其历史使命的认识同《公羊》家的主张是一致的。事实上,武帝一生的文治武功主要在这两个方面。故《史记》卷一三〇《太史公自序》概括《今上本纪》之内容曰:“汉兴五世,隆在建元,外攘夷狄,内修法度,封禅,改正朔,易服色。”(第3303页)《汉书》卷一〇〇《叙传》亦曰:“世宗晔晔,思弘祖业,畴咨熙载,髦俊并作。厥作伊何?百蛮是攘,恢我疆宇,外博四荒。武功既抗,亦迪斯文,宪章六学,统一圣真。封禅郊祀,登秩百神;协律改正,飨兹永年。”(第4237页)

二、“不外夷狄”与“出师征伐”

儒家历来强调“夷夏之别”，对周边异族，即所谓“远夷”，主张以德怀之，用王者的道义和成就感召他们，使之慕义而至，重译而朝。《论语·季氏》：“远人不服，则修文德以来之。”①《盐铁论·本议》文学曰：“畜仁义以风之，广德行以怀之，是以近者亲附而远者悦服。”②汉代《公羊》家亦然。董仲舒《天人三策》描述太平景象，有“四海之内闻圣德而皆徕臣”一项；说武帝之时太平将至，有“殊方万里，说(悦)德归谊”之语③。公孙弘对策描述“上古至治”，也有“远方之君莫不说(悦)义，奉币而来朝”之说④。《春秋繁露·竹林》则曰：“夫德不足以亲近，而文不足以来远，而断断以战伐为之者，此固《春秋》之所甚疾已，皆非义也。”⑤但《公羊》家主张“太平”之世当“治夷狄”，使“天下远近小大若一”，较传统儒家更为积极，对武帝开边事业起了推动作用。

《史记》卷一二〇《汲黯列传》：武帝“即位，黯为谒者。东越相攻，上使黯往视之。不至，至吴而还，报曰：‘越人相攻，固其俗然，不足以辱天子之使。’”(第 3105 页)同书卷一一四《东越列传》：吴王太子驹逃入闽越后，“怨东瓯杀其父，常劝闽越击东瓯。至建元三年，闽越发兵围东瓯。东瓯食尽，困，且降，乃使人告急天子”。武帝问田蚡，蚡对曰：“越人相攻击，固其常，又数反复，不足以烦中国往救也。自秦时弃弗属。”严助反驳说：“特患力弗能

---

①刘宝楠：《论语正义》，第 649 页。

②王利器：《盐铁论校注》，第 2 页。

③《汉书》卷五六《董仲舒传》，第 2503、2511 页。

④《汉书》卷五八《公孙弘传》，第 2616 页。

⑤苏舆：《春秋繁露义证》，第 48 页。

救，德弗能覆；诚能，何故弃之？且秦举咸阳而弃之，何乃越也！今小国以穷困来告急天子，天子弗振，彼当安所告诉？又何以子万国乎？”汲黯、田蚡坚持汉初以来的旧方针，仍是“内诸夏而外夷狄”的思路。严助所说的则是与“太平”之世相适应的新观点，言下之意是，武帝时代不同于高、惠、文、景，对“小国”已是力能救，德能覆，故应“子万国”，治夷狄。武帝赞同严助之说，遂遣助以节发会稽兵往救东瓯。汉兵未至，“闽越引兵而去。东瓯请举国徙中国，乃悉举众来，处江淮之间”（第 2980 页）。武帝用武力治夷狄的第一次尝试获得成功。从此，用“出师征伐”解决“边境不安”问题便成了武帝一朝的基本方针。

建元六年，闽越又出兵击南越。《史记》卷一一三《南越列传》：南越王使人上书武帝曰：“两越俱为藩臣，毋得擅兴兵相攻击。今闽越兴兵侵臣，臣不敢兴兵，唯天子诏之。”充分表现了“外臣”对汉朝天子的尊重。于是武帝“多南越义，守职约，为兴师”，派韩安国和王恢往讨闽越（第 2970 页）。《汉书》卷六四《严助传》载淮南王刘安上疏谏曰：“越，方外之地，劗发文身之民也，不可以冠带之国法度理也……壹不奉诏，举兵诛之，臣恐后兵革无时得息也。”不如“使重臣临存，施德垂赏以招致之”；或“继其绝世，存其亡国，建其王侯，以为畜越”（第 2777 页）。刘安并不反对治“方外”夷狄，只是主张以德“怀之”，而反对兴兵动武，加重“方内”人民的兵役负担，搅乱来之不易的宁静局面。武帝此次出兵仍然有征无战，兵“未逾领，适会闽越王弟馀善杀王以降。汉兵罢”。不仅逼降了闽越，还使南越大受震动，遂遣太子入侍汉朝。于是，武帝派严助向刘安解释说：“自五帝三王禁暴止乱，非兵，未之闻也。”并申明，“汉为天下宗，操杀生之柄，以制海内之命，危者望安，乱者仰治”，若不出兵闽越，“则会稽、豫章必有长患”（第

2786 页)。

建元年间武帝两次出兵闽越,通晓《公羊》、能"以《春秋》对"的严助起了重要作用。他促使武帝将"治夷狄"提上议事日程,并冲破儒家传统主张,将武力征伐作为"治夷狄"的主要手段,从而开启了武帝一朝对外政策的新局面。由于闽越弱小,不攻自破,武帝的这两次军事行动既达到了预期目的,又没有在汉朝内部造成严重后果,与当年舜舞干戚而有苗服颇有异曲同工之妙。因而严助可以十分得意地对刘安说:"此一举,不挫一兵之锋,不用一卒之死,而闽王伏辜,南越被泽,威震暴主,义存危国,此则陛下深计远虑之所出也。"刘安则不得不承认:"虽汤伐桀,文王伐崇,诚不过此。"①反对派的担心落空了。武帝用武力治夷狄的立场更坚定了。

武帝在闽越小试锋芒后,一度将注意力转移到南越。《史记》卷一一三《南越列传》:武帝为南越兴兵击闽越,南越王胡为报答武帝,"遣太子婴齐入宿卫",但不肯亲自至长安入见,担心"入见则不得复归"(第 2971 页)。这说明武帝并不满足于以南越为"外臣"。于是,元光三年,武帝为加强对南越的威慑,开始经营西南夷。《史记》卷一一六《西南夷列传》:建元六年王恢击闽越时,曾派番阳令唐蒙"风指晓南越"。蒙在南越偶然得知从夜郎经牂柯江可至南越,于是上书武帝曰:"南越王黄屋左纛,地东西万余里,名为外臣,实一州主也。今以长沙、豫章往,水道多绝,难行。窃闻夜郎所有精兵,可得十余万,浮船牂柯江,出其不意,此制越一奇也。诚以汉之强,巴蜀之饶,通夜郎道,为置吏,易甚。"武帝赞同唐蒙的建议,"乃拜蒙为郎中将,将千人,食重万余人",前往夜

①《汉书》卷六四《严助传》,第 2788 页。

郎。唐蒙见夜郎侯多同,“厚赐,喻以威德,约为置吏,使其子为令”。附近小邑“皆贪汉缯帛,以为汉道险,终不能有也,乃且听蒙约”(第 2993 页)。于是,汉朝在当地设置犍为郡。这意味着夜郎等南夷变成了“内臣”。又《史记》卷一一七《司马相如列传》:西夷“邛、筰之君长闻南夷与汉通,得赏赐多,多欲愿为内臣妾,请吏,比南夷”。武帝派相如前往,邛、筰、冉、駹、斯榆之君遂为内臣,于是“除边关,关益斥,西至沬、若水,南至牂柯为徼,通零关道,桥孙水以通邛都”(第 3046 页)。《史记》卷一一六《西南夷列传》:“当是时,巴蜀四郡通西南夷道,戍转相饷。数岁,道不通,士罢饿离湿死者甚众;西南夷又数反,发兵兴击,耗费无功。”至元朔三年,为集中力量征讨匈奴,乃“罢西夷,独置南夷夜郎两县一都尉,稍令犍为自葆就”(第 2995 页)。武帝对南越和西南夷的这番经营,最初当是为了将南越由“外臣”变为“内臣”。这一目的虽未达到,但在西南夷获得初步成功。失之东隅,收之桑榆。武帝的开边事业又向前推进了一步。

建元六年“后十余岁”,胡病死,婴齐即位。“汉数使使者风谕婴齐”,令其入见。“婴齐尚乐擅杀生自恣,惧入见要用汉法,比内诸侯,因称病,遂不入见”。婴齐死后,太子兴代立,其母樛氏乃汉人①。武帝利用这一机会,于元鼎四年派终军出使南越,“说其王,欲令入朝,比内诸侯”。兴及樛太后“听许,请举国内属。天子大说(悦),赐南越大臣印绶,壹用汉法,以新改其俗,令使者留填抚之”②。但越相吕嘉反对,遂发动政变,杀兴、樛太后及终军。武帝策动南越内属,功败垂成,只得大举出兵。元鼎六年冬,灭南越,

①《史记》卷一一三《南越列传》,第 2971 页。

②《汉书》卷六四《终军传》,第 2821 页。

以其地为儋耳、珠崖、南海、苍梧、郁林、合浦、交阯、九真、日南九郡。又顺势灭南夷为牂柯郡。西夷"皆振恐,请臣置吏"①,乃以其地为越巂、沈犁、汶山、武都郡。元封元年,灭东越,迁其民于江淮间。元封二年,出兵击滇,滇王降,"请置吏入朝,于是以为益州郡"②。同年又兴兵击朝鲜,次年夏灭之,置真番、临屯、乐浪、玄菟四郡。至此,朝鲜、两越、西南夷等"夷狄",真正"内而不外"了。汉武帝在东、南两个方向,完成了《公羊》家赋予他的历史使命。

武帝征服两越、西南夷、朝鲜等夷狄政权,虽不能说有征无战,但用兵不很多,时间不很长,尽管也不可避免地给内地人民增加了负担,造成了牺牲,但尚未超出他们的承受能力,因而没有导致严重的内部动荡。在这个范围内,汉武帝可以说获得了圆满成功。但在北方,面对强大的匈奴,不仅有征无战全无可能,连速战速决都做不到。一旦开战,必然旷日持久,耗费大量人力物力。因此,对匈奴用兵要冒更大的风险。

建元年间,匈奴对汉朝没有进行大的侵扰,汉匈关系比较平静,但武帝已经开始考虑对匈奴用兵的问题了。《汉书》卷六一《张骞传》:"建元中为郎。时匈奴降者言匈奴破月氏王,以其头为饮器,月氏遁而怨匈奴,无与共击之。汉方欲事灭胡,闻此言,欲通使,道比更匈奴中,乃募能使者,骞以郎应募。"(第 2687 页)案时人所谓"灭胡"意指消灭匈奴政权,而非消灭匈奴民族。武帝"灭"两越、西南夷、朝鲜为郡县,皆其例。《史记》卷一一六《西南夷列传》:"元狩元年,博望侯张骞使大夏来。"(第 2995 页)而同书卷二一《建元以来侯者年表》载,元朔六年三月甲辰,张骞"以校

---

①《史记》卷一一六《西南夷列传》,第 2997 页。

②《汉书》卷九五《西南夷传》,第 3842 页。

尉从大将军六年击匈奴，知水道，及前使绝域大夏功侯”（第 1037 页）。《汉书》卷一七《景武昭宣元成功臣表》同。司马光《通鉴考异》认为张骞“必非元狩元年始归”，而系于元朔三年①。梁玉绳《史记志疑》：“考《大宛传》，骞留匈奴中，因左谷蠡王攻其太子自立，国内乱，骞亡归汉。而以《匈奴传》核之，乃元朔三年事，则骞归于元朔三年甚审。”②若张骞归汉在元朔三年，而《张骞传》明言骞“去十三岁”而还，则其出发当在建元三年。由此可见，武帝早在建元三年便“欲事灭胡”了。不过，由于张骞一路坎坷，月氏又无报胡之心，联合月氏共击匈奴的计划没能实现。

《史记》卷一〇八《韩长孺列传》载：建元六年，“匈奴来请和亲”，武帝下其议。“大行王恢，燕人也，数为边吏，习知胡事”，因而主张：“汉与匈奴和亲，率不过数岁即复倍约。不如勿许，兴兵击之。”御史大夫韩安国则认为：“千里而战，兵不获利。今匈奴负戎马之足，怀禽兽之心，迁徙鸟举，难得而制也。得其地不足以为广，有其众不足以为强，自上古不属为人。汉数千里争利，则人马罢，虏以全制其敝。且强弩之极，矢不能穿鲁缟；冲风之末，力不能漂鸿毛。非初不劲，末力衰也。击之不便，不如和亲。”（第 2861 页）和亲的确不是解决匈奴问题的好办法，实乃不得已而为之。在这里，儒家的怀徕政策迂腐无力，根本不可能帮助武帝完成“治夷狄”的历史使命。但韩安国的意见也不是没有道理，“兴兵击之”有种种困难。若战而不胜，势必激化与匈奴的矛盾，使汉朝陷入无休止的战争。那样，不仅不能解决匈奴问题，还会加重百姓的兵役徭役负担，引起政局动荡。鉴于秦朝的教训，群臣“多附安

---

①《资治通鉴》，第 611 页。

②《二十五史三编》，第 1 分册，第 494 页。

国”,武帝亦无必胜信心,遂批准了和亲。

但第二年,即元光元年,“雁门马邑豪聂壹因大行王恢言:‘匈奴初和亲,亲信边,可诱以利致之,伏兵袭击,必破之道也。’”此事很可能是王恢一手策划的。针对上次的失败,他提出了一举消灭匈奴主力的具体办法,并果真赢得了武帝的支持。于是武帝召问公卿曰:“朕饰子女以配单于,币帛文锦赂之甚厚,单于待命加嫚,侵盗亡已。边竟数惊,朕甚闵之。今欲举兵攻之,何如?”这一次韩安国仍然表示反对,与王恢进行了更激烈的争论。从争论内容看,韩安国强调:和亲是汉初成法,“足以为效”;匈奴之兵“轻疾悍亟”,“难得而制”;汉军若“卷甲轻举,深入长驱,难以为功”。王恢则提出:“匈奴独可以威服,不可以仁畜”;而汉朝既有战胜匈奴的实力,又有诱其深入、围而歼灭之计,必然“百全必取”;如此,不仅“单于可禽”,还能“北发月氏可得而臣也”,为进一步开发西域创造条件①。两相比较,韩安国的主张保守且缺乏新意,王恢所言更符合武帝的性格和时代要求。

武帝采纳了王恢的意见,以“御史大夫韩安国为护军将军,卫尉李广为骁骑将军,太仆公孙贺为轻车将军,大行王恢为将屯将军,太中大夫李息为材官将军,将三十万众屯马邑谷中,诱致单于,欲袭击之”。但单于入塞后,发觉有诈,中途撤回,使汉朝的计策落空了。事后,“王恢坐首谋不进,下狱死”②。但和亲已被破坏。“自是之后,匈奴绝和亲,攻当路塞,往往入盗于汉边,不可胜数”③。汉朝则疲于应付,局面相当被动,汉朝内部的反战呼声也

---

①《汉书》卷五二《韩安国传》,第2398页。
②《汉书》卷六《武帝纪》,第162页。
③《史记》卷一一〇《匈奴列传》,第2905页。

日益高涨。《史记》卷一一二《主父列传》：主父偃上书谏伐匈奴，主张恢复和亲，理由与韩安国所说大同。当时徐乐、严安“俱上书”。徐乐指出“民多穷困”，而朝廷又“重之以边境之事”，秦末“土崩”之势有再现之可能；严安则认为“深入匈奴”“非天下之长策”，“结怨于匈奴，非所以安边”（第2956页）①。

面对这种形势，武帝并未让步，反而更坚定了进攻匈奴的决心。《汉书》卷六《武帝纪》元朔二年春：“遣将军卫青、李息出云中，至高阙，遂西至符离，获首虏数千级。收河南地，置朔方、五原郡。”（第170页）《史记》卷一一〇《匈奴列传》：元朔二年，“卫青复出云中以西至陇西，击胡之楼烦、白羊王于河南，得胡首虏数千，牛羊百余万。于是汉遂取河南地，筑朔方，复缮故秦时蒙恬所为塞，因河为固”（第2906页）。这是汉朝对匈奴发动的第一次重大攻势。其意义不仅在于收复了河南地，将汉朝西北边界恢复到秦朝的规模，更在于为日后进一步进攻匈奴建立了前哨阵地，从而使汉朝真正由守势转入攻势。

《史记》卷一一二《主父列传》载：主父偃元朔元年上书时，曾批评秦朝“使蒙恬将兵而攻胡，却地千里，以河为境。地固泽卤，不生五谷，然后发天下丁男以守北河。暴兵露师十有余年，死者不可胜数，终不能逾河而北”（第2954页）。但第二年卫青收复河南地后，他却“盛言朔方地肥饶，外阻河，蒙恬筑城以逐匈奴，内省转输戍漕，广中国，灭胡之本也”。武帝“览其说，下公卿议”，公孙

---

①案严安上书有“今……略濊州，建城邑，深入匈奴，燔其龙城”之语。据《汉书》卷六《武帝纪》及二史《匈奴传》，卫青曾于元光六年秋“至龙城”，获首虏七百级。又“濊”，《汉书》卷六四《严安传》作“薉”。据同书《武帝纪》，“东夷薉君南闾等口二十八万人降，为苍海郡”，是元朔元年秋的事。主父偃等上书必在其后。《资治通鉴》系于元朔元年末，甚是。

弘等“皆言不便”，武帝“竟用主父计，立朔方郡”（第2961页）。同卷《平津侯列传》载其事曰：“是时通西南夷，东置沧海，北筑朔方之郡。弘数谏，以为罢敝中国以奉无用之地，愿罢之。于是天子乃使朱买臣等难弘置朔方之便。发十策，弘不得一。弘乃谢曰：‘山东鄙人，不知其便若是，愿罢西南夷、沧海，而专奉朔方。’上乃许之。”（第2950页）据《汉书》卷六《武帝纪》：元朔三年春，“罢苍海郡”；秋，“罢西南夷，城朔方城”（第171页）。

在要不要“筑朔方”的问题上，主父偃前后不一，判若两人，公孙弘亦先言不便，后言便。其实，便与不便主要取决于汉朝对匈奴的战略是取攻势还是取守势。我们知道，汉初匈奴分成三部，“左部直上谷以东，接秽貉、朝鲜”，右部“直上郡以西，接氐、羌”，中部单于庭“直代、云中”①。其中，代、云中、上谷一线可攻可守。唯独上郡以西，若取守势，则朔方过于悬远，转输不易，不如河南塞便利；若取攻势，则河南塞远离匈奴右部本土，汉军难以深入，不如屯兵朔方来得便利。卫青收复河南地以前，武帝对匈奴的战略尚不明确，故群臣论汉匈战事皆从守势出发，因而都反对筑朔方。武帝派卫青收复河南地，意味着他已决意“灭胡”，转入攻势。主父偃元朔元年上书后，拜为郎中，“数见，上疏言事”，受到武帝赏识，一岁四迁。可能就是在这期间，他了解了武帝的意图，再论匈奴事便转从攻势出发，因有“灭胡之本”云云。朱买臣难公孙弘之十策，具体内容不见记载，想必也是从“灭胡”的角度论朔方之便，公孙弘“不知其便若是”，当是不知朔方便于“灭胡”若是。自此，“灭胡”成了汉朝对匈奴政策的基本口号，且家喻户晓。《汉书》卷五八《卜式传》：“时汉方事匈奴，式上书，愿输家财半助

①《汉书》卷九四《匈奴传》，第3751页。

边……曰:‘天子诛匈奴,愚以为贤者宜死节,有财者宜输之,如此而匈奴可灭也。’”(第 2625 页)王夫之注意到主父偃“自相攻背”,但认为前说“立论严矣”,后说则是“奸者”之言①。韦昭释“发十策,弘不得一”曰:“以弘之才,非不能得一也,以为不可,不敢逆上耳。”②似皆未达一间。

在匈奴问题上,董仲舒未能跳出“和亲”思路。《汉书》卷九四《匈奴传赞》:“仲舒亲见四世之事,犹复欲守旧文,颇增其约。以为‘义动君子,利动贪人,如匈奴者,非可以仁义说也,独可说以厚利,结之于天耳。故与之厚利以没其意,与盟于天以坚其约,质其爱子以累其心。匈奴虽欲展转,奈失重利何,奈欺上天何,奈杀爱子何。夫赋敛行赂不足以当三军之费,城郭之固无以异于贞士之约,而使边城守境之民父兄缓带,稚子咽哺,胡马不窥于长城,而羽檄不行于中国,不亦便于天下乎!’”(第 3831 页)董仲舒承认匈奴“非可以仁义说”,却又不赞成对匈奴用兵,因为用兵会给内地人民带来灾难。那么,对匈奴这个最大的“夷狄”应如何“治”之?董仲舒认为还是和亲,但要“与之厚利”、“与盟于天”、“质其爱子”,以此加强和约对匈奴的约束力。这些办法不是全无可能。宣帝以后单于称臣于汉者皆遣子入侍;元帝时,汉将韩昌、张猛还曾与匈奴对天而盟:“自今以来,汉与匈奴合为一家,世世毋得相诈相攻。有窃盗者,相报,行其诛,偿其物;有寇,发兵相助。汉与匈奴敢先背约者,受天不祥。”③但那是匈奴衰落、汉朝取得绝对优势以后的事。而在武帝时,这些办法都是不可能实现的。正如班

---

①王夫之:《读通鉴论》,北京:中华书局,1975 年,第 57 页。

②《史记》卷一一二《平津侯列传》《集解》,第 2950 页。

③《汉书》卷九四《匈奴传》,第 3801 页。

固所说,仲舒此论“未合于当时”。就武帝元光、元朔年间的形势而论,若欲取得对匈奴的优势,必须大大削弱匈奴的实力,若欲彻底解除匈奴的威胁,则只有将其消灭一途。武帝君臣既然承担了“治夷狄”的历史使命,就必须做出积极的选择,采取“灭胡”方针。武帝所谓“不出师征伐,天下不安”,说明他正是这样判断形势的。主父偃、朱买臣、公孙弘等人接受武帝的“灭胡”方针,转而支持对匈奴用兵,意味着《公羊》家与汉武帝在现实条件下找到了新的共同点。

自筑朔方以后,武帝连年出兵攻讨匈奴,大量消灭其有生力量。元朔五年,武帝派卫青率十万大军自朔方高阙出塞六七百里,夜围右贤王,俘获“男女万五千人”。元朔六年,卫青又率军自定襄出塞数百里,“得首虏前后万九千余级”。单于“益北绝幕”,说是为了“诱罢汉兵,徼极而取之”,其实是被迫离开阴山一带,将主力撤至沙漠以北,以避汉朝军锋。元狩二年,武帝派霍去病率军“出陇西,过焉耆山千余里,得胡首虏八千余级”;又“出陇西、北地二千里,过居延,攻祁连山,得胡首虏三万余级”。单于怒,欲诛昆邪、休屠王,昆邪王恐,乃杀休屠王,率众四万降汉。这次战役使匈奴右部受到沉重打击。元狩四年,武帝又派卫青和霍去病同时出击。卫青深入漠北,大败单于主力,“行捕斩首虏凡万九千级”。霍去病出塞二千余里,大败左贤王,“得胡首虏凡七万余人”。经过这场大战,“匈奴远遁,而幕南无王庭”,来自匈奴的威胁大大减轻了。同时,汉朝损失也很大,“士物故者亦数万,汉马死者十余万匹”,因此“久不北击胡”,对匈奴的攻势暂告一段落①。

---

①《汉书》卷九四《匈奴传》,第3767—3771页。

从建元三年(前138年)到元封三年(前108年),前后三十一年,汉军南征北战,东伐西讨,恢复甚至扩大了秦朝盛时的疆域,使汉朝真正成为不逊于秦、甚至更强于秦的中央帝国,从而为"承秦立汉"画上了句号。在这一过程中,汉武决策,将帅出力,《公羊》家则以其特有的"太平"世理论制造舆论,营造气氛,甚至直接参与决策,从而推进了此项事业的发展。"太平"之世当治夷狄是《公羊》家之王道,出师征伐、穷兵黩武是东周以来之霸道,汉武开边,将两者结合起来,形成"霸王道杂之"的对外政策。

三、"《春秋》决狱"与"变更制度"

从上引《通鉴》所载武帝对卫青说的那段话中,我们看到,"变更制度"是武帝事业中与"出师征伐"同等重要的事项。这里的"制度"指的是什么?田余庆先生认为:"汉武帝所说'变更制度',以解释成改正朔、易服色的太初改制为顺,但与这里所引的话在时间上不相符,因为这里所引的话不能晚于元封五年。疑所谓'变更制度',系泛指政治、经济等诸项改革而言,并非特有所指。"①时间不符,是说卫青死于元封五年,在太初改制之前,因此武帝所谓"变更制度"不可能指太初改制。

武帝在政治、经济等方面改革甚多。其中开始最早也最重要的是律令的修定。《汉书》卷二三《刑法志》:武帝"招进张汤、赵禹之属,条定法令"(第1101页)。《史记》卷一二二《酷吏张汤列传》:"治陈皇后蛊狱,深竟党与。于是上以为能,稍迁至太中大夫。与赵禹共定诸律令,务在深文,拘守职之吏。已而赵禹迁为中尉。"(第3138页)案《汉书》卷六《武帝纪》:陈皇后巫蛊之狱在

---

①田余庆:《论轮台诏》,《秦汉魏晋史探微(重订本)》,第33页。

元光五年七月;同书卷一九《百官公卿表》:赵禹迁中尉在元光六年。是张汤、赵禹条定律令当始于元光五年。《资治通鉴》系于五年,是。司马迁将"出师征伐"和"变更制度"说成"外攘夷狄"和"内修法度",则有意无意地突出了修定律令在武帝各项制度改革中的重要性。

张汤、赵禹以太中大夫共定律令始于元光五年(前130年),第二年,赵禹迁中尉,而张汤至元朔三年(前126年)才"以更定律令为廷尉"①。至元狩二年(前121年)又迁御史大夫,元鼎二年(前115年)自杀。赵禹也曾于元鼎四年(前113年)至元封二年(前109年)间任廷尉。武帝此次更定律令显然以张汤为主。张汤任太中大夫四年,无疑是在专门从事更定律令的工作。后任廷尉六年,其间,新的法令仍不断形成,修定律令之事仍在继续。

经过张汤、赵禹等人的修定,汉朝律令发生了哪些变化?《晋书》卷三〇《刑法志》说:"汉承秦制,萧何定律……合为九篇。叔孙通益律所不及,傍章十八篇,张汤《越宫律》二十七篇,赵禹《朝律》六篇,合六十篇。"(第922页)此《晋书》虽系唐人所修,内容皆有所本,不容轻易否定。这段文字在《晋书》各版本及《通典》、《通志》、《玉海》、《文献通考》等书中皆未见异文。但《越宫律》和《朝律》不大可能多至二十七篇和六篇②,或可理解为张汤所定新律有《越宫律》等二十七篇,赵禹所定新律有《朝律》等六篇。《张家山汉简·二年律令》有二十七种律名,其中《贼》、《盗》、《具》、《捕》、《襍(杂)》、《户》、《兴》七种在"九章律"中,《告》、《亡》、

①《史记》卷一二〇《汲黯列传》,第3107页。

②参张建国:《叔孙通定〈傍章〉质疑——兼析张家山汉简所载律篇名》,《北京大学学报》1997年第6期。

《收》、《钱》、《置吏》、《均输》、《传食》、《田》、《□市》、《行书》、《复》、《赐》、《效》、《傅》、《置后》、《爵》、《徭》、《金布》、《秩》、《史》二十种，以及简文中出现的《奴婢》、《变(蛮)夷》等律，都不在“九章律”中。后者与“九章律”是什么关系？学界众说纷纭。有人认为，“它们就是唐代人和近代学者所不知道的汉代的旁章”①。有人认为，它们也在“九章”之中，所谓“九章”只是虚数，“非实指汉律只有九章”②。也有人认为，它们是“九章律”之下的“二级律篇名”③。这些说法，各有道理，但又都缺乏过硬的证据，因而至今未能形成共识。不过，按上引《晋书・刑法志》的说法，张汤、赵禹所增加的三十三篇新律是在“九章律”之外的。《晋书・刑法志》载《魏律序》曰：魏律共十八篇，“于正律九篇为增，于旁章、科、令为省”(第925页)。此《序》应出自陈群、刘劭等人之手，可信度很高。照他们的说法，汉律六十篇中只有萧何所定九篇为“正律”，其余都是“旁章”，张汤、赵禹所定三十三篇应当也属后者④。

曹魏新律十八篇，是对汉朝律令条文重新归类的结果。《魏律序》详细记载了新增各篇是从旧律哪些篇章中分出的，其中提到的旧律有《具》、《盗》、《贼》、《囚》、《杂》、《厩》、《兴》、《金布》，还有《令乙》、《令丙》、科等，只有《金布律》可能属于旁章。由此

①参张建国：《叔孙通定〈傍章〉质疑——兼析张家山汉简所载律篇名》，《北京大学学报》1997年第6期。

②孟彦弘：《秦汉法典体系的演变》，《历史研究》2005年第3期。

③杨振红：《出土简牍与秦汉社会》，桂林：广西师范大学出版社，2009年，第7—13页。

④参张建国：《叔孙通定〈傍章〉质疑——兼析张家山汉简所载律篇名》，《北京大学学报》1997年第6期；杨振红：《出土简牍与秦汉社会》，第31页。

可知,“正律”九篇是汉律的主体,旁章篇数颇多,但重要性远不及正律。因而在汉武帝“更定律令”这一事件中,新增《越宫律》、《朝律》等篇章并无特别重要的意义。

《史记》卷一二〇《汲黯列传》:“张汤方以更定律令为廷尉,黯数质责汤于上前,曰:‘公为正卿,上不能褒先帝之功业,下不能抑天下之邪心,安国富民,使囹圄空虚,二者无一焉。非苦就行,放析就功,何乃取高皇帝约束纷更之为?’”(第3107页)看来,张汤、赵禹“更定律令”,在大量增加新律令的同时,也对刘邦、萧何所定律令进行了修改。在这方面,最引人注目的是“作见知故纵监临部主之法”,又称“监临部主见知故纵之例”或“部主见知之条”。

《史记》卷一二二《酷吏列传》载:赵禹“与张汤论定诸律令,作见知,吏传得相监司。用法益刻,盖自此始”(第3136页);张汤“与赵禹共定诸律令,务在深文,拘守职之吏”(第3138页)。传中还有张汤实际运用“见知”之法的一个例子:“人有盗发孝文园瘗钱,丞相(庄)青翟朝,与汤约俱谢,至前,汤念独丞相以四时行园,当谢,汤无与也,不谢,上使御史案其事。汤欲致其文丞相见知,丞相患之。”《集解》引张晏曰:“见知故纵,以其罪罪之。”(第3142页)《汉书》卷二三《刑法志》也对张汤、赵禹修定律令一事做了如下描述:“及至孝武即位,外事四夷之功,内盛耳目之好,征发烦数,百姓贫耗,穷民犯法,酷吏击断,奸轨不胜。于是招进张汤、赵禹之属,条定法令,作见知故纵监临部主之法,缓深故之罪,急纵出之诛。其后奸猾巧法,转相比况,禁网寖密。”师古释“见知故纵监临部主”曰:“见知人犯法不举告为故纵,而所监临部主有罪并连坐也。”孟康释“缓深故之罪”曰:“孝武欲急刑,吏深害及故入人罪者,皆宽缓。”师古释“急纵出之诛”曰:“吏释罪人,疑以为纵出，则急诛之。亦言尚酷。”（第1101页）司马迁认为武帝更定律令的基本倾向是“务在深文，拘守职之吏”，其集中体现便是“部主见知”之法的制定。班固则进一步指出，武帝颁布此法的目的是“缓深故之罪，急纵出之诛”，从而开启了武帝后期严刑峻法的风气。

其实，张汤、赵禹作“部主见知”之法，并未使汉法本身变得更加严酷。《晋书·刑法志》载《魏律序》曰：“律之初制，无免坐之文。张汤、赵禹始作监临部主见知故纵之例。其见知而故不举劾，各与同罪，失不举劾，各以赎论，其不见不知，不坐也，是以文约而例通。”至曹魏遂发展为《免坐律》（第925页）。根据这条材料，所谓“部主见知”之法的具体内容是：见知而故纵，罪重；见知而非故纵只是“失不举劾”，罪轻；不见不知，则无罪。案《二年律令·具律》：“鞫（鞫）狱故纵……者，死罪，斩左止（趾）为城旦，它各以其罪论之……其非故也，而失不审者，以其赎论之。”①显然，张汤、赵禹之法中的“见知而故不举劾”和“失不举劾”两项，都是汉律原本就有的内容，张汤、赵禹只是增加了“其不见不知，不坐也”一条。故《魏律序》认为“律之初制，无免坐之文”，张汤、赵禹“作监临部主见知故纵之例”的意义，主要在于创立了“免坐之文”，且“文约而例通”，应当加以继承和发展。

但张汤、赵禹执行“部主见知”之法确实更加严厉，“吏传得相监司”，“缓深故之罪，急纵出之诛”，也是他们赋予该法的新内容。这对改变汉初流行的清静无为之术起了重要作用，从而使汉朝的吏治发生了巨大变化。《史记》卷一二〇《汲黯列传》：黯“学黄老之言，治官理民，好清静，择丞史而任之。其治，责大指而已，不苛小……务在无为而已，弘大体，不拘文法”（第3105页），全然黄老

---

①《张家山汉墓竹简（释文修订本）》，第22页。

作风。所谓“不苛小”、“不拘文法”，似应理解为在细节问题上从俗而不从法。而按“部主见知”之法，官吏不从法便会被扣上“见知故纵”的罪名。所以，汲黯极力反对张汤、赵禹“取高皇帝约束纷更之”。《汲黯列传》：“黯时与汤论议，汤辩常在文深小苛，黯伉厉守高不能屈，忿发骂曰：‘天下谓刀笔吏不可以为公卿，果然。必汤也，令天下重足而立，侧目而视矣！’”（第3107页）汲黯所说确是事实。《史记》卷三〇《平准书》：“自公孙弘以《春秋》之义绳臣下，张汤用峻文决理为廷尉，于是见知之法生，而废格沮诽穷治之狱用矣……长吏益惨急而法令明察。”（第1424页）《汉书》卷二四《食货志下》注引张晏曰：“吏见知不举劾为故纵，官有所作，废格沮败诽谤，则穷治之也。”引如淳曰：“废格天子文法，使不行也。”（第1160页）官吏“废格天子文法”，会受到严厉追究。在这种情况下，形成“文深”“惨急”之风是很自然的。司马迁、班固认为张汤、赵禹开用法深刻之先河，应当是在这个意义上说的。

汉武帝为什么要“更定律令”？班固说是因为武帝“外事四夷之功，内盛耳目之好，征发烦数，百姓贫耗，穷民犯法，酷吏击断，奸轨不胜”①。其实，那都是武帝后期的情形，元光年间，“外事四夷之功”、“内盛耳目之好”都刚刚开始，尚未出现如此严重的局面。班固之说似是而非。从当时形势看，武帝命张汤、赵禹修定律令，并非收拾局面的被动举措，而是主动发起的一项改革，目的是创立“汉家制度”。所谓“汉家庶事草创……朕不变更制度，后世无法”，是说汉家作为周秦之后的一代“新王”，不应完全沿用前朝的制度，而应建立自己的制度。武帝对其“变更制度”之动机的这一阐述，与《公羊》家的“《春秋》为汉制法”说有相通之处。于

①《汉书》卷二三《刑法志》，第1101页。

此，我们又看到了《公羊》学的影子。

有证据表明，《公羊》家的"《春秋》决狱"之说，对武帝修定律令产生了更为直接的影响。

第一，董仲舒在《天人三策》结尾处阐述《公羊》家"大一统"之义曰："《春秋》大一统者，天地之常经，古今之通谊也。今师异道，人异论，百家殊方，指意不同，是以上亡以持一统，法制数变，下不知所守。臣愚以为诸不在六艺之科孔子之术者，皆绝其道，勿使并进。邪辟之说灭息，然后统纪可一而法度可明，民知所从矣。"①人们通常认为董仲舒在此强调的是"独尊儒术"，却忽略了统一"法制"或"法度"这一内容。其实，董仲舒的意思很清楚，统一学术是为了统一法度，统一法度则是为了整齐风俗。《汉书》卷七二《王吉传》："《春秋》所以大一统者，六合同风，九州共贯也。"（第3063页）仲舒对策在元光元年，武帝命张汤、赵禹更定律令在元光五年；而"部主见知"之法，作为对汉初东西异制政策的进一步否定，正符合《公羊》家的"大一统"主张。从时间和内容看，武帝决定修定律令很可能与董仲舒的这一建议有关。

第二，张汤、赵禹严厉推行"部主见知"之法，正符合《公羊》家"责知"之义。《潜夫论・断讼》："《春秋》之义，责知诛率。"②"率"指为首，"知"即见知。案《公羊传》桓公五年："葬陈桓公。"何休注曰："不月者，责臣子也。知君父有疾，当营卫，不谨而失之也。"又襄公二十五年："吴子谒伐楚，门于巢，卒。"何休注曰："君子不怨所不知，故与巢得杀之。"③汪继培《潜夫论笺》引王侍郎

①《汉书》卷五六《董仲舒传》，第2523页。

②彭铎：《潜夫论笺校正》，第229页。

③《十三经注疏》，第2215、2311页。

云："是责知也。"①这一现象恐怕亦非偶然。

第三，由"部主见知"之法可知，张汤、赵禹更定律令，强调"故"、"失"、"不见不知"等主观动机的区别，而这正是《公羊》家所倡导的"《春秋》决狱"的主要特点。董仲舒在《天人三策》中批评秦朝"师申商之法，行韩非之说……诛名而不察实，为善者不必免，而犯恶者未必刑也"②。根据这一批评，秦政之失主要在于"诛名而不察实"。这里的"名"指的是"事"，即犯罪事实；"实"则指"心"、"志"，即犯罪动机。"诛名而不察实"就是断罪量刑只看事实，不问动机。《春秋》之道则与之相反。《春秋繁露·精华》："《春秋》之听狱也，必本其事而原其志。志邪者不待成，首恶者罪特重，本直者其论轻……罪同异论，其本殊也。"③《盐铁论·刑德》："《春秋》之治狱，论心定罪。志善而违于法者免，志恶而合于法者诛。"④《后汉书》卷四八《霍谞传》："《春秋》之义，原情定过，赦事诛意。"（第1615页）"论心定罪"、"原情定过"是《公羊》家关于治狱的核心观点，"赦事"和"诛意"则是这一观点的两种体现。"赦事"就是"志善而违于法者免"、"本直者其论轻"，亦即许止"名为弑父而实免罪"、赵盾"名为弑君而罪不诛"之类⑤，体现出《公羊》家宽厚的一面。"诛意"就是"志恶而合于法者诛"、"志邪者不待成"，亦即"君亲无将，将而诛"之类⑥。在这方面，《公羊》家又显得异常严厉。有学者将《公羊》家与酷吏联系在一

①彭铎：《潜夫论笺校正》，第229页。

②《汉书》卷五六《董仲舒传》，第2510页。

③苏舆：《春秋繁露义证》，第92页。

④王利器：《盐铁论校注》，第567页。

⑤苏舆：《春秋繁露义证》，第41页。

⑥苏舆：《春秋繁露义证》，第114页。

起,就是因为这一点①。

第四,董仲舒还认为,汉初"法制数变",是因为学术不统一,因而欲统一"法度"必先统一学术。从这个角度看,《天人三策》中关于"《春秋》大一统"的那段话,确切地说,是要求武帝用儒术特别是《公羊》家所阐释的《春秋》之义去改造法律,将《春秋》之"是非"纳入汉家之律令,使法律成为教化的工具。张汤定律及断狱,正体现了这一精神。《史记》卷一二二《酷吏张汤列传》:"是时上方向文学,汤决大狱,欲傅古义,乃请博士弟子治《尚书》、《春秋》补廷尉史,亭疑法。"(第3139页)《汉书》卷五八《兒宽传》:宽"治《尚书》,事欧阳生。以郡国选诣博士,受业孔安国……补廷尉文学卒史……时张汤为廷尉,廷尉府尽用文史法律之吏,而宽以儒生在其间……会廷尉时有疑奏,已再见却矣,掾史莫知所为。宽为言其意,掾史因使宽为奏。奏成,读之皆服,以白廷尉汤。汤

①俞正燮:《癸巳存稿·公羊传及注论》:"《公羊》集酷吏、佞臣之言,附之经义,汉人便之,谓之通经致用。"同书《家人言解》:"'司空城旦书',谓其时《公羊》学,惨刻过申、商,而托名儒者。"(《俞正燮全集》贰,合肥:黄山书社,2005年,第49、272页)马端临:《文献通考》卷一八二"春秋决事比"条曰:"(武)帝之驭下,以深刻为明,(张)汤之决狱,以惨酷为忠,而仲舒乃以经术附会之。"又曰:"盖汉人专务以《春秋》决狱,陋儒酷吏,遂得以因缘假饰。"(北京:中华书局,1986年,第1567页)皮锡瑞:《经学通论·春秋》"论董子之学最醇微言大义存于董子之书不必惊为非常异义"条曰:"世但知汉世《公羊》盛行,究之其盛行者,特酷吏借以济其酷,至后人为《公羊》诟病。"(北京:中华书局,1954年,第6页)金春峰:《汉代思想史》:"董仲舒著《春秋决狱》、《春秋决事》,其弟子吕步舒以《春秋》专断于外,治淮南王等谋反大狱,一杀就是数万人,正是董仲舒公羊学的精神的体现。"(北京:中国社会科学出版社,1997年,第207—208页)汤志钧等:《西汉经学与政治》:《公羊春秋》"主要重法治"(上海:上海古籍出版社,1994年,第234页)。

大惊,召宽与语,乃奇其材,以为掾。上宽所作奏,即时得可……汤由是向学,以宽为奏谳掾,以古法义决疑狱,甚重之”(第2628页)。兒宽虽非《公羊》家,但思想应与《公羊》家相近,故《汉书》卷五八《公孙弘卜式兒宽传赞》论武帝一朝“得人”之盛,于“儒雅”一条列“公孙弘、董仲舒、兒宽”三人;张汤受兒宽之事启发,请博士弟子任廷尉史,不仅有治《尚书》者,也有治《春秋》者,而此处之《春秋》无疑指《公羊春秋》。

第五,董仲舒、公孙弘、吾丘寿王等《公羊》学家直接参与了更定律令的工作。《汉书》卷五八《公孙弘传》:“时上方兴功业,娄举贤良。弘自见为举首,起徒步,数年至宰相封侯,于是起客馆,开东阁,以延贤人,与参谋议。”(第2621页)同书卷六四《严助传》:“公孙弘起徒步,数年至丞相,开东阁,延贤人与谋议,朝觐奏事,因言国家便宜。上令助等与大臣辩论,中外相应以义理之文,大臣数诎。”(第2775页)同卷《吾丘寿王传》:丞相公孙弘曾上奏,“以为禁民毋得挟弓弩便”,武帝令群臣讨论,吾丘寿王提出反驳,“弘诎服焉”(第2795页)。由此看来,公孙弘与“贤人”们一道“谋议”出来的“国家便宜”,多有涉及律令之事。公孙弘为相在元朔五年(前124年)至元狩二年(前121年)之间,正是张汤任廷尉之时。《吾丘寿王传》所载只是公孙弘的建议被武帝否定的一例,从公孙弘备受武帝信任来看,其建议被武帝采纳的一定是多数。据《史记》卷一一二《平津侯列传》:公孙弘本为“狱吏”,后又“学《春秋》杂说”,而汉武帝欣赏他的原因之一,便是他既“习文法吏事”,又能“缘饰以儒术”。这种“外宽内深”、“内法外儒”的风格,正是武帝所需要的,因此公孙弘大受信任,“所言皆听”(第2949页)。

董仲舒参预此事,有更明确的记载。《汉书》卷五六《董仲舒传》:仲舒"去位归居"后,"朝廷如有大议,使使者及廷尉张汤就其家而问之,其对皆有明法"(第 2525 页)。《论衡·程材》:"董仲舒表《春秋》之义,稽合于律,无乖异者。"[①]《后汉书》卷四八《应劭传》:"故胶西相董仲舒老病致仕,朝廷每有政议,数遣廷尉张汤亲至陋巷,问其得失。于是作《春秋决狱》二百三十二事,动以经对,言之详矣。"(第 1612 页)据此,董仲舒用《春秋》之义治狱的实际案例多达二百三十二件。可惜此书已佚,只有清人辑本。据孙启治、陈建华编《古佚书辑本目录》"《春秋决事》"条注:马国翰辑得八节,见《玉函山房辑佚书》,洪颐煊辑得六节,见《文经堂丛书·经典集林》,其中只有一节为马所无。是《春秋决狱》今可见者只有九条。从这九条的内容及上引班固、王充、应劭等人的议论看,董仲舒将《春秋》之义与汉朝法律结合得很好[②]。

《汉书》卷二三《刑法志》说:经武帝一朝之修改增定,"律令凡三百五十九章,大辟四百九条,千八百八十二事,死罪决事比万三千四百七十二事。文书盈于几阁,典者不能遍睹"(第 1101 页)。《晋书》卷三〇《刑法志》则说:汉朝律令除六十篇《律》以外,还有"《令甲》以下三百余篇"(第 922 页)。两项相加,有三百六十余篇,与《汉志》"三百五十九章"之数相去不远。显然,汉朝律令在武帝时期增加了很多篇章,而这些新增的篇章,除《越宫律》、《朝律》等三十三篇《律》外,主要在《令》的部分。《隋书》卷三三《经籍志二》:"汉初,萧何定律九章,其后渐更增益,令甲已下,盈溢架藏。"(第 974 页)《史记》卷一二二《酷吏杜周列传》:客

---

①黄晖:《论衡校释》,第 542 页。

②关于"《春秋》决狱"思想的主要观点,请参阅刘泽华主编:《中国政治思想史》(秦汉魏晋南北朝卷),杭州:浙江人民出版社,1996 年,第 148—154 页。

有让周曰："君为天子决平，不循三尺法，专以人主意指为狱。狱者固如是乎？"周曰："三尺安出哉？前主所是著为《律》，后主所是疏为《令》，当时为是，何古之法乎！"（第3153页）杜周所谓"前主"、"后主"是相对而言，但"后主"当主要指武帝。同卷《张汤列传》："请博士弟子治《尚书》、《春秋》补廷尉史，亭疑法。奏谳疑事，必豫先为上分别其原，上所是，受而著谳决法廷尉絜令，扬主之明。"（第3139页）这条史料描述了张汤据儒家之说和武帝意旨制定新"令"的情形。"絜"，《汉书》卷五九《张汤传》作"挈"（第2639页）。韦昭曰："在板挈也。"师古曰："挈，狱讼之要也。"王先谦《补注》曰："挈，举也。《史记》作絜，借字。挈、絜，古通用。"因释全句之意曰："言上所允行者，则受而书之于板，著其上请之事为定法，复举此令以宣布上美。《杜周传》云'后主所是疏为《令》'也。"①今案《居延汉简》，有"《北边絜令》第四"，又作"《北边挈令》第四"②，可证絜、挈确可通用，也可证二字在此并非动词，王氏释为"举"，似不可取。但他将此事与杜周所云"后主所是疏为《令》"联系起来，可谓独具慧眼。或许可以这样说：在武帝"更定"后的汉朝律令中，《律》的主体部分仍来自汉初，体现着承秦而来的法制传统，而《令》中形成于武帝时期的内容较多，且受儒家思想特别是董仲舒《春秋决狱》之说影响较大。

这套律令因过于严厉和繁杂而遭到后人批评，还有待后世整理删减，但将儒家思想及其判定是非的原则注入其中的做法，得到后人的肯定，并为后世所继承。我们知道，中国古代法律的发

---

①王先谦：《汉书补注》，北京：中华书局，1983年，第1206页。

②见《居延汉简释文合校》10.28、562.19，北京：文物出版社，1987年，第16、660页。

展有个逐渐儒家化的过程,汉武帝修定律令就是这一过程的开端[1]。

《公羊》家不仅影响和参预了律令之修定,还参预了许多案件的处理,其中最大的一件是淮南、衡山之狱。《汉书》卷六《武帝纪》元狩元年十一月:“淮南王安、衡山王赐谋反,诛,党与死者数万人。”(第174页)淮南王刘安谋反始于建元年间。刘安是淮南厉王刘长之子,长于文帝时因罪废迁蜀郡,饿死途中。安因此“时时怨望厉王死,时欲畔逆”。建元二年,安入朝,武安侯田蚡迎之霸上,谓安曰:“方今上无太子,大王亲高皇帝孙,行仁义,天下莫不闻。即宫车一日晏驾,非大王当谁立者!”刘安“大喜,厚遗武安侯金财物,阴结宾客,拊循百姓,为畔逆事”[2]。

最早建议武帝除掉刘安和田蚡的是董仲舒。建元六年,辽东高庙和长陵高园先后发生两起火灾。数年后,董仲舒以其阴阳灾异学说对这两起火灾进行了解释,“草稿未上,主父偃……窃其书而奏焉”[3]。《汉书》卷二七《五行志上》全文收录了这篇东西,其中指出:“天灾若语陛下:‘当今之世,虽敝而重难,非以太平至公,不能治也。视亲戚贵属在诸侯远正最甚者,忍而诛之,如吾燔辽东高庙乃可;视近臣在国中处旁仄及贵而不正者,忍而诛之,如吾燔高园殿乃可’云尔。在外而不正者,虽贵如高庙,犹灾而燔之,况诸侯乎!在内不正者,虽贵如高园殿,犹燔灾之,况大臣乎!此天意也。”(第1332页)所言“在外而不正者”指刘安,“在内不正

---

①俞荣根认为:“《春秋》决狱”和“原心论罪”的提出,“开启了中国法律儒家化的闸门”。见氏著《儒家法思想通论》,南宁:广西人民出版社,1992年,第583页。

②《史记》卷一一八《淮南列传》,第3082页。

③《汉书》卷五六《董仲舒传》,第2524页。

者”指田蚡。

武帝看到这篇东西后，起初不以为然。《史记·儒林列传》：“天子召诸生示其书，有刺讥。董仲舒弟子吕步舒不知其师书，以为下愚。于是下仲舒吏，当死，诏赦之。”及至元朔六年，淮南、衡山谋反事发觉，武帝乃“思仲舒前言，使仲舒弟子吕步舒持斧钺治淮南狱，以《春秋》谊颛断于外，不请。既还奏事，上皆是之”①。田蚡已死，不及诛，武帝忿忿地说：“使武安侯在者，族矣！”②当时，丞相公孙弘和廷尉张汤主持群臣议论此事，在给刘安定罪时，还引用了《公羊春秋》“臣无将，将而诛”之义③。可见，在运用法律加强汉朝统治这一问题上，《公羊》家与汉武帝及张汤、赵禹等文吏是一致的。在武帝手中，霸道与王道之所以能够“杂之”，与《公羊》家的这一特点是分不开的。

同诛杀贵族、大臣之“不正者”相比，武帝对民间豪侠阶层的打击具有更重要、更深远的意义。《史记》卷一二四《游侠列传》：

> 郭解，轵人也，字翁伯……及徙豪富茂陵也，解家贫，不中訾，吏恐，不敢不徙。卫将军为言：“郭解家贫不中徙。”上曰：“布衣权至使将军为言，此其家不贫。”解家遂徙……轵人杨季主子为县掾，举徙解。解兄子断杨掾头。由此杨氏与郭氏为仇……杨季主家上书，人又杀之阙下。上闻，乃下吏捕解……穷治所犯，为解所杀，皆在赦前。轵有儒生侍使者坐，客誉郭解，生曰：“郭解专以奸犯法，何谓贤！”解客闻，杀此

①《汉书》卷二七《五行志上》，第1333页。
②《史记》卷一〇七《武安侯列传》，第2855页。
③《史记》卷一一八《淮南列传》，第3094页。

生，断其舌。吏以此责解，解实不知杀者。杀者亦竟绝，莫知为谁。吏奏解无罪。御史大夫公孙弘议曰："解布衣为任侠行权，以睚眦杀人，解虽弗知，此罪甚于解杀之。当大逆无道。"遂族郭解翁伯。（第 3185 页）

秦汉之际，在关中与关东的政治、军事、文化对峙中，代表关东的主要是六国贵族与民间豪侠两大势力。战乱中，旧贵族消灭殆尽，刘邦统一天下后，又将齐、楚大族昭、屈、景、怀、田五姓迁至关中。从此，六国贵族在东方社会的影响基本消失了。而汉朝所封的诸侯王又与当地豪侠相结合，形成一个个地方势力。文景二帝收夺诸侯王的治民权并削夺其国土，使得诸侯王问题基本得到解决。由于汉法在关东地区推行力度的加强，豪侠阶层的活动也受到一定的限制和打击。如郭解之父即"以任侠，孝文时诛死"，"济南瞷氏、陈周庸亦以豪闻，景帝闻之，使使尽诛此属"①。但作为东方社会民间文化的代表，他们仍有很强的势力，是东方社会抗拒汉朝整合文化、实现"法度"大一统的最后堡垒。

据《史记·游侠列传》载，汉初关东大侠主要有刘邦时期的朱家、文景时期的剧孟和武帝时期的郭解。朱家，"自关以东，莫不延颈愿交焉"，"所藏活豪士以百数，其余庸人不可胜言"，甚至藏匿并设法解救了刘邦悬赏捉拿的项羽名将季布。剧孟"行事大类朱家"，"以任侠显诸侯"，七国之乱暴发时，太尉周亚夫率军至河南，得剧孟，喜曰："吴楚举大事，而不求剧孟，吾知其无能为已矣。"司马迁评论说："天下骚动，宰相得之若得一敌国云。"（第 3184 页）可见其势力、影响之大。但这两人皆未见受到官府追究。

①《史记》卷一二四《游侠列传》，第 3185、3184 页。

只有郭解被武帝族诛,目的正是为了消灭这一堡垒。

郭解被杀,始于迁徙豪杰一事,而此事出于虽以纵横名家但也学过《公羊春秋》的主父偃的建议。《史记》卷一一二《主父列传》:偃说武帝曰:“茂陵初立,天下豪杰兼并之家,乱众之民,皆可徙茂陵,内实京师,外销奸猾,此所谓不诛而害除。”武帝从之(第2961页)。《汉书》卷六《武帝纪》:元朔二年夏,“徙郡国豪杰及訾三百万以上于茂陵。”(第170页)“及”字当系衍文,因为《史记·游侠列传》明言郭解“家贫,不中訾”。武帝要迁徙的主要是富有因而势力和影响都较大的郡国豪杰。郭解是个特例,虽不富有,但势力和影响极大,因而也被武帝列入迁徙名单。从“吏恐,不敢不徙”和杨掾“举徙解”来看,基层官吏对武帝的意图是清楚的。

汉初以来,郭解之流任侠行权,睚眦杀人,依游侠之“私义”,犯国家之“公法”。这在民间,特别是关东,被普遍认可,所谓“天下无贤与不肖,知与不知,皆慕其声”,“争交欢”,“争为用”①。朝廷对此也不得不睁只眼闭只眼。而这一次,在旧贵族和诸侯王问题都已基本解决之后,汉朝终于向游侠宣战了。于是,在武帝的支持和直接干预下,大批关东豪侠被迁入关中,郭解则“家贫”而被徙,“无罪”而被诛。武帝这一举动所针对的不仅是郭解,也不仅是关东豪杰,而是整个东方文化,是与汉朝法律仍然抵牾不合的关东旧俗。公孙弘说得好,郭解身为布衣,却按民间的习俗和准则行使官府的权力,这比亲手杀人危害更大。

武帝迁徙豪杰、诛杀郭解的时候,变更制度、修定律令的工作正在进行。将这两件事结合起来进行观察,便可发现,武帝修定律令的目的可能是想缩小承秦而来的汉法与关东旧俗的矛盾,从

①《史记》卷一二四《游侠列传》,第3187、3188页。

而减少向东方进一步推行汉法而引起的文化冲突，以便完成当年秦朝没能完成的任务，将关中和关东两大地区真正置于统一法度的管理之下。在这一过程中，《公羊》家的参预无疑起了重要作用。他们在一定程度上为汉法注入了儒家思想，使《春秋》之义成为法定的"正义"，而这种"正义"作为一种价值观，正介于国家"公法"与民间"私义"之间，能起到沟通二者的作用。事实上，自武帝迁徙豪杰、诛杀郭解之后，关东游侠的活动大大衰落了。用司马迁和班固的话说，"自是之后，侠者极众，而无足数者"①。《汉书》卷九二《游侠传》在郭解之后又收宣元以后的萬章、楼护、陈遵、原涉四人。其中萬章是长安人；楼护是齐人，但自少"随父为医长安"；陈遵是杜陵人；原涉祖籍阳翟，武帝时以豪杰迁至茂陵。是四人皆关中豪侠，其活动也都在关中。与此同时，初步儒家化的汉朝法律迅速渗入关东社会，使得关中、关东在文化上不再泾渭分明、格格不入。

上文说过，董仲舒针对周秦"文弊"，主张"上忠"、"尚质"，亦即用"适于"汉朝的"尧舜之道"深入教化百姓。由本节所述，我们又得知，董仲舒这一理论色彩极为浓厚的主张，竟通过"《春秋》决狱"之说和参预改造律令的实践落到了实处，从而实实在在地推进了汉朝政治与社会的发展。

武帝一生"穷奢极欲，繁刑重敛，内侈宫室，外事四夷，信惑神怪，巡游无度"②，耗尽了汉初数十年的积蓄，大大加重了百姓的负担，使越来越多的农民破产流亡，甚至起为盗贼。《汉书》卷六《武

---

①《史记》卷一二四《游侠列传》，第 3188 页；《汉书》卷九二《游侠传》，第 3705 页。

②司马光语，见《资治通鉴》卷二二，第 747 页。

帝纪》元狩四年载:“关东贫民徙陇西、北地、西河、上郡、会稽凡七十二万五千口,县官衣食振业,用度不足。”(第178页)同书卷四六《石奋传附石庆传》载:“元封四年,关东流民二百万口,无名数者四十万,公卿议欲请徙流民于边以適(谪)之。”但被武帝否定。石庆“惭不任职”,上书说:自己身为丞相,“疲驽无以辅治”,致使“城郭仓廪空虚,民多流亡”,请求辞职。武帝也指出,由于“吏多私,征求无已,去者便,居者扰”,致使“官旷民愁,盗贼公行”,“流民愈多”(第2197页)。

武帝晚年,吏治苛酷,更加剧了社会矛盾的激化。《汉书》卷六《武帝纪》天汉二年:“泰山、琅邪群盗徐勃等阻山攻城,道路不通。遣直指使者暴胜之等衣绣衣杖斧分部逐捕。刺史郡守以下皆伏诛。”(第204页)同书卷九〇《酷吏传》载其事曰:

> 是时郡守尉诸侯相二千石欲为治者,大抵尽效王温舒等,而吏民益轻犯法,盗贼滋起。南阳有梅免、百政,楚有段中、杜少,齐有徐勃,燕赵之间有坚卢、范主之属。大群至数千人,擅自号,攻城邑,取库兵,释死罪,缚辱郡守都尉,杀二千石,为檄告县趋具食;小群以百数,掠卤乡里者不可称数。于是上始使御史中丞、丞相长史使督之,犹弗能禁,乃使光禄大夫范昆、诸部都尉及故九卿张德等衣绣衣,持节、虎符发兵以兴击,斩首大部或至万余级。及以法诛通行饮食,坐相连,郡甚者数千人。数岁,乃颇得其渠率。散卒失亡,复聚党阻山川,往往而群,无可奈何。于是作沉命法,曰:“群盗起不发觉,发觉而弗捕满品者,二千石以下至小吏主者皆死。”其后小吏畏诛,虽有盗弗敢发,恐不能得,坐课累府,府亦使不言。故盗贼浸多,上下相为匿,以避文法焉。(第3662页)

这场历时数年、遍及关东各地的暴动,反映出百姓对武帝的不满。但这种不满尚未形成所谓“土崩之势”,还不足以导致整个王朝的崩溃,而征和四年轮台诏的发布,又起了缓解矛盾的作用。于是,“至昭帝时,流民稍还,田野益辟,颇有畜积。宣帝即位,用吏多选贤良,百姓安土,岁数丰穰”①。

武帝以后的社会矛盾主要来自过度“劳民”和过于严酷的吏治,而非来自法律制度本身。《汉书》卷二三《刑法志》:武帝以后,律令“文书盈于几阁,典者不能遍睹。是以郡国承用者驳,或罪同而论异。奸吏因缘为市,所欲活则傅生议,所欲陷则予死比,议者咸冤伤之”。宣帝为纠正这一弊端设置了廷尉平。而涿郡太守郑昌认为,“置廷平以理其末”,不如“删定律令”以“正其本”,因为“律令一定,愚民知所避,奸吏无所弄矣”(第1101页)。这些批评主要针对律令的繁杂,而不是从根本上否定汉家律令,与当年关东社会对秦律的反感大不相同。

武帝对制度的变更和宣帝对吏治的改良,进一步缓解了东西文化冲突,摸索出一套基本适合当时历史条件的制度和政策,从而为庞大的中华帝国奠定了坚实的基础。正因如此,汉朝才能在拓土开边方面获得比秦朝更大的成功,为中华民族的发展做出巨大贡献。

四、“必世而后仁”与封禅告成

田余庆先生指出:“汉武帝在反击匈奴的长期过程中,开边兴利,继往开来,对中华民族的历史有很大的贡献。但是他竭天下民力资财以奉其政,数十载无宁日,加之以重刑罚,穷奢丽,弄鬼

①《汉书》卷二四《食货志上》,第1141页。

神，终使民怨沸腾，社会后果极其严重。”之所以会出现这种局面，则是因为武帝“在元封年间已经完成了历史赋予他的使命”之后，没能及时“实行政策的转折”①。田先生的研究大大加深了我们对武帝后期历史的认识。若将《公羊》学理论及其在当时的影响考虑进去，则此题尚有进一步探讨的余地。

首先，武帝对他的事业应当在何时完成，亦即何时结束“右武赏功”而转入“守成尚文”，是心中有数的。按《公羊》家的说法，汉朝拨乱反正当至天下太平而止，其后便可进入守成阶段。《天人三策》所说“圣王已没，而子孙长久安宁数百岁”，“教化已明，习俗已成，子孙循之，行五六百岁尚未败也”②，都是这个意思。照董仲舒的理解，“如有王者，必世而后仁”，是说像尧那样的“圣王”拨乱反正，可以在三十年内完成；三十年后，功成治定，祥瑞毕至，便可登泰山，行封禅，告成功于上天了。事实上，从建元元年算起，武帝在位的第三十一年正是他举行封禅大典的元封元年。这两个数字的吻合应非偶然，它表明武帝心中很可能有一个三十年完成所有任务的预设时间表，并影响和制约着武帝各项事业的进程和节奏。

武帝在向卫青说明“变更制度”和“出师征伐”都是出于不得已之后，接着说：“若后世又如朕所为，是袭亡秦之迹也。”田先生指出：“这是我们能够见到的汉武帝表示有必要改变政策的最早记载。”并根据“卫青死于元封五年”推测说：“汉武帝说此话的时间下限不能晚于此年，上限当在元封中或更早一些。”③今案《通

①田余庆：《论轮台诏》，《秦汉魏晋史探微（重订本）》，第30、32页。

②《汉书》卷五六《董仲舒传》，第2499、2504页。

③田余庆：《论轮台诏》，《秦汉魏晋史探微（重订本）》，第33页。

鉴》卷二二征和二年条："初，上年二十九乃生戾太子，甚爱之。及长，性仁恕温谨，上嫌其材能少，不类己；而所幸王夫人生子闳，李姬生子旦、胥，李夫人生子髆，皇后、太子宠浸衰，常有不自安之意。上觉之。"于是对卫青说了那段话。而在"是袭亡秦之迹也"后，武帝又接着说："太子敦重好静，必能安天下，不使朕忧。欲求守文之主，安有贤于太子者乎！闻皇后与太子有不安之意，岂有之邪？可以意晓之。"（第726页）显然，武帝说这番话是为了安慰因宠衰而"不自安"的卫皇后和太子刘据，而卫氏母子宠衰则是因为武帝当时已另有所宠，即次子刘闳和其母王夫人。

《史记》卷四九《外戚世家》："及卫后色衰，赵之王夫人幸，有子，为齐王。"（第1980页）《汉书》卷六三《武五子传》："闳母王夫人有宠，闳尤爱幸。"（第2749页）《史记》卷一一一《卫将军列传》：元朔六年夏，大将军卫青击匈奴还，"赐千金。是时王夫人方幸于上，宁乘说大将军曰：'将军所以功未甚多，身食万户，三子皆为侯者，徒以皇后故也。今王夫人幸而宗族未富贵，愿将军奉所赐千金为王夫人亲寿。'大将军乃以五百金为寿"（第2929页）。是王夫人得宠当始于元朔六年或更早一些，但当时尚未危及刘据，故据于次年（元狩元年）立为太子。据《汉书》卷六《武帝纪》及卷六三《武五子传》，刘闳于元狩六年（前117年）封为齐王，元封元年（前110年）薨。又《史记》卷四九《外戚世家》："王夫人蚤卒。"（第1980页）卷六〇《三王世家》褚先生曰："闳且立为王时，其母病，武帝自临问之……王夫人死而帝痛之，使使者……赐夫人为齐王太后。"（第2115页）据此，王夫人病死于武帝已决定封闳为齐王但尚未正式册封之时，即元狩六年四月间。

据《三王世家》，封刘闳等皇子为诸侯王之议，乃大司马霍去病发起，并得到群臣响应，而武帝曾再三推却。霍去病是卫皇后姊子，亦属卫氏家族人物。在卫皇后和戾太子地位受到王氏母子威胁之际，霍去病及公卿大臣要求封刘闳等皇子为诸侯王，似有保护卫氏之意。也许因为刘闳外家势力太弱，根本无法与卫氏抗衡；也许改换太子会引起激烈的朝廷党争，而武帝不愿冒此风险；也许公卿大臣大多支持卫氏，武帝迫于压力不得不放弃王氏；但最重要的是，武帝意识到刘据是日后所需"守文之主"的最佳人选，因而接受霍去病的提议，将闳、旦、胥皆封为王。这意味着他放弃了改换继嗣的想法。在那之后，卫皇后和戾太子当不会再"不自安"了。因此，武帝对卫青说那番话的时间应当在元狩年间，不得晚于元狩六年四月。那时，武帝的各项事业正蓬勃开展，距元封元年还有十年左右。在这一时间背景下，我们从武帝那番话中便可体会出这样的含义：事业成功在望，劳民不会太久了。

武帝的全部事业可概括为"出师征伐"和"变更制度"两大项。其中"变更制度"又包括罢黜百家、独尊儒术的意识形态改革，"更定律令"的法制改革，设中朝、行察举、建太学、削王国、改兵制、设刺史等政治、军事制度的改革，统一货币、管盐铁、算缗、平准、均输等经济制度的改革。田先生已经指出，武帝事业的"绝大多数事项都是元狩（前 122 年—前 117 年）、元鼎（前 116 年—前 111 年）年间做成的；有少数完成于元封年间（前 110 年—前 105 年）"，因而可以说"汉武帝在元封年间已经完成了历史赋予他的使命"①。

今案：独尊儒术始于建元元年罢"治申、商、韩非、苏秦、张仪之言"的贤良文学，完成于元朔年间"尊《公羊》家，诏太子受《公羊春秋》"。更定律令始于元光五年，元鼎二年张汤死前应大致完

①田余庆：《论轮台诏》，《秦汉魏晋史探微（重订本）》，第 32 页。

成了。设中朝，让严助、朱买臣、吾丘寿王、主父偃、严安等人出入殿中参与大政，亦始于建元年间。行察举始于元光元年。建太学始于元光五年。削王国的措施主要有两项：一是允许诸侯王推“私恩”，将王国土地的一部分分给子弟为列侯；二是以酎金斤两、成色不足为借口，削夺一百零六个列侯的爵位。前者是元朔二年的事，后者发生在元鼎五年。改兵制就是建立长从的而不是番上的中央军队，主要有期门军、羽林军和屯骑、步兵、越骑、长水、射声、虎贲、胡骑七校尉，其中期门军建于建元三年，七校尉建于元鼎六年，羽林军建于太初元年。设十三州刺史在元封五年。统一货币始于建元五年“罢三铢钱，行半两钱”，终于元鼎四年“悉禁郡国无铸钱，专令上林三官铸”。管盐铁始于元狩四年。“初算缗钱”也在元狩四年。均输始于元鼎二年。平准始于元封元年。酒榷始于天汉三年。是武帝“变更制度”至元封元年基本上完成了，只有建羽林军、设刺史和酒榷几项稍晚，在元封元年以后。至于改正朔、易服色，按董仲舒的说法，是汉初就该做的事。司马迁等要求武帝改正朔时也说：“历纪坏废，汉兴未改正朔，宜可正。”于是武帝下令造《太初历》①。此事有重大象征意义，却无实际政治意义，在武帝“变更制度”的事业中不是一项重要内容。

在预期的三十年内，“变更制度”大体完成了，“出师征伐”也获得了很大成功。在北方，经过元狩二年和四年的进攻，“匈奴远遁，而幕南无王庭”。汉朝损失也很大，“汉士物故者亦数万，汉马死者十余万匹”。这时，匈奴为了获得喘息的机会，“遣使好辞请和亲”。汉朝内部除有人赞成和亲外，还出现了“遂臣之”的主张。如丞相长史任敞提出：“匈奴新困，宜使为外臣，朝请于边。”这种

①《汉书》卷五八《兒宽传》，第 2633 页。

主张比“灭胡”温和，但仍比“和亲”来得积极。武帝倾向于任敞一派的意见，“使敞使于单于”。但匈奴并无向汉称臣之意，“单于闻敞计，大怒，留之不遣”。于是，武帝“复收士马”，准备再对匈奴发动进攻。但元狩六年，大将霍去病死，“于是汉久不北击胡”。武帝久不北击胡的主要原因，从当时形势看，恐怕不是霍去病之死，而是武帝及其大臣一度淡化了“灭胡”方针，取而代之的是“臣之”与“和亲”两种选择。元封元年封禅之前，武帝亲率十八万大军巡边至朔方，遣使告单于曰：“今单于即能前与汉战，天子自将兵待边；即不能，亟南面而臣于汉。何但远走，亡匿于幕北寒苦无水草之地为！”匈奴此时尚不能接受向汉称臣，但“数使使好辞甘言求和亲”。而汉则提出“即欲和亲，以单于太子为质于汉”①。这些情况表明，元封元年前后，武帝对匈奴的政策摇摆于“臣之”与“和亲”之间。

在东方和南方，自从建元四年汉朝为南越出兵击闽越后，南越便遣太子婴齐入侍，但南越王胡始终不曾入见天子。“后十余岁”，约当元朔年间，胡薨，婴齐即位，“汉数使使者风谕”婴齐入见，意在令南越内属，“比内诸侯”。及至元鼎四年，婴齐薨，太子兴即位，汉朝更加紧了策动南越内属的活动，结果激起吕嘉叛乱。武帝遂出兵，于元鼎六年灭南越，并灭西南夷②。第二年，即元封元年冬，又灭东越。至武帝封禅时，南方只有滇王及劳深、靡莫“未肯听”，元封二年，武帝发兵击之，灭劳深、靡莫，滇王降。同年，武帝又出兵击朝鲜；次年，灭其国为郡。武帝对东、南夷狄的经营，在元封元年前后紧锣密鼓，呈倒计时状态，在举行封禅大典

①《汉书》卷九四《匈奴传》，第3770—3773页。
②《史记》卷一一三《南越列传》，第2971—2977页。

之前也基本上完成了。

武帝心中有个三十年的时间表，还表现在他对封禅时机的把握上。《史记》卷一一八《淮南列传》：元朔六年，淮南王问伍被："汉廷治乱？"伍被曰："天下治……虽未及古太平时，然犹为治也。"(第 3088 页）这是对元朔末年汉朝形势的中肯评价。《汉书》卷六《武帝纪》："元狩元年冬十月，行幸雍，祠五畤。获白麟，作《白麟之歌》。"(第 174 页)《史记》卷二八《封禅书》载此事曰："郊雍，获一角兽，若麃然。有司曰：'陛下肃祗郊祀，上帝报享，锡一角兽，盖麟云。'"麟在汉人眼中是典型的瑞兽，"西狩获麟"在《公羊》家眼中则是天下太平的典型标志。"于是济北王以为天子且封禅，乃上书献太山及其旁邑"(第 1387 页)。终军也因此提出封禅的建议。《汉书》卷六四《终军传》：武帝既"获白麟"，又"得奇木，其枝旁出，辄复合于木上"。武帝"异此二物，博谋群臣"，终军对奏，盛赞武帝功德已超过前世的"封禅之君"，主张"宜因昭时令日，改定告元，苴白茅于江淮，发嘉号于营丘，以应缉熙，使著事者有纪焉"。孟康曰："嘉号，封禅也。泰山在齐分野，故曰营丘也。或曰：登封泰山以明姓号也。"(第 2814 页）不过，这头一角兽出现得过早了。武帝虽承认它是麟，但并未着手筹备封禅大典。

此后，随着武帝各项事业的推进，人们心中太平将至的感觉越来越强烈，封禅的呼声也越来越高。元狩六年，群臣请立武帝三子为王，武帝以"朕之不德，海内未洽"为由推让，群臣则曰："陛下躬亲仁义，体行圣德，表里文武。显慈孝之行，广贤能之路。内褒有德，外讨强暴。极临北海，西溱月氏、匈奴、西域，举国奉师。舆械之费，不赋于民。虚御府之藏以赏元戎，开禁仓以振贫穷，减戍卒之半。百蛮之君，靡不乡风，承流称意。远方殊俗，重译而朝，泽及方外。故珍兽至，嘉谷兴，天应甚彰。”①言下之意，天下已然太平。同年，司马相如临死“遗札书言封禅事”，说武帝“仁育群生，义征不憓，诸夏乐贡，百蛮执贽，德牟往初，功无与二，休烈液洽，符瑞众变，期应绍至，不特创见”，事业已超过西周，不应“犹以为薄，不敢道封禅”，而应“修礼地祇，谒款天神，勒功中岳，以章至尊”。“至尊”指泰山，故张揖曰：“盖先礼中岳而幸太山也。”②群臣奏事，言及武帝功德，难免奉承之辞。但相如临死遗言，应当是发自内心的。在这种情况下，武帝举行封禅大典，不会遇到太大的阻力，但他仍然按兵不动。

及至元鼎三年，离预期的封禅之年只差四年时，武帝才主动表示出欲行封禅之意愿。《史记》卷二八《封禅书》载：

> 其后三年，有司言元宜以天瑞命，不宜以一二数。一元曰“建”，二元以长星曰“光”，三元以郊得一角兽曰“狩”云。（第1389页）

《汉书》卷二五《郊祀志》亦载此文，唯改“三元”为“今”。后人对这段记载的考证颇多③，其中最为合理的是刘攽的解释。王先谦《汉书补注·武帝纪》建元元年条引刘攽曰：

> 所谓“其后三年”者，盖尽元狩六年至元鼎三年也。然元

①《史记》卷六〇《三王世家》，第2107页。

②《汉书》卷五七《司马相如传》，第2600、2604页。

③辛德勇近年发表《重谈中国古代以年号纪年的启用时间》一文（载《文史》2009年第1辑），对有关文献、文物史料进行了全面搜集和详尽考证，对古今学者的各种观点也做了细致辨析，最具参考价值。

鼎四年方得宝鼎，又无缘先三年而称之。以此而言，自元鼎以前之元，皆有司所追命，其实年号之始在元鼎耳，故元封改元，则始有诏书矣……武帝即位以来，大率六年一改元，二十七年之间，改元者五。当时但以一元、二元、三元、四元、五元为别。五元之三年，有司言元宜以天瑞，不宜以一二数，盖为是也。时虽从有司之议，改一元为建元，二元为元光，三元为元朔，四元为元狩，至五元则未有以名。帝意将有所待也。明年宝鼎出，遂改五元为元鼎，而以是年为元鼎四年。（第 83 页）

在元鼎三年这一时间背景下，以天瑞命元一事显示出特殊用意。它向世人进一步强调了祥瑞的政治意义，表明了武帝此时对祥瑞的特别关注。五元不改则向人们暗示，武帝正期待着祥瑞进一步出现，以便名正言顺地着手准备封禅大典。对此，当时的人们心领神会。于是，第二年，祥瑞果真出现了。

《汉书》卷六《武帝纪》元鼎四年六月，“得宝鼎后土祠旁”，作《宝鼎之歌》(第 184 页)。《史记》卷二八《封禅书》载其事曰：“汾阴巫锦为民祠魏脽后土营旁，见地如钩状，掊视得鼎。鼎大异于众鼎，文镂无款识，怪之，言吏。吏告河东太守胜，胜以闻。天子使使验问巫得鼎无奸诈，乃以礼祠，迎鼎至甘泉……至长安，公卿大夫皆议尊宝鼎。天子曰：‘间者河溢，岁数不登，故巡祭后土，祈为百姓育谷。今年丰茂未报，鼎曷为出哉？’有司皆言：‘闻昔泰帝兴神鼎一，一者一统，天地万物所系象也……今鼎至甘泉，以光润龙变，承休无疆……鼎宜见于祖祢，藏于帝廷，以合明应。’”(第 1392 页)吾丘寿王对这尊鼎的意义又做了进一步解释。《汉书》卷六四《吾丘寿王传》：群臣皆曰此鼎是“周鼎”，而寿王独曰“非周鼎”。武帝召而问之，寿王对曰：“臣闻周德始乎后稷，长于公刘,大于大王,成于文武,显于周公。德泽上昭,天下漏泉,无所不通。上天报应,鼎为周出,故名曰周鼎。今汉自高祖继周,亦昭德显行,布恩施惠,六合和同。至于陛下,恢廓祖业,功德愈盛,天瑞并至,珍祥毕见……天祚有德而宝鼎自出,此天之所以与汉,乃汉宝,非周宝也。"武帝称"善",赐寿王黄金十斤(第2797页)①。

宝鼎之事虽经武帝派人验问,但是否"无奸诈",仍令人怀疑②。武帝信以为真,是因为他正需要这样的故事。《史记》卷二八《封禅书》:"自得宝鼎,上与公卿诸生议封禅。"(第1397页)三年后便准时举行了这一旷世大典。

五、"致殊俗"与"通西域"

武帝封禅之后没有像预期的那样停止战争,主要是因为他还有一项任务没完成,那就是西域道路的开通和对葱岭以西大月氏、大夏、安息、大宛、康居、身毒等国的招徕。

张骞第一次出使西域,虽未达到招引大月氏返回故地的目的,但他"身所至者,大宛、大月氏、大夏、康居,而传闻其旁大国五六"③,大大扩展了汉人的眼界。《史记》卷一一六《西南夷列传》:张骞返回长安后,"盛言大夏在汉西南,慕中国,患匈奴隔其道,诚通蜀,身毒国道便近,有利无害"(第2995页)。卷一二三《大宛列

---

①《汉书》卷六《武帝纪》元鼎元年:"得鼎汾水上。"《汉纪》、《水经注》卷六同。《通鉴考异》认为:"盖《武纪》因今年改元而误增此得鼎一事耳,非两曾得鼎于汾水上也。"(《资治通鉴》卷二〇,第653页)今从之。

②顾颉刚认为,该鼎可能是文帝时术士新垣平所埋。见《顾颉刚读书笔记》第六卷《古柯庭琐记》"汾阴之鼎为新垣平豫埋"条,台北:联经出版事业公司,1990年,第4153页。

③《史记》卷一二三《大宛列传》,第3160页。

传》："天子既闻大宛及大夏、安息之属皆大国，多奇物，土著，颇与中国同业，而兵弱，贵汉财物；其北有大月氏、康居之属，兵强，可以赂遗设利朝也。且诚得而以义属之，则广地万里，重九译，致殊俗，威德遍于四海。天子欣然以骞言为然。"（第3166页）

《公羊》家所谓太平世"不外夷狄"、"天下远近小大若一"，是个颇具弹性的说法。《公羊传》所谓"夷狄"仍是春秋战国时代的概念，主要指楚、越、秦等国而言。自秦统一以后，楚、越、秦基本上融入华夏社会，"夷狄"概念便用来指更边远的两越、西南夷、朝鲜、西羌、匈奴等族。武帝对开边事业的设想，最初当不出这一范围。而自张骞出使西域后，人们知道了西域及葱岭以西各国的存在，"天下"的范围向西大大扩展了。根据张骞最初带回来的信息，大夏之属皆"慕中国"，可以财物赂遗使朝，因而只要有道路可通，"天下远近小大若一"仍是可以实现的目标。于是，武帝开始经营通往大夏等国的道路，为招徕葱岭以西各国创造条件。这是一项追加的看似容易实际异常艰难的任务。正是这项任务推迟了武帝结束开边的时机，使战争又延续了数十年。

武帝初年，"匈奴右方居盐泽以东，至陇西长城，南接羌，鬲汉道焉"。为了避开匈奴和羌人的阻隔，张骞建议开西南夷道，经身毒而至大夏。武帝采纳了这个建议，"乃令骞因蜀犍为发间使，四道并出……皆各行一二千里"。结果，"北方闭氐、筰，南方闭嶲、昆明"，都没能开通①。武帝此次开西南夷道，始于元狩元年，"四岁余……莫能通"②，当至元狩五年而止。元鼎六年灭南越和西南

①《史记》卷一二三《大宛列传》，第3160、3166页。

②《汉书》卷九五《西南夷传》，第3841页。

夷后，武帝再次派使者出西南以通大夏，仍为昆明所阻，“莫能得通”①。

《史记》卷一二三《大宛列传》于元狩四年“汉击走单于于幕北”后，接着写到：“是后天子数问骞大夏之属。”（第3168页）武帝在打通西南道路的努力失败，而对匈奴已取得优势、对匈政策也转为“臣之”或“和亲”之后，再次提出通大夏的问题。从张骞的回答看，武帝向他询问的主要是如何打通河西走廊。《汉书》卷六《武帝纪》：元狩二年，原来活动于河西走廊的匈奴浑邪王率众降汉后，武帝“以其地为……酒泉郡”②，但并未派大军去占领这一地区。《史记》卷一一〇《匈奴列传》：元狩四年以后，“匈奴远遁，而幕南无王庭。汉度河，自朔方以西至令居，往往通渠置田官，吏卒五六万人，稍蚕食，地接匈奴以北”（第2911页）。《后汉书》卷八七《西羌传》：“武帝征伐四夷，开地广境，北却匈奴，西逐诸羌，乃度河湟，筑令居塞。”（第2876页）令居在今甘肃永登西北，地处湟水流域，是关中通往河西走廊的要冲。武帝在黄河西岸自朔方到令居一线屯田驻军，表现出加强控制河西走廊的企图，但仍未打算直接出兵占领河西。张骞知道武帝的意图，因而建议招引乌孙返回河西故地，从而“断匈奴右臂”，保证河西走廊畅通，使“大夏之属皆可招来而为外臣”③。这里，“断匈奴右臂”主要不是为了汉朝本土的安全，而是为了打通通往大夏等国的道路。武帝批准了这一建议，遂有张骞二次出使西域之事。

---

①《史记》卷一二三《大宛列传》，第3171页。

②原文作“以其地为武威、酒泉郡”。武威郡的设置当在宣帝地节二、三年间，《武帝纪》的这条记载有误。相关考证见周振鹤：《西汉政区地理》，第157—168页。

③《史记》卷一二三《大宛列传》，第3168页。

张骞此次出使，没能说服乌孙东徙，但增进了乌孙及大夏等国对汉朝的了解。元鼎三年，张骞携乌孙使者数十人返回长安。使者"既见汉人众富厚，归报其国，其国乃益重汉"。"其后岁余"，张骞派往"大宛、康居、大月氏、大夏、安息、身毒、于窴、扜罙及旁诸国"的副使，也都带着各国使者返回长安。"于是西北国始通于汉矣"①。这使武帝看到了成功的希望，同时也向他提出了新的问题：欲通西域，必须出兵占领河西。而这又意味着武力开边还得继续，"劳民"还得继续。为了追求重九译、致殊俗的丰功伟绩，武帝不惜民力，甘冒重蹈亡秦覆辙的危险，开始了对西域的武力征服。

元鼎六年，正当封禅在即，武帝各项事业都已进入收尾阶段的时候，汉将公孙贺率万五千骑出九原二千余里，赵破奴率万余骑出令居数千里，皆"不见虏而还"。随后，武帝"分……酒泉地置张掖、敦煌郡"，且"徙民以实之"②。《史记》卷三〇《平准书》：元鼎六年，"数万人度河筑令居……而上郡、朔方、西河、河西开田官，斥塞卒六十万人戍田之。中国缮道馈粮，远者三千，近者千余里，皆仰给大农。边兵不足，乃发武库工官兵器赡之。车骑马乏绝，县官钱少，买马难得，乃著令，令封君以下至三百石以上吏，以差出牝马天下亭，亭有畜牸马，岁课息"（第1439页）。这些举动主要是针对西方的。其中"数万人度河筑令居"，当指修筑自令居至酒泉之亭障。同书卷一二三《大宛列传》说：张骞死后，"匈奴闻汉通乌孙，怒，欲击之"，乌孙恐，"使使献马，愿得尚汉女翁主为昆弟"。这表明乌孙愿意与汉联合对付匈奴。于是，"汉始筑令居以西，初置酒泉郡，以通西北国"（第3170页）。《汉书》卷六一《张

①《史记》卷一二三《大宛列传》，第3169页。

②《汉书》卷六《武帝纪》，第189页。

骞传》注引臣瓒曰："筑塞西至酒泉也。"（第 2694 页）案张骞死于元鼎四年（前 113 年）①，酒泉郡始置于元狩二年（前 121 年）②，断无张骞死后"初置酒泉"之理。从上下文看，"置"当为"至"之误。其意是说，元鼎六年，汉朝始筑亭障至酒泉郡，以通西北国③。这是第一步。

《史记》卷一二三《大宛列传》：汉筑亭障至酒泉郡后，"因益发使抵安息、奄蔡、黎轩、条枝、身毒国。而天子好宛马，使者相望于道。诸使外国一辈大者数百，少者百余人，人所赍操大放博望侯时。其后益习而衰少焉。汉率一岁中使多者十余，少者五六辈，远者八九岁，近者数岁而反"。武帝派出这么多使者，带着这么多礼物，前往葱岭以西各国，目的还是"以赂遗设利朝也"，企图用和平手段达到目的。然而"北道酒泉抵大夏，使者既多，而外国益厌汉币，不贵其物……亦厌汉使人人有言轻重"，又认为"汉兵远不能至，而禁其食物以苦汉使"。楼兰、姑师（车师）位于西域东端，距汉朝最近，竟不惧汉朝兵威，"攻劫汉使王恢等尤甚"，还充当匈奴耳目，使"匈奴奇兵时时遮击使西国者"。这些情况表明，要招徕"西北国"，仅仅"赂遗设利"是不够的，还必须施加军事压力；而要在军事上对西域形成有效的威慑作用，兵锋只到酒泉是不行的，必须继续向西挺进。于是，元封三年，武帝遣赵破奴、王

---

①《史记》卷一二三《大宛列传》：张骞自乌孙返回长安后"岁余，卒"。

②酒泉郡的设置，张维华认为在元鼎二年，陈梦家认为在元鼎六年，周振鹤已辨其非。见周振鹤：《西汉政区地理》，第 165—168 页。

③《汉书》卷九六《西域传》："骠骑将军击破匈奴右地，降浑邪、休屠王，遂空其地，始筑令居以西，初置酒泉郡，后稍发徙民充实之，分置武威、张掖、敦煌，列四郡，据两关焉。"（第 3873 页）这是一段概括性的描述，"始筑令居以西，初置酒泉郡"一句显然抄自《史记·大宛列传》，不能据以认为汉筑令居以西在元狩二年。

恢攻破楼兰、姑师，既而“举兵威以困乌孙、大宛之属”，并将亭障从酒泉向西延伸至玉门关（第3170页）。这是第二步。

楼兰之役打通了西域东端入口，对乌孙也起到震慑作用。《史记·大宛列传》：“乌孙以千匹马聘汉女，汉遣宗室女江都翁主往妻乌孙。”（第3172页）《汉书·西域传》系此事于“元封中”，《史记·大宛列传》系于楼兰之役后。乌孙欲与汉朝和亲，是为了借汉之力抗拒匈奴。汉朝对此求之不得，但为了进一步争取外交上的主动，故意高仰脸，提出“必先内聘，然后遣女”的要求。乌孙对汉朝是否有能力对西域进行军事干预尚无把握，因而没有马上答应。楼兰之役后，乌孙看到汉朝兵锋已至玉门，看到武帝武力干预西域的决心，这才送来聘礼。但大宛及其东、西各国尚未受到有力震慑。

《史记·大宛列传》：“宛西小国驩潜、大益，宛东姑师、扜罙、苏薤之属，皆随汉使献见天子。”欲探汉朝虚实。武帝“方数巡狩海上，乃悉从外国客，大都多人则过之，散财帛以赏赐，厚具以饶给之，以览示汉富厚焉。于是大角抵，出奇戏诸怪物，多聚观者，行赏赐，酒池肉林，令外国客遍观各仓库府藏之积，见汉之广大，倾骇之”。武帝如此铺张炫耀，是想吓倒西方各国。然而“宛以西，皆自以远，尚骄恣晏然，未可诎以礼，羁縻而使也”（第3173页）。大宛以东、危须以西当道各国更与匈奴勾结，遮杀往来使者。《汉书》卷六一《李广利传》载武帝诏，述伐大宛前之西域形势曰：“匈奴为害久矣，今虽徙幕北，与旁国谋共要绝大月氏使，遮杀中郎将江、故雁门守攘。危须以西及大宛，皆合约杀期门车令、中郎将朝及身毒国使，隔东西道。”（第2703页）大宛位于西域另一端，是汉朝使者进入葱岭以西地区的门户，也是阻隔西域道路的最大堡垒。武帝要打通西域道路，必须征服危须以西各国，其中最重要也最艰难的是征服大宛。于是有太初元年至四年的伐大宛之役。

《史记·大宛列传》:“汉使者……言曰:‘宛有善马在贰师城,匿不肯与汉使。’天子既好宛马,闻之甘心,使壮士车令等持千金及金马,以请宛王贰师城善马。宛国饶汉物,相与谋曰:‘汉去我远,而盐水中数败,出其北有胡寇,出其南乏水草。又且往往而绝邑,乏食者多。汉使数百人为辈来,而常乏食,死者过半,是安能致大军乎?无奈我何。且贰师马,宛宝马也。’遂不肯予汉使。汉使怒,妄言,椎金马而去。宛贵人怒曰:‘汉使至轻我!’遣汉使去,令其东边郁成遮攻杀汉使,取其财物。”(第 3174 页)武帝大怒,遂出兵伐宛。据此,伐宛之役乃因求善马而起。那么,武帝为何不惜代价求取善马?学者有改良马政说①,有求天马以升天说②。苏诚鉴则认为:“大宛之役是汉武帝后期对匈奴战争的战略组成部分,是贯彻‘兵据西域,夺之便势之地,以候其变’这一重大决策的必要行动,而不是仅仅为了几十匹‘汗血马’。”③岳庆平也认为:“大宛攻杀汉使、背叛汉朝是伐宛战争的主要原因,汉朝维护国家尊严、问罪大宛、兵震西域是伐宛战争的主要目的。”④从我们的角度看,武帝求天马不过是其开边欲求的另一种表达方式。“好”天马的背后,可能有多种功利目的,但最重要的还是“重九译,致殊俗,威德遍于四海”,将汉家拨乱反正事业推向极盛之

---

①参余嘉锡:《汉武伐大宛为改良马政考》,《余嘉锡论学杂著》,北京:中华书局,1963 年。

②张维华:《汉武帝伐大宛与方士思想》,《汉史论集》,济南:齐鲁书社,1980 年。

③苏诚鉴:《读〈史记·大宛列传〉叙大宛之役》,《历史研究》1979 年第 2 期。

④岳庆平:《论汉武帝伐宛的原因及其目的》,《社会科学辑刊》1987 年第 1 期。

顶点。

《大宛列传》又说："初，天子发书《易》，云'神马当从西北来'。得乌孙马好，名曰'天马'。及得大宛汗血马，益壮，更名乌孙马曰'西极'，名大宛马曰'天马'云。"（第3170页）神马在汉人眼中也是一种瑞兽。王充《论衡·是应》篇载汉儒所言"太平瑞应"，有"泽出马"一项①。《宋书》卷二八《符瑞志中》收录了关于神马的多种传说："龙马者，仁马也，河水之精……腾黄者，神马也。其色黄，王者德御四方则出……泽马者，王者劳来百姓则至……飞菟者，神马之名也，日行三万里。禹治水勤劳历年，救民之害，天应其德而至……騕褭者，神马也，与飞菟同，亦各随其方而至，以明君德也。"②武帝所占之"神马"则是西北蛮夷归顺汉朝的象征。《汉书》卷六《武帝纪》载元封元年封禅大典前夕武帝诏曰："南越、东瓯咸服其辜，西蛮、北夷颇未辑睦。"（第189页）表现出对西北事态的特别关切。发《易》而占，亦出此意。"神马当从西北来"可能是卜者迎合武帝愿望而编造的预言，透露出武帝对西北蛮夷归顺的期盼。

神马的出现始于获麟之后。《汉书》卷六《武帝纪》元狩二年夏："马生余吾水中。"（第176页）余吾水在漠北单于庭一带。神马生于其中的说法，显然是因武帝大举进攻匈奴而产生的。又，元鼎四年秋，"马生渥洼水中，作……《天马之歌》"③。注引李斐

①黄晖：《论衡校释》，第753页。

②北京：中华书局，1974年，第802页。

③《汉书》卷二二《礼乐志》："元狩三年马生渥洼水中。"（第1060页）案同书卷五七《司马相如传》，相如于元狩六年作书，历数汉初瑞兽，提到"黄龙"、"白麟"，而未及"神马"。可见"马生渥洼水中"非元狩年间事，《礼乐志》误。

曰:“南阳新野有暴利长,当武帝时遭刑,屯田敦煌界,数于此水旁见群野马中有奇者,与凡马异,来饮此水。利长先作土人,持勒靽于水旁。后马玩习,久之代土人持勒靽收得此马,献之。欲神异此马,云从水中出。”(第184页)当时,张骞及其副使已先后返回长安,“西北国始通于汉”,而武帝已开始筹划出兵河西。在敦煌屯田的暴利长于此时编造出神马的故事,亦非偶然。汉始得乌孙马当在元鼎三年张骞自乌孙返回长安时,但只有“数十匹”,且未必是善马。其后,乌孙欲与汉朝和亲,“使使献马”,又送“千匹马”为聘礼,为了表示诚意,当多有善马,武帝遂名之曰“天马”。汉得大宛马当始于张骞副使自大宛返回时,其后,“天子好宛马,使者相望于道”①。但得其汗血马在太初四年征服大宛后。上引使者所言贰师城之“善马”、“宝马”即汗血马。大宛之役后,汉军“取其善马数十匹”以归,于是武帝改称宛马为“天马”。《汉书》卷六《武帝纪》太初四年春:“贰师将军广利斩大宛王首,获汗血马来。”注引应劭曰:“大宛旧有天马种,蹹石汗血,汗从前肩髆出,如血,号一日千里。”(第202页)敦煌悬泉汉简:“(昭帝)元平元年十一月己酉□□诏使甘护民迎天马,敦煌郡为驾一乘传,载御一人。”②所指应当也是宛马。神马出现的地点自匈奴而河西、而乌孙、而大宛,正与武帝向西北开边的过程同步。人们有意神化这些马,主要是为汉朝兵锋西渐提供神学依据。

《汉书》卷二二《礼乐志》载《郊祀歌》有《天马》一章,歌词分为两段,第一段为“马生渥洼水中作”,第二段为“诛宛王获宛马作”。第一段歌词是:

---

①《史记》卷一二三《大宛列传》,第3170页。

②《敦煌悬泉汉简释文选》,《文物》2000年第5期。

> 太一况，天马下，沾赤汗，沫流赭。志俶傥，精权奇，籋浮云，晻上驰。体容与，迣万里，今安匹，龙为友。

师古注曰："言此天马乃太一所赐，故来下也。"案"太一"即"泰一"，武帝以后成为最高"天神"①。从"沾赤汗，沫流赭"两句来看，关于汗血马的传说此时已经出现了，并被安在渥洼马身上。第二段歌词是：

> 天马徕，从西极，涉流沙，九夷服。天马徕，出泉水，虎脊两，化若鬼。天马徕，历无草，径千里，循东道。天马徕，执徐时，将摇举，谁与期？天马徕，开远门，竦予身，逝昆仑。天马徕，龙之媒，游阊阖，观玉台。

师古注曰："言九夷皆服，故此马远来也。"（第1060页）此处"九夷"泛指西域各国，"九夷皆服"是武帝伐大宛的主要目的，"天马"云云只是说明这场战争符合天意而已。

武帝对伐大宛的难度起初估计不足。《史记·大宛列传》："诸尝使宛姚定汉等言宛兵弱，诚以汉兵不过三千人，强弩射之，即尽虏破宛矣。"武帝认为，其先赵破奴打楼兰，仅率七百骑便虏其王，大宛也不会太强，遂"以定汉等言为然"，拜外戚李广利为贰师将军，"发属国六千骑，及郡国恶少年数万人"，前往伐宛。结果，汉军"既西过盐水，当道小国恐，各坚城守，不肯给食。攻之不能下。下者得食，不下者数日则去。比至郁成，士至者不过数千，皆饥疲。攻郁成，郁成大破之，所杀伤甚众"，遂引兵而还。当时，

---

①《汉书》卷二五《郊祀志上》，第1218页。

"公卿及议者皆愿罢击宛军",武帝认为"已业诛宛,宛小国而不能下,则大夏之属轻汉,而宛善马绝不来,乌孙、仑头(轮台)易苦汉使矣,为外国笑"。和劳民伤财相比,他更担心的是"重九译,致殊俗"的伟大事业将毁于一旦。于是,武帝一意孤行,"案言伐宛尤不便者邓光等,赦囚徒材官,益发恶少年及边骑,岁余而出敦煌者六万人,负私从者不与。牛十万,马三万余匹,驴骡橐它以万数。多赍粮,兵弩甚设,天下骚动,传相奉伐宛,凡五十余校尉……发天下七科谪,及载糒给贰师。转车人徒相连属至敦煌"。武帝不惜血本,终于挽回了败局;之后,又"发使十余辈至宛西诸外国,求奇物,因风览以伐宛之威德",并自玉门至连城一线修筑亭障①,在轮台置"田卒数百人,因置使者护田积粟,以给使外国者",将汉朝兵锋推进到西域中部(第3174页)。这是第三步。

楼兰之役和大宛之役没能使汉朝完全控制西域通道,因为匈奴对西域的影响仍然很大。武帝可以动员数万大军远征大宛,但不能在西域长久保持这样的兵力。而大军一旦撤回,仅靠轮台数百屯田卒,无法阻挡匈奴卷土重来。因此,西域各国在归顺汉朝后,仍不敢得罪匈奴。《汉书》卷九六《西域传》:"楼兰既降服贡献,匈奴闻,发兵击之。于是楼兰遣一子质匈奴,一子质汉。后贰师军击大宛,匈奴欲遮之,贰师兵盛不敢当,即遣骑因楼兰候汉使后过者,欲绝勿通。"武帝得知后,派屯兵玉门关的军正任文"便道引兵捕楼兰王"。楼兰王对曰:"小国在大国间,不两属无以自安。"武帝只得遣归国,同时也派人到楼兰"候司匈奴"(第3877页)。《史记·大宛列传》:贰师伐大宛时,武帝"使使告乌孙,大发兵并力击宛",而乌孙只"发二千骑往,持两端,不肯前"(第

①说见田余庆:《论轮台诏》,《秦汉魏晋史探微(重订本)》,第52页。

3178页)。葱岭以西各国畏惧匈奴也甚于畏惧汉朝。《汉书》卷九六《西域传》:"自乌孙以西至安息,近匈奴。匈奴尝困月氏,故匈奴使持单于一信到,国国传送食,不敢留苦。及至汉使,非出币物不得食,不市畜不得骑。所以然者,以远汉。"(第3896页)在这种情况下,武帝要进一步加强并巩固对西域各国的控制,保证西域道路持久畅通,只有一个办法,即彻底征服匈奴。于是有太初至征和年间对匈奴的战争。

这场战争前后十五年,高潮在天汉以后。《史记》卷一一〇《匈奴列传》:"汉既诛大宛,威震外国。天子意欲遂困胡,乃下诏曰:'高皇帝遗朕平城之忧,高后时单于书绝悖逆。昔齐襄公复九世之雠,《春秋》大之。'是岁太初四年也。"两年后,即天汉二年(前99年),李广利、公孙敖、李陵先后出兵击匈奴。结果,李广利被匈奴包围,"几不得脱",士卒"物故什六七";公孙敖"毋所得";李陵亦遭匈奴包围,率军投降(第2917页)。天汉四年(前97年),武帝再次大举出兵:李广利将骑兵六万、步兵七万,出朔方,路博德将步兵万余人与广利会;韩说将步兵三万,出五原;公孙敖将骑兵一万、步兵三万出雁门。结果,"战不利,皆引还"①。征和三年(前90年),李广利将七万人出五原,商丘成将二万人出西河,马通将四万人出酒泉,开陵侯成娩率楼兰等六国兵击车师。结果,商丘成无功而还,马通东归途中,损失数千人,李广利因闻知"妻子坐巫蛊收",率众降匈奴。史称:"自贰师没后,汉新失大将军士卒数万人,不复出兵。"②武帝为通西域而发动的战争暂时结束了。

---

①《汉书》卷六《武帝纪》,第205页。

②《汉书》卷九四《匈奴传》,第3778—3781页。

第三节　昭宣之治及其历史意义

昭宣两朝总体上仍坚持“霸王道杂之”的汉家制度，使武帝的基本政策得以延续。在对外政策方面，武帝晚年及霍光、宣帝时期都没有发生根本转变，而学人对此似有误解。这是需要加以辨明的。在对内政策方面，宣帝在坚持汉家律令的基础上，力图扭转吏治苛酷的弊端，虽收到一定成效，但未能从根本上解决问题。这关系到西汉后期和东汉的政治走向，本节也将加以论述。

一、武帝晚年的政策和对身后的安排

武帝结束对匈奴的战争，采取的是发布轮台诏的形式。事见《汉书》卷九六《西域传》，其要如下：

> 自武帝初通西域，置校尉，屯田渠犁，是时军旅连出，师行三十二年，海内虚耗。征和中，贰师将军李广利以军降匈奴。上既悔远征伐，而搜粟都尉桑弘羊与丞相、御史奏言："故轮台东捷枝、渠犁皆故国，地广，饶水草，有溉田五千顷以上，处温和，田美，可益通沟渠，种五谷，与中国同时孰……臣愚以为可遣屯田卒诣故轮台以东，置校尉三人分护，各举图地形，通利沟渠，务使以时益种五谷。张掖、酒泉遣骑假司马为斥候，属校尉，事有便宜，因骑置以闻。田一岁，有积谷，募民壮健有累重敢徙者诣田所，就畜积为本业，益垦溉田，稍筑列亭连城而西，以威西国，辅乌孙，为便……"上乃下诏，深陈既往之悔，曰："前有司奏，欲益民赋三十助边用，是重困老弱

> 孤独也。而今又请遣卒田轮台。轮台西于车师千余里，前开陵侯击车师时……强者尽食畜产，羸者道死数千人……曩者，朕之不明，以军候弘上书言：'匈奴缚马前后足，置城下，驰言"秦人，我丐若马"。'又汉使者久留不还，故兴遣贰师将军，欲以为使者威重也……乃者贰师败，军士死略离散，悲痛常在朕心。今请远田轮台，欲起亭隧，是扰劳天下，非所以优民也。今朕不忍闻……当今务在禁苛暴，止擅赋，力本农，修马复令，以补缺，毋乏武备而已。郡国二千石各上进畜马方略补边状，与计对。"由是不复出军，而封丞相车千秋为富民侯，以明休息，思富养民也。（第 3912 页）

班固说武帝自贰师降匈奴后便"悔远征伐"了，发布轮台诏则是"深陈既往之悔"，公开承认错误，《传赞》称之为"仁圣之所悔"。《汉书》卷二四《食货志上》："武帝末年，悔征伐之事，乃封丞相为富民侯。"（第 1138 页）好像武帝对数十年的出师征伐都感到后悔了。司马光也说武帝"有亡秦之失而免亡秦之祸"，原因之一是能"晚而改过"①。其实，武帝真正后悔的只有一事。《资治通鉴》卷二二征和四年三月：

> 癸巳，禅石闾，见群臣，上乃言曰："朕即位以来，所为狂悖，使天下愁苦，不可追悔。自今事有伤害百姓，縻费天下者，悉罢之！"田（车）千秋曰："方士言神仙者甚众，而无显功，臣请皆罢斥遣之！"上曰："大鸿胪言是也。"于是悉罢诸方士候神人者。是后上每对群臣自叹："向时愚惑，为方士所

①《资治通鉴》卷二二，第 748 页。

欺。天下岂有仙人，尽妖妄耳！节食服药，差可少病而已。”（第738页）①

在现场群臣看来，武帝所说的“狂悖”之事显然指服食求仙，而不包括出师征伐。故车千秋当即请罢方士而获准，其后不久则与桑弘羊一道奏请屯田轮台以东。

车千秋、桑弘羊等人对武帝的这番话是否理解得不够全面呢？所谓“伤害百姓，糜费天下者”是不是也包括出师征伐呢？我认为不是。细读轮台之诏，武帝兴兵数十年，而诏中所“悔”的只是征和三年之役。他后悔误信军候弘之言及“皆反缪”的群臣“计谋”与占筮“卦兆”，从而做出错误决策；更后悔在海内虚耗、百姓疲敝、政局动荡、不能再大举远征的情况下，没有及时转变政策，因而招致惨重损失，使已经相当严重的局面又雪上加霜。群臣，包括桑弘羊和车千秋，未察觉武帝思想的这一变化，仍沿旧的思路提出益民赋以助边用及增田卒、筑亭障以威西国等建议。武帝以诏书形式公开否定了这些建议，其用意是明显的，即停止远征及与远征相关的一切扰民劳民之事，使百姓得以休养生息，使国家得以恢复元气；而“修马复令，以补缺，毋乏武备”及“郡国二千石各上进畜马方略补边状”云云，即使不是积蓄力量、日后再战之意，至少也包含维持既得战果的用意。总之，轮台之诏并未全盘否定武帝数十年的开边事业，更未否定其全部事业。

《汉书·西域传》夸大了武帝悔过的内容，夸大了轮台诏的意

①这段文字不见于《史》、《汉》，《通鉴》必另有所本。田余庆先生对《通鉴》记事的可靠性曾有论述。见《论轮台诏》，《秦汉魏晋史探微（重订本）》，第57页。

义，也夸大了由此引起的历史转折的幅度。这是因为班固根本不赞成《公羊》家关于太平世“不外夷狄”的说法。《汉书》卷九四《匈奴传赞》末尾一段说得很清楚：

> 先王度土，中立封畿，分九州，列五服，物土贡，制外内，或修刑政，或昭文德，远近之势异也。是以《春秋》内诸夏而外夷狄。夷狄之人贪而好利，被发左衽，人面兽心，其与中国殊章服，异习俗，饮食不同，言语不通，辟居北垂寒露之野，逐草随畜，射猎为生，隔以山谷，雍以沙幕，天地所以绝外内也。是故圣王禽兽畜之，不与约誓，不就攻伐；约之则费赂而见欺，攻之则劳师而招寇。其地不可耕而食也，其民不可臣而畜也，是以外而不内，疏而不戚，政教不及其人，正朔不加其国；来则惩而御之，去则备而守之。其慕义而贡献，则接之以礼让，羁縻不绝，使曲在彼，盖圣王制御蛮夷之常道也。（第3833页）

照班固的理解，《春秋》所谓“内诸夏而外夷狄”并非“升平”之世特有的政策，而是“圣王制御蛮夷之常道”，因此与“不外夷狄”说相应的“和亲”与“攻伐”都是错误的。从这一观点出发，班固有意无意地将武帝“不复出军”解释为对“不外夷狄”说的抛弃，和向圣王“常道”的回归，从而使轮台诏成为支持其观点的有利佐证。然而在我们看来，班固的这一做法恰恰从反面映衬出《公羊》家之“不外夷狄”说对武帝开边事业的巨大影响。

与轮台诏意义相近的还有武帝的遗诏。《汉书》卷七《昭帝纪》：“后元二年二月，上疾病，遂立昭帝为太子，年八岁。以侍中、奉车都尉霍光为大司马、大将军，受遗诏，辅少主。”（第217页）卷六八《霍光传》："上以光为大司马、大将军，日磾为车骑将军，及太仆上官桀为左将军，搜粟都尉桑弘羊为御史大夫，皆拜卧内床下，受遗诏，辅少主。"（第2932页）是武帝临死曾留有遗诏。

1977年8月，玉门市花海公社东北的一处烽燧遗址中，出土了一批汉代简牍。其中有一件七面棱形觚（编号77. J. H. S：1），上有一篇诏书。1984年整理者发表了这篇诏书的释文。现转录如下：

> 制诏：皇大（太）子，朕体不安，今将绝矣，与地合同，众（终）不复起。谨视皇大（天）之笥（嗣），加曾（增）朕在。善禺（遇）百姓，赋敛以理；存贤近圣，必聚谞士；表教奉先，自致天子。胡亥（亥）自汜（圮），灭名绝纪。审察朕言，众（终）身毋久（已？）。苍苍之天不可得久视，堂堂之地不可得久履，道此绝矣！告后世及其孙子（子孙），忽忽锡锡，恐见故里，毋负天地，更亡更在，□如□庐，下敦闾里。人固当死，慎毋敢佞。①

据整理者考证，这篇诏书就是汉武帝的遗诏，是一个戍卒手抄的，可惜抄录不全，自"慎毋敢佞"以下，便改抄其他内容了。据《汉书》卷六八《霍光传》载："后元年，侍中莽何罗与弟重合侯通谋为逆，时光与金日磾、上官桀等共诛之，功未录。武帝病，封玺书，曰'帝崩发书以从事'。遗诏封金日磾为秺侯，上官桀为安阳侯，光

①嘉峪关市文物保管所：《玉门花海汉代烽燧遗址出土的简牍》，甘肃省文物工作队、甘肃省博物馆编：《汉简研究文集》，兰州：甘肃人民出版社，1984年。又见《敦煌汉简》，北京：中华书局，1991年；《敦煌汉简释文》，兰州：甘肃人民出版社，1991年。

为博陆侯，皆以前捕反者功封。”（第 2933 页）是武帝遗诏中还应有封霍光等为侯的内容。

这篇遗诏，语气消沉，反映出武帝临死时的心情。内容值得注意者，是“善遇百姓”至“终身毋已”一段。文中告诫昭帝要善待百姓，任用贤人，不要学秦二世的样子。“表教奉先”一句，整理者释其意为“以身奉行名教和祖宗法制”，未必贴切，但大意不错。武帝一生所为颇似秦始皇，临终以胡亥之例告诫太子，是不希望身后也出现一个败家子。我认为，从武帝为身后之事所做的精心安排来看，遗诏的基本思想，应当是要求昭帝及霍光等人继承他的事业，并继续执行他晚年定下的政策。

如前述，汉武帝曾因太子刘据“性仁恕温谨”，“材能少，不类己”，而动过改换继嗣的念头。后来他放弃了这一念头，主要是考虑到身后需要一个“守文之主”。《资治通鉴》卷二二描述其后武帝与戾太子的关系说：“上每行幸，常以后事付太子，宫内付皇后；有所平决，还，白其最，上亦无异，有时不省也。上用法严，多任深刻吏；太子宽厚，多所平反，虽得百姓心，而用法大臣皆不悦。皇后恐久获罪，每诫太子，宜留取上意，不应擅有所纵舍。上闻之，是太子而非皇后。”（第 727 页）武帝明明知道太子的性格、政见及统治作风都与自己不同，却不加斥责，反加以肯定，应是出于日后守成的需要。

按照武帝最初的构想，一旦事业成功，转入守成，父子俩的分歧便会消失。然而由于通西域一项任务的追加，武帝虽按时举行了封禅大典，却未按时实现政策的转折。政见分歧的武帝父子长期并处一朝，导致朝廷分裂，群臣围绕皇帝与太子逐渐形成对立的两派。上引《通鉴》之文接着说：“群臣宽厚长者皆附太子，而深酷用法者皆毁之；邪臣多党与，故太子誉少而毁多。”太子与皇帝对立，必然处于劣势，未必全是由于“邪臣多党与”。帝党大臣为了自身的安全，为了避免日后遭受新君的打击，而要设法消灭太子党，也是情理中事。结果，政策转折的拖延，引起了激烈的朝廷党争，加上江充等佞臣小人作用其间，终于暴发了征和二年的巫蛊之狱，使太子一党包括卫氏宗族几乎被一网打尽。

不过，群臣“深酷用法者”要消灭太子党，必须获得皇帝的支持才有可能成功。田余庆先生指出，征和二年的巫蛊之狱“是针对卫氏而发的，其目的是为了更换后宫和更换继嗣，而更换继嗣是更为主要的目的”，江充等人所行，“客观上都是在实现汉武帝改换继嗣这一政治目的”①。这一判断是正确的。《汉书》卷九七《外戚传》：“孝武钩弋赵倢伃，昭帝母也，家在河间。武帝巡狩过河间，望气者言此有奇女，天子亟使使召之。既至，女两手皆拳，上自披之，手即时伸。由是得幸，号曰拳夫人……大有宠，太始三年生昭帝，号钩弋子。任身十四月乃生，上曰：‘闻昔尧十四月而生，今钩弋亦然。’乃命其所生门曰尧母门。”（第3956页）此事发生在巫蛊之狱前三四年，正是武帝与太子的矛盾日渐激化之时。在这一背景下，关于钩弋母子的种种奇闻，隐约显示出某种政治含义，似乎向世人暗示着什么。司马光点破了其中的秘密。《资治通鉴》卷二二臣光曰：“为人君者，动静举措不可不慎，发于中必形于外，天下无不知之。当是时也，皇后、太子皆无恙，而命钩弋之门曰尧母，非名也。是以奸人逆探上意，知其奇爱少子，欲以为嗣，遂有危皇后、太子之心，卒成巫蛊之祸。”（第723页）“奇女”、“尧母”云云，表明武帝有“奇爱少子，欲以为嗣”之心。江充之流正是因为看清了这一点，才敢于公然陷害皇后、太子。

①田余庆：《论轮台诏》，《秦汉魏晋史探微（重订本）》，第39页。

武帝晚年再次萌发更换继嗣的念头，不是由于太子刘据有什么变化，因而不再适于做日后的守文之主，也不是由于少子弗陵比刘据更适于“守文”，而是由于武帝自己对其事业发展过程的构想发生了变化，因而不再需要一个守文之主了。《汉书》卷九七《外戚传》：“钩弋子年五六岁，壮大多知，上常言‘类我’，又感其生与众异，甚奇爱之，心欲立焉。”（第3956页）显然，武帝此时需要的是一个“类我”的继承人。抛弃“不类己”的戾太子，代之以“类我”的钩弋子，是武帝晚年对身后安排所做的重大调整。这意味着武帝赋予继嗣的任务不再是“守文”，而是继续完成其未竟的事业。

产生这一变化的原因，可能与当时的西北形势有关。如前述，太初四年伐大宛胜利后，武帝“意欲遂困胡”，再次发动了对匈奴的大规模征伐。但汉军经过数十年征战，已是强弩之末，力不从心，故一再失利。这使武帝逐渐意识到要在短期内征服匈奴是很难的，对西域的经营和对匈奴的战争可能要长期进行下去。而武帝此时已年过六旬，来日无多，为了使其毕生的事业不致功亏一篑，更换继嗣，使既定政策能继续下去，便有其必要了。正是在这种情况下，钩弋受宠，弗陵出生，武帝遂以“尧母”之命向世人透露了改换继嗣之意，其后又指使或纵容江充之流大兴针对太子的巫蛊之狱。

后来，武帝一一除掉迫害太子的人，为太子谋反罪名昭雪，做思子宫和归来望思之台以示思念，又发布轮台之诏，停止大规模出师征伐。然而，为太子昭雪并不意味着承认太子无“过”。《汉书》卷六三《武五子传》：宣帝即位后命群臣为太子议谥，有司根据谥法“谥者，行之迹也”的原则，认为太子应谥为“戾”，得到宣帝批准（第2748页）。案《逸周书·谥法解》："不悔前过曰戾。"[①]宣帝及有司为太子选定这一谥号，肯定是沿用武帝对他的评价。《武五子传》曰：太子"少壮，诏受《公羊春秋》，又从瑕丘江公受《穀梁》。及冠，上为立博望苑，使通宾客，从其所好，故多以异端进者"（第2741页）。这段文字暗示太子在学术和政见上是有"过"的，很可能来自关于太子事件的官方结论。发布轮台之诏也不意味着武帝又改变了主张，又回到原来的思路上去，从此放弃了"天下远近小大若一"的最终目标。他只是推迟了征服匈奴的时间，放慢了经营西域的节奏，使百姓得以喘息，使国力得以恢复，使对外战争引起的社会矛盾得以缓解。

经过上述一系列铺垫，武帝临死命钩弋子继位，又命霍光、金日磾、上官桀居"中朝"辅政，桑弘羊、车千秋执掌外朝事务。需要指出的是，这不是一个纯粹"守文"的班子。武帝寄于他们的希望是继续完成自己的事业。

昭帝"类"武帝，已如前述。霍光、金日磾、上官桀三人，则是武帝身边的亲信。《汉书》卷六八《霍光传》载：霍光是大将霍去病的同父异母弟，被霍去病任为郎，稍迁诸曹侍中，从此"出则奉车，入侍左右，出入禁闼二十年，小心谨慎，未尝有过，甚见亲信"（第2931页）。同卷《金日磾传》载：金日磾是匈奴休屠王太子，昆邪王杀休屠王而降汉，日磾母子皆"没入官，输黄门养马"。后拜侍中、驸马都尉、光禄大夫，"既亲近，未尝有过失，上甚信爱之"（第2959页）。同书卷九七《外戚传》上官桀曾为未央厩令，"上尝体不安，及愈，见马，马多瘦，上大怒：'令以我不复见马邪！'欲下吏，桀顿首曰：'臣闻圣体不安，日夜忧惧，意诚不在马。'言未

---

①黄怀信：《逸周书校补注译》，西安：三秦出版社，2006年，第283页。

卒,泣数行下。上以为忠,由是亲近,为侍中,稍迁至太仆"(第3957页)。三人对武帝忠心耿耿,长期侍奉左右而无过,对武帝晚年思想的变化及其对后世的安排与期待,必有深刻的了解。其中霍光"为人沈静详审……每出入下殿门,止进有常处,郎仆射窃识视之,不失尺寸"①。以此风格执政,必会使武帝政策延续下去。

桑弘羊也是武帝亲信之人。《汉书》卷二四《食货志》:"弘羊,洛阳贾人之子,以心计,年十三侍中。"(第1164页)后因协助武帝进行盐铁、均输、平准、酒榷等项改革而"贵幸",成为武帝朝中开边、兴利之臣的代表。同书卷六六《田千秋传》:千秋"无他材能术学,又无伐阅功劳,特以一言寤意,旬月取宰相封侯"(第2884页)。所谓"一言寤意"指车千秋为戾太子鸣冤一事。本传载:"千秋为高寝郎。会卫太子为江充所谮败,久之,千秋上急变讼太子冤,曰:'子弄父兵,罪当笞;天子之子过误杀人,当何罪哉!臣尝梦见一白头翁教臣言。'是时,上颇知太子惶恐无他意,乃大感寤,召见千秋……谓曰:'父子之间,人所难言也,公独明其不然。此高庙神灵使公教我,公当遂为吾辅佐。'立拜千秋为大鸿胪。数月,遂……为丞相,封富民侯。"(第2883页)千秋敢言人所难言,武帝从中看到的又是耿耿忠心。征和四年,千秋与弘羊共同提出屯田轮台的建议,说明他们的政策主张大体一致。

对上述人事安排的用意,武帝曾对霍光做过明确解释。《汉书》卷六八《霍光传》:武帝欲以钩弋子为嗣,命大臣辅之,"察群臣唯光任大重,可属社稷。上乃使黄门画者画周公负成王朝诸侯以赐光"。及武帝病笃,光涕泣问曰:"如有不讳,谁当嗣者?"武帝曰:"君未谕前画意邪?立少子,君行周公之事。"(第2932页)我

①《汉书》卷六八《霍光传》,第2933页。

们知道,汉人普遍认为,周公对周王朝的贡献,不仅在于忠心辅佐幼主成王,更在于继承并完成了文王、武王的事业,使周朝统治臻于鼎盛。武帝对霍光以周公相期,除要他辅佐昭帝外,应当也包含着继承并完成其未竟事业的意思。

二、霍光、宣帝之治——武帝事业的继续

在武帝指定的五位辅政大臣中,政治倾向和政策主张最鲜明的是桑弘羊。武帝选他参与辅政,意味着开边、兴利还将继续。桑弘羊本人也正是这样理解武帝意图的。因此,在昭帝即位后,他公然坚持武帝的各项制度和一贯政策,以完成武帝未竟事业为己任。《盐铁论》载其语曰:贰师伐大宛后,“匈奴失魄,奔走遁逃……群臣议以为匈奴困于汉兵,折翅伤翼,可遂击服。会先帝弃群臣,以故匈奴不革。譬如为山,未成一篑而止”。又曰:“先帝绝三方之难,抚从方国,以为蕃蔽,穷极郡国,以讨匈奴。匈奴壤界兽圈,孤弱无与,此困亡之时也。辽远不遂,使得复喘息,休养士马,负给西域。西域迫近胡寇,沮心内解,必为巨患。是以主上欲扫除,烦仓廪之费也。终日逐禽,罢而释之,则非计也。盖舜绍绪,禹成功。今欲以《军兴》击之,何如?”在他看来,征服匈奴是武帝未能完成而昭帝应当继续完成的任务。至于轮台诏发布后,暂时停止出师征伐,只是“陛下垂大惠,哀元元之未赡,不忍暴士大夫于原野”①,因而延缓了而非取消了征服匈奴的任务。

班固在《汉书》中对霍光执政有一些概括性的描述。如卷六〇《杜延年传》:“见国家承武帝奢侈师旅之后,数为大将军光言:

①王利器:《盐铁论校注·西域》,第500页;《击之》,第471页;《本议》,第2页。

‘年岁比不登，流民未尽还，宜修孝文时政，示以俭约宽和，顺天心，说民意，年岁宜应。’光纳其言。举贤良，议罢酒榷盐铁，皆自延年发之。”（第2664页）卷八九《循吏传》：“孝昭幼冲，霍光秉政，承奢侈师旅之后，海内虚耗，光因循守职，无所改作。至于始元、元凤之间，匈奴乡（向）化，百姓益富，举贤良、文学，问民所疾苦，于是罢酒榷而议盐铁矣。”（第3624页）卷七《昭帝纪赞》：“承孝武奢侈余敝师旅之后，海内虚耗，户口减半，光知时务之要，轻徭薄赋，与民休息。至始元、元凤之间，匈奴和亲，百姓充实。举贤良、文学，问民所疾苦，议盐铁而罢榷酤。”（第233页）学者或据此而认为霍光与桑弘羊政见不同，因而策划和发动了盐铁之议，支持贤良、文学反对桑弘羊。

然而班固的这些描述并不准确。《汉书》卷七《昭帝纪》所载始元五年举贤良、文学诏曰：“朕以眇身获保宗庙，战战栗栗，夙兴夜寐，修古帝王之事，通保傅，传《孝经》、《论语》、《尚书》，未云有明。”不过是些套话，看不出有何特别用意。六年二月条又载：“诏有司问郡国所举贤良文学民所疾苦。议罢盐铁榷酤。”注引应劭曰：“武帝时，以国用不足，县官悉自卖盐铁，酤酒。昭帝务本抑末，不与天下争利，故罢之。”（第223页）案《盐铁论·本议》：“惟始元六年，有诏书使丞相、御史与所举贤良、文学语，问民间所疾苦。”无“议罢盐铁榷酤”一句。应劭将“议罢盐铁榷酤”也看作诏书内容，显然是错误的。同书《利议》篇载大夫曰：“作世明主，忧劳万民，思念北边之未安，故使使者举贤良文学高第，详延有道之士，将欲观殊议异策，虚心倾耳以听，庶几云得。诸生无能出奇计远图，伐匈奴安边境之策，抱枯竹，守空言……此岂明主所欲闻哉？”《取下》篇载“罢议止词”后公卿奏曰：“贤良、文学不明县官事,猥以盐铁为不便。请且罢郡国榷沽、关内铁官。"①所谓"殊议异策"、"伐匈奴安边境之策",未必是昭帝、霍光所"欲观",但"罢盐铁榷酤"肯定也不是他们诏举贤良、文学的目的。其实,霍光对儒生的态度与桑弘羊相去不远。《汉书》卷六八《霍光传》载光兄孙霍山语曰:"诸儒生多窭人子,远客饥寒,喜妄说狂言,不避忌讳,大将军常雠之。"(第2954页)和夸大轮台诏的意义一样,班固也夸大了霍光时期政策转变的力度。实际上,霍光执政十九年,有"轻徭薄赋,与民休息"的一面,也有"因循守职,无所改作"的一面。总地看,他所推行的并非"孝文时政",而是武帝晚年确定的方针。

首先,武帝所建各项制度,包括贤良、文学攻击最力的盐铁、均输等经济制度,霍光起初都沿用不改,盐铁之议后,在儒生们的压力下,也只废除了酒榷和关内铁官,其他皆照旧。

其次,在对外政策方面,霍光的主张与桑弘羊亦无本质的不同。《汉书》卷九六《西域传》:"昭帝乃用桑弘羊前议,以杅弥太子赖丹为校尉,将军田轮台,轮台与渠犁地皆相连也。"(第3916页)桑弘羊前议就是被武帝轮台诏否定的屯田轮台以东之议。昭帝时重提此事,肯定是经霍光同意的。《资治通鉴》卷二三直谓"霍光用桑弘羊前议"(第771页),是。此事虽因赖丹为龟兹所杀而未成功,但反映出霍光经营西域之策略与桑弘羊是一致的。霍光并未因武帝曾否定此议而放弃经营西域。这表明,他对轮台诏的理解也和桑弘羊大致相同。以此为前提,霍光多次对西域和匈奴用兵。

昭帝初年,楼兰苦于送迎汉使,"复为匈奴反间,数遮杀汉

---

①王利器:《盐铁论校注(定本)》,第1、323、463页。

使”。元凤四年(前77年),霍光派傅介子前往刺杀楼兰王安归。介子至楼兰,诈称欲赐其王,将安归灌醉而杀之。霍光另立安归弟在汉为质者为王,改国名为鄯善,并“遣司马一人,吏士四十人,田伊循以填抚之”①。楼兰都城迁至今若羌县南,可能就在此时②。这一举动不仅维护了西域道路的畅通,还加强了汉朝对南道诸国的控制。

霍光不仅对匈奴的侵扰进行坚决反击,还抓住战机主动对匈奴发起进攻。元凤三年冬,匈奴出兵二万击乌桓,霍光得知后“欲发兵邀击之”。护军都尉赵充国反对,认为“蛮夷自相攻击,而发兵要之,招寇生事,非计也”。霍光不听,遣范明友率军出辽东,临行诫明友曰:“兵不空出,即后匈奴,遂击乌桓。”匈奴“闻汉兵至,引去”,明友果“后匈奴”,遂“乘乌桓敝,击之,斩首六千余级,获三王首”③。显然,这次战役本是针对匈奴的,是对匈奴的主动攻击。

昭帝末年,匈奴击乌孙,乌孙向汉求救。宣帝本始二年,霍光“大发关东轻锐士,选郡国吏三百石伉健习骑射者,皆从军。遣御史大夫田广明为祁连将军,四万余骑,出西河;度辽将军范明友三万余骑,出张掖;前将军韩增三万余骑,出云中;后将军赵充国为蒲类将军,三万余骑,出酒泉;云中太守田顺为虎牙将军,三万余骑,出五原”。五路大军,总兵力在十六万以上。乌桓也出兵五万余骑,“与五将军兵凡二十余万众”。就规模而言,这一仗不亚于武帝时那几次大的战役。“匈奴闻汉兵大出,老弱奔走,驱畜产远

①《汉书》卷九六《西域传》,第3878页。

②参阅林梅村:《楼兰——一个世纪之谜的解析》,北京:中共中央党校出版社,1999年,第73—80页。

③《汉书》卷九四《匈奴传》,第3784页。

遁逃”,因而“五将少所得”。但乌孙获三万九千余级,抢得各种牲畜七十余万头。经此一役,“匈奴民众死伤而去者及畜产远移死亡,不可胜数。于是匈奴遂衰耗”①。

事后,校尉常惠奉命持金币往赐乌孙有功者,因请便道击龟兹,宣帝不许,而霍光“风惠以便宜从事”。惠遂在还朝途中,率吏士五百人及西域各国兵四万七千人攻龟兹,“责以前杀校尉赖丹”。龟兹降服,从此亲汉,“数来朝贺”②。

再次,在内政方面,霍光亦厉行法治。武帝前期,自赵禹、张汤条定律令后,“禁网浸密”③,但“其治尚宽,辅法而行”。及至后期,酷吏王温舒等“好杀行威不爱人”,“诛杀甚多”,而“郡守尉诸侯相二千石欲为治者,大抵尽效王温舒等”④。武帝轮台之诏明令“禁苛暴”,对缓解严酷之风可能起了一定作用,但承秦而来的法治传统仍是汉家统治政策的重要方面。霍光时期也是如此,燕王旦、上官桀、桑弘羊等人的谋反被平定后,严酷之风还一度出现抬头趋势。《汉书》卷八九《循吏黄霸传》:“自武帝末,用法深。昭帝立,幼,大将军霍光秉政,大臣争权,上官桀等与燕王谋作乱,光既诛之,遂遵武帝法度,以刑罚痛绳群下,由是俗吏上严酷以为能。”(第3628页)卷六〇《杜延年传》:“光持刑罚严。”(第2662页)又载延年语曰:“间者民颇言狱深,吏为峻诋。”(第2663页)

宣帝也继续执行武帝的政策。《汉书》卷八《宣帝纪》本始二年五月诏:“朕以眇身奉承祖宗,夙夜惟念孝武皇帝躬履仁义,选明将,讨不服,匈奴远遁,平氐、羌、昆明、南越,百蛮乡(向)风,款

---

①《汉书》卷九四《匈奴传》,第3785页。

②《汉书》卷七〇《常惠传》,第3004页;卷九六《西域传》,第3916页。

③《汉书》卷二三《刑法志》,第1101页。

④《汉书》卷九〇《酷吏传》,第3654、3656、3662页。

塞来享;建太学,修郊祀,定正朔,协音律,封泰山,塞宣房;符瑞应,宝鼎出,白麟获;功德茂盛,不能尽宣。而庙乐未称,其议奏。”有司奏请宜加尊号。遂“尊孝武庙为世宗庙,奏《盛德》、《文始》、《五行》之舞,天子世世献”(第243页)。宣帝此举表明了他对武帝的评价,也表明了他将继承武帝事业的态度。同书卷三六《楚元王传附刘向传》:“宣帝循武帝故事,招选名儒俊材置左右……复兴神仙方术之事。”(第1928页)卷八六《何武传》:“宣帝循武帝故事,求通达茂异士。”(第3481页)卷七二《王吉传》:“宣帝颇修武帝故事,宫室车服盛于昭帝。”(第3062页)这些记载似乎在强调宣帝比昭帝更多地继承了武帝故事。地节二年(前68年)霍光死后,宣帝“始亲政事”,至黄龙元年(前49年)崩,共十九年。在此期间,汉朝的内外政策大体依旧,武帝开创的事业仍在向前发展。

首先,宣帝也沿用盐铁、均输等各项制度,甚至还有所创新。《汉书》卷二四《食货志上》:宣帝时,大司农中丞耿寿昌奏言:“故事,岁漕关东谷四百万斛以给京师,用卒六万人。宜籴三辅、弘农、河东、上党、太原郡谷足供京师,可以省关东漕卒过半。”又建议“增海租三倍”,“令边郡皆筑仓,以谷贱时增其贾而籴,以利农,谷贵时减贾而粜,名曰常平仓”。宣帝“皆从其计”(第1141页)。寿昌“善为算能商功利”,正与桑弘羊之流相近。他以此“得幸于上”,也和桑弘羊得幸于武帝相似。他提出的“常平仓”等建议也都与盐铁、均输等性质相同。

其次,宣帝继续经营西域。《汉书》卷九六《西域传》:“至宣帝时,遣卫司马使护鄯善以西数国。及破姑师,未尽殄,分以为车师前后王及山北六国。时汉独护南道,未能尽并北道也,然匈奴不自安矣。其后日逐王畔单于,将众来降,护鄯善以西使者郑吉迎之……乃因使吉并护北道,故号曰都护……匈奴益弱,不得近西域……都护督察乌孙、康居诸外国动静,有变以闻。可安辑,安辑之;可击,击之。都护治乌垒城……与渠犁田官相近,土地肥饶,于西域为中,故都护治焉。"(第3873页)汉遣司马护南道各国,始于傅介子刺杀楼兰王后。宣帝继承了这一局面,并进而谋求对北道诸国的直接控制。地节二年,宣帝亲政伊始,便"遣侍郎郑吉、校尉司马憙将免刑罪人田渠犁,积谷,欲以攻车师。至秋收谷,吉、憙发城郭诸国兵万余人,自与所将田士千五百人共击车师"(第3922页)。车师王遂叛匈降汉。汉于渠犁置三校尉屯田,将车师国民徙至渠犁,使近汉田官。神爵二年(前60年),匈奴日逐王来降,郑吉又率渠犁、龟兹诸国五万人迎之。《汉书》卷七〇《郑吉传》称:吉"威震西域,遂并护车师以西北道……中西域而立莫府,治乌垒城,镇抚诸国,诛伐怀集之"(第3006页)。乌垒在今新疆轮台县境。汉代烽燧线沿孔雀河北岸向西,一直延伸到这里①。如前述,武帝时西域亭障修至连城而止。自连城西至乌垒这一段亭障很可能是郑吉治乌垒城时所筑。征和四年桑弘羊提出的关于西域的建议有两个要点:一是"遣屯田卒诣故轮台以东,置校尉三人分护",二是"稍筑列亭连城而西,以威西国"。我们不知道宣帝是不是也在"用桑弘羊前议",但客观上,这个曾被武帝否定的建议,在宣帝时期却得以实现。上引《郑吉传》曰:"汉之号令班西域矣,始自张骞而成于郑吉。"其实,郑吉的成功是霍光、宣帝继续推进武帝事业的结果。

自日逐王降汉后,匈奴内乱愈演愈烈,导致严重分裂。五凤二年,呼遬累单于率众五万余人降汉,宣帝封他为列侯。至甘露

---

①参林梅村:《楼兰——一个世纪之谜的解析》,第51页。

年间，呼韩邪单于被郅支单于击败，为了“从汉求助”，亦率众降汉。郅支单于则向西远徙，都于距单于庭七千里的坚昆。于是，西北局势出现了有利于汉朝的巨大变化。甘露二年，呼韩邪单于表示“愿奉国珍朝”。宣帝诏有司议，咸曰：“圣王之制，施德行礼，先京师而后诸夏，先诸夏而后夷狄……陛下圣德，充塞天地，光被四表。匈奴单于乡（向）风慕义，举国同心，奉珍朝贺，自古未之有也。”①的确，匈奴称臣，来之不易。它意味着武帝的开边事业终于大功告成。故班固在《匈奴传赞》中说：“至孝宣之世，承武帝奋击之威，直匈奴百年之运，因其坏乱几亡之厄，权时施宜，覆以威德，然后单于稽首臣服。”又在《宣帝纪》甘露三年“呼韩邪单于来朝”、“郅支单于远遁”之后，写下“匈奴遂定”四字②。上述变故使匈奴在西域的影响大大削弱了，从而使汉朝对西域及葱岭以西各国的威摄力相对加强了。《汉书》卷九六《西域传》：“及呼韩邪单于朝汉”，“自乌孙以西至安息……咸尊汉矣”（第 3896 页）。这是在当时条件下汉朝所能争取到的最佳结果，武帝当年的期望大概就是如此。

再次，在内政方面，宣帝也继承了武帝的衣钵，坚持“霸王道杂之”的基本方针。《汉书》卷六八《霍光传》说：宣帝“好与诸儒生语，人人自使书对事”（第 2954 页）。他在位期间有不少德政，赈贫民、假公田、贷种食、减屯兵、赐王杖、降盐价、蠲律令、禁苛暴、选良吏、减算赋，不一而足③，但日常行政仍尚法任刑，重文吏

①《汉书》卷八《宣帝纪》，第 270 页。

②《汉书》卷九四《匈奴传》，第 3832 页；卷八《宣帝纪》，第 271 页。

③见《汉书》卷八《宣帝纪》。关于赐王杖，参武威县博物馆：《武威新出土王杖诏令册》，甘肃省文物工作队、甘肃省博物馆编：《汉简研究文集》，1984 年。

而轻儒生。《汉书》卷八《宣帝纪赞》:“孝宣之治,信赏必罚,综核名实,政事文学法理之士咸精其能。”(第275页)卷九《元帝纪》载:“宣帝所用多文法吏,以刑名绳下。”太子(即元帝)认为他“持刑太深”,劝他“用儒生”,他却勃然大怒曰:“俗儒不达时宜,好是古非今,使人眩于名实,不知所守,何足委任!”在选择继嗣问题上,宣帝的态度也和武帝相似。他不喜欢“柔仁好儒”的太子,断言“乱我家者,太子也”,对“明察好法”的淮阳王,则曰“宜为吾子”(第277页)。宣帝之治以“霸道”为主、“王道”为辅,与武帝用儒术“缘饰”法律如出一辙。

经武帝修定后的汉朝律令已初步儒家化了,在一定程度上吸收了《公羊》家的思想和主张。但在运用法律治理社会这一环节上,儒生仍基本被排除在外,缺乏儒学素养的文吏阶层仍是实际运行国家机器的主体,董仲舒“任德而不任刑”的思想并未真正得到贯彻。宣帝初年依然如此,故路温舒批评武帝以来的政治说:“秦有十失,其一尚存,治狱之吏是也。”①宣帝“在民间时知百姓苦吏急也”②,因而对路温舒的批评“深愍焉”,“于是选于定国为廷尉,求明察宽恕黄霸等以为廷平”,并“常幸宣室,斋居而决事”。史称:经过宣帝的努力,苛酷之风得以扭转,“狱刑号为平矣”③。

《汉书》卷五一《路温舒传》:初为狱吏,“因学律令”,后“又受《春秋》”(第2367页);卷七一《于定国传》:“其父于公为县狱史,郡决曹,决狱平”,“定国少学法于父……亦为狱史,郡决曹”,宣帝初年,迁廷尉,“乃迎师学《春秋》,身执经,北面备弟子礼”(第

①《汉书》卷五一《路温舒传》,第2369页。

②《汉书》卷八九《循吏黄霸传》,第3629页。

③《汉书》卷二三《刑法志》,第1102页。

3041页)。在既熟悉文法吏事又通晓儒家经术方面,二人与公孙弘颇为相似,而所学《春秋》亦为《公羊》学①。《汉书》卷一九《百官公卿表》:于定国任廷尉在地节元年(前69年),甘露二年(前52年)迁御史大夫,在位十八年,几乎与宣帝亲政同始终。本传说他"为人谦恭,尤重经术士,虽卑贱徒步往过,定国皆与钧礼,恩敬甚备,学士咸称焉。其决疑平法,务在哀鳏寡,罪疑从轻,加审慎之心"。时人称之曰:"张释之为廷尉,天下无冤民;于定国为廷尉,民自以不冤。"(第3042页)这对宣帝一朝的吏治肯定产生了积极影响。

除廷尉之外,宣帝还特别注意选任郡国守相。他曾说:"庶民所以安其田里而亡叹息愁恨之心者,政平讼理也。与我共此者,其唯良二千石乎!"因而每"拜刺史守相,辄亲见问,观其所繇,退而考察所行以质其言,有名实不相应,必知其所以然。"在宣帝的干预下,地方长官过于严酷的问题有所改善,史称"汉世良吏,于是为盛,称中兴焉"②。其中最引人注目的现象是循吏之风一度兴起。

三、循吏及其意义

"循吏"之名始见于《史记》。卷一一九《循吏列传》太史公曰:"法令所以导民也,刑罚所以禁奸也。文武不备,良民惧然身修者,官未曾乱也。奉职循理,亦可以为治,何必威严哉!"(第3099页)卷一三〇《太史公自序》:"奉法循理之吏,不伐功矜能,

①《汉书》卷五一《路温舒传》:"臣闻《春秋》正即位,大一统而慎始也。"是《公羊》义。

②《汉书》卷八九《循吏传》,第3624页。

百姓无称,亦无过行。作《循吏列传》。”(第3317页)显然,司马迁所谓“循吏”就是“奉职循理”或“奉法循理之吏”。《索隐》曰:“谓本法循理之吏也。”(第3099页)亦是。

《史记·循吏列传》仅收五人。其中子产一条只说郑国“乱,上下不亲,父子不和”;及子产为相,国遂大治,“竖子不戏狎,斑白不提挈,僮子不犁畔,市不豫价,门不夜关,道不拾遗,田器不归,士无尺籍,丧期不令而治”(第3101页)。司马迁的意思是说,子产为相能“奉法循理”,因而取得了这样的成果。孙叔敖、公仪休两条则提供了“奉法循理”的具体内容。孙叔敖条举了两个例子。一曰:楚庄王“以为币轻,更以小为大,百姓不便”;市令向楚相孙叔敖反映了这一情况,孙叔敖认为应当“令复如故”,遂说服楚庄王收回成命。二曰:“楚民俗好庳车”,楚王认为“庳车不便马,欲下令使高之”;孙叔敖同意楚王的看法,但认为“令数下,民不知所从,不可”,因而采取了“教闾里使高其梱”即抬高门坎的办法;由于“乘车者多君子,君子不能数下车”,遂纷纷改乘高车,百姓效法之,“悉自高其车”(第3100页)。公仪休条说他“奉法循理,无所变更,百官自正”,具体做法则是“使食禄者不得与下民争利,受大者不得取小”;还说他以身作则,“食茹而美,拔其园葵而弃之。见其家织布好,而疾出其家妇,燔其机,云‘欲令农士工女安所雠(售)其货乎?’”(第3101页)

从以上三个例子看,司马迁所谓“奉法循理”实际上偏重于“循理”。不合“理”的法令应当修改或废除,合“理”的法令也应采取比较温和的、百姓容易接受的方式加以贯彻,而所谓“理”则指符合百姓利益的“受大者不得取小”之类。有学者认为“司马迁心中的循吏是汉初文、景之世黄老无为式的治民之官”,其“奉法循理”则是“道家的无为”①。其说不无根据。但我以为，从整体上看，司马迁所说的“奉法循理”更接近《公羊》家的思想和主张。

董仲舒、公孙弘等直接参与汉武帝“更定律令”的工作，就是在修改不合“理”的“法”。公仪休之事，则又见董仲舒《天人三策》。其辞曰：“天亦有所分予，予之齿者去其角，傅其翼者两其足，是所受大者不得取小也。古之所予禄者，不食于力，不动于末，是亦受大者不得取小，与天同意者也。”又曰：“公仪子相鲁，之其家见织帛，怒而出其妻，食于舍而茹葵，愠而拔其葵，曰‘吾已食禄，又夺园夫红女利乎！’”又曰：“若居君子之位，当君子之行，则舍公仪休之相鲁，亡可为者矣。”②董仲舒把公仪休奉为“以德化民”的典型，司马迁则将他视作“奉法循理”的典型。二者的关联，不言自明。至于以温和方式贯彻法令，更是《公羊》家所谓“任德不任刑”的重要环节。

《史记·循吏列传》还收了石奢、李离二人。石奢是“楚昭王相”，其父杀人，被他捉住。他认为“以父立政，不孝也；废法纵罪，非忠也”。两难之间，他选择了“纵其父”然后“自刎而死”的解决办法。李离是“晋文公之理”，即治狱之官，曾“过听杀人”，即将罪不至死的人判了死刑。晋文公认为，此事责任主要在其下属，而不在李离。但李离认为“居官为长，不与吏让位；受禄为多，不与下分利”；现在出问题了，却“傅其罪下吏，非所闻也”，于是也“伏剑自刎”（第3102页）。这两个故事将“循理”的原则推向极端，宣扬了一种近乎“舍生取义”的精神，与董仲舒关于士大夫当

①余英时：《汉代循吏与文化传播》，《士与中国文化》，上海：上海人民出版社，1987年，第154页。

②《汉书》卷五六《董仲舒传》，第2520页。

“皇皇求仁义常恐不能化民”及“内治反理以正身”等说法完全相符。

《汉书》循《史记》之例,也有《循吏传》,所收人物与《史记》相比多了些儒家色彩,故学者或曰:《汉书》所载循吏是“教化型的”,其行事特征是“儒家的有为”①。不过,班固笔下的循吏并不等于儒生,而是一些兼通律令与经术、善于推行教化的官吏。如文景时期的循吏,班固只列举了河南守吴公和蜀郡守文翁两人。吴公是李斯的弟子,又是贾谊的老师,文帝时曾任廷尉,其思想当在儒法之间。文翁“少好学,通《春秋》”,显然是儒生,又做过“郡县吏”,应当也熟悉法律;任蜀郡守后,“选郡县小吏开敏有材者”,遣诣京师,“受业博士,或学律令”(第3625页),说明他对儒术和法律都很重视。武帝时期的循吏,班固举了董仲舒、公孙弘、兒宽三人,说“三人皆儒者”,但又不是纯粹的儒生,他们除了通经术,还“通于世务,明习文法”,能“以经术润饰吏事”(第3623页)。宣帝一朝,班固举了王成、黄霸、朱邑、龚遂、郑弘、召信臣等人。其中最典型的是黄霸。他“少学律令,喜为吏”,“明察内敏,又习文法”,显然是文吏出身;但又“温良有让,足知,善御众”,“处议当于法,合人心”;后因事与大儒夏侯胜一同下狱,“因从胜受《尚书》狱中”(第3627页),从而也成了兼通律令与经术的人物。

班固没给“循吏”一词另下定义,这或许表明他在沿用司马迁的定义。《汉书》卷八九《循吏传》师古注曰:“循,顺也,上顺公法,下顺人情也。”(第3623页)与司马迁“奉法循理”之义同。从《汉书·循吏传》的内容看,班固所说的“循吏”确是在“公法”与

①余英时:《汉代循吏与文化传播》,《士与中国文化》,第156页。

"人情"之间努力寻找沟通的方式。他们找到了,这就是"条教",即地方长官在辖区内发布的命令和地方性法规①。《汉书》卷五六《董仲舒传》说:仲舒两任王国相,"辄事骄王,正身率下,数上疏谏争,教令国中,所居而治"。又说:"仲舒所著,皆明经术之意,及上疏、条教,凡百二十三篇。"(第2525页)是董仲舒任江都相和胶西相期间,曾制定"条教"。卷五八《兒宽传》:宽曾任左内史,"既治民,劝农业,缓刑罚,理狱讼,卑体下士,务在于得人心",又"开六辅渠,定水令以广溉田"(第2630页),肯定也制定了不少地方法规。卷八九《循吏黄霸传》:为颍川太守,"时上垂意于治,数下恩泽诏书,吏不奉宣",而黄霸"选择良吏,分部宣布诏令,令民咸知上意",然后"为条教,置父老师帅伍长,班行之于民间,劝以为善防奸之意,及务耕桑,节用殖财,种树畜养,去食谷马"。黄霸的条教是根据诏书的精神制定的,是皇帝意旨的具体体现,是中央法令与颍川实际相结合的产物。条教的内容比朝廷律令来得细密,所谓"米盐靡密,初若烦碎",但经黄霸努力推行,终于获得成功。史称:"霸以外宽内明得吏民心,户口岁增,治为天下第一","奸人去入它郡,盗贼日少"(第3629页)。

黄霸的治绩正合宣帝对"良二千石"的期待,因而得到宣帝的肯定。《循吏黄霸传》:"天子以霸治行终长者,下诏称扬曰:'颍川太守霸,宣布诏令,百姓乡(向)化,孝子弟弟贞妇顺孙日以众多,田者让畔,道不拾遗,养视鳏寡,赡助贫穷,狱或八年亡重罪囚,吏民乡(向)于教化,兴于行谊,可谓贤人君子矣。'"(第3631页)于是赐爵、增秩,又迁为太子太傅、御史大夫。五凤三年,遂为丞相。

①参阅余英时:《汉代循吏与文化传播》,《士与中国文化》,第200—211页。

然而，循吏政治并非包治百病的救世良方。《汉书·循吏传》载宣帝时期循吏五人，其中王成“为胶东相，治甚有声”；黄霸为颍川太守，“治为天下第一”；朱邑为北海太守，“治行第一”；龚遂为渤海太守，“吏民皆富实，狱讼止息”；召信臣为谷阳长、上蔡长，“其治视民如子，所居见称述”，迁零陵太守、南阳太守、河南太守，“治行常为第一”。他们获得成功都是在关东地区。与之形成鲜明对照的是，用同样的办法治理京畿诸郡便难奏其效。例如，黄霸治颍川，“为天下第一”，于是征守京兆尹。但上任后“连贬秩”，不久又回颍川做太守，“治如其前”，“郡中愈治”。《汉书》卷七六《张敞传》说：黄霸在京兆，“视事数月，不称，罢归颍川”（第3221页）；又说：“京兆典京师，长安中浩穰，于三辅尤为剧。郡国二千石以高弟入守，及为真，久者不过二三年，近者数月一岁，辄毁伤失名，以罪过罢。”（第3222页）黄霸只是其中一例。

班固在《循吏传序》中说：“汉世良吏”除了黄霸等循吏外，还有“皆称其位，然任刑罚”的“赵广汉、韩延寿、尹翁归、严延年、张敞之属”（第3624页）。严延年事迹见《汉书》卷九〇《酷吏传》，其余四人见卷七六《赵尹韩张两王传》。严延年，人称“屠伯”，宣帝曾欲用为左冯翊，因其“名酷”而止（第3669页）。其余四人，赵广汉曾任京兆尹，尹翁归曾任右扶风，韩延寿曾任左冯翊，张敞曾任京兆尹。广汉治京兆，“方略耳目，发伏禁奸”（第3222页），致使“京兆政清，吏民称之不容口，长老传以为自汉兴以来治京兆者莫能及”（第3203页）。继广汉之后，宣帝“比更守尹，如（黄）霸等数人，皆不称职”，致使“京师浸废，长安市偷盗尤多，百贾苦之”。及张敞治京兆，“略循赵广汉之迹”，于是“枹鼓稀鸣，市无偷盗”（第3221页），又恢复了往日的宁静。翁归治扶风，“扶风大治，盗贼课常为三辅最”（第3208页）。延寿治冯翊，“郡中歙然，莫不传相敕厉,不敢犯”(第3213页)。看来,治关中仍须“任刑罚”。

即使在关东,循吏推行教化也必须有安定的环境和良好的基础。仍以颍川为例。《汉书》卷二八《地理志》:“颍川,韩都。士有申子、韩非刻害余烈,高仕宦,好文法,民以贪遴争讼生分为失。”(第1654页)是颍川之俗原与关中秦地相近。至宣帝之世,仍然如此。同书卷七六《赵广汉传》:“先是,颍川豪杰大姓相与为婚姻,吏俗朋党”,“郡大姓原、褚宗族横恣,宾客犯为盗贼,前二千石莫能禽制”。及赵广汉为颍川太守,“诛原、褚首恶”,又挑拨离间,令“强宗大族家家结为仇雠”,“吏民相告讦”,广汉“得以为耳目,盗贼以故不发,发又辄得”。于是,颍川“奸党散落,风俗大改”(第3200页)。同卷《韩延寿传》:任颍川太守,在赵广汉的基础上,“教以礼让”,“为陈和睦亲爱销除怨咎之路”,“百姓尊用其教”。数年之后,“黄霸代延寿居颍川”,遂“因其迹而大治”(第3210页)。若无赵广汉、韩延寿任刑罚、教礼让于前,恐怕也不会有黄霸在颍川的成功。

此外,循吏政治对二千石的素质和能力要求较高,虽经宣帝大力提倡和称扬,多数官吏仍然不得要领。《汉书》卷八《宣帝纪》:黄龙元年,即宣帝在位的最后一年,诏曰:“盖闻上古之治,君臣同心,举措曲直,各得其所。是以上下和洽,海内康平,其德弗可及已。朕既不明,数申诏公卿大夫务行宽大,顺民所疾苦,将欲配三王之隆,明先帝之德也。今吏或以不禁奸邪为宽大,纵释有罪为不苛,或以酷恶为贤,皆失其中。奉诏宣化如此,岂不谬哉!”(第273页)他们只知在执法的宽与严上做文章,不知如何“上顺公法,下顺人情”。而在这些官吏中,多数人又宁失于严不失于宽。《汉书》卷九〇《酷吏尹赏传》:“疾病且死,戒其诸子曰:‘丈夫为吏，正坐残贼免，追思其功效，则复进用矣。一坐软弱不胜任免，终身废弃无有赦时，其羞辱甚于贪污坐臧。慎毋然！' 赏四子……皆尚威严，有治办名。"（第 3675 页）这种想法在当时应有一定普遍性。

循吏政治的关键是扩大和强化条教的作用，使之成为国家律令与民间习俗即"公法"与"人情"之间的桥梁。与文吏政治相比，它的特点在于比较接近民俗，而与律令有一定距离。这一点同宣帝所坚持的以霸道为主、王道为辅的方针也存在矛盾。因此，当黄霸试图向全国推广他的经验时，宣帝便改变了态度。《汉书》卷八九《循吏黄霸传》：霸任丞相后，曾"杂问郡国上计长吏守丞，为民兴利除害成大化条其对。有耕者让畔，男女异路，道不拾遗，及举孝子弟弟贞妇者为一辈，先上殿；举而不知其人数者次之；不为条教者在后叩头谢"。目的是想鼓励各地官吏也像他那样通过条教推行教化。于是京兆尹张敞上书宣帝，指出："汉家承敝通变，造起律令，所以劝善禁奸，条贯详备，不可复加。"如果各地官吏都"畏丞相指，归舍法令，各为私教，务相增加"，国家律令便会被束之高阁，还会使虚伪浮夸之风泛滥；因此他要求"明饬长吏守丞，归告二千石……郡事皆以义法令捡式，毋得擅为条教"。宣帝"嘉纳敞言"，遂"召上计吏，使侍中临饬如敞指意"（第 3632 页）。

"奉法循理"的原则符合武帝以来政治文化的发展趋势，是"《春秋》决狱"思想在执法环节上的进一步延伸，是"以德化民"的一种可操作的实践模式。但在关中统治关东的格局尚未发生根本改变、承秦而来的法治传统仍占绝对优势的情况下，这一原则不可能成为朝廷认可的基本思路而得到推广。循吏政治要成为地方行政的主流，还有待于整个政治格局的进一步演变，有待于汉朝政策由关中本位向关东本位的转变，也有待于《公羊》家

"以德化民"的政治主张被进一步采纳。

四、"瑞应"与"苛政"

宣帝一朝瑞应甚多,其中尤以凤凰、神爵为多。据《汉书》卷八《宣帝纪》:

本始元年五月,凤凰集胶东、千乘。

本始四年五月,凤凰集北海安丘、淳于。

地节二年四月,凤凰集鲁郡,群鸟从之。

元康元年三月,凤凰集泰山、陈留,甘露降未央宫。

元康元年夏,神爵集雍。

元康二年三月,凤凰、甘露降集。

元康三年春,神爵数集泰山。又五色鸟以万数飞过(三辅)属县,翱翔而舞,欲集未下。

元康四年三月,神爵五采以万数集长乐、未央、北宫、高寝、甘泉泰畤殿中及上林苑。

元康四年,嘉谷玄稷降于郡国,神爵仍集,金芝九茎产于函德殿铜池中,九真献奇兽,南郡获白虎、威凤为宝。

神爵元年三月,神鱼舞河,神爵翔集河东万岁宫。

神爵二年正月,凤凰、甘露降集京师,群鸟从以万数。

神爵四年二月,凤凰、甘露降集京师。

神爵四年十月,凤凰十一集杜陵。

神爵四年十二月,凤凰集上林。

五凤三年三月,甘露降,神爵集,鸾凤又集长乐宫东阙中树上,飞下止地,文章五色,留十余刻,吏民并观。

甘露元年四月,黄龙见新丰。

甘露二年正月,凤凰、甘露降集,黄龙登兴,醴泉滂流,枯槁荣茂,神光并见。

甘露三年二月,凤凰集新蔡,群鸟四面行列,皆乡(向)凤凰立,以万数。

黄龙元年二月,黄龙见广汉郡。(第242—373页)

案《宋书》卷二八《符瑞志中》载瑞应之物,首述"麒麟",曰"仁兽也。牡曰麒,牝曰麟。不刳胎剖卵则至"。次述"凤凰",曰"仁鸟也。不刳胎剖卵则至。或翔或集。雄曰凤,雌曰凰"。第三是"神鸟",曰:"赤神之精也……虽赤色而备五采……风俗从则至。"(第791页)上引《宣帝纪》元康四年三月条曰"神爵五采",而《宋书·符瑞志》"神爵"皆作"神雀",则"神鸟"当即"神爵",亦即"神雀"。是凤凰、神爵与麒麟相似,也是汉代以来最重要的太平瑞应。

赵翼《廿二史札记》"两汉多凤凰"条说:"宣帝当武帝用兵劳扰之后,昭帝以来与民休息,天下和乐",而宣帝"本喜符瑞","臣下"投其所好,"遂附会其事"①。符瑞之事无疑都是附会,但未必都是投宣帝所好。和武帝元狩、元鼎年间一样,符瑞的大量出现意味着太平将至,反映出人们对天下大治的期待。宣帝对这些符瑞深信不疑,却又半推半就,每每诏告天下,或大赦,或赐爵赐帛,或减免租赋,同时还要说些"朕之不德,惧不能任"之类谦虚的话。《汉书》卷八六《何武传》:"宣帝时,天下和平,四夷宾服,神爵、五凤之间娄蒙瑞应。而益州刺史王襄使辩士王褒颂汉德,作《中和》、《乐职》、《宣布》诗三篇。"师古注曰:"《中和》者,言政教隆

①王树民:《廿二史札记校证》,第64页。

平，得中和之道也。《乐职》，谓百官万姓乐得其常道也。《宣布》，德化周洽，遍于四海也。"宣帝听到这些歌颂太平的诗篇后很高兴，说："此盛德之事，吾何足以当之哉！"命王褒为待诏（第3481页）。

宣帝喜欢符瑞，喜欢听人们对他的称赞，而神爵、五凤、甘露年间日逐王、呼遬累单于、呼韩邪单于的相继来降，意味着他终于完成了武帝事业"未成"之"一篑"。但宣帝没有就此宣布天下太平，因为内政方面仍有不足。《汉书》卷七四《魏相传》载相元康年间上书曰："今郡国守相多不实选，风俗尤薄，水旱不时。案今年计，子弟杀父兄、妻杀夫者，凡二百二十二人。臣愚以为此非小变也。"（第3136页）宣帝也承认吏治苛酷问题仍很严重。《汉书》卷八《宣帝纪》有以下诏书：

> 地节四年九月诏："朕惟百姓失职不赡，遣使者循行郡国问民所疾苦。吏或营私烦扰，不顾厥咎，朕甚闵之。"又曰："令甲：'死者不可生，刑者不可息。'此先帝之所重，而吏未称。今系者或以掠辜若饥寒瘐死狱中，何用心逆人道也！朕甚痛之。其令郡国岁上系囚以掠笞若瘐死者所坐名、县、爵、里，丞相、御史课殿最以闻。"（第252页）
>
> 元康二年正月诏："《书》云：'文王作罚，刑兹无赦。'今吏修身奉法，未有能称朕意，朕甚愍焉。其赦天下，与士大夫厉精更始。"
>
> 元康二年五月诏："狱者万民之命，所以禁暴止邪，养育群生也。能使生者不怨，死者不恨，则可谓文吏矣。今则不然。用法或持巧心，析律贰端，深浅不平，增辞饰非，以成其罪。奏不如实，上亦亡繇知。此朕之不明，吏之不称，四方黎

民将何仰哉！二千石各察官属，勿用此人。吏务平法。或擅兴繇役，饰厨传，称过使客，越职逾法，以取名誉，譬犹践薄冰以待白日，岂不殆哉！”（第255页）

五凤二年八月诏：“今郡国二千石或擅为苛禁，禁民嫁娶不得具酒食相贺召。由是废乡党之礼，令民亡所乐，非所以导民也。《诗》不云乎：‘民之失德，乾餱以愆。’勿行苛政。”（第265页）

五凤四年四月晦，日有蚀之。诏曰：“皇天见异，以戒朕躬，是朕之不逮，吏之不称也。以前使使者问民所疾苦，复遣丞相、御史掾二十四人循行天下，举冤狱，察擅为苛禁深刻不改者。”（第268页）

黄龙元年二月诏：“方今天下少事，繇役省减，兵革不动，而民多贫，盗贼不止，其咎安在？上计簿，具文而已，务为欺谩，以避其课。三公不以为意，朕将何任？……御史察计簿，疑非实者，按之，使真伪毋相乱。”（第273页）

看来，宣帝在改善吏治方面虽然做了不少事情，但未能从根本上解决问题。前引宣帝诏书所谓“今吏或以不禁奸邪为宽大，纵释有罪为不苛，或以酷恶为贤，皆失其中”，道出了他的不满和无奈。其实，这是承秦而来的法治政策即宣帝所谓“霸道”固有的弊端和弱点，不是一纸诏书所能解决的。也正是因为抓住了这一弱点，儒生阶层向武帝及昭、宣时期的基本政策提出深刻质疑和激烈批评，从而引发了西汉后期那场礼制改革运动。

第四章　“纯任德教，用周政”

——西汉后期和王莽时期的改制运动

从元帝开始的西汉后期及王莽时期，是汉代历史中第三个相对独立的发展阶段。这个阶段的特点是出现了一场贯穿始终的托古改制运动。其间，《穀梁》、《左氏》两家先后登上政治舞台，并分别对改制的兴起和进入高潮产生了影响。对这个问题，学界已有不少研究，从不同角度丰富了我们的认识。不过，此项研究尚有继续深入的余地，从新的视角出发，仍可看到一些前人未曾揭示的现象。将这些现象串连起来，又可得出一些新的结论。

第一节　从“盐铁议”到“石渠论”

西汉后期的改制运动有一个先行的理论准备阶段，这就是昭宣时期从“盐铁议”开始到“石渠论”结束的那场学术论战。由于宣帝排抑《公羊》而扶植《穀梁》，论战以《穀梁》学的胜利而告终，并随之出现了新的政治改革方案。

《史记》记事至武帝而止，出土简牍中属于昭帝以后的也较少。这使我们的研究进入昭帝以后便顿感资料不足。《汉书》对昭宣时期的学术论战记载得也不够明确，有些地方甚至相当隐晦。这又为本节的研究增加了难度。基于这种情况，笔者将尝试性地做些钩沉发隐的工作，希望能勾画出一个大致的轮廓。

一、《公羊》家与"盐铁议"

《汉书》卷二四《食货志下》："武帝因文、景之畜，忿胡、粤之害"，即位数年即四出征伐，致使"兵连而不解，天下共其劳……财赂衰耗而不澹"，于是"入物者补官，出货者除罪……兴利之臣自此而始"（第1157页）。下文又说入羊为郎、买爵赎罪、白金皮币、盐铁、均输、平准、算缗、入粟补吏等制度，都是为应付财政困难而采取的措施。武帝一朝庞大的财政开支，主要用来支持对外战争，其次也用于赈济灾民、巡游赏赐、修建宫室等。旷日持久的对外战争使武帝经常面临用度不足、入不敷出的财政危机，因而不得不建立这些制度以增加财政收入。

此外，这些制度也兼有抑制兼并的作用。《食货志下》：元狩年间，在朝廷财政十分困难的情况下，"富商贾或墆财役贫，转毂百数，废居居邑，封君皆氐首仰给焉。冶铸鬻盐，财或累万金，而不佐公家之急，黎民重困。于是天子与公卿议，更造钱币以澹用，而摧浮淫并兼之徒"（第1162页）。其后，盐铁、平准、均输、算缗等措施也都有打击"富商大贾"、"并兼之徒"的用意。

"兴利"是武帝全部事业中不可或缺亦极富特色的一个方面。它对外支持了开边，对内打击了兼并，有一石二鸟之效。但在《公羊》家看来，国家"兴利"的本质是"与民争利"，而国家"与民争利"必然导致百姓"皆趋利而不趋义"①。这不是"王者"教化之

①苏舆：《春秋繁露义证·身之养重于义》，第265页。

道,而恰恰是秦朝亡国之迹。在这个问题上,《公羊》家与汉武帝及其“兴利之臣”存在根本分歧。董仲舒曾明确提出“盐铁皆归于民”的主张;对土地兼并问题,他认为应当效法“古井田法”,通过“限民名田,以澹不足,塞并兼之路”的方式加以解决①。御史大夫卜式“见郡国多不便县官作盐铁,器苦恶,贾贵,或强令民买之,而船有算,商者少,物贵”,也要求武帝废除这些制度。后遇天旱,卜式曰:“县官当食租衣税而已,今弘羊令吏坐市列,贩物求利。亨弘羊,天乃雨。”②但都没有被武帝采纳。及武帝死后,深受《公羊》家影响的儒生阶层对他的事业提出了更为激烈的批评,企图利用新帝即位的机会,扭转汉朝政治的发展方向,全面推行他们的政治主张。这就是盐铁之议。

《汉书》卷六六《公孙刘田王杨蔡陈郑传赞》曰:“所谓盐铁议者,起始元中,征文学贤良问以治乱,皆对愿罢郡国盐铁酒榷均输,务本抑末,毋与天下争利,然后〔教〕化可兴。御史大夫弘羊以为此乃所以安边竟,制四夷,国家大业,不可废也。当时相诘难,颇有其议文。”(第 2903 页)从《盐铁论》一书的内容看,贤良文学从要求废除盐铁等经济制度入手,强调对内应实行德教而不应实行法治,对外应以文德怀之而不应以武力服之,其核心思想是治天下应当“上仁义”而不应“务权利”③。

贤良文学站在“王道”立场上,企图剔除“汉家制度”中的“霸道”成分,这一点无须多论。需要进一步指出的是,贤良文学所鼓吹的“王道”带有明显的《公羊》学色彩。《盐铁论》作者桓宽是

---

①《汉书》卷二四上《食货志上》,第 1137 页。

②《汉书》卷二四下《食货志下》,第 1173、1175 页。

③参阅张烈:《评盐铁会议》,《历史研究》1977 年第 6 期;汤志钧等:《西汉经学与政治》,上海:上海古籍出版社,1994 年,第 170—181 页。

《公羊》家,史有明文[①]。参加盐铁之议的六十多个贤良文学,都是来自全国各地的普通儒生,从《盐铁论》的记载看,他们也都深受董仲舒及其《公羊》学的影响。

首先,贤良文学在辩论中常常引用《春秋》,而绝大多数是《公羊传》文。据笔者统计,贤良文学引用《春秋》共二十一例,其中十五例出自《公羊传》,五例不知出处,一例见于《穀梁传》;大夫引《春秋》也有十二例,其中十一例出自《公羊传》,一例出自《穀梁传》。张敦仁说"凡此书之《春秋》皆《公羊》"[②],大体不错。

其次,贤良文学多处引用董仲舒的观点。如《错币》篇文学曰:"三王之时,迭盛迭衰。衰则扶之,倾则定之。是以夏忠,殷敬,周文。"这是董仲舒宣扬的三教说。同篇文学又曰:"古之仕者不穑,田者不渔。"[③]当是本之《春秋繁露·度制》篇的"君子仕则不稼,田则不渔"[④]。《地广》篇文学曰:"夫治国之道,由中及外,自近者始。"[⑤]来自董仲舒的三世说。《水旱》篇贤良曰:"周公载纪……雨不破块,风不鸣条。"[⑥]当是本之董仲舒《雨雹对》"太平之世,则风不鸣条,开甲散萌而已;雨不破块,润叶津茎而已"[⑦]。凡此种种,王利器先生已有详述,并指出贤良文学"大肆宣扬……董仲舒的学术思想"[⑧]。

---

①《汉书》卷六六《公孙刘田王杨蔡陈郑传赞》:"汝南〔桓〕宽次公,治《公羊春秋》。"

②见王利器:《盐铁论校注·非鞅》篇注29,第101页。

③王利器:《盐铁论校注》,第56页。

④苏舆:《春秋繁露义证》,第229页。

⑤王利器:《盐铁论校注》,第208页。

⑥王利器:《盐铁论校注》,第429页。

⑦严可均:《全汉文》,第257页。

⑧见王利器:《盐铁论校注·前言》,第8页。

再次，贤良文学的政治主张也与董仲舒基本相同。《本议》篇文学曰："窃闻治人之道，防淫佚之原，广道德之端，抑末利而开仁义，毋示以利，然后教化可兴，而风俗可移也。"①这是董仲舒"圣人之道，众堤防之类也"，"天下者无患，然后性可善；性可善，然后清廉之化流"的翻版②。《刑德》篇文学曰："法者缘人情而制，非设罪以陷人也。故《春秋》之治狱，论心定罪。"③这是董仲舒的"《春秋》决狱"说。《错币》篇文学曰："救伪以质，防失以礼……汉初乘弊而不改易。"④这是董仲舒所说的汉承周秦之"文弊"，应"尚忠"、"上质"以救之。《遵道》篇文学曰："圣王之治世，不离仁义。故有改制之名，无变道之实。"⑤这是董仲舒王道观的重要观点。如此等等。

班固说：桓宽"推衍盐铁之议，增广条目，极其论难"，写成《盐铁论》一书，其目的和司马迁作《史记》相似，"亦欲以究治乱，成一家之法焉"⑥。《盐铁论》的《公羊》学色彩有可能因此而加重，但书中所载贤良文学的言论绝非桓宽杜撰。通览全书，我们感到，《公羊》家的学说当时确已深入人心，武帝以来"《公羊》大兴"之说非虚语。

盐铁之议中，桑弘羊极力为武帝的政策和事业辩护。事后，朝廷对贤良文学的批评只是敷衍了一下，霍光和宣帝都继续坚持武帝的事业和政策。儒生们对此无可奈何，但他们的态度并未改

①王利器：《盐铁论校注》，第1页。

②苏舆：《春秋繁露义证·度制》，第231页；《盟会要》，第141页。

③王利器：《盐铁论校注》，第567页。

④王利器：《盐铁论校注》，第57页。

⑤王利器：《盐铁论校注》，第292页。

⑥《汉书》卷六六《公孙刘田王杨蔡陈郑传赞》，第2903页。

变,对“汉家制度”的不满仍在隐伏着,蔓延着,一旦出现机会,他们还会旧事重提。

《汉书》卷七《昭帝纪》元凤三年春正月:“泰山有大石自起立,上林有柳树枯僵自起立。”(第228页)同书卷七五《眭弘传》详载其事曰:“泰山莱芜山南匈匈有数千人声,民视之,有大石自立,高丈五尺,大四十八围,入地深八尺,三石为足。石立后有白鸟数千下集其旁……是时昌邑有枯社木卧复生,又上林苑中大柳树断枯卧地,亦自立生,有虫食树叶成文字,曰‘公孙病已立’。”《公羊》家眭弘“推《春秋》之意”,对这些怪异现象做了一番解释。他说:“石、柳皆阴类,下民之象;泰山者岱宗之岳,王者易姓告代之处。今大石自立,僵柳复起,非人力所为,此当有从匹夫为天子者。枯社木复生,故废之家公孙氏当复兴者也。”这意味着汉朝气数已尽,神器将要易手。眭弘认为汉朝应当顺应天意,于是上书昭帝曰:“先师董仲舒有言,虽有继体守文之君,不害圣人之受命。汉家尧后,有传国之运。汉帝宜谁差天下,求索贤人,禅以帝位,而退自封百里,如殷周二王后,以承顺天命。”(第3153页)

上述怪异现象,尤其是“虫食树叶成文字”云云,肯定在传言过程中加入了附会的成分。所谓天意不过是民意在天国的折射,是民意的一种表达方式而已。在天人感应思想盛行、神秘气氛十分浓厚的汉代,这种表达方式容易引起普遍关注,使隐含其中的观念迅速传播。眭弘是董仲舒的再传弟子,又是严彭祖和颜安乐的老师,在《公羊》传授系统中有重要地位。他用《公羊》家的方法,说出了人们不敢明言的想法。考虑到眭弘的《公羊》大师身份和此事暴发于盐铁会议后不久这两项因素,要求汉朝退位的呼声应是儒生阶层对武帝政策及其“汉家制度”之不满情绪的极端表现,是对昭帝、霍光无视贤良文学之政治主张的严重抗议。“汉家尧后"之说始见于此。眭弘从中引申出汉家应当"传贤"的主张，表现出他对汉朝的失望。应当重视的是，眭弘的这一主张深深影响了当时的社会特别是儒生阶层，而儒生阶层的不满情绪则在很大程度上影响了此后朝廷政策发展的方向。

霍光虽然不学无术，但知道以《公羊》学为核心的儒术是一种有用的政治工具。始元五年，有人冒充卫太子，公卿大臣前往辨认，皆"莫敢发言"。《公羊》家出身的京兆尹隽不疑后到，引《春秋》"不以父命辞王父命"之义，叱从吏将冒充者收缚下狱。霍光"闻而嘉之"，曰："公卿大臣当用经术明于大谊。"①同时他也知道，儒生阶层反对"汉家制度"的呼声，虽不致引起农民暴动那样的剧烈震荡，但也足以动摇汉朝的统治。因此，当眭弘上书要求汉朝退位时，霍光"恶之"，以"妖言惑众，大逆不道"之罪，把眭弘杀了。

眭弘说将要代汉而起的"贤人"是出自"故废之家公孙氏"的名为"病已"的人，而宣帝恰好名病已。此事最早见于前引《汉书》卷七四《丙吉传》所载丙吉写给霍光要求立宣帝为帝的奏记。同书卷八《宣帝纪》和卷六八《霍光传》载霍光与群臣请立宣帝之奏，也称宣帝为"孝武皇帝曾孙病已"。宣帝本名"病已"，又是废太子刘据之孙，符合"故废之家公孙氏"的条件。元凤三年的怪异之事在宣帝身上应验了。《汉书》卷三六《楚元王传附刘向传》载向上封事曰："孝昭帝时，冠石立于泰山，仆柳起于上林，而孝宣帝即位。"（第1961页）又曰："孝昭时，有泰山卧石自立，上林僵柳复起……此为特异，孝宣兴起之表。"（第1964页）同书卷二七《五行志中之下》亦载其事，下文则曰霍光立宣帝，而"帝本名病已"（第

---

①《汉书》卷七一《隽不疑传》，第3037页。

1412页)。都明确地将这两件事联系在一起。这样一来,眭弘的解释便不再是“妖言惑众”了,只要去掉汉家退位的内容,就成了宣帝中兴的神学预言。《汉书》卷七五《眭弘传》:弘被杀“后五年,孝宣帝兴于民间,即位,征孟(眭弘字)子为郎”(第3154页)。这应当是霍光和宣帝为眭弘平反的表示。

霍光对眭弘事件的处理和宣帝的即位,没能消除儒生阶层的反对态度和失望情绪。“秦有十失,其一尚存,治狱之吏是也”①;“今俗吏所以牧民者,非有礼义科指可世世通行者也,独设刑法以守之”②;“秦时但任小臣,诛杀忠良,竟以灭亡……古与今如一丘之貉”③。批评之声仍不绝于耳。《汉书》卷七五《夏侯胜传》:宣帝初即位,欲褒武帝,令群臣议其庙乐,而夏侯胜反对说:“武帝虽有攘四夷广土斥境之功,然多杀士众,竭民财力,奢泰亡度,天下虚耗,百姓流离,物故者半。蝗虫大起,赤地数千里,或人民相食,畜积至今未复。亡德泽于民,不宜为立庙乐。”(第3156页)这种对武帝事业的否定评价和盐铁议中贤良文学的观点并无二致。同书卷七七《盖宽饶传》:“是时上(指宣帝)方用刑法,信任中尚书宦官。”宽饶“不务循职而已,乃欲以太古久远之事匡拂天子,数进不用难听之语以摩切左右”。且奏封事曰:“方今圣道浸废,儒术不行,以刑余为周召,以法律为《诗》《书》。”又引《韩氏易传》言:“五帝官天下,三王家天下,家以传子,官以传贤,若四时之运,功成者去,不得其人则不居其位。”宣帝以为宽饶“意欲求禅,大逆不道”,将其下狱,宽饶自杀(第3247页)。此事与眭弘事件有相

①《汉书》卷五一《路温舒传》,第2369页。
②《汉书》卷七二《王吉传》,第3063页。
③《汉书》卷六六《杨敞传附杨恽传》,第2891页。

似之处。

霍光、宣帝对武帝政策的继承和深受《公羊》学影响的儒生阶层对武帝政策的批评，是昭宣两朝的一大矛盾。在这一矛盾的影响和制约下，汉朝在政治和学术上再次发生微妙而重要的变化。

二、“《穀梁》大盛”及其背景

武宣之际，皇位三易其主，一度引起政局动荡，到宣帝即位后才逐渐稳定下来。宣帝得以即位，霍光无疑起了重要作用，但其背后也有卫太子一党的残余势力及同情太子的人们在活动。

《汉书》卷七四《丙吉传》：“武帝末，巫蛊事起，吉以故廷尉监征，诏治巫蛊郡邸狱。时宣帝生数月，以皇曾孙坐卫太子事系。吉见而怜之，又心知太子无事实，重哀曾孙无辜。吉择谨厚女徒，令保养曾孙，置闲燥处……后元二年，武帝疾，往来长杨、五柞宫，望气者言长安狱中有天子气，于是上遣使者分条中都官诏狱系者，亡轻重一切杀之。内谒者令郭穰夜到郡邸狱，吉闭门拒使者不纳，曰：‘皇曾孙在。他人亡辜死者犹不可，况亲曾孙乎！’相守至天明不得入，穰还以闻，因劾奏吉。武帝亦悟，曰：‘天使之也。’因赦天下。”（第3142页）

班固总是将武帝的错误说成奸佞小人诓惑所致。这一次似乎又是因误信望气者言才发动了这场大屠杀，后得知皇曾孙在狱中乃“悟”。但若将此事放在朝廷党争的背景下进行观察，结论便会有所不同。很明显，“长安狱中有天子气”的说法是针对皇曾孙的。卫太子一案震动朝廷，震动天下，武帝十分重视，亲自部署了对太子的镇压，又亲自主持了对事件的处理，对太子家人大都被杀、只有遗孙一人收系狱中这一重要情况，不会不知。因此，我推测，这场大屠杀不是武帝误信望气者言的结果，而是他有意为之。《汉书》卷六《武帝纪》后元二年条："二月，行幸盩厔五柞宫。乙丑，立皇子弗陵为皇太子。丁卯，帝崩于五柞宫。"（第211页）案饶尚宽《春秋战国秦汉朔闰表》，后元二年二月甲寅朔①，则乙丑为十二，丁卯为十四。是诏狱大屠杀就发生在武帝临死前的最后十几天中。当时，武帝的病日益加重，自知不久于人世，遂急忙立太子，拜辅臣，为昭帝顺利即位铺平道路。在这种情况下，皇曾孙及其背后的太子党残余势力，有可能对昭帝构成潜在的威胁。皇曾孙当时只有四五岁，不可能直接威胁昭帝的皇位。因而"天子气"云云所反映的可能是皇曾孙背后的太子党的活动以及人们对此事的担忧。武帝不惜再次滥杀无辜，可能是因为他对太子党残余势力也不放心，因而决意除掉皇曾孙，以免日后对昭帝构成威胁。

但由于丙吉拼死抗拒，武帝最终还是让步了。大赦之后，丙吉把皇曾孙送到其祖母史良娣家。良娣之母贞君"见孙孤，甚哀之，自养视焉"②。"后有诏掖庭养视，上属籍宗正"③。从此，皇曾孙又受到张贺的精心养育。《汉书》卷五九《张汤传附张安世传》："安世兄贺幸于卫太子，太子败，宾客皆诛，安世为贺上书，得下蚕室。后为掖庭令，而宣帝以皇曾孙收养掖庭。贺内伤太子无辜，而曾孙孤幼，所以视养拊循，恩甚密焉。及曾孙壮大，贺教书，令受《诗》，为取许妃，以家财聘之。"（第2651页）

丙吉冒死保护皇曾孙，是因同情太子祖孙无辜。张贺则是卫太子宾客，作为张汤之子，肯定是太子党的重要成员。宣帝早年

---

①北京：商务印书馆，2006年，第167页。

②《汉书》卷九七《外戚传》，第3961页。

③《汉书》卷八《宣帝纪》，第236页。

于危难之际遇到丙吉和张贺，有一定偶然性。但巫蛊之狱后，同情太子的政治势力企图东山再起，而对太子唯一的后人，他们势必要加以保护和利用。在这一背景下，宣帝的种种奇遇又显示出某种必然性。

昭帝即位时年仅八岁，成人后又体弱无子，因而引起其兄燕王旦和广陵王胥的觊觎之心。旦联合长公主、上官桀、桑弘羊等人，阴谋发动政变，被霍光镇压；胥则令女巫祝诅昭帝，企图借助神灵之力取昭帝而代之。与此同时，卫太子残余势力也蠢蠢欲动。上引《张安世传》又载："曾孙数有征怪，语在《宣纪》。贺闻知，为安世道之，称其材美。安世辄绝止，以为少主在上，不宜称述曾孙。"所谓"征怪"，《宣帝纪》载有三事：其一即皇曾孙在郡邸狱时"望气者言长安狱中有天子气"，其二是其"足下有毛，卧居数有光耀"，其三是"每买饼，所从买家辄大雠（售）"（第 237 页）。后两事都发生在昭帝在位时。和"天子气"云云一样，昭帝时出现的关于皇曾孙的这些传说，也在向世人暗示皇曾孙是真命天子。

此外，元凤三年大石自立、枯木复生及"公孙病已立"之谶语，应当也是同样性质的事件。前已述及，宣帝本名病已，《汉书》卷八《宣帝纪》师古注曰："盖以夙遭屯难而多病苦，故名病已，欲其速差也。后以为鄙，更改讳询。"（第 238 页）照此解释，"病已"似乎是后取的小名，意思是希望其病早日痊愈。宣帝出生时，武帝和卫太子的矛盾已到一触即发的地步，"数月"后即暴发巫蛊之祸，其父母、祖父母皆遇害。在这种情况下，宣帝很可能未及取名便被收系狱中了。《汉书》卷七四《丙吉传》说：宣帝在郡邸狱中"病，几不全者数焉，吉数敕保养乳母加致医药，视遇甚有恩惠"（第 3142 页）。取名"病已"或许就在此时。而据《宣帝纪》载，昭帝曾命皇曾孙"上属籍宗正"，所上之名肯定是"病已"，故丙吉奏记霍光称之为“遗诏所养武帝曾孙名病已在掖庭外家者”①,霍光上书皇太后亦郑重其事地称之为“孝武皇帝曾孙病已”②。既然宣帝取名病已在前,“有虫食树叶成文字”在后,“公孙病已立”之谶便很可能是同情太子的人们编造出来的又一“征怪”。眭弘显然不是卫太子一党的人物,未曾留意这位皇曾孙的存在,因而未能看破真谛。

《张安世传》:“昭帝即位,大将军霍光秉政,以安世笃行,光亲重之。会左将军上官桀父子及御史大夫桑弘羊皆与燕王、盖主谋反诛,光以朝无旧臣,白用安世为右将军、光禄勋,以自副焉。”(第2647页)上官桀等被杀在元凤元年。其后,张安世成为朝中仅次于霍光的重要人物。张贺向张安世称述皇曾孙,是想为他争夺昭帝继嗣的地位。在当时情形下,这个话题异常敏感和危险。安世“辄绝止”,是为了保护皇曾孙。故事后宣帝对安世说:“掖庭令平生称我,将军止之,是也。”(第2651页)及昭帝死,昌邑王贺废,霍光与张安世等大臣“议所立,未定”。丙吉抓住这一有利时机,奏记霍光,说皇曾孙年已“十八九矣,通经术,有美才,行安而节和”,是“诸侯宗室在位列者”中最合适的人选。霍光及张安世等大臣皆赞同,遂迎立宣帝③。

如前述,宣帝即位后继续推行武帝的政策,并大体完成了武帝的事业。但同时,宣帝也受到其祖父卫太子的某些影响。武帝与卫太子之间矛盾的根源在于政见不同。武帝“用法严,多任深刻吏”,太子则为人“宽厚”,身边群臣亦多“宽厚长者”④。阎步克

①《汉书》卷七四《丙吉传》,第3143页。
②《汉书》卷六八《霍光传》,第2947页。
③《汉书》卷七四《丙吉传》,第3143页。
④《资治通鉴》卷二二,第727页。

对卫太子身边的“宽厚长者”做了细致考察，发现其中既有恭谨无为、“不言而治”的石庆、石德父子，又有申公弟子、《穀梁》大师瑕丘江公和“习尚儒术”的张贺、丙吉等人；进而指出：卫太子“代表的‘守文’倾向，一方面承自汉初黄老政治传统……另一方面也是出于儒家思想的影响”①。看来，在汉武帝决定尊《公羊》家并推行积极进取方针之后，曾严重对立并激烈冲突的黄老道家和《穀梁》家，又都作为“守文”势力而聚集在卫太子周围。这表明武帝和太子及朝中帝党和太子党之间，除了统治作风不同之外，还存在更深层次的理论分歧。而这一分歧又将《公》、《穀》两家卷入朝廷党争，使两家的对立染上了政治色彩。

《汉书》卷八八《儒林传》于武帝“诏太子受《公羊春秋》，由是《公羊》大兴”之后，接着写道：“太子既通，复私问《穀梁》而善之。其后浸微，唯鲁荣广王孙、皓星公二人受焉。广尽能传其《诗》、《春秋》，高材捷敏，与《公羊》大师眭孟等论，数困之，故好学者颇复受《穀梁》。沛蔡千秋少君、梁周庆幼君、丁姓子孙皆从广受。千秋又事皓星公，为学最笃。”（第 3617 页）卫太子“私问《穀梁》而善之”，武帝不仅不加干预，还为他立博望苑，“使通宾客，从其所好”。这无疑有利于太子党的发展和《穀梁》学的传播。太子败后，太子党受到沉重打击，《穀梁》学也受到严重影响，所谓“其后浸微”当即指此。及武帝死后，太子党残余势力又蠢蠢欲动的同时，《穀梁》家也表现出抬头之势。荣广“数困”眭孟，好学者“颇复受《穀梁》”，便是信号。

宣帝早年所受教育可能也受到太子党学术传统的影响。据

---

①参阅步克：《汉武帝时“宽厚长者皆附太子”考》，《北京大学学报》1993 年第 3 期。

前引《张安世传》，宣帝“壮大”后，张贺曾“教书，令受《诗》”。《宣帝纪》则曰“师受《诗》、《论语》、《孝经》”（第 238 页），又曰“受《诗》于东海澓中翁”（第 237 页）。澓中翁仅此一见，所治之《诗》属哪家哪派已无考。但张贺作为太子党重要成员，学术立场应与卫太子相同。我们知道，《穀梁》、《鲁诗》皆传自申公，实为一家[①]。太子一派于《春秋》即好《穀梁》，于《诗经》很可能偏好《鲁诗》。由此推论，张贺为宣帝所选的老师，很可能是《鲁诗》学者。《汉书》卷八八《儒林传》：“宣帝即位，闻卫太子好《穀梁春秋》，以问丞相韦贤、长信少府夏侯胜及侍中乐陵侯史高，皆鲁人也，言穀梁子本鲁学，公羊氏乃齐学也，宜兴《穀梁》。”（第 3618 页）韦贤等人的观点有个既定的前提，即鲁学优于齐学。在这个既定前提之下，他们只要说明《穀梁》是鲁学，《公羊》是齐学，便可得出“宜兴《穀梁》”的结论了。韦贤等皆鲁人，其鲁学优于齐学之观点或许出于地域偏见。但宣帝并非鲁人，韦贤等人凭什么断定宣帝会接受这一前提？一个可能的答案是：韦贤等人知道宣帝曾受《鲁诗》，因而认定他会站在鲁学一边支持《穀梁》。

韦贤为相在本始三年六月至地节三年正月间；夏侯胜两任长信少府，一在本始元年至二年，一在本始四年以后[②]。然则宣帝问《公羊》、《穀梁》优劣一事当在地节年间，很可能在地节二年亲政之后。从此，他便开始扶植《穀梁》学。《汉书》卷八八《儒林传》载：“时千秋为郎，召见，与《公羊》家并说，上善《穀梁》说，擢千秋为谏大夫、给事中，后有过，左迁平陵令。复求能为《穀梁》者，莫

---

①钱穆说：“穀梁本与鲁诗相通也。”见氏著《秦汉史》，台北：台湾东大图书公司，1987 年，第 205 页。

②《汉书》卷一九《百官公卿表下》，第 801、803 页；卷七五《夏侯胜传》，第 3156、3159 页。

及千秋。上愍其学且绝，乃以千秋为郎中户将，选郎十人从受。汝南尹更始翁君本自事千秋，能说矣，会千秋病死，征江公孙为博士。刘向以故谏大夫通达待诏，受《穀梁》，欲令助之。江博士复死，乃征周庆、丁姓待诏保宫，使卒授十人。自元康中始讲，至甘露元年①，积十余岁，皆明习。"（第 3618 页）在这一过程中，宣帝不仅表明了"善《穀梁》说"的态度，还亲自在宫中创办了一个《穀梁》学讲习班。

《汉书》卷七一《疏广传》：广"明《春秋》"，地节三年，立皇太子，拜广为太傅，广兄子受为少傅。据同书《儒林传》：疏广是孟卿的弟子，筦路的老师，是《公羊》家的重要学者。宣帝初立太子，以疏广叔侄为师傅，当与武帝诏太子受《公羊春秋》意义相同。其后，宣帝日益偏爱《穀梁》，对太子师傅必然要做相应变更。对此，疏广叔侄似有所察觉，遂双双托病辞职还乡。《疏广传》载其事曰："在位五岁，皇太子年十二，通《论语》、《孝经》。广谓受曰：'吾闻知足不辱，知止不殆，功成身退，天之道也。今仕官至二千石，宦成名立，如此不去，惧有后悔，岂如父子相随出关，归老故乡，以寿命终，不亦善乎？'受叩头曰：'从大人议。'即日父子俱移病。"班固赞曰："疏广行止足之计，免辱殆之累。"（第 3039 页）疏广辞职约当元康四年，其时《穀梁》讲习班当已开讲。据本传所载，疏广与宣帝并无矛盾，且甚"见器重"，除师傅之位将被《穀梁》家所夺之外，我们看不出其"辱殆"之"惧"还有什么别的由来。事实上，疏广辞职后，担任太子太傅的先后有夏侯胜、黄霸、萧望之等人。夏侯胜从夏侯始昌受《尚书》，善说礼服，于《公》、《穀》两家，主张"宜兴《穀梁》"；黄霸则是夏侯胜的狱中弟子，学

①《宣帝纪》作"三年"。

术立场当与夏侯胜同。萧望之"事同县后仓且十年",而后仓则是夏侯始昌的弟子,其学本与夏侯胜同源;后"又从夏侯胜问《论语》、《礼服》"①,成了夏侯胜的弟子。在《公》、《穀》两家中,他也偏向《穀梁》。看来,疏广之"惧"不是无缘无故。

经过宣帝的扶持和《穀梁》经师前仆后继的努力,《穀梁》家终于具备了与《公羊》家一争高低的实力。于是,宣帝召开了著名的石渠阁会议。《汉书》卷八八《儒林传》写道:"乃召五经名儒太子太傅萧望之等大议殿中,平《公羊》、《穀梁》同异,各以经处是非。时《公羊》博士严彭祖、侍郎申挽、伊推、宋显,《穀梁》议郎尹更始、待诏刘向、周庆、丁姓并论。《公羊》家多不见从,愿请内侍郎许广,使者亦并内《穀梁》家中郎王亥,各五人,议三十余事。望之等十一人各以经谊对,多从《穀梁》。由是《穀梁》之学大盛。庆、姓皆为博士。"(第3618页)

《汉书》卷八《宣帝纪》甘露三年:"诏诸儒讲五经同异,太子太傅萧望之等平奏其议,上亲称制临决焉。乃立梁丘《易》、大小夏侯《尚书》、《穀梁春秋》博士。"(第272页)同书卷三〇《艺文志》六艺类《尚书》家有"《议奏》四十二篇",《礼》家有"《议奏》三十八篇",《春秋》家有"《议奏》三十九篇",《论语》家有"《议奏》十八篇",《孝经》家有"《五经杂议》十八篇",皆为"石渠论"。是石渠阁所论不限《春秋》一经,但"《公羊》、《穀梁》同异"是其中最重要的问题。钱穆说:"石渠议奏,其动机全在平处《公羊》、《穀梁》之异同也。"②甚是。班固在《儒林传》中只描述了《公》、《穀》两家辩论的经过,而未及其他,可能也是这一缘故。

---

①《汉书》卷七八《萧望之传》,第3271页。

②钱穆:《秦汉史》,第205页。

今诸家《议奏》皆佚，后人辑之，得《石渠礼论》若干条①。其中采自《礼记·礼运》孔颖达疏的一条实为许慎《五经异义》之文，但提到《春秋议奏》。其辞曰："《异义》公羊说：'哀十四年获麟，此受命之瑞，周亡失天下之异。'……许慎谨案：公议郎尹更始、待诏刘更生等议石渠，以为'吉凶不并，瑞灾不兼。今麟为周亡天下之异，则不得为瑞以应孔子至'。"②对这一争论，汉宣帝和萧望之等人是如何裁定的，我们无从知道了。但从《汉书·儒林传》的上述记载中，我们已清楚地看到，在《春秋》学问题上，宣帝公然背离武帝的立场，转而继承其祖父的传统，抛弃《公羊》学，改尊《穀梁》学。

三、"《穀梁》大盛"的政治意义

宣帝如此煞费苦心地扶植《穀梁》学，除了其祖父的因素之外，可能还有两方面的用意：一方面，儒生阶层受《公羊》家影响，激烈抨击武帝政策，甚至要求汉朝下台，宣帝不能不设法杀杀他们的气焰；而在"《春秋》为汉制法"说早已深入人心的情况下，扶植《穀梁》以取代《公羊》是较方便的手段。另一方面，继承和发扬当年太子党和《穀梁》家所表现出的宽厚仁慈的统治作风，有利于纠矫吏治苛酷之弊。宣帝在扶植《穀梁》学的同时，多次下诏要求官吏"务行宽大"，"勿行苛政"，二者之间或有内在关联③。

当时的《穀梁》家虽有尹更始、刘向、周庆、丁姓等人，但未出

---

①参孙启治、陈建华编：《古佚书辑本目录》经部，北京：中华书局，1997年。

②《十三经注疏》，第1425页。

③汤志钧等指出，《穀梁》家"将宗法制度与礼仪制度结合起来，讲伦常关系，用情谊感化，给森严的宗法制度裹上了厚厚的柔软的外套"。见氏著《西汉经学与政治》，上海：上海古籍出版社，1994年，第234页。

现像董仲舒那样有足够威望来主持局面的学术领袖。因此,在宣元之际的政治舞台上,我们没有看到真正的《穀梁》大师提出新的政治学说以适应形势的需要。然而《穀梁》家自有其“以礼为治”的政治主张,即不同于《公羊》家的“以德化民”,也不同于宣帝所谓“霸王道杂之”。宣帝扶植《穀梁》,使“《穀梁》之学大盛”,自然会促进《穀梁》家的政治主张在儒学士大夫中传播。于是我们看到,宣元之际随着《穀梁》学的兴起,礼治的呼声日益高涨。王吉、贡禹、翼奉、萧望之等人,虽然都不是《穀梁》家,却纷纷提出与《穀梁》家相近的政治主张。他们针对当时的形势,对《公羊》家所阐述的、已被人们认可的“《春秋》之道”进行了修改,为解决“汉家制度”与儒生理想之间的矛盾提出一种折衷方案。

最早对这一方案进行正面阐述的是王吉。《汉书》卷七二《王吉传》载宣帝时王吉上疏言得失曰:

> 臣闻圣王宣德流化,必自近始。朝廷不备,难以言治;左右不正,难以化远……《春秋》所以大一统者,六合同风,九州共贯也……孔子曰“安上治民,莫善于礼”,非空言也。王者未制礼之时,引先王礼宜于今者而用之。臣愿陛下承天心,发大业,与公卿大臣延及儒生,述旧礼,明王制,驱一世之民济之仁寿之域,则俗何以不若成康,寿何以不若高宗?……古者衣服车马贵贱有章,以褒有德而别尊卑,今上下僭差,人人自制,是以贪财诛利,不畏死亡。周之所以能致治,刑措而不用者,以其禁邪于冥冥,绝恶于未萌也。(第3063页)

这段话粗看没什么特别,但仔细推敲一下就会发现,它的前半段是《公羊》家说,后半段却近于《穀梁》家说。前半段沿用《公羊》

家关于“《春秋》大一统”、拨乱反正须由近及远、未太平时“取先王礼乐宜于今者而用之”等观点，作为全部论证的理论前提，后半段下结论时，却悄悄偷换了概念。我们已经知道，董仲舒认为宜于汉家的先王礼乐是“尚质”、“上忠”的虞舜之制、尧舜之道，是用来救治周秦“文弊”的“夏之忠者”。而王吉所说“宜于今”的“先王礼”却是殷周之制。文中“成康”指西周成王和康王。“高宗”，师古注曰：“殷王武丁也。”是王吉要求宣帝所述之“旧礼”乃殷周之制，隐含其中的是贾谊、申公一派以西周为典范的“以礼为治”的主张。所谓“与公卿大臣延及儒生，述旧礼，明王制”，颇似当年文帝所为，其意大概是要求宣帝效法文帝“刺六经中作《王制》”的先例，继续推行贾谊及申公师徒没能完成的改革，建立一套符合儒家理想的汉家制度。于此，我们看到了以《穀》《公》兴替为背景的政治思想变迁，看到了宣元之际“以礼为治”取代“以德化民”成为儒学士大夫群体主导思想的历史痕迹。

《汉书·王吉传》载吉批评宣帝曰：“陛下躬圣质，总万方，帝王图籍日陈于前，惟思世务，将兴太平”，但“臣伏而思之，可谓至恩，未可谓本务也”，因为公卿大臣“未有建万世之长策，举明主于三代之隆者也。其务在于期会簿书，断狱听讼而已，此非太平之基也”（第3062页）。新方案旨在扭转这一局面，为汉家政治再次走出困境、实现最终目标指出一条光明大道。为此，它有以下三项基本主张：

一是转变政策重心。武帝的事业主要由开边和改制两部分内容构成，而重心始终在开边，改制居于从属地位，须服从和服务于开边。这使得《公羊》家关于“更化”的主张只部分得到落实，而盐铁、均输等项制度则完全背离了“教化”的观点。这是武帝与儒生的根本分歧所在，是董仲舒等儒生及盐铁会议之贤良文学抨击武帝政策的焦点。新方案在这个问题上其实并无新意，仍然要求宣帝将朝廷政策之重心转移到“德教”上来。萧望之在与张敞的一次争论中，曾明确提出这一观点。

《汉书》卷七八《萧望之传》载：神爵元年西羌反，宣帝发兵击之。京兆尹张敞上书曰：

> 国兵在外，军以夏发，陇西以北，安定以西，吏民并给转输，田事颇废，素无余积，虽羌虏以破，来春民食必乏。穷辟之处，买亡所得，县官谷度不足以振之。愿令诸有罪、非盗受财杀人及犯法不得赦者，皆得以差入谷此八郡赎罪。务益致谷以豫备百姓之急。

张敞的建议仍是武帝及桑弘羊之流“兴利”、“开边”的思路。萧望之表示反对，指出：

> 民函阴阳之气，有好义欲利之心，在教化之所助……今欲令民量粟以赎罪，如此则富者得生，贫者独死，是贫富异刑而法不壹也。人情，贫穷，父兄囚执，闻出财得以生活，为人子弟者将不顾死亡之患，败乱之行，以赴财利，求救亲戚。一人得生，十人以丧，如此，伯夷之行坏，公绰之名灭。政教壹倾，虽有周召之佐，恐不能复。

“教化”之于百姓，可扶阳抑阴，“令其欲利不胜其好义”；“兴利”之于百姓则相反，将“令其好义不胜其欲利”。萧望之强调“教化”是为政之本，是通向太平理想的必经之路，所谓“教化既成，尧舜亡以加也”（第3275页）。对外战争则是次要的，不能为赢得战争而牺牲“教化”。

二是否定承秦而来的“法治”传统。战国秦汉之法治，与当时的军国主义体制和对外战争相适应。新方案既然主张把政策重心转移到教化上来，就必然要求否定这一传统。《汉书》卷七二《王吉传》载吉上书曰：

> 今俗吏所以牧民者，非有礼义科指可世世通行者也，独设刑法以守之。其欲治者，不知所繇，以意穿凿，各取一切，权谲自在，故一变之后不可复修也。是以百里不同风，千里不同俗，户异政，人殊服，诈伪萌生，刑罚亡极，质朴日销，恩爱浸薄。（第3063页）

对儒家所倡导的“教化”及其目标来说，“法治”不仅无益，反而有害。因此，欲“兴太平”，必须首先确立“本务”，用“可世世通行”的“礼义科指”取代“刑法”，用“德教”取代“法治”。

三是效法成王、周公。宣元之际的儒学士大夫对其所处时代和所负历史使命的看法已不同于武帝之时。他们认为，汉朝至今未能实现天下太平，责任不在刘邦及文景，而在武帝，在于武帝虽有“文景之治”的良好基础，却没能完成由“升平”向“太平”的过渡。这种局面就像文王、武王已确立了周王朝的统治，但尚未经历成王、周公加工润色、制礼作乐之阶段。因此，汉家拨乱反正之事业虽然再次陷入困境，“霸王道杂之”的汉家制度也确有许多弊端，但还可以补救，而不必禅位传贤，只要效法西周，补上成王、周公在文王、武王的基础上推行教化以致太平的那一课即可。正是基于这一共识，宣元之际人们对成王、周公的呼唤此起彼伏，不绝于耳。

如《汉书》卷七八《萧望之传》载望之说霍光曰："将军以功德辅幼主，将以流大化，致于洽平，是以天下之士延颈企踵，争愿自效，以辅高明。今士见者皆先露索挟持，恐非周公相成王躬吐握之礼，致白屋之意。"（第3272页）又说宣帝曰："愿陛下选明经术、温故知新、通于几微谋虑之士以为内臣，与参政事。诸侯闻之，则知国家纳谏忧政，亡有阙遗。若此不怠，成康之道其庶几乎！"（第3274页）又载郑朋奏记望之曰："将军体周召之德………兴周召之遗业。"（第3284页）卷七五《翼奉传》载奉上书元帝曰："周至成王，有上贤之材，因文武之业，以周召为辅……今汉初取天下……至于陛下八世九主矣，虽有成王之明，然亡周召之佐。"（第3176页）卷八一《匡衡传》载衡上书元帝曰："昔者成王之嗣位，思述文武之道以养其心，休烈盛美皆归之二后而不敢专其名，是以上天歆享，鬼神祐焉……陛下圣德天覆，子爱海内，然阴阳未和，奸邪未禁者，殆论议者未丕扬先帝之盛功……愿陛下详览统业之事，留神于遵制扬功。"（第3338页）

如前述，宣帝政策的基本倾向是继承和发展武帝的事业，坚持"霸王道杂之"的汉家制度，因此他对王吉、萧望之等人提出的新方案起初并不欣赏。《汉书》卷七二《王吉传》载：宣帝初，王吉"为益州刺史，病去官，复征为博士、谏大夫"，遂上书言得失。但宣帝"以其言迂阔，不甚宠异也"（第3062页）。王吉见此便谢病还乡了。萧望之的经历也很坎坷。《汉书》卷七八《萧望之传》载：昭帝时，望之经丙吉推荐而入仕，但因冲撞霍光而不受重用。霍光死后，他上书指斥霍氏家族，因而受到宣帝赏识，"浸益任用"，成为宣帝身边的重要谋士，所谏输粟赎罪、与乌孙通婚、因匈奴内乱举兵灭之等事，都被宣帝采纳。宣帝曾认为"望之经明持重，论议有余，材任宰相"（第3274页），并不断提拔其官位，直至御史大夫。但后来，他与宣帝也产生了矛盾，因而一度遭到宣帝的贬斥和疏远。本传载其失宠事曰："是时大司农中丞耿寿昌奏设常平仓，上善之"，而"望之非寿昌"。又"丞相丙吉年老，上重焉"，而望之奏言："百姓或乏困，盗贼未止，二千石多材下不任职，三公非其人。"宣帝以为"望之意轻丞相"，派人"诘问"。望之"免冠置对"，据理力争，"天子由是不说"（第3280页）。

常平仓一事，《汉书》卷二四《食货志上》言之较详：

> 耿寿昌以善为算能商功利得幸于上，五凤中奏言："故事，岁漕关东谷四百万斛以给京师，用卒六万人。宜籴三辅、弘农、河东、上党、太原郡谷足供京师，可以省关东漕卒过半。"又白增海租三倍，天子皆从其计。御史大夫萧望之奏言："故御史属徐宫家在东莱，言往年加海租，鱼不出。长老皆言武帝时县官尝自渔，海鱼不出，后复予民，鱼乃出。夫阴阳之感，物类相应，万事尽然。今寿昌欲近籴漕关内之谷，筑仓治船，费直二万万余，有动众之功，恐生旱气，民被其灾。寿昌习于商功分铢之事，其深计远虑诚未足任，宜且如故。"上不听。漕事果便，寿昌遂白令边郡皆筑仓，以谷贱时增其贾而籴，以利农，谷贵时减贾而粜，名曰常平仓。民便之，上乃下诏，赐寿昌爵关内侯。（第1141页）

渔业利润高于农业，《史记·货殖列传》将其划入工商末业范畴，在汉人眼中也是"用贫求富"的一条捷径，其性质近于盐铁业，故武帝曾将其收归国营，后来可能因为效益不好，复归于民。寿昌建议"增海租三倍"，手段虽与武帝不同，但目的是一样的。筑仓治船必然劳师动众，常平仓制度则是均输、平准之制的发展。耿寿昌是桑弘羊式的“兴利”之臣。从“功利”角度看,他的这些建议不仅利于国,而且便于民。但在萧望之等儒学士大夫看来,这些都是“与民争利”之举,不利于对百姓的教化,因而都不可取。

丙吉颇受宣帝信重,原因之一固然是他对宣帝有恩,但更重要的是其统治风格与宣帝一致。《汉书》卷七四《丙吉传》:“吉本起狱法小吏,后学《诗》、《礼》,皆通大义。”既懂法律,又通经术。“及居相位,上宽大,好礼让”(第3145页),但不主张改革制度。晚年病重时,宣帝亲自向他征询“可以自代者”,他推荐了三个人:第一位是“明于法度,晓国家故事,前为九卿十余年,今在郡治有能名”的杜延年,第二位是“执宪详平,天下自以不冤”的廷尉于定国,第三位是“事后母孝,惇厚备于行止”的陈万年(第3148页)。于定国“少学法于父”,晚乃“迎师学《春秋》”,已见前述。杜延年则是杜周之子,“明法律”,“行宽厚”[①];陈万年出身“郡吏”,当亦明法律,但为人“廉平,内行修”[②]。《丙吉传》称:“上以吉言皆是而许焉。”及丙吉死后,杜延年、于定国、陈万年相继出任御史大夫和丞相,“居位皆称职,上称吉为知人”(第3148页)。对丙吉这样一个人物,宣帝“重”之,而萧望之“轻”之,也说明两人在政见上存在分歧。望之所奏“三公非其人”云云,表面看来是对丙吉的政绩不满,实际上是对宣帝的基本政策不满。

五凤二年八月,宣帝下诏,将萧望之由御史大夫贬为太子太傅[③]。这一处置耐人寻味。一方面,免去御史大夫意味着无由升

①《汉书》卷六〇《杜周传附延年传》,第2661、2662页。

②《汉书》卷六六《陈万年传》,第2899页。

③《汉书》卷一九《百官公卿表下》:神爵三年七月,萧望之为御史大夫,三年贬为太子太傅。又曰:五凤二年八月,太子太傅黄霸为御史大夫。《资治通鉴》卷二七系萧望之被贬于五凤二年八月,是,今从之。

任丞相,因而不能对朝廷政治施加更大的影响。《萧望之传》:“望之既左迁,而黄霸代为御史大夫。数月间,丙吉薨,霸为丞相。霸薨,于定国复代焉。望之遂见废,不得相。”(第3282页)但另一方面,担任太子太傅一职,又使萧望之有机会对太子施加影响,从而有可能在太子即位后利用师傅身份推行其政治主张。

宣帝与太子的关系同当年武帝与卫太子的关系颇有相似之处。《汉书》卷九《元帝纪》:

> 八岁,立为太子。壮大,柔仁好儒。见宣帝所用多文法吏,以刑名绳下,大臣杨恽、盖宽饶等坐刺讥辞语为罪而诛,尝侍燕从容言:“陛下持刑太深,宜用儒生。”宣帝作色曰:“汉家自有制度,本以霸王道杂之,奈何纯任德教,用周政乎!且俗儒不达时宜,好是古非今,使人眩于名实,不知所守,何足委任!”乃叹曰:“乱我家者,太子也!”繇是疏太子而爱淮阳王,曰:“淮阳王明察好法,宜为吾子。”而王母张婕妤尤幸。上有意欲用淮阳王代太子,然以少依许氏,俱从微起,故终不背焉。(第277页)

同武帝父子一样,宣帝与太子的矛盾也源于政见分歧。所不同的是,武帝晚年不惜兴动大狱以更换继嗣,宣帝虽动过改换继嗣的念头,最终却没有付诸行动。

班固说宣帝放弃改换继嗣的念头,是因不忍背弃早年与之共患难的太子及其外家许氏。但仅仅为此便坐视太子“乱我家”,似与宣帝“信赏必罚,综核名实”的风格不符。仅仅用个人情感因素来解释这一具有重大政治意义的事件,也有失深度。将此事放到当时政治文化演进的复杂背景下进行观察,隐约看到一个微妙的变化,即宣帝晚年对王吉、萧望之等人的新方案渐由反对变为默许。

宣帝立太子在地节三年(前67年),立淮阳王在元康三年(前63年)。《汉书》卷八〇《宣元六王传》曰:"淮阳宪王钦……母张婕妤有宠于宣帝。霍皇后废,上欲立张婕妤为后。久之,惩艾霍氏欲害皇太子,乃更选后宫无子而谨慎者,乃立长陵王婕妤为后,令母养太子。后无宠,希御见,唯张婕妤最幸。"(第3311页)案霍皇后废在地节四年八月,王皇后立在元康二年二月。宣帝不立最宠幸的淮阳王母为后,是为了太子的安全。这表明元康年间宣帝与太子的矛盾尚未出现。

《元帝纪》说:太子"壮大,柔仁好儒",与宣帝异趣。萧望之为太子太傅时(前56年),太子已经十九岁了,其"柔仁好儒"性格之形成或在此前。但他劝宣帝"用儒生"是在此后。案《资治通鉴》卷二七,杨恽被诛在五凤四年①,盖宽饶被诛更在其先。是宣帝与太子的政见之争及宣帝有意以淮阳王代太子,肯定发生在五凤四年(前54年)之后。《通鉴》系之甘露元年(前53年),大致不错。其时,萧望之为太傅已有三年。太子所持"纯任德教,用周政"之主张,肯定与望之相同,很可能是受望之影响的结果。《宣元六王传》说:淮阳王"壮大,好经书法律,聪达有材,帝甚爱之"(第3311页)。同书卷七三《韦贤传附韦玄成传》也说淮阳王"好政事,通法律,上奇其材"(第3112页)。宣帝对淮阳王的偏爱是针对太子的,是宣帝"疏太子"的结果,故也应发生在甘露元年前后。

---

①《汉书》卷八《宣帝纪》系杨恽被诛事于五凤二年十二月,误。见《通鉴考异》。

《韦玄成传》曰：宣帝欲废太子而不忍，“久之，上欲感风宪王，辅以礼让之臣，乃召拜玄成为淮阳中尉”（第3113页）。《宣元六王传》亦曰：“久之，上以故丞相韦贤子玄成阳狂让侯兄，经明行高，称于朝廷，乃召拜玄成为淮阳中尉，欲感谕宪王，辅以推让之臣，由是太子遂安。”（第3311页）据本传载，玄成为淮阳中尉在其削爵为关内侯之后。案《汉书》卷一八《外戚恩泽侯表》：玄成嗣扶阳侯爵在神爵元年，“九年，有罪，削一级为关内侯”（第696页），其时当在甘露二年。本传又曰：“召拜玄成为淮阳中尉。是时王未就国，玄成受诏，与太子太傅萧望之及五经诸儒杂论同异于石渠阁，条奏其对。”石渠阁会议是甘露三年事。观本传语气，玄成任淮阳中尉又在石渠阁会议之前不久。据此可知，宣帝打消改换继嗣的念头，在甘露二年三年之间。宣帝做出这一最后决定，是经过一番慎重考虑的，其间历时约一年之久。

宣帝明知萧望之的主张与自己不同，却让他去做太子的老师；明知太子深受萧望之等人影响，却不加废黜；临终又命萧望之与外戚史高、太子少傅周堪一起“受遗诏辅政，领尚书事”，为元帝和萧望之转变政策、推行改革打开了方便之门。看来，宣帝晚年思想上曾发生重大变化。面对吏治苛酷的痼疾，他不再顽固坚持原来的立场，默许元帝和萧望之等在他死后去实施他们的新方案，从而亲手为西汉后期的改制运动拉开了序幕。

历史有时就是这么固执，非要表现出它自身的逻辑。武帝曾寄望于卫太子的转变政策的任务，一拖再拖，终于落在了元帝肩上。不过，时隔半个多世纪，历史环境已经发生了很大变化。当年武帝预想的政策转变只是由进取转为守成而已，如今元帝肩负的历史使命则是纠正武帝的错误，重新建立以“教化”为重心的“纯任德教，用周政”的汉家制度。

第二节　西汉后期的改制运动

西汉后期的改制运动始于元帝，成帝、哀帝时期继续发展。这场运动一度轰轰烈烈，但由于宦官、外戚势力的阻挠，又显得困难重重。《穀梁》学等今文学固有的弱点，也使改制难以深入。然而改制已成为西汉后期不可阻挡的历史潮流，王莽的出现及以《左氏》学为核心的古文学的兴起，则为改制运动冲出困境开辟了道路。班固对这段历史做了较详细的记载，本节将对其中线索做进一步梳理。

一、元帝改制及其幕后的政治斗争

《汉书》卷八一《匡衡传》："宣帝崩，元帝初即位，乐陵侯史高以外属为大司马车骑将军，领尚书事，前将军萧望之为副。望之名儒，有师傅旧恩，天子任之，多所贡荐。高充位而已。"（第3332页）卷七八《萧望之传》："望之、堪本以师傅见尊重，上即位，数宴见，言治乱，陈王事。望之选白宗室明经达学散骑谏大夫刘更生（即刘向）给事中，与侍中金敞并拾遗左右。四人同心谋议，劝道上以古制，多所欲匡正，上甚乡（向）纳之。"（第3283页）一场轰轰烈烈的改革便开始了。

上述四人中，刘向在中朝时间很短①，不到一年便出为宗正。金敞事迹见《汉书》卷六八《金日磾传》，其中涉及元帝时期者，只

①关于西汉的中朝，参阅祝总斌先生：《两汉魏晋南北朝宰相制度研究》，北京：中国社会科学出版社，1998年，第二版，第71—81页。

有“为骑都尉、光禄大夫、中郎将、侍中”一句，全无具体内容。可见金敞在萧望之集团中也无重大作为。所以，该集团的核心成员其实只有萧望之、周堪两人。而在他们周围，则有从宣帝朝遗留下来的弘恭、石显等宦官势力，史氏、许氏等外戚势力，于定国、陈万年等外朝公卿大臣。其中宦官、外戚势力反对改革，是萧望之等人的主要障碍。《萧望之传》:“初，宣帝不甚从儒术，任用法律，而中书宦官用事。中书令弘恭、石显久典枢机，明习文法，亦与车骑将军(史)高为表里，论议常独持故事，不从望之等。”(第 3284 页)于定国是宣帝朝最受信重的大臣之一，曾长期担任廷尉，是宣帝政策的推行者和体现者。在这一点上，他和弘恭、石显、史高等人有共同之处。陈万年“廉平，内行修，然善事人，赂遗外戚许、史，倾家自尽，尤事乐陵侯史高”①。甘露三年，定国、万年同日拜为丞相、御史大夫。《汉书》卷七一《于定国传》说:元帝初立，“以定国任职旧臣，敬重之”，而陈万年“与定国并位八年，论议无所拂”。师古注曰:“言不相违戾也。”(第 3043 页)看来，改革虽是当时的历史潮流，是儒学士大夫阶层的普遍意愿，但积极推动改革的萧望之等人在最高统治集团中势单力薄。这一局面决定了元帝的改革必将是一个艰难曲折的过程。

元帝初年，对改革发挥重要推动作用的人物，除萧望之等人外，还有贡禹。据《汉书》卷八八《儒林传》:“贡禹事嬴公，成于眭孟。”(第 3617 页)是宣元之际《公羊》家的重要学者。其政治主张则与王吉相近。同书卷七二《王吉传》:“吉与贡禹为友，世称‘王阳(吉字)在位，贡公弹冠’，言其取舍同也。”师古注曰:“取，进趣也。舍，止息也。”宣帝时，王吉为谏大夫，因不受宠异辞职还

①《汉书》卷六六《陈万年传》，第 2899 页。

乡；贡禹为河南令，“以职事为府官所责”，遂免冠去官①。“元帝初即位，遣使者征贡禹与吉”（第3066页）。当时，王吉“年老”，贡禹也已年近八旬，但皆应征。吉病死途中，禹至长安，拜谏大夫。

宣帝时，王吉曾提出一些具体的改革建议。《汉书·王吉传》概括说：

> 吉意以为“夫妇，人伦大纲，夭寿之萌也。世俗嫁娶太早，未知为人父母之道而有子，是以教化不明而民多夭。聘妻送女亡节，则贫人不及，故不举子。又汉家列侯尚公主，诸侯则国人承翁主，使男事女，夫诎于妇，逆阴阳之位，故多女乱。古者衣服车马贵贱有章，以褒有德而别尊卑，今上下僭差，人人自制，是以贪财诛利，不畏死亡……”又言“舜、汤不用三公九卿之世而举皋陶、伊尹，不仁者远。今使俗吏得任子弟，率多骄骜，不通古今，至于积功治人，亡益于民……宜明选求贤，除任子之令。外家及故人可厚以财，不宜居位。去角抵，减乐府，省尚方，明视天下以俭……民见俭则归本，本立而末成”。其指如此。（第3064页）

这些建议主要针对皇帝、外戚和公卿大臣，主旨在一个“俭”字。《汉书》卷七二《贡禹传》载，及贡禹征为谏大夫，元帝“数虚己问以政事”。禹遂奏言：

> 古者宫室有制……故天下家给人足，颂声并作。至高

①《汉书》卷七二《贡禹传》，第3069页。

祖、孝文、孝景皇帝，循古节俭，宫女不过十余，厩马百余匹。孝文皇帝衣绨履革，器亡雕文金银之饰。后世争为奢侈，转转益甚，臣下亦相放效，衣服履绔刀剑乱于主上，主上时临朝入庙，众人不能别异，甚非其宜……今大夫僭诸侯，诸侯僭天子，天子过天道，其日久矣。承衰救乱，矫复古化，在于陛下……陛下诚深念高祖之苦，醇法太宗之治……则三王可侔，五帝可及。（第 3069 页）

这段话基本上是对王吉、萧望之等提出的新方案的重申。同时，在王吉的基础上，贡禹也提出了“矫复古化”的具体建议：

臣愚以为尽如太古难，宜少放古以自节焉……方今宫室已定，亡可奈何矣，其余尽可减损。故时齐三服官输物不过十笥，方今齐三服官作工各数千人，一岁费数巨万。蜀广汉主金银器，岁各用五百万。三工官官费五千万，东西织室亦然。厩马食粟将万匹……东宫之费亦不可胜计……武帝时，又多取好女至数千人，以填后宫。及弃天下……妄多臧金钱财物，鸟兽鱼鳖牛马虎豹生禽，凡百九十物，尽瘗臧之，又皆以后宫女置于园陵……故使天下承化，取女皆大过度，诸侯妻妾或至数百人，豪富吏民畜歌者至数十人。是以内多怨女，外多旷夫。及众庶葬埋，皆虚地上以实地下……唯陛下深察古道，从其俭者，大减损乘舆服御器物，三分去二……审察后宫，择其贤者留二十人，余悉归之。及诸陵园女亡子者，宜悉遣……厩马可亡过数十匹。独舍长安城南苑地以为田猎之囿，自城西南至山西至鄠皆复其田，以与贫民。（第 3070 页）

《贡禹传》说:“天子纳善其忠,乃下诏令太仆减食谷马,水衡减食肉兽,省宜春下苑以与贫民。”(第3073页)《汉书》卷九《元帝纪》载:初元元年九月诏:“其令诸宫馆希御幸者勿缮治,太仆减谷食马,水衡省肉食兽。”(第280页)二年三月又“诏罢黄门乘舆狗马,水衡禁囿、宜春下苑、少府佽飞外池、严籞池田假与贫民”(第281页)。采纳了贡禹的部分建议。

萧望之、周堪等“劝道上以古制”,弘恭、石显等“独持故事,不从望之等”,应当就是朝廷讨论贡禹等人之改革建议时的情形。从实际结果看,双方大约各有胜负,而萧望之一方略占上风。《萧望之传》:“恭、显又时倾仄见诎。”师古曰:“言其不能持正,故议论大事见诎于天子也。”(第3284页)在要不要改革的问题上,元帝站到了萧望之一边。

这第一轮斗争使萧望之等人看到了元帝改革的决心,也意识到宦官、外戚势力是改革的最大障碍。于是,他们企图说服元帝,将宦官、外戚赶出权力中枢,为今后的改革扫清道路。《汉书》卷九三《佞幸传》:“望之领尚书事,知显专权邪辟,建白以为‘尚书百官之本,国家枢机,宜以通明公正处之。武帝游宴后庭,故用宦者,非古制也。宜罢中书宦官,应古不近刑人’。元帝不听。由是大与显忤。”(第3727页)卷七八《萧望之传》:“望之以为中书政本,宜以贤明之选……白欲更置士人。由是大与高、恭、显忤。上初即位,谦让重改作,议久不定。”(第3284页)卷三六《楚元王传附刘向传》:“四人同心辅政,患苦外戚许、史在位放纵,而中书宦官弘恭、石显弄权。望之、堪、更生议,欲白罢退之。未白而语泄,遂为许、史及恭、显所谮诉……恭、显、许、史子弟侍中诸曹,皆侧目于望之等。”(第1929页)

关于元帝的态度,上述记载互有出入,反映出元帝被夹在师傅与外戚、宦官中间，左右为难，不知所措。由于元帝立场不明，姑息养奸，萧望之等人不仅没有达到目的，还激化了与宦官、外戚的矛盾，挑起一场你死我活的朝廷党争。结果，恭、显令人"告望之等谋欲罢车骑将军疏退许、史状"，又奏"望之、堪、更生朋党相称举，数谮诉大臣，毁离亲戚，欲以专擅权势，为臣不忠，诬上不道"，将三人免为庶人。数月后，元帝又启用萧望之，并"欲以为丞相"。而弘恭、石显利用元帝优柔寡断又不熟悉法令政事的弱点，以"教子上书，称引亡辜之诗，失大臣礼，不敬"的罪名，命使者召望之入狱。望之"素刚"，不肯受辱，遂自杀而死。时在初元二年（前 47 年）十二月①。

元帝得知萧望之自杀，"为之涕泣，哀恸左右"，责问显等，"皆免冠谢，良久然后已"。这说明弘恭、石显等虽然害死了萧望之，却没能改变元帝支持改革的态度。《刘向传》："望之自杀，天子甚悼恨之，乃擢周堪为光禄勋，堪弟子张猛光禄大夫、给事中，大见信任。"（第 1932 页）据《汉书》卷一九《百官公卿表下》，周堪拜光禄勋在初元三年（前 46 年）。同书卷九《元帝纪》初元三年六月载：诏丞相御史举天下明阴阳灾异者各三人，"于是言事者众，或进擢召见，人人自以为得上意"（第 284 页）。在周堪、张猛的主持下，改革又掀起一个高潮。

与此同时，萧望之的死使宦官、外戚感到来自儒学士大夫的巨大舆论压力，因而不得不做出某种让步。《汉书》卷九三《佞幸传》："显闻众人匈匈，言已杀前将军萧望之。望之当世名儒，显恐天下学士姗己，病之。是时，明经著节士琅邪贡禹为谏大夫，显使人致意，深自结纳。显因荐禹天子，历位九卿，至御史大夫，礼事

①《汉书》卷七八《萧望之传》，第 3286—3288 页。

之甚备。议者于是称显,以为不妒谮望之矣。”(第 3729 页)

贡禹是元帝初年改革的主将,但非萧望之同党。当萧望之、周堪等与宦官、外戚激烈斗争之时,他似乎置身事外。《刘向传》:向“使其外亲上变事”,要求元帝“退恭、显以章蔽善之罚,进望之等以通贤者之路”。恭、显“白请考奸诈”,遂逮刘向入狱,命“太傅韦玄成、谏大夫贡禹,与廷尉杂考”,遂弹劾刘向“诬罔不道”,“免为庶人”(第 1930 页)。在这一事件中,贡禹甚至站到了宦官、外戚一边。

由于石显的推荐,贡禹更受元帝信重,遂迁光禄大夫、长信少府,初元五年六月,代陈万年为御史大夫,同年十二月卒①。《汉书》卷七二《贡禹传》载:在这期间,禹“数言得失,书数十上”,又提出一系列改革建议。如:改革算赋制度,“令儿七岁去齿乃出口钱,年二十乃算”;“罢采珠玉金银铸钱之官,亡复以为币……租税禄赐皆以布帛及谷,使百姓壹归于农”;“诸离宫及长乐宫卫可减其太半,以宽繇役”;“诸官奴婢十万余人戏游亡事……宜免为庶人廪食,令代关东戍卒,乘北边亭塞候望”;“令近臣自诸曹侍中以上,家亡得私贩卖,与民争利,犯者辄免官削爵,不得仕宦”;“除赎罪之法”;“相、守选举不以实,及有臧者,辄行其诛,亡但免官”等等(第 3075 页)。

《贡禹传》说:贡禹提出上述建议后,元帝“下其议”,遂“令民产子七岁乃出口钱……又罢上林宫馆希幸御者,及省建章、甘泉宫卫卒,减诸侯王庙卫卒省其半。余虽未尽从,然嘉其质直之意”(第 3079 页)。案《汉书》卷九《元帝纪》初元五年四月诏:“其令太官毋日杀,所具各减半。乘舆秣马,无乏正事而已。罢角抵、上

①《汉书》卷一九《百官公卿表下》,第 816 页。

林宫馆希御幸者、齐三服官、北假田官、盐铁官、常平仓。”(第285页)卷二四《食货志上》:“在位诸儒多言盐铁官及北假田官、常平仓可罢,毋与民争利。上从其议,皆罢之。又罢建章、甘泉宫卫,角抵,齐三服官,省禁苑以予贫民,减诸侯王庙卫卒半。又减关中卒五百人,转谷振贷穷乏。”(第1142页)“在位诸儒”当包括周堪、张猛和贡禹。从涉及的内容看,这轮改革的深度和广度都大大超过了上一轮。

董仲舒曾指出,王者的教化是自上而下的过程,所谓“正心以正朝廷,正朝廷以正百官,正百官以正万民,正万民以正四方”①。王吉也说:“圣王宣德流化,必自近始。朝廷不备,难以言治;左右不正,难以化远。”②根据这一时人普遍接受的思想,针对皇帝的改革应是第一步,针对“左右”、“朝廷”的改革应是第二步。然而事实上,元帝初元年间被采纳的改革建议多是针对皇帝本人和国家财政的,而那些有损外戚、宦官和朝廷大臣利益的改革措施,如除任子之令、除赎罪之法、近臣之家不得私贩卖等,都被束之高阁。旧制度创造了并保护着一个庞大的以宦官、外戚为代表的既得利益集团。元帝支持改革,但不能摆脱他们的干扰,因而对贡禹等人的改革建议,嘉其“质直”,却不能“尽从”。

萧望之死后,周堪、张猛执政,“恭、显惮之,数谮毁焉”。双方的斗争仍在继续。元帝“内重堪”,但经不住“众口之浸润”。永光元年(前43年),贬堪为河东太守、猛为槐里令。三年后,又征堪为光禄大夫、领尚书事,猛为太中大夫、给事中。但“显干尚书事,尚书五人皆其党也,堪希得见,常因显白事,事决显口”,堪、猛

①《汉书》卷五六《董仲舒传》,第2502页。

②《汉书》卷七二《王吉传》,第3063页。

二人对元帝的影响力大不如前。不久,“堪疾瘖,不能言而卒。显诬谮猛,令自杀于公车”①。萧望之集团终于被摧毁。其后,“公卿以下畏显,重足一迹”②。在这种情况下,改革虽未止步,但只能绕开宦官、外戚,向不损害其利益的领域发展。元帝后期,宗庙制度成为改革的重点,或与此有关。

《汉书》卷七三《韦玄成传》载元帝以前之宗庙制度曰:“初,高祖时,令诸侯王都皆立太上皇庙。至惠帝尊高帝庙为太祖庙,景帝尊孝文庙为太宗庙,行所尝幸郡国各立太祖、太宗庙。至宣帝本始二年,复尊孝武庙为世宗庙,行所巡狩亦立焉。凡祖宗庙在郡国六十八,合百六十七所。而京师自高祖下至宣帝,与太上皇、悼皇考各自居陵旁立庙,并为百七十六。又园中各有寝、便殿。日祭于寝,月祭于庙,时祭于便殿。寝,日四上食;庙,岁二十五祠;便殿,岁四祠。又月一游衣冠。而昭灵后、武哀王、昭哀后、孝文太后、孝昭太后、卫思后、戾太子、戾后各有寝园,与诸帝合,凡三十所。一岁祠,上食二万四千四百五十五,用卫士四万五千一百二十九人,祝宰乐人万二千一百四十七人,养牺牲卒不在数中。”(第3115页)

如此庞大的宗庙系统,确是一项沉重的财政负担。于是贡禹首先提出“罢郡国庙,定汉宗庙迭毁之礼”的建议。永光四年,元帝“追思其议”,下诏“议罢郡国庙”③。参与其事的丞相、御史大夫、将军、列侯、中二千石、二千石、诸大夫、博士、议郎等七十人一致赞成,遂罢郡国庙,并罢昭灵后、武哀王、昭哀后、卫思后、戾太子、戾后园。“罢郡国庙后月余”,元帝又下诏议宗庙迭毁礼,并提

①《汉书》卷三六《楚元王传附刘向传》,第1932、1947页。

②《汉书》卷九三《佞幸传》,第3727页。

③《汉书》卷七二《贡禹传》,第3079页。

出“立亲庙四，祖宗之庙，万世不毁”的制度框架。群臣经过讨论，有四十四人认为，高帝刘邦之庙“宜为帝者太祖之庙，世世不毁”，其余祖宗只“立亲庙四”，太上皇、孝惠、孝文、孝景庙皆“亲尽宜毁”。此外，有二十九人认为孝文帝“德厚侔天地”，“宜为帝者太宗之庙”；有一人认为孝武帝“宜为世宗之庙”，亦应世世不毁。又有十八人认为皇考庙“非正礼，宜毁”。元帝斟酌再三，最后决定以高帝为太祖，文帝为太宗，其庙世世不毁，太上皇和惠帝庙亲尽而毁，其余诸庙亲未尽故不毁①。

对宗庙改革，群臣上下几乎无反对者，只有元帝承受着较大的心理压力，宗室中也有人不满。建昭三年（前36年），元帝病，“梦祖宗谴罢郡国庙”，其弟楚孝王也做了同样的梦。于是，元帝打算恢复诸庙，因丞相匡衡“深言不可”而止。“久之，上疾连年，遂尽复诸所罢寝庙园”，但郡国庙未复。此举当然无助于元帝恢复健康。竟宁元年五月，元帝崩，成帝即位，所复诸庙又废。此后，朝廷对宗庙之制又进行了几次讨论和修改，但都在元帝所定规模之内②。

这项改革为朝廷节省了一笔财政开支，符合“俭”的原则。形式上则废除了汉家制度，代之以先王制度，有一定象征意义③。但它避重就轻，虚张声势，转移了人们的注意力，不利于改革向纵深发展。与之形成鲜明对照的是京房对官吏考课制度的改革。

《汉书》卷七五《京房传》：永光、建昭间，京房对元帝说：“古帝王以功举贤，则万化成，瑞应著，末世以毁誉取人，故功业废而

---

①《汉书》卷七三《韦贤传附韦玄成传》，第3116—3120页。

②《汉书》卷七三《韦贤传附韦玄成传》，第3121页。

③参杨英：《祈望和谐——周秦两汉王朝祭礼的演进及其规律》，北京：商务印书馆，2009年，第427—447页。

致灾异。宜令百官各试其功,灾异可息。”于是作“考功课吏法”奏之。元帝令公卿大臣议之,皆以为“房言烦碎,令上下相司,不可许”;又召见回京奏事的诸刺史,“令房晓以课事,刺史复以为不可行”;满朝文武,只有御史大夫郑弘和光禄大夫周堪“初言不可,后善之”(第3160页)。京房“考功课吏法”的具体内容,今已不知其详了。晋灼注曰:“令丞尉治一县,崇教化亡犯法者辄迁。有盗贼,满三日不觉者则尉事也。令觉之,自除,二尉负其罪。率相准如此法。”(第3161页)此说不知从何而来。而据《京房传》所言,此法似适用于丞相以下百官,非只针对县官。晋灼之说至少不全面。又京房曰:“中书令石显、尚书令五鹿君相与合同,巧佞之人也,事县官十余年;及丞相韦侯,皆久亡补于民,可谓亡功矣。此尤不欲行考功者也。”(第3166页)京房之法强调“以功举贤”,围绕功过的确认,有一套“令上下相司”的内容“烦碎”的操作程序,对“巧佞”、“亡功”之人十分不利。这样的制度必然危及宦官、外戚及朝廷百官的既得利益,因而遭到普遍反对,特别是遭到石显的反对。结果,和萧望之、周堪等人的命运一样,京房虽得到元帝的支持,得到试行考功法的机会,但最终还是被石显陷害致死,其改革也随之流产。

在西汉后期的整个改制运动中,元帝改制是开端,王莽改制是高潮。高潮的到来基于以下两方面的变化:一是外戚王氏由改革的绊脚石变成改革的领导者;二是以《左氏》学为核心的古文学兴起。这两方面的变化都是宣元以来改制浪潮的产物,包含着一定的历史必然性。

二、外戚专权与王莽崛起

《汉书》卷九《元帝纪赞》说:元帝“少而好儒,及即位,征用儒生,委之以政……宽弘尽下,出于恭俭,号令温雅,有古之风烈”(第 298 页)。元帝“好儒”确比武帝来得虔诚,来得认真,从而顺应了也促进了宣元之际的重大转折,开启了汉朝历史的又一新阶段①。从秦汉政治发展的大趋势看,这是历史的进步,也是历史的必然。而改革不能大刀阔斧地向纵深发展,除了元帝不具备武帝的雄才大略之外,外戚势力的存在和膨胀,也确是难以克服的障碍。

西汉一朝的外戚问题由来已久,但外戚专权形成难以逆转的局面,则是昭宣以后的事。《汉书》卷九七《外戚传》:武帝晚年,昭帝母钩弋夫人“大有宠”。后武帝欲立昭帝为太子时,却“以其年稚母少,恐女主颛恣乱国家”,将钩弋夫人赐死(第 3956 页)。《史记》卷四九《外戚世家》褚先生曰:武帝“召画工图画周公负成王也。于是左右群臣知武帝意欲立少子也。后数日,帝谴责钩弋夫人。夫人脱簪珥叩头。帝曰:‘引持去,送掖庭狱!’夫人还顾,帝曰:‘趣行,女不得活!’夫人死云阳宫……其后帝闲居,问左右曰:‘人言云何?’左右对曰:‘人言且立其子,何去其母乎?’帝曰:‘然。是非儿曹愚人所知也。往古国家所以乱也,由主少母壮也。女主独居骄蹇,淫乱自恣,莫能禁也。女不闻吕后邪?’”(第 1985 页)武帝做出这一不近人情的举动,是想预先杜绝外戚专权局面的出现。昭帝即位后,虽追尊其母为皇太后,追封其外祖为列侯,“诸昆弟各以亲属受赏赐”,但“赵氏无在位者”②。武帝赐死钩弋夫人收到预期的效果。然而武帝始料未及的是,受遗诏辅政的上

---

①关于元帝之好儒,可参梁锡峰:《汉元帝与经学》,《郑州大学学报》2002 年第 5 期。

②《汉书》卷九七《外戚传》,第 3956 页。

官桀和霍光,先后利用手中的权势与皇帝联姻,从而获得外戚身份,又利用外戚身份巩固和强化他们的权势。

上官桀和霍光是儿女亲家,桀子安娶光女,又生一女。此女年仅六岁,上官安便设法说服长公主将其立为皇后,安则以后父封列侯,迁车骑将军,从此“日以骄淫”。当时,上官桀与霍光已渐生嫌隙。及桀、安父子“并为将军”,又有“椒房中宫之重”,遂认为霍光不过是皇后之“外祖”,不应专制朝政,“繇是与光争权”,引发了一场未遂的政变。霍光消灭上官氏以后,上官皇后作为霍光外孙,得以不废。而霍光作为皇后外祖,在朝中的地位也更加稳固。昭帝死后,霍光一手遮天,操纵废立,导演了昌邑王贺立而复废的历史剧。其间,霍光的外戚身份及上官皇后的密切配合,显然起了重要作用。宣帝即位,立许氏为皇后。霍光夫人显为“贵其小女”,买通女医毒死许后,又利用霍光在朝中的影响,立其小女为皇后,以求进一步巩固霍氏的地位①。

霍光死后,宣帝立许后之子为太子,显及霍皇后大怒,欲毒杀太子,又联合霍氏诸婿昆弟谋反,发觉被诛。由辅政大臣演变而来的外戚势力退出了历史舞台。但霍光的影响并未就此消失。废昌邑而立宣帝,避免了一场政治危机,带来西汉的中兴,同时也使外戚操纵废立变得合理合法,从而大大增加了外戚在朝廷中的分量,使之成为皇权不得不依靠的、难以控制和摆脱的政治势力。

宣帝祖母史良娣、母王夫人都在巫蛊之狱中被杀。宣帝离开郡邸狱后,母家王氏下落不明,一度由祖母家史氏抚养,收养掖庭后则“依倚”后家许氏。宣帝即位后,为了报答早年保护养育之恩,也为了改变自己在朝中孤立无援的处境,遂大力扶植外家。

---

①《汉书》卷九七《外戚传》,第3958、3966页。

史良娣兄子三人史高、史曾、史玄皆封列侯；王夫人之母王媪赐号博平君，食邑万一千户，兄弟二人王无故、王武亦封列侯，食邑各六千户；许皇后父许广汉封平恩侯，位特进，广汉二弟许舜、许延寿亦封列侯。不仅如此，霍光死后，宣帝又夺霍氏子弟诸婿之要职，“悉易以所亲信许、史子弟代之”①。居中朝执政的大司马一职，自霍光死后，一度由张贺之弟张安世和“宽和自守”、“保身固宠”②的韩增担任。五凤二年（前56年），韩增薨，宣帝便以外戚许延寿为大司马，领尚书事。黄龙元年，又命史高为大司马，辅元帝。从此，外戚以大司马领尚书事便作为制度而固定下来。

元帝一朝，宦官专权，而宦官的背后是外戚势力。《汉书》卷九三《佞幸石显传》说：元帝认为“中人无外党，精专可信任，遂委以政”。师古释“无外党”曰：“少骨肉之亲，无婚姻之家也。”（第3726页）弘恭、石显皆无家族、姻亲背景是实，但并非全无外党。他们除了依附于皇权之外，还以外戚为靠山，是外戚利益的代言人。因而他们攻击萧望之、周堪等人时，每每加以“毁离亲戚”、“谋毁骨肉”③等罪名。外戚“在位多奢淫”，“遣客为奸利”，不断受到朝臣攻击，又无政治才干，无力保护自己，因而也要依靠“久典枢机，明习文法”的弘恭、石显等宦官。史高即与恭、显“为表里”，迫害萧望之等④。史高之后，王接（王无故子）、许嘉（许延寿子、成帝许皇后父）相继出任大司马，仍与宦官沆瀣一气。

成帝即位后，辅政大权落入元帝后族王氏之手，外戚势力臻于鼎盛。元帝皇后王政君，宣帝时“入掖庭为家人子”，后选送太

---

①《汉书》卷六八《霍光传》，第2953页。

②《汉书》卷三三《韩王信传》，第1857页。

③《汉书》卷三六《楚元王传附刘向传》，第1932、1947页。

④《汉书》卷七八《萧望之传》，第3284、3286页。

子宫为妃,生成帝,为"世嫡皇孙"[①]。元帝即位后,皇孙为太子,王氏为皇后,其父王禁封阳平侯,位特进,禁弟王弘至长乐卫尉。永光二年(前42年),王禁薨,长子王凤嗣爵,为卫尉侍中。竟宁元年(前33年),成帝即位当日,尊王氏为皇太后,王凤为大司马大将军,与许嘉同领尚书事。建始三年(前30年),成帝策免许嘉,"专委任凤"[②]。

与其他外戚不同的是,元帝后族王氏人丁兴旺,宗族强盛。《元后传》说:王禁"有大志,不修廉隅,好酒色,多取傍妻,凡有四女八男"(第4015页)。四女依次为君侠、政君、君力、君弟,八男依次为凤、曼、谭、崇、商、立、根、逢时。八男中凤、崇与元后同母,故最亲。建始元年,成帝益封凤五千户,又封崇为安成侯,食邑万户;谭、商、立、根、逢时五人皆赐爵关内侯。河平二年(前27年),又封谭、商、立、根、逢时皆位列侯,时人谓之"五侯"。此外,王曼早卒,后追封新都侯,其子王莽嗣爵;元后从弟子王音封安阳侯;元后姊子淳于长封定陵侯。成帝一朝,大司马也始终为王氏把持。王凤之后,音、商、根、莽相继担任此职。其他"王氏子弟皆卿大夫侍中诸曹,分据势官满朝廷"(第4018页)。故《汉书》卷九七《外戚传》曰:元帝王皇后,"家凡十侯,五大司马,外戚莫盛焉"(第3973页)。

王凤辅政期间,成帝形同傀儡。《元后传》载:成帝欲以刘歆为中常侍,"临当拜,左右皆曰:'未晓大将军。'上曰:'此小事,何须关大将军?'左右叩头争之。上于是语凤,凤以为不可,乃止"。王凤又逼成帝罢免丞相王商(王武子),遣定陶王(成帝弟)之国,

①《汉书》卷九八《元后传》,第4015页。
②《汉书》卷九七《外戚传》,第3974页。

以求王氏专权，成帝心“不能平”。及京兆尹王章弹劾凤“欲使天子孤立于上，颛擅朝事以便其私”，成帝“感寤”，欲以冯野王代凤辅政。凤得知此信，“称病出就第，上疏乞骸骨”。太后王氏“闻之为垂涕，不御食”。成帝“少而亲倚凤”，也“弗忍废”，遂令凤起视事，而将王章以大逆罪下狱处死。在这场较量中，成帝最终败下阵来，王氏则向世人证明了他们的实力。“自是公卿见凤，侧目而视，郡国守相刺史皆出其门……而五侯群弟，争为奢侈，赂遗珍宝，四面而至；后庭姬妾，各数十人，僮奴以千百数，罗钟磬，舞郑女，作倡优，狗马驰逐；大治第室，起土山渐台，洞门高廊阁道，连属弥望”。后王商“穿长安城，引内沣水注第中大陂以行船，立羽盖，张周帷，辑濯越歌”，王根“园中土山渐台似类白虎殿”，王立父子“臧匿奸猾亡命，宾客为群盗”。成帝为之大怒，欲诛之。商、根兄弟又搬出太后作挡箭牌，“欲自黥劓谢太后”，并“负斧质”向成帝谢罪。结果，“上不忍诛，然后得已”，事情又不了了之了（第4019页）。

哀帝是成帝弟定陶王刘康之子，因成帝无子得以入继大统，其外戚有祖母傅氏和母丁氏两家。哀帝即位后，尊其父为恭皇，祖母傅氏为皇太太后，母丁氏为帝太后。《汉书》卷九七《外戚传》：傅太后之父有兄弟四人，名子孟、中叔、子元、幼君。哀帝时，子孟子傅喜至大司马，封高武侯。中叔子傅晏亦大司马，封孔乡侯。幼君子傅商封汝昌侯。傅太后还有同母弟郑恽，其子郑业封阳信侯。“郑氏、傅氏侯者凡六人，大司马二人，九卿二千石六人，侍中诸曹十余人”。丁太后有兄丁忠、丁明，明封阳安侯，至大司马，忠早死，其子丁满封平周侯；又有叔父丁宪、丁望，宪为太仆，望为左将军。“丁氏侯者凡二人，大司马一人，将军、九卿、二千石六人，侍中诸曹亦十余人”（第4002页）。《汉书》卷八一《孔光传》载:“傅太后为人刚暴,长于权谋……朝夕至帝所,求欲称尊号,贵宠其亲属,使上不得直道行。”如“太后从弟子傅迁在左右尤倾邪,上免官遣归故郡。傅太后怒,上不得已复留迁”。哀帝“胁于傅太后,皆此类也”(第3356页)。总地看,丁、傅“权势不如王氏”①,但傅太后专横跋扈远甚于王太后。

此外,哀帝还宠幸董贤,年仅二十二,即拜为大司马,封高安侯;又令其妻“得通引籍殿中,止贤庐”,召其妹“以为昭仪,位次皇后”,三人“旦夕上下,并侍左右”;还迁其父为九卿,赐爵关内侯,其弟为驸马都尉,其妻父为将作大匠,妻弟为执金吾;“董氏亲属皆侍中、诸曹、奉朝请,宠在丁、傅之右矣”②。史称“丁、傅骄奢”③,而董氏之奢侈更登峰造极。哀帝赏赐董贤,“旬月间……累巨万”,赏赐其妻和其妹“亦各千万数”。又“诏将作大匠为贤起大第北阙下,重殿洞门,木土之功穷极技巧,柱栏衣以绨锦。下至贤家僮仆皆受上赐,及武库禁兵,上方珍宝。其选物上弟尽在董氏,而乘舆所服乃其副也。及至东园秘器,珠襦玉柙,豫以赐贤,无不备具”。及败后抄家,“县官斥卖董氏财凡四十三万万”④。

成哀时期,外戚势力如此猖獗,改革当然还得绕着走。于是,改革重点又从宗庙制度转到郊祀制度上来。《汉书》卷二五《郊祀志》载:汉家郊祀制度是在秦朝制度的基础上发展而成的,及成帝即位,丞相匡衡和御史大夫张谭奏言:

帝王之事莫大乎承天之序,承天之序莫重于郊祀,故圣

①《汉书》卷九七《外戚传》,第4002页。
②《汉书》卷九三《佞幸董贤传》,第3733页。
③《汉书》卷八二《傅喜传》,第3381页。
④《汉书》卷九三《佞幸董贤传》,第3733页。

王尽心极虑以建其制。祭天于南郊，就阳之义也；瘗地于北郊，即阴之象也。天之于天子也，因其所都而各飨焉。往者，孝武皇帝居甘泉宫，即于云阳立泰畤，祭于南宫。今行常幸长安，郊见皇天反北之泰阴，祠后土反东之少阳，事与古制殊。又至云阳，行溪谷中，厄陕且百里，汾阴则渡大川，有风波舟楫之危，皆非圣主所宜数乘。郡县治道共张，吏民困苦，百官烦费。劳所保之民，行危险之地，难以奉神灵而祈福祐，殆未合于承天子民之意。昔者周文武郊于丰鄗，成王郊于洛邑。由此观之，天随王者所居而飨之，可见也。甘泉泰畤、河东后土之祠宜可徙置长安，合于古帝王。

成帝令群臣商议，只有八人反对，“以为所从来久远，宜如故”，而五十人赞成，认为“甘泉、河东之祠非神灵所飨，宜徙就正阳大阴之处，违俗复古，循圣制，定天位，如礼便”（第1253页）。成帝批准了这项改革，遂于建始元年（前32年）十二月“作长安南、北郊，罢甘泉、汾阴祠”①。

第二年，匡衡、张谭又提出：“长安厨官县官给祠郡国候神方士使者所祠，凡六百八十三所，其二百八所应礼及疑无明文，可奉祠如故。其余四百七十五所不应礼，或复重，请皆罢。”奏可。于是，祭祀项目减少了十分之七。其中“雍旧祠二百三所，唯山川诸星十五所为应礼云。若诸布、诸严、诸逐，皆罢。杜主有五祠，置其一。又罢高祖所立梁、晋、秦、荆巫，九天、南山、莱中之属，及孝文渭阳、孝武薄忌泰一、三一、黄帝、冥羊、马行、泰一、皋山山君、武夷、夏后启母石、万里沙、八神、延年之属，及孝宣参山、蓬山、之

①《汉书》卷一〇《成帝纪》，第304页。

罘、成山、莱山、四时、蚩尤、劳谷、五床、仙人、玉女、径路、黄帝、天神、原水之属，皆罢。候神方士使者副佐、本草待诏七十余人皆归家”（第1257页）。

和宗庙改革相似，郊祀改革也可为朝廷节省大量人力物力，但在迷信盛行的汉代，还是会遇到很大阻力，不仅朝中有人反对，百姓也难以接受。《郊祀志》：“众庶多言不当变动祭祀者。又初罢甘泉泰畤作南郊日，大风坏甘泉竹宫，折拔畤中树木十围以上百余。天子异之，以问刘向，对曰：‘家人尚不欲绝种祠，况于国之神宝旧畤！’”永始三年（前14年）十月，成帝久无继嗣，以为是“徙南北郊，违先帝之制，改神祇旧位，失天地之心”的缘故，遂下令恢复了甘泉泰畤、汾阴后土和其他许多旧祠（第1258页）。成帝死后，皇太后又“复南北郊长安如故”。哀帝即位，久病不愈，遂于建平二年（前5年）“博征方士，京师诸县皆有侍祠使者，尽复前世所常兴诸神祠官，凡七百余所，一岁三万七千祠云”（第1263页）。第二年，又“复甘泉泰畤、汾阴后土祠，罢南北郊”①。直至平帝元始五年，王莽复长安南北郊，这项改革才宣告完成②。

除此之外，成哀时期还陆续出台了其他一些改制措施：

> 成帝永始四年六月诏：“圣王明礼制以序尊卑，异车服以章有德，虽有其财，而无其尊，不得逾制，故民兴行，上义而下利。方今世俗奢僭罔极，靡有厌足。公卿列侯亲属近臣，四方所则，未闻修身遵礼，同心忧国者也。或乃奢侈逸豫，务广

---

①《汉书》卷一一《哀帝纪》，第341页。

②参杨英：《祈望和谐——周秦两汉王朝祭礼的演进及其规律》，第447—473页。

第宅，治园池，多畜奴婢，被服绮縠，设钟鼓，备女乐，车服嫁娶葬埋过制。吏民慕效，浸以成俗，而欲望百姓节俭，家给人足，岂不难哉！……其申敕有司，以渐禁之。青绿民所常服，且勿止。列侯近臣，各自省改。司隶校尉察不变者。”

绥和元年二月诏：“盖闻王者必存二王之后，所以通三统也。昔成汤受命，列为三代，而祭祀废绝。考求其后，莫正孔吉。其封吉位殷绍嘉侯。”三月，又进吉爵为公，“与周承休侯皆为公，地各百里”。

同年四月，“以大司马票骑将军为大司马，罢将军官。御史大夫为大司空，封为列侯。益大司马、大司空奉如丞相”。

同年十二月，“罢部刺史，更置州牧，秩二千石”①。

绥和二年六月哀帝诏曰：“郑声淫而乱乐，圣王所放，其罢乐府。”又曰：“制节谨度以防奢淫，为政所先，百王不易之道也。诸侯王、列侯、公主、吏二千石及豪富民多畜奴婢，田宅亡限，与民争利，百姓失职，重困不足。其议限列。”于是有司条奏：“诸王、列侯得名田国中，列侯在长安及公主名田县道，关内侯、吏民名田，皆无得过三十顷。诸侯王奴婢二百人，列侯、公主百人，关内侯、吏民三十人。年六十以上，十岁以下，不在数中。贾人皆不得名田、为吏，犯者以律论。诸名田畜奴婢过品，皆没入县官。齐三服官、诸官织绮绣，难成，害女红之物，皆止，无作输。除任子令及诽谤诋欺法。掖庭宫人年三十以下，出嫁之。官奴婢五十以上，免为庶人。禁郡国无得献名兽。益吏三百石以下奉。察吏残贼酷虐者，以时退。有司无得举赦前往事。博士弟子父母死，予宁三年。”

①《汉书》卷一〇《成帝纪》，第324、328、329页。

建平二年三月,“罢大司空,复御史大夫”。

同年四月,“罢州牧,复刺史。”

元寿二年五月,“正三公官分职”,改大司马卫将军为大司马,丞相为大司徒,御史大夫为大司空,又“正司直、司隶,造司寇职,事未定”①。

郊祀改革涉及宗教信仰,是“《春秋》大一统”的重要方面,对推进当时的文化整合有重要意义。但和宗庙改革一样,这也不是当务之急。至于通三统、正三公、置州牧、罢乐府等,实际意义更微乎其微,不过使人们感觉到改制还在进行、先王古制正在逐渐取代汉家制度而已。除此之外,值得注意的是永始四年和绥和二年的两篇诏书。

据《汉书》卷一〇《成帝纪》,永始四年六月,成帝在发布上引诏书前,先有一诏,其辞曰:“乃者,地震京师,火灾娄降,朕甚惧之。有司其悉心明对厥咎,朕将亲览焉。”(第324页)后诏从语气上看应是据大臣应对内容而作。当时的丞相是翟方进,御史大夫是孔光,皆为“儒宗”②。有司的讨论肯定是在他们的主持下进行的,诏书所体现的应是他们的主张。与此同时,王商以大司马卫将军辅政,王立位特进,领城门兵,其“奢侈逸豫”当有增无减。《汉书》卷九八《元后传》载:元延元年,即诏书发布之次年,“商薨……红阳侯立次当辅政,有罪过……上乃废立而用光禄勋曲阳侯根为大司马票骑将军”(第4027页)。据同书卷七七《孙宝传》:“红阳侯立使客因南郡太守李尚占垦草田数百顷,颇有民所

①《汉书》卷一一《哀帝纪》,第335、336、339、344页。

②《汉书》卷八一《匡张孔马传赞》,第3366页。

假少府陂泽，略皆开发，上书愿以入县官。有诏郡平田予直，钱有贵一万万以上。”宝时为丞相司直，“闻之，遣丞相史按验，发其奸，劾奏立、尚怀奸罔上，狡猾不道”（第 3258 页）。这就是《元后传》所说的王立之“罪过”。孙宝的弹劾可能在永始四年六月以前，永始四年诏则是儒学士大夫对外戚等腐朽势力发起的又一轮攻击。在外戚势力鼎盛之时，此举显得突兀，“以渐禁之”、“各自省改”云云，则显得软弱无力，其实际效果可想而知。

绥和二年诏是根据大儒师丹的建议发布的。《汉书》卷二四《食货志上》载其事曰：“哀帝即位，师丹辅政，建言：‘古之圣王莫不设井田，然后治乃可平。孝文皇帝承亡周乱秦兵革之后，天下空虚，故务劝农桑，帅以节俭。民始充实，未有并兼之害，故不为民田及奴婢为限。今累世承平，豪富吏民訾数巨万，而贫弱俞困。盖君子为政，贵因循而重改作，然所以有改者，将以救急也。亦未可详，宜略为限。’”哀帝采纳了师丹的建议，命群臣议定具体措施，于是丞相孔光、大司空何武制定出上述限田限奴婢及废除任子令等方案。方案出台后，引起不小的震动，“田宅奴婢贾为减贱”。但最后，由于丁、傅、董氏“皆不便也”，哀帝不得不让步，“诏书且须后，遂寝不行”（第 1142 页）。

改革要深入，必须搬开外戚这块绊脚石。这是元帝以来儒学士大夫们的共识。翻开《汉书》相关各传，攻击外戚的言论比比皆是。如刘向曾向元帝指出：任用宦官、外戚是“遵衰周之轨迹，循诗人之所刺”，如此而欲“成太平，致雅颂，犹却行而求及前人”，要求元帝“放远佞邪之党，坏散险诐之众”。成帝时，他又针对外戚著《洪范五行传论》、《列女传》、《新序》、《说苑》等，“以诫天子”；甚至在上书中明确指出，“历上古至秦汉，外戚僭贵未有如王氏者也……事势不两大，王氏与刘氏亦且不并立”，警告成帝不要“令国祚移于外亲”,令汉家“降为皂吏”。但元帝不大重用刘向。周堪、张猛死后,刘向“遂废十余年”。成帝虽“心知向忠精”,但“终不能夺王氏权”,对刘向的上书每每“嘉其言”,“嗟叹之”,“然终不能用”①。外戚专权之难以逆转,于此可见一斑。

改革大潮不可阻挡,外戚专权又难以逆转。面对这一局面,历史再次表现出它的创造性——创造出王莽这一历史人物。正如余英时先生所说,王莽“是当时两种矛盾的社会势力的综合产物”,一方面,“他乃是外戚,属于王室势力的系统”,另一方面,“他又代表了汉代士人的共同政治理想”②。王莽的出现为两种对立的社会势力找到了相互结合的方式,也使两种对立的发展趋势交叉汇合在一起。

王莽是元后王氏家族中一个与众不同的成员。《汉书》卷九九《王莽传》:“元后父及兄弟皆以元、成世封侯,居位辅政……唯莽父曼蚤死,不侯。”因此,“莽群兄弟皆将军五侯子,乘时侈靡,以舆马声色佚游相高”,而“莽独孤贫”。在这种特殊境遇下,王莽选择了与其他王氏子弟完全不同的生活道路。他“折节为恭俭”,从师受经,“勤身博学,被服如儒生。事母及寡嫂,养孤兄子,行甚敕备。又外交英俊,内事诸父,曲有礼意”(第4039页)。

王莽的这些表现使他同时赢得了外戚王氏和儒生名士两方面的瞩目和赞赏。王凤临死,将王莽托付给王太后和成帝,于是拜为黄门郎,迁射声校尉。王商则上书,“愿分户邑以封莽”。“长乐少府戴崇、侍中金涉、胡骑校尉箕闳、上谷都尉阳并、中郎陈汤,皆当世名士,咸为莽言”。太后和成帝“由是贤莽”,封新都侯,又

①《汉书》卷三六《楚元王传附刘向传》,第1942、1958、1960、1961、1966页。
②余英时:《东汉政权之建立与士族大姓之关系》,《士与中国文化》,第225页。

迁骑都尉、光禄大夫、侍中。而莽"爵位益尊,节操愈谦。散舆马衣裘,振施宾客,家无所余。收赡名士,交结将相卿大夫甚众。故在位更推荐之,游者为之谈说,虚誉隆洽,倾其诸父矣"(第4040页)。成帝末年,经王根推荐,王莽出任大司马,"拔出同列,继四父而辅政"。

王莽执政后,仍"克己不倦,聘诸贤良以为掾史,赏赐邑钱悉以享士,愈为俭约。母病,公卿列侯遣夫人问疾,莽妻迎之,衣不曳地,布蔽膝。见之者以为僮使,问知其夫人,皆惊"(第4041页)。哀帝即位后,王莽压制傅氏、丁氏,引起傅太后不满,遂免官归国。其后,丁、傅、董氏将朝廷搅得乌烟瘴气,王莽在国却"杜门自守,其中子获杀奴,莽切责获,令自杀",与丁、傅、董氏形成鲜明对比,从而大大提高了他的声望。于是,"吏上书冤讼莽者以百数","贤良周护、宋崇等对策深颂莽功德"(第4043页)。哀帝迫于舆论压力征莽还京师。

不久,哀帝崩,年仅九岁的平帝即位。王太后临朝称制,复拜王莽为大司马,重掌辅政大权。其后,王莽大刀阔斧,将哀帝诸外戚一网打尽,或"令自杀",或"免官爵,徙远方",又对王氏家族中最臭名昭著的王立提出弹劾,遣就国。同时"盛尊事"孔光,以"王舜、王邑为腹心,甄丰、甄邯主击断,平晏领机事,刘歆典文章,孙建为爪牙。丰子寻、歆子棻、涿郡崔发、南阳陈崇皆以材能幸于莽"(第4045页)。王舜、王邑分别是王音、王商之子。王舜"素谨敕,太后雅爱信之"①。王邑事迹不详,当亦为人"谨敕"者。王莽以他们为腹心,一改王氏子弟奢侈放荡之形象,同时也表明他仍是王氏家族的成员,仍代表外戚王氏的利益。孔光则是"名儒",

①《汉书》卷九八《元后传》,第4032页。

"太后所敬,天下信之"①,曾与丁、傅进行过斗争,是成哀间儒学士大夫的领袖之一。王莽尊事光,表明了他支持改革的立场。此外,甄邯是孔光女婿,应当是儒生;平晏是大儒平当之子,亦称"儒宗";刘歆是刘向之子,是当时最重要的儒学大师;崔发后为王莽太子讲《乐》祭酒,还以《诗》学传授弟子,也是大儒。显然,王莽政权的这一核心集团带有鲜明的儒学色彩。这又表明他不仅是外戚王氏的代表,同时也是儒学士大夫阶层的领袖,将担负起领导和完成改制运动的历史重任。与此同时,他又"风益州令塞外蛮夷献白雉"②,"日诳耀太后,言辅政致太平"③,有意把自己比作周公,许诺要将人们带入太平盛世。

王莽复出后的上述举动,使儒学士大夫们激动不已。他们意识到"周公"即将问世,只需做最后的呼唤。《汉书》卷一二《平帝纪》:"元始元年春正月,越裳氏重译献白雉一,黑雉二,诏使三公以荐宗庙。"(第348页)同书卷九九《王莽传》载其事曰:

> 莽白太后下诏,以白雉荐宗庙。群臣因奏言太后"委任大司马莽定策安宗庙。故大司马霍光有安宗庙之功,益封三万户,畴其爵邑,比萧相国。莽宜如光故事"。太后问公卿曰:"诚以大司马有大功当著之邪?将以骨肉故欲异之也?"于是群臣乃盛陈"莽功德致周成白雉之瑞,千载同符。圣王之法,臣有大功则生有美号,故周公及身在而托号于周。莽有定国安汉家之大功,宜赐号曰安汉公,益户,畴爵邑,上应

①《汉书》卷九九《王莽传》,第4044页。

②《汉书》卷九九《王莽传》,第4046页。

③《汉书》卷九八《元后传》,第4030页。

古制，下准行事，以顺天心”。（第4046页）

后来陈崇上书“称莽功德”，又概括此事曰：“公卿咸叹公德，同盛公勋，皆以周公为比，宜赐号安汉公。”（第4057页）人们把王莽比作周公，既是对他的褒奖，更是对他的期待。王太后在赐王莽为安汉公的策书中明确要求他：“辅翼于帝，期于致平，毋违朕意。”（第4048页）王莽接受“安汉公”之号，则意味着他接受了“周公”这一角色，和“致太平”的使命。从此，王莽便作为儒学士大夫的政治领袖，一步步将改制运动推向高潮。

三、古文学的兴起和刘歆的《左氏》义理

《汉书》卷九《元帝纪赞》又说：元帝“牵制文义，优游不断，孝宣之业衰焉”（第299页）。这是对元帝过分相信古制、过分依赖经典的批评，同时也暴露出西汉今文学的一大弱点。同书卷七三《韦贤传》班彪曰：“汉承亡秦绝学之后，祖宗之制因时施宜。自元、成后”，兴礼改制，但“纷纷不定。何者？礼文缺微，古今异制，各为一家，未易可偏定也”（第3130页）。刘向曾上书成帝，要求“兴辟雍，设庠序，陈礼乐，隆雅颂之声，盛揖让之容，以风化天下”。有人批评他“不能具礼”，即不能提供礼乐制度的细节。刘向不得不承认，只能辩解说：“礼以养人为本，如有过差，是过而养人也”，不应“为其俎豆管弦之间小不备，因是绝而不为”①。哀帝时，刘歆《让太常博士书》更明确指出，今文各家“保残守缺”，“至于国家将有大事，若立辟雍、封禅、巡狩之仪，

①《汉书》卷二二《礼乐志》，第1033页。

则幽冥而莫知其原”①。西汉后期的今文学家们要求重建先王礼制,却说不清先王之礼的具体内容,每每各执一辞,聚讼纷纭,使得元帝“优游不断”,朝令夕改,一度引起不小的混乱。《汉书》卷八一《匡衡传》:“时,上好儒术文辞,颇改宣帝之政,言事者多进见,人人自以为得上意……争言制度不可用也,务变更之,所更或不可行,而复复之,是以群下更相是非,吏民无所信。”(第3338页)

与今文学相比,以《左氏》学为核心的古文学在复原古代礼制方面有明显的优势。这一优势主要表现在三个方面:

首先,《左传》在《春秋》三传中以“礼”见长。《汉书》卷三六《楚元王传附刘歆传》:“歆以为左丘明好恶与圣人同,亲见夫子,而公羊、穀梁在七十子后,传闻之与亲见之,其详略不同。”(第1967页)所谓“好恶与圣人同”,意在说明《左传》也是《春秋》学,是对孔子《春秋》之道的阐释,以反驳今文学家“《左传》不祖圣人”②、“《左氏》为不传《春秋》”等说法③。所谓“详略不同”则进一步指出了《左氏》优于《公》、《穀》之处。

刘歆认为《春秋》本是“制礼”之书。《汉书》卷二一《律历志》:刘歆曾“作《三统历》及《谱》以说《春秋》”,其辞曰:

> 夫历《春秋》者,天时也,列人事而因以天时。《传》曰:“民受天地之中以生,所谓命也。是故有礼谊动作威仪之则

---

①《汉书》卷三六《楚元王传附刘歆传》,第1970页。

②《华阳国志》卷一〇《汉中士女》:“《春秋穀梁传》首叙曰:‘成帝时,议立三传博士,巴郡胥君安独驳《左传》不祖圣人。’”见任乃强:《华阳国志校补图注》,上海:上海古籍出版社,1987年,第618页。

③《汉书》卷三六《楚元王传附刘歆传》,第1970页。

以定命也，能者养以之福，不能者败以取祸。”故列十二公、二百四十二年之事，以阴阳之中制其礼。（第979页）

又同书卷三〇《艺文志·春秋序论》引刘歆《七略》曰：

周室既微，载籍残缺，仲尼思存前圣之业，乃称曰：“夏礼吾能言之，杞不足征也；殷礼吾能言之，宋不足征也。文献不足故也，足则吾能征之矣。”以鲁周公之国，礼文备物，史官有法，故与左丘明观其史记，据行事，仍人道，因兴以立功，就败以成罚，假日月以定历数，借朝聘以正礼乐。有所褒讳贬损，不可书见，口授弟子，弟子退而异言。丘明恐弟子各安其意，以失其真，故论本事而作传，明夫子不以空言说经也。（第1715页）

意谓《春秋》的价值主要在于保存了周礼，而《左传》对周礼的记载远远“详”于《公》、《穀》。

稍晚的古文学家对这一思想表述得更清楚。杜预《春秋左传序》：“韩宣子适鲁，见《易象》与鲁《春秋》，曰：‘周礼尽在鲁矣！吾乃今知周公之德，与周之所以王。’韩子所见，盖周之旧典礼经也。”意谓西周亡后，鲁史《春秋》还相当完整地保存着周礼，孔子“因鲁史”而作《春秋》，则是“考其真伪，而志其典礼，上以遵周公之遗制，下以明将来之法”；左丘明作《左传》又进一步补充了周公遗制的具体内容，“其发凡以言例，皆经国之常制，周公之垂法”①。古文学家的这一观点与《穀梁》家相近，但更鲜明，与《公

①《十三经注疏》，第1704页。

羊》家则大相径庭。郑玄《六艺论》说:“《左氏》善于礼,《公羊》善于谶,《穀梁》善于经。”①对《左氏》学的这一优势做了明确肯定。

其次,《逸礼》和《周礼》所保存的关于古代礼制的材料,也可补《礼经》(即《仪礼》)和各种礼《记》之不足。《礼经》又称《士礼》。《汉书》卷三〇《艺文志》:“汉兴,鲁高堂生传《士礼》十七篇。讫孝宣世,后仓最明。戴德、戴圣、庆普皆其弟子……《礼古经》者,出于鲁淹中及孔氏,与十七篇文相似,多三十九篇,及《明堂阴阳》、《王史氏记》所见,多天子诸侯卿大夫之制,虽不能备,犹逾仓等推《士礼》而致于天子之说。”(第 1710 页)是西汉今文家所传《礼经》只有士礼,而无“天子诸侯卿大夫之制”。各种礼《记》则是他们传《士礼》时附带传习的“参考资料”,是“《士礼》的附录”②。《礼古经》就是《逸礼》,不仅篇幅多于《礼经》,内容也多是“天子诸侯卿大夫之制”。《周礼》的内容更为丰富,“大至天文历象,小至草木鱼虫,举凡城乡建制、政法文教、礼乐兵刑、征赋度支、膳食酒饮、宫室车服、农商医卜、工艺制作,种种职官职业,种种名物制度,几乎无所不包”③。

不仅如此,刘歆还发现《周礼》比《左传》更直接地保存着“周公致太平之迹”。贾公彦《序周礼废兴》引马融《传》曰:“至孝成皇帝,达才通人刘向、子歆,校理秘书,始得列序,著于《录》、《略》,然亡其《冬官》一篇,以《考工记》足之。时众儒并出,共排以为非是。唯歆独识,其年尚幼,务在广览博观,又多锐精于《春秋》,末年乃知其周公致太平之迹,迹具在斯。”④是刘歆早年重视

①《春秋穀梁传序》疏引,《十三经注疏》,第 2358 页。

②王文锦:《大戴礼记解诂》前言,北京:中华书局,1983 年,第 4 页。

③王文锦、陈玉霞:点校本《周礼正义》前言,北京:中华书局,1987 年,第 3 页。

④《十三经注疏》,第 635 页。

《左传》,后来才发现《周礼》的价值。据《汉书·刘歆传》:哀帝时,刘歆要求立于学官的古文经传有《左氏春秋》、《逸礼》、《毛诗》、《古文尚书》,而无《周礼》。同书卷八八《儒林传》:"平帝时,又立《左氏春秋》、《毛诗》、《逸礼》、《古文尚书》。"(第3621页)亦未及《周礼》。而卷三〇《艺文志》有"《周官经》六篇,《周官传》四篇",本注曰:"王莽时刘歆置博士。"(第1709页)据孙诒让考证,此事"疑在莽居摄、歆为羲和以前"①。刘歆为羲和的记载始见于居摄三年九月②。是孙氏之意以为《周礼》置博士当在居摄元年(6年)至三年(8年)九月之间。王葆玹也断定"这事发生于居摄元年至三年之间"③。是哀帝时刘歆作《七略》,已见到《周官》并加以著录,但至居摄年间才建议将其立于学官,其间经历了一个认识过程。马融之说不无根据。

再次,刘歆等古文学家还继承了宣元以来形成的兼容并包的学术风气。前面说过,武帝时《公羊》、《穀梁》两家曾进行辩论,而胜负是由武帝和公孙弘来判定的。其后,"《公羊》大兴",其他经学都受到《公羊》学的深刻影响。这表明当时还没有一种比较客观公正的学术评判方法,学术上的是非优劣主要由当权者依其好恶而定。宣帝时,这一状况开始发生变化。《汉书》卷七五《夏侯胜传》:夏侯建从夏侯胜学《尚书》,"又从五经诸儒问与《尚书》相出入者,牵引以次章句,具文饰说。胜非之曰:'建所谓章句小儒,破碎大道。'建亦非胜为学疏略,难以应敌。建卒自颛门名经"(第3159页)。此事透露出,宣帝时不仅同经之各家相互争论,

---

①孙诒让:《周礼正义》,北京:中华书局,1987年,第3页。

②《汉书》卷九九《王莽传》,第4090页。

③见王葆玹:《今古文经学新论》,北京:中国社会科学出版社,1997年,第147页。

“五经”之间也常发生争论，学者要想立于不败之地，便要兼容并包，斟酌融会各经各派之说。这里包含着一种观念，即五经皆孔子所传，都是孔子思想的载体，因而五经之义应是相通的。于是，当需要判断某经之两家在某一问题上孰是孰非时，便可参考治其他各经的学者对这一问题的看法。夏侯建的做法便是顺应这一变化以增强“应敌”能力的例子。

宣帝末年召开石渠阁会议，上述变化得到朝廷认可，从而开创了“五经诸儒杂论同异”即各经学者坐在一起共同评议各家分歧的学术仲裁方式。其中，评议《公》、《穀》两家的情形最为典型。《汉书》卷八八《儒林传》：“召五经名儒太子太傅萧望之等大议殿中，平《公羊》、《穀梁》同异，各以经处是非。”具体做法是：《公羊》、《穀梁》两家学者就《春秋》经义进行辩论，孰是孰非，则由“望之等十一人”根据各自所治之经加以评判并上奏，由宣帝做出最后裁决（第3618页）。今案《儒林传》所载“论石渠”者共十一人，包括治施氏《易》的施雠，治欧阳《尚书》的欧阳地馀、林尊，治大夏侯《尚书》的周堪，治小夏侯《尚书》的张山拊、假仓，治鲁《诗》的韦玄成、张长安、薛广德，治小戴《礼》的戴圣，治后氏《礼》的闻人通汉。此外，主持会议的萧望之治齐《诗》，“奉使问诸儒”的梁丘临治京氏《易》。《公羊》、《穀梁》之是非优劣须由《易》、《书》、《诗》、《礼》学者来裁定。石渠阁会议讨论其他各经异同的情况，想必也是如此。

石渠阁会议采取的上述方式，显然是以这样一种观点为前提的：汉儒各家都未能保存孔子的全部思想，而只是或多或少地各自保存了孔子思想的一部分，因此只有尽可能“罔罗遗失，兼而存之”，才能最大限度地复原孔子思想的原貌。事实上，自石渠阁会议后，西汉经学的发展便表现出兼容并包的趋势，古文诸经立于学官则是这一趋势的必然结果。《汉书》卷八八《儒林传赞》概括说:“自武帝立五经博士……《书》唯有欧阳,《礼》后,《易》杨,《春秋》公羊而已。至宣帝世,复立大、小夏侯《尚书》,大、小戴《礼》,施、孟、梁丘《易》,穀梁《春秋》。至元帝世,复立京氏《易》。平帝时,又立左氏《春秋》、毛《诗》、逸《礼》、古文《尚书》。所以罔罗遗失,兼而存之,是在其中矣。”如淳释“是在其中”曰:“虽有虚妄之说,是当在其中,故兼而存之。”刘歆《让太常博士书》指出:“夫礼失求之于野,古文不犹愈于野乎!……与其过而废之也,宁过而立之……今此数家之言所以兼包大小之义,岂可偏绝哉!”①所依据的也是同样的观点。古文学家继承并发展了兼容并包的学术风气,不仅打破了师法、家法的藩篱,还跨越了今文、古文的界限。刘歆因参与“领校秘书”,又进一步开阔了眼界,凡“六艺传记、诸子、诗赋、数术、方技,无所不究”②,成为所谓“通人”③。这些都使得刘歆等古文学家能比今文学家掌握更多的学术资料。

古文学既有如上优势,在西汉后期特定历史条件下,便不可避免地要登上历史舞台,为推进和完成改制运动发挥作用。事实上,古文学的兴起早在宣帝时便随着《穀梁》学的复兴和改制呼声的日益高涨而悄然开始了。《汉书》卷八八《儒林传》载《左传》传授关系说:贾谊作《左氏传训故》,授赵人贯公,贯公授其子长卿,长卿授张禹,“禹与萧望之同时为御史,数为望之言《左氏》,望之善之,上书数以称说。后望之为太子太傅,荐禹于宣帝,征禹待诏,未及问,会疾死”(第3620页)。萧望之任御史大夫在神爵三

---

①《汉书》卷三六《楚元王传附刘歆传》,第1971页。

②《汉书》卷三六《楚元王传附刘歆传》,第1967页。

③参黄晖:《论衡校释·别通》,第590页。

年（前59年）至五凤二年（前56年），他通过张禹了解《左氏》并“善之”当在此时。《儒林传》又曰：张禹死前曾以《左氏传》“授尹更始，更始传子咸及翟方进、胡常”，常又授贾护，护授陈钦，钦授王莽，刘歆则从尹咸及翟方进受。而尹更始本治《穀梁》学，自他以下，《左氏传》的传授系统便和《穀梁》学的传授系统混杂在一起了。

《儒林传》载《穀梁》传授关系说：宣元之际的《穀梁》大师有周庆、丁姓、尹更始、刘向、胡常等人。其中周庆弟子不见记载。丁姓弟子有申章昌，“徒众尤盛”。尹更始“又受《左氏传》，取其变理合者以为章句①，传子咸及翟方进、琅邪房凤”。胡常本从江公孙受《穀梁》，后又从尹更始受《左氏》。此后，“《穀梁春秋》有尹、胡、申章、房氏之学”（第3618页）。其中只有申章之学是比较纯粹的《穀梁》学，尹、胡、房氏都兼治《左氏》。《儒林传》未言刘向与《左氏》的关系，其实刘向也兼治《左氏》。桓谭《新论》：“刘子政（向）、子骏（歆）、子骏兄子伯玉，三人俱是通人，尤珍重《左氏》，教授子孙，下至妇女，无不读诵者。”②王充《论衡·案书》：“刘子政玩弄《左氏》，童仆妻子皆呻吟之。”③刘向著作中引用《左传》的例子也很多④。故杨树达先生说：“向虽持《穀梁》义，亦时兼用《左氏》之说也。”⑤刘歆的《左氏》学很可能也受到刘向的

---

①徐复观指出：尹更始的这一做法，“在《左氏》、《穀梁》两传间，架设了桥梁”。见氏著《中国经学史的基础》，台北：台湾学生书局，1982年，第183页。

②严可均：《全后汉文》，北京：中华书局，1958年，第546页。

③黄晖：《论衡校释》，第1164页。

④参王葆玹：《今古文经学新论》，第136—137页。

⑤见杨树达：《汉书窥管》，北京：科学出版社，1955年，第225页。

影响①。

前面说过，《穀梁》、《左氏》之学都属于荀学一派，两家早期学者的政治主张也基本一致。所以，宣元之际的《穀梁》学家利用《左传》弥补自己的不足，是很自然的事情。尹更始取《左传》的材料充实《穀梁》章句便是最典型的例子，刘向"玩弄《左氏》"也是为了同样目的。所以尹更始、尹咸、翟方进、胡常、刘向等兼治《穀梁》、《左氏》的学者，都还是以《穀梁》学为主。他们的这种做法，丰富了《穀梁》学，同时也将《左氏》学进一步纳入了《春秋》学范畴。接着，刘歆从刘向及尹咸、翟方进那里继承并大大推进了这一发展趋势，使《左氏》学脱离《穀梁》学而成为独立的《春秋》学。《汉书·刘歆传》说："初《左氏传》多古字古言，学者传训故而已。"这是自贾谊以来直到刘歆以前的基本状况。"及歆治《左氏》，引传文以解经，转相发明，由是章句义理备焉"（第1967页）。结合今文学家"《左氏》不传《春秋》"的说法来看，刘歆以前治《左氏》的学者可能只对《传》文作文字训诂，而不对《经》文进行解说。自刘歆开始，才模仿《公羊》、《穀梁》两家的做法，"引传文以解经"，使《左氏》学具有了时人公认的《春秋》学形态，创建了一套《左氏》学的"章句义理"。刘歆的"章句"早已失传，马国翰辑得佚文二十条，题为《春秋左氏传章句》②，从中可以看出刘歆正是"用《公》、《穀》解经的方法来释《左传》"的③。

从刘歆的其他著作中，我们还可约略看出其《左氏》义理之大

---

①参王葆玹：《今古文经学新论》，第138页。

②见《玉函山房辑佚书》，上海：上海古籍出版社，1990年，第1215—1217页。

③说见沈玉成、刘宁：《春秋左传学史稿》，南京：江苏古籍出版社，1992年，第108页。

概。《汉书》卷二七《五行志上》:“景、武之世,董仲舒治《公羊春秋》,始推阴阳,为儒者宗。宣、元之后,刘向治《穀梁春秋》,数其祸福,传以《洪范》,与仲舒错。至向子歆治《左氏传》,其《春秋》意亦已乖矣;言《五行传》,又颇不同。”(第1317页)《五行志》保存了《公羊》、《穀梁》、《左氏》三家特别是董仲舒、刘向、刘歆三人运用灾异学说讥刺人君之失的材料。其中,董仲舒只推阴阳,刘向兼言阴阳、五行,刘歆则专言五行,三家的结论也每每“不同”①。但他们的基本原理是相近的,都把灾异看作“天意”、“天戒”,即上天对人间君主的谴告。除此之外,刘歆的《左氏》义理与《公羊》、《穀梁》还有更重要的相“乖”之处。

《五行志上》载刘歆语曰:“昔殷道弛,文王演《周易》;周道敝,孔子述《春秋》。则《乾》《坤》之阴阳,效《洪范》之咎征,天人之道粲然著矣。”(第1316页)他认为《春秋》所体现的是阴阳五行的天人之道。而据《汉书》卷二一《律历志》所载刘歆所作《钟律书》、《三统历》及《谱》或《世经》等文献,刘歆曾运用阴阳五行学说创建了一个以黄钟为根本、以三统为主干的宇宙图式。

他说:宇宙间的秩序来自五种基本关系,即数、声、度、量、权衡。这些关系又都来自十二律之“黄钟”。数“本起于黄钟之数”,声“生于黄钟之律”,度“本起黄钟之长”,量“本起于黄钟之仑”,权衡“本起于黄钟之重”。礼乐制度则是这些关系的进一步引申,故曰“黄钟……所以生权衡度量,礼乐之所由出也”②。在这个宇宙图式中,十二律是基本框架,“三统”则是灵魂。刘歆所

①说见陈侃理:《儒学、数术与政治——中国古代灾异政治文化研究》附录二,《〈洪范〉灾异说与正史〈五行志〉的创立》,北京大学博士学位论文。

②《汉书》卷二七《律历志上》,第956、958、966、967、969、981页。

谓“三统”，指天统黄钟，地统林钟，人统太族，分别象征着“天施，地化，人事之纪”。其中天统是万物之父，“所以究极中和，为万物元也”；地统是万物之母，“所以含阳之施，楙之于六合之内，令刚柔有体也”；人统的作用则是“顺天地，通神明”，“令事物各得其理”，“裁成天地之道，辅相天地之宜，以左右民”，“继天顺地，序气成物，统八卦，调八风，理八政，正八节，谐八音，舞八佾，监八方，被八荒，以终天地之功”。与“三统”相应的还有“三正”，黄钟为天正，林钟为地正，太族为人正①。显然，刘歆所说的“三统”、“三正”都和董仲舒的概念大不相同。它们与循环往复、终而复始的“文质”、“三教”无关，因而没有“举偏补弊”之义。

刘歆又释《春秋》“元年”之义曰：“《传》曰：‘元，善之长也。’共养三德为善。又曰：‘元，体之长也。’合三体而为之原，故曰元。”又释“于春三月每月书王”之义曰：“元之三统也。三统合于一元。”又曰：“三代各据一统，明三统常合，而迭为首，登降三统之首，周还五行之道也。”②与三统相合之说相应，刘歆还提出一种五德终始说，其中周为木德，汉为火德，秦为水德。木生火，故汉继周，秦“在木火之间，非其序也，任知刑以强，故伯而不王”③。按照这种说法，汉朝是“伐秦继周”而立的，故应否定秦政，而继承周政。

上述理论与《春秋》保存周礼之说相吻合，是刘歆对“用周政”的改制运动所做的哲学和史学论证。在“《春秋》为汉制法”说早已深入人心的情况下，这番论证可为王莽改制提供有力的理

①《汉书》卷二七《律历志上》，第961—963页。

②《汉书》卷二七《律历志上》，第980页。

③《汉书》卷二七《律历志下》，第1012页。

论支持，当然会得到王莽的认可。《汉书》卷一二《平帝纪》元始五年春正月："征天下通知逸经、古记、天文、历算、钟律、小学、《史篇》、方术、《本草》及以五经、《论语》、《孝经》、《尔雅》教授者，在所为驾一封轺传，遣诣京师。至者数千人。"（第359页）同书卷九九《王莽传》："征天下通一艺教授十一人以上，及有《逸礼》、《古书》、《毛诗》、《周官》、《尔雅》、天文、图谶、钟律、月令、兵法、《史篇》文字，通知其意者，皆诣公车。网罗天下异能之士，至者前后千数，皆令记说廷中，将令正乖缪，壹异说云。"（第4069页）与《平帝纪》所载当为一事。又同书卷二七《律历志》："元始中，王莽秉政，欲耀名誉，征天下通知钟律者百余人，使羲和刘歆等典领条奏。"（第955页）刘歆《钟律书》应当就是这时奏上的。王莽举行这一学术活动，与宣帝召开石渠阁会议相似，目的也是"正乖缪，壹异说"，但其规模更大，范围更广，其结果则是以刘歆《左氏》学为核心的古文学成为新的正统学说。

第三节　王莽改制与篡汉

王莽的出现和古文学的兴起，分别排除了改制运动的两大障碍，王莽与刘歆的结合则形成了一个符合时代要求、适应改制需要的统治集团。《汉书》卷三六《楚元王传附刘歆传》："莽少与歆俱为黄门郎，重之。"哀帝初年，王莽"举歆宗室有材行，为侍中、太中大夫"。后王莽免官归国，刘歆也因请立古文经博士而"忤执政大臣，为众儒所讪"，出外为郡守。及哀帝崩，王莽重新辅政，立即拜刘歆为右曹、太中大夫，又"迁中垒校尉，羲和，京兆尹"，让他"典儒林史卜之官"（第1967页），做制礼作乐的首席顾问。可见，早在成帝之时，王莽便发现和赏识刘歆了。在共同经历了一番沉浮之后，两人又一道被改制的大潮推上前台。但王莽是外戚，刘歆是宗室，两人的社会背景和政治利益都存在较大差异。只是改制运动为他们提供了共同的舞台，使他们从不同的地方、抱着不同的目的走到一起来了。

从平帝即位到王莽被杀，共二十三年。其间，王莽主要做了三件事：一是履行他许下的“致太平”的诺言，二是制礼作乐，三是篡夺皇位。三者之间有着内在的关联。

一、“致太平”

《汉书》卷九九《王莽传》：王莽接受了安汉公之号，却固辞益封二万八千户之赏，表示“愿须百姓家给，然后加赏”。这等于签下一道保证实现天下太平的军令状。看得出，他胸有成竹。王太后接受了他的军令状，下令：“百姓家给人足，大司徒、大司空以闻。”（第4048页）于是，王莽便着手“致太平”了。

他对太后说：“亲承前孝哀丁、傅奢侈之后，百姓未赡者多，太后宜且衣缯练，颇损膳，以视天下。”并表示他自己也“愿出钱百万，献田三十顷，付大司农助给贫民”。于是，“公卿皆慕效焉”。如前述，提倡节俭以纠奢侈之风，是宣元以来改制运动的主要目标之一，但都因执政的外戚和大臣们反对而无法深入。如今王莽、太后带头，公卿大臣慕效，其社会反响可想而知。据王莽说，他和王太后的上述举动得到上天的褒奖，于是“风雨时，甘露降，神芝生，蓂荚、朱草、嘉禾，休征同时并至”。不言而喻，祥瑞的背后是百姓对王莽的拥戴。而王莽又向世人进一步强调了他的决心。他先率群臣奏请太后保重身体，“遵帝王之常服，复太官之法膳”，然后令太后下诏曰：“国奢则视之以俭，矫枉者过其正，而朕不身帅,将谓天下何!夙夜梦想,五谷丰孰,百姓家给……庶几与百僚有成,其勖之哉!”王莽自己也“每有水旱,辄素食”。太后则遣使者诏莽:“闻公菜食,忧民深矣。今秋幸孰,公勤于职,以时食肉,爱身为国。”(第4049页)

元始三年,陈崇上书称莽功德。其中提到:

> 自公受策,以至于今,亹亹翼翼,日新其德,增修雅素以命下国,逡俭隆约以矫世俗,割财损家以帅群下,弥躬执平以逮公卿,教子尊学以隆国化。僮奴衣布,马不秣谷,食饮之用,不过凡庶……克身自约,籴食逮给,物物卬市,日阕亡储。又上书归孝哀皇帝所益封邑,入钱献田,殚尽旧业,为众倡始。于是小大乡(向)和,承风从化,外则王公列侯,内则帷幄侍御,翕然同时,各竭所有,或入金钱,或献田亩,以振贫穷,收赡不足者……开门延士,下及白屋,娄省朝政,综管众治,亲见牧守以下,考迹雅素,审知白黑……此皆上世之所鲜,禹稷之所难,而公包其终始,一以贯之,可谓备矣!是以三年之间,化行如神,嘉瑞叠累。(第4058页)

王莽复出后,朝政出现新气象。及元始四年,王舜奏言:“天下闻公不受千乘之土,辞万金之币,散财施予千万数,莫不乡(向)化。蜀郡男子路建等辍讼惭怍而退,虽文王却虞芮何以加!宜报告天下。”奏可(第4068页)。“文王却虞芮”的故事是汉人所熟知的。《诗经·大雅·绵》毛注曰:“虞芮之君相与争田,久而不平,乃相谓曰:‘西伯仁人也,盍往质焉?’乃相与朝周。入其竟,则耕者让畔,行者让路;入其邑,男女异路,斑白不提挈;入其朝,士让为大夫,大夫让为卿。二国之君感而相谓曰:‘我等小人,不可以履君子之庭。'乃相让,以其所争田为间田而退。天下闻之而归者四十余国。"①王舜将王莽与周文王相提并论,意在渲染王莽的教化已获得极大成功。

《王莽传》又说:"莽念中国已平,唯四夷未有异,乃遣使者赍黄金币帛,重赂匈奴单于,使上书言:'闻中国讥二名,故名囊知牙斯,今更名知,慕从圣制。'"(第 4051 页)中国讥二名在元始二年春,匈奴单于慕从之,当在其后不久。《通鉴》系之于元始二年岁末,是。其实,元始元年越裳氏已遣使献雉,元始二年春黄支国又遣使献犀牛,不久又有东夷王渡海献国珍,加上匈奴单于更名之事,可谓夷狄慕义、百蛮率服了。

表面看来,《公羊》家所说的先京师而后诸夏、先诸夏而后夷狄的教化过程,在短短五年间便完成了。于是,元始五年,王莽正式宣布:"今天下治平,风俗齐同,百蛮率服。"(第 4071 页)群臣亦曰:"今九族亲睦,百姓既章,万国和协,黎民时雍,圣瑞毕溱,太平已洽。"(第 4072 页)王太后在授王莽九赐的策书中也说:"(莽)辅朕五年,人伦之本正,天地之位定。钦承神祇,经纬四时,复千载之废,矫百世之失,天下和会,大众方辑……是以四海雍雍,万国慕义,蛮夷殊俗,不召自至,渐化端冕,奉珍助祭……麟凤龟龙,众祥之瑞,七百有余。"(第 4073 页)在此之前,即元始四年四月,王莽还派"陈崇等八人分行天下,观览风俗"。元始五年秋,"风俗使者八人还,言天下风俗齐同,诈为郡国造歌谣,颂功德,凡三万言"(第 4076 页)。有了这些证据,王莽仍觉不足。本传说:"莽既致太平,北化匈奴,东致海外,南怀黄支,唯西方未有加。乃遣中郎将平宪等多持金币诱塞外羌,使献地,愿内属。"还编造羌人的

①《十三经注疏》,第 512 页。

话说:“太皇太后圣明,安汉公至仁,天下太平,五谷成孰,或禾长丈余,或一粟三米,或不种自生,或茧不蚕自成,甘露从天下,醴泉自地出,凤皇来仪,神爵降集。从四岁以来,羌人无所疾苦,故思乐内属。”(第4077页)至此,“致太平”一事算是完成了。

二、制礼作乐与代汉称帝

毫无疑问,王莽的太平是虚假的,是为应付“太平乃制礼作乐”之说以便开始全面制礼作乐而刻意营造的。当时人们都知道王莽在粉饰太平,且有人拒绝同流合污。《汉书》卷一〇〇《叙传》:“莽秉政,方欲文致太平,使使者分行风俗,采颂声,而(广平相班)稚无所上,琅邪太守公孙闳言灾害于公府。大司空甄丰遣属驰至两郡讽吏民,而劾闳空造不祥,稚绝嘉应,嫉害圣政,皆不道。”结果,公孙闳“下狱诛”;班稚因是成帝外戚,又受到王太后保护,得以不诛,“归相印,入补延陵园郎”,班氏由此“不显莽朝”(第4204页)。但总地看,王莽粉饰太平并未引起普遍反对。在一片附和声中,班稚、公孙闳之流只是微弱的少数。人们接受虚假的太平,除畏惧王莽的淫威外,也是为了推动王莽全面制礼作乐。人们期待着“以礼为治”说所允诺的将在制礼作乐后出现的长治久安。

关于制礼作乐的时机问题,古文学家的看法与《公羊》家不同。《汉书》卷二二《礼乐志》:“王者必因前王之礼,顺时施宜,有所损益,即民之心,稍稍制作,至太平而大备。”(第1029页)班固的这一说法很可能来自刘歆。照此说法,汉朝应当因袭、损益西周之礼,教化的同时便应“稍稍制作”,太平之后则应全面制礼作乐。事实上,王莽、刘歆正是这样做的。

《汉书》卷一二《平帝纪》:元始元年二月,“置羲和官,秩二千石；外史、闾师，秩六百石；班教化，禁淫祀，放郑声”（第351页）。刘歆任羲和应当就在此时①。案“羲和”始见《尚书·尧典》，其辞曰：“乃命羲、和，钦若昊天，历象日月星辰，敬授人时。”注曰：“重黎之后羲氏、和氏，世掌天地四时之官，故尧命之，使敬顺昊天。”②《汉书》卷七四《魏相传》载相上奏曰：“明王谨于尊天，慎于养人，故立羲和之官，以乘四时，节授民时。”（第3139页）其说显然由《尧典》而来。刘歆《钟律书》说：“推历生律制器，规圜矩方，权重衡平，准绳嘉量……职在太史，羲和掌之。”③王莽设羲和一职，盖取此义。其职责是掌管那些介于天人之间、专司沟通天人关系的“儒林史卜之官”，说得更具体些，就是根据刘歆所描述的《春秋》天人之道来“班教化，禁淫祀，放郑声”，建立理想的人间秩序。

自此以后，王莽、刘歆便开始制礼作乐了。《汉书》卷一二《平帝纪》：

> 元始二年春，诏曰：“皇帝二名，通于器物，今更名，合于古制。”注引孟康曰：“平帝本名箕子，更名曰衎。”（第352页）
>
> 元始三年春，“诏光禄大夫刘歆等杂定婚礼。四辅、公卿、大夫、博士、郎吏家属皆以礼娶”。
>
> 同年夏，“安汉公奏车服制度、吏民养生、送终、嫁娶、奴婢、田宅、器械之品。立官稷及学官。郡国曰学，县、道、邑、侯国曰校。校、学置经师一人。乡曰庠，聚曰序。序、庠置《孝经》师一人”（第355页）。

---

①参钱穆：《刘向歆父子年谱》，《古史辨》第五册，海口：海南出版社，2005年，第101页。

②《十三经注疏》，第119页。

③《汉书》卷二一《律历志上》，第956页。

卷九九《王莽传》：

元始四年，“莽奏起明堂、辟雍、灵台，为学者筑舍万区，作市、常满仓，制度甚盛。立《乐经》，益博士员，经各五人”（第4069页）。

元始五年，“奏为市无二贾、官无狱讼、邑无盗贼、野无饥民、道不拾遗、男女异路之制，犯者象刑”（第4076页）。

这些制度都是汉儒向往已久的太平之制，在平帝年间，即王莽“致太平”的同时，便逐步制定出来。其中大部分在平帝时颁布施行了，也有些制度虽颁布了，但未认真实行。《王莽传》地皇元年条：唐尊为太傅，“出见男女不异路者，尊自下车，以象刑赭幡污染其衣。莽闻而说（悦）之，下诏申敕公卿思与厥齐。”（第4164页）唐尊依据的是元始五年颁布的制度，所以他能公然污染犯者之衣，并得到王莽的肯定。但这显然只是个别现象。

还有些制度，像“奴婢、田宅……之品”等，则没有马上颁布施行。《王莽传》载莽《王田令》曰：“余前在大麓，始令天下公田口井，时则有嘉禾之祥，遭反虏逆贼且止。”师古注曰：“大麓者，谓为大司马、宰衡时。”又释“公田口井”曰：“计口而为井田。”（第4111页）据此，王莽曾在平帝时发布过实行井田制的命令，但又暂停执行了。而平帝年间王莽发布涉及“田宅”制度的命令，只有元始三年（3年）夏一次①。这证明，王莽于始建国元年（9年）正式颁布

①《汉书》卷一二《平帝纪》元始二年秋：“遣执金吾候陈茂假以钲鼓，募汝南、南阳勇敢吏士三百人，谕说江湖贼成重等二百余人皆自出，送家在所收事。重徙云阳，赐公田宅。”（第354页）王先谦《补注》引苏舆曰：“《莽传》云‘余前在大麓，始令天下公田口井’，即此时事。”［《汉书补注》，（转下页）

施行的《王田令》，早在六年前就制定出来了。这项法令之所以暂停执行，据王莽自己说，是因为遇到“反虏逆贼”的干扰。案《汉书》卷一二《平帝纪》，元始三年，莽奏“奴婢、田宅……之品”后，又发生了两件事：一是“阳陵任横等自称将军，盗库兵，攻官寺，出囚徒。大司徒掾督逐，皆伏辜”。二是“安汉公世子宇与帝外家卫氏有谋。宇下狱死，诛卫氏”（第 355 页）。王莽所谓“反虏逆贼”当指此二事。

任横一事，《王莽传》不载，说明对时局影响不大。卫氏一案，除卫氏家族被诛灭外，还诛及王莽的世子王宇及其师吴章、妻吕焉、妻兄吕宽。王莽又穷治其狱，“连引郡国豪杰素非议己者，内及敬武公主、梁王立、红阳侯立、平阿侯仁，使者迫守，皆自杀。死者以百数，海内震焉”（第 4065 页）。不过，这件事也很快就结束了，并未动摇王莽的权势和威信，也未影响王莽改制的进程。

田宅和奴婢制度的改革是西汉后期整个改制运动的关键。汉儒自董仲舒以后，都把土地兼并及由此导致的贫富不均和农民的奴婢化看作战国以来社会动乱的根源，也都把恢复井田制看作根除这一痼疾的良方，所谓“古之圣王莫不设井田，然后治乃可平”②。王莽的看法与之相同。《王田令》曰：

（接上页）第 142 页］钱穆则认为：“此即前起官寺市里，赐田宅，以居贫民，与公田不同，苏说非也。”（《刘向歆父子年谱》，《古史辨》第五册，第 102 页）《平帝纪》元始二年夏：“罢安定呼池苑，以为安民县，起官寺市里，募徙贫民，县次给食。至徙所，赐田宅什器，假以犁牛种食。”（第 353 页）钱穆所指即此事。笔者认为，钱说亦非。《平帝纪》元始二年秋所载“赐公田宅”，是专指成重而言。苏、钱二人皆将此句与“重徙云阳”断开，遂生误解。

②师丹语，见《汉书》卷二四《食货志上》，第 1142 页。

古者，设庐井八家，一夫一妇田百亩，什一而税，则国给民富而颂声作。此唐虞之道，三代所遵行也。秦为无道，厚赋税以自供奉，罢民力以极欲，坏圣制，废井田，是以兼并起，贪鄙生，强者规田以千数，弱者曾无立锥之居。又置奴婢之市，与牛马同栏，制于民臣，颛断其命。奸虐之人因缘为利，至略卖人妻子，逆天心，悖人伦，缪于“天地之性人为贵”之义……汉氏减轻田租，三十而税一，常有更赋，罢癃咸出，而豪民侵陵，分田劫假。厥名三十税一，实什税五也。父子夫妇终年耕芸，所得不足以自存。故富者犬马余菽粟，骄而为邪；贫者不厌糟糠，穷而为奸。俱陷于辜，刑用不错。（第4110页）

一句话，古者太平是因为设井田，秦汉未太平是因为废井田；如今要拨乱反正，重建太平，则必须复井田。

《汉书》卷二四《食货志上》有一段正面阐述“先王制土处民富而教之之大略”的文字。其辞曰：

理民之道，地著为本。故必建步立亩，正其经界。六尺为步，步百为亩，亩百为夫，夫三为屋，屋三为井，井方一里，是为九夫。八家共之，各受私田百亩，公田十亩，是为八百八十亩，余二十亩以为庐舍。出入相友，守望相助，疾病相救，民是以和睦，而教化齐同，力役生产可得而平也。（第1119页）

认为井田制是王者推行教化、进而实现太平的前提和基础。又曰：

> 民三年耕，则余一年之畜。衣食足而知荣辱，廉让生而争讼息，故三载考绩……三考黜陟，余三年食，进业曰登；再登曰平，余六年食；三登曰泰平，二十七岁，遗九年食。然后至德流洽，礼乐成焉。故曰'如有王者，必世而后仁'，由此道也。（第1123页）

在井田制下，人民会逐渐富裕起来，因而乐于接受教化，一"世"之后便可太平。这一思想与《王田令》完全相符。

恢复井田制势必损害许多人的既得利益，特别是贵戚大臣、豪强富贾等大土地所有者的利益，因而必然遭到激烈反对。董仲舒意识到这一困难，故曰"古井田法"难以"卒行"，"宜少近古，限民名田"。师丹也主张"宜略为限"①。但王莽十分自信。他在《王田令》中明确规定："敢有非井田圣制，无法惑众者，投诸四夷，以御魑魅。"显然，他把土地制度问题看得过于简单了，以为一道诏令就可以打断数百年来愈演愈烈的土地私有和兼并的趋势，因此态度坚决，语气强硬，看不出丝毫畏难和犹豫。

田制改革如此重要，制度也已制定出来，"反虏逆贼"很快被消灭了，王莽对改革成功又充满信心。那么，《王田令》为何要拖至始建国元年才颁布实行呢？仔细考察王莽改制和篡汉的过程，我们发现其中有一桩发生在王莽与西汉臣民之间的政治交易。西汉臣民要求王莽主持并完成改制，将他们带入太平盛世。王莽接受了这一使命，条件则是代汉称帝。在这桩交易中，制礼作乐是王莽讨价还价的全部资本，恢复井田制则是他的最后王牌，当然要等到他的条件兑现之后才能打出。

---

①《汉书》卷二四《食货志上》，第1137、1142页。

平帝年间的“稍稍制作”证明了古文学家的优势。尤其是明堂、辟雍之制，自文帝以来今文学家每每争论不休。武帝时在泰山附近的奉高建过一座明堂，用的是方士公玉带所上“黄帝时明堂图”①，其不经可知。《王莽传》载：王莽命刘歆负责兴建明堂、辟雍，而刘歆不负众望，在他的主持下，“诸生、庶民大和会，十万众并集，平作二旬，大功毕成”。此事使群臣百姓大受鼓舞，于是奏言：“明堂、辟雍，堕废千载莫能兴”，如今只用二旬就建成了，真是“唐虞发举，成周造业，诚亡以加”（第 4069 页）。

平帝年间的“稍稍制作”还勾画出“周公礼乐”的大致轮廓，使人们看到“成康盛世”的灿烂曙光。加之王莽极力笼络人心，“上尊宗庙，增加礼乐，下惠士民鳏寡，恩泽之政无所不施”（第 4048 页），人们对王莽的支持近乎狂热了。元始三年，平帝选立皇后。王莽提出其女“材下，不宜与众女并采”，但“庶民、诸生、郎吏以上守阙上书者日千余人，公卿大夫或诣廷中，或伏省户下”，一致要求立莽女为皇后（第 4051 页）。元始四年，“民上书者八千余人”，要求加王莽为宰衡，位上公。莽女既为皇后，有司以后父之封当满百里为由，“请以新野田二万五千六百顷益封莽”，王莽坚辞不受。于是，“吏民以莽不受新野田而上书者，前后四十八万七千五百七十二人，及诸侯王、公、列侯、宗室见者皆叩头言，宜亟加赏于安汉公”（第 4066 页）。班固的这些记载可能来自当时的官方记录，不免夸大渲染之嫌，但基本事实应是可信的。从中可以看出时人盼望王莽早日完成其历史使命的急切心情。

然而王莽自元始五年宣布天下太平之后，早已准备好的《王田令》仍未出台，却不断向世人透露如下信息：天下虽已太平，但

①《史记》卷二八《封禅书》，第 1401 页。

“制作未定，事须公（王莽）而决”，并表示将“尽力毕制礼作乐事”（第4071页）。同时，他以“居摄”为名提出代汉称帝的要求。元始五年秋，泉陵侯刘庆上书言：“周成王幼少，称孺子，周公居摄。今帝富于春秋，宜令安汉公行天子事，如周公。”群臣皆曰：“宜如庆言。”同年十二月，年已十四即将成人的汉平帝突然死了，王莽从宣帝玄孙中选立年仅两岁的刘婴为太子。同月，有人奏上符命，说“浚井得白石，上圆下方，有丹书著石”，文曰“告安汉公莽为皇帝”。王莽得知后，一改已往的谦让态度，“使群公以白太后”，迫使太后同意他“居摄践祚”（第4078页）。

根据周公之先例，“居摄”就是由辅政大臣“居天子之位”，“摄行皇帝之事”，“服天子韨冕，背斧依于户牖之间，南面朝群臣，听政事。车服出入警跸，民臣称臣妾，皆如天子之制”。待天子长大成人之后，则须“复子明辟”，即还位于天子，退居臣位（第4080页）。但王莽的“居摄”显然是向代汉称帝迈出的第一步，是试探人们是否接受其条件的问路石子。接下来，他是否迈出第二步，将视天下的反应而定。

对王莽的上述意图，当时的人们看得很清楚，反对的声音也立刻出现了。王太后听罢群臣奏白后当即斥责说：“此诬罔天下，不可施行！”（第4079页）王莽的几个亲信大臣也不赞成。“甄丰、刘歆、王舜为莽腹心，倡导在位，褒扬功德；安汉、宰衡之号及封莽母、两子、兄子，皆丰等所共谋”，但“非复欲令莽居摄也”（第4123页）。王太后和甄丰等勉强同意王莽居摄，一方面是由于“莽羽翼已成”，“沮之力不能止”，另一方面是对“复子明辟”心存希望。王舜曾说：“莽非敢有它，但欲称摄以重其权，填服天下耳。”（第4079页）刘歆则提出：“居摄之义，所以统立天功，兴崇帝道，成就法度，安辑海内也。昔……伊尹……居摄，以兴殷道……周公屏成王而居摄，以成周道……今……安汉公居摄践祚，将以成圣汉之业，与唐虞三代比隆也。”（第4090页）将王莽居摄的意义限定为“成圣汉之业”，企图阻止他迈出第二步。

地方上也有反对者。居摄元年四月，安众侯刘崇（景帝子长沙定王发七世孙）与其相张绍谋曰：“安汉公莽专制朝政，必危刘氏。天下非之者，乃莫敢先举，此宗室耻也。吾帅宗族为先，海内必和。”遂起兵攻宛，但从者只有百余人，“不得入而败”（第4082页）。崇、绍所谓王莽“必危刘氏”是正确的判断，但以为只要他们登高一呼便会天下响应，却是错误的估计。

第二年九月，东郡太守翟义谓人曰：王莽居摄，“依托周公辅成王之义，且以观望，必代汉家，其渐可见……吾幸得备宰相子，身守大郡，父子受汉厚恩，义当为国讨贼，以安社稷”①。遂起兵反莽，立严乡侯刘信（宣帝子东平思王宇之孙）为天子，移檄郡国，“言莽毒杀平帝，摄天子位，欲绝汉室，今共行天罚诛莽”。史称“郡国疑惑，众十余万”②。与此同时，“三辅闻翟义起，自茂陵以西至汧二十三县盗贼并发，赵明、霍鸿等自称将军，攻烧官寺……劫略吏民，众十余万，火见未央宫前殿”③。这次叛乱规模较大，且一东一西，对长安形成夹击之势。叛军的规模和声势会不会继续扩大？这将取决于人们对王莽的条件如何掂量。在交易成败的这一关键时刻，王莽也心中无数，因而“惶惧不能食”，一面出兵镇压叛乱，一面“昼夜抱孺子告祷郊庙，放《大诰》作策”，一再申明他居摄践祚、制礼作乐，都是为了“兴我汉国”，并遣谏大夫桓谭等

---

①《汉书》卷八四《翟方进传》，第3426页。

②《汉书》卷九九《王莽传》，第4087页。

③《汉书》卷八四《翟方进传》，第3437页。

班于天下,“谕以摄位当反政孺子之意”,做了放弃篡位企图的准备①。

然而形势的发展并不像王莽担心的那么糟。翟义、赵明等人的反叛没有得到更广泛的响应,因而很快被王莽的军队镇压下去。这表明,王莽的条件得到多数西汉臣民的默许。《王莽传》称:“莽既灭翟义,自谓威德日盛,获天人助,遂谋即真之事矣。”(第 4090 页)其他人也都看清了这步棋。于是,刘京、扈云、臧鸿、哀章之流纷纷献上符命,伪托天公及刘邦神灵之意,言“摄皇帝当为真”(第 4093 页),“王莽为真天子”(第 4095 页)。王莽则流涕歔欷:“昔周公摄位,终得复子明辟,今予独迫皇天威命,不得如意!”(第 4100 页)终于撕下周公面具,大模大样地做了新朝皇帝。

三、制作失败及其原因

王莽的条件兑现了,但交易尚未结束。他必须履行诺言,使“制作毕已”,使真正的太平盛世再现。于是,制礼作乐全面展开。《王莽传》:始建国元年四月,王莽在模仿周礼对官制、爵制、庙制、币制等进行了一系列象征性改革之后,便信心十足地发布了《王田令》,规定:“今更名天下田曰‘王田’,奴婢曰‘私属’,皆不得卖买。其男口不盈八,而田过一井者,分余田予九族乡党。故无田,今当受田者,如制度。”(第 4111 页)

陈直先生认为:“王莽王田制度,从《莽传》来看,是未实行,从古物材料来研究,是已实行一部分……因王田未区分,则不能有间田,今既出土有间田印,故知有部分实行之可能。”②其实《汉

①《汉书》卷九九《王莽传》,第 4087 页;卷八四《翟方进传》,第 3431 页。

②陈直:《汉书新证》,天津:天津人民出版社,1959 年,第 201 页。

书》的材料已足以证明《王田令》确实被实行了。《食货志上》：此令发布后，“犯令，法至死，制度又不定，吏缘为奸，天下嗷嗷然，陷刑者众”（第1144页）。《王莽传》：至始建国四年，中郎区博谏莽曰：“井田虽圣王法，其废久矣。周道既衰，而民不从。秦知顺民之心，可以获大利也，故灭庐井而置阡陌，遂王诸夏，讫今海内未厌其敝。今欲违民心，追复千载绝迹，虽尧舜复起，而无百年之渐，弗能行也。天下初定，万民新附，诚未可施行。”（第4129页）这些都是《王田令》实行后出现的反应。

上述反应表明《王田令》的贯彻很不顺利。对此，荀悦曾总结说：“井田之制，宜于民众之时。地广民稀，勿为可也。然欲废之于寡，立之于众，土地既富，列在豪强，卒而规之，并有怨心，则生纷乱，制度难行。由是观之，若高帝初定天下，及光武中兴之后，民人稀少，立之易矣。”①荀悦虽未跳出儒家的立场和逻辑，但比西汉儒生深刻了许多。照他的说法，土地兼并是地少民众、耕地不足的结果，而井田制则是用来限制兼并的。因此在地广民稀的情况下，井田制是多余的；只有当地少民众的局面出现、土地兼并开始发展之时，井田制才有实行的必要。然而井田制又只有在地广民稀的情况下才比较容易推行，在地少民众特别是土地兼并已相当严重的情况下，则会遇到强大阻力。《王田令》正是欲立井田之制于地少民众之时，故而难行。

区博的进谏已使王莽意识到实行井田制的困难，但他不能退缩，也没有退路可走。他必须硬着头皮将这项改革坚持下去，以证明新朝确实胜过汉朝，有能力解决汉朝无法解决的难题，从而维持新朝存在的理由，保住儒学士大夫及民众对他的拥护。据

①《两汉纪》，张烈点校，上册，第114页。

《王莽传》载：区博上书后，"莽知民怨，乃下书曰：'诸名食王田，皆得卖之，勿拘以法，犯私买卖庶人者，且一切勿治。'"（第4130页）文中"庶人"当作"私属"。《汉书》卷二四《食货志上》作"莽知民愁，下诏诸食王田及私属皆得卖买，勿拘以法"（第1144页），是。学者通常认为，王田法至此便宣告破产了。其实不然。地皇二年（21年），卜者王况说"新室即位以来，民田奴婢不得卖买"（第4166页）；同年，公孙禄批评王莽改制，有"造井田，使民弃土业"一条（第4170页）；地皇三年，王莽败亡前夕，还打算派使者分行天下，"除井田奴婢……之禁"（第4179页）。这些记载表明，始建国四年《王田令》只是一度叫停，后来又恢复执行了，而且一直执行到新朝末年，很可能是随着新朝的灭亡才宣告废除的①。

细读王莽此诏，田仍是"王田"，相关之"法"也未废除，只是暂且"勿拘"而已，所谓"一切勿治"则可理解为暂且勿治。《汉书》卷一二《平帝纪》："吏在位二百石以上，一切满秩如真。"颜师古注："一切者，权时之事，非经常也。"（第349页）《后汉书》卷一《光武帝纪》建武五年五月诏："罪非犯殊死一切勿案。"李贤注："一切谓权时，非久制也。"（第39页）除暂停执行《王田令》之外，王莽还发布过一次"壹切之法"。《汉书·王莽传》："地皇元年……下书曰：'方出军行师，敢有趋讙犯法者，辄论斩，毋须时，尽岁止。'"（第4158页）又下书曰："惟设此壹切之法以来，常安六乡巨邑之都，枹鼓稀鸣，盗贼衰少，百姓安土，岁以有年，此乃立权之力也……今复壹切行此令，尽二年止之。"（第4163页）据此，"一（壹）切"有"权时"之意甚明。

---

①黄彰健已经指出："似乎终莽之世，这些政策皆不曾废除。"见氏著《经今古文学问题新论》，台北：中研院历史语言研究所，1992年，第116页。

与井田、奴婢之制意义相似的还有六筦之制。《汉书·王莽传》:始建国二年,“初设六筦之令。命县官酤酒,卖盐铁器,铸钱,诸采取名山大泽众物者税之。又令市官收贱卖贵,赊贷予民,收息百月三”(第 4118 页)。案《汉书》卷二四《食货志下》:“国师公刘歆言周有泉府之官,收不雠(售),与欲得,即《易》所谓‘理财正辞,禁民为非’者也。”又载王莽诏曰:“夫《周礼》有赊贷,《乐语》有五均,传记各有斡焉。今开赊贷,张五均,设诸斡者,所以齐众庶,抑并兼也。”(第 1179 页)又曰“命县官酤酒”的建议出自羲和鲁匡(第 1182 页)。显然,这套制度是刘歆、王莽、鲁匡等共同制定的,其目的也是为了“齐众庶,抑并兼”。对此,王莽后来还曾加以重申。《王莽传》:天凤四年,“复明六筦之令。每一筦下,为设科条防禁,犯者罪至死,吏民抵罪者浸众”(第 4150 页)。《食货志下》载此令曰:“夫盐,食肴之将;酒,百药之长,嘉会之好;铁,〔田〕农之本;名山大泽,饶衍之臧;五均赊贷,百姓所取平,卬以给澹;铁布铜冶,通行有无,备民用也。此六者,非编户齐民所能家作,必卬于市,虽贵数倍,不得不买。豪民富贾,即要贫弱,先圣知其然也,故斡之。”(第 1183 页)突出强调了六筦对豪民富贾的抑制作用。

六筦之制基本上是武帝时代盐铁、均输、平准、酒榷等制度的复制品。董仲舒及盐铁议中的贤良文学早已指出,这些都是“与民争利”之举,不利于对百姓的教化,至元帝初年便大多废除了。刘歆、王莽的观点与董仲舒等今文学家不同。他们的一只脚竟站到了武帝、桑弘羊一派的立场上来。这使我们想起刘歆当年对武帝事业的高度评价。《汉书》卷七三《韦贤传》载:哀帝时议宗庙,朝臣五十三人皆以为“孝武皇帝虽有功烈,亲尽宜毁”;唯王舜、刘歆盛赞武帝开边、改制之功,以为“中兴之功未有高焉者也”,主张武帝之庙“不宜毁”(第3125页)。这同昭帝以来儒生对武帝的激烈批评大不相同。看来,刘歆、王莽在继承元帝以来的改制运动并将其推向高潮的同时,也想继承武帝、宣帝的事业和成果,再一次将两种对立的趋势结合起来;而否认“与民争利”会影响对百姓的教化,则是以刘歆为代表的古文学家不同于以董仲舒为代表的今文学家的一个重要而又明显的地方。

井田、奴婢及六筦之制是王莽改制的关键内容。前者遇到巨大阻力,肯定没能充分贯彻。后者因王莽管理不善,也未收到预期的效果。《汉书·食货志下》:“羲和置命士督五均六斡,郡有数人,皆用富贾。”他们“乘传求利,交错天下,因与郡县通奸,多张空簿,府臧不实,百姓俞病”(第1183页)。这无疑会使人们感到失望,从而降低王莽的威信,动摇新朝的根基。

更糟糕的是,王莽的其他改革大多虚张声势,宣传价值大于实际价值,引起许多不必要的混乱。例如官制方面,王莽模仿周礼设四辅、三公、四将、九卿、二十七大夫、八十一元士及六监等官,对原有的中央政府机构及其职掌进行重新组合与调整,但相应的“律令仪法”的改革却跟不上。结果导致中央政府运作的混乱,以致始建国三年,王莽不得不下令:“百官更改,职事分移,律令仪法,未及悉定。且因汉律令仪法以从事。”又如币制方面,王莽全然不顾价值规律,只关心其象征意义,模仿古制任意乱改,且一改再改,越改越乱,弄得“农商失业,食货俱废,民人至涕泣于市道”①。

最无谓的是贬低夷狄封号一事。《汉书·王莽传》:始建国元年正月,王莽诏曰:“天无二日,土无二王,百王不易之道也。汉氏

①《汉书》卷九九《王莽传》,第4125、4112页。

诸侯或称王，至于四夷亦如之，违于古典，缪于一统。其定诸侯王之号皆称公，及四夷僭号称王者皆更为侯。”（第4105页）同年秋，遣五威将“奉符命，赍印绶，王侯以下及吏官名更者，外及匈奴、西域、徼外蛮夷，皆即授新室印绶，因收故汉印绶”（第4114页）。五威将分行四方，“其东出者，至玄菟、乐浪、高句骊、夫馀；南出者，逾徼外，历益州，贬句町王为侯；西出者，至西域，尽改其王为侯；北出者，至匈奴庭，授单于印，改汉印文，去‘玺’曰‘章’……单于大怒，而句町、西域后卒以此皆畔”（第4115页）。第二年十二月，王莽下诏改称匈奴单于曰“降奴服于”，并调动大军，“十道并出”，讨伐匈奴（第4121页）。高句骊因不愿参与进攻匈奴，也与新朝发生冲突。王莽一面出兵讨伐，一面布告天下：“更名高句骊为下句骊。”（第4130页）

王莽好大喜功，欲将西汉开边事业推向顶峰，真正做到“夷狄进至于爵”、“天下远近小大若一”，结果却破坏了来之不易的边境安宁，将汉武帝以来百余年开边的成果葬送殆尽。尤其是北方，《汉书》卷九四《匈奴传下》说：匈奴各部“入塞寇盗，大辈万余，中辈数千，少者数百，杀雁门、朔方太守、都尉，略吏民畜产不可胜数，缘边虚耗”。面对这一严重局面，王莽狂妄自大，“怙府库之富欲立威，乃拜十二部将率，发郡国勇士，武库精兵，各有所屯守，转委输于边。议满三十万众，赍三百日粮，同时十道并出，穷追匈奴”（第3824页）。这一举动又大大加重了内地农民的负担，影响了正常的农业生产，致使“天下骚动”。《汉书·食货志上》：“募发天下囚徒丁男甲卒，转委输兵器，自负海江淮而至北边，使者驰传督趣，海内扰矣。”（第1143页）《王莽传》：“是时诸将在边，须大众集，吏士放纵，而内郡愁于征发，民弃城郭流亡为盗贼。”（第4125页）《匈奴传下》：“北边自宣帝以来，数世不见烟火之警，人民炽盛,牛马布野。及莽扰乱匈奴,与之构难,边民死亡系获,又十二部兵久屯而不出,吏士罢弊,数年之间,北边虚空,野有暴骨矣。”(第3826页)

王莽的上述改革措施出台后,负面影响很快暴露出来。而王莽固执地以为“制定则天下自平”,自始建国四年以后便“锐思于地里”①,将改制的重点放在了地方行政系统的重新规划上。

这方面的改革早在平帝时就已开始了。《汉书·王莽传》:元始五年秋,王莽诱骗羌人献地内属,以其地为西海郡。既而上奏王太后:“臣又闻圣王序天文,定地理,因山川民俗以制州界。汉家地广二帝三王,凡十二州,州名及界多不应经……谨以经义正十二州名分界,以应正始。”(第4077页)居摄三年春,王莽又奏:“今制礼作乐,实考周爵五等,地四等,有明文……臣请诸将帅当受爵邑者爵五等,地四等。”(第4089页)但这些都还是表面文章。

始建国四年夏,“莽至明堂,授诸侯茅土”。下书曰:“思安黎元,在于建侯,分州正域,以美风俗……其以洛阳为新室东都,常安(即长安)为新室西都。邦畿连体,各有采任。州从《禹贡》为九,爵从周氏有五。诸侯之员千有八百,附城之数亦如之,以俟有功。”规定:“诸公一同,有众万户,土方百里。侯伯一国,众户五千,土方七十里。子男一则,众户二千有五百,土方五十里。附城大者食邑九成,众户九百,土方三十里。自九以下,降杀以两,至于一成。”当时以五等爵受茅土者七百九十六人,附城千五百一十一人,但因“图簿未定,未授国邑,且令受奉都内,月钱数千。诸侯皆困乏,至有庸作者”(第4128页)。

天凤元年,王莽又“以《周官》、《王制》之文,置卒正、连率、大

①《汉书》卷九九《王莽传》,第4140页,

尹，职如太守；属令、属长，职如都尉。置州牧、部监二十五人，见礼如三公。监位上大夫，各主五郡”。恢复古代的世卿世禄制，规定：“公氏作牧，侯氏卒正，伯氏连率，子氏属令，男氏属长，皆世其官。其无爵者为尹。”模仿《周礼》乡遂之制，“分长安城旁六乡，置帅各一人。分三辅为六尉郡，河东、河内、弘农、河南、颍川、南阳为六队郡，置大夫，职如太守；属正，职如都尉……置六郊州长各一人，人主五县。及它官名悉改。大郡至分为五，郡县以亭为名者三百六十”（第 4136 页）。经过如此划分，全国共有郡一百二十五，县二千三百零三。郡县之名又经常变更，有的郡竟至“五易名”。这一改动打乱了原来的地方行政系统，而配套制度又迟迟不能出台。“公卿旦出暮入，议论连年不决，不暇省狱讼冤结民之急务。县宰缺者，数年守兼，一切贪残日甚”（第 4140 页）。天凤三年五月，又颁布吏禄制度，但“制度烦碎”，“课计不可理，吏终不得禄，各因官职为奸，受取赇赂以自共给”（第 4143 页）。

天凤四年六月，王莽“更授诸侯茅土于明堂”，曰：“予制作地理，建封五等，考之经艺，合之传记，通于义理，论之思之，至于再三，自始建国之元以来九年于兹，乃今定矣。”下令：受封者“各就厥国，养牧民人，用成功业”。但实际上，相关制度仍然“未定”，无法实施。王莽此举只是“先赋茅土，用慰喜封者”（第 4149 页）。其后便不了了之了。

“地里”改革也不成功，反加剧了地方的混乱。至此，王莽黔驴技穷，改制彻底失败了。地皇二年，“莽召问群臣禽贼方略”，左将军公孙禄曰：国师刘歆“颠倒五经，毁师法，令学士疑惑”；张邯、孙阳“造井田，使民弃土业”；“牺和鲁匡设六筦，以穷工商”；“宜诛此数子以慰天下”！公然否定王莽改制的主要内容。王莽大怒，“使虎贲扶禄出，然颇采其言，左迁鲁匡为五原卒正，以百姓怨非故"（第4170页）。第二年，"莽知天下溃畔，事穷计迫"，不得不承认失败，"乃议遣风俗大夫司国宪等分行天下，除井田奴婢山泽六筦之禁，即位以来诏令不便于民者皆收还之"（第4179页）。

西汉后期的改制运动本是针对承秦而来的法治传统的，目的是解决"霸王道杂之"政策下吏治苛酷之痼疾。然而王莽推行新制却辅以严刑峻法。《汉书·王莽传》：平帝元始五年，王莽宣布天下太平之后，便"增法五十条，犯者徙之西海。徙者以千万数，民始怨矣"（第4077页）。其后，随着井田、奴婢、六筦、货币等项改革相继出台，法网也越来越密。反对井田制者要"投诸四裔"；不用王莽新钱而"私以五铢钱市买"者，"比非井田制"，也要"投四裔"（第4111页）；又因"盗铸钱者不可禁，乃重其法，一家铸钱，五家坐之，没入为奴婢"（第4122页）；为了"防民盗铸"，又"禁不得挟铜炭"（第4109页）；六筦皆有"科条防禁，犯者罪至死"（第4150页）。史称："坐卖买田宅奴婢、铸钱，自诸侯卿大夫至于庶民，抵罪者不可胜数"（第4112页）；因触犯六筦科条而"抵罪者浸众"（第4150页）；"其男子槛车，儿女子步，以铁锁琅当其颈，传诣钟官，以十万数。到者易其夫妇，愁苦死者什六七"（第4167页）。地皇元年，王莽下令行"壹切之法"，"于是春夏斩人都市，百姓震惧，道路以目"（第4158页）。

新朝的赋税可能也比汉朝重。王莽在《王田令》中盛赞"古者……什一而税"，批评汉朝"三十税一"，应当在推行井田制的同时将税率改成了"什一"。刘秀建立东汉之初，一度也"行什一之税"，很可能是沿用新莽的税率，至建武六年十二月才下诏恢复"三十税一"之"旧制"①。除此之外，王莽还不断增加农民的额外

①《后汉书》卷一《光武帝纪》，第50页。

负担。天凤三年,将军冯茂率军击句町,在益州一带“赋敛民财什取五”;接替冯茂的廉丹、史熊又在梁州“大赋敛”,“訾民取其十四”(第4145页)。天凤四年,“又一切调上公以下诸有奴婢者,率一口出钱三千六百,天下愈愁,盗贼起”。天凤六年,“一切税天下吏民,訾三十取一”(第4155页);不久,“翼平连率田况奏郡县訾民不实,莽复三十税一”(第4156页)。

天凤四年,会稽、琅邪发生农民暴动,“莽遣使者即赦盗贼”,使者还言:“盗贼解,辄复合。问其故,皆曰愁法禁烦苛,不得举手。力作所得,不足以给贡税。闭门自守,又坐邻伍铸钱挟铜,奸吏因以愁民。民穷,悉起为盗贼。”(第4150页)第二年,费兴也对王莽说:“间者,国张六筦,税山泽,妨夺民之利,连年久旱,百姓饥穷,故为盗贼。”(第4152页)王莽终于走上了秦朝的老路,激起大规模农民暴动。班固《王莽传赞》曰:“秦燔《诗》《书》以立私议,莽诵六艺以文奸言,同归殊途,俱用灭亡。”(第4194页)“同归殊途”之说,意义深刻;但“诵六艺以文奸言”,带有明显的政治偏见。相比之下,桓谭对王莽的评价更为公允。他说:“王翁嘉慕前圣之治,而简薄汉家法令,故多所变更,欲事事效古,美先圣制度,而不知己之不能行其事,释近趋远,所尚非务,故以高义,退至废乱。此不知大体者也。”①在我们看来,“不知大体”的并非王莽一人,而是西汉后期的整个儒学士大夫阶层,是那个社会和时代。

①桓谭:《新论》,见严可均:《全后汉文》,第540页。

第五章　汉室复兴的政治文化意义

——谶纬和《公羊》学对东汉政治的影响

东汉王朝是新莽改制失败后汉室复兴的产物，其制度设施大多沿用西汉之旧。但东汉不是西汉的复制品，东汉的政治文化又有与西汉大不相同的地方。吕思勉曾指出："中国之文化，有一大转变，在乎两汉之间。自西汉以前，言治者多对社会政治竭力攻击。东汉以后，此等议论，渐不复闻。"①蒙文通则指出："东京之学不为放言高论，谨固之风起而恢宏之致衰，士趋于笃行而减于精思理想，党锢君子之行，斯其著者，而说经之家固其次也。故董、贾之书犹近孟、荀之迹，而东汉之学顿与晚周异术。"②阎步克对这一现象做了更为具体深入的研究，认为："尽管表面看来东汉初年的文化思想承袭了西汉的许多东西，但是某种深刻的政治文化变迁依然是悄悄地发生了。"③这些论断敏锐而深刻，富于启发性。本章将从汉室复兴的历程及其政治文化环境、谶纬的兴起及其对《公羊》学的发展、谶纬和《公羊》学对东汉内外政策的影响

①吕思勉：《秦汉史》，上海：上海古籍出版社，1983 年，第 197 页。

②蒙文通：《论经学三篇》，《中国文化》1991 年第 4 期。

③阎步克：《士大夫政治演生史稿》，第 428 页。

三个方面，对东汉政治和政治文化的一个侧面进行梳理，以求进一步揭示其独特面貌和发展轨迹。

第一节　汉室复兴的历程及其政治文化环境

一个已被推翻的王朝，居然能在十余年后复兴，并又延续了近二百年，这在中国历史上绝无仅有。汉朝何以亡而复兴？刘秀何以成为中兴之主？根据东汉人的解释，无非两条：一是天命所归，二是民心所向。

关于天命所归，范晔在《后汉书·光武帝纪论》中总结说：刘秀出生时“有赤光照室中”，卜者以为“吉不可言”；当年又有“嘉禾生，一茎九穗”，其父“因名光武曰秀”；其后，方士夏贺良上书哀帝“云汉家历运中衰，当再受命”；王莽改称钱币为“货泉”，而将货泉二字拆开来念，正是“白水真人”①；又有望气者遥望春陵郭，叹曰“气佳哉！郁郁葱葱然”；刘秀起兵后还春陵，亦见舍南“火光赫然属天，有倾不见”；道士西门君惠等则明言“刘秀当为天子”（第86页）。这些当然都是附会之辞。

关于民心所向，《后汉书》中也多有反映。如卷一七《冯异传》：“天下同苦王氏，思汉久矣。”（第640页）卷一三《公孙述传》：“天下同苦新室，思刘氏久矣。”（第534页）卷二一《邳彤传》：“吏民歌吟思汉久矣。”（第758页）卷一五《王常传》：“王莽篡弑，残虐天下，百姓思汉。”（第579页）②赵翼据此而认为：“是

①南阳之春陵国原为白水乡。

②相关分析可参赵毅、王彦辉：《两汉之际“人心思汉”思潮评议》，《东北师大学报》1994年第6期。

时人心思汉，举天下不谋而同。是以光武得天下之易，起兵不三年，遂登帝位，古未有如此之速者，因民心之所愿，故易为力也。”①其实，刘秀得天下并不容易。上述民心思汉的说法，都出现在刘缜、刘秀起兵后特别是刘玄称帝后的一段时间内，一定程度上反映了当时的民意，但此前和此后并非如此，“久矣”云云是夸张之辞。

实际上，西汉宗室在新朝建立后受到有效的排抑和压制，几乎丧失了影响力。新朝末年出现“汉家当复兴”的谶语，但赤眉、绿林等农民暴动最初并未受其影响。春陵宗室和绿林豪杰共同建立更始政权后，一度出现“海内豪杰翕然响应”的形势。但刘玄君臣暴虐无能，很快又失去民心，使天下分崩离析。刘秀在这样的形势下崛起于河北，并未得到民意的广泛支持。他一面以武力征讨不服，一面用爵禄招降纳叛，形成一个力量强大但结构松散的军事集团，又经过十余年艰苦战争，才消灭了其他政治势力，建立起东汉王朝。这段历程使得刘秀的统治缺乏深固的社会基础，他的许多举措，包括强化皇权和大力提倡谶纬，都是为改善这一状况而推出的。

一、新莽时期的西汉宗室

王莽篡位前后，以西汉宗室为主体的反抗活动仍不断出现。《汉书》卷九九《王莽传》：初始元年（8 年），“期门郎张充等六人谋共劫莽，立楚王。发觉，诛死”（第 4095 页）。始建国元年（9 年）四月，“徐乡侯刘快结党数千人起兵于其国”，并“举兵攻即墨”。其兄扶崇公刘殷“闭城门，自系狱”，即墨“吏民距快，快败

①王树民：《廿二史札记校证》，第 73 页。

走，至长广死”。王莽闻讯大悦，下令褒奖刘殷及“即墨士大夫”（第4110页）。“是岁长安狂女子碧呼道中曰：‘高皇帝大怒，趣归我国。不者，九月必杀汝！’莽收捕杀之。治者掌寇大夫陈成自免去官。真定刘都等谋举兵，发觉，皆诛”（第4118页）。始建国二年十一月，立国将军孙建奏：“九月辛巳，戊己校尉史陈良、终带共贼杀校尉刁护，劫略吏士，自称废汉大将军，亡入匈奴。又今月癸酉，不知何一男子遮臣建车前，自称‘汉氏刘子舆，成帝下妻子也。刘氏当复，趣空宫’。收系男子，即常安姓武字仲。”奏中还提到“前故安众侯刘崇、徐乡侯刘快、陵乡侯刘曾、扶恩侯刘贵等，更聚众谋反”（第4119页）。刘崇事在居摄元年。刘曾、刘贵事，《王莽传》不载。同书卷一五《王子侯表下》：“陵乡侯曾……王莽六年，举兵欲诛莽，死。”（第519页）孙建始建国二年奏中不可能出现王莽六年事，故“六”当为“元”之误，指始建国元年。刘贵事可能也在此年。

这些反抗影响不大，但王莽为了“绝其萌牙”，还是采取了一系列措施来抑制西汉宗室。首先是免除他们的官职。《汉书·王莽传》载：始建国元年王莽即位时，便令“诸刘为郡守，皆徙为谏大夫”（第4101页）；始建国二年十一月，又令诸刘“为吏者皆罢，待除于家”（第4119页）。其次是贬夺他们的爵位。始建国元年正月，“定诸侯王之号皆称公”（第4105页），次年二月，令“汉诸侯王为公者悉上玺绶为民”（第4118页）。同书卷一四《诸侯王表》多见“王莽篡位，贬为公，明年废”的记载，即指此事。西汉宗室的列侯爵位也被贬夺，但具体时间和过程，史家说法不同，须略加考证。

《汉书》卷一五《王子侯表》多有“王莽篡位，绝”字样，松兹侯均条则明言：“王莽篡位，绝者凡百八十一人。”师古注曰：“此下言免、绝者皆是也。"(第 483 页)据成、哀、平帝诸王子条推算,其绝国之年都在始建国元年。但《后汉书》卷一四《城阳恭王祉传》说:"及莽篡立,刘氏为侯者皆降称子,食孤卿禄,后皆夺爵。"(第 561 页)司马光综合上述记载,认为始建国元年王子侯未被夺爵,只是在诸侯王降为公的同时被降为子爵,故《资治通鉴》卷三七王莽始建国元年正月条曰:"其定诸侯王之号皆称公……于是汉诸侯王三十二人皆降为公,王子侯者百八十一人皆降为子,其后皆夺爵焉。"(第 1173 页)班昭据东观藏书作《汉书》诸《表》,对"刘氏为侯者皆降为子"一事不会不知,所言王子侯"免"、"绝"于始建国元年,可能是将其后的爵视为新莽之制而非汉制。就历史事实而言,司马光不用班昭说是对的,而将降侯为子一事系于始建国元年则有商榷余地。《汉书・王莽传》始建国元年四月条,有"徐乡侯刘快结党数千人起兵于其国。快兄殷,故汉胶东王,时改为扶崇公"(第 4110 页)的记载,明言刘殷已改称"公",刘快却仍称"侯"。二年十一月条载孙建奏,也称刘快及刘曾、刘贵为"侯"。若刘快等已降为子,《王莽传》和孙建奏不应仍称他们为"侯"。因此,"刘氏为侯者皆降称子"应非始建国元年事。孙建奏还提出"诸刘为诸侯者以户多少就五等之差"的建议,并得到王莽的批准。"五等之差"即公、侯、伯、子、男五等爵。降侯为子之事当是这一建议的结果,故其具体实施应在始建国二年十一月之后。

至于子爵被夺,《通鉴考异》曰:"不知夺在几年。"王先谦认为,由"'汉诸侯王为公者悉上玺绶为民',则知刘氏夺爵在始建国二年,司马失考"①。但孙建在始建国二年十一月的奏中说,"诸

①《后汉书集解》卷一四《城阳恭王祉传》,北京:中华书局,1984 年,第 208 页。

刘为诸侯者当与汉俱废,陛下至仁,久未定”,显然尚未夺爵,而《王莽传》将“诸侯王为公者悉上玺绶为民”一事系于始建国二年二月下,在孙建上奏前,若子爵与公爵同时被夺,孙建的话便没有着落了。因此,王说不能成立。

今案《后汉书》卷一《光武帝纪》载刘秀诏曰:“惟宗室列侯为王莽所废,先灵无所依归,朕甚愍之。其并复故国。若侯身已殁,属所上其子孙见名尚书,封拜。”(第31页)诏中所谓“宗室列侯为王莽所废”当指诸刘子爵被夺而言。《光武帝纪》又载:“初,光武为春陵侯家讼逋租于(严)尤。”注引《东观记》曰:“为季父故春陵侯诣大司马府,讼地皇元年十二月壬寅前租二万六千斛,刍稿钱若干万。”(第5页)刘秀的这位季父是春陵侯刘敞。宇都宫清吉以王先谦“刘氏夺爵在始建国二年”说为前提,认为刘敞此时已被夺爵,故刘秀所讼“逋租”是春陵侯家欠新朝政府的田租,是“侯家数代约六十年间开垦的领内私有田,即所谓‘名田’应负担的租额”①。但从西汉宗室当时的处境看,春陵侯家不大可能多年逃税,以致欠下如此巨额的田租;相反,西汉宗室被降为子爵后并未得到应得的租税收入,倒是完全可能的。故笔者认为,刘秀所讼“逋租”应是春陵国欠刘敞的田租。根据上文的考证,刘敞应已降爵为子,“春陵侯”云云,当系东汉史官以汉爵称之。如果是这样,《东观记》和《后汉书》的这一记载便意味着,刘敞的子爵至“地皇元年十二月壬寅前”仍未被夺,故制度上仍应食租。案饶尚宽《春秋战国秦汉朔闰表》②,地皇元年十二月朔日干支是甲午,壬寅则

①宇都宫清吉:《刘秀与南阳》,《日本学者研究中国史论著选译》第三卷,北京:中华书局,1993年,第628页。

②北京:商务印书馆,2006年,第194页。

是初九。笔者推测这很可能是刘敞被夺爵的日子。刘秀为已被夺爵的刘敞追欠租，当然只能追夺爵以前的，而不能追夺爵以后的。上引《东观记》称刘敞为"故春陵侯"，《汉书·王莽传》载地皇三年王莽诏也有"故汉氏春陵侯"之称(第4180页)，表明其时已被夺爵。

那么，刘敞为何在此日被夺爵？这个被如此精确地记录下来的日子有何特定意义？《后汉书·城阳恭王祉传》在"刘氏为侯者皆降称子，食孤卿禄，后皆夺爵"一句下接着说："及敞卒，祉遂特见废，又不得官为吏。"(第561页)此处"见废"二字显然不是指官，而是指爵。细味全句之意，应指春陵侯家的子爵"见废"于刘敞死后。如果是这样，上述日期应是刘敞的卒日。由于刘祉不得嗣爵，春陵侯家便从此失去了爵位。王莽曾下令："诸刘……勿解其复，各终厥身。"①大概诸刘的子爵也适用"各终厥身"的原则。

王莽实行五等爵制始于居摄三年。当时，王莽镇压了刘崇、翟义的叛乱，以五等爵奖励诸将，"高为侯伯，次为子男"。其后又多次赐爵，如始建国元年正月，封王氏亲属，其中"小功为子"；二年二月，封五威将十二人"为子"；四年夏，授诸侯茅土，其中"子百七十一人"。诸刘降为子者凡百八十一人，应当不在此数中，而另为一类。王莽授诸侯茅土时，"以图簿未定，未授国邑，且令受奉都内，月钱数千"，致使"诸侯皆困乏，至有庸作者"。天凤三年五月，颁布吏禄制度，规定"今诸侯各食其同、国、则"，但因"制度繁碎"，"课计不可理"，"吏终不得禄"，诸侯食邑之制显然也未落实。天凤四年六月，"更授诸侯茅土于明堂"，命其"各就厥国，养牧民人"，但仍是空头支票。史称："莽好空言，慕古法，多封爵人，

---

①《汉书》卷九九《王莽传》，第4108页。

性实遴啬，托以地理未定，故且先赋茅土，用慰喜封者。”①是王莽所封五等诸侯大多无食邑。诸刘为侯者原来都有食邑，故孙建建议“以户多少就五等之差”，结果一律降爵为子，而所食之租也未兑现。

《后汉书》卷一四《城阳恭王祉传》载：元帝时，刘敞之父刘仁“以春陵地执下湿，山林毒气，上书求减邑内徙”，遂徙封南阳。注引《东观记》曰：“仁于时见户四百七十六，上书愿减户徙南阳。”是春陵国原食四百七十六户，徙南阳后当有所减少。《祉传》又载：平帝时，刘敞曾“朝京师，助祭明堂”。注引《续汉书》曰：“侯等助祭明堂，以例益户二百。”（第560页）据此，刘敞所食户数应在六百上下。而刘秀为敞所讼逋租竟达二万六千斛，平均每户四十多斛，显然是多年所欠。《后汉书》卷一《光武帝纪》注引《东观记》说：刘秀为春陵侯敞讼逋租时，“宛人朱福亦为舅讼租于（严）尤”（第5页）。案同书卷二二《朱祐传》：“南阳宛人也。少孤，归外家复阳刘氏。”李贤注：“《东观记》‘祐’作‘福’，避安帝讳。”（第769页）《汉书》卷一五《王子侯表》有“复阳严侯刘延年”，两传至刘道而免（第492页）。朱祐之舅应当就是这位刘道。刘秀和朱祐讼租是否成功，不得而知。但据史家无意中记录下来的这两个例子推测，西汉宗室降侯为子后大约都没有得到应食的租税。

王莽对西汉宗室在抑制的同时又注意安抚。他曾下令：“诸刘更属京兆大尹……州牧数存问，勿令有侵冤。”②让他们终身享有子爵，应当也是这一安抚政策的具体体现。但汉帝既已禅位，

---

①《汉书》卷九九《王莽传》，第4089、4118、4129、4143、4150页。

②《汉书》卷九九《王莽传》，第4108页。

宗室的地位必然江河日下。《后汉书》卷一四《安成孝侯赐传》注引《续汉书》:"王莽时,诸刘抑废,为郡县所侵。蔡阳国釜亭候长辟诟更始父子张,子张怒,刺杀亭长。后十余岁,亭长子报杀更始弟骞。"(第564页)同书卷一一《刘玄传》:"刘玄字圣公……弟为人所杀,圣公结客欲报之。客犯法,圣公避吏于平林。吏系圣公父子张。圣公诈死,使人持丧归春陵,吏乃出子张,圣公因自逃匿。"注引《续汉书》曰:"时圣公聚客,家有酒,请游徼饮,宾客醉歌,言'朝亨两都尉,游徼后来,用调羹味'。游徼大怒,缚捶数百。"(第467页)更始帝刘玄亦为西汉宗室,其父子张是第二代春陵侯刘熊渠之孙,与刘敞是同祖昆弟①。但王莽时,他们显然与普通平民无异,连亭长、游徼这样的基层乡官都不把他们放在眼里。所谓"诸刘抑废,为郡县所侵"也是实情。

新莽代汉曾是大势所趋,得到多数西汉臣民的默许。数年后,改制失败引起的混乱,特别是连年发生的自然灾害,使许多百姓无以为生,因而暴动不断发生。正如荆州牧费兴所说,"国张六筦,税山泽,妨夺民之利,连年久旱,百姓饥穷,故为盗贼"②。但暴动的饥民起初并无推翻新朝的政治动机③,他们只想以劫掠维持生存,渡过眼下的难关,待年景好了便回家务农。

《汉书》卷九九《王莽传》载:天凤五年,"赤眉力子都、樊崇等以饥馑相聚,起于琅邪,转钞掠,众皆万数"(第4154页)。地皇元年,"南郡张霸、江夏羊牧、王匡等起云杜绿林,号曰下江兵,众皆

①参《后汉书》卷一一《刘玄传》注引《帝王纪》,第467页;《汉书》卷一五《王子侯表》,第469页。

②《汉书》卷九九《王莽传》,第4152页。

③参马彪:《两汉之际刘氏宗室的"中衰"与"中兴"》,《北京师范大学学报》1995年第5期。

万余人”(第4164页)。《后汉书》卷一一《刘盆子传》载赤眉事曰:“时青、徐大饥,寇贼蜂起”,樊崇“起兵于莒,众百余人,转入太山”,“群盗以崇勇猛,皆附之,一岁间至万余人”。逄安、徐宣、谢禄、杨音等“各起兵,合数万人,复引从崇”。从此,这支队伍转战徐、青、兖、豫、荆各州,“所过虏掠”(第478页)。同卷《刘玄传》载绿林事曰:“王莽末,南方饥馑,人庶群入野泽,掘凫茈而食之,更相侵夺。新市人王匡、王凤为平理诤讼,遂推为渠帅,众数百人。于是诸亡命马武、王常、成丹等往从之,共攻离乡聚,臧于绿林山中,数月间至七八千人。”①是王匡、王凤所率数百野泽饥民,在马武等人加入后,开始攻打乡聚,掠夺财物,然后进入绿林山躲藏,队伍也随之壮大。地皇二年,新朝荆州牧发兵镇压,绿林军“大破牧军,杀数千人,尽获辎重”。进而开始攻打县城,“拔竟陵,转击云杜、安陆,多略妇女,还入绿林中,至有五万余口,州郡不能制”(第467页)。就这样,一群群来自社会下层的饥民,在亡命豪杰的带领下,走上了劫掠求生的道路。

班固在《王莽传》地皇二年条对当时形势有一段分析:“初,四方皆以饥寒穷愁起为盗贼,稍稍群聚,常思岁熟得归乡里。众虽万数,亶称巨人、从事、三老、祭酒,不敢略有城邑,转掠求食,日阕而已。诸长吏牧守皆自乱斗中兵而死,贼非敢欲杀之也,而莽终不谕其故。是岁,大司马士按章豫州,为贼所获,贼送付县。士还,上书……言:‘我责数贼何故为是,贼曰以贫穷故耳。贼护出我。’”王莽见书“大怒,下狱以为诬罔”,并下书责群臣,“于是群下愈恐,莫敢言贼情者,亦不得擅发兵,贼由是遂不制”(第4170页)。的确,王莽刚愎自用,坚持认为这些“盗贼”不是一般的“群

①李贤注曰:“离乡聚,谓诸乡聚离散去城郭远者,大曰乡,小曰聚。”

盗”、“偷穴”，而是“逆乱之大者”，因而拒绝赈济安抚，一味征剿捕诛，丧失了挽回局面的时机。王莽措置失当，使久遭抑废的西汉宗室得到机会，将饥民暴动引导到反新复汉的道路上来。

史载：地皇三年，绿林山中暴发疾疫，绿林军“死者且半”，被迫出山。“王常、成丹西入南郡，号下江兵，王匡、王凤、马武及其支党朱鲔、张印等北入南阳，号新市兵，皆自称将军”。同时，“平林人陈牧、廖湛复聚众千余人，号平林兵，以应之”，刘縯（字伯升）、刘秀兄弟“亦起春陵，与诸部合兵而进”①。为了统一指挥，他们又立刘玄（字圣公）为帝，年号更始。从此，他们打着反新复汉的旗号，以南郡、南阳为基地，北向宛、洛，西击武关，进而攻入关中，推翻了新莽政权。在绿林军的这一转变过程中，春陵宗室起了重要作用。

二、绿林军中的春陵宗室

春陵侯出自景帝之子长沙定王刘发，始封侯是刘买，其后刘熊渠、刘仁、刘敞依次嗣爵，刘敞的嫡子是刘祉②。这是春陵宗室的正嫡大宗。刘买初封零陵郡零道春陵乡，刘仁时“徙封南阳之白水乡，犹以春陵为国名，遂与从弟钜鹿都尉回及宗族往家焉”③。钜鹿都尉刘回就是刘縯和刘秀的祖父，回父名外，回祖即第一代春陵侯刘买④。这是春陵宗室的一个旁支。更始帝刘玄也出自春陵宗室旁支，父刘子张，祖刘利，曾祖是第二代春陵侯刘熊渠⑤。

---

①《后汉书》卷一一《刘玄传》，第468—469页。

②《汉书》卷一五《王子侯表》，第469页。

③《后汉书》卷一四《城阳恭王祉传》，第560页。

④《后汉书》卷一《光武帝纪》，第1页。

⑤《后汉书》卷一一《刘玄传》注引《帝王纪》，第467页。

此外,见于记载的春陵宗室成员还有:刘利之孙刘赐、曾孙刘信,第三代春陵侯刘仁之子刘庆、刘弘、刘梁、刘宪,庆子刘顺,弘子刘敏、刘国,宪子刘嘉,以及不知出自第几代春陵侯的"光武族父"刘歙,歙子刘终,歙从父弟刘茂,茂弟刘匡等。史称刘秀之父卒后,兄弟"养于叔父良";刘终"与光武少相亲爱";刘顺"与光武同里闬,少相厚";刘嘉少孤,刘秀之父"养视如子",又与刘縯"具学长安"①。可见他们都在春陵国聚族而居,关系亲密。

春陵宗室在王莽篡位前夕曾两次受到反莽事件的牵连。先是刘敞的族兄安众侯刘崇起兵反莽,王莽因此免了刘敞的庐江都尉,令归国。"敞惧,欲结援树党,乃为祉娶高陵侯翟宣女为妻"。但不久宣弟翟义又起兵反莽,莽"捕杀宣女,祉坐系狱"。刘敞连忙"上书谢罪,愿率子弟宗族为士卒先",王莽刚刚居摄,也"欲慰安宗室,故不被刑诛"。刘敞父子又逃过一劫。王莽称帝后,刘敞小心谨慎,没再沾惹大的麻烦。刘祉亦"以故侯嫡子,行淳厚,宗室皆敬之"②。唯有刘玄因结客报仇,逃匿在外。刘縯则"性刚毅,慷慨有大节。自王莽篡汉,常愤愤,怀复社稷之虑,不事家人居业,倾身破产,交结天下雄俊"③。

地皇三年,绿林军出山,分为下江兵和新市兵,平林兵起而响应。刘玄加入平林兵,为安集掾。刘縯"召诸豪杰计议曰:'王莽暴虐,百姓分崩,今枯旱连年,兵革并起。此亦天亡之时,复高祖之业,定万世之秋也。'众皆然之。于是分遣亲客,使邓晨起新野,光武与李通、李轶起于宛。伯升自发春陵子弟,合七八千人"④。

---

①《后汉书》卷一四《宗室四王三侯传》,第563—567页。

②《后汉书》卷一四《城阳恭王祉传》,第560—561页。

③《后汉书》卷一四《齐武王縯传》,第549页。

④《后汉书》卷一四《齐武王縯传》,第549页。

对刘縯的这一举动，春陵宗室赞同者少。刘良甚至大怒，对刘秀说："汝与伯升志操不同，今家欲危亡，而反共谋如是！"[①]许多宗族子弟闻讯"恐惧，皆亡逃自匿，曰'伯升杀我'。及见光武绛衣大冠，皆惊曰'谨厚者亦复为之'，乃稍自安"[②]。"伯升杀我"是说刘縯起兵会连累宗族遭朝廷报复；"乃稍自安"当是见素来谨厚的刘秀也参与其事，意识到宗族卷入其中已不可避免，与其逃亡，不如从军。刘祉即"兄弟相率从军"[③]，刘良虽怒，"既而不得已，从军"[④]。其家属妇孺有随军的，也有留下的。留下的多被朝廷捕杀，如刘祉从军后，"前队大夫甄阜尽收其家属系宛狱"，后又"尽杀其母弟妻子"。随军的在刘縯兵败小长安时也多有被杀者。史载："汉兵败小长安，诸将多亡家属。"刘秀"单马遁走"，路遇其妹伯姬，"与共骑而奔"，又遇其姊元，"趣令上马，元以手㧑曰：'行矣，不能相救，无为两没也。'会追兵至，元及三女皆遇害"[⑤]。刘秀的二哥刘仲、刘良之"妻及二子"、刘嘉之"妻子"也在此时"被害"[⑥]。就这样，整个春陵宗室被刘縯拖进了反莽复汉的战争。

刘縯所率春陵兵只是当时各路暴动武装中的一支，但他自称"柱天都部"，后又改称"柱天大将军"。李贤注曰："柱天者，若天之柱也。都部者，都统其众也。"颇有以统帅自居向新莽皇权挑战的意味。同时，刘縯主动联络各路人马，共同作战，一度成为绿林各部的核心人物。他先派刘嘉"往诱新市、平林兵王匡、陈牧等，

---

①《后汉书》卷一四《赵孝王良传》，第558页。

②《后汉书》卷一《光武帝纪》，第3页。

③《后汉书》卷一四《城阳恭王祉传》，第561页。

④《后汉书》卷一四《宗室四王三侯传》，第549、558页。

⑤《后汉书》卷一五《邓晨传》，第583页。

⑥《后汉书》卷一四《赵孝王良传》，第558页；《顺阳怀侯嘉传》，第568页。

合军而进"[①]。小长安失利后，新市、平林"各欲解去"。刘縯和刘秀又亲自前往下江军中，"说以合纵之利"。下江将领王常认为"南阳诸刘举宗起兵"，刘縯兄弟"皆有深计大虑，王公之才，与之并合，必成大功"，遂说服下江诸将"引兵与汉军及新市、平林合。于是诸部齐心同力，锐气益壮"[②]，连败莽军，进围宛城。

这时，王莽"大震惧"，下诏称"故汉氏舂陵侯群子刘伯升与其族人婚姻党与，妄流言惑众，悖畔天命……有能捕得此人者，皆封为上公，食邑万户，赐宝货五千万"[③]，并"使长安中官署及天下乡亭皆画伯升像于塾，旦起射之"。绿林军声名大振，"百姓日有降者，众至十余万"。于是，"诸将会议立刘氏以从人望"[④]，当时"唯（王）常与南阳士大夫同意欲立伯升"[⑤]，"而新市、平林将帅乐放纵，惮伯升威明而贪圣公懦弱，先共定策立之"。由于新市、平林、下江势力占优势，刘縯及其追随者无可奈何。继而刘縯攻拔宛城，刘秀又在昆阳以少胜多，击溃新莽百万大军，"兄弟威名益甚"。刘縯功高震主，"更始君臣不自安，遂共谋诛伯升"。刘縯不加提防，遂被害[⑥]。从此，舂陵宗室以刘玄为代表，成为新市、平林、下江诸将的招牌和傀儡。

此时，人们对新莽政权已忍无可忍，更始政权打起汉朝旗号，立刻得到广泛响应。史称："更始入都宛城"，派王匡北攻洛阳，派

---

①《后汉书》卷一四《齐武王縯传》，第 549 页。

②《后汉书》卷一五《王常传》，第 579 页。

③《汉书》卷九九《王莽传》，第 4180 页。《后汉书》卷一四《齐武王縯传》作"购伯升邑五万户，黄金十万斤，位上公"。第 550 页。

④《后汉书》卷一四《齐武王縯传》，第 550 页。

⑤《后汉书》卷一五《王常传》，第 579 页。

⑥《后汉书》卷一四《齐武王縯传》，第 551 页。

申屠建、李松西攻武关。于是“三辅震动”,“海内豪杰翕然响应,皆杀其牧守,自称将军,用汉年号,以待诏命,旬月之间,遍于天下”①。在这种形势下,新莽王朝迅速瓦解。更始军主力还没入关,长安就被关中的暴动武装攻破了。

《汉书》卷九九《王莽传》载:“析人邓晔、于匡起兵南乡百余人”,析宰将兵数千“备武关”,晔、匡谓曰:“刘帝已立,君何不知命也!”宰遂降,晔、匡“尽得其众”。于是,“晔自称辅汉左将军,匡右将军,拔析、丹水,攻武关,都尉朱萌降”。晔“开武关迎汉”,李松率二千余人入关。晔又“以弘农掾王宪为校尉,将数百人北渡渭,入左冯翊界,降城略地……所过迎降,大姓栎阳申砀、下邽王大皆率众随宪。属县蘩严春、茂陵董喜、蓝田王孟、槐里汝臣、盩厔王扶、阳陵严本、杜陵屠门少之属,众皆数千人,假号称汉将”。李松、邓晔“共攻京师仓,未下”,遂引军至华阴,想等“更始帝大兵到”,再攻长安。但王宪等“长安旁兵四会城下”,“皆争欲先入城,贪立大功卤掠之利”,城中少年“恐见卤掠,趋讙并和”,又引发城内暴动。结果长安城破,王莽被杀,王宪“自称汉大将军,城中兵数十万皆属焉”。这时,李松、邓晔、申屠建等才进入长安,以“得玺绶不辄上”等罪名收斩王宪,“传莽首诣更始,悬宛市”(第4187—4192页)。在这一过程中,更始君臣几乎是坐享其成。

在王莽被杀的同时,洛阳也被攻破。刘玄北都洛阳,数月后迁都长安,正式接管了新莽政权。刘玄先封舂陵宗室刘祉、刘赐、刘庆、刘歙、刘嘉、刘信为王,又立新市、平林、下江诸将王匡、王凤、张卬、王常、廖湛、申屠建等为王。宗室、豪杰,各得其所。掌管朝政的则是丞相李松和右大司马赵萌。此时形势对更始政权

①《后汉书》卷一一《刘玄传》,第469页。

十分有利，史称“更始西都，四方响应，天下喁喁，谓之太平”①。更始君臣若能顺应民心，革除新莽乱政，救济四方饥民，局势可能不致失控。但刘玄无能，诸将暴虐，不能胜任这一使命。《后汉书》卷一一《刘玄传》：玄“纳赵萌女为夫人，有宠，遂委政于萌，日夜与妇人饮燕后庭”，于是“赵萌专权，威福自己”，“李轶、朱鲔擅命山东，王匡、张卬横暴三辅”，“诸将出征，各自专置牧守，州郡交错，不知所从”（第470页）。卷一七《冯异传》：“更始诸将纵横暴虐，所至虏掠，百姓失望，无所依戴。”（第640页）卷一九《耿弇传》：“更始失政，君臣淫乱……元元叩心，更思莽朝。”（第705页）民心思汉的大好形势很快就被葬送了，天下顿时土崩瓦解。《后汉书》卷一三《公孙述传》：“更始政乱，复失天下，众庶引领，四方瓦解。”（第539页）卷一《光武帝纪》：“是时长安政乱，四方背叛。梁王刘永擅命睢阳，公孙述称王巴蜀，李宪自立为淮南王，秦丰自号楚黎王，张步起琅邪，董宪起东海，延岑起汉中，田戎起夷陵，并置将帅，侵略郡县。”（第16页）

不久，赤眉大军入关，另立城阳景王刘章之后刘盆子为帝，进而攻占长安，推翻了更始政权。此后，赤眉“诸将日会论功，争言欢呼，拔剑击柱，不能相一。三辅郡县营长遣使贡献，兵士辄剽夺之，又数虏暴吏民”。盆子叩头涕泣，请求退位。诸将“哀怜之”，顿首曰：“臣无状，负陛下。请自今已后，不敢复放纵。”于是“各闭营自守，三辅翕然”。但二十余日后，“赤眉贪财物，复出大掠”，并一发而不可收拾。“城中粮食尽，遂收载珍宝，因大纵火烧宫室，引兵而西……自南山转掠城邑”。途中遇大雪，“乃复还，发掘诸陵，取其宝货……复入长安”。此时，“三辅大饥，人相食，城郭皆

①《后汉书》卷一三《隗嚣传》，第524页。

空，白骨蔽野……赤眉虏掠无所得……乃引而东归”[1]。经赤眉一番扫荡，关中一片狼藉，汉室在旧都复兴的希望彻底破灭了。

更始和赤眉政权相继失败，使整个局势失去了重心。此时，刘氏仍有一定号召力，故方望立前孺子刘婴为帝于平陵，刘永称帝于睢阳，王郎冒充成帝子刘子舆称帝于邯郸，卢芳冒充武帝曾孙刘文伯称帝于九原。但刘玄、刘盆子的无能和懦弱，已使刘氏的号召力大打折扣，故而也出现了公然以异姓称帝者，如李宪称帝于庐江，孙登称帝于上郡，公孙述称帝于成都。

春陵宗室首揭大旗，联合绿林各部，发起复兴汉室运动。但更始集团中掌握主导权的是绿林各部的草莽英雄。他们立刘玄，杀刘縯，继续保持流寇作风，将更始政权导入死路。不过，刘縯之死迫使刘秀逐步脱离更始集团，从而为春陵宗室及其复汉运动创造了另一次机会。

三、刘秀的崛起

《后汉书》卷一《光武本纪》：刘秀“性勤于稼穑”，刘縯常“非笑”他胸无大志，只知“事田业”，将他比作“高祖兄仲”（第1页）。刘秀做皇帝后，宗室诸母相与语曰：“文叔少时谨信，与人不款曲，唯直柔耳，今乃能如此！”（第68页）也说他年轻时并未表现出政治才干，没想到能有这么大的作为。昆阳之战，刘秀以少击众，诸将皆曰：“刘将军平生见小敌怯，今见大敌勇，甚可怪也。”（第8页）这些记载都表明，刘秀在春陵宗室中原本是不起眼的人物。随刘縯起兵后，他在更始集团中也不是头面人物。刘玄称帝时，“悉拜置诸将，以族父良为国三老，王匡为定国上公，王凤成国上

---

①《后汉书》卷一一《刘盆子传》，第477—485页。

公，朱鲔大司马，伯升大司徒，陈牧大司空，余皆九卿将军”①。刘秀便是“余”者之一，拜太常偏将军。

《后汉书》卷一四《齐武王縯传》说：刘玄称帝后，“豪杰失望，多不服”（第551页）。这恐怕是史家有意贬低刘玄而抬高刘縯兄弟。事实上，在刘玄和刘縯的这场帝位争夺中，大多数南阳士大夫和舂陵宗室也倒向刘玄一边，刘縯兄弟则陷入孤立境地。《齐武王縯传》载刘縯被杀事曰：“伯升部将宗人刘稷……闻更始立，怒曰：‘本起兵图大事者，伯升兄弟也，今更始何为者邪？’更始君臣闻而心忌之……陈兵数千人，先收稷，将诛之，伯升固争。李轶、朱鲔因劝更始并执伯升，即日害之。”（第552页）朱鲔是主张拥立刘玄的新市将领之一，欲除刘縯，不足为怪。李轶则是支持刘縯的南阳士大夫的代表人物。他曾认为“新室且亡，汉当更兴，南阳宗室独刘伯升兄弟泛爱容众，可与谋大事”②，遂与从兄李通主动联络刘秀，推动并参与了刘縯兄弟起事。但刘玄称帝后，李轶“谄事更始贵将”，并促使刘玄杀了刘縯。史称刘秀对李轶早有疑心，曾提醒刘縯，“此人不可复信”，似乎只有李轶背叛了刘縯③。实则李通等其他南阳士大夫和舂陵宗室成员，对更始君臣“谋诛”刘縯之事也未进行抗争。他们也和李轶一样抛弃了刘縯，李通从弟李松还成了刘玄的亲信，官拜丞相，舂陵宗室刘赐则接替刘縯出任大司徒。种种迹象表明，李轶的变化不是孤立现象。

意识到这一点，对刘秀当时的处境就不难体会了。《后汉书》

---

①《后汉书》卷一一《刘玄传》，第469页。

②《后汉书》卷一五《李通传》，第573页。

③《后汉书》卷一四《齐武王縯传》，第552页。

卷一《光武帝纪》:“伯升为更始所害,光武自父城驰诣宛谢。司徒官属迎吊光武,光武难交私语。深引过而已,未尝自伐昆阳之功,又不敢为伯升服丧,饮食言笑如平常。”(第9页)卷一七《冯异传》:“自伯升之败,光武不敢显其悲戚,每独居,辄不御酒肉,枕席有涕泣处。异独叩头宽譬哀情。光武止之曰:‘卿勿妄言。’”(第640页)刘秀向刘玄谢罪,当是承认刘稷、刘縯反对立刘玄为帝有罪,同时表明自己拥戴刘玄的态度。刘秀当时的声望和影响力远不如刘縯,还不致对刘玄的地位构成威胁,因而未遭诛连。但他毕竟是刘縯最亲近的人,被更始君臣疑忌是不可避免的。刘秀强抑悲戚,谨慎应对,一是为了保住性命,二是为了避免被更始集团进一步排斥。史称:“更始以是惭,拜光武为破虏大将军,封武信侯。”刘秀暂时度过了危机。

不过,更始诸将对刘秀并不信任,其处境依然危险。这迫使他设法脱离更始朝廷,另谋发展。不久,机会来了。王莽被杀后,刘玄北都洛阳,一面准备入关,一面考虑“令亲近大将徇河北”。刘赐可能也对刘秀心存愧疚,因而极力推荐刘秀。《后汉书》卷一四《安成孝侯赐传》:“赐言诸家子独有文叔(刘秀字)可用,大司马朱鲔等以为不可,更始狐疑,赐深劝之,乃拜光武行大司马,持节过河。”(第565页)卷一七《冯异传》亦及此事:“更始数欲遣光武徇河北,诸将皆以为不可。是时左丞相曹竟子诩为尚书,父子用事,异劝光武厚结纳之。及度河北,诩有力焉。”(第640页)曹竟父子,《后汉书》无传。据《汉书》卷七二《王贡两龚鲍传》,曹竟是儒生,王莽时“去官不仕”,刘玄征之“以为丞相,封侯,欲视致贤人,销寇贼”(第3096页)。父子二人在更始集团中,不会有太大势力,因与草莽诸将存在隔阂而支持刘秀,则不无可能。

刘玄称帝后“使使者循郡国,曰先降者复爵位”①,河北州郡大多已归降更始政权。刘秀北上,是以行大司马身份“镇慰州郡”。开始相当顺利,“所到部县,辄见二千石、长吏、三老、官属,下至佐史,考察黜陟,如州牧行部事。辄平遣囚徒,除王莽苛政,复汉官名。吏人喜悦,争持牛酒迎劳”。但他抵达真定后,故赵缪王子刘林“诈以卜者王郎为成帝子子舆”,拥郎称帝于邯郸,并“遣使者降下郡国”。故广阳王子刘接亦“起兵蓟中以应郎”②。这是河北的汉朝宗室向南阳更始集团发起的挑战。《后汉书》卷一九《耿弇传》载:当时上谷太守耿况派其子耿弇“奉奏诣更始”,途中得知王郎称帝,弇从吏孙仓、卫包谋曰:“刘子舆成帝正统,舍此不归,远行安之?”遂“亡降王郎”(第 704 页)。孙仓、卫包的看法在河北有一定普遍性,因而民心大多倒向王郎。同书卷二〇《王霸传》:“及王郎起,光武在蓟,郎移檄购光武。光武令霸至市中募人,将以击郎。市人皆大笑,举手邪揄之,霸惭懅而还。”(第 735 页)

河北形势突变,刘秀措手不及,仓皇南逃。幸亏信都、和成、上谷、渔阳等郡的主要官吏仍站在更始政权一边,他才得以扭转局势。《后汉书》卷一《光武帝纪》载其事曰:刘秀至信都,“太守任光开门出迎。世祖因发旁县,得四千人,先击堂阳、贳县,皆降之。王莽和成卒正邳彤亦举郡降。又昌城人刘植,宋子人耿纯,各率宗亲子弟,据其县邑,以奉光武。于是北降下曲阳,众稍合,乐附者至有数万人。复北击中山,拔卢奴,所过发奔命兵,移檄边郡,共击邯郸,郡县还复响应。南击新市、真定、元氏、防子,皆下

①《后汉书》卷一六《寇恂传》,第 620 页。

②《后汉书》卷一《光武帝纪》,第 10—12 页。

之,因入赵界"。攻柏人不下,"于是引兵拔广阿"。这时,"上谷太守耿况、渔阳太守彭宠各遣其将吴汉、寇恂等将突骑来助击王郎,更始亦遣尚书仆射谢躬讨郎"(第12页)。刘秀声势大振,遂破邯郸,杀王郎。刘秀至蓟在更始二年正月,至信都发兵击王郎当在二三月间,四月围邯郸,五月破之,前后只用了短短三个月左右。刘秀能迅速消灭王郎政权,首先是因为王郎立足未稳,根基不牢。河北吏民虽普遍支持他,但尚未形成牢固的君臣关系,许多郡县其实还在犹豫观望中。刘秀抓住这一机会对王郎发动攻击,使这些郡县又倒向自己一边,从而扩大了自己的力量。

刘秀至信都前,手下只有"官属"而无军队①,在信都发兵也只得四千人。当时有"城头子路"兵二十余万在"河济间","力子都"兵六七万在"徐兖界"。他们都是当地豪杰大姓控制的农民武装,但接受了更始政权的官爵。刘秀采纳任光的建议,一面"募发奔命,出攻傍县",一面多作檄文曰"大司马刘公将城头子路、力子都兵百万众从东方来,击诸反虏",派人送至钜鹿界中。吏民得檄,传相告语,人心惶惶。刘秀乘机率众"投暮入堂阳界,使骑各持炬火,弥满泽中,光炎烛天地,举城莫不震惊惶怖,其夜即降"②。初战告捷,全靠虚张声势,骗得堂阳等县吏民不战而降。及邳彤、刘植、耿纯等率众加入,刘秀的队伍增至"数万人"。北击中山,"发奔命兵",又有所扩大。"真定王刘扬起兵以附王郎,众十余万"。刘秀派人"说扬,扬乃降"③。不过刘秀此时可能仍处于劣势,最终帮他扭转局面的还是渔阳、上谷二郡的支持。

①参廖伯源:《试论光武帝之统御术四事:柔道、人质、遥控诸将与安置降卒、军事复员》,《"中研院"历史语言研究所集刊》第61本第4分,第892页。

②《后汉书》卷二一《任光传》,第752页。

③《后汉书》卷二一《刘植传》,第760页。

两汉之际，关中地区迅速衰落，河北号称“天府之地”，成为天下重心所在。军事上，关中骑兵威风不再，幽州特别是渔阳、上谷二郡突骑则名闻天下。《后汉书》卷二〇《铫期传》：“河北之地，界接边塞，人习兵战，号为精勇。”（第732页）卷一八《吴汉传》：“渔阳、上谷突骑，天下所闻也。”（第675页）卷一九《耿弇传》：王郎称帝，弇按剑曰：“我至长安，与国家陈渔阳、上谷兵马之用……归发突骑以辚乌合之众，如摧枯折腐耳。”（第704页）卷二二《景丹传》：丹等率渔阳、上谷兵归刘秀，从击王郎军于南䜌，“郎军迎战，汉军退却，丹等纵突骑击，大破之，追奔十余里，死伤者纵横”。刘秀高兴地说：“吾闻突骑天下精兵，今乃见其战，乐可言邪！”（第772页）

刘玄、王郎也知道突骑的威力，都曾试图加以控制。刘玄称帝后，“使谒者韩鸿持节徇北州”。当时彭宠和吴汉都逃亡在渔阳。韩鸿“以宠、汉并乡闾故人，相见甚欢，即拜宠偏将军，行渔阳太守事，汉安乐令”①。可能也是这个韩鸿，又受降上谷，接受了太守耿况交上的印绶，“一宿无还意”，好像打算更授他人，后在上谷功曹寇恂的逼迫和劝说下，还印绶于耿况，并“承制诏之”②。王郎称帝后，也“遣将徇渔阳、上谷，急发其兵”。在河北郡国大多降于王郎的形势下，渔阳官属亦“皆欲附王郎”，彭宠“不能夺”。吴汉“素闻光武长者，独欲归心”，遂“诈为光武书，移檄渔阳”，使逃亡儒生赍以诣宠，“言刘公所过为郡县所归，邯郸举尊号者实非刘氏”，从而坚定了彭宠支持刘秀的决心③。耿况在寇恂和耿弇的劝

①《后汉书》卷一二《彭宠传》，第502页。
②《后汉书》卷一六《寇恂传》，第620页。
③《后汉书》卷一八《吴汉传》，第676页。

说下，也决意站在刘秀一边，遂“东约彭宠，各发突骑二千匹，步兵千人”。二郡兵“合军而南”，虽仅六千人马，却所向无敌，“击斩王郎大将、九卿、校尉以下四百余级，得印绶百二十五，节二，斩首三万级，定涿郡、中山、钜鹿、清河、河间凡二十二县，遂及光武于广阿”。王郎灭后，刘玄见刘秀“威声日盛”，乃遣使立刘秀为萧王，“令罢兵与诸将有功者还长安”，欲夺其兵权，同时“遣苗曾为幽州牧，韦顺为上谷太守，蔡充为渔阳太守”，欲控制幽州突骑。刘秀以“河北未平”为由拒绝就征，又派吴汉、耿弇至幽州，诛苗曾、韦顺、蔡充，夺回幽州控制权，“悉发幽州兵”①。从此，幽州突骑成为刘秀军中主力，为他平定河北及统一天下立下汗马功劳。

四、刘秀集团的形成

在平定王郎的过程中，刘秀集团也初步形成。其主要成员有追随刘秀渡河北上者，如南阳邓禹、岑彭、贾复、陈俊、朱祐、杜茂、颍川冯异、臧宫、铫期、王霸、祭遵；有在信都奉迎刘秀者，如南阳任光、东莱李忠、扶风万脩、信都邳肜、钜鹿刘植、耿纯；还有上谷、渔阳二郡的部分官吏，如上谷寇恂、南阳吴汉、渔阳盖延、王梁、扶风耿弇、冯翊景丹。加上稍晚投奔刘秀于河北的南阳马成、马武、刘隆、颍川傅俊、坚镡，所谓“二十八将”都在这儿了。

《后汉书》卷二二范晔论曰：“永平中，显宗追感前世功臣，乃图画二十八将于南宫云台，其外又有王常、李通、窦融、卓茂，合三十二人。故依其本弟系之篇末，以志功臣之次云尔。”（第789页）邓禹等人的像都被画在云台上，故有“云台二十八将”之称。但明帝图画于云台的功臣，好像不是二十八人，而是三十二人。“其外

---

①《后汉书》卷一九《耿弇传》，第704—706页。

又有……合三十二人”云云，当指王常等四人也被图画于云台。《后汉书》卷二四《马援传》载：“显宗图画建武中名臣列将于云台，以椒房故，独不及援。东平王苍观图，言于帝曰：‘何故不画伏波将军像？’帝笑而不答。”（第852页）此处称“名臣列将”而不称“二十八将”，又说马援若非外戚也应厕名其间。看来，明帝图画功臣于云台时，并未限定二十八人之数。灵帝曾“敕中尚方为鸿都文学乐松、江览等三十二人图象立赞”①。有学者认为，鸿都门画像之所以是三十二人，“不是偶然的”，“而是取法于汉显宗”②。其说可参。

既然如此，为何要称“二十八将”呢？上引范晔论说：“中兴二十八将，前世以为上应二十八宿，未之详也。”《后汉书》卷一七《冯异传》载安帝诏曰：“建武元功二十八将，佐命虎臣，谶记有征。”（第652页）大概谶纬中有二十八将上应二十八宿之说，可惜其文不传，范晔已不知其详。不过，即使谶纬确有此说，也是当时人的附会。事实上，“二十八将”之称所凸显的是开国之功。邓禹等二十八人都是刘秀称帝前投入其麾下的，并且都曾“从平河北”，参与了最艰难也最危险的王朝草创过程。王常等四人则是刘秀称帝后才加入该集团的。同为功臣，前者的贡献毕竟更大，将二者稍加区分也是必要的。

除邓禹等“二十八将”、王常等四人及马援之外，在《后汉书》中与李通、王常同传的邓晨、来歙也是重要功臣。《文献通考》卷二六九《封建考十》东汉功臣侯条马端临按：“史言伏波辅佐中兴

①《后汉书》卷七七《酷吏阳球传》，第2499页。

②孙明君：《第三种势力——政治视角中的鸿都门学》，《学习与探索》2002年第5期。

之功不减云台诸将，独以椒房之戚不得预焉。然邓晨，光武姊婿也；来歙，光武祖姑之子也①。晨之舍宗从义，歙之捐躯徇国，其功烈虽劣于寇、邓、冯、耿，而贤于臧宫、马武、邳肜、铫期之流远矣。盖三公者俱非泛泛之外戚而徒以依乘取恩泽侯之比也。”②其说甚是。邓晨、来歙也是刘秀集团的核心成员，他们不预云台，可能和马援一样，也是因为其外戚身份。

在刘秀集团的主要成员中，南阳人最多。“二十八将”中就有十一个南阳人，王常、李通、邓晨、来歙也是南阳人。刘秀对他们最亲近，也最信任。《文选》卷三八李善注引《东观记》曰：“吴汉……上以其南阳人，故亲之。”③《后汉书》卷三一《郭伋传》载：伋劝刘秀“选补众职，当简天下贤俊，不宜专用南阳人”（第1092页）。皆其证。不过在平定河北的过程中，南阳诸将的贡献似不如其他将领。他们面对王郎的挑战，缺乏必胜信心，一再主张逃离河北。如刘秀在蓟，闻王郎兵到，“将欲南归，召官属计议”。耿弇提出北上渔阳、上谷，发突骑以拒王郎，而刘秀“官属腹心皆不肯，曰：‘死尚南首，奈何北行入囊中？’”④刘秀至信都后，“议者多言可因信都兵自送，西还长安”。邳肜反对，认为王郎“假名因势”，力量虚弱，刘秀可以将其击溃，若西还长安，不仅“空失河北”，连信都之兵也会一哄而散⑤。这里的“官属腹心”和“议者”未必都是南阳人，但肯定以他们为主。与之形成对照的是，耿弇、

①“祖姑”应作“姑”。说见《后汉书》卷一五《来歙传》校勘记，第596页。《资治通鉴》亦曰：“来歙，帝之姑子也。”（第1305页）

②北京：中华书局，1986年，第2136页。

③北京：中华书局，1977年，第538页。

④《后汉书》卷一九《耿弇传》，第704页。

⑤《后汉书》卷二一《邳肜传》，第758页。

邳彤等非南阳籍将领极力主张刘秀留在河北,推翻王郎。

刘秀对非南阳籍诸将十分倚重,他们对刘秀也忠心耿耿。但他们不是刘秀的同乡,又大多在河北等地有一定基础和影响力,因而刘秀对他们还是隐约存在不信任心理,他们对此也十分敏感。如刘秀北伐燕、代,拜寇恂为河内太守,曰:“河内完富,吾将因是而起。昔高祖留萧何镇关中,吾今委公以河内,坚守转运,给足军粮,率厉士马,防遏它兵,勿令北度而已。”寇恂不负重托,“移书属县,讲兵肄射,伐淇园之竹,为矢百余万,养马二千匹,收租四百万斛,转以给军”,并击败了更始大将苏茂的进犯。刘秀闻讯大喜,曰:“吾知寇子翼可任也!”但同时又“数策书劳问恂”。有人从中察觉到刘秀的疑心,提醒寇恂说,“上新即位,四方未定,而君侯以此时据大郡,内得人心,外破苏茂,威震邻敌,功名发闻,此谗人侧目怨祸之时也。昔萧何守关中,悟鲍生之言而高祖悦。今君所将,皆宗族昆弟也,无乃当以前人为镜戒”。寇恂“然其言,称疾不视事”,又“遣兄子寇张、姊子谷崇将突骑愿为军锋”,刘秀“善之,皆以为偏将军”①。又如彭宠反于渔阳,刘秀命耿弇率兵讨伐。“弇以父据上谷,本与彭宠同功,又兄弟无在京师者,自疑,不敢独进,上书求诣洛阳”。刘秀看出了耿弇的“自疑”之心,诏报曰:“将军出身举宗为国,所向陷敌,功效尤著,何嫌何疑,而欲求征?”耿况“闻弇求征,亦不自安”,遣子耿国入侍,到刘秀身边充当人质。刘秀“善之”,对耿况的这一做法表示认可②。再如刘秀遣冯异平定关中,异大破赤眉军,又击败延岑,迫使其他割据武装纷纷投降,既而“怀来百姓,申理枉结”,在关中四年,颇得人心。于是,

---

①《后汉书》卷一六《寇恂传》,笃 621—623 页。

②《后汉书》卷一九《耿弇传》,第 707 页。

“异自以久在外，不自安，上书思慕阙廷，愿亲帷幄”，刘秀不许。“后人有章，言异专制关中，斩长安令，威权至重，百姓归心，号为咸阳王”。刘秀以章示异，“异惶惧”，连忙上书自明，刘秀报曰：“将军之于国家，义为君臣，恩犹父子。何嫌何疑，而有惧意?”①史家详细记录这些事例，意在凸显刘秀心胸之宽阔，并展现其驾驭群臣之技巧，但同时也暴露出刘秀与非南阳籍将领间的微妙关系。

在平定王郎的过程中，河北各地归降刘秀的地方官吏很多，构成刘秀集团的外围势力。与上述主要成员相比，他们与刘秀的关系要疏远得多，相互间的信任度较低。史称：刘秀“诛王郎，收文书，得吏人与郎交关谤毁者数千章。光武不省，会诸将军烧之，曰：令反侧子自安”②。这些河北“吏人”③自新莽政权垮台后，一降更始，再降王郎，三降刘秀，在剧烈的政局动荡中左右摇摆，反复无常。刘秀对他们自然不很信任，但为了在河北立足，又必须争取他们的支持。在这种情形下，待之以宽容，既往不咎，是聪明的做法。

刘秀接管河北地方政权后，民间还有许多豪强武装，所谓“别号诸贼铜马、大彤、高湖、重连、铁胫、大抢、尤来、上江、青犊、五校、檀乡、五幡、五楼、富平、获索等，各领部曲，众合数百万人，所在寇掠”。刘秀先击铜马，“至馆陶，大破之。受降未尽，而高湖、重连从东南来，与铜马余众合。光武复与大战于蒲阳，悉破降之”。为了将这些队伍拉入自己的阵营，刘秀“封其渠帅为列侯”，

---

①《后汉书》卷一七《冯异传》，第648、649页。

②《后汉书》卷一《光武帝纪》，第14页。

③“人”原应作“民”，系唐人避李世民讳而改。

但“降者犹不自安，光武知其意，敕令各归营勒兵，乃自乘轻骑按行部陈。降者更相语曰：‘萧王推赤心置人腹中，安得不投死乎！’由是皆服”①。这批降人数量甚多，他们的加入使刘秀的力量骤然膨胀，“众遂数十万”，关西人甚至称刘秀为“铜马帝”。刘秀将他们“分配诸将”，使之分散于各亲信将领麾下，从而较好地控制和利用了这支力量。但这些人与刘秀的关系肯定更为疏远，“投死”、“皆服”云云不过是史家的渲染。刘秀用“推心置腹”的冒险举动去安抚他们，正说明其“不自安”之心比上述“反侧子”们更重。

刘秀击败王郎后，逐步脱离更始政权，袭杀其大将，占夺其地盘。先杀苗曾、韦顺、蔡充，夺回幽州；又杀谢躬，夺取邺城。赤眉入关攻更始，他又遣邓禹“引兵而西，以乘更始、赤眉之乱”②。邓禹连破更始军，杀其大将樊参、刘均、杨宝、弭强等③。在此过程中，刘秀也收降了不少更始将士。如谢躬败后，“其众悉降”④，其中包括更始冀州牧庞萌等⑤。及赤眉大军入长安，更始政权大势已去，刘秀又遣吴汉率大军围洛阳，逼降更始大将朱鲔。朱鲔初因参与谋诛刘縯，又反对派刘秀北上，“自知罪深”，不敢降。刘秀谓曰：“夫建大事者不忌小怨。鲔今若降，官爵可保，况诛罚乎？”朱鲔降后，刘秀果真不计前嫌，“拜鲔为平狄将军，封扶沟侯”，后迁少府，“传封累代”⑥。刘秀得知“更始破败，弃城逃走，妻子裸

①《后汉书》卷一《光武帝纪》，第16页。
②《后汉书》卷一《光武帝纪》，第18页。
③《后汉书》卷一六《邓禹传》，第601页。
④《后汉书》卷一八《吴汉传》，第678页。
⑤《后汉书》卷一二《刘永传》，第496页。
⑥《后汉书》卷一七《岑彭传》，第655页。

祖，流冗道路”，又下诏：“今封更始为淮阳王，吏人敢有贼害者，罪同大逆。”①及刘玄被杀，刘秀葬之于霸陵。其妻及三子逃至洛阳，刘秀收容了她们，并封三子为侯。此外，更始大将李通、王常、来歙等及舂陵宗室刘良、刘祉、刘歙、刘终、刘赐、刘信、刘顺、刘嘉等也纷纷“亡奔洛阳”，投靠刘秀②。

新末之更始，颇似秦末之张楚，虽昙花一现，却有首事之功，是新莽既亡而东汉未立的两三年间法统正朔之所在。舂陵宗室则是连接刘秀与汉家血脉的纽带。因而刘秀接收更始政权和舂陵宗室的残余势力，具有重要象征意义。它意味着刘秀已接替刘玄成为舂陵宗室的领袖，从而继承了更始政权的法统，接过了兴复汉室的大旗。

不过，更始诸将及舂陵宗室毕竟抛弃过刘縯和刘秀，很难得到刘秀的充分信任。其中只有李通因有“首创大谋”之功，又娶刘秀妹伯姬为妻，而“特见亲重”，王常因说服下江诸将与刘縯、刘秀“并合”，又力主立刘縯为帝，而被刘秀视为“真忠臣”，来歙因是刘秀之姑子，刘秀自少“甚亲敬之”，而颇受信重③。其他人大约同河北“吏人”及铜马“渠帅”一样，只能成为刘秀集团的外围成员。舂陵宗室中，刘良、刘祉、刘歙、刘终、刘茂及刘縯二子刘章、刘兴得封为王，刘匡、刘赐、刘信、刘顺、刘敏、刘国、刘嘉等封为列侯。刘秀仍将他们视为“宗室”，给予优厚待遇，对刘章和刘兴尤为亲近，“抚育恩爱甚笃”。但总体上，舂陵宗室算不得刘秀集团的主要成员。刘秀既不让他们参预朝政，也不让他们统领重兵。

①《后汉书》卷一《光武帝纪》，第 24 页。

②见《后汉书》卷一一《刘玄传》、卷一五《李王邓来传》、卷一四《宗室四王三侯传》。

③《后汉书》卷一五《李王邓来传》，第 576、581、585 页。

加入刘秀集团最晚的是来自西北的马援、窦融等人。马援是扶风茂陵人，王莽末曾任新成大尹(汉中太守)，后在隗嚣手下"为绥德将军，与决筹策"。隗嚣在刘秀和公孙述之间犹豫不决，派马援先后至成都和洛阳进行观察。马援认为公孙述"井底蛙耳，而妄自尊大"，刘秀则"恢廓大度，同符高祖"，建议隗嚣"专意东方"。加之来歙的反复劝说，隗嚣勉强同意了，"遣长子恂入质，援因将家属随恂归洛阳"。不久，隗嚣又背叛刘秀，转降公孙述。马援至书于嚣以责譬之，又至书嚣将杨广，"使晓劝于嚣"，都未达到目的。此时，刘秀挥师向西，发起了对隗嚣和公孙述的战争。马援上书，"愿听诣行在所，极陈灭嚣之术"。刘秀听了他的谋划，"因使援将突骑五千，往来游说嚣将高峻、任禹之属，下及羌豪，为陈祸福，以离嚣支党"。建武八年，刘秀亲自征讨隗嚣，马援又参与谋划，"说隗嚣将帅有土崩之势，兵进有必破之状"，坚定了刘秀进军陇右的决心，"又于帝前聚米为山谷，指画形势，开示众军所从道径往来，分析曲折，昭然可晓"①。

马援为东汉的建立所做的贡献，如此而已。他随隗恂至洛阳，已是建武五年十二月。当时刘秀早已站稳脚跟，征服山东的战争也接近尾声，很快就可腾出手来对付隗嚣。马援此时前来投奔，对刘秀来说意义不很大。马援到洛阳后，"居数月而无它职任"，连供养宾客都有困难，遂上书要求屯田上林苑中，刘秀也同意了。刘秀这种不冷不热的态度，说明他对马援不很看重。马援十分熟悉隗嚣的军事部署和当地山川形势，在消灭隗嚣的战争中积极献策。刘秀重视并采纳了他的建议，但未委以重任，没让他统兵作战。和参与这场战争的来歙、冯异、耿弇、盖延等将领相

---

①《后汉书》卷二四《马援传》，第827—834页。

比，马援显然未得到刘秀的充分信任。他的功劳主要是建武九年以后统兵平定西州羌人和南方蛮夷。

窦融是扶风平陵人，文帝外戚窦氏之后，初为新莽将领，曾随王邑参与镇压绿林军，并在昆阳被刘秀击败。新莽亡后，窦融率军降于更始。见天下大乱，“图出河西”，得为张掖属国都尉。到任后，他“抚结雄杰，怀辑羌虏”，又联合武威太守梁统、张掖太守史苞、酒泉太守竺曾、敦煌太守辛肜、金城太守厍钧等，割据一方。刘秀称帝后，“隗嚣先称建武年号，融等从受正朔，嚣皆假其将军印绶”①。表面上他们已承认了刘秀政权，实际上也和隗嚣一样，在观察局势的发展。直到建武五年夏，东方大局已定，刘秀的注意力开始转向西方。隗嚣和窦融都感受到巨大压力，不得不在刘秀与公孙述之间做出明确选择。结果，隗嚣倒向公孙述，窦融则继续站在刘秀一边。

刘秀此时也正想利用窦融“以逼嚣、述”，遂拜融为凉州牧，并赐玺书说：“今益州有公孙子阳，天水有隗将军，方蜀汉相攻，权在将军，举足左右，便有轻重……欲遂立桓、文，辅微国，当勉卒功业；欲三分鼎足，连衡合从，亦宜以时定。”刘秀的态度同样不冷不热，意在迫使窦融坚定立场，与隗嚣彻底决裂。史称“玺书既至，河西咸惊”。窦融“深知帝意”，一面上书刘秀表忠心，一面至书隗嚣“责让之”。刘秀对窦融的这一举动“深嘉美之”，乃赐之外属图及《史记·五宗世家》、《外戚世家》、《魏其侯列传》，并说“每追念外属，孝景皇帝出自窦氏，定王，景帝之子，朕之所祖”，特意强调了舂陵宗室与外戚窦氏的关系。这时，梁统才杀了隗嚣派来游说河西的辩士张玄，窦融等“皆解所假将军印绶”，正式“与

①《后汉书》卷二三《窦融传》，第 798 页。

嚣绝”①。

建武八年夏，刘秀亲征隗嚣，窦融率众与之会合。《窦融传》载其事曰：“融率五郡太守及羌虏小月氏等步骑数万，辎重五千余两。”刘秀待以殊礼，“遂共进军，嚣众大溃，城邑皆降”。战争结束后，“帝高融功”，封融等为列侯，并命其“西还所镇”（第805页）。至于窦融的军队如何参与这场战争，本传全无记载。《光武帝纪》及隗嚣、来歙、寇恂、冯异等传，载灭嚣过程甚详。从中可见，主要战役都是来歙等人率刘秀主力完成的，窦融所率凉州军队没有重大贡献，除梁统参与围攻嚣将高峻一事外②，不见凉州军队参战的其他记载。其后，刘秀对公孙述的战争也打得十分惨烈，而凉州军队完全没有参与。

窦融率凉州五郡倒向刘秀一边，大大削弱了隗嚣的力量，使刘秀得以降低战争成本，加快统一进程。这当然是大功一件。但窦融的高祖、从祖和从弟都曾在凉州出任二千石，“累世在西州，知其土俗”。窦融自己又在凉州经营了十余年，“甚得其欢心，河西翕然归之”。刘秀对这样一支根基甚深的地方势力不能不心存疑忌。隗嚣灭后，刘秀挥师讨伐公孙述，而命窦融等还镇凉州。其目的当然是依靠窦融等人继续维持凉州的局面，并保持隗嚣旧地局势的稳定，以便腾出力量消灭公孙述。但刘秀绝不会容忍窦融等人长期留在凉州，统一战争一旦结束，就会动手解决这一问题。窦融等人对此也心知肚明，故在刘秀讨伐公孙述时便主动要求离开凉州。史称：“融以兄弟并受爵位，久专方面，惧不自安，数上书求代。”刘秀诏报曰：“吾与将军如左右手耳，数执谦退，何不

①《后汉书》卷二三《窦融传》，第799—805页。

②《后汉书》卷一六《寇恂传》，第625页。

晓人意？勉循士民，无擅离部曲。”再次用“推心置腹”之术安抚窦融等人。但公孙述灭后，刘秀立刻“诏融与五郡太守奏事京师，官属宾客相随，驾乘千余两，马牛羊被野”①。到达洛阳后，窦融“上凉州牧、张掖属国都尉、安丰侯印绶”。刘秀只“还侯印绶”，免去了窦融在凉州的所有官职，数月后拜他为冀州牧，十余日又迁大司空。梁统等人也被免去原来的官职。就这样，刘秀将窦融集团从凉州连根拔起，彻底消除了这支地方势力。此后，窦融“自以非旧臣”，小心谨慎，“每召会进见，容貌辞气卑恭已甚”，又因“久不自安，数辞让爵位”。而刘秀“以此愈亲厚之”，对窦融的主动退让给予很高的回报②。

仔细梳理了刘秀集团的成员结构和形成过程后，我们发现刘秀面对南阳诸将比较自信，很少生疑，面对其他将领却少了几分自信，多了几分谨慎。恐怕是受刘秀这种心态的影响，南阳诸将面对刘秀也比较放松，很少“自疑”，其他将领面对刘秀却比较紧张，动辄“不自安”。究其原因，刘秀作为舂陵宗室的成员和刘縯的胞弟，在追随他的南阳人中有较高的号召力，其自信当由此而来。但在其他将领心目中，刘秀的上述身份所带来的号召力打了折扣。正如马援所说，“当今之世，非独君择臣也，臣亦择君矣”③。他们与刘秀无同乡之谊，“择”他人为“君”的可能性更大些。在那些被征服后才加入该集团的外围成员中，刘秀的号召力自然更低。

---

①《后汉书》卷三一《孔奋传》载其事曰：“陇蜀既平，河西守令咸被征召，财货连毂，弥竟川泽。”（第 1098 页）

②《后汉书》卷二三《窦融传》，第 806、807 页。

③《后汉书》卷二四《马援传》，第 830 页。

更始三年正月，刘秀至渔阳、右北平一带击破尤来、大抢、五幡等豪强武装后，河北大局已定，遂经安次、蓟、范阳、中山、南平棘、鄗、怀一路南下，矛头直指洛阳，意图显然是要夺取洛阳，进而背靠河北，争夺天下。诸将对此心领神会，遂于安次"议上尊号"，刘秀不听。行至中山，诸将复奏，刘秀又不听。行至南平棘，"诸将复固请之"。刘秀曰："寇贼未平，四面受敌，何遽欲正号位乎？"耿纯进曰："天下士大夫捐亲戚，弃土壤，从大王于矢石之间者，其计固望其攀龙鳞，附凤翼，以成其所志耳。今功业即定，天人亦应，而大王留时逆众，不正号位，纯恐士大夫望绝计穷，则有去归之思，无为久自苦也。大众一散，难可复合。时不可留，众不可逆。"史称"纯言甚诚切"，刘秀"深感"，曰："吾将思之。"①行至鄗，遂即皇帝位。

刘秀称帝是早晚的事，耿纯的作用只是促其稍稍提早而已。值得注意的是，耿纯指出诸将投入刘秀麾下是为了攀龙附凤，在日后的新王朝中成为新贵，刘秀若不及时称帝，诸将的愿望得不到满足，便可能离他而去，另寻高枝。这番话挑明了刘秀与诸将的利害关系。在刘秀和王郎相争时，耿纯曾指出，刘秀"单车临河北，非有府臧之蓄，重赏甘饵，可以聚人者"，因而缺乏号召力②。如今他劝刘秀及时称帝，正是要用日后的荣华富贵维持诸将对刘秀的拥戴与支持。

刘秀称帝符合诸将的利益，对强化集团的内部凝聚力会起一

---

①《后汉书》卷一《光武帝纪》，第 21 页。

②《后汉书》卷二一《耿纯传》，第 762 页。

定作用。但这不可能从根本上解决问题，尤其是他在集团外围成员中的权威和号召力仍然有限，因而反叛事件不断发生。《后汉书》卷二一《耿纯传》：建武二年正月，真定王刘扬“谋反”。刘秀闻讯先“遣骑都尉陈副、游击将军邓隆征扬，扬闭城门，不内副等”。耿纯是“真定宗室之出”，其母出自真定王刘氏，因而颇受刘扬信任。刘秀为避免内战，“乃复遣纯持节，行赦令于幽、冀，所过并使劳慰王侯。密敕纯曰：‘刘扬若见，因而收之。’”耿纯率百余骑与陈副、邓隆“至真定，止传舍”。刘扬“称病不谒”，欲在府中与耿纯相见。纯报曰：“奉使见王侯牧守，不得先诣，如欲面会，宜出传舍。”刘扬弟刘让及从兄刘细各拥兵万余人。扬“自恃众强”，遂率官属至传舍，“兄弟并将轻兵在门外”。“扬入见纯，纯接以礼敬，因延请其兄弟，皆入，乃闭阁悉诛之，因勒兵而出。真定震怖，无敢动者”。刘秀用诈术除了刘扬兄弟，制止了他们的反叛，但未趁此机会铲除真定王家族。史称：“帝怜扬、让谋未发，并封其子，复故国。”（第 763 页）同书卷一《光武帝纪》：建武二年五月，封“故真定王扬子得为真定王”（第 29 页）。刘秀如此宽宏大度的真正原因，恐怕不是“怜”刘扬兄弟“谋未发”，而是一时无法消除真定王家族在当地的影响，只好对他们加以安抚，以求稳住真定，稳住河北。

继刘扬谋反之后，又先后发生了渔阳太守彭宠、涿郡太守张丰、平狄将军庞萌、破虏将军邓奉等人的反叛，在刘秀集团内部造成不小的震动。彭宠“自负其功，意望甚高”，扬言“我功当为王”。刘秀“接之不能满”，宠“以此怀不平”，“怏怏不得志”。后幽州牧朱浮谮构宠，刘秀诏征之，宠“自疑”，遂发兵反，自立为燕王①。张丰

①《后汉书》卷一二《彭宠传》，第 503 页。

“好方术，有道士言丰当为天子，以五彩囊裹石系丰肘，云石中有玉玺”。丰信以为真，遂“举兵反，自称无上大将军，与彭宠连兵”①。平狄将军庞萌，甚受刘秀“信爱”。刘秀命其与盖延共击董宪，只因“诏书独下延而不及萌，萌以为延谮己，自疑，遂反”，“袭破盖延，引兵与董宪连合”，还“自号东平王”②。吴汉率军讨伐南阳时“所过多侵暴”，邓奉“谒归新野，怒吴汉掠其乡里，遂反，击破汉军……与诸贼合从”③。这些人的反叛也都比较轻率，没有非反不可的理由。刘秀集团的松散性，于此可见一斑。

在刘秀集团之外，特别是在河北以外的其他地区，刘秀称帝所产生的影响更小，像刘秀一样在各地称帝称王的倒不少。其中刘永和公孙述势力较大，南阳、汝南、淮阳等地在更始旧将的控制下，也是刘秀的一大障碍。

刘永是文帝子梁孝王刘武的八世孙。更始政权建立后，他“先诣洛阳”，被刘玄“绍封为梁王”，既而“据国起兵”，攻占济阴、山阳等郡二十八城，又联合佼强、董宪、张步等割据势力，“专据东方”。及更始败亡，刘永自立为天子，国号应当也是汉，又封张步为齐王，董宪为海西王④。和刘秀集团相似，刘永集团也是更始政权的派生物，但它不是外来势力，而是汉朝宗室在当地的代表，其血统也比刘秀更尊贵，在青、徐、兖、豫一带颇有号召力。建武二年夏，刘秀派盖延率马武、刘隆、马成、王霸等伐刘永，经过艰苦的战争和反复较量，才消灭了这支势力。

论实力，刘永远不及刘秀。盖延首战便攻破了梁国首府睢

---

①《后汉书》卷二〇《祭遵传》，第739、740页。
②《后汉书》卷一二《刘永传附庞萌传》，第495、496页。
③《后汉书》卷一七《岑彭传》，第656页。
④《后汉书》卷一二《刘永传》，第494页。

阳,“永将家属走虞。虞人反,杀其母及妻子,永与麾下数十人奔谯”。不久,“睢阳人反城迎永,吴汉与盖延等合军围之,城中食尽”,永逃至酂,被部将所杀,时在建武三年七月。当时,张步据有齐地十二郡,刘秀曾派光禄大夫伏隆持节使齐,拜步为东莱太守。刘永听说后,也派人至齐立步为齐王。张步不顾秀强而永弱,“即杀隆而受永命”。及永死后,苏茂、周建、佼强、董宪等又立其子刘纡为梁王,继续抗击刘秀。张步甚至“欲立永子纡为天子,自为定汉公”,拒不承认刘秀的法统地位。刘纡初与苏茂、周建守垂惠。刘秀遣马武、王霸率军围之,刘纡逃至西防投奔佼强。刘秀遣杜茂攻之,刘纡又逃至东海投奔董宪。及刘秀亲率大军击败董宪,刘纡“不知所归”,被军士杀死。张步、董宪等也先后兵败被杀,“山东悉平”。此时已是建武六年二月。刘永父子在刘秀大军的追剿下东奔西逃,几乎没有还手的力量,却坚持了近四年。张步、董宪等当地豪杰也屡败屡战,顽强抵抗①。

《后汉书》卷一七《贾复传》载:建武二年,更始政权已亡,其“郾王尹尊及诸大将在南方未降者尚多”,其中“郾最强,宛为次”。刘秀命贾复击郾,吴汉击宛。贾复一路比较顺利,“月余,尹尊降,尽定其地。引东击更始淮阳太守暴汜,汜降,属县悉定。其秋,南击召陵、新息,平定之”(第666页)。吴汉一路因邓奉反叛而遇到麻烦。同卷《岑彭传》载:刘秀遣岑彭、朱祐、贾复、耿弇、王常、郭守、刘宏、刘嘉、耿植等,“并力”讨邓奉和董欣。“欣、奉皆南阳精兵,彭等攻之,连月不克”,大军“暴师经年,致贾复伤痍,朱祐见获”。最后,刘秀“自将南征”,督诸将力战,才将欣、奉击败(第656页)。南阳是刘秀的家乡,邓奉则是邓晨之兄子,是刘秀的亲

①事见《后汉书》卷一二《刘永传》、《张步传》。

戚。刘秀在这里遇到顽强抵抗,固然和吴汉的劫掠侵暴有关,但也表明刘秀此时的号召力连自己的家乡都不能覆盖。

公孙述原本打着汉家旗号起兵,"使人诈称汉使者自东方来,假述辅汉将军、蜀郡太守兼益州牧印绶"。及更始遣军徇蜀、汉,"述恃其地险众附,有自立志",遂击退更始军,先称蜀王,既而称帝,割据益州。当时,"山东饥馑,人庶相食,兵所屠灭,城邑丘墟",而"蜀地肥饶,兵力精强",相对安定,故"远方士庶多往归之"①。隗嚣起初也打着汉家旗号,与众将盟誓,"允承天道,兴辅刘宗"。后率众归刘玄,拜御史大夫。及赤眉入关,更始君臣发生内讧,隗嚣"亡归天水,复招聚其众,据故地,自称西州上将军。及更始败,三辅耆老士大夫皆奔归嚣"。此后,隗嚣在刘秀和公孙述之间犹豫徘徊,最终还是倒向公孙述一边,"遣使称臣于公孙述"。当时,隗嚣手下只有王遵和牛邯离他而去,投奔刘秀,其他将吏则"人人抵掌,欲为不善之计",促成了隗嚣的这一选择②。关中割据势力的动向也和陇右相似。史称"更始败后……关中豪杰吕鲔等往往拥众以万数,莫知所属,多往归述"③。可见,公孙述在蜀汉关陇地区的号召力大于刘秀。建武六年,刘秀平定山东后,立刻挥师西进,讨伐隗嚣和公孙述。至十年十月平陇右,十二年十一月平蜀,历时近七年。

袁山松《后汉书》总结东汉建立的过程说:"刘氏旧泽虽在,而

---

①《后汉书》卷一三《公孙述传》,第534、535页。

②《后汉书》卷一三《隗嚣传》,第514、521、527、529页。《传》载:牛邯降后,"嚣大将十三人,属县十六,众十余万,皆降"。但下文又载:"吴汉等食尽退去,于是安定、北地、天水、陇西复反为嚣。"后文"复反"者,当即前文"皆降"者。

③《后汉书》卷一三《公孙述传》,第537页。

瞻乌之望殆绝……于时怀玺者十余，建旗者数百，高才者居之南面，疾足者为之王公”；刘秀在这样的历史条件下，“以渺渺之胤，起于白水之滨……数年之间，廓清四海”；其功“虽曰中兴”，实与“始创业者”无异①。“瞻乌”典出《诗经·小雅·正月》。其辞曰：“瞻乌爰止，于谁之屋？”毛传：“富人之屋，乌所集也。”郑玄笺：“视乌集于富人之室，以言今民亦当求明君而归之。”②据此，袁氏所谓“瞻乌之望殆绝”，指更始政权失败后百姓对汉室复兴的期望丧失殆尽，因而“刘氏旧泽”没能为刘秀提供太多帮助。此说甚是。

更始乱后，群雄逐鹿，天命将落在谁的头上，时人并无共识。“或谓天下迭兴，未知谁是，称兵据土，可图非冀。或曰圣王未启，宜观时变，倚强附大，顾望自守”③。因此，用谶记证明天命在己，成了一些政治人物扩大影响、争取民心的手段。其中刘秀的例子最为典型。《后汉书》卷一《光武帝纪》：刘秀至鄗，强华自关中奉《赤伏符》而来，其辞曰“刘秀发兵捕不道，四夷云集龙斗野，四七之际火为主”。此前，诸将再三劝进皆未获许，既得谶记，因复奏曰：“受命之符，人应为大，万里合信，不议同情……宜答天神，以塞群望。”刘秀同意了，命有司设坛场，燔燎告天及群神曰：“皇天上帝，后土神祇，眷顾降命，属秀黎元。”他也承认这条谶记是“不可稽留”的“皇天大命”（第21页）。当时人们认为谶记是天命的载体，故刘秀及诸将极力渲染此事以提高刘秀的号召力。

约略同时，刘扬、张满、公孙述等也都有类似举动。刘扬事见《后汉书》卷二一《耿纯传》：“时真定王刘扬复造作谶记云：‘赤九

---

①汪文台辑：《七家后汉书》，周天游校，石家庄：河北人民出版社，1987年，第371页。

②《十三经注疏》，第442页。

③《后汉书》卷三〇《苏竟传》，第1043页。

之后，瘿扬为主。'扬病瘿，欲以惑众，与绵曼贼交通。"（第674页）《赤伏符》明言刘秀当为天子，刘扬却公然否定《赤伏符》，扬言自己当为皇帝。刘扬此举显然得到真定吏民及"绵曼贼"等农民军的支持，对刚刚称帝的刘秀构成一定威胁。张满事见《后汉书》卷二〇《祭遵传》：建武二年，"新城蛮中山贼张满，屯结险隘为人害……而厌新、柏华余贼复与满合"。刘秀命祭遵攻之，"明年春，张满饥困，城拔，生获之。初，满祭祀天地，自云当王，既执，叹曰：'谶文误我！'"（第739页）连山贼都用谶文争天命，当时民心不知所归的状况于此又可见一斑。

公孙述利用谶纬称帝之事影响更大。《后汉书》卷一三《公孙述传》：谋士李熊劝述称帝，述曰："帝王有命，吾何足以当之？"熊对曰："天命无常，百姓与能。能者当之，王何疑焉！"（第535页）于是，公孙述认定汉室不可能复兴了。为证明这一点，他引申《春秋》和谶纬之说曰："孔子作《春秋》，为赤制而断十二公，明汉至平帝十二代，历数尽也，一姓不得再受命。"论证中还多次引用谶纬之文。引《录运法》曰："废昌帝，立公孙。"引《括地象》曰："帝轩辕受命，公孙氏握。"引《援神契》曰："西太守，乙卯金。"并解释说："谓西方太守而乙绝卯金也。"他还自称金德，"色尚白"，扬言"五德之运，黄承赤而白继黄，金据西方为白德，而代王氏，得其正序"。公孙述"数移书中国"，宣扬此说，"冀以感动众心"。大概"中国"之人颇为所动，致使刘秀"患之"，乃与述书曰："图谶言'公孙'，即宣帝也。'代汉者当涂高'，君岂高之身邪？"（第538页）《华阳国志·公孙述志》载刘秀此书更详："《西狩获麟谶》曰'乙子卯金'，即乙未岁授刘氏，非西方之守也。'光废昌帝，立子公孙'，即霍光废昌邑王，立孝宣帝也。黄帝姓公孙，自以土德，君所知也。'汉家九百二十岁，以蒙孙亡；受以丞相，其名当涂高'，高岂君身邪?”①

刘秀和公孙述关于天命的争论还在一定程度上影响了陇右与河西的政治抉择。《后汉书》卷二三《窦融传》:隗嚣曾使辩士张玄游说河西曰:“更始事业已成,寻复亡灭,此一姓不再兴之效。”这显然是公孙述的说法。隗嚣率陇右倒向公孙述,自然赞同这一说法,现在又用来劝说窦融等率河西加入他们的阵营。“融等于是召豪杰及诸太守计议”,其中有“智者”阐述刘秀一方的观点说:“汉承尧运,历数延长。今皇帝姓号见于图书,自前世博物道术之士谷子云、夏贺良等,建明汉有再受命之符,言之久矣……及莽末,道士西门君惠言刘秀当为天子,遂谋立子骏。事觉被杀,出谓百姓观者曰:‘刘秀真汝主也。’……除言天命,且以人事论之:今称帝者数人,而洛阳土地最广,甲兵最强,号令最明。观符命而察人事,它姓殆未能当也。”当时,“诸郡太守各有宾客,或同或异”,似乎意见不一而又势均力敌。最后,窦融以河西统帅的身份“决策东向”,才使支持刘秀的一派占了上风(第798页)。

总之,和刘邦提三尺剑取天下相似,刘秀的天下也是打下来的,靠的是历史机遇和他的政治军事才干。在汉室复兴运动中,刘秀作为春陵宗室的成员和更始法统的继承者,本应得到民众的广泛支持。但更始政权的败亡,葬送了“民心思汉”的有利形势,也使“汉家当复兴”之说受到严重质疑,刘秀的权威和号召力因而先天不足。为了弥补这一缺陷,巩固自己的统治,刘秀一面采取措施加强皇权,一面又高擎汉室大旗,大力宣扬汉家当复兴、天命在刘秀等神秘观念,坚持将东汉的建立说成西汉的复兴,将东汉开国之君说成汉室中兴之主,以强化和凸显自己的特殊身份和经

①任乃强:《华阳国志校补图注》,上海:上海古籍出版社,1987年,第331页。

历所包含的政治文化优势。

在这方面,谶纬成为刘秀的有力武器,于是得到大力提倡。《东观汉记》曰:“公孙述、隗嚣未平……时,贼檄日以百数,忧不可胜。上犹以余间讲经艺,发图谶。”[①]又曰:刘秀曾“以日食避正殿,读图谶多,御坐庑下浅露,中风发疾”[②]。《后汉书》卷五九《张衡传》称:“光武善谶,及显宗、肃宗因祖述焉。自中兴之后,儒者争学图纬。”(第1910页)由于谶纬同今文学特别是《公羊》学血肉相连,前者的崛起又带动了后者的复兴,从而导致学术思想领域发生重大变化。此事对理解两汉之际的政治文化转折和东汉一代的基本政策走向十分重要,且有进一步探讨的空间,故于下文辟专节加以交代。

第二节 谶纬之学的形成及其对《公羊》学的发展

关于谶纬和今文学的关系,前人早有论说。如清人徐养原说:“图谶乃术士之言,与经义初不相涉。至后人造作纬书,则因图谶而牵合于经义。其于经义,皆西京博士家言,为今文之学者也。”[③]安居香山进一步指出:“《易纬》等书可以认定是京房后学所作,《春秋纬》等书可以设想是公羊学派的后学所作。”[④]钟肇鹏

---

①《太平御览》卷九〇引,北京:中华书局,1960年,第432页。

②《后汉书》卷一《光武帝纪》注引,第68页。

③见氏著《纬候不起于哀平辨》,《清经解》,南京:凤凰出版社影印本,2005年,第10834页。

④安居香山:《纬书与中国神秘思想》,田人隆译,石家庄:河北人民出版社,1991年,第142页。

仔细考察了谶纬同今文学的关系，认为“《易》纬为孟京《易》学一派”，“《诗》纬为《齐诗》说”，各种纬书“用今文《尚书》说”的例子也很多，而“在今文经学中，又以《公羊春秋》对谶纬的影响最大”，谶纬每每袭取董仲舒的著作，是对“董仲舒思想论著的继承和发展”①。周予同甚至认为：“董仲舒等利用‘公羊学’，以宣扬自己一派的政治思想，这是‘公羊学’的第一次扩大……两汉时代陆续编造的纬书，更其是《春秋纬》……是‘公羊学’的第二次扩大。”②前辈学者大致揭示了这样一个事实：谶纬内容虽十分庞杂，但主体思想属于西汉今文学，尤其是《春秋》公羊学。不过，将谶纬和《公羊》学置于两汉之际政治和学术变迁背景之下，我们又看到二者的关系还有更深层次的内容，即谶纬在受到《公羊》学影响的同时，也以神学方式对《公羊》学的一些基本理论和政治主张做了进一步论证和发挥。

本节将对谶纬的篇目结构及其形成过程和意义、谶纬中的“赤帝九世”说和“五德终始”说等进行考证和分析，尝试着对谶纬形成的具体过程、谶纬的篇目结构所包含的思想内容、谶纬的主体思想和政治主张、谶纬在西汉末年大量出现的原因等做进一步说明。

一、释张衡“禁绝图谶”疏

《后汉书》卷五九《张衡传》载：东汉初年谶纬盛行，而张衡认为“图纬虚妄，非圣人之法”，“皆欺世罔俗，以昧执位”，遂上疏顺

---

①钟肇鹏：《谶纬论略》第五章，沈阳：辽宁教育出版社，1991 年，第 116、127、130、137 页。

②《〈春秋〉与〈春秋〉学》，《周予同经学史论著选集（增订本）》，上海：上海人民出版社，1996 年，第 500 页。

帝，要求"收藏图谶，一禁绝之"。张衡此疏的思想史意义暂且不论，我们所关注的是他对谶纬形成过程的考证。为了证明图谶之"虚妄"，张衡说：

> 立言于前，有征于后，故智者贵焉，谓之谶书。谶书始出，盖知之者寡。自汉取秦，用兵力战，功成业遂，可谓大事，当此之时，莫或称谶。若夏侯胜、眭孟之徒，以道术立名，其所述者，无谶一言。刘向父子领校秘书，阅定九流，亦无谶录。成、哀之后，乃始闻之。《尚书》尧使鲧理洪水，九载绩用不成，鲧则殛死，禹乃嗣兴。而《春秋谶》云"共工理水"。凡谶皆云黄帝伐蚩尤，而《诗谶》独以为蚩尤败然后尧受命。《春秋元命包》中有公输班与墨翟，事见战国，非春秋时也。又言"别有益州"。益州之置，在于汉世。其名三辅诸陵，世数可知。至于图中，讫于成帝。一卷之书，互异数事，圣人之言，执无若是，殆必虚伪之徒，以要世取资。往者侍中贾逵摘谶互异三十余事，诸言谶者皆不能说。至于王莽篡位，汉世大祸，八十篇何为不戒？则知图谶成于哀、平之际也。且《河洛》、《六艺》，篇录已定，后人皮傅，无所容篡。（第 1911 页）

文中的"谶"、"谶书"、"图"、"图谶"、"图纬"，显然都是泛指谶纬①，即所谓"《河洛》、《六艺》"。李贤注引《张衡集》云："《河洛》五九，《六艺》四九，谓八十一篇也。"是张衡所见谶纬有《河洛》类四

①关于谶与纬的异同问题，笔者赞同二者互辞、不可区分说。参陈槃：《谶纬命名及其相关之诸问题》，《"中研院"历史语言研究所集刊》第 21 本第 1 分；钟肇鹏：《谶纬论略》，第 9—11 页。

十五篇，《六艺》类三十六篇，共八十一篇。疏中所谓“八十篇”，系举成数而言。《续汉书·祭祀志上》载刘秀封禅刻石曰“以章句细微相况八十一卷”①，荀悦《申鉴·俗嫌》篇引荀爽语曰“八十一首非仲尼之作”②，刘勰《文心雕龙·正纬》篇曰“八十一篇皆托于孔子”③，可证东汉的谶纬确有八十一篇。《隋书》卷三二《经籍志》谶纬条对八十一篇的构成有更具体的说明：

> 其书出于前汉，有《河图》九篇，《洛书》六篇，云自黄帝至周文王所受本文。又别有三十篇，云自初起至于孔子九圣之所增演，以广其意。又有《七经纬》三十六篇，并云孔子所作。并前合为八十一篇。④

八十一篇究竟包括哪些篇目？张衡、荀爽等东汉人肯定知道，可惜他们未留下有关文字，现在只有后人的一些说法可供参考。

《隋志》著录《河洛》类只有《河图》二十卷、《河图龙文》一卷，本注曰：“梁《河图洛书》二十四卷，目录一卷，亡。”（第940页）显然，《隋志》作者见到的《河洛》之书已不全了，完整的目录也未见到，因而说不清四十五篇的全部篇目。《文选》李善注引用了《河图》类的《括地象》、《帝览嬉》、《帝通纪》、《著命》、《闿包受》、《会昌符》、《龙文》、《玉版》、《考钩》，清人汪师韩认为这些就相当于《河图》九篇⑤。安居香山认为，此说虽缺乏坚实的证据，但这九

---

①见《后汉书》，第3166页。

②《诸子百家丛书》影印明文始堂本，上海：上海古籍出版社，1990年，第23页。

③周振甫：《文心雕龙今译》，北京：中华书局，1988年，第34页。

④北京：中华书局，1973年，第941页。

⑤汪师韩：《韩门缀学》卷一“纬候图谶”条，北京大学图书馆藏刻本。

篇"确是《河图》各篇中最可信赖的资料"①。清人蒋清翊考得《洛书》类的《甄曜度》、《灵准听》、《宝命号》、《录运期(法)》、《稽命曜》、《摘命(亡)辞》六种。安居香山亦持肯定态度,认为在现存的《洛书》篇目中这六种较为可信②。钟肇鹏则认为《洛书》六篇中无《稽命曜》,而有《洛罪级》③。今天尚可见到的《河图》篇目共有四十余种④,《洛书》篇目共有十余种⑤,除上面提到的十六种外,还有三十余种。安居香山认为:"它们中的许多是六朝以后的伪作,或是篇名的误写。"⑥而笔者认为,至少《赤伏符》、《合古篇》、《秘征篇》、《提刘篇》、《西狩获麟谶》等见于《后汉书》、《续汉志》、《华阳国志》的篇目是比较可信的,或许属于"九圣之所增演"的三十篇⑦。

关于《七经纬》篇目,《后汉书》卷八二《方术樊英传》李贤注有一种说法:

> 《七纬》者,《易》纬《稽览图》、《乾凿度》、《坤灵图》、《通卦验》、《是类谋》、《辨终备》也,《书》纬《琁机钤》、《考灵

---

①说见安居香山、中村璋八:《纬书集成》,石家庄:河北人民出版社,1994年,第66页。

②安居香山、中村璋八:《纬书集成》,第68页。

③钟肇鹏:《谶纬论略》,第73页。

④《纬书集成·解说》统计为42种(第67页),《谶纬论略》统计为40种(第71—72页)。

⑤《纬书集成·解说》举出11种(第67—68页),《谶纬论略》举出13种(第73页)。

⑥安居香山、中村璋八:《纬书集成》,第67页。

⑦李申认为:"这三十篇是那九篇加六篇共十五篇的。"见氏著《河图考》,《儒学与儒教》,成都:四川大学出版社,2005年,第269页。

耀》、《刑德放》、《帝命验》、《运期授》也,《诗》纬《推度灾》、《记历枢》、《含神务》也,《礼》纬《含文嘉》、《稽命征》、《斗威仪》也,《乐》纬《动声仪》、《稽耀嘉》、《汁图征》也,《孝经》纬《援神契》、《钩命决》也,《春秋》纬《演孔图》、《元命包》、《文耀钩》、《运斗枢》、《感精符》、《合诚图》、《考异邮》、《保乾图》、《汉含孳》、《佑助期》、《握诚图》、《潜潭巴》、《说题辞》也。(第2721页)

此注所举只有三十五篇,所缺的一篇,有人认为是《礼》纬《默房》,也有人认为是《孝经》纬《左右契》或《春秋》纬《命历序》①。李贤的《后汉书注》是他做太子期间(675—680年)召集张大安、刘讷言、格希元、许叔牙等学者共同完成的②,其中只有刘讷言是当时著名的《汉书》学家③,其他人学术背景不详,所提供的《七经纬》篇目也未载明出处。陈槃便怀疑其真实性,认为"贤注三十六纬之目,东拼西凑,无以充其数,故止于三十五篇也"④。

《隋志》著录的七经纬有《易纬》八卷、《尚书纬》三卷、《诗纬》十八卷、《礼纬》三卷、《乐纬》三卷、《孝经勾命决》六卷、《孝经援神契》七卷。另有《礼记默房》二卷,不知是否属《礼纬》;有《孝经内事》一卷,不知是否属《孝经纬》。《春秋纬》全然不见,只有汉末人郗萌"集图纬谶杂占"而成的《春秋灾异》十五卷。本注曰:"梁有《春秋纬》三十卷……亡。"《隋志》作者已见不到完整的《七经纬》,对三十六种篇目也未一一举出。《隋志》又说:八十一篇之

①参阅钟肇鹏:《谶纬论略》,第35、60页。

②《旧唐书》卷八六《章怀太子贤传》,北京:中华书局,1975年,第2832页。

③《旧唐书》卷一八九《儒林传》,第4956页。

④见氏著《谶纬释名》,《"中研院"历史语言研究所集刊》第11本,第313页。

外"又有《尚书中候》、《洛罪级》、《五行传》、《诗推度灾》、《氾历枢》、《含神务》、《孝经勾命决》、《援神契》、《杂谶》等书"。似乎认为《诗》纬《推度灾》、《氾历枢》、《含神务》和《孝经》纬《勾命决》、《援神契》不在三十六篇中，与李贤注的说法不同。

《隋志》成书于显庆元年(656年)，早于李贤注二十余年。《隋志》的作者已不知《七经纬》三十六篇的确切篇目，李贤等人的说法又从何而来呢？赵翼《陔余丛考》"后汉书注"条："梁时有王规，尝辑《后汉》众家异同，注《续后汉书》二百卷。又刘昭集《后汉》同异，注《后汉书》一百八十卷。吴均又注《后汉书》九十卷。则唐以前注此书者已多。章怀注盖又本诸书也。"①李贤注中的《七经纬》篇目或许来自南朝旧注，但其可靠性仍无法确定。今天尚能见到的《七经纬》篇目超出李贤所列之外的还有数十种②，它们是否都属于三十六篇之外的"杂谶纬"也难以断言。

张衡所谓"八十一篇"究竟包括哪些篇目今已无法确定，但东汉时的谶纬有个朝廷认可的八十一篇的定本存在是肯定的。《后汉书》卷一《光武帝纪》中元元年条明确记载："是岁……宣布图谶于天下。"(第84页)自此以后，八十一篇成为定本，于此之外再行造作便是大罪。《后汉书》卷四二《光武十王传》载：明帝时，楚王刘英、济南王刘康、淮阳王刘延谋反之狱，都有"造作图谶"的罪名。同书卷四〇《班固传》还提到："扶风人苏朗伪言图谶事，下狱死。"(第1334页)自明帝惩处诸王之后，直至汉末禅代之际，公然造作谶纬的事很少发生。除朝廷厉禁之外，张衡所说"《河洛》、

---

①中华书局，1963年，第110页。原文"昭"误作"昉"。今据《梁书》卷四九《刘昭传》(中华书局，1973年，第692页)改。

②见《纬书集成》和《谶纬论略》相关部分。

《六艺》，篇录已定，后人皮傅，无所容篡”也是原因之一。李贤注：无所容篡“谓不容妄有加增也”。前述汪师韩、蒋清翊、李贤等人的说法，则为我们大致勾画出这一定本的轮廓。

那么这些谶纬又是何时形成的？张衡疏中自“谶书始出”至“哀、平之际也”，都是关于这一问题的考证。其中自“谶书始出，盖知之者寡”至“成、哀之后，乃始闻之”一段，说的是成帝以前不见有人称引谶纬，刘向父子“亦无谶录”。然而众所周知，秦始皇时曾出现“亡秦者胡”、“今年祖龙死”、“始皇死而地分”等谶语①；昭帝时“有虫食树叶成文字，曰：公孙病已立”，亦为谶语，眭孟则做出了“故废之家公孙氏当复兴”的解释②。更重要的是，刘向父子虽无谶录，但于术数略天文种著录了“《图书秘记》十七篇”③。

案“图书”一词在汉代有时泛指官府中的图籍文书，如《史记》卷五三《萧相国世家》：“收秦丞相御史律令图书藏之……汉王所以具知天下厄塞，户口多少，强弱之处，民所疾苦者，以何具得秦图书也。”（第2014页）卷九六《张丞相列传》：“自秦时为柱下史，明习天下图书计籍。”（第2676页）有时是《河图》、《洛书》之简称，如《汉书》卷六《武帝纪》元光元年五月诏有“麟凤在郊薮，河洛出《图》《书》”（第160页）。有时则特指谶纬，如《史记》卷六《秦始皇本纪》：“燕人卢生……因奏录图书，曰：亡秦者胡也。”（第252页）。《续汉书·律历志中》载章帝诏，引《河图》及

---

①见《史记》卷六《秦始皇本纪》，第252、259页；《汉书》卷二七《五行志》，第1400页。

②《汉书》卷七五《眭弘传》，第3153—3154页。

③见《汉书》卷三〇《艺文志》，第1765页。姚振宗《七略别录佚文序》曰：“《艺文志》所载书名、篇数、卷数，本诸《七略》，《七略》本诸《别录》，无大异也。”（《师石山房丛书》，开明书店制版，第2页）

《尚书》纬《琁玑钤》、《帝命验》之文，既而曰“每见图书，中心恧焉”[①]。“秘记”一词的用法与“图书”大致相同，有时泛指官府图籍，如《晋书》卷二四《职官志》：汉成帝置尚书五人，“通掌图书秘记章奏之事”[②]。有时亦特指谶纬，如《后汉书》卷三〇《杨厚传》：“祖父春卿，善图谶学”，临死戒子统曰：“吾绨袠中有先祖所传秘记，为汉家用，尔其修之。”杨厚“少学统业……晓读图书”（第1047页）。文中“图谶”、“秘记”、“图书”皆指谶纬[③]。刘向父子著录的《图书秘记》十七篇，当然不是泛指官府图籍文书，因而很可能是谶纬。

刘向校书时，成帝还命谒者陈农为使者，“使求遗书于天下”[④]。这十七篇《图书秘记》或许就是陈农搜集来的，其中多有言及天文星象的内容，故被刘向归入天文种。姚振宗《汉书艺文志条理》“图书秘记十七篇”条曰：“《续汉志》、《晋志》、《帝王世纪》、《通鉴外纪》皆有黄帝受《河图》作星官之文，意者天文家取《河图》、《洛书》中所有如《稽曜钩》、《甄曜度》之类录为是书。”[⑤]其说可供参考。又《后汉书》卷二〇《祭遵传》载张满反叛失败后叹曰“谶文误我”（第739页），而《华阳国志·公孙述刘二牧志》载张满此语作“为天文所误”[⑥]。《后汉书》卷二三《窦融传》有“今皇帝姓号见于图书”之语（第798页），袁宏《后汉纪》则作“上

①《后汉书》，第3026页。

②北京：中华书局，1974年，第730页。

③“秘记”有时又称“秘书”，亦指谶纬。参王先谦：《汉书补注》卷三〇《艺文志》“图书秘记十七篇”条，第898页。

④《汉书》卷一〇《成帝纪》，第310页。

⑤《师石山房丛书》，第146页。

⑥任乃强：《华阳国志校补图注》，第331页。

之姓号具见于天文”①。可见谶纬有时就被称作“天文”②。

张衡对上述事实肯定是知道的,所作《思玄赋》有“嬴擿谶而戒胡兮,备诸外而发内”一句,即指“亡秦者胡”而言③。因此,他说秦汉之际“莫或称谶”,夏侯胜、眭孟“无谶一言”,不是指零星的谶语尚不存在,而是指属八十一篇系统的谶纬尚处于“始出”阶段,“知之者寡”,故不见称引④。所以,“成、哀之后,乃始闻之”一句应理解为属八十一篇系统的谶纬自成帝、哀帝后才开始大量出现,并为人们所知。

自“《尚书》尧使鲧理洪水”至“图谶成于哀、平之际也”一段,是关于谶纬大量出现于哀、平之际的考证。这段文字文意不太通顺,不知是否有错简。但仔细分析,仍可看出其中包含了两层意思:第一层自“《尚书》尧使鲧理洪水”至“尧受命”,下接“一卷之书”至“诸言谶者皆不能说”,说的是谶纬内容自相矛盾,绝非圣人所作,而是后人伪造的。第二层自“《春秋元命包》中有公输班与

---

①《两汉纪》,张烈点校,下册,第 78 页。

②参任乃强说,见《华阳国志校补图注》,第 334 页。

③《后汉书》卷五九《张衡传》,第 1924 页。

④《汉书》卷七五《李寻传》载寻语有“五经六纬,尊术显士”一句。颜师古注引孟康曰:“六纬,五经与《乐》纬也。”张晏曰:“六纬,五经就《孝经》纬也。”(第 3179 页)清人阎若璩认为据此可“知成帝朝已有纬名矣”(见王先谦:《后汉书集解》卷五九《张衡传》,北京:中华书局,1984 年,第 668 页)。但王先谦《汉书补注》引刘攽据上下文提出疑义曰:“正言星宿,何故忽说五经?盖谓二十八舍。”又引官本考证云:“刘攽驳颜,其论甚合。”王氏进而指出:“案《天文志》,太微廷掖门内六星诸侯,其内五星五帝坐。五帝者……盖即五经,六纬者,六诸侯。《天官书》同。盖汉世天文家说如此。”(第 1381 页)刘攽、王先谦等人的解释虽缺乏根据(说见李学勤:《〈汉书·李寻传〉与纬学的兴起》,《杭州师范学院学报》1996 年第 2 期),但从上下文看,将“五经六纬”理解为某种天象,仍有一定道理。

墨翟”至“讫于成帝”，下接“至于王莽篡位”至“图谶成于哀、平之际也”，说的是谶纬中出现了战国之人和西汉成帝以前之事，而对成帝之后的事，包括王莽篡汉这样的大事，却只字不提。由此判定“图谶成于哀、平之际”。

对这段考证中的共工和公输班两条，有学者提出质疑。惠栋《后汉书补注》卷一四曰：“共工治河，事见汲郡《竹书》及《周语》，在鲧前。而张平子驳之，非也。”又引吴仁杰《补疑》曰：“《礼记》：‘季康子之母死，公输若尚幼，般请以机封。’般与班同，则公输班正出春秋时矣。”①但这些质疑并不能动摇张衡的基本结论。特别是谶纬中出现的西汉皇帝至成帝止，不见哀帝、平帝及王莽，确是谶纬大量形成于哀、平之际的有力证据。此疏限于篇幅未将相关考证充分展开，但张衡是东汉顺帝时人，所见八十一篇不仅完整无缺，而且尚未掺入后人继续编造的内容，他对待谶纬的态度也比较公允客观。考虑到这些因素，对他的看法，整体上应给予充分信任。

二、谶纬篇目结构的形成和意义

前引《隋志》说：八十一篇由三部分组成，《河图》、《洛书》有十五篇是“自黄帝至周文王所受本文”，另有三十篇是“自初起至于孔子九圣之所增演”，《七经纬》三十六篇则皆“孔子所作”。这应是东汉定本的篇目结构，但从东汉初年整理谶纬的情况和刘秀对待谶纬的态度看，这一篇目结构恐非刘秀君臣所创，而是在他们之前就大体形成了。

《后汉书》卷七九《儒林尹敏传》：

①张舜徽主编：《二十五史三编》，长沙：岳麓书社，1994 年，第 4 分册，第 170 页。参阅王先谦：《后汉书集解》，第 668 页。

> 帝以敏博通经记，令校图谶，使蠲去崔发所为王莽著录次比。敏对曰："谶书非圣人所作，其中多近鄙别字，颇类世俗之辞，恐疑误后生。"帝不纳。（第2558页）

同书卷二八《桓谭传》：

> 是时帝方信谶，多以决定嫌疑……谭复上疏曰："……今诸巧慧小才伎数之人，增益《图》《书》，矫称《谶记》，以欺惑贪邪，诖误人主，焉可不抑远之哉！……"帝省奏，愈不悦。其后有诏会议灵台所处，帝谓谭曰："吾欲以谶决之，何如？"谭默然良久，曰："臣不读谶。"帝问其故，谭复极言谶之非经。帝大怒曰："桓谭非圣无法，将下斩之！"谭叩头流血，良久乃得解。（第959页）

细细体味这两段记载似可看出，在刘秀亲自干预下，尹敏等人对谶纬所做的整理工作，主要是删去崔发加入的为王莽服务的那些篇章，而其余部分，包括被尹敏、桓谭指为近人增益和窜改的那些内容，都被保留下来。

桓谭《新论》曰："谶出《河图》、《洛书》，但有兆朕而不可知，后人妄复加增依托，称是孔丘，误之甚也。"①胡应麟《四部正讹》说："谶纬之说，盖起于河洛《图》《书》。当西汉末……俗儒增益，舛讹日繁。"②蒋清翊《纬学原流兴废考》以《河洛》开篇，并解释

①严可均：《全后汉文》，第544页。

②见《少室山房笔丛》卷一四，《文渊阁四库全书》本，台北：台湾商务印书馆，第886册，第313页。

说："《图》《书》实群纬先河，故首《河》《洛》。"[①]陈槃也指出："谶书之始出，皆称《河图》、《洛书》……谶纬之书，断推《河图》、《洛书》为领袖。"[②]其意皆指谶纬的形成是先有《河图》、《洛书》，而后衍生出其他部分。笔者赞同这样的看法，并认为《河图》、《洛书》本文作为谶纬的核心篇目可能在刘向之前就已经存在了。刘向父子校书所见《图书秘记》十七篇可能就是此类文献。及哀、平之际，儒生方士们又在此基础上加以"增益"，伪造新的篇目[③]，便形成了《河图》、《洛书》本文若干篇、九圣之所增演若干篇、孔子所作《七经纬》若干篇的篇目结构，和多有"近鄙别字"、"世俗之辞"的粗陋面貌。

前已述及，王莽曾征天下学者数千人至长安，"皆令记说廷中"，"正乖缪，壹异说"[④]。这次规模空前的学术会议大约按专业的不同又分成了若干分会。《汉书》卷二一《律历志》序记载"钟律"分会的情况说："征天下通知钟律者百余人，使羲和刘歆等典领条奏，言之最详。"（第955页）其主要内容都保留在《汉书·律历志》中。许慎《说文序》又记载了"《史篇》文字"分会的情况："孝平时，征（爰）礼等百余人，令说文字未央廷中，以礼为小学元士。黄门侍郎杨雄采以作《训纂篇》，凡《仓颉》已下十四篇，凡五千三百四十字。群书所载，略存之矣。"[⑤]顾颉刚先生说："《训纂

①见姜忠奎：《纬史论微》，黄曙辉、印晓峰点校，上海：上海书店出版社，2005年，第399页。

②见氏著《战国秦汉间方士考论》，《中研院历史语言研究所集刊》第17本，第54页。

③关于谶纬与方士的关系，参阅陈槃：《战国秦汉间方士考论》。

④《汉书》卷九九《王莽传》，第4069页。

⑤《说文解字》，北京：中华书局，1963年，第315页。

篇》是这次文字方面的'正乖缪,壹异说'的结果,推之其他方面,当亦如此。"[①]这两个分会各有百余人参加,并都有重要成果问世。又《汉书》卷九九《王莽传》地皇四年四月条:"除用征诸明兵法六十三家术者,各持图书,受器械,备军吏。"(第4182页)《后汉书》卷一《光武帝纪》:"初,王莽征天下能为兵法者六十三家数百人。"(第5页)这些人可能是参加"兵法"分会的兵家学者。"图谶"分会的情形不见记载,想必也有若干学者"记说廷中"之事,哀、平之际新出的谶纬可能就在此时被集中起来,并同原有的《图书秘记》编辑在一起。王莽称帝后,又搜集了时人编造的"言莽当代汉有天下"的《符命》四十二篇[②],由崔发"著录次比"于谶纬之中。及至尹敏等校定谶纬,将崔发编入的部分剔出,便形成了八十一篇的定本。

由于有上述形成过程,谶纬篇目虽多,内容虽杂,却有一个严整的结构体系。仔细分析这一结构体系,又可隐约看出谶纬作者们最初的意图。

首先值得注意的是"自黄帝至周文王所受"一语的含义。《洛书灵准听》:"建世度者戏,重瞳之新定录图。"郑玄注:"建世度,谓五世之法度,虙戏氏始作八卦,以为后世轩黄帝之表。重瞳定录图,黄帝始受《河图》而定录。"[③]据此,伏羲虽作八卦,但未受《河图》、《洛书》,"始受《河图》"的是黄帝。《续汉书·天文志序》曰:"三皇迈化,协神醇朴,谓五星如连珠,日月若合璧。化由自然,民不犯慝。至于书契之兴,五帝是作。轩辕始受《河图斗

①顾颉刚:《五德终始说下的政治和历史》,《古史辨》,第5册,第310页。

②《汉书》卷九九《王莽传》,第4112页。

③《易纬是类谋》引,《丛书集成初编》0688,北京:中华书局,1985年,第5页。

(闿)苞授》,规日月星辰之象,故星官之书自黄帝始。"[①]所谓"轩辕始受《河图斗(闿)苞授》"肯定是谶纬的说法,大意和上引《灵准听》相同,也认为《河图》、《洛书》是黄帝以后才有的。从中我们还得知,黄帝所受《河图》本文就是《斗(闿)苞授》。这些材料证明,《隋志》所说《河》《洛》本文"自黄帝"始"至周文王"止,确是汉代谶纬的原貌。汉人所知道的古代帝王不止于"黄帝至周文王",现存谶纬遗文中出现的古代帝王就有燧人、女娲、伏羲、神农、黄帝、少昊、颛顼、帝喾、帝尧、帝舜、夏禹、商汤、周文王、周武王、周公等。《河》《洛》本文的编造者只取"黄帝至周文王",很可能是受当时流行的"五帝三王"说影响。《尚书琁机钤》:"孔子曰:五帝出,受录图。"[②]明言至"五帝出"才有"受录图"之事。

我们知道,儒家的古史系统原本由帝尧、帝舜、夏、商、周组成。大约在战国后期,又形成了五帝之说,于是古史系统变成了黄帝、帝颛顼、帝喾、帝尧、帝舜、夏、商、周[③]。《大戴礼记·五帝德》载宰我"问黄帝"、"问帝颛顼"、"问帝喾"、"问帝尧"、"问帝舜"、"问禹",孔子一一做了回答[④]。同书《帝系》又详细记载了黄帝至禹的世系:"少典产轩辕,是为黄帝。黄帝产玄嚣,玄嚣产蟜极,蟜极产高辛,是为帝喾。帝喾产放勋,是为帝尧。黄帝产昌意,昌意产高阳,是为帝颛顼。颛顼产穷蝉,穷蝉产敬康,敬康产句芒,句芒产蟜牛,蟜牛产瞽叟,瞽叟产重华,是为帝舜,及产象,敖。颛顼产鲧,鲧产文命,是为禹。"[⑤]司马迁作《史记·五帝本

①《后汉书》,第3214页。
②《文选》卷四七《汉高祖功臣颂》注引,北京:中华书局,1977年,第662页。
③参阅顾颉刚:《五德终始说下的政治和历史》,《古史辨》,第5册,第267页。
④王聘珍:《大戴礼记解诂》,北京:中华书局,1983年,第117—125页。
⑤王聘珍:《大戴礼记解诂》,第126页。

纪》即用此说。董仲舒所说周代的五帝三王也与此相同。《春秋繁露·三代改制质文》:“同时称帝者五,称王者三”,及周文王受命而王,“改号轩辕谓之黄帝,因存帝颛顼、帝喾、帝尧之帝号,绌虞而号舜曰帝舜,录五帝以小国。下存禹之后于杞,存汤之后于宋,以方百里,爵号公”①。《河》《洛》本文“自黄帝”始“至周文王”止,与此说法正合。由此推测,“受本文”者当是“五帝”和“三王”,除黄帝和周文王之外,还应有帝颛顼、帝喾、帝尧、帝舜、夏禹、商汤。

《周易·系辞上》:“河出《图》,洛出《书》,圣人则之。”孔颖达疏引《春秋纬》曰:“河以通乾出天苞,洛以流坤吐地符。河龙《图》发,洛龟《书》感。”②《论语·子罕》:“子曰:凤鸟不至,河不出《图》,吾已矣夫!”何晏注引孔安国曰:“圣人受命则凤鸟至,河出《图》。”③郑玄《六艺论》:“《河图》、《洛书》皆天神言语,所以教告王者也。”④《隋书》卷三二《经籍志》曰:“圣人之受命也,必因积德累业,丰功厚利,诚著天地,泽被生人,万物之所归往,神明之所福向,则有天命之应。盖龟龙衔负,出于河洛,以纪易代之征。”(第940页)根据这些说法,《河图》、《洛书》是圣帝明王建立新王朝的受命之符,也是天地神明赐给圣帝明王用来治理天下的根本大法。谶纬的作者让五帝三王获得《河图》、《洛书》,从而为他们加上神圣的光环,使他们的问世及其王朝的建立都成了上天的安排。

再看“自初起至于孔子九圣之所增演”一语。可以肯定的是,

---

①苏舆:《春秋繁露义证》,北京:中华书局,1992年,第198、199页。

②《十三经注疏》,第82页。

③《十三经注疏》,第2490页。

④《诗·大雅·文王》正义引,《十三经注疏》,第502页。

“九圣”中最后一位是孔子。那么孔子之前的八位圣人又是谁呢？《抱朴子内篇·释滞》有“九圣共成《易经》”之语，王明认为此处“九圣”除孔子外还有“伏羲、神农、黄帝、尧、舜、夏禹、商汤、周文”①。《汉语大词典》“九圣”条则无商汤而有周公②，钟肇鹏说与此同③。但《抱朴子》所谓“九圣”是《易经》的作者，《隋志》所谓“九圣”则是《河图》、《洛书》的增演者，二者不同。《隋志》明言这“九圣之所增演”的三十篇是“以广其意”的，“其”字指《河》《洛》本文。本文只有黄帝以后的，伏羲、神农在黄帝前，怎能对本文加以“增演”并“广其意”呢？因此，这里的“九圣”也应自黄帝算起，“初起”二字当指居五帝三王之首的黄帝，也就是说，此语中的“自初起”与前面一语中的“自黄帝”同义。根据上面的分析，“自黄帝至周文王”系指黄帝、帝颛顼、帝喾、帝尧、帝舜、夏禹、商汤、周文王八人，“九圣”中的前八位应当就是他们④。他们作为圣帝明王，都获得了天神赐与的《河图》、《洛书》，又对所受《河》《洛》本文加以“增演”，“以广其意”。如此解释，似更合情理。

顺此思路再往下推，一个重要现象便出现了。“九圣”中自黄帝至周文王八人同时又是受命帝王。作为受命帝王，他们获得了《河图》、《洛书》；作为圣人，他们又对《河》《洛》中的神意进行了

---

①王明：《抱朴子内篇校释（增订本）》，北京：中华书局，1985 年，第 153、154、161 页。

②上海：上海辞书出版社，1986 年，第 1 册，第 749 页。

③钟肇鹏：《谶纬论略》，第 70 页。

④陈槃说：“《隋志》谓，《河》《洛》之作出于黄帝、周文王、孔子等九圣。”似乎也将黄帝至周文王视为九圣中的前八位。见氏著《谶纬命名及其相关之诸问题》，《“中研院”历史语言研究所集刊》第 21 本第 1 分，第 33 页。

解释和发挥，以指导其治理天下之实践。唯独孔子，虽是圣人，却不是受命帝王，因而未得《河图》、《洛书》。上引《论语》所载孔子语明言其不曾受《河图》。《史记》卷四七《孔子世家》载此语则作："河不出《图》，洛不出《书》，吾已矣夫！"（第 1942 页）而据谶纬说，孔子不仅对《河图》、《洛书》有所"增演"①，还作了《七经纬》三十六篇，全部谶纬八十一篇也是经他整理而成的。那么，孔子所做的这些工作又是为谁服务的？第九位圣人所对应的第九代王朝又是哪一朝呢？答案十分明确：汉朝。《易纬乾凿度》引《洛书摘六（亡）辟》曰："孔表雄德，庶人受命，握麟征。"郑玄注："孔表雄，著汉当兴，以庶人之有仁德，受命为天子。此谓使以获麟为应。"同书又引《易历》曰："阳纪天心，别序圣人，题录兴亡州土名号姓辅叐符。"郑玄注："言孔子将此应之，而作谶三十六卷。"②池田秀三指出，"谶三十六卷"即《七经纬》三十六篇③。甚是。郑玄所言《七经纬》乃孔子为汉而作，应是当时通行的说法，而这一说法又显然是从"《春秋》为汉制法"说发展而来的。

前已述及，"《春秋》为汉制法"是《公羊》家最重要的说法之一。谶纬对此则有更直白的说明。《春秋演孔图》："孔子仰推天命，俯察时变，却观未来，豫解无穷，知汉当继大乱之后，故作拨乱

---

①《易纬》中留下了孔子增演《洛书》的痕迹。如《易纬是类谋》开篇引《洛书灵准听》之辞，继而有"孔子演曰"云云（《丛书集成初编》0688，第 1、10 页）；《易纬通卦验》有"孔子表《洛书摘亡辟》曰"云云（《丛书集成初编》0689，第 12 页）。

②《丛书集成初编》0688，第 41、42 页。

③参池田秀三：《緯書鄭氏学研究序說》，《哲學研究》第 47 卷，第 6 册，第 84 页。

之法以授之。"[①]《孝经援神契》:"丘制命,帝卯行。"丘指孔子,卯(卯金刀)即刘字,指汉朝。《尚书考灵耀》:"丘生仓际,触期稽度,为赤制,故作《春秋》。"[②]仓,木德之色,指周朝。赤,火德之色,指汉朝。不仅如此,经过谶纬作者们的"增益",孔子为汉制法之作又增加了《孝经》和谶纬。《公羊传》何休序:"孔子有云:吾志在《春秋》,行在《孝经》。"据徐彦疏,此语出《孝经钩命决》。同书隐公条徐彦疏引《春秋说》:"丘揽《史记》,援引古《图》,推集天变,为汉帝制法,陈叙《图录》。"[③]《图录》即谶纬[④]。《宋书》卷二七《符瑞志》说得最全面:"孔子作《春秋》,制《孝经》,既成,使七十二弟子向北辰星罄折而立,使曾子抱《河》《洛》事北向,孔子斋戒向北辰而拜,告备于天曰:'《孝经》四卷,《春秋》、《河》《洛》凡八十一卷,谨已备。'"[⑤]据《北堂书钞》卷八五、《太平御览》卷五四二,此为《孝经纬》文[⑥]。

在谶纬中,孔子是为汉立法的圣人,刘邦则是汉朝的受命帝王。上引《宋书·符瑞志》说:孔子告备于天后,"天乃洪郁起白雾摩地,赤虹自上下,化为黄玉,长三尺,上有刻文。孔子跪受而读之曰:宝文出,刘季握;卯金刀,在轸北;字禾子,天下服"。明指刘邦(字季)就是周之后即将受命的新王。《河图》:"汉高祖观汶

①《公羊传》哀公十四年春何休注引,见《十三经注疏》,第2354页。

②《鲁相史晨祀孔子奏铭》引,见《金石萃编》卷一三,北京:中国书店出版社,1985年。

③《十三经注疏》,第2190、2195页。

④《公羊传》哀公十四年春何休注:"夫子素案《图录》,知庶姓刘季当代周。"见《十三经注疏》,第2353页。

⑤北京:中华书局,1974年,第766页。"《春秋》"后疑脱卷数。

⑥参安居香山、中村璋八:《纬书集成》,第1001页。

水，见一黄釜，惊却反，化为一翁，责言曰：'刘季何不受《河图》。'"[①]照此说法，刘邦也曾受《河图》。《诗含神雾》："赤龙感女媪，刘季兴。"[②]刘邦虽有父，却是神龙与其母所生。类似的故事在其他圣帝明王身上也都发生过。《河图》："帝刘季，日角戴胜，斗胸龙股，长七尺八寸。"[③]这种异常风貌也是其他圣帝明王都有的。这些内容进一步强调了刘邦具有同黄帝、周文王等一样的神性和权威[④]。谶纬描述刘邦受命时，还多次提到张良。如《河图》："天授图，地出道，予张兵钤，刘季起。"[⑤]《诗含神雾》："圣人受命必顺斗，张握命图授汉宝。"宋均注曰："圣人，谓高祖也。受天命而王，必顺旋衡法。故张良受兵钤之图命，以授汉为珍宝也。"[⑥]此说当是从张良遇黄石公得《太公兵法》的传说引申而来。至于上引《宋书·符瑞志》中"卯金刀，在轸北"一语，则指刘邦受命的星气之瑞。同样内容还见于其他谶纬，如《尚书考灵曜》："卯金出轸，握命孔符，赤用藏，龙吐珠也。"[⑦]《河图》："昌光出轸，五星聚井……刘季起。"[⑧]轸是星名，二十八宿之一。《汉书》卷二六《天文志》曰："轸为车，主风……若五星入轸中，兵大起。"（第1278页）又曰："轸，荆州。"（第1288页）是轸在占星术中有特定意义，所对应的人间区域是荆州，即楚地。昌光则是一种瑞气。

①《太平御览》卷七五七引，北京：中华书局，1960年，第3359页。
②《史记》卷八《高祖本纪》《索隐》引，第342页。
③《后汉书》卷四〇《班固传》李贤注引，第1337页。
④参阅安居香山、中村璋八：《纬书集成》，第74页。
⑤《后汉书》卷四〇《班固传》李贤注引，第1337页。
⑥《太平御览》卷八〇二引，第3558页。
⑦《太平御览》卷八〇二引，第3561页。
⑧《后汉书》卷四〇《班固传》李贤注引，第1337页。

《晋书》卷一二《天文志》瑞气条:“昌光,赤,如龙状,圣人起,帝受终,则见。”(第330页)昌光出现于轸宿,预示着楚地将有圣帝受命而起。刘邦受命的星气之瑞,原来只有“五星聚井”。《汉书》卷一《高帝纪》:“元年冬十月,五星聚于东井。”(第22页)卷二六《天文志》解释说:“五星聚于东井……此高皇帝受命之符也。”(第1301页)到谶纬中又多了“昌光出轸”一项。

三、“赤帝九世”考

从黄帝算起,孔子是第九位圣人,汉是第九代王朝,汉高祖刘邦当然就是第九位受命帝王了。由此我们意识到谶纬中多处出现的“九世”云云,可能和刘邦有关。

《续汉书·祭祀志》载:建武三十年,群臣要求刘秀封禅泰山,被刘秀拒绝;两年后刘秀夜读《河图会昌符》,有“赤刘之秀,会命岱宗”之文,“乃诏(梁)松等复案索《河》《洛》谶文言九世封禅事者,松等列奏,乃许焉”,于是举行了封禅大典。刘昭注引用了《东观书》所载梁松等人的奏疏,其中提到:“《河》《洛》谶书,赤汉九世当巡封泰山,凡三十六事。”①刘秀封禅时命人上泰山立石刻文,还引用了其中几条:

> 《河图会昌符》:
>
> 赤帝九世,巡省得中,治平则封,诚合帝道孔矩,则天文灵出,地祇瑞兴。
>
> 帝刘之九,会命岱宗,诚善用之,奸伪不萌。
>
> 赤汉德兴,九世会昌,巡岱皆当。

---

①《后汉书》,第3163页。

天地扶九，崇经之常。汉大兴之，道在九世之王。

《河图合古篇》：

帝刘之秀，九名之世，帝行德，封刻政。

《河图提刘予》：

九世之帝，方明圣，持衡拒，九州平，天下予。

《洛书甄曜度》：

赤三德昌，九世会修，符合帝际，勉刻封。

《孝经钩命决》：

予谁行，赤刘用帝，三建孝，九会修，专兹竭行封岱青。①

东汉人认为这些文字中的“赤帝九世”、“帝刘之秀”等皆指刘秀，因为刘秀是刘邦九世孙。如果这确是其作者的本意，那么这三十六条谶语就肯定都是刘秀起兵后甚至称帝后才成文的。

然而如前所述，谶纬可能在平帝末年已经被编辑在一起，形成一个本子。其后人们要增添内容，大概主要是靠在已有的本子上“增损”字句，而很难再大规模编造新内容了。王莽末年，卜者王况对魏成大尹李焉说：“汉家当复兴。君姓李，李音徵。徵，火也，当为汉辅。”遂为李焉作谶书，言“文帝发忿，居地下趣军”等等②。这部谶书就没有托名于黄帝、孔子等先圣，也未采用《河

①《后汉书》，第 3165 页。

②《汉书》卷九九《王莽传》，第 4166 页。

图》、《洛书》、《七经纬》的形式，只是假借汉文帝之口，其性质与王莽的"符命"相似，应当不在八十一篇系统之内。公孙述在成都称帝，利用谶纬以"感动众心"，则引用《录运法》、《括地象》、《援神契》等已有的谶纬并加以曲解，而未编造新的谶纬，刘秀进行反驳时同样引已有的谶纬为依据。这说明谶纬八十一篇系统此时已基本定型了，再大量加入新的内容很容易被人揭穿。《后汉书》卷七九《儒林尹敏传》载：尹敏校定图谶时，"因其阙文增之曰：'君无口，为汉辅。'帝见而怪之，召敏问其故。敏对曰：'臣见前人增损《图》《书》，敢不自量，窃幸万一。'"(第 2558 页)尹敏此举虽是半开玩笑，却反映出对已有的内容加以"增损"已是"前人"们制造新谶语的主要手段了。在这种情况下，短时间内在不同谶纬篇章中加入三十六条关于"九世"的文字，可能性不大。

有证据表明，谶纬中关于"赤帝九世"的说法出现较早，其最初所指则是刘邦。《后汉书》卷二一《耿纯传》载：约在刘秀称帝前后，真定王刘扬也想称帝，遂"造作谶记云：'赤九之后，瘿扬为主。'扬病瘿，欲以惑众"(第 763 页)。刘扬谶中所谓"赤九"显然是"赤帝九世"的省称。这说明关于"赤帝九世"的谶语此前已经存在了，刘扬只是根据已有的说法又新编了一条。李贤注曰："汉以火德，故云赤也。光武于高祖九代孙，故云九。"仍认为"赤九"指刘秀。但刘扬并非刘秀之后，也不可能指望继刘秀之后为帝。李贤囿于成说，于意难通。其实在刘扬的意识中，"赤九"显然指刘邦，"赤九之后"则指包括他本人在内的刘邦的后代①。刘扬欲以此谶"惑众"，又说明对"赤帝九世"的这种理解当时已经流行

①据《汉书》卷一四《诸侯王表》，刘扬是景帝子常山王刘舜之后，亦即刘邦十世孙。

于世了。此外,“九世会昌”一语中的“会昌”二字,陈槃认为是“封禅之谓”①,而笔者以为应是遇到“昌光出轸”之瑞的意思。如果是这样,则此语中的“九世”也只能是刘邦,因为和刘秀有关的星象之变只有“有星孛于张”②,而无“昌光出轸”。

至于“帝刘之秀,九名之世”等明指刘秀为“九世”的谶语,可能是晚出的,但也有可能是改“季”为“秀”而成的。在出现“刘秀”字样的谶语中,最有名的是《河图赤伏符》。其辞曰:“刘秀发兵捕不道,四夷云集龙斗野,四七之际火为主。”李贤注曰:“四七,二十八也。自高祖至光武初起,合二百二十八年,即四七之际也。”③其后的史家对此皆未提出异议。唯今人黄复山指出,李贤之说“增‘二百’一数,近似冗赘附会。考光武封禅铭文尝言‘年二十八载兴兵’,自谓起兵时年正二十八岁,以此诠解‘四七’,或更合于谶文之意”。此外,黄氏又据《春秋佐助期》“诸侯上象四七”等语,提出“四七”也有可能指当时起兵之“群雄”④。

今案汉元年为公元前206年,建武元年为公元25年,其间二百三十一年。除非将“光武初起”解释为刘秀起兵的地皇三年(22年),方合二百二十八年之数。但“火为主”当指立汉建元,以起兵之时当之,难免牵强。何况刘邦起兵于秦二世元年(前209年),

---

①见氏著《古谶纬书录解题(一)》,《中研院历史语言研究所集刊》第10本,第378页。

②《后汉书》卷一《光武帝纪》:地皇三年十一月,“有星孛于张,光武遂将宾客还舂陵。时伯升已会众起兵”(第3页)。《续汉书·天文志》解释此事说:“张为周地。星孛于张,东南行即翼、轸之分。翼、轸为楚,是周、楚地将有兵乱。后一年正月,光武起兵舂陵……攻破南阳……兴于河北,复都洛阳,居周地,除秽布新之象。”(第3218页)

③见《后汉书》卷一《光武帝纪》,第21页。

④黄复山:《东汉谶纬学新探》,台北:台湾学生书局,2000年,第54、55页。

也早于汉元年。若刘邦也从起兵之时算起，岂不又不合二百二十八年之数了？李贤之说确有“冗赘附会”之嫌。刘秀封禅所立泰山刻石之文也引用了《赤伏符》，并且明言：“皇天睠顾皇帝，以匹庶受命中兴，年二十八载兴兵。”①《后汉书》卷一《光武帝纪》也在刘秀起兵之时特意强调“时年二十八”（第2页）。这表明，刘秀君臣认为“四七之际”是对应于刘秀二十八岁之年的。然而此说恐怕也是刘秀君臣的附会，而非《赤伏符》的本意。因为此类谶语中的“刘秀”最初并非指光武帝，而是指王莽时的国师刘歆。

《东观汉记》载，刘秀出生于哀帝建平元年（前6年）②。《汉书》卷三六《楚元王传附刘歆传》载，刘歆也在这一年“改名秀”（第1972页）。敦煌悬泉汉简所见平帝元始五年五月太皇太后诏中有“羲和臣秀”③，可证刘歆改名一事属实。这样便有了两个刘秀。而刘秀一名出现在谶纬中，是王莽末年的事。《后汉书》卷一五《李通传》：“父守……初事刘歆，好星历谶记，为王莽宗卿师……通素闻守说谶云‘刘氏复兴，李氏为辅’。”（第573页）李守是刘歆的弟子，又好谶记，应是当时最熟悉谶纬的人物之一，而在他所知道的谶记中已有“刘氏复兴”之语，但尚无刘秀之名。前引王况谶书作于地皇二年，其中提到“江中刘信，执敌报怨，复续古先，四年当发军。江湖有盗，自称樊王，姓为刘氏，万人成行，不受赦令，欲动秦、洛阳”。王莽“以王况谶言荆楚当兴，李氏为辅，欲厌之”，命李圣为扬州牧，率军前往镇压④。当时，绿林、赤眉暴动已起，“荆楚当兴”应是指此而言。绿林军中还有奋威大将军刘

①《后汉书》，第3166页。
②《太平御览》卷九〇引，第430页。
③见甘肃省文物考古研究所：《敦煌悬泉汉简释文选》，《文物》2000年第5期。
④《汉书》卷九九《王莽传》，第4166、4167页。

信，后封汝阴王，曾“将兵平定江南，据豫章”[①]。“江中刘信”不知是否暗指此人。姓刘的“樊王”，则未见其人。可以肯定的是，王况谶中亦无刘秀之名。这表明当时尚未形成刘秀中兴之说。但其后不久，关于刘秀的谶语就出现了。《东观汉记》载：“王莽时，上（指光武帝）与伯升及姊婿邓晨、穰人蔡少公燕语。少公道：‘谶言刘秀当为天子，或曰是国师刘子骏（即刘歆）也。’上戏言：‘何知非仆耶？’坐者皆大笑。”[②]《后汉书》卷一五《邓晨传》系此事于“王莽末”刘秀“避吏新野”前，据同书卷一《光武帝纪》，其时当在地皇三年。从他们的语气看，当时人们包括刘秀的亲友都认为谶语中的刘秀指的是国师刘歆。《汉书》卷九九《王莽传》地皇四年六月条载：“先是，卫将军王涉素养道士西门君惠。君惠好天文谶记，为涉言：‘星孛扫宫室，刘氏当复兴，国师公姓名是也。’涉信其言，以语大司马董忠，数俱至国师殿中庐道语星宿。”劝刘歆发动政变，取代王莽（第4184页）。可见王莽身边的大臣们也认为谶语中的刘秀指的是刘歆。当时，刘秀尚未起事或刚刚起事，尚不为人所知，刘歆则早已大名鼎鼎，人们将兴复汉室的希望寄托在刘歆而非刘秀身上是很自然的。地皇三年后始流传开来的“言刘秀当为天子”的谶，很可能就是《赤伏符》。如果“刘秀发兵捕不道”指的是刘歆，同一谶语中的“四七之际火为主”当然不可能指刘秀。此类谶语最初是不是为刘歆编造的呢？也不是，因为刘歆既无特别事迹可应“四七”之数，也不是刘邦九世孙，不能应“九世”之数[③]。

①《后汉书》卷一一《刘玄传》，第470、471页；卷一四《宗室四王三侯传》，第566页。

②《太平御览》卷九〇引，第431页。

③据《汉书》卷三六《楚元王传》，刘歆是楚元王刘交六世孙，而刘交是刘邦同父异母弟。

那么,刘邦有什么事迹可应“四七”之数吗?有,刘邦建汉在孔子获麟二百七十五年之后。《续汉书·律历志》载议郎蔡邕议曰:“《元命苞》、《乾凿度》皆以为开辟至获麟二百七十六万岁;及《命历序》积获麟至汉……为二百七十五岁。”(第3038页)又载太史令虞恭、治历宗欣等议曰:“《四分历》仲纪之元,起于孝文皇帝后元三年,岁在庚辰。上四十五岁,岁在乙未,则汉兴元年也。又上二百七十五岁,岁在庚申,则孔子获麟。二百七十六万岁,寻之上行,复得庚申……此《四分历》元明文图谶所著也。”(第3036页)“乙未”作为“汉兴元年”,是谶纬中最重要的年份。“二百七十五岁”则是由此推出的一个重要数字,它意味着孔子获麟后所作的《春秋》、《孝经》和八十一篇谶纬,都是为将于二百七十五年之后建立的汉朝预先准备的。“开辟至获麟二百七十六万岁”是二百七十五加一的一万倍。今案“西狩获麟”在鲁哀公十四年,即公元前481年,汉元年则是公元前206年,其间共276个年头。按虞恭、宗欣的算法,从庚申到乙未也是276个年头。因此,谶纬所谓“获麟至汉”是指获麟之年至刘邦建汉的前一年,从汉元年“又上二百七十五岁”也是从汉元年的前一年算起。“开辟至获麟二百七十六万岁”显然是由此推算出来的、用以加强“汉兴元年”之神圣性的一个数字。如果将《赤伏符》所谓“四七之际”理解为第二十八个十年之间,即二百七十一年到二百八十年之间,便正合“二百七十五岁”之数。而谶纬用乘法表示未来年代时,常常是十的倍数。如《后汉书》卷三〇《杨厚传》注引《春秋命历序》:“四百年之间,闭四门,听外难,群异并贼,官有孽臣,州有兵乱,五七弱,暴渐之效也。”宋均注云:“五七,三百五十岁,当顺帝渐微,四方多逆贼也。”(第1049页)《易纬乾凿度》:“《洛书灵准听》曰:‘……八九七十二,录图起。’”郑玄注曰:“八九相乘七十二岁,而七百二十岁，复于冬至甲子生，象其数以为轨焉，故曰录图起之。”①《易纬是类谋》：“五九之数，顿道之维。”郑玄注：“五九者，四百五十年。”②这种做法显然是从方士那里学来的。如《汉书》卷八五《谷永传》说成帝“涉三七之节纪”，就是当时方士的说法，注引孟康释“三七”之意为“三七二百一十岁”（第3468页）。其目的是让被预言的年代有一定模糊性，从而增加神秘性。

由此看来，将“四七之际火为主”理解为孔子预言刘邦建立汉朝的相对年代，更合《赤伏符》等谶记作者的本意。因而“刘秀发兵捕不道”原来很可能是“刘季发兵捕不道”，后来被人窜改。如果事情真是这样，尹敏所说的“增损《图》《书》”之事便有了一个典型的例子。

不过，“赤帝九世”的头衔也不是一下子从刘邦头上转到刘秀头上的，中间还经过成帝的一次倒手。西汉十二帝依次是：高、惠、文、景、武、昭、宣、元、成、哀、平、孺子，成帝正是第九代。从世系推，成帝是元帝子，元帝是宣帝子，宣帝是武帝曾孙，武帝是景帝子，景帝是文帝子，文帝是高祖刘邦子，则成帝又是刘邦九世孙。王莽所颁《符命》曰：“新室之兴也，德祥发于汉三七九世之后。”③“三七”即二百一十年，“九世”则指成帝。可能在哀、平之际“九世”的头衔已被某些谶纬作者安到了成帝头上，相应地也就出现了十世、十一世等概念。如《后汉书》卷三《章帝纪》注引《河图》曰：“《图》出代九，天开明，受用嗣兴，十代以光。”④又引《括地

①《丛书集成初编》0688，第51页。
②《丛书集成初编》0688，第16页。
③《汉书》卷九九《王莽传》，第4112页。
④中华书局点校本断为“图出代，九天开明”，《纬书集成》第1223页亦同。钟肇鹏已辨其误，见《谶纬论略》，第269页。

象》曰:“十代礼乐,文雅并出。”(第131页)《续汉书·律历志》载章帝诏引《河图》曰:“赤九会昌,十世以光,十一以兴。”(第3026页)这里的“代九”、“赤九”本意当指成帝,“十代”、“十世”、“十一”则指哀帝和平帝。及王莽末年刘秀兴起,“九世”的头衔又被移到刘秀头上,“帝刘之秀,九名之世”一语,无论是否经改字而来,都只有此时才可能出现。其后,“十世”和“十一世”也分别归了东汉明帝和章帝。

四、“三教”与“五德”

在上述“赤帝九世”、“四七之际火为主”等说法中,汉朝是火德尚赤的。这又涉及“五德终始”说问题了。“五德终始”说在汉代经历了复杂的演变过程,谶纬的“五德终始”说则是其中一个重要环节,而它的形成也与《公羊》学有些关联。

《公羊》家的“三教”说认为,汉朝继周末大乱之后应当改变统治方式,用夏之“上忠”救周之“文敝”,而夏朝的“上忠”之道就是“尧舜之道”,是从尧那里传下来的。最晚至昭帝时,《公羊》家又有了“汉家尧后”说,为汉效法尧提供了新的理由。汉家为尧后的史料依据仅见于《左传》,且由文公十三年、襄公二十四年和昭公二十九年的三段文字构成①。班固在《汉书》卷一《高帝纪赞》中概括这三段文字说:“《春秋》晋史蔡墨有言:‘陶唐氏既衰,其后有刘累,学扰龙,事孔甲,范氏其后也。’而大夫范宣子亦曰:‘祖自虞以上为陶唐氏,在夏为御龙氏,在商为豕韦氏,在周为唐杜氏,晋主夏盟为范氏。’范氏为晋士卿,鲁文公世奔秦,后归于晋,

①分见《十三经注疏》,第1852、1979、2123页。参阅顾颉刚:《五德终始说下的政治和历史》,《古史辨》,第5册,第293、294页。

其处者为刘氏。”（第81页）“陶唐氏”就是尧，“刘氏”就是汉。刘氏既出于陶唐氏，汉家便是尧后了。《后汉书》卷三六《贾逵传》载逵上书曰：“五经家皆无以证图谶明刘氏为尧后者，而《左氏》独有明文。”（第1237页）就是指此而言。《公羊》家的“汉家尧后”说当由此而来。《左传》的内容比《公》《穀》二传丰富得多。故昭宣之时，《穀梁》家尹更始兼治《左传》，用《左传》的材料充实《穀梁》章句。西汉经学家法森严，但相互渗透、取长补短的现象也是常见的。所以，《公羊》家利用《左传》史料提出“汉家尧后”说不是不可能。其后，此说又被谶纬所采纳。

否定周道，要求汉朝用尧舜禹之道，是西汉《公羊》家的核心观点之一。与此相似甚至可能是为此提供论证的，还有董仲舒提出的“三统”说、“四法”说和“五帝迭首一色”说。《春秋繁露·三代改制质文》：“《春秋》曰‘王正月’……何以谓之王正月？曰：王者必受命而后王。王者必改正朔，易服色，制礼乐，一统于天下，所以明易姓非继人，通以己受之于天也。王者受命而王，制此月以应变，故作科以奉天地，故谓之王正月也。”这是说王者受天命建立新王朝后，必须改制作科，以示同前代王朝的区别。那么，新王应如何改制作科？董仲舒回答说：“当十二色。历各法而（其）正色，逆数三而复。绌三之前曰五帝，帝迭首一色，顺数五而相复。礼乐各以其法象其宜，顺数四而相复。”①

“逆数三而复”的是黑、白、赤三统。夏为黑统，商为白统，周为赤统，至汉而复始，故应为黑统。这意味着汉朝应同夏朝一样，以建寅之月为正月，朝服、舆马、旗帜、玺印、牺牲、乐器等皆尚黑，冠、婚、丧、祭等礼仪也有一些自己的特点。此说与三教说要求汉

①苏舆：《春秋繁露义证》，第184—186页。

朝用夏政的主张相吻合,但也有不同处。在“三教”说中尧舜禹是“守一道”的,而在“三统”说中尧舜禹也按“逆数三而复”的顺序各有其统。董仲舒说“新王必改制”,即指三统而言;又说“继治世者其道同,继乱世者其道变”①,则指“三教”而言。因此“三统”说不能说明汉和尧舜的关联。

“顺数四而相复”的是商、夏、质、文四法。舜法商,禹法夏,汤法质,文王法文,至汉而复始,故应法商。此说要求汉朝礼乐用虞舜之制,基本特点是“其道佚阳,亲亲而多仁朴”,还包括“制爵三等,禄士二品”等许多具体内容②。此说将汉与舜直接联系起来,符合三教说中夏道即尧舜之道的说法,形式上可以构成对“三教”说的支持。但根据四法循环规则,尧当法文,与汉朝不同。故此说仍不能说明汉与尧的关联。

“顺数五而相复”的是五帝之首的“色”。《春秋繁露·三代改制质文》说:商人以商、夏、虞为三王,以帝尧、帝喾、颛顼、轩辕、神农为五帝,其中神农作为五帝之首须“迭首一色”,故为“赤帝”。而周朝建立后,以周、商、夏为三王,以帝舜、帝尧、帝喾、颛顼、轩辕为五帝,神农退出五帝,进入九皇系列,轩辕成为五帝之首,亦须“迭首一色”,故为“黄帝”③。董仲舒的论说到此为止,暂时看不出与汉有什么关系。但照他的逻辑,随着王朝继续更迭,颛顼以下诸帝迟早也会成为五帝之首,因而也会成为以一种颜色命名的帝。这里的“色”只有五种,终而复始,汉是尧后的第六代,因而必将与尧同“色”。可见,此说中隐含着一种能将汉与尧联系

---

①《汉书》卷五六《董仲舒传》,第 2519 页。

②苏舆:《春秋繁露义证》,第 205—207 页。

③苏舆:《春秋繁露义证》,第 186、187 页。

起来的方法。

五种颜色按一定顺序排列并终而复始，是"五德终始"说特有的说法。而最初的"五德终始"说是按五行相胜的顺序排列的。刘歆《七略》曰："邹子有《终始五德》，从所不胜，（土德之后）木德继之，金德次之，火德次之，水德次之。"①《吕氏春秋》卷一三《应同》："黄帝之时……土气胜，故其色尚黄，其事则土。及禹之时……木气胜，故其色尚青，其事则木。及汤之时……金气胜，故其色尚白，其事则金。及文王之时……火气胜，故其色尚赤，其事则火。代火者必将水……水气胜，故其色尚黑，其事则水。"②按照这种说法，黄帝为土德，夏为木德，商为金德，周为火德，继周者为水德。其中不见颛顼、帝喾、帝尧、帝舜的位置，好象是让黄帝做了五帝的代表。董仲舒的"三统"说与这种"五德终始"说的后三项正相符合。顾颉刚先生"疑心三统说是割取了五德说的五分之三而造成的"③，不无道理。董仲舒的"五帝迭首一色"说则借用了这种五德终始的形式，按五行相生的顺序重新排列。他说神农居五帝之首时为赤帝，轩辕居五帝之首时为黄帝。黄帝在赤帝之后，正是"火生土"④。以此类推，"土生金"，黄帝之后应是白帝；"金生水"，白帝之后应是黑帝；"水生木"，黑帝之后应是苍帝；"木生火"，仓帝之后又是赤帝。

谶纬继承了《公羊》家的这几种说法。故有"三教"说，如《春秋元命包》曰："三王有失，故立三教以相变。夏人之立教以忠，其

---

①《文选》卷六《魏都赋》注引，北京：中华书局，1977 年，第 106 页。

②陈奇猷：《吕氏春秋校释》，上海：学林出版社，1984 年，第 677 页。

③顾颉刚：《五德终始说下的政治和历史》，《古史辨》，第 5 册，第 260 页。

④参钱穆：《评顾颉刚五德终始说下的政治和历史》，《古史辨》，第 5 册，第 360 页。

失野，故救野莫若敬。殷人之立教以敬，其失鬼，救鬼莫若文。周人之立教以文，其失荡，故救荡莫若忠。如此循环，周则复始，穷则相承。”[①]也有“三统”说，如《通典》卷五五“历代所尚”条曰：“高阳氏（颛顼）尚赤……高辛氏（喾）尚黑……陶唐氏（尧）尚白……有虞氏（舜）尚赤。”本注曰：“并出《尚书中候》。”又引《元命包》曰：“夏以十三月为正……其色尚黑”，“殷以十二月为正……其色尚白”，“周以十一月为正……其色尚赤”[②]。现存谶纬遗文中未见“四法”说，但有与之相似的“文质”说。《春秋元命包》曰：“一质一文，据天地之道，天质而地文。”又曰：“正朔三而改，文质再而复。”[③]

谶纬的“五德终始”说则是《公羊》家原来没有的，是谶纬作者的一项发明：

> 《说郛》卷五引《河图始开图》曰：“伏羲氏以木德王。”[④]
>
> 《太平御览》卷七九引《春秋内事》曰：“轩辕氏以土德王天下。”（第367页）
>
> 《太平御览》卷七九引《河图》曰：“大星如虹，下流华渚，女节气感，生白帝朱宣。”宋均注云：“朱宣，少昊氏也。”又引《帝王世纪》曰：“少昊帝……以金承土帝，《图谶》所谓白帝朱宣者也，故称少昊，号金天氏。”（第370页）
>
> 《太平御览》卷七九引《河图》曰：“瑶光之星，如蜺贯月，

---

①《礼记·表记》疏引，《十三经注疏》，第1642页。

②王文锦、王永兴等点校本，北京：中华书局，1988年，第1543、1544页。又见《宋书》卷一四《礼志》引《乐稽曜嘉》，第329页。

③《文选》卷四五《答宾戏》李善注引，第635页。

④《说郛三种》，上海：上海古籍出版社，1988年，第3册，第251页。

正白，感女枢幽房之宫，生黑帝颛顼。”（第371页）

《玉海》卷一九八引《尚书中候》曰：“尧火德，故赤龙应焉。”①

《易纬是类谋》引《洛书灵准听》：“甄机立功者尧，放德之名者虞，与同射放，赤黄配枢，乾坤合斗，七以分治。”郑玄注：“尧赤而舜黄，尧受天精，舜应地德，在中安配枢星也。”②

《太平御览》卷八引《春秋演孔图》曰：“舜之将兴，黄云升于堂。”（第38页）

《太平御览》卷八二引《尚书帝命验》曰：“禹，白帝精，以星感。”（第380页）

《太平御览》卷八三引《河图》曰：“扶都见白气贯月，感生黑帝汤。”又引《洛书灵准听》曰：“黑帝子汤，长八尺一寸。”（第388页）

《太平御览》卷八四引《洛书灵准听》曰：“苍帝姬昌，日角鸟鼻，身长八尺二寸。”又引《春秋感精符》曰：“孔子案录书，含观五常英人，知姬昌为苍帝精。”（第396页）

《太平御览》卷八七引《尚书帝命验》曰：“有人雄起戴玉英，祈旦失钥，亡其金虎。”郑玄注曰：“祈，读曰哲（晢），白也，谓之秦也。旦失钥，户将开。金虎，兽之长，喻于秦君也。”（第412页）

《易纬通卦验》：“孔子表《洛书摘亡辟》曰：亡秦者胡也。丘以推秦白精也……秦为赤躯（驱），非命王。”③

---

①四库类书丛刊本，上海：上海古籍出版社，1992年，第6册，第214页。

②《丛书集成初编》0688，第5、6页。

③《丛书集成初编》0689，第12页。

《后汉书》卷四〇《班固传》注引《春秋演孔图》曰："卯金刀，名为刘，中国东南出荆州，赤帝后，次代周。"（第1378页）

按照上述说法，伏羲为木德，黄帝为土德，少昊为金德，颛顼为水德，尧为火德，舜为土德，夏为金德，商为水德，周为木德，秦为金德，汉为火德。炎帝、帝喾为何德，在现存谶纬遗文中不见明确记载。但炎帝显然应为火德。《古微书》卷一三引《春秋命历序》曰："地皇十一头，火德王。"[1]《礼记·月令》疏引《春秋说》云："炎帝号大庭氏，下为地皇，作耒耜，播百谷，曰神农也。"[2]地皇为火德，而炎帝即地皇。是为炎帝火德之侧证。帝喾在水德的颛顼和火德的尧之间，显然应为木德。《太平御览》卷八〇引《古史考》曰："高辛氏（帝喾），或曰房姓，以木德王。"（第373页）所依据的可能就是谶纬。此外，谶纬中重要的古帝王还有燧人氏。《周礼正义序》引《易通卦验》："燧皇始出，握机矩"。注云："燧皇，谓人皇，在伏羲前，风姓，始王天下者。"[3]谶纬遗文不载燧人为何德，《古史考》说他"以火德王"[4]，不知是否来自谶纬。但可以肯定的是，谶纬中的燧人"在伏羲前"，是"始王天

①《丛书集成初编》0691，第246页。

②《十三经注疏》，第1364页。

③《十三经注疏》，第633页。谶纬中关于三皇的说法比较乱。如应劭《风俗通义》卷一"三皇"条载：《春秋运斗枢》说"伏羲、女娲、神农，是三皇也"，无燧人而有女娲；而《礼含文嘉》则以"虙戏、燧人、神农"为三皇，燧人在虙戏之后（诸子百家丛书本，上海：上海古籍出版社，1990年，第8页）。又《古微书》卷一八引《礼稽命征》曰："三皇三正，伏羲建寅，神农建丑，黄帝建子。"（《丛书集成初编》0692，第341页）无燧人而有黄帝。但是占主导地位的说法是燧人、伏羲、神农。

④《太平御览》卷七八引，第364页。

下者”。

谶纬的五德终始说，整体上采用五行相生说，很可能是从董仲舒的“五帝迭首一色”说发展而来[①]。其中，以黄帝为土德显然是沿用邹衍、董仲舒、司马迁等人的旧说。以汉为火德、秦为金德，当是采用了汉初民间的一种说法。《史记》卷八《高祖本纪》载：刘邦夜行斩大蛇，有老妪哭曰：“吾子，白帝子也，化为蛇，当道，今为赤帝子斩之。”（第347页）“白帝子”，金德，指秦。“赤帝子”，火德，指汉[②]。谶纬如此安排，使周、汉两朝成为木生火的相生关系，而周、秦、汉三朝则是金胜木、火又胜金的相胜关系。顾颉刚先生曾于此处产生疑问：“在相生说的系统中，如何容得下相胜？对于这个驳诘，实在无法解答。”[③]其实，谶纬对此有一种解释。《五行大义》卷五引《录图》曰：“东方苍帝……顺金授火，南方赤帝……顺水授土，中央黄帝……顺木授金，西方白帝……顺火授水，北方黑帝……顺土授木。”[④]“顺”指相胜，“授”指相生。周于秦、汉正是“顺金授火”。其他帝王的德可能是在这一既定框架内由后向前依次推定的。至颛顼为水德，无法与黄帝之土德相

---

①参钱穆：《评顾颉刚五德终始说下的政治和历史》，《古史辨》，第5册，第361页。

②疑古派怀疑此类记载都是刘歆伪造的。参顾颉刚：《五德终始说下的政治和历史》，《古史辨》，第5册，第288页。但钱穆先生指出：当时盛行“把方位配五行颜色之说”，即东方木，南方火，中央土，西方金，北方水，由此形成“秦在西方是白帝子，楚在南方是赤帝子”的说法。见钱穆：《评顾颉刚五德终始说下的政治和历史》，《古史辨》，第5册，第361、362页。今从钱说。杨向奎先生则认为：“汉得天下后，最初说是火德。”见杨向奎：《中国古代社会与古代思想研究》，上海：上海人民出版社，1964年，第244页。

③见顾颉刚：《五德终始说下的政治和历史》，《古史辨》，第5册，第288页。

④《丛书集成初编》0696，第96页。

接,遂据《左传》和《国语》插入少昊[①]。《后汉书》卷三六《贾逵传》载逵上书曰:"五经家皆言颛顼代黄帝,而尧不得为火德。《左氏》以为少昊代黄帝,即图谶所谓帝宣也。"(第1237页)可见西汉经学各家都认为颛顼代黄帝,只有《左氏》说少昊代黄帝。谶纬显然采纳了《左氏》的这一说法。由于将秦定为金德,又在黄帝和颛顼之间插入少昊,尧才"得为火德",而让尧和汉同为火德,可能正是谶纬的作者们编造这种"五德终始"说的主要目的。"五德转移,治各有宜"[②]。尧汉皆为火德说,配合"汉家尧后"说,使汉政效法尧道有了更充分的理由。《后汉书》卷三五《曹褒传》载章帝诏引《尚书琁机钤》曰:"述尧理世,平制礼乐,放唐之文。"又引《帝命验》曰:"顺尧考德,题期立象。"(第1202页)《公羊传》哀公十四年春徐彦《疏》引《中候》曰:"卯金刀帝出,复尧之常。"[③]这些说法的前提都是汉家为尧后且同为火德。

这种"五德终始"说,因插入了少昊而与当时流行的五帝说不合,又因按五行相生的顺序排列而与董仲舒的"三统"说不合。《诗谱序》正义曰:

> 郑注《中候敕省图》,以伏牺、女娲、神农三代为三皇,以

---

①《左传》昭公十七年秋:"黄帝氏以云纪,故为云师而云名。炎帝氏以火纪,故为火师而火名……少皞挚之立也,凤鸟适至,故纪于鸟,为鸟师而鸟名……自颛顼以来不能纪远,乃纪于近,为民师而命以民事。"(《十三经注疏》,第2083、2084页)又《国语·楚语下》:"及少皞之衰也……颛顼受之。"(徐元诰:《国语集解》,第514、515页)参阅顾颉刚:《五德终始说下的政治和历史》,《古史辨》,第5册,第332—336页。

②《史记》卷七四《孟子荀卿列传》,第2344页。

③《十三经注疏》,第2353页。

轩辕、少昊、高阳、高辛、陶唐、有虞六代为五帝。德合北辰者皆称皇，感五帝座星者皆称帝，故三皇三而五帝六也。①

五帝而有六人，是谶纬中固有的矛盾。郑玄强行疏解，难免附会之嫌。又《五行大义》卷四引《春秋感精符》曰：

周以天统，服色尚赤者，阳道尚左，故天左旋。周以木德王，火是其子，火色赤，左行，用其赤色也。殷以地统，服色尚白者，阴道尚右，其行右转。殷以水德王，金是其母，金色白，故右行，用其白色。夏以人统，服色尚黑者，人亦尚左。夏以金德王，水是其子，水色黑，故左行，用其黑色。②

这段文字将五德按相生顺序自右向左排列，又杜撰出“阳道尚左”、“阴道尚右”、“人亦尚左”的公式，企图将三统与五德打通，消除二者的矛盾。照此说法，周是木德，火是木之子，在木之左，周以阳道左行，故又为赤统；殷是水德，金是水之母，在水之右，殷以阴道右行，故又为白统；夏是金德，水是金之子，在金之左，夏以人道左行，故又为黑统。以三代为例，此说似乎可通。但若推广开来，用这一公式解释其他帝王之德与统的关系，便有不可通者。如汉是火德、黑统，尧是火德、白统，火之母是木，子是土，从火德出发，无论左行还是右行都够不着黑统和白统。这种顾此失彼的解说，表明其作者已经意识到三统和五德之间存在矛盾，却想不出更好的办法加以解决。

---

①《十三经注疏》，第264页。

②《丛书集成初编》0696，第69页。

刘歆的《世经》中也有一种“五德终始”说[①]。其辞曰：太昊帝炮牺氏“继天而王，为百王先，首德始于木”；其后，木生火，故炎帝神农氏为火德；火生土，故黄帝轩辕氏为土德；土生金，故少昊帝金天氏为金德；金生水，故颛顼帝高阳氏为水德；水生木，故帝喾高辛氏为木德；木生火，故唐帝尧为火德；火生土，故虞帝舜为土德；土生金，故夏禹为金德；金生水，故商汤为水德；水生木，故周武王为木德；木生火，故汉高祖刘邦为火德。这是《世经》“五德终始”说的主体部分，除了周朝的代表为武王而非文王之外，与谶纬的说法基本相同。但《世经》又说：太昊、炎帝之间有共工，“虽有水德，在木火之间，非其序也。任知刑以强，故伯（霸）而不王。”与之类似的有“秦以水德，在周、汉木火之间”。帝喾、帝尧之间还有帝挚，也在木、火之间[②]。所谓“非其序”是说水德按相生的顺序应在金、木之间，共工、帝挚、秦却居木、火之间，故不在五德相生序列中。此说与谶纬将秦定为金德不同，是对周、秦、汉关系的新解说。西汉自武帝太初改制后，依五行相胜顺序定周为火德，秦为水德，汉为土德，以示秦胜周、汉又胜秦的历史过程。谶纬改周为木德，秦为金德，汉为火德，还是五行相胜的顺序，理论上仍比较质朴，与太初之制有明显的继承关系。《世经》对共工、帝挚和秦的安排则细腻周全得多，与太初之制相去较远。以情理推之，应当是谶纬之说在先，《世经》之说在后。《世经》又以伏羲“为百

---

①《汉书》卷二一《律历志上》：“刘向总六历，列是非，作《五纪论》。向子歆究其微眇，作《三统历》及《谱》以说《春秋》，推法密要，故述焉。”（第979页）《世经》是其中一部分，应当是在刘歆主持下写成的。班固便将《世经》看作刘歆的作品。同书卷二七《五行志上》：“刘歆以为虙羲氏继天而王。”（第1315页）虙羲“继天而王”正是《世经》之语。

②《汉书》卷二一《律历志下》，第1011—1023页。

王先”,刘歆还据《周易·说卦》论证说:“‘帝出于《震》’,故包羲氏始受木德。”①这显然是对谶纬中燧人“始王天下”说的驳正。因此,笔者认为,《世经》的“五德终始”说是在谶纬“五德终始”说的基础上稍加修改而成的,《世经》所述古帝王也有少昊,尧和汉也都是火德,则是沿袭谶纬之说。

康有为认为,五帝之中本无少皞,“刘歆欲臆造三皇,变乱五帝之说,以与今文家为难,因跻黄帝于三皇而以少皞补之”②。崔适进而指出:“增少昊为五帝,而分配五德,固自歆为莽典文章始矣。歆所以为此说者,由颛顼水德而下,喾木、尧火、舜土、夏金、殷水、周木,汉复为火,新复为土,则新之当受汉禅,如舜之当受尧禅也。”③顾颉刚沿用此说,并详细比对了《世经》“五德终始”说和邹衍“五德终始”说的不同。但他们都未留意谶纬的“五德终始”说也与《世经》不同。顾先生还说:“谶纬是发源于西汉末而盛行于东汉的,把王莽们手造的历史保存在里边是很可能的事。”④言下之意,谶纬形成于《世经》之后,有关五德的内容是从《世经》中抄来的。因此,他们将按五行相生顺序排列的“五德终始”说以及少昊代黄帝、尧与汉皆为火德等说法的发明权,都判给了刘歆和王莽。安居香山意识到谶纬中的“五德终始”说“极有体系性和组织性”,其意图是“为了确定汉王朝是火德王朝,同时也为了确立它为尧之后裔的地位”。但他也忽视了谶纬和《世经》对秦、共工、帝挚的不同安排,因而也认为将汉安排为火德“是刘向、刘歆把各

①《汉书》卷二五《郊祀志赞》,第1270页。

②《新学伪经考·史记经说足证伪经考》,北京:三联书店,1998年,第41页。

③《史记探源》,张舜徽主编:《二十五史三编》,第2册,第6页。

④说见顾颉刚:《五德终始说下的政治和历史》,《古史辨》,第5册,第329、330页。

王朝配以五行相生说的结果”，而“纬书似据此采用了汉火德说”①。根据笔者的考证，上述发明权应改判给谶纬的作者。

第三节 谶纬和《公羊》学对东汉内外政策的影响

上节所述表明，谶纬不仅继承了《公羊》学等今文学的许多内容和说法，还盗用五帝三王和孔子的名义，沿着《公羊》家的思路，用一套神学语言，论证和发挥了以下基本观点：一是汉朝和五帝三王一样拥有上天赋予的神圣权威和法统地位，二是今文学家特别是《公羊》家所阐释的孔子学说对汉朝政治有不可替代的指导作用，三是汉朝作为帝尧之后应效法尧道治理天下。这些观点将谶纬和《公羊》学绑在了一起，使它们在西汉末年受到排抑和冷落，在东汉初年又一跃成为正统学术，从而对东汉一朝的内外政策产生深远影响。

一、两汉之际谶纬和《公羊》学的命运沉浮

自宣帝召开石渠阁会议后，“《穀梁》之学大盛”；元帝即位后，在“纯任德教，用周政”的口号下，掀起轰轰烈烈的改制运动；王莽当政后，又扶植《左氏》、《周礼》等古文学，模仿周公制礼作乐，将改制推向高潮。在这一过程中，汉家的天子宝座遭遇到严重挑战，最终被王莽篡夺，《公羊》学也受到排抑，失去了往

①安居香山、中村璋八：《纬书集成》，第75、76页。参阅安居香山、中村璋八：《緯书の基础的研究》，东京：国书刊行会，昭和六十一年，第245、246页；安居香山：《纬书与中国神秘思想》，田人隆译，第92、93页。

日的独尊地位。在这一背景下，谶纬的大量出现及其对《公羊》学的发展，显现出特殊意义：它是依旧信奉《公羊》学的儒生们在不利处境中表现其存在、强调其主张的一种方式，是企图维护摇摇欲坠的汉朝统治，并恢复《公羊》学在朝廷中的主导地位的一次尝试。然而西汉后期，改革大潮势不可挡，新莽代汉也得到西汉臣民的广泛拥护或默许。在这种形势下，谶纬不可能得到朝廷的提倡，也未引起社会的普遍重视，因而虽有数十篇之多，却极少被称引①。相反，我们还看到《公羊》学者利用谶纬反对新莽而遭到镇压的例子②。

刘歆在编造他的"五德终始"系统时沿用了谶纬"五德终始"说的主体部分，但对谶纬的思想体系和基本观点整体上持否定态度。《汉书》卷二七《五行志序》有如下一段话：

> 《易》曰："天垂象，见吉凶，圣人象之；河出《图》，洛出《书》，圣人则之。"刘歆以为：虙羲氏继天而王，受《河图》，则而画之，八卦是也；禹治洪水，赐《洛书》，法而陈之，《洪范》是也。圣人行其道而宝其真。降及于殷，箕子在父师位而典

①《汉书》仅两见，一是卷八四《翟方进传》载居摄二年王莽所作《大诰》，有"《河图》、《洛书》，远自昆仑，出于重野，古谶著言，肆今享实"之语（第3432页）；二是卷九九《王莽传》载天凤三年五月群臣上寿，有"《河图》所谓'以土填水'"之语（第4144页）。

②《后汉书》卷二九《郅恽传》载：王莽末年，"理《韩诗》、《严氏春秋》，明天文历数"的郅恽，曾上书王莽，据"镇、岁、荧惑并在汉分翼、轸之域"的天文玄象和"汉历久长，孔为赤制"的谶纬之说，劝其还位于汉。王莽大怒，将郅恽收系诏狱，劾以大逆，但"犹以恽据经谶，难即害之"，欲逼郅恽"自告狂病恍忽，不觉所言"，郅恽却坚持说："所陈皆天文圣意，非狂人所能造。"（第1023—1025页）

> 之。周既克殷，以箕子归，武王亲虚己而问焉……“初一曰五行，次二曰羞用五事，次三曰农用八政，次四曰叶用五纪，次五曰建用皇极，次六曰艾用三德，次七曰明用稽疑，次八曰念用庶征，次九曰向用五福，畏用六极”。凡此六十五字，皆《洛书》本文……以为《河图》、《洛书》相为经纬，八卦、九章相为表里。昔殷道弛，文王演《周易》；周道敝，孔子述《春秋》；则《乾》《坤》之阴阳，效《洪范》之咎征，天人之道粲然著矣。（第1315页）

刘歆认为，《河图》就是《易经》中的“八卦”①，受之者是伏羲②；《洛书》则是《尚书》中的《洪范》，受之者是禹；二者相为经纬表里，构成王道的主干；又经文王和孔子的进一步丰富和发展，形成完备的王道理论。此说指实《河图》、《洛书》就在五经之中，甚至明言《洪范》中“初一曰”以下六十五字就是《洛书》本文，从而否定了谶纬中“自黄帝至周文王所受”《河图》、《洛书》本文十五篇

①《史记》卷四七《孔子世家》“河不出《图》”条《集解》引孔安国曰：“《河图》，八卦是也。”（第1942页）与刘歆说同。

②《中候》一类纬书中有伏羲曾受《河图》的说法。如《尚书中候》：“伏羲氏有天下，龙马负图出于河，遂法之画八卦。”《尚书中候握河纪》：“河龙负图出河，虙牺受之，以其文画八卦。”（安居香山、中村璋八：《纬书集成》，第399、422页）此类文字当系晚出，可能是受刘歆影响而成的。朱彝尊认为：“《中候》专言符命，当是新莽时所出之书。”（《经义考》卷二六五，北京：中华书局，1998年，第1338页）其说可参。唐释法琳《辨正论》引郑玄《六艺论》云：“太昊帝庖犧氏……受龙图，以龙纪官，故曰龙师。”（《大正新修大藏经》，日本东京大藏经刊行会，1998年，第52册，第490页）案伏羲氏以龙纪官之说，出自《左传》昭公十七年。其辞曰：“大皞氏以龙纪，故为龙师而龙名。”（《十三经注疏》，第2083页）并无“受龙图”之事。郑玄曾为《中候》作注，其《六艺论》中“受龙图”一句，当来自《中候》。

的真实性。本文既不真实,由此“增演”而成的其他部分当然也站不住脚了。刘歆说文王和孔子使“天人之道粲然著矣”是通过“演《周易》”和“述《春秋》”,所依据的则是八卦、《洪范》的“阴阳”、“咎征”之学,其间并无“九圣”增演《河图》、《洛书》和孔子作《七经纬》之事①。刘歆的这一说法,对谶纬及其思想体系是颠覆性的。王莽当政后,刘歆“典儒林史卜之官”,主管文化学术事务,谶纬的境遇可想而知。

王莽时期,改制篡汉,地覆天翻。为了争取人们的支持,他还发动了舆论攻势。一时间,朝廷上下引经据典,造歌谣颂功德,好不热闹。但此类文字从不引用谶纬。及平帝崩,王莽加快了篡位的步伐,开始制造“符命”。《汉书》卷九九《王莽传》载:“前辉光谢嚣奏武功长孟通浚井得白石,上圆下方,有丹书著石,文曰:‘告安汉公莽为皇帝。’符命之起,自此始矣。”王太后明知“此诬罔天下,不可施行”,但迫于王莽和群臣的压力,只得下诏说:“朕深思厥意,云‘为皇帝’者,乃摄行皇帝之事也。”遂令王莽居摄践祚,称“摄皇帝”。两年后,广饶侯刘京、车骑将军千人扈云、大保属臧鸿又奏符命。刘京上书言:“七月中,齐郡临淄县昌兴亭长辛当一暮数梦,曰:‘吾,天公使也。天公使我告亭长曰:“摄皇帝当为真。”即不信我,此亭中当有新井。’亭长晨起视亭中,诚有新井,入地且百尺。”扈云和臧鸿则一“言巴郡石牛”,一“言扶风雍石”,并都运至长安。王莽率群臣往视,“天风起,尘冥,风止,得铜符帛图于石

①《宋书》卷二七《符瑞志上》曰:上古帝王中,宓牺和尧曾受《河图》,汤曾受《洛书》,黄帝、舜、禹、周公曾受《河图》与《洛书》;且曰:宓牺“受《龙图》,画八卦,所谓‘河出《图》’者也”,禹即天子之位后,“洛出《龟书》六十五字,是为《洪范》,此谓‘洛出《书》’者也”(第760—766页)。此说与谶纬不同,显然是从刘歆之说发展而来的。

前，文曰：'天告帝符，献者封侯。承天命，用神令。'"王莽以此为据，迫使王太后同意去掉"摄"字。稍后，梓潼人哀章又将一铜匮送至高庙，匮中有"两检"，分别署曰"天帝行玺金匮图"和"赤帝行玺邦传予黄帝金策书"。其内容是"赤帝"刘邦的魂灵奉天命将皇位传给"黄帝"王莽，并"书莽大臣八人，又取令名王兴、王盛，章因自窜姓名，凡为十一人，皆署官爵，为辅佐"。王莽亲往高庙"拜受金匮神嬗"，遂称天意，正式代汉称帝。"又按金匮"，封拜十一人。其中"王兴者，故城门令史；王盛者，卖饼。莽按符命求得此姓名十余人，两人容貌应卜相，径从布衣登用"。同年秋，王莽遣五威将率十二人"颁《符命》四十二篇于天下"，使之成为定本。但投机者仍"争为符命封侯，其不为者相戏曰：'独无天帝除书乎？'"王莽意识到"此开奸臣作福之路而乱天命"，遂下令验治，"非五威将率所班，皆下狱"（第4078—4122页）。

王莽的"符命"，性质与谶纬相近，诉诸天意的做法也与谶纬一脉相承。但它不称《河》《洛》之书，不借先圣之口，直接伪造天帝神灵的意旨，形式更加粗俗。其政治用意则与谶纬截然相反，公然为王莽篡汉制造神学依据。所以，谶纬和"符命"虽是一根神学藤上的瓜，内涵却完全不同。在"符命"当道的新莽时期，谶纬只能和汉朝一起被当作历史遗迹封存起来。

如果王莽改制成功，新朝的统治得以巩固，谶纬怕是永无出头之日了。然而王莽偏偏不争气，改制很快失败，社会陷入混乱，天怒人怨，终于激起大规模反新暴动，并最终导致东汉的建立。在这场戏剧性的历史巨变中，谶纬因缘际会，一跃登上东汉王朝正统神学的宝座，形成前引《张衡传》描述的"光武善谶，及显宗、肃宗因祖述焉……儒者争学图纬"的盛况。谶纬的命运在东汉初年出现如此转机，固然与《赤伏符》等为刘秀称帝所做的贡献有关，但更深的原因应在于谶纬的主体思想和基本主张是为汉朝服务的，是站在汉朝立场上试图扭转其衰颓之势以维持其统治的。谶纬对刘邦及汉朝的神圣权威和法统地位所做的论证，只要用"刘氏真人当更受命"[①]之说过渡一下，便可用来为刘秀和东汉服务。谶纬所强调的《公羊》学对汉朝政治的指导意义以及汉家当用尧道的说法，正可用来否定新莽效法周公、模仿周礼的政治路线，指导东汉拨乱反正。难怪光武、明、章精明干练，且不信"方士黄白之术"[②]，却对形式粗俗、漏洞百出的谶纬抱坚定支持的态度，桓谭、尹敏、张衡等人一再指出谶纬虚妄不可信，却不能阻止其盛行，原来谶纬中除了《赤伏符》一类谶语外，还有可供东汉王朝利用的更重要的学术资源。

谶纬大兴，当然会带动《公羊》学地位上升。按谶纬的说法，《春秋》和谶纬都是孔子为汉制法之作，而孔子生前便将《春秋》和谶纬的解释权交给了公羊高和董仲舒。《初学记》卷二一"孔经"条引《春秋演孔图》曰："公羊全孔经。"[③]《公羊传序疏》引《春秋说题辞》曰："传我书者，公羊高也。"[④]王充《论衡·实知》："孔子将死，遗谶书……曰：董仲舒乱我书。"[⑤]乱，治也。与此类似的传说还见于《后汉书》卷四一《锺离意传》注引《意别传》：意为鲁相，发孔子教授堂下之悬瓮，得素书，文曰："后世修吾书，董仲舒。"（第1410页）《论衡·超奇》还说："文王之文在孔子，孔子之

---

①《后汉书》卷一一《刘玄传》，第473页。

②《后汉书》卷二八《桓谭传》，第960页。

③北京：中华书局，1962年，第501页。

④《十三经注疏》，第2190页。

⑤黄晖：《论衡校释》，第1069页。

文在仲舒。"[①]这些肯定都是当时社会上流行的说法。于是我们看到,东汉初年,《公羊》家在太学中恢复了独尊的地位,《穀梁》、《左氏》两家则被逐出学官。

《后汉书》卷四四《徐防传》注引《汉官》曰:"光武中兴,恢弘稽古。《易》有施、孟、梁丘贺、京房;《书》有欧阳和伯、夏侯胜、建;《诗》有申公、辕固、韩婴;《春秋》有严彭祖、颜安乐;《礼》有戴德、戴胜,凡十四博士。太常差选有聪明威重一人为祭酒,总领纲纪也。"(第1501页)同书卷七九《儒林传序》及《百官志二》本注所载均与此同。然而王国维指出,"后汉初曾置庆氏礼……后庆氏学微,博士亦中废";又说光武时一度"立《春秋左氏》、《穀梁》博士,未几而罢……自是讫后汉之末,无所增损"[②]。东汉是否立过庆氏礼博士,由于史料不足,无从确考。《穀梁》、《左氏》两家博士则确曾立而复废,并且经历了一番周折。

《后汉书》卷三六《范升传》载升奏曰:"近有司请置《京氏易》博士,群下执事莫能据正。《京氏》即立,《费氏》怨望,《左氏春秋》复以比类,亦希置立。"(第1228页)此奏为建武四年正月事,其文既曰"近",则《京氏易》立博士必去此时不远,当在建武三年,而东汉恢复五经博士在建武元年。《汉书》卷八八《儒林传赞》曰:"至元帝世,复立《京氏易》。"(第3621页)而上引《范升传》曰:"《京氏》虽立,辄复见废。"根据这两条材料,《京氏易》在西汉只是元帝时期一度立过博士,而王莽改制前,五经博士中已无《京氏》一家。由此推论,建武元年恢复五经博士时,可能全以

①黄晖:《论衡校释》,第614页。

②王国维:《汉魏博士考》,《观堂集林》卷四,北京:中华书局,1959年,第186、187页。

王莽改制前的西汉制度为准，故无《京氏易》博士，至建武三年，因"有司请置"方追立之。此事打破了建武元年所遵循的原则，遂使《费氏》、《左氏》等家也想援引其例，挤入学官。但结果是《京氏》请置获得成功，《左氏》争立却遭到失败，并且还连累了《穀梁》。《后汉书》卷三六《陈元传》载："时议欲立《左氏传》博士……范升复与元相辩难，凡十余上，帝卒立《左氏》学。太常选博士四人，元为第一。帝以元新忿争，乃用其次司隶从事李封。于是诸儒以《左氏》之立，论议讙哗，自公卿以下，数廷争之。会封病卒，《左氏》复废。"（第 1230 页）而同卷《贾逵传》载逵论此事曰："光武皇帝奋独见之明，兴立《左氏》、《穀梁》。会二家先师不晓图谶，故令中道而废。"（第 1237 页）似乎此次立而复废的并不只是《左氏》一家，而是《左氏》、《穀梁》两家。但据《范升传》，"《京氏》即立"之后，要求"比类"的《春秋》家只有《左氏》，没提到《穀梁》。而范升说当时未立博士的《春秋》之家，又有驺、夹，也没提到《穀梁》。考《陈元传》载元反驳范升曰："孝宣皇帝……为石渠论而《穀梁氏》兴，至今与《公羊》并存，此先帝后帝各有所立，不必其相因也。"（第 1231 页）陈元所谓"并存"无疑指并立于学官。由此可知，《穀梁》博士作为西汉旧制，在建武元年恢复五经博士时仍得以保留，后因"不晓图谶"才与《左氏》一同被废。

根据以上考证，东汉初年五经博士的设置至少发生过四次变化：第一次是建武元年，恢复王莽改制前的制度；第二次是建武三年，增设《京氏易》博士；第三次是建武四年，增设《左氏》博士；第四次是不久后，废除《左氏》、《穀梁》两家博士。在这一过程中，古文学明显受到排挤，今文学占有绝对优势；而在今文学内部，人们对《易》、《书》、《诗》、《礼》各家持宽容态度，对《春秋》家则特别挑剔。结果我们看到，东汉立于学官的都是今文学，其中《易》、

《书》、《诗》、《礼》四经皆各家并立，唯独《春秋》经只有《公羊》一家①。我们知道，武帝曾明确宣布“尊《公羊》家”，当时的《春秋》博士也只有《公羊》一家。后来宣帝“善《穀梁》说”，才增设了《穀梁》博士。王莽秉政后又扶持《左氏》学，遂增设《左氏》博士。在这一背景下，东汉《春秋》博士只设《公羊》一家，便意味着东汉王朝在《春秋》三家中只尊《公羊》家。

班固在《汉书》卷八八《儒林传》中说，汉武帝表示“尊《公羊》家”的方式是“诏太子受《公羊春秋》”（第3617页）。《后汉书》卷三六《陈元传》载陈元语也说：武帝曾“诏太子受《公羊》，不得受《穀梁》”（第1231页）。这说明东汉人十分清楚“诏太子受《公羊》”一事的含义。而刘秀在废除《左氏》、《穀梁》两家博士的同时，也做出类似举动。《后汉书》卷七九《儒林锺兴传》：“少从少府丁恭受《严氏春秋》。恭荐兴学行高明，光武召见，问以经义，应对甚明。帝善之……诏令定《春秋》章句，去其复重，以授皇太子。又使宗室诸侯从兴受章句。”后来，光武帝欲封锺兴为关内侯，兴自以无功，不敢受，帝曰：“生教训太子及诸王侯，非大功邪。”（第2579页）刘秀此举无异于宣布东汉也尊《公羊》家。

《公羊》学在东汉的地位和影响，还在白虎观会议中得到充分表现。众所周知，白虎观会议是在章帝亲自主持下，由儒家各派代表共同讨论五经同异的重要学术会议，根据讨论结果整理而成的《白虎奏议》则是章帝钦定的学术法典，对东汉一代的学术与政治有深远影响。参加会议的学者中，有《公羊》大师李育和《左

①《汉书》卷八八《儒林传》：董仲舒传嬴公，嬴公传睢孟，睢孟传严彭祖和颜安乐，“由是《公羊春秋》有颜、严之学”（第3616页）。是严、颜两家皆为《公羊》学。

氏》大师贾逵，两人之间发生了激烈争论。据《后汉书》卷七九《儒林李育传》载："育以《公羊》义难贾逵，往反皆有理证，最为通儒。"（第2582页）李育似乎占了上风。案今本《白虎通义》之文，称引《公羊传》者有六条，称引《穀梁传》者有四条，未见称引《左氏传》者。此外有称引"春秋传"者六十二条，据笔者核对，其中可查到出处的五十二条皆为《公羊传》文，查不到出处的十条很可能也是《公羊》家说。据黄复山所考，《白虎通义》还有称引"《传》曰"者三十条，"其中十二条为《公羊传》文"①。《白虎通义》的另一特点是大量引用谶纬②。而《后汉书》卷三六《贾逵传》明言："《左氏》、《穀梁》……二家先师不晓图谶。"卷三二《樊儵传》则说：儵"受《公羊严氏春秋》……以谶记正五经异说"（第1122页）。郑玄《六艺论》亦曰："《公羊》善于谶。"③是白虎观会议用谶纬"正经义"的学术方法也属于《公羊》家。可见《公羊》家在这次会议上占有优势④。

刘秀曾表示要用"柔道"治天下。《后汉书》卷一《光武帝纪》：建武十七年十月，"宗室诸母因酣悦，相与语曰：'文叔少时谨信，与人不款曲，唯直柔耳。今乃能如此！'帝闻之，大笑曰：'吾理

①黄复山：《东汉谶纬学新探》，台北：台湾学生书局，2000年，第165页。

②侯外庐等曾指出："如果把《白虎通义》的文句和散引于各书中的谶纬文句对照，各篇都是一样的，百分之九十的内容出于谶纬。"见《中国思想通史》第二卷《两汉思想》，北京：人民出版社，1957年，第229页。黄朴民认为此说言过其实，并对《白虎通义》引用经传和谶纬的情况做了统计。见氏著《董仲舒与新儒学》，第171—174页。

③《春秋穀梁传序》疏引，《十三经注疏》，第2358页。

④任继愈指出："《白虎通》的基本思想，实质上和董仲舒一样……《白虎通》的神学思想比董仲舒更为浓厚。"见其主编：《中国哲学发展史（秦汉）》，北京：人民出版社，1985年，第472页。

天下，亦欲以柔道行之。’”（第68页）诸母所说的“柔”只是刘秀年轻时的行事作风①，刘秀所说的“柔道”则是他治理天下的基本原则。《尚书·洪范》：九畴之六曰“三德，一曰正直，二曰刚克，三曰柔克”②。有学者认为，刘秀曾“受《尚书》，略通大义”，所言“柔道”之义当来自《洪范》③。不过，刘秀自己曾据《黄石公记》将“柔”训为“德”。《后汉书》卷一八《臧宫传》载：建武二十七年，宫等上书，反对“固守文德而隳武事”，要求趁匈奴疾疫内乱，出兵灭之。刘秀认为时机尚不成熟，否定了这一建议，同时对“固守文德”的方针做了一番阐释。他说：“《黄石公记》曰：‘柔能制刚，弱能制强。’柔者德也，刚者贼也。弱者仁之助也，强者怨之归也。故曰有德之君以所乐乐人，无德之君以所乐乐身。乐人者其乐长，乐身者不久而亡。舍近谋远者劳而无功，舍远谋近者逸而有终。逸政多忠臣，劳政多乱人。故曰务广地者荒，务广德者强。”（第695页）照此说法，“柔”就是“德”，有德之君以“柔道”治天下，就是要坚持“务广德”。袁宏《后汉纪》卷一八载马融语曰“柔以施德”④，也是这个意思⑤。

对刘秀“柔道”本意的解说，只能到此为止，不能做过多引申

---

①《后汉书》卷二〇《祭遵传》：“少好经书。家富给，而遵恭俭，恶衣服。丧母，负土起坟。尝为部吏所侵，结客杀之。初，县中以其柔也，既而皆惮焉。”（第738页）据此，“柔”指恭俭退让。

②《十三经注疏》，第190页。

③卫广来：《汉魏晋皇权禅代》，太原：书海出版社，2002年，第14页。

④《两汉纪》，张烈点校，下册，第355页。

⑤廖伯源认为：“光武之所谓柔道，对己则屈己隐忍，对人则容忍小失，善待安抚，外示宽厚温和。”见氏著《试论光武帝之统御术四事：柔道、人质、遥控诸将与安置降卒、军事复原》，《“中研院”历史语言研究所集刊》第61本第4分。

和猜测。但有迹象表明,在当时人们的观念中,“柔”是可以进一步解释为“以德化民”的。《后汉书》卷三四《梁统传》载统语曰:“文帝宽惠柔克。”(第1166页)而这位“宽惠柔克”的文帝正是汉家先帝中“以德化民”的典范。司马迁在《史记》卷一〇《孝文本纪》中说:“孝文帝……专务以德化民。”(第433页)此说在东汉仍被普遍认可。《后汉书》卷五六《张皓传附张纲传》载纲上书曰:“寻大汉初隆及中兴之世,文、明二帝德化尤盛。观其理为,易循易见,但恭俭守节,约身尚德而已。”(第1817页)明帝之治能否称作“德化”,暂且不论,文帝“德化尤盛”云云则显然是沿袭司马迁的说法。班固《汉书》卷四《文帝纪赞》引用《史记》之文,也有“孝文皇帝……专务以德化民”之语(第135页),同书卷一〇〇《叙传》又说:“太宗穆穆……登我汉道。”(第4237页)言下之意,“以德化民”也是东汉的“汉道”。看来,东汉人所说的“柔道”、“柔克”等概念,同《公羊》家的“以德化民”之说是可以相通的。

东汉最高统治者皆尊崇谶纬,但在《春秋》学问题上并不偏袒《公羊》。建武初年,《左氏》争立,刘秀是支持的,章帝则“特好《古文尚书》、《左氏传》”。然而皇帝的态度已不能完全左右儒学士大夫们的学术立场。后者通过总结西汉特别是新莽的历史教训,第一次有了自己的主见,做出了自己的选择,从而形成强大的舆论,将《公羊》学重新推上独尊的宝座。汉人普遍相信“《春秋》为汉制法”说,《春秋》三家之学为朝廷所“尊”者便是法定的正统学说。因此,东汉尊《公羊》有实际政治意义,它意味着儒学士大夫们将用《公羊》家的学说积极干预东汉的政治生活。

二、汉德复兴与迁都洛阳

东汉的建立被时人视为汉家“更受命。”《后汉书》卷一一《刘玄传》:“今皆云刘氏真人,当更受命。”(第473页)而汉家得以“更受命”,靠的是汉德之“宽仁”。《后汉书》卷八一《独行索卢放传》:“今天下所以苦毒王氏,归心皇汉者,实以圣政宽仁故也。”(第2674页)范晔在《后汉书》卷一二《王刘张李彭卢传论》中分析时人心态说:“传称‘盛德必百世祀’,孔子曰‘宽则得众’。夫能得众心,则百世不忘矣。观更始之际,刘氏之遗恩余烈,英雄岂能抗之哉!然则知高祖、孝文之宽仁,结于人心深矣。周人之思邵公,爱其甘棠,又况其子孙哉!刘氏之再受命,盖以此乎!”(第508页)因此,新莽末年暴动者们喊出的最响亮口号是恢复“汉德”。《后汉书》卷一二《卢芳传》:“王莽时,天下咸思汉德。”(第505页)卷二八《冯衍传》:“今海内溃乱,人怀汉德,甚于诗人思召公也。”(第963页)卷四〇《班彪传》:“百姓讴吟,思仰汉德。”(第1323页)东汉建立后,又不断有人作文歌颂“汉德”,如明帝时临邑侯刘复“著《汉德颂》”①,章帝时崔骃“上《四巡颂》以称汉德”②,安帝时刘毅“上《汉德论》”③。当然,“汉德”在两汉之际的影响力和号召力,在东汉史臣的笔下被夸大了,但这本身又表明东汉统治者对这一概念的重视。

在东汉人看来,“汉德”不仅是“宽仁”,还有更深的含义。它源自唐尧,又经孔子总结发挥,是历史上最高的政治智慧。它和秦始皇、王莽的暴政大不相同,是上天用来否定秦政和新政的手段。对此,班彪和班固说得最为清楚。《后汉书》卷四〇《班彪传》载:彪“著《王命论》,以为汉德承尧,有灵命之符”(第1324

①《后汉书》卷三九《刘平传附王扶传》,第1298页。
②《后汉书》卷五二《崔骃传》,第1718页。
③《后汉书》卷八〇《文苑刘毅传》,第2616页。

页)。《汉书》卷一〇〇《叙传》载《王命论》之文,其中有"刘氏承尧之祚……唐据火德,而汉绍之"之语(第4208页)。《后汉书》卷四〇《班彪传附班固传》又载:固"作《典引篇》,述叙汉德"。李贤注曰:"典谓《尧典》,引犹续也。汉承尧后,故述汉德以续《尧典》。"(第1375页)《文选》卷四八《典引》李善注引蔡邕曰:"典者,常也,法也。引者,伸也,长也。《尚书疏》:'尧之常法,谓之尧典。'汉绍其绪,伸而长之也。"①班固在《典引》中写道:

> 上稽乾则,降承龙翼,而炳诸《典》《谟》,以冠德卓踪者,莫崇乎陶唐。陶唐舍胤而禅有虞,虞亦命夏后,稷契熙载,越成汤武。股肱既周,天乃归功元首,将授汉刘……故先命玄圣,使缀学立制,宏亮洪业……是以高、光二圣……当天之正统,受克让之归运,蓄炎上之烈精,蕴孔佐之弘陈云尔。②

"陶唐"即帝尧,"玄圣"指孔子,"高、光二圣"指刘邦和刘秀。大意是说:先王之中,帝尧道德最高;汉家作为尧后,则继承了尧德;西周衰败后,上天决定授命于汉,遂先命孔子作《春秋》及谶纬,为汉制法,再命刘邦、刘秀建立汉朝,用孔子之法治天下,重现唐尧盛世。可见,汉德就是尧德,汉道则是尧道,亦即《公羊》学及谶纬所阐释和发挥的《春秋》之道。

《后汉书》卷一《光武帝纪》:建武二年春正月,"起高庙,建社稷于洛阳,立郊兆于城南,始正火德,色尚赤"(第27页)。《东观

---

①《文选》,第682页。

②《后汉书》卷四〇《班彪传附班固传》,第1376、1377页。参《文选》,第682、683页。

汉记》载此事曰:“自上即位,案图谶,推五运,汉为火德。”[①]谶纬的“五德终始”说将尧和汉都安排为火德,刘秀宣布东汉为火德,则意味着对汉德即尧德、汉道即尧道的认可。班固在《典引》中又说:“铺闻遗策在下之训,匪汉不弘……陛下仰监唐典……惇睦辨章之化洽。”[②]据李贤注,前两句中“遗策”指《尧典》,“在下”谓尧之“后代子孙”,大意是说“《尧典》为子孙之训,非汉不能弘大也”。后两句中“陛下”当指章帝,“唐典”亦指《尧典》,“惇睦辨章”语出《尚书》,是对尧道的概括[③],意指章帝继光武、明帝之后继续以尧道治天下,取得了显著成效。这段赞颂之辞,正面阐明了东汉最高统治者对“火德”的认识,可作为刘秀“正火德”一事的注脚。同时,这种看法也得到东汉士大夫的普遍认可。《后汉书》卷三九《周磐传》载:磐临死令其子“编二尺四寸简,写《尧典》一篇,并刀笔各一,以置棺前,示不忘圣道”(第1311页)。同书卷六四《卢植传》载:植因日食上封事,有“臣闻汉以火德,化当宽明”之语,所陈“消御灾凶”的八项具体措施中还有“遵尧”一项,内容是“今郡守刺史一月数迁,宜依黜陟,以章能否,纵不九载,可满三岁”。李贤注:“《书》曰:‘三载考绩,黜陟幽明。’孔安国注曰:‘三年考功,三考九年,能否幽明有别,升进其明者,黜退其幽者。’[④]此皆唐尧之

①《太平御览》卷九○引,第431页。

②《后汉书》卷四○《班彪传附班固传》,第1380—1382页。

③《尚书·皋陶谟》:“惇叙九族。”(《十三经注疏》,第138页)同书《尧典》:“克明俊德,以亲九族;九族既睦,平章百姓;百姓昭明,协和万邦。”(《十三经注疏》,第119页)《文选》卷四八李善注曰:“辨与平,古字通也。”(第684页)

④语出《尚书·舜典》及伪孔传,文字与今本略有出入。见《十三经注疏》,第132页。

法也。”（第 2117 页）这些事例表明，《尧典》及其所蕴涵的唐尧之“圣道”在东汉儒学士大夫心中有特殊地位。

在汉儒眼中，尧和周公是先王中的两个典型人物，各自代表着一种政治模式。其中尧可以扩展为尧、舜、禹，还可再扩展为三皇五帝；周公可以扩展为文王、武王、周公，还可再扩展为夏、商、周三王。曹魏博士马照所说“三皇五帝之世以德化民”，“三王之世以礼为治”，便是对这两种政治模式的概括性描述。在此背景下，东汉自称“尧后”，宣称要用“尧道”治天下，就有了实际意义。它意味着东汉不能像王莽那样在制礼作乐上做文章，而要在道德教化上下功夫。

东汉不是西汉的翻版，而是西汉的继续。它继承了西汉的经验和教训，以及二百年来政治、经济、文化发展的全部成果，所处的政治文化环境及历史的起点都与西汉之初大不相同。在这方面，除了对汉德即尧德、汉道即尧道的首肯之外，东汉定都于洛阳也是颇具深意的现象。

当年刘敬劝刘邦入都关中时说：洛阳“为天下之中”，“有德则易以王，无德则易以亡”，只有像周朝那样“积德累善十有余世”，才能定都于此①。而刘邦以布衣提三尺剑取天下，又面临关东诸侯的威胁和关中与关东的文化对立，不得不入都关中，利用关中在地理、经济、人力等方面的优势，控制关东，统治天下。关中自秦以来便是法制文化的大本营。西汉实行徙陵政策，“徙齐诸田，楚昭、屈、景及诸功臣家于长陵”，又“世世徙吏二千石、高訾富人及豪杰并兼之家于诸陵”，致使京畿之地“五方杂厝，风俗不纯，其世家则好礼文，富人则商贾为利，豪杰则游侠通奸”。其地“多险

①《史记》卷九九《刘敬列传》，第 2716 页。

阻，轻薄易为，盗贼常为天下剧”①。这又增加了在关中实行法治的必要性。这种以关中为本位的格局，使得承秦而来的法治传统难以消除，儒家的政治主张难以占据主导地位。但两汉之际，情况已发生了根本变化。诸侯王问题早已解决；东西文化的差异和对立也因武帝“变更制度”而大大缩小和缓解；战国时代遗留下来的地域观念终于被州郡观念所取代②；帝国的统治基本上被关东社会所接受。在这种形势下，汉朝不再需要凭借关中形胜之地去控制和防范关东社会，定都洛阳的条件终于成熟了。

事实上，自元帝以后，儒学士大夫们就提出了迁都洛阳的要求，并将其当作改制的重要内容之一。《汉书》卷七五《翼奉传》载，元帝时，奉上书曰：

> 臣愿陛下徙都于成周，左据成皋，右阻渑池，前乡（向）崧高，后介大河，建荥阳，扶河东，南北千里以为关，而入敖仓；地方百里者八九，足以自娱；东厌诸侯之权，西远羌胡之难，陛下共己亡为，按成周之居，兼盘庚之德，万岁之后，长为高宗。（第3176页）

如前述，元帝时的改革重在“废奢长俭”，而宫室的奢侈又首当其冲。贡禹已经意识到这一点，但认为解决起来难度太大，故主张：“方今宫室已定，亡可奈何矣，其余尽可减损。”③翼奉则认为“宫

---

①《汉书》卷二八《地理志下》，第1642页。

②参阅胡宝国：《〈史记〉、〈汉书〉籍贯书法与区域观念变动》，《周一良先生八十生日纪念论文集》，北京：中国社会科学出版社，1993年。

③《汉书》卷七二《贡禹传》，第3070页。

室苑囿,奢泰难供,以故民困国虚,亡累年之畜,所由来久。不改其本,难以末正”。因而指出:

> 臣闻昔者盘庚改邑以兴殷道,圣人美之。窃闻汉德隆盛,在于孝文皇帝躬行节俭,外省繇役。其时未有甘泉、建章及上林中诸离宫馆也。未央宫又无高门、武台、麒麟、凤凰、白虎、玉堂、金华之殿,独有前殿、曲台、渐台、宣室、温室、承明耳。孝文欲作一台,度用百金,重民之财,废而不为,其积土基,至今犹存,又下遗诏,不起山坟。故其时天下大和,百姓洽足,德流后嗣。如令处于当今,因此制度,必不能成功名。(第3175页)

他把汉文帝的节俭和汉初宫室的简朴看作“汉德隆盛”的重要原因,因而认为改革必须从迁都开始,只有“迁都正本”,才能使其他改革顺利进行,从而使“众制皆定”,“一变天下之道”。“正本”云云阐明了迁都洛阳对重建汉家制度的重要意义。

王莽篡位前夕,迁都之说再次出现。《汉书》卷九九《王莽传》始建国五年载:“是时,长安民闻莽欲都洛阳,不肯缮治室宅,或颇彻之。”王莽下令曰:“玄龙石文曰‘定帝德,国洛阳’。符命著明,敢不钦奉!以始建国八年,岁缠星纪,在洛阳之都。其谨缮修常安之都,勿令坏败。敢有犯者,辄以名闻,请其罪。”(第4132页)“玄龙石”是王莽篡位时编造的十二福应之一,亦属符命之类。始建国元年,王莽命五威将帅班符命于天下,其中便包括玄龙石之文。这条符命的出现,表明翼奉的“迁都正本”之说仍在传播,而且影响越来越大。大概从玄龙石出现以后,王莽就打算迁都洛阳了,时间定在始建国八年。京城百姓考虑到不久将随之迁往洛阳,所以不愿再修缮他们在长安的房屋。在发布上述诏令后第二年,即天凤元年,王莽表示要“行巡狩之礼”,巡狩礼毕,“即于土中居洛阳之都焉”,并下令:“敢有趋讙犯法,辄以军法从事。”但大臣们以王莽身体欠佳为由,要求“且无巡狩”。王莽同意了,决定将巡狩推迟到天凤七年,再过一年迁都洛阳。从此,洛阳被确定为新朝的东都。王莽还派太傅平晏、大司空王邑前往洛阳,“营相宅兆,图起宗庙、社稷、郊兆云”(第 4133 页),开始规划和营建东都宫室。

新莽覆灭后,更始帝一度“都洛阳”,但不久又迁都长安。此后,“更始政乱”,“关中离心”,被赤眉军推翻。而“赤眉暴虐”更甚于更始,“纵火烧宫室”,“发掘诸陵”,三辅一带“城郭皆空,白骨蔽野”①。与此同时,刘秀在关东称帝,并定都洛阳。建武二年,又“起高庙,建社稷于洛阳,立郊兆于城南”,将西汉十一帝神主从长安迁至洛阳②。后来,刘秀收复了长安,并下令修复长安园陵和宫室,但未将都城迁回长安。元帝以来政治重心东移之运动至此宣告完成。

不过,直到章帝时,“关中耆老犹望朝廷西顾”③。杜陵人杜笃奏上《论都赋》④,“欲令车驾迁还长安。耆老闻者,皆动怀土之心,莫不眷然伫立西望”。王景“恐人情疑惑”,作《金人论》,“颂洛邑之美”⑤。班固则作《两都赋》,“盛称洛邑制度之美,以折西宾淫侈之论”。文中指出:刘邦“奋布衣以登皇极,由数期而创万

①《后汉书》卷一一《刘玄刘盆子传》,第 470、472、473、475、483、484 页。

②《后汉书》卷一《光武帝纪》,第 27、28 页。

③《后汉书》卷四〇《班彪传附班固传》,第 1335 页。

④文见《后汉书》卷八〇《文苑杜笃传》,第 2595—2609 页。

⑤《后汉书》卷七六《循吏王景传》,第 2466 页。

世”,“当此之时,功有横而当天,讨有逆而顺人”,无法都于洛阳,“故娄敬度执而献其说,萧公权宜以拓其制”,遂迁都长安,“时岂泰而安之哉?计不得以已也”。而西汉定都长安后,其宫室“肇自高而终平,世增饰以崇丽,历十二之延祚,故穷奢而极侈”,违背了“汉德”,走上秦朝的老路。又阐述“建武之理”曰:“迁都改邑,有殷宗中兴之则焉;即土之中,有周成隆平之制焉。不阶尺土一人之柄,同符乎高祖;克己复礼,以奉终始,允恭乎孝文。宪章稽古,封岱勒成,仪炳乎世宗。案六经而校德,妙古昔而论功,仁圣之事既该,帝王之道备矣。”①东汉从“建都河洛”开始,终于走上了“王道”之正轨。这篇文字固然充满了御用文人的吹捧之辞,但基本观点是深刻的,揭示了东汉定都洛阳的政治和文化意义②。

我们知道,在董仲舒的理论中,王者受命是拨乱反正的开端。《公羊》家提出“汉家尧后,有传国之运”的说法,可能是为了摆脱业已形成因而难以改变的“霸王道杂之”的汉家制度,重新开始新一轮拨乱反正的过程,为真正推行其政治主张争取新的机会。其后,随着形势的发展和变化,这一主张多次被人重申和利用,“更受命”说则是其变种。眭弘要求昭帝“求索贤人,禅以帝位”是第一次。盖宽饶暗示宣帝“传贤”,“意欲求禅”是第二次。甘忠可、夏贺良等诈造《天官历包元太平经》,言“汉家逢天地之大终,当更受命于天”,并于哀帝时上演改元易号之闹剧,是第三次③。王莽自称舜后而代汉是第四次。东汉以尧后“更受命”则是第五次。

---

①《后汉书》卷四〇《班彪传附班固传》,第1335—1361页。

②钱穆先生指出,建都洛阳是东汉国力不如西汉的重要原因。见氏著《国史大纲(修订本)》,北京:商务印书馆,1994年,上册,第192—193页。东汉并未因此而还都长安,反衬出元帝以来政治中心东移趋势之强大。

③事见《汉书》卷七五《李寻传》,第3192页。

在这一背景下，汉室在洛阳复兴显现出深刻意义。它不仅意味着汉家“历数延长”①，也意味着《公羊》家所期盼的重新拨乱反正、重建汉家制度的机会终于出现了。

三、偃干戈，废盐铁，未太平

刘秀统一天下的战争到建武十三年结束。《后汉书》卷一《光武帝纪》：建武十三年四月，刘秀“大飨将士，班劳策勋……罢左、右将军官”（第62页）。同书卷一六《邓禹传》：“拜右将军……十三年，天下平定，诸功臣皆增户邑，定封禹为高密侯……其后左、右将军官罢，以特进奉朝请。”（第605页）卷一七《贾复传》：“迁左将军……十三年，定封胶东侯……复知帝欲偃干戈，修文德，不欲功臣拥众京师，乃与高密侯邓禹并剽甲兵，敦儒学。帝深然之，遂罢左、右将军。复以列侯就第，加位特进。”（第667页）刘秀罢左、右将军有明显的象征意义，即“偃干戈，修文德”，从此开始了以“柔道”治天下的过程。而在这一过程中，《公羊》学处处表现出它的存在和影响。

自汉武帝“尊《公羊》”以来，《公羊》家的政治学说迅速传播，深入人心。即使在西汉后期《穀梁》、《左氏》相继兴起的情况下，《公羊》家的基本理论也没有发生动摇。然而《公羊》家的“以德化民”说在政治实践中始终未得到真正贯彻。主要原因在于：西汉中期，政策重心在外不在内，对内教化要服从对外战争，盐铁、均输、平准等不利于教化的制度也难以废除；西汉后期，政策重心逐渐向内转移，但“以礼为治”说又占了上风，模仿周公制礼作乐成了主流。相比之下，东汉尊《公羊》则认真得多，虔诚得多，就大

①《后汉书》卷二三《窦融传》，第798页。

政方针而言,主要表现在以下三个方面:

第一,东汉基本上放弃了武力开边政策。建武二十七年,刘秀否定用兵匈奴时说:

> 今国无善政,灾变不息,百姓惊惶,人不自保,而复欲远事边外乎!孔子曰:"吾恐季孙之忧,不在颛臾。"且北狄尚强,而屯田警备传闻之事,恒多失实。诚能举天下之半以灭大寇,岂非至愿?苟非其时,不如息人。①

这段话强调治天下必须由近及远,先内后外,内京师而外诸夏,内诸夏而外夷狄。这不是《公羊》家的主张吗?

与此同时,刘秀还拒绝出兵西域。《后汉书》卷八八《西域传》:"匈奴单于因王莽之乱,略有西域",只有莎车不肯附属,"率傍国拒匈奴"。后莎车王贤"诈称大都护,移书诸国,诸国悉服属焉,号贤为单于。贤浸以骄横,重求赋税,数攻龟兹诸国,诸国愁惧"。建武二十一年冬,"车师前王、鄯善、焉耆等十八国俱遣子入侍,献其珍宝。及得见,皆流涕稽首,愿得都护"。但刘秀"以中国初定,北边未服,皆还其侍子,厚赏赐之",拒绝派都护前往,并对西域诸国说:"今使者大兵未能得出,如诸国力不从心,东西南北自在也。"于是"鄯善、车师复附匈奴,而贤益横"(第 2923 页)。刘秀的这一做法与他处理匈奴问题的思路是一致的。

明帝以后,随着东汉的统治日趋稳固,对外用兵的呼声又有所抬头。"能说《司马兵法》、尤好将帅之略"的耿秉"数上言兵

---

①《后汉书》卷一八《臧宫传》,第 696 页。

事”,以为“中国虚费,边陲不宁,其患专在匈奴”,主张北伐。[①] 而明帝亦“欲遵武帝故事,击匈奴,通西域”,遂于永平十六年(73年),派窦固、耿秉等兵分四路出击匈奴。此次战役规模不大,四路军队总共不过四万四千骑,其中还包括羌、南匈奴、乌桓和鲜卑军队。收获也不大,只有窦固一路“斩首千余级”,夺得伊吾庐城,留吏士屯田。永平十七年,又派窦固和耿秉率一万四千骑“出玉门击西域”,迫使车师前、后王降汉[②]。第二年,又置西域都护和戊己校尉。

不久,明帝死,章帝即位,“焉耆、龟兹攻没都护陈睦,悉覆其众,匈奴、车师围戊己校尉”。章帝发兵救之[③]。建初元年(76年),杨终因“大旱谷贵”上书曰:“臣窃案《春秋》水旱之变,皆应暴急,惠不下流。自永平以来……北征匈奴,西开三十六国,频年服役,转输烦费。又远屯伊吾、楼兰、车师、戊己,民怀土思,怨结边城……愁困之民,足以感动天地,移变阴阳矣……今伊吾之役,楼兰之屯,久而未还,非天意也。”[④]史称:章帝“不欲疲敝中国以事夷狄”,乃“从之”,“迎还戊己校尉,不复遣都护”。第二年,“复罢屯田伊吾”。只有军司马班超及官属三十六人应疏勒、于寘请求留在西域,“绥集诸国”[⑤]。

建初三年,班超上书请兵,并提出“以夷狄攻夷狄”的平定西域之策。章帝认为“其功可成”,遂于建初五年(80年)增兵千人,元和元年(84年)复增兵八百。班超主要依靠疏勒、于寘等国兵,

---

①《后汉书》卷一九《耿弇传附耿秉传》,第716页。
②《后汉书》卷二三《窦融传附窦固传》,第810页。
③《后汉书》卷八八《西域传》,第2909页。
④《后汉书》卷四八《杨终传》,第1597页。
⑤《后汉书》卷八八《西域传》,第2909页。

先后击败莎车、龟兹、月氏、焉耆等国,“威震西域”,迫使“西域五十余国悉皆纳质内属”①。章、和之际,北匈奴遭到鲜卑的攻击,又遇饥蝗,内部大乱,南下“降者前后而至”。南单于欲乘机兼并北匈奴,上书窦太后,要求与汉合力北伐。大儒鲁恭反对,上书谏曰:“以盛春之月,兴发军役,扰动天下,以事夷狄,诚非所以垂恩中国,改元正时,由内及外也。”②而耿秉认为:“以夷伐夷,国家之利,宜可听许。”太后从之,遂于永元元年派耿秉、窦宪“率骑八千,与渡辽兵及南单于众三万骑”,击北匈奴③。此次战役大获全胜,斩首一万三千级,缴获牲畜百余万头,降者二十余万人④。这一时期,东汉恢复了对匈奴和西域的控制,但基本策略是“以夷伐夷”,汉朝出兵不多,原则上仍去刘秀的主张不远。

和帝永元十四年(102 年),班超离任返回洛阳。继任者不得要领,致使“西域反乱”。安帝永初元年(107 年),朝廷派班超之子班勇和班雄“出敦煌,迎都护及西域甲卒而还,因罢都护。后西域绝无汉吏十余年”。元初六年(119 年),敦煌太守曹宗“请出兵五千人击匈奴”,并“复取西域”。邓太后命群臣会议。多数人认为西域“无益于中国而费难供”,主张“宜闭玉门关,遂弃西域”。班勇则提出一个折衷方案:在敦煌郡设护西域副校尉和营兵三百人,同时派西域长史率五百人屯驻楼兰;这样既不会给朝廷造成过重负担,又可对西域保持一定的威慑力⑤。邓太后采纳了班勇建议的前一半,“但令置护西域副校尉,居敦煌,复部营兵三百人,

①《后汉书》卷四七《班超传》,第 1575—1582 页。
②《后汉书》卷二五《鲁恭传》,第 875 页。
③《后汉书》卷八九《南匈奴传》,第 2953 页。
④《后汉书》卷二三《窦融传附窦宪传》,第 814 页。
⑤《后汉书》卷四七《班超传》,第 1586—1589 页。

羁縻而已”。“西域绝无汉吏”的状况并未改变。其后,北匈奴与车师不断“入寇河西,朝廷不能禁,议者因欲闭玉门、阳关,以绝其患”。至延光二年(123年),安帝以班勇为西域长史,“将弛刑士五百人,西屯柳中”,汉军再次进入西域。班勇“破平车师”,后又“击降焉耆”。“于是龟兹、疏勒、于寘、莎车等十七国皆来服从,而乌孙、葱领已西遂绝”。顺帝以后,“朝威稍损,诸国骄放”,东汉对西域的控制又日渐削弱①。

第二,东汉章帝时一度重建盐铁、均输等制,但不久便废除了。《后汉书》卷三六《郑兴传附郑众传》:“为大司农。是时肃宗议复盐铁官,众谏以为不可。诏数切责,至被奏劾,众执之不移。帝不从。”(第1225页)同书卷四三《朱晖传》载其事更详:元和年间,“谷贵,县官经用不足,朝廷忧之”。于是尚书张林提出:

> 谷所以贵,由钱贱故也。可尽封钱,一取布帛为租,以通天下之用。又盐,食之急者,虽贵,人不得不须,官可自鬻。又宜因交阯、益州上计吏往来,市珍宝,收采其利,武帝时所谓均输者也。

章帝令尚书通议。朱晖时为尚书仆射,认为“林言不可施行”,事遂寝。不久又有“陈事者复重述林前议,以为于国诚便。帝然之,有诏施行”。朱晖仍表示反对,奏曰:

---

①《后汉书》卷八八《西域传》,第2911、2912页。余太山对东汉和西域的关系做过详细研究,认为“东汉对西域的经营,总的来说是消极的,被动的”。见氏著《东汉与西域关系述考》,《西北民族研究》1993年第2期。

王制，天子不言有无，诸侯不言多少，禄食之家不与百姓争利。今均输之法与贾贩无异，盐利归官，则下人穷怨，布帛为租，则吏多奸盗，诚非明主所当宜行。

但章帝“卒以林等言为然，得晖重议，因发怒，切责诸尚书。晖等皆自系狱”。三天后，章帝“诏敕出之”，曰：“国家乐闻驳议，黄发无愆，诏书过耳，何故自系？”而朱晖“因称病笃，不肯复署议”，且曰：“行年八十，蒙恩得在机密，当以死报。若心知不可而顺旨雷同，负臣子之义。”（第1460页）

东汉的政策重心既然始终在内而不在外，盐铁、均输等可为对外战争提供财政支持但被《公羊》家斥为“与民争利”的制度便没有存在的理由。所以在这场争论中，郑众、朱晖理直气壮，章帝则显得理屈。史称：数日后，章帝意解，“诏使直事郎问晖起居，太医视疾，太官赐食”，又“赐钱十万，布百匹，衣十领”。不久，盐铁官卖的弊端暴露出来，章帝后悔了，临死留下遗言，要求窦太后废除此制。于是，章和二年四月，窦太后诏曰：

昔孝武皇帝致诛胡、越，故权收盐铁之利，以奉师旅之费。自中兴以来，匈奴未宾，永平末年，复修征伐。先帝即位，务休力役，然犹深思远虑，安不忘危，探观旧典，复收盐铁，欲以防备不虞，宁安边境。而吏多不良，动失其便，以违上意。先帝恨之，故遗戒郡国罢盐铁之禁，纵民煮铸，入税县官如故事。其申敕刺史、二千石，奉顺圣旨，勉弘德化，布告天下，使明知朕意。①

①《后汉书》卷四《和帝纪》，第167页。

诏文未及均输之制，估计也同时废除了[①]。此事表明，《公羊》家关于国家不得与民争利的观点在东汉朝廷中占有优势[②]。

第三，东汉始终不曾宣布天下太平，也未进行大规模的制礼作乐。前已述及，“以德化民”说和“以礼为治”说的主要区别，在于前者强调制礼作乐前的教化过程，将制礼作乐视为该过程的结束，后者强调制礼作乐后的教化过程，将制礼作乐看作该过程的开始。基于“太平乃制礼作乐”的观点，究竟实行哪一种主张主要取决于如何确定太平的标准。《公羊》家的标准高不可及。如果严格坚持他们的标准，太平便永远不能实现，制礼作乐也将无限推迟。王莽时，通过制造虚假的太平景象，使制礼作乐前的教化过程草草走了一回过场，很快转入“制礼作乐”阶段。东汉的情形则与之相反，大多数儒学士大夫都严格坚持《公羊》家的太平标准。

根据“如有王者，必世而后仁”的说法，东汉自光武帝建武三十年后，也不断有人粉饰太平，要求制礼作乐。如太尉赵熹、大司空张纯、博士桓荣等曾上疏言：刘秀“即位三十年”，“海内清平，功成治定”，“宜封禅泰山”并“立辟雍、明堂”[③]。明帝即位之初，东平王刘苍也提出“是时中兴三十余年，四方无虞……天下化平，宜修礼乐，乃与公卿共议定南北郊、冠冕、车服制度”[④]。章帝即位

---

①《后汉书》卷三一《贾琮传》：“旧交阯土多珍产，明玑、翠羽、犀、象、瑇瑁、异香、美木之属，莫不自出。前后刺史率多无清行，上承权贵，下积私赂，财计盈给，辄复求见迁代，故吏民怨叛。”（第1111页）所言是灵帝以前的情况。其中并未提到因上计吏往来市珍宝的均输之制。

②参阅张传玺：《论秦汉时期三种盐铁政策的递变》，《秦汉问题研究（增订本）》，北京：北京大学出版社，1995年。

③《续汉书·祭祀志上》及注引《东观书》，第3161页。

④《后汉书》卷四二《东平王苍传》，第1433页。

后，“欲制定礼乐”，礼学家曹褒迎合其意上疏曰：“今皇天降祉，嘉瑞并湊，制作之符，甚于言语。宜定文制，著成《汉礼》。”章帝乃命曹褒著成《汉礼》一百五十篇①。

但这些要求遭到多数儒学士大夫的激烈反对，理由是当时并未太平。王充在《论衡·宣汉》篇中说：“儒者称……汉兴以来未有太平”，包括西汉一代和东汉光武、明、章时期，其理由主要是“汉无圣帝”和“瑞颇未至悉具”，而这正是《公羊》家的观点。王充批评这些儒者“称圣泰隆，使圣卓而无迹；称治亦泰盛，使太平绝而无续”②。可见他们是严格坚持《公羊》家之标准的。光武、明、章尚未太平，和帝以下幼主昏君当然差得更远了。《后汉书》卷四八《翟酺传》载酺上安帝疏曰：“陛下……当建太平之功，而未闻致化之道。”（第1603页）卷六五《黄甫规传》载规于梁太后当政时对策曰：“陛下……摄政之初，拔用忠贞，其余维纲，多所改正，远近翕然，望见太平。”（第2130页）卷五六《陈球传》：灵帝时，球谋诛曹节等宦官，以为“收节等诛之，政出圣主，天下太平可翘足而待也”（第1834页）。卷六六《陈蕃传》：陈蕃和窦武“同心尽力，征用名贤，共参政事，天下之士，莫不延颈想望太平”（第2169页）。文中的“太平”显然都是有待实现的理想。

刘秀迫于“儒者”的压力，起初拒绝封禅，理由是“即位三十年，百姓怨气满腹，吾谁欺，欺天乎”？两年后，他以图谶为据同意封禅和兴建明堂、辟雍，但仍存有“国家德薄，灾异仍至，图谶盖如此”的疑虑，故“一则以喜，一则以惧”③。曹褒著《汉礼》之建议和

①《后汉书》卷三五《曹褒传》，第1202页。

②黄晖：《论衡校释》，第815、823页。

③《续汉书·祭祀志上》及注引《东观书》，第3161、3164页。

章帝之诏书也遭到非议。《后汉书》卷三五《曹褒传》:"太常巢堪以为,一世大典,非褒所定,不可许。"(第 1202 页)同卷《张奋传》:"众儒不达,议多驳异。"(第 1199 页)《曹褒传》:章帝死后,"太尉张酺、尚书张敏等奏褒擅制《汉礼》,破乱圣术,宜加刑诛"。和帝"虽寝其奏,而《汉礼》遂不行"(第 1203 页)。《张奋传》:奋又上疏和帝,言"汉当改作礼乐",要求"奉"章帝之诏,在曹褒《汉礼》的基础上成大汉之业,"建太平之基"。和帝"虽善之",但"未施行"(第 1199 页)。与王充站在同一立场上的班固对此深感遗憾,故在《汉书》卷二二《礼乐志》中说:"世祖……即位三十年,四夷宾服,百姓家给,政教清明,乃立明堂、辟雍。显宗即位,躬行其礼……然德化未流洽者,礼乐未具,群下无所诵说。"(第 1035 页)范晔也有同感,故在《后汉书·曹褒传论》中叹道:"孝章永言前王,明发兴作,专命礼臣,撰定国宪,洋洋乎盛德之事焉。而业绝天算,议黜异端,斯道竟复坠矣。"(第 1205 页)其实,曹褒所作的《汉礼》不过是"冠婚吉凶终始制度",与王莽之礼乐涵盖政治、经济、文化各领域者大不相同,即使颁布施行,也不会重演王莽改制的历史。但东汉的儒学士大夫们否定天下已经太平,因而反对制礼作乐,仍有重要意义。它使东汉一朝在理论上始终处于太平之前的教化阶段,从而为"深入教化于民"创造了必要的政治文化环境。

四、法律的进一步儒家化和循吏政治的发展

在法律制度方面,东汉继承武帝更定律令和元帝以来删定律令的成果,进一步推进了法律儒家化的进程。

《汉书》卷二三《刑法志》:武帝"条定法令"后,汉朝律令"凡三百五十九章",其中"大辟四百九条,千八百八十二事"。宣帝沿用而"未及修正"。元帝即位后下诏曰:"今律令烦多而不约……

其议律令可蠲除减轻者。”（第 1101 页）同书卷九《元帝纪》：初元五年四月，“省刑罚七十余事”（第 285 页）。《刑法志》又载成帝诏曰：“《甫刑》云：‘五刑之属三千，大辟之罚其属二百。’今大辟之刑千有余条，律令烦多，百有余万言，奇请它比，日以益滋……其与中二千石、二千石、博士及明习律令者议减死刑及可蠲除约省者。”但有司“徒钩摭微细，毛举数事，以塞诏而已”（第 1103 页）。案武帝所定律令，“章”下有“条”，“条”下有“事”。可能在元帝时，律令结构被简化了，“条”和“事”成了相同的概念。《晋书》卷三〇《刑法志》说汉律“结事为章”，“一章之中或事过数十”（第 923 页），其间并无“条”。从数量上看，成帝诏中所谓“条”应相当于武帝律令中的“事”，“大辟之刑千有余条”是元帝对“大辟……千八百八十二事”加以删减的结果。成帝时也有所删减，但为数不多。又《后汉书》卷三四《梁统传》载统上书曰：“臣窃见元、哀二帝轻殊死之刑以一百二十三事，手杀人者减死一等，自是以后，著为常法。”注引《东观记》曰：“元帝初元五年，轻殊死刑三十四事，哀帝建平元年，轻殊死刑八十一事，其四十二事手杀人者减死一等。”（第 1166 页）《晋书·刑法志》所载与《东观记》同。《梁统传》又曰：“至哀、平继体，而即位日浅，听断尚寡，丞相王嘉轻为穿凿，亏除先帝旧约成律，数年之间，百有余事。”李贤注：“案《嘉传》及《刑法志》并无其事，统与嘉时代相接，所引故不妄矣，但班固略而不载也。”（第 1167 页）是西汉后期先后蠲除减轻律令达数百事。

东汉初年基本上沿用西汉后期的法律。建武二年三月，刘秀还下令“议省刑法”①，其结果应当是在西汉的基础上又蠲除减轻

①《后汉书》卷一《光武帝纪》，第 29 页。

了部分条文。建武十二年后，梁统提出“法令既轻，下奸不胜，宜重刑罚，以遵旧典”。他所说的“旧典”是武帝时期形成的那套制度。刘秀将此事交三公、廷尉讨论，而议者以为“隆刑峻法，非明王急务”，没有采纳梁统的建议①。章帝时，郭躬为廷尉，“条诸重文可从轻者四十一事奏之，事皆施行，著于令”②。又采纳陈宠的建议，“绝钻钻诸惨酷之科，解妖恶之禁，除文致之请谳五十余事，定著于令”。又将冬三月执行死刑改为只有十月可以执行死刑。和帝时，“律令死刑六百一十，耐罪千六百九十八，赎罪以下二千六百八十一”③，共四千九百八十九事。这应当是刘秀、章帝“省刑法”后的数字。

陈宠认为这个数字仍然太大，遂上书曰：“臣闻礼经三百，威仪三千，故《甫刑》大辟二百，五刑之属三千。礼之所去，刑之所取，失礼则入刑，相为表里者也”；而东汉的律令“溢于《甫刑》者千九百八十九”，应当参照《甫刑》“平定律令”，“使大辟二百，而耐罪、赎罪二千八百，并为三千，悉删除其余，令与礼相应”。这一大胆主张当时“未及施行”。后其子陈忠“略依宠意，奏上二十三条，为《决事比》，以省请谳之敝。又上除蚕室刑，解臧吏三世禁锢，狂易杀人得减重论，母子兄弟相代死，听，赦所代者。事皆施行”④。从日后的《晋律》强调“峻礼教之防”并将律令条文删至二千九百二十六条这些事实来看，陈宠的主张虽有些超前，却符合并体现了东汉以来法律制度发展的趋势。

除删定律令之外，儒家思想也进一步融入法律之中。武帝

①《后汉书》卷三四《梁统传》，第1166、1168页。
②《后汉书》卷四六《郭躬传》，第1544页。
③《后汉书》卷四六《陈宠传》，第1549、1550、1554页。
④《后汉书》卷四六《陈宠传》，第1554、1556页。

时，董仲舒、公孙弘、兒宽都既通“经术”又“明习文法”，能“以经术润饰吏事”。由于他们参与了“更定律令”的工作，汉朝法律初步儒家化了，儒家思想特别是《公羊》家的“《春秋》之义”成了断狱定罪的重要依据。自那以后，儒学士大夫往往兼通经术和法律。如：郑弘、郑昌兄弟，“皆明经，通法律政事”；孔光“经学尤明”，又“明习汉制及法令”；翟方进“经学明习”，“兼通文法吏事，以儒雅缘饬法律”①。世入东汉，其风益盛。陈球“少涉儒学，善律令”；王涣“敦儒学，习《尚书》，读律令，略举大义”；黄昌“见诸生修庠序之礼，因好之，遂就经学，又晓习文法”②；张浩“治《律》、《春秋》”③。有些学者适应当时社会的需要，遂兼授经术和律令。如钟皓“以《诗》、《律》教授，门徒千余人”④。《论衡·程材》描述当时情形说：“世俗学问者，不肯竟经明学，深知古今，急欲成一家章句。义理略具，同趋学史书，读律讽令。”⑤这说明兼通经术与律令已成为对官吏素质的基本要求。

随着法律儒家化的深入，法律不再仅仅是国家制定和颁布的那些律令条文，也包含了根据儒家思想对律令条文进行的解说。于是，像经学界“经有数家，家有数说”一样，法学界也出现了不同学派。《隶释》卷七《车骑将军冯琨碑》：“治《春秋严（氏）》、《韩

①《汉书》卷六六《郑弘传》，第 2902 页；卷八一《孔光传》，第 3353 页；卷八四《翟方进传》，第 3411、3421 页。

②《后汉书》卷五六《陈球传》，第 1831 页；卷七六《循吏王涣传》，第 2468 页；卷七七《酷吏黄昌传》，第 2496 页。

③《三国志》卷四五《蜀书·张翼传》注引《益部耆旧传》，北京：中华书局，1959 年，第 1073 页。

④《后汉书》卷六二《钟皓传》，第 2064 页。

⑤黄晖：《论衡校释》，第 538 页。

诗》、(《礼》)仓氏,兼《律》大杜。"①《后汉书》卷四六《郭躬传》:"父弘,习《小杜律》。"李贤注:"杜周,武帝时为廷尉、御史大夫,断狱深刻。少子延年,亦明法律,宣帝时又为御史大夫。对父故言小。"(第1543页)是"大杜"指杜周,"小杜"指杜延年。据《汉书》卷六〇《杜周传》,杜周是武帝时著名的酷吏,"内深次骨",曾在张汤手下做廷尉史,后为廷尉,"其治大抵放张汤"(第2659页)。所传《大杜律》可能是张汤、赵禹、公孙弘、董仲舒等"更定律令"后出现的第一部法学著作。杜延年"亦明法律",但"为人安和","行宽厚云"(第2662页),对律令的解释也与其父不同,遂有《小杜律》问世。及至东汉,一些大儒也涉足法学领域,为律令作章句。其中许多内容还得到朝廷认可,具有法律效力。《后汉书》卷四六《陈宠传》说和帝时"律有三家,其说各异"(第1554页)。《晋书》卷三〇《刑法志》说:"后人生意,各为章句。叔孙宣、郭令卿、马融、郑玄诸儒章句十有余家,家数十万言。凡断罪所当由用者,合二万六千二百七十二条,七百七十三万二千二百余言。"(第923页)这无疑是"《春秋》决狱"思想与实践的进一步发展。

在法律进一步儒家化的同时,循吏政治因得到朝廷的鼓励和提倡也更加流行。《后汉书》卷二五《卓茂传》载:西汉末年,卓茂任密令,"劳心谆谆,视人如子,举善而教,口无恶言,吏人亲爱而不忍欺之"。其间还发生了如下一段故事:

> 人尝有言部亭长受其米肉遗者,茂辟左右问之曰:"亭长为从汝求乎?为汝有事嘱之而受乎?将平居自以恩意遗之

①洪适:《隶释隶续》,北京:中华书局,1986年,第86页。

> 乎?”人曰:“往遗之耳。”茂曰:“遗之而受,何故言邪?”人曰:“窃闻贤明之君,使人不畏吏,吏不取人。今我畏吏,是以遗之,吏既卒受,故来言耳。”茂曰:“汝为敝人矣。凡人所以贵于禽兽者,以有仁爱,知相敬事也。今邻里长老尚致馈遗,此乃人道所以相亲,况吏与民乎?吏顾不当乘威力强请求耳。凡人之生,群居杂处,故有经纪礼义以相交接。汝独不欲修之,宁能高飞远走,不在人间邪?亭长素善吏,岁时遗之,礼也。”人曰:“苟如此,律何故禁之?”茂笑曰:“律设大法,礼顺人情。今我以礼教汝,汝必无怨恶;以律治汝,何所措其手足乎?一门之内,小者可论,大者可杀也。且归念之!”

“律设大法,礼顺人情”是典型的循吏观点;“劳心谆谆”、“举善而教”是典型的循吏作风。如此治民在西汉末年尚不普遍,故卓茂显得鹤立鸡群。史称:“茂到县,有所废置,吏人笑之,邻城闻者皆蚩其不能。”河南郡守甚至还委任了一位“守令”与卓茂共治密县。然而,密县百姓“人纳其训,吏怀其恩”,“数年,教化大行,道不拾遗”,连蝗虫都“不入密县界”。

刘秀即位后,“先访求茂”,且下诏曰:“前密令卓茂,束身自修,执节淳固,诚能为人所不能为。夫名冠天下,当受天下重赏……今以茂为太傅,封褒德侯。”又以茂长子戎为太中大夫,次子崇为中郎。建武四年,卓茂薨,刘秀又“赐棺椁冢地”,并“亲临送葬”(第869页)。刘秀对卓茂如此优辞重礼,固然与其“不仕王莽”有关,但同时也包含着对其循吏观点和作风的肯定。

《后汉书》卷七六《循吏传序》列举东汉一朝之循吏,有杜诗、任延、锡光、第五伦、宋均、鲁恭、吴祐、刘宽、“颍川四长”(指荀淑、韩韶、陈寔、钟皓)、王堂、陈宠、边凤、延笃、王涣、任峻等。《传》中又收卫飒、王景、秦彭、许荆、孟尝、第五访、刘矩、刘宠、仇览、童恢等人。当然,《循吏传》之外也还有许多循吏式的人物,如卓茂、何敞、刘梁等①。总地看,东汉的循吏比西汉多。

从东汉循吏推行教化的方式看,制定和颁布条教仍是重要手段。如:

> 卫飒"迁桂阳太守,郡与交州接境,颇染其俗,不知礼则。飒下车,修庠序之教,设婚姻之礼。期年间,邦俗从化"。
>
> 任延"为九真太守……九真俗以射猎为业,不知牛耕……延乃令铸作田器,教之垦辟……又骆越之民无嫁娶礼法,各因淫好,无适对匹,不识父子之性,夫妇之道。延乃移书属县,各使男年二十五至五十,女年十五至四十,皆以年齿相配……其产子者,始知种姓"。
>
> 王景"迁庐江太守。先是百姓不知牛耕,致地力有余而食常不足……景乃驱率吏民,修起芜废,教用犁耕,由是垦辟倍多,境内丰给。遂铭石刻誓,令民知常禁。又训令蚕织,为作法制,皆著于乡亭"。
>
> 秦彭"迁山阳太守。以礼训人,不任刑罚。崇好儒雅,敦明庠序。每春秋飨射,辄修升降揖让之仪。乃为人设四诫,以定六亲长幼之礼。有遵奉教化者,擢为乡三老,常以八月致酒肉以劝勉之。吏有过咎,罢遣而已,不加耻辱。百姓怀爱,莫敢欺犯。兴起稻田数千顷,每于农月,亲度顷亩,分别肥瘠,差为三品,各立文簿,藏之乡县。于是奸吏跼蹐,无所

①余英时说:"研究汉代循吏决不应以两汉书的《循吏传》为限。"甚是。见氏著《士与中国文化》,第185页。

容诈。彭乃上言，宜令天下齐同其制。诏书以其所立条式，班令三府，并下州郡”。①

和西汉循吏的遭遇不同，东汉循吏的条教不再被视为背离朝廷律令的“私教”，其中具有普遍意义者还会由朝廷向全国推广。

此外，在东汉循吏中还盛行一种更为儒家化的教化方式。如：

刘矩“迁雍丘令，以礼让化之，其无孝义者，皆感悟自革。民有争讼，矩常引之于前，提耳训告，以为忿恚可忍，县官不可入，使归更寻思。讼者感之，辄各罢去。其有路得遗者，皆推寻其主”。

童恢“除不其令。吏人有犯违禁法，辄随方晓示。若吏称其职，人行善事者，皆赐以酒肴之礼，以劝励之”。②

刘宽“典历三郡，温仁多恕，虽在仓卒，未尝疾言遽色。常以为‘齐之以刑，民免而无耻’。吏人有过，但用蒲鞭罚之，示辱而已，终不加苦。事有功善，推之自下。灾异或见，引躬克责。每行县止息亭传，辄引学官祭酒及处士诸生执经对讲。见父老慰以农里之言，少年勉以孝悌之训。人感德兴行，日有所化”。③

仇览的例子更为典型。《后汉书》卷七六《循吏仇览传》：

---

①《后汉书》卷七六《循吏传》，第2459、2462、2466、2467页。
②《后汉书》卷七六《循吏传》，第2476、2482页。
③《后汉书》卷二五《刘宽传》，第887页。

为蒲亭长……初到亭，人有陈元者，独与母居，而母诣览告元不孝。览惊曰："吾近日过舍，庐落整顿，耕耘以时。此非恶人，当是教化未及至耳。"……览乃亲到元家，与其母子饮，因为陈人伦孝行，譬以祸福之言。元卒成孝子……王涣……闻览以德化人，署为主簿。

这个故事流传甚广，以至于出现了不同版本。李贤注引《谢承书》曰：

览为县阳遂亭长，好行教化。人羊元凶恶不孝，其母诣览言元。览呼元，诮责元以子道，与一卷《孝经》，使诵读之。元深改悔，到母床下，谢罪曰："元少孤，为母所骄。谚曰：'孤犊触乳，骄子骂母。'乞今自改。"母子更相向泣，于是元遂修孝道，后成佳士也。（第2480页）

袁宏《后汉纪》卷二三载仇香（即仇览）教化陈元事曰：

既而之田里，于众中厉言曰："此里当有孝子。陈元今何在？"众指曰："是也。"香起揖之，孝行慰勉之，谓众曰："此孝义里，当见异，以陈元，故后诸乡。"数日，赍酒礼到元家，上堂与相对，视其食饮之具有异于他日，遂复陈孝行以诱其心，如是者数焉。元卒为孝子，乡邑所称，县表其闾，丞掾致礼……河内令王奂……闻香以德化民，署香主簿。①

①《两汉纪》，张烈点校，下册，第453页。

不同的情节应当是在传颂过程中逐渐被创造并附加在仇览身上的，因而集中体现出东汉人对循吏及其“以德化民”之方式的认知、想象、期待。陈寔教训“梁上君子”的故事也是一个典型例子。《后汉书》卷六二《陈寔传》：

> 有盗夜入其室，止于梁上。寔阴见，乃起自整拂，呼命子孙，正色训之曰：“夫人不可不自勉。不善之人未必本恶，习以性成，遂至于此。梁上君子者是矣！”盗大惊，自投于地，稽颡归罪。寔徐譬之曰：“视君状貌，不似恶人，宜深克己反善。然此当由贫困。”令遗绢二匹。自是一县无复盗窃。（第2067页）

从这些传说色彩很浓的记载中我们看到，东汉循吏的“以德化民”是对本性“非恶”之人加以慰勉、劝诱从而使之成为善人的过程，其基本倾向与董仲舒、司马迁、班固、马照所说的“以德化民”是一致的。

五、“教以义方”和以“义”正身

仇览式的“以德化民”在东汉又被称作“教以义方”。《后汉书》卷四〇《班彪传》载彪上言曰：“《春秋》爱子，教以义方，不纳于邪。”（第1328页）①蔡邕《议郎胡公夫人哀赞》：“议郎早世，检诲幼孤，义方以导其性，中禁以闲其情。”《济北相崔君夫人诔》：“堂堂其胤，惟世之良，于其令母，受兹义方。”②《郑固碑》：“初受业于《欧阳》，遂穷究于典籍……颐亲诲弟，虔恭竭力。教我义方，

①语出《左传》隐公三年。

②严可均：《全后汉文》卷七九，第898页。

导我礼则。"[①]《后汉书》卷八四《列女传》:李穆姜嫁程文矩为妻,"前妻四子……以母非所生,憎毁日积,而穆姜慈爱温仁,抚字益隆",或问其故,答曰:"吾方以义相导,使其自迁善也。"(第 2793 页)教子如此,训人亦同。《后汉书》卷六八《郭太传》:"太……好奖训士类",其例有"宋果……性轻悍,憙与人报仇,为郡县所疾。林宗乃训之义方,惧以祸败。果感悔,叩头谢负,遂改节自敕"(第 2225 页)。同书卷六五《张奂传》:"拜武威太守……其俗多妖忌,凡二月、五月产子及与父母同月生者,悉杀之。奂示以义方,严加赏罚,风俗遂改。"(第 2139 页)

按照汉儒的训释,明辨是非就是"义"。因此,"教以义方"首先是向人们灌输儒家的是非观念,使他们能够明辨是非。在汉儒看来,这是比较容易做到的,只要不是"下愚"之人,都能通过教化使之懂得是非,所谓"上智下愚,谓之不移,中庸之流,要在教化"[②]。但要使人们愿意舍利求义,自觉地去恶从善,就比较难了。事实上,这是"以德化民"说最薄弱的环节。实践中在这一环节上能做的事,除了道德说教外,主要是提供榜样的激励和舆论的支持。

《后汉书》卷八一《独行王烈传》载:

> 王烈(字彦方)……以义行称。乡里有盗牛者,主得之,盗请罪曰:"刑戮是甘,乞不使王彦方知也。"烈闻而使人谢之,遗布一端。或问其故,烈曰:"盗惧吾闻其过,是有耻恶之心。既怀耻恶,必能改善,故以此激之。"后有老父遗剑于路,

①高文:《汉碑集释》,开封:河南大学出版社,1997 年,第 220 页。
②《后汉书》卷四八《杨终传》,第 1599 页。

行道一人见而守之，至暮，老父还，寻得剑，怪而问其姓名，以事告烈。烈使推求，乃先盗牛者也……其以德感人若此。（第2696页）

在这个例子中，盗牛者仍有“耻恶之心”，经义士“激之”，便幡然“改善”了。然而对大多数人来说，要做到舍利而求义，还有个心理平衡问题，它需要社会舆论在精神上给予补偿，更要求教化者以身作则。所以，东汉王朝一面大力“表义以励俗”①，一面要求各级官吏正身帅下。明帝马皇后《辞封舅氏诏》：“吾……身服大练缣裙，食不求所甘，左右旁人，皆无香薰之饰，但布帛耳。如是者，欲身帅众也。”《冀州从事张表碑》：“俾守犁阳，正身帅下，神化□通。”②《后汉书》卷五六《张纲传》：“为广陵太守……正身导下，班宣德信。”（第1819页）卷五七《刘陶传》：“李膺……历典牧守，正身率下。”（第1844页）唐李延寿在《南史》卷七四《孝义传论》中说：“汉世士务修身，故忠孝成俗……晋、宋以来，风衰义缺。”③认为“务修身”是东汉士风的一大特点，是东汉推行教化的重要手段。

“正身帅下”、“正身导下”之类用语在东汉几乎成了套语，每每出现在赞扬某个官吏的文字中。正如邢义田先生所说：“模式化语言尽管夸大溢美，不合事实，却是集体心态的凝结和表现，反映出使用者共同接受的观念、价值和理想中的典范。”④当时人普

①《后汉书》卷六六《陈蕃传》，第2168页。

②严可均：《全后汉文》卷九，第517页；卷一〇一，第1018页。

③北京：中华书局，1975年，第1851页。

④邢义田：《允文允武——汉代官吏的一种典型》，《“中研院”历史语言研究所集刊》第75本第2分。

遍认为,官吏身正才能令人信服,才有资格去教化别人。《后汉书》卷二五《鲁恭传》:

> 恭拜中牟令,有“亭长从人借牛而不肯还之,牛主讼于恭。恭召亭长,敕令归牛者再三,犹不从。恭叹曰:‘是教化不行也!’欲解印绶去。掾史泣涕共留之,亭长乃惭悔,还牛,诣狱受罪,恭贳不问。于是吏人信服”。(第874页)

同书卷七六《循吏许荆传》:

> 为桂阳太守,“尝行春到耒阳县,人有蒋均者,兄弟争财,互相言讼。荆对之叹曰:‘吾荷国重任,而教化不行,咎在太守。’乃顾使吏上书陈状,乞诣廷尉。均兄弟感悔,各求受罪”。(第2472页)

在这两个例子中,鲁恭和许荆都把属吏和百姓不符合儒家道德的行为视作“教化不行”的结果,又把“教化不行”看成自己的失职,因而一个“欲解印绶”,一个“乞诣廷尉”。隐含其中的逻辑是,“教化不行”归根结蒂是因为教化者自身不正。但若舆论否定了教化者自身不正的判断,责任便会落到被教化者身上。以上两例中的亭长和蒋均兄弟就都是迫于舆论压力而“感悔”和“惭悔”的。在这种氛围中,严格的自责能使教化者获得更强的道德感召力和舆论支持。所以,东汉士人常用“自责”的办法来感化他人。如《后汉书》卷三九《淳于恭传》:“恭养孤幼,教诲学问,有不如法,辄反用杖自箠,以感悟之,儿惭而改过。”(第1301页)卷六四《吴祐传》:“官至酒泉太守。祐政唯仁简,以身率物。民有争诉者，辄闭阁自责，然后断其讼，以道譬之……自是之后，争隙省息，吏人怀而不欺。”（第2101页）谢承《后汉书》：“严翊迁颍川太守，掾吏有过，辄闭阁自责。”①这不是《公羊》家主张的“先自正而后正人”吗？

东汉士人在教化实践中特别强调“自正”，似可从董仲舒的“仁义法”中获得解释。“仁义法”认为，“仁”是用来“爱人”的，“义”是用来“正我”的，而“成民之性”的教化能否成功，主要取决于统治者能否“以义正我”②。董仲舒又说：“天之大经，一阴一阳；人之大经，一情一性。性生于阳，情生于阴。阴气鄙，阳气仁。”③性生于阳，故“有善质”而可善；情生于阴，故为“贪之气”而有恶的倾向④。此说在东汉被普遍接受。《后汉书》卷四三《朱穆传》曰：“善道属阳，恶道属阴。”（第1462页）《白虎通义·情性》曰：“性者阳之施，情者阴之化也……阳气者仁，阴气者贪。故情有利欲，性有仁也。”⑤根据这种人性论，以“义”正身主要有两方面的任务，一是“损其欲而辍其情”，二是“养其心”而“成”其“性”⑥。钱穆指出：“东汉士大夫风习，为后世所推美。”其中常见之表现有“久丧”、“让爵”、“推财”、“避聘”、“报仇”、“借交报仇”、“报恩”、“清节”等八项。其他“高节异行”则“不胜举”⑦。这些都可看作东汉士大夫以“义”正身的具体表现。

---

①汪文台：《七家后汉书》，周天游校，石家庄：河北人民出版社，1987年，第124页。

②详见本书第二章第二节相关部分。

③见《论衡·本性》，黄晖：《论衡校释》，第139页。

④苏舆：《春秋繁露义证·深察名号》，第294、297页。

⑤陈立：《白虎通疏证》，第381页。

⑥苏舆：《春秋繁露义证·深察名号》，第296页；《身之养重于义》，第263页。

⑦《国史大纲（修订本）》，第186页。

《后汉书》卷五九《张衡传》:“夫情胜其性,流遁忘反,岂唯不肖,中才皆然。苟非大贤,不能见得思义,故积恶成衅,罪不可解也。”(第1910页)这应是当时流行的看法。所以损欲辍情是以“义”正身的首要任务。在这方面,东汉士人有许多突出表现,钱穆所举让爵、推财、避聘、清节等都属此类,当时人则将其视作义行而加以称赞。如《后汉书》卷三二《阴兴传》:阴庆“推田宅财物悉与”其弟,“帝以庆义让,擢为黄门侍郎”(第1132页)。卷三九《刘般传》:刘恺“当袭般爵,让与弟宪,遁逃避封……肃宗美其义”(第1306页)。将祖产父爵让与亲戚兄弟尚不为奇,还有将财产让给素不相干之人者。《后汉书》卷二七《承宫传》:“与妻子……肆力耕种。禾黍将熟,人有认之者,宫不与计,推之而去,由是显名。”(第944页)更有让财于盗贼者。《东观汉记》卷一五:“淳于恭以谦俭推让为节,家有山田橡树,人有盗取之者,恭助为收拾。载之归,乃知是恭。其盗还橡,恭不受。”又曰:“人有刈恭禾者,恭见之,念其愧,因伏草中,至去乃起。”①谢承《后汉书》卷七:“陈嚣与乡人纪伯为邻,伯夜窃嚣藩地自益。嚣见之,伺伯去,密移其藩一丈地以益伯。伯惭惧,还所侵,又却一丈二尺相避,凡广三丈。太守高其义,名其闾为义里。”②此类做法的直接目的不是帮助他人,而是表现自己对“利”的淡漠和对“争”的蔑视,舆论不赞其仁,而“高其义”,便是这个道理。

损欲辍情是以“义”正身的消极方面,养心成性则是其积极方面,它要求士人最大限度地完善自我,不顾一切去做自己该做的事情。钱穆所举久丧、报仇、借交报仇、报恩等即属此类。东汉士

①吴树平校注本,郑州:中州古籍出版社,1987年,第646页。

②汪文台:《七家后汉书》,周天游校,第125页。

人在损欲辍情方面的表现带有苦行僧的味道，在养心成性方面的表现则颇具侠义色彩。清人赵翼早已注意到这一现象。《廿二史札记》卷五“东汉尚名节”条曰：“自战国豫让、聂政、荆轲、侯嬴之徒，以意气相尚，一意孤行，能为人所不敢为，世竞慕之。其后贯高、田叔、朱家、郭解辈，循人刻己，然诺不欺，以立名节。驯至东汉，其风益盛。”① 文中提到的豫让、聂政、荆轲见《史记·刺客传》，朱家、郭解见《史》《汉》之《游侠传》，侯嬴、贯高、田叔亦皆行侠仗义之士。而东汉此风确实盛过以往，不仅游侠刺客“一意孤行”，连书生、女子也“能为人所不敢为”，社会对他们的赞扬也更热烈。如《后汉书》卷五三《申屠蟠传》：“同郡缑氏女玉为父报仇，杀夫氏之党。”蟠以为“玉之节义，足以感无耻之孙，激忍辱之子”（第1751页）。卷三九《刘平传》：“建武初，平狄将军庞萌反于彭城，攻败郡守孙萌。平时复为郡吏，冒白刃伏萌身上，被七创，困顿不知所为，号泣请曰：‘愿以身代府君。’贼乃敛兵止，曰：‘此义士也，勿杀。’”（第1296页）卷八四《列女传》：沛郡桓鸾之女，夫死不改嫁，且“豫刑其耳以自誓”。当时赞其“贵义轻身”，号曰“行义桓厘”（第2797页）。卷六三《李固传》：固为太尉，因反对外戚梁冀而被诛，临刑曰：“固身已矣，于义得矣，夫复何言！”（第2087页）

东汉人重“义”的例子太多了②，其中最重要、最突出也最具代表性的，是对“孝”的认识和实践。《论语·学而》：“其为人也孝弟，而好犯上者，鲜矣；不好犯上，而好作乱者，未之有也。君子

---

①王树民：《廿二史札记校证》，第102页。

②参阅越智重明：《後漢時代の豪族》第三节《清と義と仁》，《东洋学報》第73卷第3、4号。

务本，本立而道生。孝弟也者，其为仁之本与。”①这段著名语录强调了“孝”在儒家道德体系中的意义。在孔子的理论体系中，“仁”是核心概念，故曰孝为“仁之本”。在东汉社会中“义”似乎居于更核心的地位，因而不妨说孝也是义之本。所不同的是，作为仁之本的孝注重客体感受，作为义之本的孝则强调主体体验。《后汉书》卷三九《刘赵淳于江刘周赵传序》：“薛包……好学笃行，丧母，以至孝闻。及父娶后妻而憎包，分出之，包日夜号泣，不能去，至被欧杖。不得已，庐于舍外，旦入而洒扫，父怒，又逐之。乃庐于里门，昏晨不废。积岁余，父母惭而还之。后行六年服，丧过乎哀。”（第1294页）《风俗通义·愆礼》：“九江太守武陵威，生不识母，常自悲感。”后于途中见一孤独老母，年龄姓氏皆与其母同，“因载归家，供养以为母”。又曰：“世间共传丁兰刻木而事之。”②案《初学记》卷一七引孙盛《逸人传》：“丁兰者……少丧考妣，不及供养，乃刻木为人，仿佛亲形，事之若生。”③如此孝行即使不是虚伪做作，也仅仅是为了寄托自己的孝心。质言之，这不是对“仁”的实践，而是对“义”的追求，所以华峤、范晔将其称为能“存诚以尽行”的“义养”④。

东汉人从“义”的角度去讲孝，所以特别看重内心情感，尤其是丧葬期间的悲痛思慕之情，通常被视为孝的重要标志。《后汉书》卷八三《逸民戴良传》：“母卒，兄伯鸾居庐啜粥，非礼不行。”（第2773页）居丧尽礼是起码要求，若悲痛异常，还可“过礼”。同

---

①刘宝楠：《论语正义》，北京：中华书局，1990年，第5页。

②上海：上海古籍出版社，1990年，第25页。

③北京：中华书局，1962年，第422页。

④《后汉书》卷三九《刘赵淳于江刘周赵传序》，第1293页。李贤注曰：“并略华峤之词也。”（第1295页）

书卷五三《申屠蟠传》:蟠“九岁丧父,哀毁过礼。服除,不进酒肉十余年。每忌日,辄三日不食”。蔡邕称赞他“至行美义,人所鲜能”(第1750页)。卷三九《江革传》:“乡里称之曰‘江巨孝’……及母终,至性殆灭,尝寝伏冢庐。服竟,不忍除,郡守遣丞掾释服。”(第1302页)最极端的例子是为此而轻生。同卷《周磐传》:“蔡顺……以至孝称……母年九十,以寿终。未及得葬,里中灾,火将逼其舍,顺抱伏棺柩,号哭叫天,火遂越烧它室,顺独得免。”(第1312页)卷八四《列女传》:“孝女曹娥……(父)溺死,不得尸骸。娥年十四,乃沿江号哭,昼夜不绝声,旬有七日,遂投江而死。”(第2794页)东汉人认为凡人皆有情有性,虽尧舜不能灭其情,而只能使其性战胜情。孝的情感战胜了感官享受甚至生存的欲望,正是性胜其情的具体表现。

东汉政府特别重视对孝的提倡和宣传,因而使《孝经》的地位也骤然提高了。《后汉书》卷六二《荀爽传》载爽对策曰:“臣闻之于师曰:汉为火德,火生于木,木盛于火,故其德为孝……故汉制使天下诵《孝经》。”(第2051页)《孝经》大约成书于战国,在西汉只是儒生的初级读物,不登大雅之堂,到了东汉,却一跃而与《春秋》及谶纬平起平坐了。除了谶纬中孔子“志在《春秋》,行在《孝经》”等说法外,东汉大儒郑玄还有进一步的表述。《礼记·中庸》:“唯天下至诚,为能经纶天下之大经,立天下之大本。”郑玄注:“大经谓六艺,而指《春秋》也;大本,《孝经》也。”①他又在《六艺论》中解释《孝经》与六艺的关系说:“孔子以六艺题目不同,指意殊别,恐道离散,后世莫知根源,故作《孝经》以总会之。”②将

①《十三经注疏》,第1635页。

②《孝经序疏》引,《十三经注疏》,第2539页。

《孝经》与《春秋》相提并论,并认为孔子用《孝经》总会六经之旨,是东汉形成的说法。《后汉书》卷八一《独行向栩传》:“会张角作乱,栩上便宜,颇讥刺左右,不欲国家兴兵,但遣将于河上北向读《孝经》,贼自当消灭。”(第2694页)卷五八《盖勋传》:北地羌胡寇乱陇右,宋枭曰:“凉州寡于学术,故屡致反暴。今欲多写《孝经》,令家家习之,庶或使人知义。”(第1880页)向栩之言“卓诡不伦”,宋枭的建议太愚腐。但它们反映出东汉人的这样一种认识:要防止百姓“作乱”,必须使之“知义”;而要使百姓“知义”,首先要让他们懂得孝道。这和上引《论语·学而》的说法如出一辙,只是用“义”取代了“仁”。

东汉的教化突出一个“义”字,使得经学研究的重心也发生了相应的变化。相对而言,西汉经学注重阐述拨乱反正之道,东汉经学则注重探讨修身养性之术。当时学者对此多有正面表述,如:

> 王充《论衡·量知》:“夫儒生之所以过文吏者,学问日多,简练其性,雕琢其材也。故夫学者所以反情治性,尽材成德也。”①
>
> 徐干《中论·治学》:“昔之君子,成德立行,身没而名不朽,其故何哉?学也。学也者,所以疏神达思,怡情理性,圣人之上务也。”②
>
> 王符《潜夫论·赞学》:“天地之所贵者,人也。圣人之所

①黄晖:《论衡校释》,第546页。

②《诸子百家丛书》影印双鉴楼藏明刊本,上海:上海古籍出版社,1990年,第6页。

尚者，义也。德义之所成者，智也。明智之所求者，学问也。”①

刘梁《辩和同之论》：“事有违而得道，有顺而失义……君子之于事也，无适无莫，必考之以义焉……故君子之行，动则思义。”②

赵壹《刺世疾邪赋》：“乘理虽死而非亡，违义虽生而非存。”③

在他们看来，“义”是人生最高价值，对“义”的认识和实践则是学习和研究儒学经典的主要目的。

①彭铎：《潜夫论笺校正》，北京：中华书局，1985年，第1页。

②《后汉书》卷八〇《文苑传》，第2635页。

③《后汉书》卷八〇《文苑传》，第2631页。

第六章　豪族社会对东汉政治和政治文化的影响

上章所述东汉王朝在谶纬和《公羊》学影响下，标榜“尧道”，积极推行教化，只是东汉政治和政治文化的一个侧面，所揭示的主要是两汉历史相互衔接的环节。本章将剖析与之并存的另一侧面，即豪族社会的形成和发展对东汉政治和政治文化的影响。希望从这一角度，对东汉的吏治危机、外戚政治、世家大族及学术变迁等问题做进一步研究，以求揭示某种形成并作用于东汉，又深深影响了下一时代的历史动力。

汉代史料中常见豪族、豪民、豪杰、豪右、豪强、豪姓、豪大家、豪富民、大姓、著姓、族姓、强宗等概念，其含义都比较模糊，很难加以明确区分和界定，但学者们大多知道它们所指的是哪个群体。对我们来说，这就足够了。学界较常见的是用豪族、大姓、豪强、豪民等指称这个群体。为叙述方便起见，本书较多地使用了“豪族”这一称呼。

第一节　豪族与吏治——东汉政治的顽疾

豪族的普遍存在，是东汉统治者不得不面对的事实①。我们

---

①正如何兹全先生所说，东汉建立后，“社会上到处是豪族强宗”。（转下页）

甚至可以说，东汉王朝是建立在豪族社会基础之上的。由于刘秀出身豪族，人们常说东汉王朝是豪族利益的代表。其实，刘秀所依靠的主要是南阳豪族集团。在他建立东汉王朝的过程中，其他地区的豪族势力附和者少，反抗者多。故其征讨对象，主要是各地豪族。而战争结束后，如何管理这些豪族，仍是一大难题。刘秀的许多政治措施与此有关，其中最重要的是强化吏治。东汉王朝用严刑峻法规范豪族的行为，收到了恢复并维持社会安定的效果，但同时也使吏治苛刻问题日益严重。这是东汉政治的一大顽疾。弄清它的来龙去脉，有助于加深对东汉一系列政治和政治文化问题的理解。

一、两汉之际的豪族势力

所谓“豪族”，大约是战国以来逐渐兴起的①，到汉武帝时已成为一种普遍存在的社会势力。它们宗族强大，武断乡曲，兼并土地，役使贫民，成为瓦解小农社会从而破坏帝国基础的危险力量。西汉用酷吏，设刺史，直接打击不法豪族，收到一定效果，但抑制豪族势力发展的最有效的办法，还是实行“徙陵”制度。刘邦徙“齐楚大族昭氏、屈氏、景氏、怀氏、田氏五姓”及“燕、赵、韩、魏之后”于长安附近的长陵，至使关东“邑里无营利之家，野泽无兼

（接上页）见氏著《中国古代社会》，北京：北京师范大学出版社，2001年，第330页。余英时详细考察了两汉之际起兵群雄的社会背景，指出：“当时起兵者实以宗室、士族、大姓作主要成分，而且其中有许多起事者的身份，历史上虽已无明确记载，据情形判断则仍似为豪强大姓。”见氏著《东汉政权之建立与士族大姓之关系》，《士与中国文化》，第245页。

①参邢义田：《从战国至西汉的族居、族葬、世业论中国古代宗族社会的延续》，黄宽重、刘增贵主编：《台湾学者中国史研究论丛·家族与社会》，北京：中国大百科全书出版社，2005年，第105、120页。

并之民"[①]。其后,西汉"世世徙吏二千石、高訾富人及豪杰并兼之家于诸陵"[②],使得各地豪族不能充分发展壮大[③]。

但徙陵制度自元帝以后便废止了。《汉书》卷九《元帝纪》:永光四年十月,元帝下令"以渭城寿陵亭部原上为初陵",并废除徙陵之制。其辞曰:"安土重迁,黎民之性,骨肉相附,人情所愿也。顷者有司缘臣子之义,奏徙郡国民以奉园陵,令百姓远弃先祖坟墓,破业失产,亲戚别离,人怀思慕之心,家有不安之意。是以东垂被虚耗之害,关中有无聊之民,非长久之策也……今所为初陵者,勿置县邑,使天下咸安土乐业,亡有动摇之心。"(第292页)同书卷一〇《成帝纪》:成帝最初"以渭城延陵亭部为初陵"(第305页),似亦无徙陵之事。数年后,他看上了霸陵、新丰一带的环境,想在这里营建自己的陵墓。陈汤欲乘此机会"得赐田宅",遂上封事言:"初陵,京师之地,最为肥美,可立一县。天下民不徙诸陵三十余岁矣,关东富人益众,多规良田,役使贫民。可徙初陵,以强京师,衰弱诸侯,又使中家以下得均贫富。汤愿与妻子家属徙初陵,为天下先。"[④]成帝采纳了这一建议,"以新丰戏乡为昌陵县,奉初陵"(第316页),并"徙郡国豪杰赀五百万以上五千户于昌陵"(第317页)。新陵原计划三年完工,但由于当地地势

---

①引文见《汉书》卷一《高帝纪》,第66页;《续汉书·五行志三》注引《东观书》载杜林上疏,第3307页。

②《汉书》卷二八《地理志下》,第1642页。

③参阅杨联陞:《东汉的豪族》,《清华学报》第11卷第4期,第1009页;劳榦:《汉代的豪强及其政治上的关系》,《古代中国的历史与文化》上,北京:中华书局,2006年,第283页;田余庆:《秦汉魏晋南北朝人身依附关系的发展》,《秦汉魏晋史探微(重订本)》,第72页;何兹全:《中国古代社会》,第290页。

④《汉书》卷七〇《陈汤传》,第3024页。

低平，须“因卑为高，积土为山”，工程浩大，数万人作治五年，“中陵司马殿门内尚未加功”，而“天下遍被其劳，国家罢敝，府臧空虚，下至众庶，熬熬苦之”。群臣纷纷上书，要求“还复故陵，勿徙民”①。于是，成帝下令：“其罢昌陵，及故陵勿徙吏民，令天下毋有动摇之心。”（第 320 页）已迁至昌陵的人家也被遣回原籍②。哀帝即位后，“以渭城西北原上永陵亭部为初陵，勿徙郡国民，使得自安”③。平帝建陵事，《汉书》不载，肯定也未徙陵。

元帝时，“有司缘臣子之义，奏徙郡国民以奉园陵”，是沿袭祖宗行之有效的旧制。陈汤建议徙陵，虽有自私动机，所言徙陵制度的废除导致关东豪族势力抬头则是事实。哀帝时提出“限田”之议，王莽时发布“王田令”，也是企图抑制兼并，打击豪族。在这一背景下，元、成、哀、平诸帝和当时的大臣们普遍反对徙陵，以避免豪族产生“动摇之心”、“不安之意”，说明豪族势力已相当强大，以致朝廷宁愿尝试限制他们占有土地，也不敢不尊重其“安土重迁”之性和“骨肉相附”之情。元帝以来对豪族势力的妥协退让，缓解了朝廷同豪族的矛盾，却助长了豪族势力的发展。

新朝末年战乱爆发后，各地农民军及豪强武装大肆掳掠。豪族首当其冲，于是纷纷聚众自保。如冯鲂，“为郡族姓。王莽末，四方溃畔，鲂乃聚宾客，招豪杰，作营堑，以待所归”。樊宏，“与宗家亲属作营堑自守，老弱归之者千余家”。第五伦，“王莽末，盗贼起，宗族闾里争往附之。伦乃依险固筑营壁，有贼，辄奋厉其众，引强持满以拒之，铜马、赤眉之属前后数十辈，皆不能下”④。一时

①《汉书》卷七〇《陈汤传》，第 3024 页。

②《汉书》卷二七《五行志上》，第 1341 页。

③《汉书》卷一一《哀帝纪》，第 340 页。

④引文见《后汉书》卷三三《冯鲂传》，第 1148 页；卷三二《樊宏传》，第 1120 页；卷四一《第五伦传》，第 1395 页。

间,“豪右往往屯聚”,“大姓各拥兵众”①,营堑保壁,遍布各地。刘秀在渔阳追击“五校”时,还利用了当地的保壁,派陈俊“将轻骑驰出贼前,视人保壁坚完者,敕令固守,放散在野者,因掠取之。贼至无所得,遂散败”②。在战乱环境中,大姓豪族自发地率领宗族、闾里、宾客及附近百姓,龟缩在一个个据点中,以增强自我保护能力。这种豪族社会固有的机制,在一定程度上降低了战乱的破坏性,又在更大程度上加强了豪族的实力和凝聚力。

刘縯起兵,意味着反新复汉运动已经开始。但豪族起初多不敢参与,因为他们目标太大,容易遭到官府的报复。舂陵宗室大多不赞成刘縯起兵,甚至“亡逃自匿”,就是一个例子。李通兄弟参与刘縯起兵,王莽尽杀在朝中做官的通父李守及其家人“在长安者”,“南阳亦诛通兄弟门宗六十四人,皆焚尸宛市”。邓晨配合刘縯起兵新野,“新野宰乃污晨宅,焚其冢墓。宗族皆恚怒,曰:‘家自富足,何故随妇家人入汤镬中?’”③邓晨宗族的这种想法,在当时豪族中应有一定代表性。但更始政权建立后,形势为之一变,“海内豪杰翕然响应,皆杀其牧守,自称将军,用汉年号,以待诏命”④。当时所谓“豪杰”多是豪族领袖。如隗嚣,天水成纪人,“少仕州郡”,无疑是当地豪族,起兵时与诸将割牲而盟曰:“凡我同盟三十一将,十有六姓,允承天道,兴辅刘宗。如怀奸虑……俾坠厥命,厥宗受兵,族类灭亡。”⑤这显然是个以当地豪族为主体的军事集团。更始将王宪只率数百人西攻长安,“大姓栎阳申砀、下

---

①《后汉书》卷七七《酷吏李章传》,第2492页;卷一七《冯异传》,第645页。
②《后汉书》卷一八《陈俊传》,第690页。
③见《后汉书》卷一五《李通传》,第575页;《邓晨传》,第583页。
④《后汉书》卷一一《刘玄传》,第469页。
⑤《后汉书》卷一三《隗嚣传》,第514页。

邽王大皆率众随宪。属县虆严春、茂陵董喜、蓝田王孟、槐里汝臣、盩厔王扶、阳陵严本、杜陵屠门少之属,众皆数千人,假号称汉将"。故王宪攻打长安时,各路人马多至"数十万"①,豪族武装是其中的主力。

豪族势力曾普遍支持更始政权,但更始败亡后,天下瓦解,群雄逐鹿,他们又纷纷支持当地政治人物,形成一个个割据势力。如王郎称帝,是赵缪王子刘林和"赵国大豪李育、张参等"共同策划的;刘永起兵时,"招诸豪杰沛人周建等,并署为将帅";张步割据齐地,"豪杰多拥众与张步连兵";卢芳称帝则是"三水豪杰共计议"的结果,且得到"各起兵自称将军"的"五原人李兴、随昱、朔方人田飒、代郡人石鲔、闵堪"等豪杰的支持②;公孙述起兵临邛时,得到"县中豪杰"的支持,称帝成都后,手下大将和谋士如李熊、任贵、侯丹、任满、李育、程乌、程凡、冯骏、王政、常少、张隆等多是蜀中大姓③,"关中豪杰吕鲔等往往拥众以万数",也"多往归述"④。在这种形势下,刘秀消灭各地割据势力的战争,也是征服各地豪族的过程。

刘秀以更始大将的身份平定河北时,当地豪族普遍不与之同心。耿纯是支持刘秀的少数河北豪族中的一个,而其所率宗族宾客二千余人竟"半有不同心者"。为了"绝其反顾之望",耿纯只

①《汉书》卷九九《王莽传》,第 4189 页。

②《后汉书》卷一二《王郎传》,第 491 页;《刘永传》,第 494 页;《卢芳传》,第 506 页;卷一八《陈俊传》,第 690 页。

③《华阳国志》载巴、蜀、汉中大姓甚多,其中有程、常、任、侯、张、李、冯、王等。参阅任乃强:《华阳国志校补图注》史歆反叛条注,第 338 页。

④《后汉书》卷一三《公孙述传》,第 537 页。

好派人“归烧其庐舍”，断其后路[1]。在刘秀已经占领的地区，豪族反叛之事也时有发生。如刘秀离开信都后，王郎遣将攻信都，“信都大姓马宠等开城内之”，收捕了刘秀任命的信都太守宗广以及李忠、邳彤等人的家属。刘秀“使任光将兵救信都”，光所将信都兵又“于道散降王郎”。刘秀收复信都后进行了报复，命李忠“行太守事，收郡中大姓附邯郸者，诛杀数百人”[2]。在鄗城，刘秀“止传舍，鄗大姓苏公反城开门内王郎将李恽”。幸亏耿纯“先觉知，将兵逆与恽战，大破斩之”[3]。刘秀夺取魏郡后，“魏郡大姓数反复”。其中，更始将卓京与魏郡大姓联合，“谋欲相率反邺城”，是个较大的阴谋。刘秀以铫期为魏郡太守，发兵消灭了卓京的队伍，阻止了这次反叛。其后，“邺中之豪”李陆又“谋欲反城迎檀乡”，铫期召问李陆之兄督盗贼李熊，“熊叩头首服，愿与老母俱就死”。铫期不杀李熊母子，反放他们出城“往就陆”，遂使李陆“不胜愧感，自杀以谢期”[4]，从而瓦解了魏郡豪族的又一次反叛。

刘秀收复关中，也是同当地豪族的一场较量。《后汉书》卷一七《冯异传》：更始败后，“赤眉、延岑暴乱三辅，郡县大姓各拥兵众”，其中“延岑据蓝田，王歆据下邽，芳丹据新丰，蒋震据霸陵，张邯据长安，公孙守据长陵，杨周据谷口，吕鲔据陈仓，角闳据汧，骆延据盩厔，任良据鄠，汝章据槐里，各称将军，拥兵多者万余，少者数千，转相攻击”，局面十分混乱。刘秀派冯异前往讨之，临行嘱咐他说：“今之征伐，非必略地屠城，要在平定安集之耳。”冯异受

①《后汉书》卷二一《耿纯传》，第762页。
②《后汉书》卷二一《李忠传》，第755、756页。
③《后汉书》卷二一《耿纯传》，第762页。
④《后汉书》卷二〇《铫期传》，第732页。

命入关，先击败势力最大的延岑，“诸营保守附岑者皆来降归异”，又“稍诛击豪杰不从令者，褒赏降附有功劳者，悉遣其渠帅诣京师，散其众归本业，威行关中。唯吕鲔、张邯、蒋震遣使降蜀，其余悉平”。后又“击破吕鲔，营保降者甚众”（第 647 页），从而基本控制了关中地区。这种以“平定安集”为主的政策，是刘秀对付豪族的主要手段。

刘秀占领州郡后，通常会“悉更置属县令长以镇抚之”①，迅速恢复统治秩序。但若地方官吏抚循不力，甚至欺压当地豪族，反抗事件仍会发生。《后汉书》卷一八《吴汉传》载：建武四年，“鬲县五姓共逐守长，据城而反”。众将皆欲攻之，吴汉不许，曰：“使鬲反者，皆守长罪也。”遂“移檄告郡，使收守长，而使人谢城中。五姓大喜，即相率归降”。李贤注曰：“五姓，盖当土强宗豪右也。”（第 680 页）《资治通鉴》卷四一胡三省注：“守长者，守鬲县长，非正官也。”（第 1317 页）吴汉所说的“守长罪”，当指守鬲县长有违法侵犯豪族利益之事，故而激起豪族反抗。此事没有造成大的震动，但颇为典型，反映出豪族在地方上仍有相当力量，东汉政府对他们不能不有所顾忌。

建武八年，刘秀西征隗嚣时，背后的颍川、河东、东郡、济阴等地暴发了一次规模较大的叛乱。《后汉书》卷一《光武帝纪》建武八年条：“颍川盗贼寇没属县，河东守守兵亦叛，京师骚动”，刘秀“晨夜东驰”，“自征颍川”（第 54 页）。卷二一《耿纯传》：“（建武）八年，东郡、济阴盗贼群起。”（第 765 页）其中只有颍川和东郡的情形见于记载。同书卷三三《冯鲂传》载颍川郏县的叛乱说：“郏贼延褒等众三千余人”，攻占县城，赶走县令冯鲂，县中各聚落

①《后汉书》卷一六《邓禹传》，第 601 页。

也都起兵响应，及刘秀至颍川，褒等又"皆自髡剔，负斧质，将其众请罪"，冯鲂"转降诸聚落，县中平定"（第1148页）。延褒等人的队伍应是豪族武装，起而响应的"诸聚落"恐多是乡间保壁中的豪族武装。引起这次叛乱的直接原因，可能是地方官的统治过于严酷。冯鲂"为政敢杀伐，以威信称"。延褒等起兵就是要赶走他。冯鲂为人"矜严公正"，故被官修史书记录下来。不见于记载的颍川其他各县的令长们，恐多有类于"守鬲县长"者。刘秀显然意识到这一点，故命曾任颍川太守、在当地颇有威信的寇恂同他一道往平颍川之乱。《后汉书》卷一六《寇恂传》载：事后，百姓遮道曰："愿从陛下复借寇君一年。"刘秀乃留寇恂于长社，"镇抚吏人，受纳余降"（第624页）。东郡的情形比颍川更典型。前引《耿纯传》说：刘秀派李通、王常率军前往镇压，又以耿纯"威信著于卫地，遣使拜太中大夫，使与大兵会东郡。东郡闻纯入界，盗贼九千余人皆诣纯降，大兵不战而还"。刘秀遂命耿纯为东郡太守，"吏民悦服"（第765页）。东郡人显然也希望朝廷撤换当地长官。

不过，颍川、东郡等地的豪族在刘秀率军西征、后方兵力空虚之时发动叛乱，又说明他们有推翻东汉统治、重建割据政权的意图。《后汉书》卷一六《寇恂传》载寇恂分析颍川叛乱形势说："颍川剽轻，闻陛下远逾阻险，有事陇、蜀，故狂狡乘间相诖误耳。如闻乘舆南向，贼必惶怖归死。"（第624页）所言"诖误"当不止要求撤换地方官而已，还包括推翻东汉的政治煽动，否则不必"乘"刘秀西征之"间"。对山东地区这种民心不稳的形势，郭宪有所察觉，并向刘秀提出过警告。《后汉书》卷七二《方术郭宪传》：刘秀决定西征隗嚣时，郭宪谏曰："天下初定，车驾未可以动。"刘秀不听，及颍川兵起，回驾而还，乃叹曰："恨不用子横（郭宪字）之言。"（第2709页）所谓"天下初定"，意指刘秀占领山东时日尚浅，东汉在当地的统治尚不稳固，刘秀及东汉大军一旦离开，便可能发生反叛。当然，这次叛乱群龙无首，刘秀率军返回后，叛军便顷刻瓦解了。刘秀对叛乱者也未穷追猛打，仍以“平定安集”为主。

刘秀的统一战争结束后，豪族仍然发动过武装叛乱，度田事件就是其中规模最大的一次。《后汉书》卷一《光武帝纪》：建武十五年六月，“诏下州郡检核垦田顷亩及户口年纪”。第二年九月，“河南尹张伋及诸郡守十余人，坐度田不实，皆下狱死。郡国大姓及兵长群盗，处处并起，攻劫在所，害杀长吏……青、徐、幽、并四州尤甚”（第66页）。度田损害了豪族的利益，立刻激起大规模叛乱。刘秀很快平息了这场叛乱，也从中吸取了教训，对豪族的动向密切关注，小心应对。

建武十八年，蜀郡豪族又发动叛乱。《后汉书》卷一八《吴汉传》载其事曰：“蜀郡守将史歆反于成都……而宕渠杨伟、朐忍徐容等，起兵各数千人以应之。”这次叛乱规模不大，但刘秀很重视，“以歆昔为岑彭护军，晓习兵事，故遣汉率刘尚及太中大夫臧宫将万余人讨之”（第683页）。《华阳国志·公孙述刘二牧志》则说：“建武十八年，刺史郡守，抚恤失和。蜀郡史歆，怨吴汉之残掠蜀也，拥郡自保。世祖以天下始平，民未忘兵，而歆唱之，事宜必克，复遣汉平蜀，多行诛戮。”①史歆、杨伟、徐容等皆当地豪族。刘秀担心他们的叛乱会在其他地区引起连锁反应，故命吴汉率大军镇压，以避免事态扩大。

在刘秀建立东汉政权的过程中，各地豪族都曾极力反抗，后被武力征服，颇不情愿地接受了新王朝的统治。这时的豪族作为

---

①任乃强：《华阳国志校补图注》，第337页。

一种政治势力尚未发育成熟，还不能像日后汉末三国时那样，撑起天下三分的局面。但它们的存在、它们对社会的影响及由此形成的政治生态，已经对帝国的统治构成严峻挑战。刘秀成功地消灭了各地割据势力，完成了兴复汉室的历史使命，但如何在遍地豪族的社会环境中巩固东汉统治，创建“太平”盛世，仍是个难题。

二、豪族的特征和结构

《后汉书》卷三二《樊宏传》：“南阳湖阳人也……为乡里著姓。父重……世善农稼，好货殖……性温厚，有法度。三世共财，子孙朝夕礼敬，常若公家。其营理产业，物无所弃，课役童隶，各得其宜，故能上下戮力，财利岁倍，至乃开广田土三百余顷。其所起庐舍，皆有重堂高阁，陂渠灌注。又池鱼牧畜，有求必给。尝欲作器物，先种梓漆，时人嗤之，然积以岁月，皆得其用，向之笑者咸求假焉。赀至巨万，而赈赡宗族，恩加乡闾。外孙何氏兄弟争财，重耻之，以田二顷解其忿讼。县中称美，推为三老。年八十余终。其素所假贷人间数百万，遗令焚削文契。责家闻者皆惭，争往偿之，诸子从敕，竟不肯受。”（第1119页）这是汉代史料所见最为典型的豪族。结合其他记载，我们大致可以看出豪族的特征和结构。

首先，它们拥有大片土地和豪华宅舍。仲长统说：汉代民间有许多“豪人”，“身无半通青纶之命”，“不为编户一伍之长”，却“连栋数百，膏田满野”，“馆舍布于州郡，田亩连于方国”①。樊重的土地有“三百余顷”，宅舍又皆“重堂高阁”。宣帝时的阴子方，“暴至巨富，田有七百余顷”。成帝时的丞相张禹，“内殖货财，家

①《后汉书》卷四九《仲长统传》，第1648、1651页。

以田为业，及富贵，多买田至四百顷，皆泾渭溉灌，极膏腴上贾”。灵帝时的郑太，司农郑众之曾孙，“家富于财，有田四百顷”。刘秀子济南王刘康，“多殖财货”，有“私田八百顷”①。荀悦所说“今豪民占田，或至数百千顷”②，大致反映了当时豪族田产的规模。

他们在自己的田庄中不仅经营农业，还兼营林、牧、渔、工、商、假贷等副业，因而相当富有。《水经·比水注》引司马彪《续汉书》曰：樊重“能治田，殖至三百顷，广起庐舍，高楼连阁，波陂灌注，竹木成林，六畜放牧，鱼嬴梨果，檀棘桑麻，闭门成市，兵弩器械，赀至百万，其兴工造作，为无穷之功，巧不可言，富拟封君”③。这条材料当与上引《后汉书·樊宏传》之文同源于《东观汉记》，而于樊重所营各种副业记载更详。司马迁说过，“用贫求富，农不如工，工不如商”④。樊重能够“财利岁倍”，“赀至巨万”，当主要依靠这些副业。仲长统描述“豪人”的富有时，也说他们“船车贾贩，周于四方；废居积贮，满于都城；琦赂宝货，巨室不能容；马牛羊豕，山谷不能受”⑤。

秦汉社会以小家庭为基本经济单位⑥，父母亡后兄弟分家是通行的做法。如薛包，父母死后，“弟子求分财异居，包不能止，乃

---

①分见《后汉书》卷三二《阴识传》，第 1133 页；《汉书》卷八一《张禹传》，第 3349 页；《后汉书》卷七〇《郑太传》，第 2257 页；卷四二《光武十王传》，第 1431 页。

②《两汉纪》，张烈点校，上册，第 114 页。

③《水经注疏》，南京：江苏古籍出版社，1989 年，第 2485 页。

④《史记》卷一二九《货殖列传》，第 3274 页。

⑤《后汉书》卷四九《仲长统传》，第 1648 页。

⑥参阅杜正胜：《传统家族试论》，黄宽重、刘增贵主编：《台湾学者中国史研究论丛·家族与社会》，第 17—28 页。

中分其财”①。樊重“外孙何氏兄弟争财”，或许就是分家时的事。樊梵，“悉推财物二千余万与孤兄子”，樊准“以先父产业数百万让孤兄子”，阴庆“推田宅财物悉与（其弟）员、丹”，肯定都是兄弟分家后的事②。像樊重那样“三世共财”，则是少见的例外③。在这一背景下，“共财”的家庭不可能很大，经济上再富有，人口也不会太多。因此，豪族通常要利用其财富，团结宗族乡里，招引宾客，以突破家庭规模的限制，扩大自己的势力。

宗族不“共财”，当然会有贫富之别。但在血缘纽带的维系下，宗族成员有相互扶助的义务，特别是其中的富人，有依亲疏远近赈赡穷人的责任。《白虎通·宗族》：“族者，何也？族者，凑也，聚也，谓恩爱相流凑也。上凑高祖，下至玄孙，一家有吉，百家聚之，合而为亲，生相亲爱，死相哀痛，有会聚之道，故谓之族。”④这应是当时流行的观念。崔寔所著反映东汉豪族生活的《四民月令》，有如下规定：

> 三月，“冬谷或尽，椹麦未熟，乃顺阳布德，振赡穷乏，务施九族，自亲者始。无或蕴财，忍人之穷，无或利名，罄家继富，度入为出，处厥中焉”。
>
> 九月，“存问九族孤寡老病不能自存者，分厚彻重，以救其寒”。
>
> 十月，“五谷既登，家备储蓄，乃顺时令，敕丧纪。同宗有贫窭久丧不堪葬者，则纠合宗人，共与举之，以亲疏贫富为

①《后汉书》卷三九《刘赵淳于江刘周赵传》，第1294页。

②《后汉书》卷三二《樊宏传》，第1124、1125页；《阴识传》，第1132页。

③参阅赵沛：《分财异居：两汉豪族之家社会生活的基本形态》，《南都学坛》第23卷第4期。

④陈立：《白虎通疏证》，第397页。

差,正心平敛,无相逾越,先自竭以率不随”。①

上引《樊宏传》载樊重之善行,第一项便是“赈赡宗族”。《后汉书》中类似的记载很多。如:

卷四三《朱晖传》:“南阳大饥,米石千余,晖尽散其家资,以分宗里故旧之贫羸者,乡族皆归焉。”(第1459页)

卷七六《童恢传》:“父仲玉,遭世凶荒,倾家赈恤,九族乡里赖全者以百数。”(第2481页)

卷六二《荀淑传》:“产业每增,辄以赡宗族知友。”(第2049页)

卷三一《廉范传》:“广田地,积财粟,悉以赈宗族朋友。”(第1104页)

卷三四《梁统传附子竦传》:“长嫂舞阴公主赡给诸梁,亲疏有序,特重敬竦,虽衣食器物,必有加异。竦悉分与亲族,自无所服。”(第1171页)

卷二七《宣秉传》:“拜大司徒司直,所得禄奉,辄以收养亲族,其孤弱者,分与田地,自无担石之储。”(第928页)

卷三九《刘般传》:“其收恤九族,行义尤著,时人称之。”(第1306页)

富人未必都是大宗或族长,但他们以财富为后盾,以赈赡为手段,通常会成为宗族的领袖②。

---

①严可均:《全后汉文》,第730、731页。

②参阅唐长孺:《西晋户调式的意义》,《魏晋南北朝史论丛续编》,北京:三联书店,1959年,第7—9页。

战国秦汉盛行养客，达官贵人宾客满门。如孟尝君有宾客“三千余人”；淮南王刘安“招至宾客方术之士数千人”；外戚窦婴“喜宾客……游士宾客争归之”；丞相公孙弘“起客馆，开东阁……故人宾客仰衣食”；东汉诸侯王“争礼四方宾客”①。闾里豪族也多有宾客，如“阳翟轻侠赵季、李款，多畜宾客”；涿郡“大姓西高氏、东高氏……宾客放为盗贼”；颍川“大姓原、褚，宗族横恣，宾客犯为盗贼”②。《昌言》描述“豪人”，有“宾客待见而不敢去，车骑交错而不敢进”及“刺客死士，为之投命”等语③，可见豪族养客也是普遍现象。

所谓“宾客”，鱼龙混杂，既有攀附权贵的士大夫，也有尚武行侠的剑客，还有亡命无赖之徒。司马迁说，由于“孟尝君招致天下任侠，奸人入薛中盖六万余家”，致使“其俗闾里率多暴桀子弟”。班固也说，孟尝君等列国公子，“借王公之势，竞为游侠，鸡鸣狗盗，无不宾礼”④。荀悦《汉纪》述武帝诛大侠郭解事后，概括说：“世有三游”，一曰游侠，二曰游说，三曰游行；游侠“立气势，作威福，结私交，以立强于世”；游说“饰辨辞，设诈谋，驰逐于天下，以要时势”；游行“色取仁以合时，好连党类，立虚誉以为权利”。继而批评养客者“简父兄之尊而崇宾客之礼，薄骨肉之恩

①《史记》卷七五《孟尝君列传》，第 2360 页。《汉书》卷四四《淮南王安传》，第 2145 页；卷五二《窦婴传》，第 2375、2376 页；卷五八《公孙弘传》，第 2621 页。《后汉书》卷四二《沛献王辅传》，第 1427 页。

②《汉书》卷七七《何并传》，第 3268 页；卷九〇《酷吏严延年传》，第 3668 页；卷七六《赵广汉传》，第 3200 页。

③《后汉书》卷四九《仲长统传》，第 1648、1651 页。

④《史记》卷七五《孟尝君列传》，第 2363 页；《汉书》卷九二《游侠传》，第 3697 页。

而笃朋友之爱"[①]。这里的"宾客"和"朋友"都指"三游"之类。

有学者认为,两汉之际豪族已开始役使"宾客"从事生产,其证据主要有两条:

一条是西汉后期的。《汉书》卷七七《孙宝传》:"时帝舅红阳侯(王)立使客因南郡太守李尚占垦草田数百顷。"(第3258页)唐长孺先生认为:"可以理解所占草田即以客垦种。"又出注说:"按本条意义不太明确,也可解释为只是使'客'向李尚交涉占田。但所占之田,必须有人耕种,似以第一种解释为是。"[②]罗彤华指出:"此种推断尚乏证据佐之,豪强占田也不是必须由客来耕种。"[③]案《汉书》卷九二《游侠楼护传》:"王氏方盛,宾客满门,五侯兄弟争名,其客各有所厚。"(第3707页)卷九八《元后传》:"红阳侯立父子臧匿奸猾亡命,宾客为群盗,司隶、京兆皆阿纵不举奏正法。"(第4025页)王立派去向李尚交涉占田的"客",应是这种"宾客",而不是种地的农民。

另一条是东汉初年的。《后汉书》卷二四《马援传》:"为郡督邮,送囚至司命府,囚有重罪,援哀而纵之,遂亡命北地。遇赦,因留牧畜,宾客多归附者,遂役使数百家,转游陇汉间。"(第828页)又载:"援以三辅地旷土沃,而所将宾客猥多,乃上书求屯田上林苑中,帝许之。"(第831页)《水经·河水注》:"苑川水地,为龙马之沃土,故马援请与田户中分以自给也。"[④]杨联陞解释说,马援

---

①《两汉纪》,张烈点校,上册,第158页。

②见唐长孺:《西晋户调式的意义》,《魏晋南北朝史论丛续编》,第11页。

③罗彤华:《两汉"客"的演变》,《汉学研究》第5卷第2期,第467页。参阅陈连庆:《西汉时代的宾客》,《中国古代史研究》,长春:吉林文史出版社,1991年,第303、309页。

④《水经注疏》,第183页。

"役属着归附的宾客达数百家"①。宇都宫清吉也认为,马援所役使的"数百家"就是归附于他的那些"宾客",而这些宾客都是"小作农民"②。唐长孺进一步指出:"马援役属的宾客至少一部分从事畜牧和农业劳动。他们又被称为'田户',收获和马援对半分成。显然,马援的宾客是私属,受主人驱使,从事畜牧和农业劳动,作战时又是马援的部曲。"③此说被学界广泛接受,影响甚大。但细绎上引史料,这一看法似亦存在误解。

首先,马援的"宾客"应非劳动者。《马援传》注引《续汉书》:"援过北地任氏畜牧。自援祖宾,本客天水,父仲又尝为牧师令。是时员(马援兄)为护苑使者,故人宾客皆依援。"(第828页)天水郡,东汉改称汉阳郡,与陇西郡相邻。牧师令,掌牧苑,据上引《水经注》,"汉牧苑之地"就在汉阳郡西北部的苑川。护苑使者应是监管牧苑的。据此,马援的祖、父、兄都曾在汉阳一带生活和任职,所谓"故人宾客"当指他们旧日的宾客。及马援在北地牧畜,这些宾客又纷纷投入马援门下,并随其转游陇西、汉阳间的苑川一带。《马援传》多次提到这些宾客。除上面引用的两处外,还有:

> (援)常谓宾客曰:"丈夫为志,穷当益坚,老当益壮。"因处田牧,至有牛马羊数千头,谷数万斛。既而叹曰:"凡殖货

①杨联陞:《东汉的豪族》,《清华学报》第11卷第4期,第1014页。

②宇都宫清吉:《漢代社會經濟史研究》第九章《僮約研究》,弘文堂,1955年,第309页。

③唐长孺:《魏晋南北朝时期的客和部曲》,《魏晋南北朝史论拾遗》,北京:中华书局,1983年,第2页。又见氏著《魏晋南北朝隋唐史三论》,武汉:武汉大学出版社,1993年,第32页。

财产，贵其能施赈也，否则守钱虏耳。”乃尽散以班昆弟故旧，身衣羊裘皮绔。（第 828 页）

公孙述称帝于蜀……欲授援以封侯大将军位。宾客皆乐留，援晓之曰：“天下雄雌未定，公孙不吐哺走迎国士，与图成败，反修饰边幅，如偶人形。此子何足久稽天下士乎！”因辞归。（第 829 页）

帝以玺书劳之，赐牛羊数千头，援尽班诸宾客。（第 835 页）

宾客故人，日满其门……傍县尝有报仇者，吏民惊言羌反，百姓奔入城郭。狄道长诣门，请闭城发兵。援时与宾客饮，大笑曰：“烧虏何敢复犯我！晓狄道长归守寺舍，良怖急者，可床下伏。”（第 837 页）

（援子）客卿幼而歧嶷，年六岁，能应接诸公，专对宾客。（第 852 页）

文中的“宾客”、“故旧”、“宾客故人”，显然就是前面提到的“故人宾客”。从这些文字看，马援的宾客应是由他供养以充当谋士爪牙的，其中可能有人像王立的“客”那样帮他打理畜牧、屯田等事务，但不会亲自为他放牧、种地并缴纳高额地租。

其次，马援大规模经营田牧正是为了供养宾客。因为供养大量宾客需要很高的花费，为此而入不敷出的例子屡见不鲜。如孟尝君因“邑入不足以奉宾客”，不得不放贷取息；公孙弘为供养宾客，“身食一肉，脱粟饭……家无所余”；崔瑗“好宾客，盛修肴膳，单极滋味，不问余产，居常蔬食菜羹而已，家无担石储”①。马援也

①《史记》卷七五《孟尝君列传》，第 2360 页；《汉书》卷五八《公孙弘传》，第 2621 页；《后汉书》卷五二《崔骃传附崔瑗传》，第 1724 页。

“宾客猥多”,“日满其门”,不仅时常与之饮酒高会,还一再将田牧所得的财产分赠给他们。《太平御览》卷八九四引《东观汉记》:“杜林……与马援乡里,素相亲厚……遣子奉书曰:‘将军内施九族,外有宾客,望恩者多……今送钱五万。’援受之。”①可见供养宾客确是马援的一大开销。在此背景下,《马援传》中“宾客多归附者,遂役使数百家”和“所将宾客猥多,乃上书求屯田上林苑中”两句,似不应理解为马援役使宾客从事生产,而应理解为马援役使其他劳动者从事生产以供养宾客。否则,马援以高额地租对宾客进行剥削,又用剥削所得来供养宾客,无论如何,情理难通。

再次,马援役使的劳动者应是所谓“贫民”。豪族役使贫民从事生产并收取高额地租,是汉代常见的现象:

> 《史记》卷一二二《酷吏宁成列传》:“贳贷买陂田千余顷,假贫民,役使数千家。”(第3135页)
>
> 《汉书》卷七〇《陈汤传》:“关东富人益众,多规良田,役使贫民。”(第3024页)
>
> 卷二四《食货志》载董仲舒曰:“或耕豪民之田,见税什五,故贫民常衣牛马之衣,而食犬彘之食。”(第1137页)
>
> 卷九九《王莽传》载《王田令》曰:“豪民侵陵,分田劫假……实什税五也。父子夫妇终年耕芸,所得不足以自存。故富者犬马余菽粟,骄而为邪;贫者不厌糟糠,穷而为奸。”(第4111页)

这些史料大致反映了豪族役使贫民的状况,其中“见税什五”是最

①北京:中华书局,1960年,第3970页。

显著的标志。马援"与田户中分",正是"见税什五",故其役使之"田户"和牧户,很可能是这样的贫民。

仲长统《昌言·理乱》篇说:东汉"豪人"不仅有"奴婢千群",还有"徒附万计"①。"徒附"一词在汉代史料中仅此一见,无从考证其确切含义。但《昌言》既将"奴婢"和"徒附"并称,"徒附"应和奴婢一样也是豪族田庄中的劳动者。杨联陞认为:"徒附"是豪族家"依附的小农",主要"从事农作",是"半自由人"②。唐长孺认为:"所谓徒附当即隶属豪人的封建依附者。"③崔寔《政论》:"上家累巨亿之赀,户地侔封君之土……下户崎岖,无所跱足,乃父子低首,奴事富人,躬帅妻孥,为之服役……历代为虏,犹不赡于衣食,生有终身之勤,死有暴骨之忧。岁小不登,流离沟壑,嫁妻卖子。"④文中"上户"无疑指豪族。"下户",宇都宫清吉认为指"徒附",亦即所谓"小作者"。宇都宫氏所说的"小作者",专指丧失了自己的土地、不得不租种他人土地的农民⑤。以上看法大致不错。而五井直弘又进一步指出:这种"徒附"与宁成所役使的"贫民"大体相同,与曹魏的"屯田民"也非常相似⑥。笔者认为,这是更为敏锐的观察⑦。

从曹魏政府与"屯田客户"五五分成或四六分成来看,汉末三国以后的依附农民"客",应是由"贫民"而非由"宾客"演化而来。

---

①《后汉书》卷四九《仲长统传》,第1648页。

②杨联陞:《东汉的豪族》,《清华学报》第11卷第4期,第1029页。

③唐长孺:《魏晋南北朝隋唐史三论》,第13、14页。

④严可均:《全后汉文》,第726页。

⑤见宇都宫清吉:《漢代社會經濟史研究》第九章《僮約研究》,第315、320页。

⑥五井直弘:《漢代の豪族社会と国家》,名著刊行会,2001年,第13页。

⑦唯其将《昌言》误作《汉书·食货志》,应予更正。

《三国志》卷三八《麋竺传》:“祖世货殖,僮客万人,赀产巨亿。”(第969页)僮客就是奴客。这种与奴连称的“客”,应当是麋家役使的“贫民”。《汉书》卷八九《循吏黄霸传》:“以豪杰役使徙云阳。”师古注曰:“身为豪杰而役使乡里人也。”(第3627页)豪族役使乡里贫民,不无可能。但从前引第五伦筑营壁,“宗族闾里争往附之”,樊重“赈赡宗族,恩加乡闾”,朱晖“散其家资,以分宗里故旧”,童仲玉“倾家赈恤,九族乡里赖全者以百数”等记载看,“乡里人”也是豪族团结依靠的对象,因而也常常受到豪族的赈赡。冈崎文夫认为:“宗族和乡党决不是对立概念”,“所谓‘九族’,可以认为也包含了‘州里’,反之亦同”①。刘增贵指出:“在古代聚落的基层结构中,邑里成员关系密切……形成休戚相关的共同生活圈”,因而“乡党的重要性不下于亲族”②。这些说法揭示了汉代社会的一个重要特征③。因此,豪族役使的贫民应该多是外乡人,他们后来被称为“客”,或许就是这个缘故。

除“贫民”外,奴婢也是东汉豪族田庄中的劳动者。学界的研究已经证明,西汉大土地所有者多役使奴婢从事生产。《史记》卷一〇〇《季布传》载:大侠朱家曾买“家僮数十人”而“置之田”(第

①冈崎文夫:《魏晋南北朝通史》,弘文堂书房,第427页。

②刘增贵:《汉魏士人同乡关系考论》,邢义田、林丽月主编:《台湾学者中国史研究论丛·社会变迁》,北京:中国大百科全书出版社,2005年,第123、124页。

③张鹤泉认为:东汉“乡里居民的分布”,“已经呈现出同血缘、同宗族化的倾向”,因而“在东汉乡里中,主要应该是以宗族组织相联系的居民”(《东汉宗族组织试探》,《中国史研究》1993年第1期,第16页)。而杜正胜据《偃师侍廷里僤买田约束石券》和《犀浦东汉残碑簿书》指出:“汉代基层聚落的成员关系,血缘因素不能估计太高。”(《编户齐民——传统政治社会结构之形成》,台北:联经出版股份有限公司,1990年,第196、197页)

2729 页)。江陵凤凰山汉墓竹简之“遣册”中,有从事农业生产的“操锄”大婢、“将田操锸”大奴、“刍牛”小奴、“耕大奴”等若干人①。这是奴婢被用于田间耕作的铁证。汉武帝的算缗令、师丹的限田限奴之议和王莽的《王田令》,都将“田”与“奴婢”并提,则表明这种现象相当普遍。东汉的情形也大致相同,奴婢和田地一样仍是重要财产。樊重田庄中的主要劳动者就是“童隶”。马援诸子“奴婢各千人以上,资产巨亿,皆买京师膏腴美田”②。薛包分家时,“奴婢引其老者……田庐取其荒顿者……器物取其朽败者”③。济南王刘康“多殖财货……奴婢至千四百人,厩马千二百匹,私田八百顷”④。仲长统眼中的“豪人”则皆“膏田满野,奴婢千群”。东汉《郑子真宅舍残碑》有“宅舍奴婢财物”之句,《金广延母徐氏纪产碑》有“平生素以奴婢田地分与”他人之语⑤。《四川郫县东汉残碑簿书》记录了二十几户人家的财产情况。其中除田、舍、牛之外,也有奴婢,如“奴田、婢□、奴多、奴白、奴鼠,并五人……”;“奴□、□□、□生、婢小、奴生,并五人,直廿万”;“奴立、奴□、□鼠,并五人,直廿万”;“奴俾、婢意、婢最、奴宜、婢营、奴调、婢立,并……”这些奴婢的主人都不太富有,“田”最多的有“二顷六十”亩,最少的只有“卅□亩”⑥。他们的奴婢不大可能只从事家务劳动,应当多被用于各种生产活动。

---

①《湖北江陵凤凰山一六八号汉墓发掘简报》,《文物》1975 年第 9 期。
②《后汉书》卷二四《马援传》,第 857 页。
③《后汉书》卷三九《刘赵淳于江刘周赵传》,第 1295 页。
④《后汉书》卷四二《光武十王传》,第 1431 页。
⑤《隶释》卷一五,北京:中华书局,1986 年,第 162 页。
⑥谢雁翔:《四川郫县犀浦出土的东汉残碑》,《文物》1974 年第 4 期。参高文:《汉碑集释·犀浦东汉“簿书”残碑》,第 265、266 页。

关于东汉豪族以宗族、宾客为“部曲”的说法，也有稍加辨析的必要。据《续汉书·百官志》将军条，汉朝军队编制分营、部、曲、屯四级，部和曲是其中两级的名称。以此为基础，“部曲”连称，有时指军事编制。如《汉书》卷五四《李广传》称：李广统军“行无部曲行阵”，不按编制行进和驻扎，“人人自便”（第2441页）。有时泛指军队。如《后汉书》卷二三《窦融传》：刘秀命融“勉循士民，无擅离部曲”（第806页）。东汉末年，又用来指称将领。如同书卷六〇《蔡邕传》：“董卓宾客部曲议欲尊卓比太公，称尚父。”（第2005页）或指称士兵。如同书卷三八《度尚传》：为荆州刺史，“躬率部曲，与同劳逸”（第1285页）。新莽末年，豪强骤起，所率军队亦称“部曲”。如铜马、大肜等部，皆“各领部曲，众合数百万人”①。这些军队，在刘秀平定天下的过程中，或被消灭，或被收编，或被遣散。自那之后直至东汉末年战乱暴发前，豪族不可能拥有成建制的军队，少量守护田庄的家兵，则未见被称作“部曲”的例子。

东汉初年，常见豪杰率宗族、宾客起兵的记载。如刘植“与弟喜、从兄歆率宗族、宾客，聚兵数千人据昌城”；阴识“率子弟、宗族、宾客千余人往诣伯升”；耿纯“与从昆弟䜣、宿、植共率宗族、宾客二千余人，老病者皆载木自随”，投奔刘秀②。在这样的豪族集团中，老弱妇孺居多，青壮男子可能参与作战，但也不是军中士卒的主体。例如耿纯，先被更始大将李轶“拜为骑都尉，授以节，令安集赵、魏”，手下可能已经有了一支军队。投奔刘秀后，又拜为

①《后汉书》卷一《光武帝纪》，第16页。

②《后汉书》卷二一《刘植传》，第760页；卷三二《阴识传》，第1129页；卷二一《耿纯传》，第762页。

“前将军”，三弟䜣、宿、植为“偏将军”，皆统兵“居前”，冲锋陷阵。所率军队肯定不止“宗族、宾客二千余人”。射犬一战，足以证明这一点。史载：“纯军在前，去众营数里，贼忽夜攻纯，雨射营中，士多死伤。纯勒部曲，坚守不动，选敢死二千人，俱持强弩，各傅三矢，使衔枚间行，绕出贼后，齐声呼噪，强弩并发，贼众惊走，追击，遂破之。”耿纯能从军中选出敢死之士二千人绕到贼后，留在营中的士卒当然更多。而其宗族在这次战役中，非但不是主力，反而成为累赘。故事后刘秀对耿纯说：“军营进退无常，卿宗族不可悉居军中。”遂“以纯族人耿伋为蒲吾长，悉令将亲属居焉”①。刘植、阴识也都被刘秀拜为将军，并统兵作战，手下必有一支军队，而宗族、宾客当亦非主力。《后汉书》卷一六《寇恂传》：恂率大军镇守河内，而董崇却说“今君所将，皆宗族昆弟也”（第 622 页）。可见，史传中关于某某“率宗族、宾客”若干人的记载，强调的主要是豪族的动向，而非其军队的规模，对此不可理解得太实。

东汉末年也有豪杰率宗族、宾客起兵的例子，情形与东汉初年大致相同。如《三国志》卷一六《任峻传》：“别收宗族及宾客、家兵数百人，愿从太祖。”（第 489 页）卷一八《许褚传》：“聚少年及宗族数千家，共坚壁以御寇……以众归太祖。”（第 542 页）李典的例子最为典型。《三国志》卷一八《李典传》：

> 典从父乾，有雄气，合宾客数千家在乘氏。初平中，以众随太祖……吕布之乱，太祖遣乾还乘氏……（乾卒）太祖使乾子整将乾兵……整卒，典徙颍阴令，为中郎将，将整军，迁离狐太守。时太祖与袁绍相拒官渡，典率宗族及部曲输谷帛供

①《后汉书》卷二一《耿纯传》，第 761—763 页。

军。绍破，以典为裨将军，屯安民……北渡河……从围邺……围高干于壶关，击管承于长广，皆破之……典宗族、部曲三千余家居乘氏，自请愿徙诣魏郡。太祖笑曰："卿欲慕耿纯邪？"……遂徙部曲、宗族万三千余口居邺。太祖嘉之，迁破虏将军，与张辽、乐进屯合肥。（第533页）

仔细分析这段文字，可以得到以下信息：首先，李典的"部曲"是由李乾的"宾客"转化而来。李乾"以众随太祖"后，参加了几次战役，"破黄巾于寿张，又从击袁术，征徐州"。其间，李乾的部众应有所扩充，并编为军队，其宾客中的青壮男子可能在军中充任将士，故改称"部曲"。李乾死后，曹操命李整"将乾兵"，李整死后又命李典"将整军"，都表明这支队伍已不是单纯的豪族武装。其次，文中所谓"宗族、部曲三千余家……万三千余口"，应是军中宗族和部曲的家属。自从曹操"遣乾还乘氏"后，他们就一直"居乘氏"，后又迁居邺，而不再随军。乘氏距官渡不远，故官渡之战时，李典曾率他们"输谷帛供军"。除此之外，李典屯安民、转战邺、壶关、长广及屯驻合肥时，这些家属皆未参与。再次，曹操消灭袁绍势力后，将幕府迁至邺。李典徙"宗族、部曲"于邺，是以他们为人质换取曹操的信任，故曹操"嘉之"。豪族臧霸也有类似举动，"求迁子弟及诸将父兄家属诣邺"。曹操同样很高兴，曰："诸君忠孝，岂复在是！"并也将之比作"耿纯焚室舆榇以从"①。

众所周知，曹魏有"士家"制度，士卒的家属多居邺②。但李

①《三国志》卷一八《臧霸传》，第537页。

②参阅唐长孺：《晋书赵至传中所见的曹魏士家制度》，《魏晋南北朝史论丛》，第31页。

典、臧霸皆为豪族,其宗族、宾客应非"士家"。唐长孺先生指出,曹魏的"士家"制和孙吴的世袭领兵制,"是大姓豪门家兵的模拟和扩大"。由于"家兵"身份低贱,故国家"士兵的身份"也"甚为低落"①。这一论断精辟而深刻。可以斟酌商榷的是,豪族的家兵可能不是来自宗族和宾客,而是来自"奴客"。汉末豪族的宗族、宾客动辄数千家万余口,不大可能都由豪族供养。其中大部分恐怕要受豪族役使,从事各种生产和军事活动。在这种情况下,他们的社会地位自然有所下降,但与"家兵"和"士家"仍然不同。

上引《任峻传》有"别收宗族及宾客、家兵数百人"之语。据此,"家兵"似在"宗族"和"宾客"之外。宇都宫清吉认为:"这种'家兵'不是'宗族',也不是'宾客'",而是一种由"僮仆之类"组成的"私兵"②。其说是。"家兵"活跃于东汉末年。如《三国志》卷九《曹洪传》:"洪将家兵千余人。"(第277页)卷一八《吕虔传》:"太祖在兖州……以为从事,将家兵守湖陆。"(第540页)但其形成应当较早。前引司马彪《续汉书》描述樊重田庄之副业,有"兵弩器械"一项,当是用来装备家兵的。《四民月令》:

二月,"顺阳习射,以备不虞"。

三月,"农人俟时而种……蚕农尚闲,可利沟渎,葺治墙屋,修门户,警设守备,以御春饥草窃之寇"。③

八月,"刈萑苇刍茭,凉燥可上弩,缮治檠锄,正缚铠弦,

①见氏著《魏晋南北朝隋唐史三论》,第59、60页。

②宇都宫清吉:《漢代社會經濟史研究》第十一章《漢代における家と豪族》,第447页。

③"蚕农",原文误作"蚕晨",今据贾思勰《齐民要术》卷三《杂说》改,见缪启愉:《齐民要术校释》,北京:农业出版社,1982年,第165页。

遂以习射”。

九月，“缮五兵，习战射，以备寒冻穷厄之寇”。①

这段材料除可表明豪族多有“家兵”之外，还透露出其“家兵”系由田庄中的“农人”充当。特别是三月、八月两条中，“兵”事显然是“农”事、“工”事的延伸。前已论及，东汉豪族田庄中的劳动者主要是“贫民”和“奴婢”，汉末三国以后常被称作“奴客”或“僮客”。他们除须从事农副业生产外，很可能也要承担保护田庄的任务。及至汉末，这些“奴客”或“僮客”大量转化为“家兵”，随豪族卷入战争。《后汉书》卷七一《朱俊传》：拜交趾刺史，“令过本郡，简募家兵”。李贤注：“家兵，僮仆之属。”（第 2308 页）此说并非无据。《三国志》卷五五《甘宁传》注引《吴书》曰：“宁将僮客八百人就刘表。”（第 1292 页）这八百僮客应当就是甘宁的家兵。《三国志》卷三八《麋竺传》说：麋家有“僮客万人”，麋竺后以“奴客二千”赠刘备，备“于时困匮，赖此复振”（第 969 页）。刘备当时正转战徐州，这二千“奴客”肯定是给刘备充当士兵的，而此前应是麋竺的家兵。

与豪族武装有关的，还有所谓“兵长”和“渠帅”。《后汉书》卷三三《朱浮传》：彭宠攻朱浮，浮“遁走，南至良乡，其兵长反遮之”。李贤注：“兵长，兵之长帅也。”（第 1141 页）卷一《光武帝纪》：刘秀破降铜马、高湖、重连等军，“封其渠帅为列侯”。李贤注：“渠，大也。”（第 17 页）卷二八《桓谭传》载谭上疏曰：“臣谭伏观陛下用兵，诸所降下，既无重赏以相恩诱，或至虏掠夺其财物，是以兵长渠率，各生狐疑，党辈连结，岁月不解。”（第 960 页）文中“兵长”、“渠率”

①严可均：《全后汉文》，第 729—731 页。

并提，说明它们性质相近。东汉初年，“兵长”和“渠帅（率）”多是乘乱而起、作威作福的各种暴动武装的首领。其中多数应是豪族，他们的军队则是豪族武装。杜林说：“草创兵长，卒无德能，直以扰乱，乘时擅权，作威玉食。”①大致勾画出他们的特征。

不过，这种豪族武装只存在于东汉初年战乱之时和战乱刚刚平息的一段时间内。建武八年，杜林指出：刘秀灭张步后，其众“虽皆降散，犹尚有遗脱，长吏制御无术，令得复炽”，致使一些残存的“兵长”、“渠帅”依旧横行乡里，“小民负县官不过身死，负兵家灭门殄世”②。但这种情形并不是长期普遍存在的，不能用来描述东汉一代豪族武装的状况。建武十六年因度田引起的暴乱中，我们最后一次看到“兵长”的活动。史称：“郡国大姓及兵长群盗，处处并起，攻劫在所，害杀长吏。郡县追讨，到则解散，去复屯结。”③从“到则解散，去复屯结”一句来看，这些“兵长”及其旧属平时散在民间，与百姓无异，有事屯结，可形成小规模武装。他们能“攻劫在所，害杀长吏”，但无力同政府军队正面对抗。刘秀将他们镇压后，“徙其魁率于它郡，赋田受禀，使安生业”。豪族脱离本土，成为孤家寡人。旧属失去“魁率”，也难以屯结起事。此举与西汉徙陵相似，收到较好的效果，“自是牛马放牧，邑门不闭”。在此后的历史记载中，“兵长”不见了，“渠帅”则主要用来指称少数民族首领。

总之，在东汉历史的大部分时间中，豪族不是一种军事存在，而是一种社会势力。他们占有大片土地，役使贫民和奴婢从事生

①《续汉书·五行志三》刘昭注引《东观书》，第 3307 页。

②《续汉书·五行志三》刘昭注引《东观书》，第 3306、3307 页。

③《后汉书》卷一《光武帝纪》，第 67 页。

产并守卫田庄。宗族和宾客则是他们干预世事的帮手和爪牙。东汉政府面对这一社会势力，有所为，有所不为。一方面，容忍大土地所有制的存在和发展，不再企图根除土地兼并现象；另一方面，一系列旨在抑制豪族势力的政治措施悄然出台。

三、刘秀抑制豪族的政治措施

东汉初年，刘秀采取过一系列政治措施，以加强自己的统治。其中，裁减地方吏职、废罢郡国兵、放免奴婢、令列侯就国、强化吏治等项，都与抑制豪族有关。

先看裁减地方吏职。《后汉书》卷一《光武帝纪》建武六年六月："诏曰：'夫张官置吏，所以为人也。今百姓遭难，户口耗少，而县官、吏职所置尚繁，其令司隶、州牧各实所部，省减吏员。县国不足置长吏可并合者，上大司徒、大司空二府。'于是条奏并省四百余县，吏职减损，十置其一。"（第49页）刘秀此诏要求裁减的是两项内容，一是县级政府，二是地方吏职。二者存在一定关联，但不是一码事。

《续汉书·郡国志五》："世祖中兴，惟官多役烦，乃命并合，省郡、国十，县、邑、道、侯国四百余所。"（第3533页）据《汉书·地理志》和《续汉书·郡国志》，西汉末年有郡、国一百零三，县、邑、道、侯国一千五百八十七。经刘秀裁减后，应有郡、国九十三，县、邑、道、侯国一千一百多。明帝以后出现反弹，"明帝置郡一，章帝置郡、国二，和帝置三，安帝又命属国别领比郡者六"，共新置郡级机构十二，"又所省县渐复分置"，但为数不多。到顺帝时，"凡郡、国百五，县、邑、道、侯国千一百八十"。郡级机构比西汉还多了两个，县级机构则仍比西汉少四百零七。所以，刘秀此次裁撤地方官府，主要成果是减少了四百多个县级机构①。

四百多个县级机构，约占原有总数的四分之一强，将其并省自然会减少同样比例的令、长、相及其属吏。刘秀此时尚未统一关陇河西巴蜀，所并省的县级机构当主要集中在河北山东地区。在这个范围内，其所占比例当然更高，但也不会达到“十置其一”的程度。细味诏书语气，所谓“省减吏员”，当不限于被裁撤的郡县机构的吏员，而是普遍减省山东、河北各州、郡、县的吏员编制。唯其如此，所减吏员才会大大多于四分之一强，以至于有“十置其一”之说。

东汉初年，“百姓虚耗，十有二存”②。经刘秀一朝休养生息，户口也仅及西汉末年的三分之一强③。刘秀以“户口耗少”、“官多役烦”为由省减吏职，以节省财政开支，自是顺理成章。但我们知道，汉朝地方官府的属吏皆用本地人，且通常被豪族所把持④。刘秀大量裁减其编制，势必削弱豪族在当地的政治势力。从当时形势看，这很可能也是刘秀的目的之一。

再看废罢郡国兵。《后汉书》卷一《光武帝纪》：建武六年，“初罢郡国都尉官”。七年三月，诏曰：“今国有众军，并多精勇，宜且罢轻车、骑士、材官、楼船士及军假吏，令还复民伍。”注引《汉官

①周明泰《后汉县邑省并表》对比《汉书·地理志》和《续汉书·郡国志》所载县、邑、道、侯国，其中“前汉有而后汉无者四百五十四”。见《二十五史补编》，第2069页。

②《续汉书·郡国志》注引《帝王世记》，第3388页。

③《汉书》卷二八《地理志》载西汉平帝时户口数为12233062户、59594978口。《续汉书·郡国志》注引《帝王世记》载刘秀中元二年户口数为4279634户、21007820口。

④参阅严耕望：《中国地方行政制度史》甲部第11章，台北：“中研院”历史语言研究所，1997年。

仪》曰:“高祖命天下郡国选能引关蹶张,材力武猛者,以为轻车、骑士、材官、楼船,常以立秋后讲肄课试,各有员数。”(第51页)所谓“轻车、骑士、材官、楼船士”都是郡国兵,都尉“掌佐守典武职甲卒”①,负责统领和训练他们,训练方式就是“常以立秋后讲肄课试”,即所谓“都试”。《后汉书》卷一八《耿弇传》:“常见郡尉试骑士,建旗鼓,肄驰射。”(第703页)所指便是都试的情形。《续汉书·百官志五》:“建武六年,省诸郡都尉,并职太守,无都试之役。”注引应劭曰:“每有剧贼,郡临时置都尉,事讫罢之。”(第3621页)是刘秀罢都尉后,郡国仍可临时设置都尉,发兵镇压“剧贼”,但“都试”从此取消了,郡国兵的战斗力势必大大削弱。

建武六年,刘秀刚刚平定山东,局势尚未稳定,又挥师西进,准备讨伐隗嚣、公孙述,前线后方都需要军队。那么他为何要下令废罢都尉和郡国兵呢?《后汉书》卷一八《吴汉传》:吴汉围隗嚣于西城,刘秀敕汉曰:“诸郡甲卒但坐费粮食,若有逃亡,则沮败众心,宜悉罢之。”(第681页)吴汉不听,打了败仗。此例或可说明,郡国兵缺乏战斗力,不能攻坚,无助于对隗嚣、公孙述的讨伐。但让他们守卫后方,还是可以胜任的,在当时形势下也是必要的。事实上,刘秀废罢郡国兵,削弱了后方郡国的军事力量,使之不能及时镇压当地的叛乱。前述建武八年刘秀西征隗嚣时,颍川、河东、东郡、济阴等地豪族群起反叛,迫使刘秀率大军返回,就是一个例子。建武十六年青、徐、幽、并等州大姓反抗度田的叛乱,也是一个例子。其后,类似问题仍时有发生。故应劭总结说:

自郡国罢材官、骑士之后,官无警备,实启寇心。一方有

---

①《汉书》卷一九《百官公卿表》,第742页。

难，三面救之，发兴雷震，烟蒸电激，一切取辨，黔首嚣然。不及讲其射御，用其戒誓，一旦驱之以即强敌，犹鸠鹊捕鹰鹯，豚羊弋豺虎，是以每战常负，王旅不振。①

刘秀不顾如此严重的负面效应而推出这一举措，当是为了削弱地方军事力量，防止各地割据势力死灰复燃。东汉初年的豪族武装，每每利用郡国兵制度征发士卒，割据一方②。刘秀若不废罢郡国兵，后来发生的那些叛乱可能会造成更大的震动。两害相权取其轻，刘秀的做法可以理解。

放免奴婢更与豪族直接相关。据《后汉书》卷一《光武帝纪》，刘秀发布过一系列相关诏令：

建武二年五月诏曰："民有嫁妻卖子欲归父母者，恣听之。敢拘执，论如律。"（第30页）

六年十一月，"诏王莽时吏人没入为奴婢不应旧法者，皆免为庶人"（第50页）。

七年五月，"诏吏人遭饥乱及为青、徐贼所略为奴婢下妻，欲去留者，恣听之。敢拘执不还，以卖人法从事"（第52页）。

十一年二月诏曰："天地之性人为贵。其杀奴婢，不得减罪"（第57页）。

八月诏曰："敢炙灼奴婢，论如律，免所炙灼者为庶人。"

---

①《续汉书·百官志五》注引应劭《汉官》，第3622页。

②张步就是这样。故耿弇击败张步后，"勒兵入据其城，树十二郡旗鼓，令步兵各以郡人诣旗下……罢遣归乡里"。事见《后汉书》卷一九《耿弇传》，第712页。

十月，"诏除奴婢射伤人弃市律"（第58页）。

十二年三月，"诏陇、蜀民被略为奴婢自讼者，及狱官未报，一切免为庶人"（第59页）。

十三年十二月，"诏益州民自八年以来被略为奴婢者，皆一切免为庶人；或依托为人下妻，欲去者，恣听之；敢拘留者，比青、徐二州以略人法从事"（第63页）。

十四年十二月，"诏益、凉二州奴婢，自八年以来自讼在所官，一切免为庶人，卖者无还直"（第64页）。

这些诏令中，只有建武十一年的三条旨在稍稍提高奴婢的法律地位，其他六条都是要让战乱中沦为奴婢的人恢复庶人身份。前已述及，东汉时期奴婢仍是重要财产，是豪族役使的主要对象，而在战乱中能略取大量奴婢者当然多是豪族。刘秀在统一战争中，每占领一个地区，都要发布针对奴婢问题的诏令，矛头应是指向各地豪族的。

东汉功臣皆封列侯。《后汉书》卷一《光武帝纪》：建武二年正月，"封功臣皆为列侯，大国四县，余各有差"（第26页）。其后又不断有部将和降将封侯。建武十三年四月，战争结束，"于是大飨将士，班劳策勋，功臣增邑更封，凡三百六十五人"（第62页）。其中属于刘秀集团核心成员的不过三十余人，其他人员成分很杂，有核心成员的父兄子弟，也有铜马渠帅、更始旧将及各地降将等刘秀不大信任的外围成员①。这些人大多原本就是豪族，封侯之后成为贵族，势力更大。令列侯就国便是刘秀针对他们采取的

①参万斯同《东汉云台功臣侯表》、黄大华《东汉中兴功臣侯世系表》，见《二十五史补编》，第1923—1931页。

一项措施。

《光武帝纪》建武六年:“是岁……始遣列侯就国。”(第51页)当时,刘秀正准备西征隗嚣,主要功臣大多仍在军中统兵或在朝中任职,奉诏就国的只有耿纯、邳彤两人:

> 《后汉书》卷二一《耿纯传》:“为东郡太守……时发干长有罪,纯案奏,围守之,奏未下,长自杀。纯坐免,以列侯奉朝请……六年,定封为东光侯。纯辞就国,帝曰:‘文帝谓周勃“丞相吾所重,君为我率诸侯就国”,今亦然也。’纯受诏而去。”(第765页)
>
> 同卷《邳彤传》:“建武元年,更封灵寿侯,行大司空事。帝入洛阳,拜彤太常,月余日转少府,是年免。复为左曹侍中,常从征伐。六年,就国。”(第759页)

耿纯此前因过免官,邳彤免少府后任侍中,也是闲职。当时就国的还有伏湛。《后汉书》卷二六《伏湛传》:“为大司徒,封阳都侯……(建武五年十一月)坐策免。六年,徙封不其侯,邑三千六百户,遣就国。”(第896页)由此看来,建武六年就国的列侯多是无职任者,耿纯是其中功劳最大的,故刘秀将他比作周勃。两年后,东郡发生叛乱,耿纯因“威信著于卫地”而复任东郡太守。邳彤、伏湛未再任职,其他就国的列侯想必也很少有重新受到任用者。

侯国隶属于郡,置相一人,“主治民,如令长”,“不臣”于列侯[①]。列侯在封国内但食租税,无治民权。不仅如此,他们还要受

---

①《续汉书·百官志五》,第3630页。

到郡守和国相的严格监管。上引《耿纯传》注引《续汉书》载:耿纯原为高阳侯,就国前"上书自陈,前在东郡案诛涿郡太守朱英亲属,今国属涿,诚不自安",刘秀"乃更封纯为东光侯"(第765页),国属渤海郡。连耿纯都怕受到郡守的报复,列侯就国后的处境可以想见。《后汉书》卷二三《窦融传》:和帝夺外戚窦氏之权,将窦宪兄弟"遣就国……为选严能相督察之"(第820页)。此事表明侯国相有督察列侯的权力。卷八二《方术公沙穆传》:"迁缯相。时缯侯刘敞……所为多不法,废嫡立庶,傲很放恣。穆到官……乃上没敞所侵官民田地,废其庶子,还立嫡嗣。其苍头儿客犯法,皆收考之。"(第2730页)这更是侯国相督察列侯的生动事例。建武二年刘秀封功臣时下诏曰:"人情得足,苦于放纵,快须臾之欲,忘慎罚之义。惟诸将业远功大,诚欲传于无穷,宜如临深渊,如履薄冰,战战栗栗,日慎一日。"授印绶时又策曰:"在上不骄,高而不危,制节谨度,满而不溢,敬之戒之。"①反复告诫他们要遵守法令,可见对他们能否在社会上安分守己颇为担心。将无职任的列侯遣就国,当是为了加强对他们的监管。

以上措施都比较隐蔽,力度也有限,故得以顺利实施,但不能根本扭转豪族势力猖獗的形势。相对而言,强化吏治是刘秀抑制豪族的主要手段,也正是在这个方面,东汉王朝遇到真正的挑战。

四、吏治苛刻问题

抑制豪族本来就是汉代地方官的重要职责。武帝设刺史"以六条问事",第一条便是"强宗豪右田宅逾制,以强凌弱,以众暴寡"。第六条"二千石违公下比,阿附豪强,通行货赂,割损正令",

①《后汉书》卷一《光武帝纪》,第26页。

也与豪族有关①。东汉建立后,有效抑制豪族,更是地方官的首要任务。马援任陇西太守,"任吏以职,但总大体",诸曹白外事,辄曰:"此丞、掾之任,何足相烦……若大姓侵小民,黠羌欲旅距,此乃太守事耳。"②周纡"拜洛阳令,下车先问大姓主名,吏数闾里豪强以对"③。在这一背景下,地方官严厉打击不法豪族的事屡见不鲜。如:

《后汉书》卷七七《酷吏李章传》:"光武即位,拜阳平令。时赵、魏豪右往往屯聚。清河大姓赵纲遂于县界起坞壁,缮甲兵,为在所害。章到,乃设飨会,而延谒纲。纲带文剑,被羽衣,从士百余人来到。章与对燕饮,有顷,手剑斩纲,伏兵亦悉杀其从者,因驰诣坞壁,掩击破之,里人遂安。"(第2492页)

卷七六《循吏任延传》:"(建武中)拜武威太守……时将兵长史田绀,郡之大姓,其子弟宾客为人暴害。延收绀系之,父子宾客伏法者五六人。绀少子尚乃聚会轻薄数百人,自号将军,夜来攻郡,延即发兵破之。自是威行境内,吏民累息。"(第2463页)

刘秀多次为这样的官吏撑腰,表明他支持此类做法的态度。其中,董宣的例子最为典型。《后汉书》卷七七《酷吏董宣传》载:宣为北海相,"以大姓公孙丹为五官掾。丹新造居宅,而卜工以为当

---

①《汉书》卷一九《百官公卿表》注引《汉官典职仪》,第742页。
②《后汉书》卷二四《马援传》,第836页。
③《后汉书》卷七七《酷吏周纡传》,第2494页。

有死者，丹乃令其子杀道行人，置尸舍内，以塞其咎”。宣得知后，“即收丹父子杀之。丹宗族亲党三十余人，操兵诣府，称冤叫号”，宣又将之悉收系狱“尽杀之”。这三十余人罪不至死，青州遂奏宣杀人多滥。宣坐征廷尉，被判死刑。刘秀得知后，“驰使驺骑特原宣刑”，将他保了下来，后又“特征为洛阳令”。他上任后，一如既往，执法如山。“时湖阳公主苍头白日杀人，因匿主家，吏不能得。及主出行，而以奴骖乘”。董宣“驻车叩马，以刀画地，大言数主之失，叱奴下车，因格杀之”。公主“还宫诉帝”，刘秀起初“大怒，召宣，欲箠杀之”，既而又令宣“诣太官赐食”，并“赐钱三十万”，以示奖励。公主不解，曰：“文叔为白衣时，臧亡匿死，吏不敢至门。今为天子，威不能行一令乎?”刘秀笑曰：“天子不与白衣同。”从此，董宣“搏击豪强，莫不震栗”（第2489页）。

湖阳长公主是刘秀的姐姐。刘秀连她的面子都不给，对其他贵戚可想而知。宗室中比湖阳长公主更尊贵的只有赵王刘良了。刘秀对他也轻易不给面子。《后汉书》卷二九《鲍永传》：

> 建武十一年，征为司隶校尉。帝叔父赵王良尊戚贵重，永以事劾良大不敬，由是朝廷肃然，莫不戒慎。乃辟扶风鲍恢为都官从事，恢亦抗直不避强御。帝常曰：“贵戚且宜敛手，以避二鲍。”其见惮如此。（第1020页）

据李贤注引《东观记》，刘良入城门时与中郎将争道，叱其“旋车”，又召门候“诘责”，令其“叩头都道，奔走马头前”。鲍永认为刘良作为“诸侯番臣”，对“帝城门候”“肆意加怒”，是对皇帝的“大不敬”，遂弹劾之。刘秀虽未处罚刘良，但对鲍永的做法表示了赞赏。直到刘良临死用最后一次行使特权的机会为其友李子春求情，刘秀才勉强破了一次例。《后汉书》卷二六《赵憙传》：

> 拜怀令。大姓李子春先为琅邪相，豪滑并兼，为人所患。憙下车，闻其二孙杀人事未发觉，即穷诘其奸，收考子春，二孙自杀。京师为请者数十，终不听。时赵王良疾病将终，车驾亲临王，问所欲言。王曰："素与李子春厚，今犯罪，怀令赵憙欲杀之，愿乞其命。"帝曰："吏奉法，律不可枉也。更道它所欲。"王无复言。既薨，帝追感赵王，乃贳出子春。（第913页）

所谓"吏奉法，律不可枉"是刘秀加强吏治的基本原则。他曾在诏书中反复强调"有司修职，务遵法度"，"其令有司各修职任，奉遵法度"①。根据这一原则，他不仅支持个别官吏严厉打击不法豪族，更普遍要求所有官吏尤其是郡县亲民之吏严格执法。《后汉书》卷三三《朱浮传》："旧制，州牧奏二千石、长吏不任位者，事皆先下三公，三公遣掾史案验，然后黜退。帝时用明察，不复委任三府，而权归刺举之吏。"又载朱浮上疏曰："陛下……即位以来，不用旧典，信刺举之官，黜鼎辅之任，至于有所劾奏，便加免退，覆案不关三府，罪谴不蒙澄察。陛下以使者为腹心，而使者以从事为耳目，是为尚书之平，决于百石之吏。"（第1143页）文中"二千石"指郡国守相，"长吏"指县令长②。这两段文字说的是，刘秀为了督促郡县强化吏治，对监察制度进行了改革，省去三公案验程序，由尚书直接根据州的弹劾提出处理意见，最后由皇帝裁决。这项改革提高了监察效率，也增强了处罚力度，致使郡县长官纷

①《后汉书》卷一《光武帝纪》，第50、52页。
②参邹水杰：《秦汉"长吏"考》，《中国史研究》2004年第3期。

纷落马。《朱浮传》描述当时情形说:“帝以二千石、长吏多不胜任,时有纤微之过者,必见斥罢。”朱浮也在上疏中说:“今牧人之吏,多未称职,小违理实,辄见斥罢。”(第 1141 页)所谓“纤微之过”、“小违理实”,可能包括郡县长官自身的轻微违法行为,但主要应指他们不能严格执法,不能有效地履行职务,故“斥罢”他们的理由是“不胜任”、“未称职”。

根据同样的原则,刘秀对公卿尚书等中央官吏也严加督责。建武初年,三公皆用功臣,吴汉任大司马,邓禹任大司徒,王梁任大司空,但都统兵在外,不理朝政。不久,大司徒和大司空便改由文吏担任了。《后汉书》卷二六《伏湛传》:“光武即位,知湛名儒旧臣,欲令干任内职,征拜尚书,使典定旧制。时大司徒邓禹西征关中,帝以湛才任宰相,拜为司直,行大司徒事。车驾每出征伐,常留镇守,总摄群司。建武三年,遂代邓禹为大司徒。”(第 894 页)同卷《宋弘传》:“光武即位,征拜太中大夫。建武二年,代王梁为大司空。”(第 903 页)只有大司马一职长期由吴汉担任。建武二十年吴汉薨,又用功臣刘隆行大司马事。建武二十七年,改大司马为太尉,始任文吏赵憙。《后汉书》卷一七《贾复传》:“帝方以吏事责三公,故功臣并不用。”(第 667 页)范晔所谓“退功臣,进文吏”便是指此而言。而刘秀改用文吏任三公,主要是为了便于以吏事责之。

《贾复传》注引《东观记》说:刘秀不用功臣,是为了避免他们“以吏职为过”而丧失爵土。可见以“吏事”责之,意味着有过必罚。建武前期,三公每每因微过被罢免,甚至下狱处死。大司徒中,伏湛因“时蒸祭高庙,而河南尹、司隶校尉于庙中争论,湛不举奏,坐策免”①。韩歆“好直言,无隐讳”,激怒了刘秀,被“免归田

①《后汉书》卷二六《伏湛传》,第 896 页。

里”，又“遣使宣诏责之”，被迫自杀[①]。欧阳歙因任汝南太守时“臧罪千余万”而下狱死[②]。戴涉“坐入故太仓令奚涉罪”下狱死[③]。大司空中，宋弘“坐考上党太守无所据，免归第”[④]。朱浮“坐卖弄国恩免”[⑤]。范晔感叹说：“光武、明帝躬好吏事，亦以课劾三公，其人或失而其礼稍薄，至有诛斥诘辱之累。任职责过，一至于此。”[⑥]九卿自明帝以后甚至要受“扑罚”，如顺帝时“大司农刘据以职事被谴，召诣尚书，传呼促步，又加以捶扑”[⑦]。尚书更时常遭受体罚。《后汉书》卷二九《申屠刚传》：“时内外群官，多（光武）帝自选举，加以法理严察，职事过苦，尚书近臣，至乃捶扑牵曳于前，群臣莫敢正言。”（第1017页）卷四一《锺离意传》：“（明）帝性褊察，好以耳目隐发为明，故公卿大臣数被诋毁，近臣尚书以下至见提拽。尝以事怒郎药崧，以杖撞之。崧走入床下，帝怒甚，疾言曰：‘郎出！郎出！’”（第1409页）

在刘秀及明帝的严厉督责下，“朝廷莫不悚栗，争为严切，以避诛责”，“群下苛刻，各自为能”[⑧]，官场中迅速形成严猛苛刻的风气。史家对此多有描述：

《后汉纪》卷六《光武皇帝纪》：“是时……天子勤吏治，

①《后汉书》卷二六《侯霸传》，第903页。
②《后汉书》卷七九《儒林传》，第2556页。
③《后汉书》卷一《光武帝纪》，第72页。
④《后汉书》卷二六《宋弘传》，第905页。
⑤《后汉书》卷三三《朱浮传》，第1145页。
⑥《后汉书》卷三三《朱浮传》，第1146页。
⑦《后汉书》卷二一《左雄传》，第2022页。
⑧《后汉书》卷四一《锺离意传》，第1409页；卷三三《朱浮传》，第1143页。

俗颇苛刻。”①

《后汉书》卷四一《第五伦传》：“光武承王莽之余，颇以严猛为政，后代因之，遂成风化。”（第1400页）

卷六六《循吏传序》：“建武、永平之间，吏事刻深，亟以谣言单辞，转易守长。”（第2457页）

卷四六《陈宠传》：“肃宗初……承永平故事，吏政尚严切，尚书决事率近于重。”（第1549页）

卷二六《韦彪传》：“世承二帝（光武、明帝）吏化之后，多以苛刻为能。”（第918页）

刘秀和明帝大力强化吏治收到一定效果。故朱浮称：“陛下清明履约，率礼无违，自宗室诸王、外家后亲，皆奉遵绳墨，无党执之名。至或乘牛车，齐于编人。斯故法令整齐，下无作威者也。”②范晔称：“自中兴之后，科网稍密，吏人之严害者，方于前世省矣。”③华峤《后汉书》曰：“世祖既以吏事自婴，（明）帝尤任文法，总揽威柄，权不借下……断狱号居前世之十二。”薛莹《汉记赞》曰：“明帝……断狱希少，有治平之风。”④“十二”、“稀少”，不免过誉，但豪族敛手、治安好转应是事实。

然而严猛苛刻的吏治是双刃剑，在有效抑制豪族势力的同时，也大量伤及无辜百姓，造成许多冤狱。《后汉书》卷四一《宋均传》：“均……常以为吏能弘厚，虽贪污放纵，犹无所害；至于苛察

①《两汉纪》，张烈点校，下册，第99页。
②《后汉书》卷三三《朱浮传》，第1143页。
③《后汉书》卷七七《酷吏传序》，第2488页。
④皆见《太平御览》卷九一，第436页。

之人,身或廉法,而巧黠刻削,毒加百姓,灾害流亡所由而作。"(第 1414 页)《后汉纪》卷九《明帝纪》载宋均语曰:"国家喜文法吏,以足止奸也。然文吏习为欺谩,而廉吏清在一己,无益百姓,流亡、盗贼所由而作也。"①刘秀和明帝也意识到这一问题。《后汉书》卷一《光武帝纪》载建武二年诏:"顷狱多冤人,用刑深刻,朕甚愍之……其与中二千石、诸大夫、博士、议郎议省刑法。"(第 29 页)建武五年诏:"久旱伤麦,秋种未下,朕甚忧之。将残吏未胜,狱多冤结,元元愁恨,感动天气乎?其令中都官、三辅、郡国出系囚,罪非犯殊死,一切勿案,见徒免为庶人。务进柔良,退贪酷,各正厥事焉。"(第 39 页)建武十八年诏:"今边郡盗谷五十斛,罪至于死,开残吏妄杀之路。其蠲除此法,同之内郡。"(第 69 页)同书卷二《明帝纪》永平八年十月诏有"人冤不能理,吏黠不能禁"(第 111 页)之语。

在刘秀看来,冤狱过多的原因,除刑法过重之外,主要是"残吏"太多。而朱浮认为,残吏太多的局面是刘秀一手造成的,在他的"明察"之下,"刺举之吏"不仅苛刻,"兼以私情容长,憎爱在职,皆竞张空虚,以要时利,故有罪者心不厌服,无咎者坐被空文","或因睚眦以骋私怨,苟求长短,求媚上意。二千石及长吏迫于举劾,惧于刺讥,故争饰诈伪,以希虚誉"②。在这种情况下,地方官吏治狱势必宁枉勿纵,宁重勿轻。加上贪酷之吏循私舞弊,"狱多冤结"便不可避免。豪族有权有势,有罪吏尚不敢问,蒙冤之事肯定较少,遭残吏迫害的狱中"冤人"当然多是普通百姓。史

①《两汉纪》,张烈点校,下册,第 178 页。"宋均"当作"宗均"。参《资治通鉴》卷四四胡三省注,第 1413 页。

②《后汉书》卷三三《朱浮传》,第 1142、1143 页。

称刘秀度田时,“刺史太守多不平均,或优饶豪右,侵刻羸弱,百姓嗟怨,遮道号呼”①;“刺史太守多为诈巧,不务实核,苟以度田为名,聚人田中,并度庐屋里落,聚人遮道啼呼”②。明帝也在诏书中指出:“权门请托,残吏放手,百姓愁怨,情无告诉……郡县每因征发,轻为奸利,诡责羸弱,先急下贫。”③可见“残吏”侵刻百姓的现象相当严重。

朱浮曾劝刘秀:“天地之功不可仓卒,艰难之业当累日也……愿陛下游意于经年之外,望化于一世之后。”④钟离意也曾上书明帝,“陈升平之世,难以急化,宜少宽假”⑤。他们都认为光武、明帝望化心切,“苛察欲速”,是导致吏治苛刻的根源。章帝初,陈宠“以帝新即位,宜改前世苛俗”,乃上疏曰:“往者断狱严明,所以威惩奸慝。奸慝既平,必宜济之以宽。陛下即位,率由此义,数诏群僚,弘崇晏晏。而有司执事,未悉奉承,典刑用法,犹尚深刻。断狱者急于篣格酷烈之痛,执宪者烦于诋欺放滥之文,或因公行私,逞纵威福……方今圣德充塞,假于上下,宜隆先王之道,荡涤烦苛之法。”史称:“帝敬纳宠言,每事务于宽厚。”⑥今案《后汉书》卷三《章帝纪》,确有不少言及慎选举、进柔良、退贪猾、理冤狱、赈贫民、轻刑罚等内容的诏书。元和二年正月诏更详细阐述了章帝关于吏治的主张:

---

①《后汉书》卷二二《刘隆传》,第780页。
②《后汉书》卷一《光武帝纪》注引《东观记》,第66页。
③《后汉书》卷二《明帝纪》,第98页。
④《后汉书》卷三三《朱浮传》,第1142页。
⑤《后汉书》卷四一《钟离意传》,第1410页。
⑥《后汉书》卷四六《陈宠传》,第1549页。

夫俗吏矫饰外貌，似是而非，揆之人事则悦耳，论之阴阳则伤化，朕甚厌之，甚苦之。安静之吏，悃愊无华，日计不足，月计有余。如襄城令刘方，吏人同声谓之不烦，虽未有它异，斯亦殆近之矣。间敕二千石各尚宽明，而今富奸行赂于下，贪吏枉法于上，使有罪不论而无过被刑，甚大逆也。夫以苛为察，以刻为明，以轻为德，以重为威，四者或兴，则下有怨心。吾诏书数下，冠盖接道，而吏不加理，人或失职，其咎安在？勉思旧令，称朕意焉。（第148页）

魏文帝曾称："明帝察察，章帝长者。"范晔论曰："章帝素知人厌明帝苛切，事从宽厚。感陈宠之义，除惨狱之科。深元元之爱，著胎养之令……平徭简赋，而人赖其庆……谓之长者，不亦宜乎！"（第159页）

章帝以降，禁苛暴、尚宽厚成为东汉朝廷的既定方针，相关诏书不绝于史。如：

章帝建初五年三月诏："今吏多不良，擅行喜怒，或案不以罪，迫胁无辜，致令自杀者一岁且多于断狱，甚非为人父母之意也。有司其议纠举之。"①

和帝永元十二年三月诏："数诏有司，务择良吏。今犹不改，竞为苛暴，侵愁小民，以求虚名，委任下吏，假执行邪。是以令下而奸生，禁至而诈起。巧法析律，饰文增辞，货行于言，罪成乎手，朕甚病焉。"

十六年七月诏："今……吏行惨刻，不宣恩泽，妄拘无罪，

①《后汉书》卷三《章帝纪》，第139、140页。

幽闭良善……其一切囚徒于法疑者勿决，以奉秋令。方察烦苛之吏，显明其罚。”①

安帝元初四年七月诏：“其武吏以威暴下，文吏妄行苛刻，乡吏因公生奸，为百姓所患苦者，有司显明其罚。”②

冲帝永憙元年五月梁太后诏：“自春涉夏，大旱炎赫……将二千石、令长不崇宽和，暴刻之为乎？”③

然而风气既成，积重难返。章帝时第五伦说：“诏书每下宽和，而政急不解……咎在俗敝，群下不称故也。”④顺帝时李固说：“伏闻诏书务求宽博，疾恶严暴，而今长吏多杀伐致声名者必加迁赏，其存宽和无党援者辄见斥逐。是以淳厚之风不宣，凋薄之俗未革。”⑤桓帝时襄楷仍说：“永平旧典，诸当重论皆须冬狱，先请后刑，所以重人命也。顷数十岁以来，州郡玩习，又欲避请谳之烦，辄托疾病，多死牢狱。长吏杀生自己，死者多非其罪，魂神冤结，无所归诉，淫厉疾疫，自此而起。”⑥非但如此，禁苛暴、尚宽厚的方针还成了贪官污吏的保护伞。如顺帝时，司隶校尉虞诩奏弹大臣和当权宦官的“臧罪”，却遭致“百官侧目，号为苛刻”，受到三公的弹劾⑦。朝廷放松了对官吏的督责，“州曰任郡，郡曰任县，更相委远”⑧，致使贪赃枉法现象更加严重，豪族的活动也出现反弹：

①《后汉书》卷四《和帝纪》，第182、186、192页。

②《后汉书》卷五《安帝纪》，第227页。

③《后汉书》卷六《质帝纪》，第278页。

④《后汉书》卷四一《第五伦传》，第1400页。

⑤《后汉书》卷六三《李固传》，第2074页。

⑥《后汉书》卷三〇《襄楷传》，第1078页。

⑦《后汉书》卷五八《虞诩传》，第1870页。

⑧同上。

《后汉书》卷四六《陈宠传》：和帝时，“西州豪右并兼，吏多奸贪，诉讼日百数”（第1553页）。

卷六一《左雄传》：安帝时，冀州“多豪族，好请托”，“贪滑二千石”多“与交通”（第2015页）。

卷五一《陈龟传》：顺帝时，“三辅强豪之族，多侵枉小民”（第1692页）。

卷六七《党锢苑康传》：桓帝时，“太山……郡内豪姓多不法……夺人田宅”（第2214页）。

同卷《党锢夏馥传》：顺桓之际，“陈留圉……县高氏、蔡氏，并皆富殖，郡人畏而事之，唯馥比门不与交通，由是为豪姓所仇”（第2201页）。

官吏的“苛刻”、“奸贪”，豪族的“并兼”、“侵枉”，加上自然灾害的打击，使百姓生活日趋恶化，社会矛盾日益尖锐，治安状况也出现滑坡。史称：“自安帝以后，法禁稍弛，京师劫质，不避豪贵。”①范晔论曰：“安顺以后，风威稍薄，寇攘浸横，缘隙而生。”②

在东汉人看来，吏治苛刻是一大顽疾。怎样才能根治这一顽疾？答案很简单：用“良吏”取代“残吏”。刘秀已经提出选举应“务进柔良，退贪酷”；明帝则指出“残吏放手”是因为“选举不实”，要求有司“明奏罪名，并正举者”；章帝更宣称“政无大小，以得人为本”；和、安诸帝也反复强调“选举良才，为政之本”，“为政之本，莫若得人”，“忠良之吏，国家所以为理也”，“思得忠良正直

①《后汉书》卷五一《桥玄传》，第1696页。

②《后汉书》卷三八《张法滕冯度杨传论》，第1288页。

之臣,以辅不逮"①。和帝以降,特别是安帝时期,水、旱、蝗、地震等自然灾害频繁发生。受天人感应学说影响,时人普遍认为灾害因民怨而生,民怨则因"残吏"而起。这大大增强了朝野上下对这一问题的重视程度,形成对"良吏"的强烈期待。

这种期待,质朴浅显,却又来自历史深处。在东汉特定环境中,在已经确立的"柔道"、"德化"方针影响下,它具有令人信服的逻辑力量,因而很快成为主流政治文化的重要组成部分。在这一背景下,世家大族的崛起,官僚士大夫集团的形成,及其对外戚、宦官势力的抗争等现象,又会表现出更深刻的历史意义。

第二节　皇权与外戚——东汉豪族政治的最高表现形式

豪族社会影响东汉政治的另一重要表现是外戚问题。范晔在《后汉书》卷一〇《皇后纪》序中说:刘秀和明帝吸取西汉的教训,对外戚严加约束,"登建嫔后,必先令德,内无出阃之言,权无私溺之授",因而未出现外戚专权现象。但和帝以后"皇统屡绝,权归女主,外立者四帝,临朝者六后",外戚问题反比西汉更严重;当权的外戚"莫不定策帷帟,委事父兄,贪孩童以久其政,抑明贤以专其威",遂使东汉王朝由盛转衰,且无法逆转。他认为,东汉

①引文见《后汉书》卷一《光武帝纪》,第39页;卷二《明帝纪》,第111页;卷三《章帝纪》,第133页;卷四《和帝纪》,第176页;卷五《安帝纪》,第217页;卷七六《循吏王涣传》,第2469页。

之所以出现这一变化，主要是刘秀和明帝“虽御己有度，而防闲未笃”，没能“因设外戚之禁，编著《甲令》”，将他们的做法制度化，以致“章帝以下，渐用色授，恩隆好合，遂忘淄蠹”（第400页）。后世史家论东汉外戚，大致不出范晔之窠臼。然而外戚干政使东汉由盛转衰是事实，将其主要原因归结为制度缺陷及“色授”之类却有失深度。

东汉王朝的最高统治集团，是刘秀家族同若干外戚家族结成的豪族婚姻集团。前者须借助后者维持统治地位，后者也须利用前者扩大家族势力。它们紧密结合，表现出明显的排他性，而内部又矛盾重重，阴谋和政变不断发生。矛盾最初形成于郭、阴两家外戚之间，并引发了光武、明、章时期一系列重大事件。和帝以降，窦、邓、阎、梁等外戚家族相继专权，形成东汉中期百年外戚政治格局，而郭、阴两家的影响和纠葛仍贯穿其间。质言之，东汉外戚政治是豪族社会的产物，是豪族政治的一种表现形式。本节将仔细分析相关史实，进一步揭示其深层内容和背景。

一、刘秀与郭阴二后

汉代的豪族为了增强自己在乡里的势力，通常会与当地其他豪族通婚，由此形成一个个豪族婚姻集团①。刘秀也不例外，其家族本是由舂陵宗室蜕变而来的南阳地区一大豪族，其姻亲如母家湖阳樊氏、外祖母家和姊元所嫁新野邓氏、妹伯姬所嫁宛李氏、祖姑所嫁新野来氏、族兄刘赐所娶新野阴氏等，也都是南阳境内的豪族。刘秀的婚姻自然会受到这一传统的影响，故其最初所娶是

---

①参刘增贵：《汉魏士人同乡关系考论》，邢义田、林丽月主编：《台湾学者中国史研究论丛·社会变迁》，第140、141页。

新野阴氏。《后汉书》卷一〇《光烈阴皇后纪》:“初,光武适新野,闻后美,心悦之。后至长安,见执金吾车骑甚盛,因叹曰:‘仕宦当作执金吾,娶妻当得阴丽华。’更始元年六月,遂纳后于宛当成里。”(第405页)除“心悦”其“美”外,阴氏的家族背景当然也是促成这桩婚姻的重要因素。后来,阴氏为刘秀生下五子,从而成为刘秀家族的重要成员,新野阴氏则成了这个家族中南阳籍外戚的代表。

按说刘秀立阴氏为后是顺理成章的,但事实上刘秀所立第一位皇后不是阴氏,而是郭氏。《光烈阴皇后纪》载其事曰:“帝以后雅性宽仁,欲崇以尊位,后固辞,以郭氏有子,终不肯当,故遂立郭皇后。”(第405页)刘秀本欲立阴氏为后,因其固辞,才颇不情愿地立了郭氏。这一情节应是事实,但“郭氏有子”并非主要原因。从相关记载看,刘秀娶郭氏并立为皇后,主要是出于征服和稳定河北的政治需要。

《后汉书》卷一〇《光武郭皇后纪》:“郭皇后讳圣通,真定槁人也,为郡著姓。父昌……娶真定恭王女,号郭主,生后……更始二年,光武击王郎,至真定,因纳后,有宠。及即位,以为贵人。建武元年,生皇子强……二年,贵人立为皇后,强为皇太子。”(第402页)文中“真定恭王”是真定王刘扬之父刘普①,郭皇后是刘普的外孙女,刘扬的外甥女。更始二年,刘秀与王郎相争时,刘扬率十余万众附王郎。刘秀派刘植前去劝降,“扬乃降”。刘秀于是“纳郭后”,史家明言“后即扬之甥也,故以此结之”。婚礼上,刘秀“与扬及诸将置酒郭氏漆里舍,扬击筑为欢”,其乐融融。刘秀“因

①《汉书》卷一四《诸侯王表》作“共王普”,第417页。

得进兵拔邯郸”,灭王郎①。显然,这是一桩政治婚姻,很可能是刘植劝降时谈好的条件。

刘秀称帝后,郭氏和阴氏都立为贵人。不久,刘扬伪造谶记,企图称帝。刘秀不得已派刘扬的姻亲耿纯前往真定将其诱杀。但刘扬的家族是由西汉宗室蜕变而来的河北地区一大豪族,从其联姻真定郭氏、钜鹿耿氏的情形推测,其背后肯定也有个庞大的河北豪族婚姻集团。刘扬作为汉诸侯王,已在新莽初年随例废为庶人②。而更始年间他仍能动员招募十余万众,说明这个家族在当地颇具号召力。刘秀当时刚刚在河北打开局面,立足未稳。若真定宗室因刘扬之死而集体反叛,很可能导致河北局势发生逆转。为避免这种局面出现,刘秀对他们进行了安抚,一面立刘扬之子刘得为真定王,使真定宗室得以继续保持原有的地位,一面又放弃立阴氏为后的初衷,而立郭氏为后,并立其所生皇子刘强为太子,封其弟郭况、从兄郭竟、郭匡及其叔父的女婿陈茂皆为列侯,进一步提高真定宗室在东汉皇室中的地位,使之凌驾于阴氏等南阳籍外戚家族之上。

然而郭氏如此得来的尊贵地位难以持久。随着统一战争的推进,东汉的统治日趋稳固,真定宗室对刘秀的威胁日益缩小,刘秀对郭氏的态度也逐渐发生变化。史称:刘秀初纳郭氏时“有宠”,先后生了五个皇子,但后来“宠稍衰”③。明帝初即位时,广陵王刘荆曾至书刘强唆使谋反,其中提到“太后失职,别守北宫,

①《后汉书》卷二一《刘植传》,第760页。

②《汉书》卷一四《诸侯王表》真定王条:“绥和二年,王杨嗣,十六年,王莽篡位,贬为公,明年废。”(第417页)

③《后汉书》卷一〇《光武郭皇后纪》,第402、403页。

及至年老,远斥居边”[①]。所谓“别守北宫”应是郭氏失宠后的事。与此同时,阴氏的地位逐渐上升。建武四年,刘秀北征彭宠,阴氏“从征”,遂于元氏生下明帝。建武九年,阴氏之母及弟䜣被盗匪劫杀,刘秀“甚伤之”,追封阴氏之父及弟䜣为列侯,并在诏书中公然说:“吾微贱之时,娶于阴氏……以贵人有母仪之德,宜立为后,而固辞弗敢当,列于媵妾,朕嘉其义让。”[②]宠爱之情,溢于言表,全然不顾郭氏的感受。建武十三年,统一战争结束,天下大局已定,真定宗室对刘秀的威胁基本消失。于是,刘秀以“不应经义”为名,将真定王刘得等“服属既疏”的诸侯王降为列侯;十七年,废郭氏为中山王太后,改立阴氏为皇后。为安置郭氏,刘秀封其子刘辅为中山王,并以真定所在之常山郡“益中山国”。当时诸王皆在京师,刘辅亦未就国。但从上引刘荆语中“及至年老,远斥居边”一句看,郭氏似乎迁居中山国了[③]。

郭后既废,太子刘强自知其位不保,“常戚戚不自安”,遂采纳其师郅恽的建议[④],“因左右及诸王陈其恳诚,愿备蕃国”。史称:“光武不忍,迟回者数岁,乃许焉”,建武十九年贬强为东海王,立明帝为太子。后又以强“废不以过,去就有礼,故优以大封,兼食鲁郡”,并“赐虎贲旄头,宫殿设钟虡之县,拟于乘舆”[⑤]。刘秀对刘强并无不满,刘强失去太子之位,只因他是郭氏之子。刘秀在废后诏书中指责郭氏“怀执怨怼,数违教令,不能抚循它子,训长

①《后汉书》卷四二《广陵王荆传》,第 1446 页。

②《后汉书》卷一〇《光烈阴皇后纪》,第 405 页。

③廖伯源认为,这是刘荆的“杜撰不实之辞”。见氏著《东汉楚王英案考论》,香港中文大学《中国文化研究所学报》1996 年第 5 期。

④《后汉书》卷二九《郅恽传》,第 1031 页。

⑤《后汉书》卷四二《东海恭王强传》,第 1423 页。

异室，宫闱之内，若见鹰鹯”[①]。刘秀共十一子，郭氏、阴氏各生五子，许美人生一子。许氏“无宠”，对郭氏不构成威胁。故郭氏不能抚循、训长的“异室”、“它子”肯定是阴氏及其诸子。在这种情况下，刘强一旦继位，郭氏势必打击阴氏及其所代表的南阳势力，引发宫廷内讧。南阳是东汉王朝的根，南阳籍功臣和外戚是刘秀集团的中坚力量。为了保护这支力量，刘秀必须废刘强而立明帝。他在诏书中说：郭氏“无《关雎》之德，而有吕、霍之风，岂可托以幼孤，恭承明祀”，而阴氏乃“乡里良家”，“宜奉宗庙，为天下母”[②]。将郭氏比作“吕、霍”，说出了他的担忧；“乡里良家”云云则表明他决意将天下托付给家族中的南阳集团。刘秀改换太子后，又拜阴兴为卫尉，“亦辅导皇太子”[③]。建武二十八年，刘秀大会百官，“诏问谁可傅太子者，群臣承望上意，皆言太子舅执金吾原鹿侯阴识可”。博士张佚反对说：“今陛下立太子，为阴氏乎？为天下乎？即为阴氏，则阴侯可；为天下，则固宜用天下之贤才。”[④]刘秀欲以阴识为太子太傅，是想依靠阴氏保护和辅佐太子。在阴、郭两家暗中对峙的情形下，这是必要的。群臣对此心领神会，也大多认可，故皆推荐阴识。张佚之言冠冕堂皇，却不得要领。于是，刘秀拜张佚为太子太傅以示“为天下”，同时“以识守执金吾，辅导东宫”。此后，“帝每巡郡国，识常留守京师，委以禁兵”[⑤]，实为太子的保护者。

不过，刘秀同样不希望明帝和阴氏日后迫害郭氏及其诸子。

---

①《后汉书》卷一〇《光烈阴皇后纪》，第405、406页。

②《后汉书》卷一〇《光烈阴皇后纪》，第406页。

③《后汉书》卷三二《阴识传》，第1131页。

④《后汉书》卷三七《桓荣传》，第1251页。

⑤《后汉书》卷三二《阴识传》，第1130页。

因此，刘秀不仅厚待刘强，还徙封郭况“大国”。建武二十年，“中山王辅复徙封沛王，后为沛太后”。此后，中山和常山还为郡，郭氏不会继续留居中山。从郭主死后刘秀“亲临丧送葬，百官大会”，及郭氏死后“葬于北芒”等情况看，郭氏离开中山后可能并未徙居沛，而是回到了洛阳。同时，刘秀又迁郭况为大鸿胪，且“数幸其第，会公卿诸侯亲家饮燕，赏赐金钱缣帛，丰盛莫比，京师号况家为金穴”。及郭主薨，刘秀派人迎郭昌丧柩，“与主合葬，追赠昌阳安侯印绶，谥曰思侯”。郭氏薨，刘秀“怜”之，又将其女淯阳公主嫁况子璜，并除璜为郎①。这一系列举动向世人明确传达了如下信息：郭氏集团虽失去了皇位继承权，但仍是刘秀家族的重要成员。

刘秀姻亲中的非南阳籍家族，除郭氏外，还有扶风窦氏、安定梁氏和扶风马氏。

窦融子穆尚内黄公主，穆子勋尚沘阳公主，融弟友子固尚涅阳公主。内黄公主不知所出，史家疑为诸王女②。涅阳公主是刘秀女，沘阳公主是东海王刘强女。《后汉书》卷一七《贾复传》载：复作战英勇，身负重伤，刘秀以为他会丧命，遂许诺曰：“闻其妇有孕，生女邪，我子娶之，生男邪，我女嫁之，不令其忧妻子也。”（第665页）但贾复很快痊愈，刘秀便未履行诺言。可见，刘秀将儿女婚姻视作笼络部下的重要工具，不肯轻易使用。事实上，为刘秀出生入死的“二十八将”没有一人能与之结亲。在此背景下，窦氏得以尚主实为莫大荣宠，史称其一门之内“一公，两侯，三公主，四

①《后汉书》卷一〇《光武郭皇后纪》，第403页。

②参王先谦：《后汉书集解》卷二三《窦融传》引钱大昕、周寿昌语，第296页。

二千石，相与并时……于亲戚、功臣中莫与为比”①。而窦勋同刘强之女的婚姻，则将窦氏同郭氏紧密联系在一起。刘强生于建武元年，其女达到适婚年龄应在建武末年。此时郭氏和刘强被废已久，阴氏和明帝即将接掌大权，与前者联姻的政治风险显而易见。窦融在朝始终“以非旧臣”而“不自安”，事事“小心”，似不应有此冒险举动。这桩婚事肯定须经刘秀同意，因而很可能是他促成的，甚至是刻意安排的。梁统子松尚舞阴长公主。据《后汉书》卷一〇《皇后纪》，舞阴公主乃刘秀长女，但不知其母是谁。窦融和梁统都来自凉州，两家渊源甚深，在东汉朝廷中的处境也相似。因而梁氏最初应是郭氏集团的成员。

马援曾与窦氏通婚，又与梁统为友，本来也是郭氏集团的成员。但马援征五溪蛮失利后，梁松、窦固等乘机陷害之，马氏遂脱离郭氏集团，转入阴氏集团。据《后汉书》卷二四《马援传》：“援尝有疾，梁松来候之，独拜床下，援不答。松去后，诸子问曰：‘梁伯孙帝婿，贵重朝廷，公卿已下莫不惮之，大人奈何独不为礼？’援曰：‘我乃松父友也。虽贵，何得失其序乎？’松由是恨之。”及援失利五溪，刘秀命“梁松乘驿责问援，因代监军。会援病卒，松宿怀不平，遂因事陷之”。刘秀“大怒”，追夺援爵。数年前援征交阯，曾带回一车“薏苡实”，此时又“有上书谮之者，以为前所载还，皆明珠文犀”，致使刘秀“益怒”②。“援妻孥惶惧”，“宾客故人莫敢吊会”，马氏顿时失势（第842页）。同书卷一〇《马皇后纪》：“援征五溪蛮，卒于师，虎贲中郎将梁松、黄门侍郎窦固等因谮之，由

①《后汉书》卷二三《窦融传》，第808页。

②关于刘秀对马援的猜忌，参祝总斌：《马援的悲剧与汉光武》，《材不材斋文集》上编《中国古代史研究》，西安：三秦出版社，2006年，第97—113页。

是家益失势，又数为权贵所侵侮。”援兄子严“不胜忧愤，白太夫人绝窦氏婚，求进女掖庭”，“由是选后入太子宫”。此事肯定得到阴皇后认可，故马氏入宫后“奉承阴后”，“遂见宠异”，关系十分融洽。不仅如此，马氏还有两个外甥女也被选入太子宫，其中一人可能是章帝的生母。《马皇后纪》曰：“后前母姊女贾氏亦以选入，生肃宗。帝以后无子，命令养之。”又曰：“贾贵人，南阳人。”据《马姜墓志》，马皇后这位同父异母的姐姐就是马姜，嫁胶东侯贾复第五子贾武仲为妻，生四女，其中“二女为显节园贵人”①。明帝葬于显节陵，马姜二女为明帝贵人无疑②。据《马皇后纪》：明帝即位，议立皇后，“帝未有所言”而阴太后曰：“马贵人德冠后宫，即其人也。”遂立马氏为皇后（第408页）。此事使我们更加清楚地看到刘秀家族中郭氏和阴氏两个集团及其对立关系的存在。

刘秀将皇位继承权交给明帝和阴氏，同时希望阴、郭两家和睦相处，共同维持东汉王朝的统治。郭氏被废后没有激烈反抗举动，刘强更是主动退让。这表明郭氏一方接受了刘秀的这一安排。阴后和明帝对刘秀保护郭氏及其诸子的用意也表现出理解和顺从。阴氏“在位恭俭，少嗜玩，不喜笑谑，性仁孝，多矜慈”，不见打压郭氏之事。明帝继位之初，让郭况和阴识、阴就“并为特进，数授赏赐，恩宠俱渥，礼待阴、郭，每事必均”③。看来双方都有维持家族团结的意愿。

---

①赵超：《汉魏南北朝墓志汇编》，天津：天津古籍出版社，2008年，第1页。

②据墓志所记马姜卒年推算，章帝出生时，她年仅二十四，似不应有外孙。故学者颇疑章帝生母贾贵人非马姜所生，罗振玉认为是“贾武仲前妻子”，杨树达则认为是马皇后“前母之姊之女”（赵万里：《汉魏南北朝墓志集释》卷一，北京：科学出版社，1956年，第1页）。其说可参，但证据都不充分。

③《后汉书》卷一〇《光烈阴皇后纪》，第406页；《光武郭皇后纪》，第403页。

然而阴郭两家的裂痕客观存在，难以彻底消除。明帝即位前后，一些不服南阳豪族集团统治的地方政治势力，利用郭氏集团，一再策划针对明帝的政治阴谋。刘秀和明帝对他们进行了严厉打击，从而酿成几桩大狱。

二、明帝即位前后的几桩大狱

建武后期，诸王交通宾客之风甚盛。《后汉书》卷三二《樊宏传》："建武中，禁网尚阔，诸王既长，各招引宾客。"（第1122页）卷四二《沛王辅传》："时禁网尚疏，诸王皆在京师，竞修名誉，争礼四方宾客。"（第1427页）其中包括阴氏诸子。同书卷三六《郑众传》："建武中，皇太子及山阳王荆，因虎贲中郎将梁松以缣帛聘请众，欲为通义，引籍出入殿中。众谓松曰：'太子储君，无外交之义，汉有旧防，蕃王不宜私通宾客。'遂辞不受。"（第1224页）卷二八《冯衍传》：阴兴、阴就"以外戚贵显，深敬重衍，衍遂与之交结，由是为诸王所聘请"。注引《衍集》与阴就书曰："侧闻东平、山阳王壮当之国，择除官属。衍不自量，愿侯白以衍备门卫。"（第978页）聘请冯衍为宾客的"诸王"应当就是东平王和山阳王。太子和东平、山阳二王皆阴氏子。卷八三《逸民井丹传》："建武末，沛王辅等五王居北宫，皆好宾客。"（第2765页）郭氏失宠后曾"别守北宫"①，其子当亦居北宫，故此处"五王"指郭氏五子无疑。

马援较早意识到此事将酿成大祸。《后汉书》卷二四《马援

①《后汉书》卷二《明帝纪》：永平三年"起北宫"，八年十月"北宫成"。此前，皇帝及后妃居南宫，郭氏"失职"后"别守北宫"；此后，皇帝及后妃居北宫，"失职"后妃则"徙居南宫"。《后汉书》卷一〇《马皇后纪》：明帝崩，章帝即位，"尊后曰皇太后"，仍居北宫，而"诸贵人当徙居南宫，太后感析别之怀"，各有所赐。是其例。

传》:援曾提醒其司马吕种曰:“建武之元,名为天下重开。自今以往,海内日当安耳。但忧国家诸子并壮,而旧防未立,若多通宾客,则大狱起矣。卿曹戒慎之!”(第851页)其“兄子严、敦并喜讥议,而通轻侠客”,援又于交阯前线致书诫之。书中提到越骑司马杜保“豪侠好义,忧人之忧,乐人之乐,清浊无所失,父丧致客,数郡毕至……郡将下车辄切齿,州郡以为言,吾常为寒心,是以不愿子孙效也”。后保仇人上书,讼保“为行浮薄,乱群惑众……而梁松、窦固以之交结,将扇其轻伪,败乱诸夏”。书奏,刘秀“召责松、固,以讼书及援诫书示之,松、固叩头流血,而得不罪。诏免保官”(第844页)。马援赴交阯讨征侧在建武十八年,“保怨家上书”在二十二年[①]。刘秀此时显然也认识到诸王交通宾客问题的严重性,遂于二十四年七月“诏有司申明旧制阿附蕃王法”[②]。

大概“阿附蕃王法”尚不能有效阻止诸王交通宾客,故刘秀又于建武二十八年六月采取了更加严厉的措施,下令收捕诸王宾客。《后汉书》对此有如下记载:

卷一《光武帝纪》建武二十八年六月:“沛太后郭氏薨,因诏郡县捕王侯宾客,坐死者数千人。”(第80页)

卷四二《沛王辅传》:“寿光侯刘鲤,更始子也,得幸于辅。鲤怨刘盆子害其父,因辅结客,报杀盆子兄故式侯恭,辅坐系诏狱,三日乃得出。自是后,诸王宾客多坐刑罚,各循法度。”(第1427页)

卷二四《马援传》:王莽从兄孙王肃“出入北宫及王侯邸

①《两汉纪》,张烈点校,下册,第142页。
②《后汉书》卷一《光武帝纪》,第76页。

第……及郭后薨，有上书者，以为肃等受诛之家，客因事生乱，虑致贯高、任章之变。帝怒，乃下郡县收捕诸王宾客，更相牵引，死者以千数。吕种亦豫其祸”（第851页）。

卷三二《樊宏传附樊鯈传》：“鯈清静自保，无所交结。及沛王辅事发，贵戚子弟多见收捕，鯈以不豫得免。”（第1122页）

卷二八《冯衍传》注引衍与阴就书：“前送妻子还淄县……以七月还。至阳武，闻诏捕诸王宾客，惶怖诣阙，冀先事自归。十一日到，十二日书报归田里。即日束手诣洛阳诏狱，十五日夜诏书勿问。”（第978页）

卷四二《广陵王荆传》：“太后尸柩在堂，洛阳吏以次捕斩宾客，至有一家三尸伏堂者。”（第1446页）

综合这些记载，我们大致可以知道，此事的直接起因是沛王辅结客助刘鲤报杀刘恭，“上书者”危言耸听，说王肃等“受诛之家”可能会谋反，为刘秀提供了兴动大狱的口实。值得注意的是，这两件事都牵涉到北宫郭氏诸王。“郭氏薨，因诏郡县”、“及郭后薨，有上书者”、“太后尸柩在堂，洛阳吏以次捕斩宾客”等语句又透露出，刘秀及“上书者”似早有意兴此大狱，但遭到郭氏阻拦，故郭氏一死，他们就立刻动手了。郭氏要保护的当然是自己的儿子和郭氏集团，而刘秀此举表面是针对所有“诸王”、“王侯”、“国家诸子”的，其实主要目标是郭氏诸王。冯衍等阴氏诸王的宾客虽然也受到打击，但王肃、刘鲤等郭氏诸王的宾客所受打击更重。这些宾客除了贵戚子弟、京师官吏之外，更多的应是各地豪杰游侠，故令郡县捕之。

这桩大狱，腥风血雨，有效削弱了郭氏集团的力量。紧接着，建武二十八年八月，刘秀又令东海王强、沛王辅、楚王英、济南王康和淮阳王延“就国”①。于是，郭氏和许氏诸王，除左翊王焉“以郭太后少子故，独留京师”外②，全都离开了洛阳，而阴氏诸王无一人就国。这也是刘秀为明帝和阴氏顺利接掌大权所做的一项部署。

为防止郭氏集团日后挑战明帝的权威和阴氏的地位，刘秀用心良苦。然而明帝即位后，挑战还是接连发生了。

最先跳出来的挑战者是明帝的同母弟山阳王刘荆。《后汉书》卷四二《广陵王荆传》载：刘秀薨，“大行在前殿”，刘荆便“作飞书”，“令苍头诈称东海王强舅大鸿胪郭况书与强”，说刘强作为刘秀“长子”和“故副主”，“无罪，猥被斥废”，兄弟“有束缚入牢狱者”，生母也遭到贬斥，受尽屈辱；又借星象预言阴后将“丧”，明帝将“病”，劝刘强“归并二国之众”，起兵推翻明帝，夺回皇位，“除沉末之耻，报死母之雠”。明帝很快查明此事系刘荆所为，“以荆母弟，秘其事，遣荆出止河南宫”（第1446页）。其后，刘荆不思悔改，又一再向明帝挑战。本传载其事曰：“西羌反，荆不得志，冀天下因羌惊动有变，私迎能为星者与谋议。帝闻之，乃徙封荆广陵王，遣之国。其后荆复呼相工谓曰：‘我貌类先帝。先帝三十得天下，我今亦三十，可起兵未？’相者诣吏告之，荆惶恐，自系狱。帝复加恩，不考极其事，下诏不得臣属吏人，唯食租如故，使相、中尉谨宿卫之。荆犹不改，其后使巫祭祀祝诅，有司举奏，请诛之，荆自杀。”（第1448页）

刘荆野心勃勃，企图利用阴郭矛盾，挑唆刘强起兵，使两家相争，自己坐收渔人之利。刘荆的目的未达到，却使明帝意识到郭

①《后汉书》卷一《光武帝纪》，第80页。

②《后汉书》卷四二《光武十王传》，第1449页、

氏集团对他的威胁依然存在。刘强“得书惶怖,即执其使,封书上之”,主动表明自己的清白,但一年后,还是在“惶怖”中病死了。明帝一面在刘强病重时“遣中常侍、钩盾令将太医乘驿视疾”,诏其母弟“沛王辅、济南王康、淮阳王延诣鲁”探视,死后又亲自“发哀”,为他举行隆重葬礼①,以此表明自己对郭氏诸王并无芥蒂,另一面则加强了对诸王的看管。《后汉书》卷一四《北海王睦传》:

> 永平中,法宪颇峻,睦乃谢绝宾客,放心音乐……岁终,遣中大夫奉璧朝贺,召而谓之曰:“朝廷设问寡人,大夫将何辞以对?”使者曰:“大王忠孝慈仁,敬贤乐士。臣虽蝼蚁,敢不以实?”睦曰:“吁,子危我哉!此乃孤幼时进趣之行也。大夫其对以孤袭爵以来,志意衰惰,声色是娱,犬马是好。”使者受命而行。(第556页)

从这段记载中可以看出,明帝对诸王的活动十分警觉,乐闻其“志意衰惰”,不愿其“敬贤乐士”。刘睦是刘縯孙,政治影响力远不及刘秀诸子。明帝为太子时,他“尤见幸待,入侍讽诵,出则执辔”。连他都感受到明帝的疑忌,郭、许诸王的处境可想而知。

《续汉书·天文志中》载:“广陵王荆与沈凉、楚王英与颜忠各谋逆,事觉,皆自杀。”(第3230页)沈凉其人只此一见,背景、事迹不详。从这条材料看,他应同颜忠一样,也是所谓“州郡奸滑”,参与甚至策划了刘荆之“谋逆”。在楚王案中,颜忠背后有众多参与者,刘荆的同谋也不会只有沈凉一人,其背后当也有一股不小的势力。明帝刚刚即位,不欲令事态扩大,故“秘其事”,

---

①《后汉书》卷四二《东海王强传》,第1424页。

未展开大规模调查,加之沈凉自杀,其他参与者便未揭发出来。从明帝深忌诸王"敬贤乐士"一点来看,他已意识到这股势力的存在。

明帝暂时放过了沈凉背后的"州郡奸滑"们,但对郭氏集团的成员窦氏及梁氏进行了打击。《后汉书》卷二三《窦融传》:"融从兄子林为护羌校尉……永平二年,林以罪诛……帝由是数下诏切责融,戒以窦婴、田蚡祸败之事。融惶恐乞骸骨,诏令归第养病。岁余,听上卫尉印绶……融在宿卫十余年,年老,子孙纵诞,多不法。穆等遂交通轻薄,属托郡县,干乱政事。以封在安丰,欲令姻戚悉据故六安国,遂矫称阴太后诏,令六安侯刘盱去妇,因以女妻之。五年,盱妇家上书言状,帝大怒,乃尽免穆等官,诸窦为郎吏者皆将家属归故郡。"其后,窦融病卒,窦穆"父子自失势,数出怨望语",又因"赂遗小吏,郡捕系,与子宣俱死平陵狱"。窦勋"亦死洛阳狱"。窦固"坐从兄穆有罪,废于家十余年"(第 808 页)。这一连串打击使窦氏家族一落千丈,元气大伤。据同书卷八七《西羌传》载,窦林"为下吏所欺",上奏误以"滇岸"和"滇吾"皆为羌族"大豪",明帝"怒而免林官",既而"凉州刺史又奏林臧罪,遂下狱死"(第 2880 页)。窦林所犯并非大罪,又与窦融无关。明帝因此诛林,又切责融,迫其辞职,有借题发挥之嫌。窦穆的种种不法似也罪不至死,却与二子宣、勋俱死狱中。

《后汉书》卷三四《梁松传》载:永平二年,明帝在打击窦氏的同时,又以"数为私书请托郡县"的罪名将梁松"免官"。建武时,梁松"宠幸莫比",从前文所及明帝为太子时和山阳王刘荆欲通过梁松聘郑众为宾客一事来看,他与阴氏诸子也有往来。因此,梁松对明帝免他的官十分不满,"遂怀怨望,四年冬,乃县飞书诽谤"。明帝借此对梁氏进行了更严厉的打击。梁松"下狱死",其弟竦、恭“坐兄松事”，“俱徙九真”（第1170页）。同书卷四一《第五伦传》：“永平五年……显宗方案梁松事，亦多为松讼者。帝患之，诏公车：诸为梁氏……上书者勿复受。”（第1397页）可见当时为梁氏说情的人很多，而明帝的态度也很坚决。后明帝“诏听”梁氏“还本郡”，但未为之平反。“诸梁”皆靠家族“产业”及舞阴公主的“赡给”为生。

窦氏和梁氏皆为皇亲国戚，即使有罪通常也可获得宽免。《后汉书》卷三二《阴就传》：就子丰尚刘秀女郦邑公主，“公主娇妒，丰亦狷急”。永平二年，即明帝着手打击窦氏、梁氏之时，阴丰“杀主，被诛，父母当坐，皆自杀，国除”，但不及他人。史家明言：“帝以舅氏，故不极其刑。”（第1132页）明帝对窦氏和梁氏的态度显然与此不同。以阴郭两家的对立及窦梁二氏与郭氏集团的关系作为背景，不难看出明帝打击他们的政治用意。

第二个跳出来向明帝挑战的是许美人所生楚王刘英。《后汉书》卷四二《楚王英传》说：明帝为太子时，“英常独归附太子，太子特亲爱之。及即位，数受赏赐”。实际上，在明帝面前，刘英的地位和处境与郭氏诸王同，明帝对他也不信任。永平八年，明帝“诏令天下死罪皆入缣赎，英遣郎中令奉黄缣白纨三十匹诣国相曰：‘托在蕃辅，过恶累积，欢喜大恩，奉送缣帛，以赎愆罪。’国相以闻”。刘英“少时好游侠，交通宾客”，后虽“更喜黄老，学为浮屠斋戒祭祀”，但所犯“过恶”甚至“死罪”之事肯定不少，明帝对此也不会不知。刘英心虚，遂主动入缣赎罪，试探明帝的反应。明帝诏报曰：“楚王诵黄老之微言，尚浮屠之仁祠，洁斋三月，与神为誓，何嫌何疑，当有悔吝？其还赎，以助伊蒲塞桑门之盛馔。”当年耿弇和冯异统重兵在外，曾因“自疑”而上书求征，以试探刘秀的反应。刘秀诏报则有“何嫌何疑，而欲求征”、“何嫌何疑，而有惧意"之辞，态度在信任与不信任之间。明帝诏报刘英，语气与之相似，暗含警告之意。刘英领会了明帝之意，却心存侥幸，"遂大交通方士，作金龟玉鹤，刻文字以为符瑞"，开始策划谋反之事。永平十三年，"男子燕广告英与渔阳王平、颜忠等造作图书，有逆谋，事下案验。有司奏英招聚奸滑，造作图谶，擅相官秩，置诸侯王、公、将军、二千石，大逆不道"（第1428页）。所造符瑞图谶的具体内容不见记载，估计和刘杨所造"赤九之后，瘿杨为主"相似，扬言刘英当为帝，故被冠以"谋反"罪名①。

随着调查的深入，案件继续扩大。《楚王英传》："楚狱遂至累年，其辞语相连，自京师亲戚、诸侯、州郡豪桀及考案吏，阿附相陷，坐死徙者以千数。"（第1430页）其中最醒目的是济南王康和淮阳王延。同卷《济南王康传》："康在国不循法度，交通宾客。其后，人上书告康招来州郡奸滑渔阳颜忠、刘子产等，又多遗其缯帛，案图书，谋议不轨。"（第1431页）《明帝纪》不载此事，不知案发何年。但颜忠正是楚王案中要犯，由此可知两案密切相关。又《明帝纪》永平十六年五月："淮阳王延谋反发觉。"（第120页）同书卷四二《阜陵王延传》："永平中，有上书告延与姬兄谢弇及姊馆陶主婿驸马都尉韩光招奸滑，作图谶，祠祭祝诅。"（第1444页）此案的发觉比楚王案晚约两年半，性质相同，应是调查楚王英案的又一重大成果。郭氏家族也卷入其中。同书卷一〇

①徐复观认为，有司所奏楚王英罪状，都是"诬妄之辞"。见氏著《汉代专制政治下的封建问题》，《周秦汉政治社会结构之研究》，香港：新亚研究所，1972年，第196页。廖伯源也认为："楚王英谋反案之真实性，甚为可疑。"见氏著《东汉楚王英案考论》，香港中文大学《中国文化研究所学报》1996年第5期。但要坐实此说，也有困难。笔者拟依相关记载，尝试做出新的解释。

《郭皇后纪》:郭后从兄竟"封为新郪侯……永平中卒,子嵩嗣。嵩卒,追坐染楚王英事,国废";竟弟匡"为发干侯",孙骏嗣,"永平十三年,亦坐楚王英事,失国"(第 404 页)。樊氏亦有涉案者。同书卷三二《樊儵传》:"弟鲔为子赏求楚王英女敬乡公主,儵闻而止之……鲔不从……其后楚事发觉,帝追念儵谨恪,又闻其止鲔婚事,故其诸子得不坐焉。"(第 1123 页)言下之意,樊鲔父子都受到牵连。

楚王英,"母许氏无宠","国最贫小",在刘秀诸子中地位最低。淮阳王延,其国可能是郭氏诸王中"最贫小"的。《马皇后纪》:明帝诸子封王,"岁给二千万","裁令半楚、淮阳诸国"(第 410 页)。可见淮阳与楚相当。济南王康,据《光武十王传序》所排顺序,应是郭氏第三子,其地位显然也不如其兄东海王强和沛王辅。三王尤其是楚王英本不具备向明帝挑战的资格和实力,却成了反叛阴谋的领袖。一个合理的解释是,他们其实并非主谋,只是被某种政治势力所利用而已。

明帝可能意识到这一点,又想尽量维持家族的团结,故对三王处分很轻。楚王英罪最重,有司"请诛之,帝以亲亲不忍,乃废英,徙丹阳泾县,赐汤沐邑五百户,遣大鸿胪持节护送,使伎人奴婢工技鼓吹悉从,得乘辎軿,持兵弩,行道射猎,极意自娱。男女为侯主者,食邑如故,楚太后勿上玺绶,留住楚宫"。第二年,英至丹阳自杀而死,明帝又"遣光禄大夫持节吊祠,赠赗如法,加赐列侯印绶,以诸侯礼葬于泾,遣中黄门占护其妻子,悉出楚官属无辞语者"。甚至制诏许太后曰:"诸许愿王当富贵,人情也。已诏有司,出其有谋者,令安田宅。"①济南王康罪较轻,"有司举奏之",

①《后汉书》卷四二《楚王英传》,第 1429 页。

似未请诛，明帝亦“以亲亲故，不忍穷竟其事”，但削五县了事[①]。淮阳王延，有司“奏请诛”之，明帝“以延罪薄于楚王英，故特加恩，徙为阜陵王，食二县”[②]。

从相关记载看，此案的核心人物是王平、颜忠等人。颜忠，渔阳人，背景不详[③]。《续汉书·天文志中》说：“楚王英与颜忠等造作妖书谋反。”（第3230页）似指颜忠为“造作妖书”者。据此，颜忠可能是楚王英“大交通”之方士的首要人物，“作金龟玉鹤，刻文字以为符瑞”及“造作图谶”等，当皆其所为。王平亦渔阳人，建武功臣王梁之孙。《后汉书》卷二二《王梁传》：“定封阜成侯”，死后“子禹嗣。禹卒，子坚石嗣。坚石追坐父禹及弟平与楚王英谋反，弃市，国除”（第776页）。王平及其父禹都卷入此案，而案发之时禹已卒，可见王梁子孙参与谋反较早。涉案的渔阳人还有王禹的亲家盖延之孙盖侧。《后汉书》卷一八《盖延传》：“封安平侯……（孙）侧嗣，永平十三年，坐与舅王平谋反，伏诛，国除”（第686页）。见于记载的楚王英党羽还有黄初和公孙弘。《续汉书·天文志中》：永平十四年，“司徒虞延与楚王英党与黄初、公孙弘等交通，皆自杀，或下狱伏诛”（第3231页）。《后汉书》卷三三《虞延传》：延“欲辟幽州从事公孙弘，以弘交通楚王而止”（第1154页）。州从事例用本地人，故公孙弘应是幽州人，黄初或亦相同。看来，幽州渔阳一带是这一阴谋的发源地。

涉案者中还有几位与王平、盖侧背景相似的建武功臣子孙：

---

①《后汉书》卷四二《济南王康传》，第1431页。

②《后汉书》卷四二《阜陵王延传》，第1444页。

③《楚王英传》和《济南王康传》都说颜忠是渔阳人，《耿纯传》说他是楚人，当以前者为是。

《后汉书》卷一五《王常传》:“颍川舞阳人也……子广嗣……徙封石城侯。永平十四年,坐与楚事相连,国除。”(第578页)

卷二一《刘植传》:“钜鹿昌城人也……徙封东武阳侯……(孙)述嗣,永平十五年,坐与楚王英谋反,国除。”(第760页)

卷二一《耿纯传》:“钜鹿宋子人也……子阜嗣……徙封莒乡侯,永平十四年,坐同族耿歙与楚人颜忠辞语相连,国除。”(第761页)

卷二二《杜茂传》:“南阳冠军人也……封参蘧乡侯……子元嗣,永平十四年,坐与王平等谋反,减死一等,国除。”①(第776页)

卷二二《马武传》:“南阳湖阳人也……封为杨虚侯……子檀嗣,坐兄伯济与楚王英党颜忠谋反,国除。”(第784页)

这些功臣子孙皆非渔阳人,亦非楚、济南、淮阳人,却程度不同地参预了谋反。他们为何如此?史无明文。作为既得利益者,他们没有理由反对东汉王朝。从其拥戴楚王并联合济南、淮阳二王的举动看,他们企图推翻的应是明帝及其背后以阴氏为代表的南阳豪族集团。

值得注意的是,这些涉案王侯的封国主要分布于幽、冀、青、徐、兖、豫、扬等州。如楚王国在徐州;济南王国在青州;淮阳王国

①“王平”,原作“东平王”,刘攽以为系“传写之误”,甚是。见王先谦:《后汉书集解》,第285页。

在豫州;阜成侯国属渤海郡或安平国,在幽州或冀州①;安平侯国似属涿郡,在幽州②;杨虚侯国属平原郡,在冀州③;东武阳侯国属东郡,在兖州④;莒乡侯国似属琅邪郡,在青州⑤;石城侯国地望不详,或属丹阳郡,在扬州⑥。参蘧乡侯国地望亦无从查考,但杜茂初封信都之乐乡,又先后改封中山之苦陉、信都之修县,最后定封参蘧乡⑦,由此推测,参蘧乡很可能也在河北。《后汉书》卷四一《寒朗传》载:王平、颜忠等还"辞连及隧乡侯耿建、朗陵侯臧信、护泽侯邓鲤、曲成侯刘建"(第1417页)。耿建是耿纯从昆弟耿宿之后,臧信是建武功臣臧宫之子,邓鲤、刘建无考。其中朗陵侯国属

①《后汉书》卷二二《王梁传》李贤注:"阜成属渤海。"(第776页)《汉书》卷二八《地理志》:幽州渤海郡有"阜城"(第1579页)。王先谦《汉书补注》引宋祁曰:"阜城,南本作阜成。"(第731页)《续汉书·郡国志二》:冀州安平国有"阜城",本注曰:"故昌城。"(第3435页)

②《汉书》卷二八《地理志》:涿郡有"安平"县(第1578页)。《续汉书·郡国志二》:安平国有"安平"县。本注曰:"故属涿。"(第3435页)

③《汉书》卷二八《地理志》:平原郡有"楼虚",本注曰"侯国"(第1579页)。王先谦《补注》引齐召南曰:"当作杨虚……光武封马武为杨虚侯,即此县也。"(第733页)

④《后汉书》卷二一《刘植传》李贤注:"东武阳,县,属东郡。"(第760页)《续汉书·郡国志三》:东郡有"东武阳"县(第3450页)。

⑤《太平寰宇记》卷二四河南道密州莒县条:"汉海曲县城在县东百六十里,属琅邪郡,有盐官。《博物志》曰:'此地有东吕乡、东吕里,太公望所出也。'"(北京:中华书局,2007年,第502页)

⑥《后汉书》卷一五《王常传》李贤注曰:"石城故城在今复州沔阳县东南也。"(第582页)但同书卷八二《方术高获传》李贤注又曰:"石城在今苏州西南。"(第2711页)恐皆误。今案《续汉书·郡国志四》,丹阳郡有石城县(第3486页),王广徙封或在此。

⑦《后汉书》卷二二《杜茂传》李贤注曰:"乐乡属信都国。"又曰:"修,县名,属信都国。"(第776、777页)《汉书》卷二八《地理志》:信都国有乐乡和修(第1633页),中山国有"苦陉"(第1632页)。

汝南郡，在豫州；曲成侯国属东莱郡，在青州①；隧乡侯国属泰山郡，在兖州②。护泽侯国可能属河东郡③，在司隶校尉部。这一现象意味着，王平、颜忠等人的阴谋从渔阳向南蔓延，几乎覆盖了洛阳以东半个帝国。寒朗为耿建等鸣冤，有“天下无辜类多如此”之语，也可见此案牵涉之广。

关于此案牵连人数，《后汉书》卷二《明帝纪》曰“所连及死徙者数千人”（第117页），卷四二《楚王英传》曰“坐死徙者以千数”（第1430页），卷四五《袁安传》曰“英辞所连及系者数千人”（第1518页），《后汉纪》卷一〇《明帝纪》曰“坐死及徙者以千数，而系狱者尚数千人”④。从字面上看，“坐死徙”及“系狱”者各有“数千人”，总数当在万人上下。然而仔细分析相关史料，我们发现，系狱者之数可能远过于此。

《袁安传》：“永平十三年，楚王英谋为逆，事下郡覆考。明年，三府举安能理剧，拜楚郡太守。是时英辞所连及系者数千人……安到郡，不入府，先往案狱。”以此案涉及许多州郡为背景，所谓“事下郡覆考”，当非仅指楚郡，而是指所有有人涉案之郡。从上下文看，所谓“系者数千人”，应是楚郡系狱者之数，而非全案系狱者总数。《后汉纪》所载则是洛阳狱处置和关押的人数，下文云御

①《续汉书·郡国志二》，第3424页；《郡国志四》，第3475页。

②《续汉书·郡国志三》济北国（和帝分泰山置）蛇丘县条本注曰：“有遂乡。”（第3454页）《汉书》卷二八《地理志》泰山郡虵丘县条本注曰：“隧乡，故隧国。”（第1581页）《四库全书总目》卷四七《通鉴胡注举正》条提要认为，耿建所封即在此（北京：中华书局，1965年，第421页）。

③《汉书》卷二八《地理志》（第1550页）、《续汉书·郡国志一》（第3398页）都有“濩泽”，属河东郡。《资治通鉴》卷四五胡三省注（北京：中华书局，1956年，第1455页），认为邓鲤所封护（護）则侯国即在此。

④《两汉纪》，张烈点校，下册，第188页。

史“治其狱”、明帝“自幸洛阳寺”等皆其证。更为有力的证据见于汝南、会稽二郡。《后汉书》卷二九《鲍昱传》：昱任汝南太守，“在汝南典理楚事，系者千余人”。李贤注：“楚王英谋反，连坐者在汝南，昱时主劾之也。”（第1022页）《后汉纪》卷一一《章帝纪》更明言：“但汝南一郡系者千余人。”[①]这“千余人”显然是汝南郡狱所系，与楚郡所系“数千人”及洛阳所系“数千人”皆无涉。《后汉书》卷八一《陆续传》：会稽太守尹兴涉案，被征“诣廷尉狱”，郡府属吏五百余人亦皆“诣洛阳诏狱就考”（第2682页）。这五百余人或许在洛阳所系“数千人”中，但与楚郡所系“数千人”绝不相干。汝南除朗陵侯臧信被诬涉案外，还有千余人系狱；会稽因太守一人涉案，就有五百余人就考。其他各郡不见记载，未必无人涉案。史书载鲍昱任汝南太守期间的作为，只有修渠溉田以利民一事，对“典理楚事”只字不提，若非数年后鲍昱回答章帝所问灾异之事而及于此，汝南曾有千余人系狱的事实恐亦湮没无闻了。东汉幽、冀、兖、豫、青、徐、扬州所属郡国五十余，若各郡国都有人涉案，总数当有数万。淮阳王事发后，明帝亦下令“案验”，《后汉书》卷二《明帝纪》曰“所连及诛死者甚众”（第120页），同书卷四二《阜陵王延传》曰“所连及死徙者甚众”（第1444页）。这些“死徙者”及其背后更多的“系狱者”又在上述数字之外。《后汉书》卷四八《杨终传》曰“广陵、楚、淮阳、济南之狱，徙者万数”（第1597页）。“广陵”指刘荆，其狱牵涉人数较少。故此处“万数”大多是楚狱之“徙者”。同书卷二六《韦彪传》所说，由于“楚狱大兴”，尚书郎忙不过来，遂“置令史以助郎职”（第919页），也可证明此案规模超乎寻常。

①《两汉纪》，张烈点校，下册，第206页。

这么多涉案者都是些什么人呢？据前引《楚王英传》说，主要是“京师亲戚、诸侯、州郡豪桀及考案吏”。“京师亲戚”当指郭嵩、郭骏、樊鲔父子、馆陶主婿韩光等，“诸侯”当指上述功臣子孙，“考案吏”则指那些奉命调查此案、因执法不严被扣上“阿附反虏”罪名的官吏。这些人数量有限，大多数涉案者应是所谓“州郡豪杰”。由涉案王侯的分布地域推测，这些“豪杰”当亦多是幽、冀、兖、豫、青、徐、扬州之人。更始政权瓦解后，这些地区的大姓豪族曾拥戴王郎、刘永、张步等当地政治人物，试图建立新王朝。刘秀将其征服后，他们被迫接受了东汉的统治，但反叛事件不断发生。建武二年真定王刘杨的谋反，渔阳太守彭宠和涿郡张丰的反叛，建武八年颍川、河东、东郡、济阴等地的叛乱，建武十六年青、徐、幽、并等州由度田引起的叛乱等，都有当地豪族的支持和参预。建武后期，天下大局已定，这些豪族势力放弃了拥立当地西汉宗室为帝的企图，但仍未彻底接受南阳豪族集团的统治，遂聚集在郭氏集团旗下，将矛头指向明帝和阴氏集团。建武末刘秀捕斩诸王宾客，他们是被打击的主要对象。永平初山阳王荆谋反，也有他们的身影。现在，他们又大量卷入楚王英事件。以这些事实为背景，对王平、颜忠等人何以能串联发动众多“州郡豪杰”参预其阴谋，三王和那些功臣子孙为何会卷入其中，就不难理解了。

这一阴谋若未被及早发觉而得以实施，河北、山东豪族势力打着楚王及济南、淮阳二王的旗号一时俱起，后果将十分严重。所以，明帝不得不重拳出击，对涉案者进行严厉追查和残酷镇压，以致造成不少冤狱：

《后汉书》卷四五《袁安传》：“显宗怒甚，吏案之急，迫痛自诬，死者甚众。安……理其无明验者，条上出之。府丞掾史皆叩头争，以为阿附反虏，法与同罪，不可。安曰：'如有不合，太守自当坐之，不以相及也。'遂分别具奏。帝感悟，即报许，得出者四百余家。"（第1518页）

卷四一《寒朗传》："永平中，以谒者守侍御史，与三府掾属共考案楚狱，颜忠、王平等辞连及隧乡侯耿建、朗陵侯臧信、护泽侯邓鲤、曲成侯刘建。建等辞未尝与忠、平相见。是时显宗怒甚，吏皆惶恐，诸所连及，率一切陷入，无敢以情恕者。朗心伤其冤，试以建等物色独问忠、平，而二人错愕不能对。朗知其诈，乃上言建等无奸，专为忠、平所诬，疑天下无辜类多如此。帝乃召朗入，问曰：'建等即如是，忠、平何故引之？'朗对曰：'忠、平自知所犯不道，故多有虚引，冀以自明……臣见考囚在事者，咸共言妖恶大故，臣子所宜同疾，今出之不如入之，可无后责。是以考一连十，考十连百。又公卿朝会，陛下问以得失，皆长跪言，旧制大罪祸及九族，陛下大恩，裁止于身，天下幸甚。及其归舍，口虽不言，而仰屋窃叹，莫不知其多冤，无敢忤陛下者。臣今所陈，诚死无悔。'帝意解，诏遣朗出。后二日，车驾自幸洛阳狱录囚徒，理出千余人。"（第1417页）

卷八一《陆续传》："会稽吴人也……为郡门下掾。是时楚王英谋反，阴疏天下善士，及楚事觉，显宗得其录，有（会稽太守）尹兴名，乃征兴诣廷尉狱。续与主簿梁宏、功曹史驷勋及掾史五百余人诣洛阳诏狱就考，诸吏不堪痛楚，死者大半，唯续、宏、勋掠考五毒，肌肉消烂，终无异辞……帝即赦兴等事，还乡里，禁锢终身。"（第2682页）

卷三三《虞延传》："迁洛阳令。是时阴氏有客马成者，常为奸盗，延收考之……（后为司徒）会楚王英谋反，阴氏欲中伤之，使人私以楚谋告延，延以英藩戚至亲，不然其言……及英事发觉，诏书切让，延遂自杀。”（第1154页）

卷一〇《马皇后纪》：“时楚狱连年不断，囚相证引，坐系者甚众。后虑其多滥，乘间言及，恻然。帝感悟之，夜起彷徨，为思所纳，卒多有所降宥。”（第410页）

在明帝盛怒之下，考案吏惶恐自危，为避“阿附反虏”罪名，不惜“诸所连及，一切陷入”，并“掠考五毒”，严刑逼供，致使系者或“迫痛自诬”，或“多有虚引”，遂至“考一连十，考十连百”。司徒虞延因阴氏陷害而涉案，明帝不容申辩，迫其自杀。会稽郡吏五百余人皆因太守而间接涉案，竟被考死“大半”，其余被赦者也都“禁锢终身”。官吏尚且如此，平民可想而知。楚郡所系“数千人”中“无明验者”，因袁安冒险上奏，才被放出“四百余家”。耿建等四侯被王平、颜忠所诬，若非寒朗拼死救之，也会像前述功臣子孙一样“国除”甚至“伏诛”。而在众多考案吏中，袁安、寒朗是极个别的。明帝曾说“大狱一起，冤者过半”①，恐怕即指楚狱而言。至于明帝因寒朗之言而“意解”，亲自理出洛阳狱中“千余人”，又因马皇后所言而“感悟”，“卒多有所降宥”，在可能多至数万的系狱者中也只是一小部分。

透过上述几桩大狱，我们看到，明帝虽在刘秀的安排下获得皇位继承权并顺利即位，但地位并不稳固。在河北、山东豪族势力的策动和参预下，诸王谋反事件一再发生，虽然都被消灭于萌芽状态，潜在的威胁依然存在。郭、许诸王涉案和明帝对窦氏、梁

①《后汉书》卷二九《鲍昱传》，第1022页。

氏的打击,进一步扩大了阴、郭两大集团的裂痕,削弱了刘氏家族的力量。楚王之狱的苛酷冤滥,则引起河北、山东社会的不满。

三、章帝收拾局面的措施

明帝死后,章帝继承了皇位,也继承了上述局面。《后汉书》卷二四《马严传》:"(建初)二年,拜陈留太守……时京师讹言贼从东方来,百姓奔走,转相惊动,诸郡遑急,各以状闻。严察其虚妄,独不为备。诏书敕问,使驿系道,严固执无贼,后卒如言。"(第861页)此事虽是一场虚惊,却表明来自"东方"的威胁仍使洛阳朝廷及百姓感受到巨大压力。为了进一步消除这一不安定因素,巩固东汉的统治,章帝采取了一系列措施。

《后汉书》卷二九《鲍昱传》载:"建初元年,大旱,谷贵。肃宗召昱问曰:'旱既大甚,将何以消复灾眚?'"这场大旱主要发生在兖、豫、徐州①,正是楚狱涉案地区。故鲍昱分析说:"陛下始践天位,刑政未著,如有失得,何能致异?"言下之意,责任不在章帝。进而又说:楚狱涉案者众,"恐未能尽当其罪",冤死者多,"又诸徙者骨肉离分,孤魂不祀,一人呼嗟,王政为亏",由此造成的民怨应是三州大旱的根源。最后,他提出:"宜一切还诸徙家属,蠲除禁锢,兴灭继绝,死生获所。如此,和气可致。"(第1022页)鲍昱根据当时流行的灾异学说,将这场大旱归咎于楚狱之冤滥②。

章帝基本赞同鲍昱的看法,史称"帝纳其言"。建初二年四

①《后汉书》卷三《章帝纪》,第132页。

②据《后汉书》卷四八《杨终传》,提出这一建议的是杨终,鲍昱则表示反对。未知孰是。

月,“诏还坐楚、淮阳事徙者四百余家,令归本郡”①,应是采纳鲍昱建议的结果。元和元年十二月,诏曰:“往者妖言大狱,所及广远,一人犯罪,禁至三属,莫得垂缨仕宦王朝。如有贤才而没齿无用,朕甚怜之,非所谓与之更始也。诸以前妖恶禁锢者,一皆蠲除之,以明弃旧之路,但不得在宿卫而已。”②章帝一朝未见发生“妖言大狱”,而王平、颜忠等所造图谶被称作“妖书”,故此诏所指应当也是楚王之狱,所蠲除的则是楚王狱之禁锢者。至于“兴灭继绝”,则有耿纯和郭竟于建初二年、郭匡于建初三年得以绍封。

在缓解河北、山东社会之怨气的同时,章帝还做出一系列刻意笼络郭氏集团的举动,以弥缝阴郭两大集团的裂痕。除绍封郭嵩、郭骏外,他还像明帝一样继续对楚、济南、阜陵三王表示宽容和优待。建初元年,阜陵王延又被告发与其子鲂等谋反,有司奏请槛车征诣廷尉诏狱,章帝“不忍”,仅“贬爵为阜陵侯,食一县”,并“赦鲂等罪勿验”。章和元年,复封延为阜陵王,食五县,又“以阜陵下湿,徙都寿春,加赐钱千万,布万匹,安车一乘,夫人诸子赏赐各有差”。建初二年,封楚王“英子种楚侯,五弟皆为列侯”。元和三年,“许太后薨,复遣光禄大夫持节吊祠,因留护丧事,赙钱五百万。又遣谒者备王官属迎英丧,改葬彭城,加王赤绶羽盖华藻,如嗣王仪,追爵谥曰楚厉侯”。建初八年,“复还”济南王康“所削地”,恢复原来的待遇③。

章帝纳窦氏及梁氏女为皇后、贵人,也是他笼络郭氏集团的

①《后汉书》卷三《章帝纪》,第 135 页。参《两汉纪》,张烈点校,下册,第 206 页。

②《后汉书》卷三《章帝纪》,第 147 页。

③《后汉书》卷四二《楚王英传》,第 1430 页;《济南王康传》,第 1431 页;《阜陵王延传》,第 1444 页。

一种方式。《后汉书》卷一〇《窦皇后纪》:“建初二年,后与女弟俱以选例入见长乐宫,进止有序,风容甚盛。肃宗先闻后有才色,数以讯诸姬傅。及见,雅以为美,马太后亦异焉,因入掖廷,见于北宫章德殿。后性敏给,倾心承接,称誉日闻。明年,遂立为皇后,妹为贵人。”又曰:“梁贵人……亦以建初二年与中姊俱选入掖庭为贵人。”(第415页)这段记载将窦氏之“风容”、“才色”、“敏给”说成其得立为后的主要原因,然而有两处疑点值得注意:其一,所谓“选例”当指《皇后纪序》所载“汉法常因八月算人,遣中大夫与掖庭丞及相工,于洛阳乡中阅视良家童女,年十三以上,二十已下,姿色端丽,合法相者,载还后宫,择视可否,乃用登御”(第400页)。窦氏姊妹是窦勋女,梁氏姊妹是梁松侄女。明帝打击窦氏和梁氏时,勋、松皆死狱中。故窦、梁姊妹皆为罪人家属,不合“良家”标准。其二,所谓“马太后亦异焉”,似指马太后亦赞同此事。然而马氏与窦、梁两家有仇,马太后不会因窦后有“才色”而捐弃前嫌。当时马严对章帝说“窦勋受诛,其家不宜亲近京师”①,即针对窦氏姊妹入宫而言,表达了马氏家族的态度。建初四年,即窦氏立为皇后的第二年,宋贵人所生刘庆被“立为皇太子”。宋贵人是马氏的姻亲,其父名杨,“杨姑即明德马后之外祖母也”。明帝时,“马后闻杨二女皆有才色,迎而训之”,并“选入太子宫”②。因此,立宋贵人之子为太子肯定是马氏的主意,目的是抢占皇储之位。

从“肃宗先闻后有才色,数以讯诸姬傅”一句看,立窦、梁姊妹为皇后、贵人之事,应是章帝主动提出并积极促成的。章帝并非

①《后汉书》卷二四《马援传》,第861页。

②《后汉书》卷五五《清河王庆传》,第1799页。

好色昏庸之君，在这个问题上不惜违反“选例”，也不顾马氏的反对，一定有其理由。显而易见的是，窦氏姊妹的生母是沘阳公主，外祖父是东海王强，曾外祖母是郭太后。因此，章帝与她们的结合意味着阴郭两家联姻，她们为章帝生下的子女将是两家共同的后代。尤其是窦皇后，按“子以母贵”的原则和刘秀立太子的先例，其子应为皇储，日后即位为帝，便可使刘秀家族中郭氏一支的血脉重新融入帝室大宗。这样一来，那些反对阴氏集团的河北、山东豪族势力，就很难再利用郭氏集团煽动叛乱了。

上引《窦皇后纪》说，窦氏入宫后，“倾心承接，称誉日闻”。即使确有其事，也没能维持太久。建初四年，马太后崩，马氏失势，窦氏便开始经营其权势。当时，刘庆被立为太子，梁贵人又生下皇子刘肇，窦氏姊妹则始终无子。于是，窦皇后将刘肇“养以为子”，又“谋陷宋氏，外令兄弟求其纤过，内使御者侦伺得失……因诬言欲作蛊道祝诅”。建初七年，章帝下诏，“废庆为清河王”，“以肇为皇太子”，宋贵人“饮药自杀”。梁氏一家因刘肇立为太子而“私相庆”。窦氏“闻之，恐梁氏得志，终为己害”，又“谮杀二贵人”，陷其父梁竦以“恶逆”。竦死狱中，家属皆徙九真①。自此，窦氏“宠贵日盛，自王、主及阴、马诸家，莫不畏惮”。窦宪甚至“恃宫掖声势”，贱价强买明帝女沁水公主的园田，“主畏逼，不敢计”②。对宋、梁两家的无辜，章帝不会不知。史称：宋贵人死后，章帝“伤之，敕掖庭令葬于樊濯聚”；刘庆“避嫌畏祸，言不敢及宋氏”，章帝“怜之，敕皇后令衣服与太子齐等”③。歉疚之情隐约可

①《后汉书》卷五五《清河王庆传》，第1799页；卷三四《梁竦传》，第1172页。
②《后汉书》卷二三《窦宪传》，第812页。
③《后汉书》卷五五《清河王庆传》，第1800页。

见。对窦氏兄弟的跋扈，章帝也是知情的。他发现窦宪贱买公主园田事后“大怒”，召宪切责曰：“深思前过，夺主田园时，何用愈赵高指鹿为马！久念使人惊怖……贵主尚见枉夺，何况小人哉！国家弃宪如孤雏腐鼠耳。”[①]但最后还是不了了之。

章帝并非无力约束窦氏。窦氏崛起之前，马氏“兄弟贵盛”，“宾客奔凑，四方毕至”，“刺史、守、令多出其家”。章帝“不喜之，数加谴敕，所以禁遏甚备，由是权执稍损，宾客亦衰”[②]。章帝对“诸舅”尚能如此，对窦氏兄弟应更少顾忌。“孤雏腐鼠”之斥便表明他可以轻易抛弃窦氏。章帝对窦氏一再纵容忍让，应是出于对这桩婚姻的政治意义的考虑。

章帝的上述举措看来收到一定效果，河北、山东豪族势力利用郭氏集团谋反的事件未再发生。但他坐视窦氏操纵皇储废立，又开了很坏的先例。自此，东汉最高统治集团的权力格局发生重大变化，孤儿寡母当朝的现象反复出现。外戚总是通过操纵废立，强化自己的权力。“外立”的皇帝在朝中缺乏根基，不得不更多地依靠外戚。于是，外戚逐渐成为东汉政治舞台上的主角，而阴、郭两大集团的纠葛仍然贯穿其中。

四、和帝以降的外戚政治

章帝死后，和帝即位，年仅十岁。窦太后临朝，其兄窦宪“以侍中内干机密，出宣诰命”，宪弟“笃为虎贲中郎将，笃弟景、瓌并中常侍，于是兄弟皆在亲要之地”。宪又率军大破北匈奴，“威名大盛”，遂拜大将军，位在三公上，笃为特进，景为执金吾，瓌为光

①《后汉书》卷二三《窦宪传》，第812页。
②《后汉书》卷二四《马防传》，第857页。

禄勋,“窦氏父子兄弟并居列位,充满朝廷”。宪又“以耿夔、任尚等为爪牙,邓叠、郭璜为心腹,班固、傅毅之徒皆置幕府以典文章,刺史守令多出其门”。其中郭璜即郭太后弟子,璜子举则是窦宪女婿。永元二年,郭太后少子中山王刘焉薨。窦太后及宪等“东海出也,故睦于焉而重于礼,加赙钱一亿,诏济南、东海二王皆会,大为修冢茔,开神道,平夷吏人冢墓以千数,作者万余人,发常山、钜鹿、涿郡柏黄肠杂木,三郡不能备,复调余州郡工徒及送致者数千人。凡征发摇动六州十八郡,制度余国莫及”①。窦氏是郭氏集团的重要成员。上述举动凸显出他们对这一身份的认同。

和帝自幼为窦太后所养,但与窦氏并不亲近,对窦氏拥其夺嫡为帝也不领情。《后汉书》卷五五《清河王庆传》载:和帝代庆为太子后,“特亲爱庆,入则共室,出则同舆”,即位后“待庆尤渥,诸王莫得为比,常共议私事”(第 1800 页)。卷二三《窦宪传》载:窦氏意识到和帝日后会对自己不利,遂“共图为杀害”,企图另立新帝。和帝“阴知其谋,乃与近幸中常侍郑众定议诛之”。永元四年四月,窦宪率军还京。六月,和帝“幸北宫,诏执金吾、五校尉勒兵屯备南、北宫,闭城门”,夺窦宪兄弟之权,“皆遣就国”,“迫令自杀”,其“宗族、宾客以宪为官者皆免归本郡”,郭璜、郭举、邓叠及弟邓磊,“皆下狱诛,家属徙合浦”(第 819 页)。在这场宫廷政变中,和帝除了依靠郑众等宦官外,也得到清河王庆的支持。《清河王庆传》载其事曰:“永元四年,帝移幸北宫章德殿,讲于白虎观,庆得入省宿止。帝将诛窦氏,欲得《外戚传》,惧左右不敢使,乃令庆私从千乘王求,夜独内之。又令庆传语中常侍郑众求索故事。”和帝诛窦氏后,一方面亲理朝政,直接掌握朝廷大权,另一方

①《后汉书》卷四二《中山王焉传》,第 1450 页。

面又立阴氏之女为后，以求阴氏集团的支持。《后汉书》卷一〇《和帝阴皇后纪》：永元四年，“选入掖庭。以先后近属，故得为贵人，有殊宠。八年，遂立为皇后”（第417页）。这位阴皇后是刘秀阴皇后兄阴识的曾孙女，故曰“先后近属”。

窦氏当权，使郭氏集团一度重新凌驾于阴氏集团之上。但和帝与清河王联手推翻窦氏，又扭转了局势，使后宫主导权回到阴氏集团手中。在阴、郭两大集团的这次较量中，阴氏集团最终还是占了上风。这一结果的出现，主要是由于和帝没有站在郭氏集团一边，反而倒向阴氏集团。和帝之所以如此，除了窦太后非其生母、窦宪兄弟过于跋扈等因素外，阴氏集团在朝中根基更深、影响更大，应当也是重要原因。

和帝阴后身材“短小，举止时失仪”，又无子，“素妒”①，致使“诸皇子夭没，前后十数，后生者辄隐秘养于人间”。故和帝对阴后“爱宠稍衰”，转而宠幸邓氏。邓氏永元七年“入宫”，八年“为贵人”，因“恭肃小心，动有法度，承事阴后，夙夜战兢”，为和帝“深嘉爱焉”。阴后“恚恨”，曰：“我得意，不令邓氏复有遗类！”遂“挟巫蛊道”，“欲以为害”。永元十四年，巫蛊事发，阴后被废，忧死桐宫，邓氏立为皇后②。然而邓氏家族也是阴氏集团的重要成员。邓氏与阴氏世代通婚。明、章以来，邓氏“厚于马氏，不为诸窦所亲”③，仍然站在阴氏集团一边。邓后与和帝阴后更是近亲。邓后祖父是建武元勋邓禹，从兄邓乾、邓藩皆尚明帝女，父邓训又娶刘秀阴皇后从弟之女，邓后即其所生。和帝阴皇后父阴刚则娶

①《两汉纪》，张烈点校，下册，第284、285页。

②《后汉书》卷一〇《和帝阴皇后纪》，第417页；《和熹邓皇后纪》，第418页。

③《后汉书》卷一六《邓训传》，第611页。

邓氏女，阴后即其所生。《后汉书》卷一六《邓禹传》："阴皇后巫蛊事发，乾从兄奉以后舅被诛，乾从坐，国除。"（第606页）卷一〇《和帝阴皇后纪》："后外祖母邓朱……及二子奉、毅……考死狱中。"（第417页）据此，阴后之舅邓奉、邓毅即邓乾从兄，亦邓后从兄，阴后之母则是邓后从姊。由此上推，阴后的外祖父应是邓禹之子。禹"有子十三人"，其中震、袭、珍、鸿、训五人见于记载，但皆未提及与阴后的关系，阴后外祖父当在其余八人中。所以，和帝废阴后立邓后，并未背弃阴氏，也未改变阴氏集团支配后宫的局面。

和帝崩，长子胜"有痼疾"①，少子隆"生始百日"。邓后立隆，是为殇帝，而封胜为平原王。不久，殇帝亦崩，邓氏又立清河王庆长子祜为帝，是为安帝，时年十三。邓后以皇太后身份"临朝"②。对邓氏舍胜立隆及安帝，朝臣颇有异议。《后汉书》卷三三《周章传》："和帝崩，邓太后以皇子胜有痼疾，不可奉宗庙，贪殇帝孩抱，养为己子，故立之。""及殇帝崩，群臣以胜疾非痼，意咸归之，太后以前既不立，恐后为怨"，乃立安帝。章为司空，"以众心不附，遂密谋闭宫门，诛车骑将军邓骘兄弟及郑众、蔡伦，劫尚书，废太后于南宫，封帝为远国王，而立平原王胜。事觉，策免，章自杀"（第1157页）。"痼疾"即经久难治之疾。群臣所谓"胜疾非痼"，是说胜虽有疾但非顽固不可治。周章密谋政变，说明群臣在这一问题上与邓太后的对立相当尖锐。同书卷三〇《杨厚传》："永初三年，太白入斗，洛阳大水。"邓太后以问"晓读图书"的杨厚，"厚对以为诸王子多在京师，容有非常，宜亟发遣各还本国。太后从之"

①《后汉书》卷五五《平原王胜传》，第1810页。

②《后汉书》卷一〇《和熹邓皇后纪》，第421页。

(第1048页)。此事透露出,“诸王子”对安帝也构成威胁。在这种情形下,安帝势必更加依赖邓太后。邓太后“称制终身”,执政长达十五年,这是基本原因。

但邓太后迟迟不肯归政于安帝,也使二者之间渐渐产生矛盾:

> 《后汉书》卷七八《宦者传》:“时邓太后临朝,帝不亲政事。小黄门李闰与帝乳母王圣常共谮太后兄执金吾悝等,言欲废帝,立平原王德,帝每忿惧。及太后崩,遂诛邓氏而废平原王。”①(第2514页)
>
> 卷一六《邓骘传》:“帝少号聪敏,及长多不德。而乳母王圣见太后久不归政,虑有废置,常与中黄门李闰候伺左右。及太后崩,宫人先有受罚者,怀怨恚,因诬告悝、弘、阊先从尚书邓访取废帝故事,谋立平原王得。帝闻,追怒,令有司奏悝等大逆无道。”(第616页)

平原王德(得)是千乘王伉孙。永初七年,平原王胜薨,无子,邓太后乃立德(得)为平原王,奉胜后。悝及弘、阊皆邓太后兄弟。弘卒于元初二年,悝、阊卒于元初五年。他们若有密谋废立之事,必在永初七年至元初二年间,即邓太后执政中期。王圣、李闰谮之

①王先谦曰:“官本考证曰:何焯校本,德当作翼。”(《后汉书集解》,第880页)中华书局点校本据此改“德”为“翼”。然而邓悝卒于元初五年,刘翼封平原王在两年后的永宁元年,悝不可能谋立翼为帝。何焯说误。但安帝所废平原王确是刘翼。《后汉书》卷五五《河间王开传》载:王圣、江京等“谮邓骘兄弟及翼”谋反(第1809页)。是刘翼也被指参与了邓氏与刘德(得)的阴谋,因而被废。

在前，宫人诬告在后，安帝皆信以为真，可见安帝与邓氏之间早有嫌隙。《邓禹传》载：太后从兄邓康，“以太后久临朝政，宗门盛满”，数上书谏，“太后不从，康心怀畏惧”，“遂谢病不朝”（第606页）。此事表明邓氏子弟对家族面临的危险有所察觉。果然，邓太后死后，邓氏一门都被免官夺爵，邓骘父子及悝子广宗、阊子忠等皆自杀。

安帝亲政后，扶植清河王一系外戚。“宋氏为卿、校、侍中、大夫、谒者、郎吏十余人”。嫡舅耿宝，“宠遇甚渥，位至大将军”①。但势力更大的还是皇后阎氏一家。《后汉书》卷一〇《阎皇后纪》说：“后有才色，元初元年，以选入掖庭，甚见宠爱，为贵人。二年，立为皇后。”（第435页）阎氏得为皇后，除“才色”外，家族背景也是重要因素。阎后是河南荥阳人，祖父章明帝时为尚书，章二妹为明帝贵人，故其家族也可算作阴氏集团的成员。阎氏与邓氏又是姻亲。同书卷一六《邓训传》载：邓太后死后，“宗族皆免官归故郡”，“唯广德兄弟以母阎后戚属得留京师”（第617页）。《后汉纪》卷一七《安帝纪下》则作：“唯广德母与阎后同产，故得免。”②《通鉴》所载同《后汉纪》③。邓广德是邓弘之子。由此可知邓弘妻是阎后的亲姊妹。

阎后无子，又“专房妒忌”。安帝“幸宫人李氏，生皇子保”，阎后“鸩杀李氏”④。永宁元年，邓太后立保为皇太子。次年，邓

①《后汉书》卷五五《清河王庆传》，第1805页。

②《两汉纪》，张烈点校，下册，第326页。

③《资治通鉴》卷五〇汉安帝建光元年作“唯广德兄弟以母与阎后同产，得留京师”（第1612页）。卷四九汉安帝元初二年“阎氏为皇后”条胡注曰：“阎后之母，邓弘之妻之同产也，故得立。”（第1592页）误。

④《后汉书》卷一〇《阎皇后纪》，第435页。

太后崩，阎后与阎显兄弟、王圣母女、大将军耿宝、宦官李闰、江京、樊丰、刘安、陈达等，“煽动内外”，“更相阿党”，废保为济阴王①。一年后，安帝崩，阎后“欲久专国政，贪立幼年，与显等定策禁中，迎济北惠王子北乡侯懿，立为皇帝”，史称少帝。阎显又讽有司奏耿宝、樊丰、王圣等“更相阿党，互作威福，探刺禁省，更为唱和，皆大不道”，或死或徙。阎氏兄弟遂大权独揽，“威福自由”②。但少帝立二百余日而崩。阎氏正欲另立新帝，孙程等十九名宦官发动政变，立保为帝，是为顺帝。阎氏兄弟及党羽皆伏诛，阎太后迁离宫，次年崩。

孙程等十九人因功封侯，使宦官势力进一步抬头，但尚未达到专权乱政的程度。永建元年，孙程等“为司隶校尉虞诩讼罪，怀表上殿，呵叱左右。帝怒，遂免程官，因悉遣十九侯就国”。三年，“帝念程等功勋，悉征还京师”，拜骑都尉或奉朝请，但仍不得干预朝政③。可见，顺帝仍能有效控制宦官。顺帝生母李氏被尊为恭愍皇后，但家族成员未获荣宠，盖因出身微贱。故顺帝初年，朝中亦无当权外戚。然而顺帝显然离不开强有力的外戚的支持，故于永建三年选立数贵人，其中包括窦章之女及梁商二女。

窦章是窦嘉孙，窦嘉则是窦穆子、窦勋弟、章帝窦皇后叔父。梁商是梁竦孙，和帝生母恭怀皇后弟之子。窦、梁两家原来都是郭氏集团的成员。章帝时，梁竦与樊氏联姻④，开始向阴氏集团靠

①《后汉书》卷七八《宦者孙程传》，第 2514 页。

②《后汉书》卷一〇《阎皇后纪》，第 436 页。

③《后汉书》卷七八《宦者孙程传》，第 2517 页。

④《后汉书》卷三四《梁竦传》：竦长女为“南阳樊调妻”，调则是刘秀舅樊宏兄之曾孙（第 1172 页）。

拢。章帝窦皇后谮杀梁贵人及梁竦后,两家结怨[①],促使梁氏进一步脱离郭氏集团。安帝时,梁商又娶阴氏为妻[②],从而成为阴氏集团的成员。顺帝立贵人后,"梁、窦并贵,各有宾客,多交构其间",似在暗中争夺皇后之位。《后汉书》卷一〇《顺烈梁皇后纪》载:"为贵人,常特被引御,从容辞",以示"不专","由是帝加敬焉"(第438页)。卷二三《窦章传》载:章女"以才貌选入掖庭,有宠",死后,"帝追思之无已,诏史官树碑颂德"(第822页)。看来,顺帝更宠爱窦贵人。但梁氏依傍樊氏和阴氏,在朝中根基更深,势力更大。也许正是这一情形使顺帝对皇后人选犹豫不决,一度打算抽签决定。《后汉书》卷四四《胡广传》:"顺帝欲立皇后,而贵人有宠者四人,莫知所建,议欲探筹,以神定选。"四贵人当包括窦贵人和大、小梁贵人[③]。"莫知所建"说明顺帝并不想立

---

①和帝诛窦氏兄弟,唯窦瓌"以素自修,不被逼迫","徙封罗侯"。后和帝为梁氏平反,"梁棠兄弟徙九真还,路由长沙,逼瓌令自杀"(《后汉书》卷二三《窦宪传》)。可见两家结怨之深。

②《后汉书》卷三四《梁商传》:"夫人阴氏薨。"(第1175页)王先谦《集解》引惠栋曰:"案《杂事秘辛》,商夫人,阴桂之女。"(第413页)《说郛》卷一一〇《汉杂事秘辛》载梁冀上桓帝书曰:其妹"外出自先臣故侍中鲖阳侯万全之外曾孙,先臣故大鸿胪鲖阳侯桂之外孙"(明刻《说郛》一百二十卷本,上海:上海古籍出版社,1988年,第5067页)。据《后汉书》卷三二《阴兴传》,阴桂是阴万全子,万全则是刘秀阴皇后弟阴兴曾孙。文献学家颇疑《汉杂事秘辛》系伪作,不可信。参《四库全书总目》卷一二三《说郛》条(北京:中华书局,1965年,第1062页),明梅鼎祚《东汉文纪》卷四《汉杂事秘辛》胡震亨、姚士粦跋(《文渊阁四库全书》,台北:台湾商务印书馆,1986年,第1397册,第79页)。但其作者认为梁商夫人系新野阴氏应是不错的。

③《后汉书》卷二六《伏翕传》:伏晨"以女孙为顺帝贵人,奉朝请,位特进"(第897页)。则另一贵人当是伏氏。

呼声较高的梁氏,“以神定选”则意味着为窦氏保留最后的机会。尚书仆射胡广等以不符“祖宗典故”而上书谏。史称:“帝从之,以梁贵人良家子,定立为皇后。”(第1505页)《顺烈梁皇后纪》载有司奏曰:“乘氏侯商,先帝外戚,《春秋》之义,娶先大国,梁小贵人宜配天祚,正位坤极。”(第439页)梁氏终因家族背景而获胜。

顺帝崩,太子炳即位,是为冲帝,年仅两岁,梁太后临朝。数月后,冲帝崩,皇统再绝。群臣主张立清河王蒜,太后与冀不从,立乐安王子缵,年八岁,是为质帝。质帝少而聪慧,斥冀为跋扈将军,冀遂鸩杀之。群臣再次提出立清河王蒜,梁冀又不从,立蠡吾侯志,年十五,是为桓帝。对顺桓之际群臣与梁氏的这番较量,《后汉书》有如下记载:

> 卷五五《清河王庆传》:“冲帝崩,征蒜诣京师,将议为嗣。会大将军梁冀与梁太后立质帝,罢归国。蒜为人严(庄)重,动止有度,朝臣太尉李固等莫不归心焉。初,中常侍曹腾谒蒜,蒜不为礼,宦者由此恶之。及帝崩,公卿皆正议立蒜,而曹腾说梁冀不听,遂立桓帝。”(第1805页)
>
> 卷六三《李固传》:冲帝崩,“固以清河王蒜年长有德,欲立之,谓梁冀曰:‘今当立帝,宜择长年高明有德,任亲政事者……’冀不从,乃立乐安王子缵”。质帝崩,固等“以为清河王蒜明德著闻,又属最尊亲,宜立为嗣。先是蠡吾侯志当取冀妹,时在京师,冀欲立之。众论既异,愤愤不得意,而未有以相夺。中常侍曹腾等闻而夜往说冀曰:‘将军累世有椒房之亲,秉摄万机,宾客纵横,多有过差。清河王严明,若果立,则将军受祸不久矣。不如立蠡吾侯,富贵可长保也。’冀然其言……竟立蠡吾侯”。(第2083、2086页)

清河王蒜“年长有德”，颇得朝臣拥戴，即位后势必对梁氏和宦官不利。后者因而“恶之”，两次阻止他即位，而立质帝和桓帝。这一情节大致可信。但清河王蒜“属最尊亲”之说是可以质疑的。

据《后汉书》卷五五《章帝八王传》，章帝共八子，长子千乘王伉，次子平春王全，三子清河王庆，四子和帝，五子济北王寿，六子河间王开，七子城阳王淑，八子广宗王万岁。平春、城阳、广宗三王皆早卒，无子，国除。其余五子中，清河王庆为宋贵人所生，和帝为梁贵人所生，济北王寿和河间王开皆申贵人所生。千乘王伉“不载母氏”，恐出身微贱。根据时人普遍认可的“子以母贵”的原则，这五子的尊卑顺序可大致判定。和帝一支最尊，自无疑义。清河王庆曾为太子，当然仅次和帝。济北王寿、河间王开亦贵人所生，又在其次。千乘王伉虽是长子，身份却最低。

自和帝以降，“外立诸帝”大致是依上述顺序获得皇位继承权的。殇帝死后，和帝一支除有“痼疾”的平原王胜外无其他继承人，安帝作为清河王长子自然是第一人选。安帝初年，清河王庆及其另外二子先后卒。及安帝崩，太子被废，新帝便应从济北王寿或河间王开两支中选。安帝元初六年，邓太后诏征“济北、河间王子男女年五岁以上四十余人，又邓氏近亲子孙三十余人，并为开邸第，教学经书，躬自监试”①。可见邓氏对济北、河间二王之子异常重视。济北王寿薨于安帝永宁元年，史称“时唯寿最尊亲，特赙钱三千万，布三万匹”②。而阎氏所立少帝正是济北王寿之子。少帝崩，阎氏“征济北、河间王子”，仍欲从中选立新帝③。后来梁

①《后汉书》卷一〇《和熹邓皇后纪》，第428页。

②《后汉书》卷五五《济北王寿传》，第1807页。

③《后汉书》卷一〇《安帝阎皇后纪》，第437页。

氏所立桓帝便是河间王开之孙,窦氏所立灵帝则是河间王开曾孙。

千乘王伉之后分为乐安、清河、平原三支。伉卒,子宠嗣,改国名乐安。宠卒,子鸿嗣,质帝即鸿所生。是为正嫡。宠另有两子,一名得,一名延平。得被邓太后立为平原王,奉平原王胜之祀,立六年薨,无子;延平被邓太后立为清河王,奉清河王庆之祀,清河王蒜即延平之子。是为旁支。显然,在章帝诸子中,千乘一支不如济北、河间“尊亲”;在千乘王系统中,清河王蒜又不如质帝“尊亲”。这一点对清河王蒜及群臣不利,对梁氏和宦官立质、桓二帝则是颇为有力的依据。

在济北、河间子孙中,桓帝及其父翼与外戚们走得最近。这也是桓帝得以入继大统的重要原因。“邓太后征济北、河间王诸子诣京师,奇翼美仪容”,及平原王得薨,遂立翼为平原王,奉胜之祀,且不之国,“留在京师”。大概在此期间,翼娶马氏为夫人①。这位马氏应是明帝马皇后家族的成员。桓帝为侯时,又受到梁氏青睐,被征至京师,与太后之妹为婚,“未及嘉礼,会质帝崩,因以立帝”,次年立太后妹为皇后②。

桓帝即位后的处境,与安帝相似而又过之。在梁氏姊妹兄弟的控制下,他完全沦为傀儡。梁氏则成为东汉历史上势力最大也最跋扈的外戚。史称“帝逼畏久,恒怀不平,恐言泄,不敢谋之”③。直至十三年后的延熹二年,梁太后和梁皇后已卒,桓帝才依靠单超等宦官发动政变,将梁氏一网打尽。《后汉书》卷七《桓

①《后汉书》卷五五《河间王开传》,第1809页。
②《后汉书》卷一〇《桓帝梁皇后纪》,第443页。
③《后汉书》卷七八《宦者单超传》,第2520页。

帝纪》:“冀与妻(孙寿)皆自杀。卫尉梁淑、河南尹梁胤、屯骑校尉梁让、越骑校尉梁忠、长水校尉梁戟等,及中外宗亲数十人,皆伏诛。”(第305页)卷三四《梁冀传》:“诸梁及孙氏中外宗亲送诏狱,无少长皆弃市。(冀弟)不疑、蒙先卒。其他所连及公卿列校刺史二千石死者数十人,故吏宾客免黜者三百余人,朝廷为空。”(第1186页)《后汉纪》卷二一《桓帝纪》:“黄门令瑗将虎贲士千人,与司隶共捕冀宗亲洛阳狱,无少长皆诛之。”①

梁氏的覆灭使整个外戚集团遭到沉重打击,从此失去了朝廷主导权。桓帝诛梁氏后,又先后立邓氏和窦氏之女为皇后。桓帝邓皇后是和帝邓皇后从兄子邓香之女,但其母改嫁梁冀妻孙寿之舅梁纪,邓后“随母为居,因冒姓梁氏”。孙寿见其貌美,送入宫中为采女,“绝幸”,因立为皇后。桓帝“恶梁氏”,改其姓为“薄”,后经有司奏,得知其为邓香女,才“复为邓氏”②。故《后汉书》卷五七《李云传》称:桓帝“立掖庭民女亳(薄)氏为皇后”(第1851页)。可见桓帝立邓后是因其貌美,而非因其家族背景。桓帝窦皇后是章帝窦皇后从祖弟之孙女。《后汉书》卷四八《应奉传》载:“及邓皇后败,而田贵人见幸,桓帝有建立之议。奉以田氏微贱,不宜超登后位,上书谏……帝纳其言,竟立窦皇后。”(第1608页)卷六六《陈蕃传》亦载:“桓帝欲立所幸田贵人为皇后,蕃以田氏卑微,窦族良家,争之甚固。帝不得已,乃立窦后。”(第2169页)故窦皇后不受宠,“御见甚稀”③。可见,桓帝不再需要强有力的外戚。邓氏和窦氏虽再为皇后,却未能重掌朝廷大权。

---

①《两汉纪》,张烈点校,下册,第409页。
②《后汉书》卷一〇《桓帝邓皇后纪》,第444页。
③《后汉书》卷一〇《桓帝窦皇后纪》,第445页。

外戚势力衰落后，宦官取而代之。单超等五人以诛梁氏功皆拜中常侍，封列侯，“自是权归宦官，朝廷日乱矣”[①]。桓帝崩，无子。窦太后与父窦武定策禁中，迎立灵帝，时年十二，武以大将军辅政。为了夺回朝廷大权，窦氏与太傅陈蕃联手，“谋诛宦官”，结果反被宦官所败。窦武自杀，“宗亲、宾客、姻属，悉诛之”，窦太后被软禁，家属徙日南。史称：“当是时，凶竖得志，士大夫皆丧其气矣。”[②]灵帝皇后宋氏，乃章帝宋贵人之从曾孙，“无宠而居正位”，当然也无力干预朝政。宋皇后在位八年，光和元年，因灵帝幸姬及宦官谮毁而被废，忧死暴室，“父及兄弟并被诛”[③]。至此，以阴、郭两家为核心的外戚集团终于退出政治舞台。其后的外戚，如灵帝皇后何氏、献帝皇后伏氏和曹氏等家族，都不是该集团的成员。

何氏一家甚至大多站在宦官一边。《后汉书》卷一〇《何皇后纪》：“家本屠者，以选入掖庭。”注引《风俗通》曰：“后家以金帛赂遗主者以求入也。”（第449页）此处“主者”当是宦官。何氏入宫后，生皇子辩，拜贵人，“甚有宠幸”。但她能以微贱出身立为皇后，是靠宦官的支持。《后汉书》卷六九《何进传》载：“中常侍郭胜，进同郡人也。太后及进之贵幸，胜有力焉。”（第2248页）又载进弟何苗语曰：“始共从南阳来，俱以贫贱，依省内以至贵富。”（第2250页）“省内”亦指宦官。因此，何氏与宦官沆瀣一气。灵帝曾因何皇后鸩杀王美人而大怒，“欲废后，诸宦官固请得止”[④]。及何进联合袁绍等谋诛宦官，何太后一再阻挠。太后母舞阳君与何

---

①《后汉书》卷七八《宦者单超传》，第2520页。

②《后汉书》卷一〇《桓帝窦皇后纪》，第446页；卷六九《窦武传》，第2244页。

③《后汉书》卷一〇《灵帝宋皇后纪》，第448页。

④《后汉书》卷一〇《何皇后纪》，第450页。

苗也“数白太后，为其障蔽”①，极力保护宦官。最终，宦官杀何进，袁绍等勒兵攻入皇宫，尽诛宦官，舞阳君及何苗亦被杀，何太后则被董卓鸩杀，何氏与宦官同归于尽。

从章和二年（88 年）窦太后临朝，至中平六年（189 年）何氏覆灭，首尾一百零二年。其间，阴、郭两大外戚集团与章帝子孙紧密结合，共同执掌朝廷大权。他们之间矛盾重重，冲突不断，但总体上是相互依靠和利用的关系。阴、郭外戚集团只能在章帝子孙中选立皇帝，章帝子孙也必须在阴、郭外戚集团中选立皇后。大权多次易手，却不出既定范围。太后临朝之时，皇帝形同傀儡，皇帝亲政之后，仍离不开外戚的支持，故权力重心多在外戚一边。而当皇帝依靠宦官摆脱了阴、郭外戚集团后，东汉便加速走向灭亡了。这就是东汉中期外戚政治的基本格局。

五、从“四姓”及“小侯”之制看东汉外戚政治的历史意义

“四姓小侯”之称始见于明帝时。《后汉书》卷二《明帝纪》：永平九年，“为四姓小侯开立学校”（第 113 页）。袁宏《后汉纪》卷一四《和帝纪》：“永平中……为外戚樊氏、郭氏、阴氏、马氏诸子弟立学，号曰四姓小侯。”②后世史家皆沿袁氏之说，以樊、郭、阴、马为“四姓”。不过有证据表明，明帝时“四姓”可能有邓而无马。邓氏是阴太后的母家，明帝时也甚受尊宠。《后汉书》卷一〇《光武阴皇后纪》：“永平三年冬，帝从太后幸章陵，置酒旧宅，会阴、邓故人诸家子孙，并受赏赐。”（第 407 页）卷二三《窦宪传》：“永平中，常令阴党、阴博、邓叠三人更相纠察，故诸豪戚莫敢犯法者。”

---

①《后汉书》卷六九《何进传》，第 2249 页。

②《两汉纪》，张烈点校，下册，287 页。

(第 812 页)可见明帝时邓氏是被视作外戚的,因而其子弟也可为“小侯”。同书卷一六《邓禹传》:“禹少子鸿,好筹策,永平中,以为小侯。”(第 605 页)卷三三《虞延传》:“永平初,有新野功曹邓衍,以外戚小侯每豫朝会,而容姿趋步,有出于众。”延时为南阳太守,“以衍虽有容仪而无实行,未尝加礼”(第 1153 页)。案同书卷二《明帝纪》:永平三年二月“己未,南阳太守虞延为太尉。甲子,立贵人马氏为皇后”(第 105 页)。由此可知,邓衍为“小侯”在马氏立为皇后之前。卷四二《东海王强传》:永平元年薨,“诏楚王……及京师亲戚四姓夫人、小侯皆会葬”(第 1424 页)。此时马氏尚非皇后,其家族肯定不在“四姓”中。明帝一朝,阴、邓贵盛。章帝即位后,马氏才取而代之。故马皇后的兄弟至章帝建初四年才得以封侯,马氏子弟为“小侯”不会早于此。同书卷二四《马防传》:“子钜,为常从小侯。六年正月,以钜当冠,特拜为黄门侍郎。肃宗亲御章台下殿,陈鼎俎,自临冠之。”(第 856 页)马钜为“小侯”,正在章帝时。可能由于邓氏当时毕竟未出皇后,故马氏取代邓氏成为“四姓”之一。《后汉书》卷七《桓帝纪》:建和二年赐群臣帛,其中包括“四姓及梁、邓小侯”(第 292 页)。邓既单列,肯定不在“四姓”中。此处“四姓”应指樊、郭、阴、马。

小侯制度,史料记载不详。后世史家的解释,多为猜测之辞。如颜之推曰:“谓之小侯者,或以年小获封,故须立学耳。”①胡三省曰:“《东平王苍传》:‘送列侯印十九枚,诸王子年五岁以上能趋拜者,皆令带之。’意四姓小侯亦犹是也。”②王先谦赞同颜、胡

①王利器:《颜氏家训集解(增补本)》卷六《书证》,北京:中华书局,1993 年,第 462 页。

②《资治通鉴》卷四五,第 1450 页。

之说，并认为“小侯所带印，亦必有朝侯、侍祠侯、隈诸侯之别”①。照此说法，小侯就是年龄尚小的列侯。但颜之推又曰：“或以侍祠、猥、朝侯非列侯，故曰小侯。”李贤亦曰：“以非列侯，故曰小侯。”②与前说不同。今案《邓禹传》：禹薨，明帝“分禹封为三国，长子震为高密侯，袭为昌安侯，珍为夷安侯”，又以少子鸿为“小侯”。震、袭、珍皆为列侯，死后子孙袭爵，传中载之甚详。而鸿先后出任将兵长史、度辽将军、行车骑将军，和帝时出塞追叛胡，“坐逗留，下狱死”（第605页），其间不见由小侯转为列侯及因罪夺爵等事，可见邓鸿始终不是列侯。又《马防传》：“防为翟乡侯”，子钜“为常从小侯”，防卒，“子钜嗣”（第856页）。如果小侯就是年龄尚小的列侯，马钜成年后便应成为正式的列侯，马防之爵便应由其他儿子继承。马钜即嗣父爵，可见之前亦非列侯。至于“侍祠、猥、朝侯”，《邓禹传》注引《汉官仪》曰：“诸侯功德优盛，朝廷所敬者，位特进，在三公下；其次朝侯，在九卿下；其次侍祠侯；其次下土小国侯，以肺腑亲公主子孙奉坟墓于京师，亦随时朝见，是为隈诸侯也。”（第607页）《续汉书·百官志五》列侯条所载略同。显然，朝侯、侍祠侯、隈诸侯都是列侯，与小侯无关。

从现有材料看，小侯是专为皇后家族设立的制度③。其意义除了使“四姓”等后族子弟得豫朝会及依例拜官外④，还意味着他们是宗室贵族的成员。《续汉书·礼仪志下》载东汉大丧之礼曰：

---

①《后汉书集解》卷二《明帝纪》校补，第74页。

②《后汉书》卷二《明帝纪》，第113页。

③参晋文：《东汉小侯考》，《南都学坛》1993年第2期。

④小侯得豫朝会，见上引《虞延传》所载邓衍例。同书卷七六《秦彭传》载彭以贵人兄“随四姓小侯擢为开阳城门候”（第2467页），则是小侯得依例拜官之证。

“谒者引诸侯王立殿下，西面北上；宗室诸侯、四姓小侯在后，西面北上。”（第 3142 页）此外，公卿百官及列侯皆北面西上，皇后、贵人、公主、宗室妇女皆东向。“四姓小侯”和“诸侯王”、“宗室诸侯”在一起，表明他们是被视同于宗室贵族的。“四姓”如此，窦、邓、梁等家族亦同。《后汉书》卷一六《邓骘传》载：安帝诛邓氏时，“宗族皆免官归故郡”；顺帝即位后，“诏宗正复故大将军邓骘宗亲内外，朝见皆如故事”（第 617 页）。宗正所“复”应是邓氏属籍。东汉宗正“掌序录王国嫡庶之次，及诸宗室亲属远近”[①]。后族宗亲亦归宗正掌管，应是“宗室亲属”的一部分。所谓“朝见皆如故事”，当包括恢复邓氏子弟的小侯身份[②]。牟润孙曾指出：西汉帝室“保有相当浓厚之母系遗俗”，表现之一便是“外戚称宗室”[③]。从上述史实看，东汉也一样。

“四姓”贵盛之时，照例出任卫尉、执金吾、五校尉、中郎将、侍中、黄门侍郎等禁卫亲近之职；又都有数人封侯，如“樊氏侯者凡五国”，“郭氏侯者凡三人”，“阴氏侯者凡四人”，马氏侯者亦三人[④]。但官职不可世袭，侯爵也常因犯罪或无子而被夺。唯有小侯，不仅人数颇多，且可世代为之。刘秀时，刘昆“入授皇太子及诸王、小侯五十余人”[⑤]。其中“太子及诸王”即刘秀诸子，不过十

---

①《续汉书·百官志三》宗正条本注，第 3589 页。

②上引《桓帝纪》建和二年赐“邓小侯”帛，是其证；《隶释》卷一七有桓帝永寿年间立《吉成侯州辅碑》，碑阴题名中有“小侯新野邓晨”（北京：中华书局，1986 年，第 179 页），亦其证。

③牟润孙：《汉初公主及外戚在帝室中之地位试释》，《注史斋丛稿》，北京：中华书局，1987 年，第 51、77 页。

④《后汉书》卷三二《樊宏传》，第 1121 页；《阴兴传》，第 1133 页；卷一〇《郭皇后纪》，第 404 页；《马皇后纪》，第 413 页。

⑤《后汉书》卷七九《儒林刘昆传》，第 2550 页。

一人,“小侯”应是“四姓子弟”,多至四十余人。明帝专为“四姓小侯”立学,人数也不会太少。安帝时,邓太后模仿明帝,为济北、河间二王子女及“邓氏近亲子孙”立学,后者“三十余人”①,可能也多是小侯。顺帝以降,“四姓小侯”仍屡见记载。质帝本初元年,令“四姓小侯先能通经者”试家法②。桓帝建和二年,赐“四姓小侯”帛③。此时去明帝朝已七八十年。这些“小侯”应是“四姓”的第三或第四代了。

小侯制度虽未赋予“四姓”太多特权,但使“四姓”的贵族身份得以长期维持。《后汉书》卷七八《宦者吕强传》载其上疏灵帝曰:“今外戚四姓贵幸之家,及中官、公族无功德者,造起馆舍,凡有万数,楼阁连接,丹青素垩,雕刻之饰,不可单言。”(第2530页)《东观汉记》:“皇甫嵩上言,四姓权右,咸各敛手也。”④嵩亦灵帝时人。可见“四姓”直至灵帝时仍是“贵幸”、“权右”的代表。他们聚居洛阳,同其姻亲窦、邓、阎、梁、宋等家族一起,构成庞大的外戚集团,通过垄断皇后之位,长期盘踞朝廷之上,影响和控制朝廷大权。

“四姓”都不曾临朝执政,权势不及后起的外戚家族显赫,但他们是东汉外戚集团的中坚,影响更为深远。和帝至桓帝年间,窦、邓、阎、梁等家族先后执政,权重一时,“四姓”则若隐若现,虽未出现重要政治人物,却暗中影响着皇后人选。皇后应从“四姓”及其姻亲家族中出,是时人普遍认可的原则。所谓“《春秋》之义,娶先大国”,“微贱”者“不宜超登后位”,都是为这一原则辩护的。

---

①《后汉书》卷一〇《和熹邓皇后纪》,第428页。

②《后汉书》卷六《质帝纪》,第281页。

③《后汉书》卷七《桓帝纪》,第292页。

④《文选》卷四〇《奏弹王源》李善注引,北京:中华书局,1977年,第562页。

因此，东汉皇帝在选立皇后时并无太多自主权。皇帝与皇后的婚姻主要是一种政治行为，是对刘氏与“四姓”之婚姻关系的反复确认和强调。

据史家所言，东汉皇后大多受到皇帝的宠爱。如明帝马皇后“见宠异”，章帝窦皇后“宠幸殊特”，和帝阴皇后“有殊宠”，和帝邓皇后“帝深嘉爱焉”，安帝阎皇后“甚见宠爱”，顺帝梁皇后“帝加敬焉”，桓帝梁皇后“独得宠幸”，桓帝邓皇后“绝幸”，灵帝何皇后“甚有宠幸”，唯有桓帝窦皇后“御见甚稀”，灵帝宋皇后“无宠”。其实东汉皇帝真正“宠幸”的多是其他女性，皇后恐多“御见甚稀”。东汉皇后自马氏至宋氏凡十人皆无子，或与此有关。东汉皇帝对皇后的“宠”，应从政治意义上去理解，主要指对皇后的家族及其背后以“四姓”为中坚的外戚集团的尊宠和依靠。

我们知道，刘秀统一天下的战争遇到各地豪族势力的顽强抵抗，致使其权威和号召力先天不足，也使东汉王朝的统治缺乏深固的社会基础。这一情形不仅迫使刘秀采取一系列措施以强化皇权，大力宣扬谶纬以神化自己，督责官吏严格执法以抑制豪族势力，还使刘秀及其子孙不得不依靠“四姓”等外戚家族，即扎根于豪族社会之中，又凌驾于豪族社会之上。同各地豪族相互通婚并操控州郡事务相似，刘氏与“四姓”等外戚家族结成的豪族婚姻集团，构成东汉王朝的最高统治集团。和帝以降，朝廷大权又多掌握在外戚手中。因此，我们说东汉的外戚政治是豪族社会的产物，是豪族政治的一种表现形式，当无大过。至于桓灵之世的宦官专权，不过是外戚政治的衍生物。孤儿寡母当朝现象长期存在，必然使宦官逐步介入权力中心。因为幼主居深宫，“所与居者，唯阉宦而已”；“女主临政”也“不得不委用刑人”①。

东汉当权的外戚和宦官，不大干预朝廷大政方针和政治发展方向，未出现像弘恭、石显那样“独持故事”反对改革的宦官，也未出现像王莽那样领导激进改革的外戚。在东汉主流政治文化的裹挟和推动下，他们中的许多人尚能循规蹈矩，为巩固东汉统治出力②。但也有一些人滥用权力，造成严重负面影响。

外戚、宦官滥用权力，主要表现在干预选举和搜刮财富两个方面。马氏贵宠时已露端倪，马防、马光“奢侈，好树党与”，“奴婢各千人以上，资产巨亿，皆买京师膏腴美田，又大起第观，连阁临道，弥亘街路”，“宾客奔凑，四方毕至，京兆杜笃之徒数百人，常为食客，居门下，刺史守令多出其家”③。窦氏当权后更甚，兄弟“俱骄纵”，“奴客缇骑依倚形执，侵陵小人，强夺财货，篡取罪人，妻略妇女。商贾闭塞，如避寇雠”；“父子兄弟并居列位，充满朝廷”，

---

①《后汉书》卷七八《宦者传》，第 2509 页。

②如外戚樊宏“谦柔畏慎，不求苟进”，“宗族染其化，未尝犯法”（《后汉书》卷三二《樊宏传》，第 1121 页）；郭况“恭谦下士，颇得声誉”（《后汉书》卷一〇《光武郭皇后纪》，第 402 页）；阴皇后“深自降挹，卒不为宗亲求位”；阴识“极言正议”，“所用掾史皆简贤者”（《后汉书》卷三二《阴识传》，第 1131 页）；马皇后“躬履节俭”，“言及政事，多所毗补”；马廖“性质诚畏慎，不爱权执声名，尽心纳忠，不屑毁誉”（《后汉书》卷二四《马廖传》，第 853、854 页；卷一〇《明德马皇后纪》，第 410 页）；和帝邓皇后“恭肃小心，动有法度”，时人以为“多德政”；邓骘兄弟“崇节俭，罢力役，推进天下贤士”，“皆遵法度”，“检敕宗族，阖门静居”（《后汉书》卷一〇《和熹邓皇后纪》，第 419、426 页；卷一六《邓骘传》，第 616 页）；梁商“每存谦柔，虚己进贤”（《后汉书》卷三四《梁商传》，第 1175 页）。又如宦官郑众“一心王室，不事豪党”；蔡伦“尽心敦慎，数犯严颜，匡弼得失”；吕强“清忠奉公”，多次上书谏灵帝；丁肃、徐衍、郭耽、李巡、赵祐等亦“称为清忠，皆在里巷，不争威权”（《后汉书》卷七八《宦者传》，第 2512、2513、2528、2533 页）。

③《后汉书》卷二四《马防传》，第 855、857 页。

“刺史守令多出其门”①。梁冀则登峰造极,一门之内“卿、将、尹、校五十七人”,妻家孙氏“冒名而为侍中、卿、校尉、郡守、长吏者十余人”。及梁氏诛,“连及公卿列校刺史二千石死者数十人,故吏宾客免黜者三百余人”,自然多是梁氏的亲信党羽。这些人“贪叨凶淫”,甚至“遣私客籍属县富人,被以它罪,闭狱掠拷,使出钱自赎,赀物少者至于死徙”。后朝廷斥卖梁冀财产,“合三十余万万,以充王府,用减天下租税之半”②。宦官在桓灵二帝的包庇纵容下更是“无所忌惮”。单超等“五侯”,“皆竞起第宅,楼观壮丽,穷极伎巧。金银罽毦,施于犬马。多取良人美女以为姬妾,皆珍饰华侈,拟则宫人。其仆从皆乘牛车而从列骑。又养其疏属,或乞嗣异姓,或买苍头为子,并以传国袭封。兄弟姻戚皆宰州临郡,辜较百姓,与盗贼无异”。张让等“十常侍”,亦皆“封侯贵宠”,“多放父兄、子弟、婚亲、宾客典据州郡,辜榷财利,侵掠百姓”③。

外戚、宦官的上述行为,除了满足其野心和贪欲外,也是为了扩大其家族的势力。值得注意的是,马、窦、梁氏都来自西北,加入刘秀集团较晚,不是核心成员。在阴、郭相争的复杂局面中,他们因缘际会成为外戚,并贵宠一时,但又先后遭到沉重打击,故其势力不及樊、郭,更不及阴、邓。在豪族社会强者为王的政治生态中,他们一旦成为皇后家族,尤其是临朝执政后,自然会产生扩大家族势力的强烈冲动。三家之中,梁氏最弱,又曾两次遭受打击,其当权后的表现最为极端恐与此有关。宦官的微贱出身和“刑人”身份与其煊赫权势反差更大。他们安插亲属宾客为官,并大

①《后汉书》卷二三《窦宪传》,第819页。
②《后汉书》卷三四《梁冀传》,第1181—1187页。
③《后汉书》卷七八《宦者传》,第2521、2535页。

肆敛财，主要目的是使其家族跻身豪族阶层，挤入权贵行列。在这些现象背后，显然有某种结构性因素在起作用。

外戚宦官干预选举和搜刮财富，严重破坏了东汉的吏治，使本来就很严峻的吏治危机雪上加霜，也使社会矛盾更加尖锐。如"广陵贼张婴等众数万人"，因"前后二千石多肆贪暴"而"怀愤相聚"，"杀刺史、二千石，寇乱扬徐间，积十余年，朝廷不能讨"①。又如"安定太守孙俊受取狼籍，属国都尉李翕、督军御史张禀多杀降羌，凉州刺史郭闳、汉阳太守赵熹并老弱不堪任职，而皆倚恃权贵，不尊法度"，致使羌人反叛，"寇钞关中"②。灵帝曾问讨虏校尉盖勋，"天下何苦而反乱如此?"答曰："幸臣子弟扰之。"灵帝顾问宦官蹇硕，"硕惧，不知所对"③。黄巾起义暴发后，郎中张钧上书曰："窃惟张角所以能兴兵作乱，万人所以乐附之者，其源皆由十常侍多放父兄、子弟、婚亲、宾客典据州郡，辜榷财利，侵掠百姓。百姓之冤无所告诉，故谋议不轨，聚为盗贼。"④

为了扭转这种局面，官僚士大夫们进行了不懈的努力。他们主张限制外戚和宦官的权力。如第五伦提出，"贵戚可封侯以富之，不当职事以任之"⑤。李固认为，对外戚可"尊以高爵"，不可委以重权，应"使权去外戚，政归国家"；又主张"设常禁"，令中常侍子弟"不得为吏察孝廉"⑥。冯绲则要求恢复"中官子弟不得为

①《后汉书》卷五六《张纲传》，第 1818 页。

②《后汉书》卷六五《皇甫规传》，第 2133 页。

③《后汉书》卷五八《盖勋传》，第 1881 页。

④《后汉书》卷七八《宦者张让传》，第 2535 页。

⑤《后汉书》卷四一《第五伦传》，第 1399 页。

⑥《后汉书》卷六三《李固传》，第 2075 页。

牧人职”的“旧典”①。在皇权不振的情况下，这些主张不可能被采纳。于是，许多士大夫奋起弹劾制裁违法的外戚宦官及其党羽。如司徒袁安、司空任隗针对窦宪兄弟“尽树其亲党宾客于名都大郡，皆赋敛吏人，更相赂遗”之情形，“举奏诸二千石，又他所连及贬秩免官者四十余人，窦氏大恨”②。守光禄大夫杜乔“徇察兖州”，表奏“陈留太守梁让、济阴太守汜宫、济北相崔瑗等臧罪千万以上。让即大将军梁冀季父，宫、瑗皆冀所善”③。太尉杨秉、司空周景在“宦官方炽，任人及子弟为官，布满天下，竞为贪淫，朝野嗟怨”的情况下，“条奏牧守以下……五十余人，或死或免”④。不过，在士大夫与外戚宦官的斗争中，皇帝大多站在外戚宦官一边。因此士大夫们每每遭到打击报复，并最终酿成“党锢之祸”，名士百余人“皆死狱中”，受牵连而“死徙废禁者，六七百人”，其“门生、故吏、父子、兄弟”，皆“免官禁锢，爰及五属”⑤。事实证明，外戚宦官专权问题积重难返。解决问题的办法只有一个，即彻底消灭他们。故灵帝时，陈蕃、陈球、阎忠、张玄、袁绍等先后“谋诛宦官”⑥。及袁绍消灭宦官后，局面才得以从根本上扭转。此后，皇帝沦为董卓、曹操等军阀的傀儡，官僚士大夫集团则成了朝中最

①《后汉书》卷三八《冯绲传》，第 1284 页。

②《后汉书》卷四五《袁安传》，第 1519 页。

③《后汉书》卷六三《杜乔传》，第 2092 页。

④《后汉书》卷五四《杨秉传》，第 1772 页。

⑤《后汉书》卷六七《党锢传序》，第 2188 页。

⑥陈球劝司徒刘郃收宦官曹节等诛之，事露被杀。见《后汉书》卷五六《陈球传》，第 1834 页。阎忠劝左车骑将军皇甫嵩“诛阉官之罪，除群凶之积”，嵩不敢行。见同书卷七一《皇甫嵩传》，第 2303 页。张玄劝车骑将军张温“剪除中官，解天下之倒县”，温“不能行”。见同书卷三六《张玄传》，第 1244 页。

重要的政治势力。

汉末政局的这一变化,意味着东汉已名存实亡,历史进入了酝酿新王朝的过程。但官僚士大夫集团在消灭外戚宦官势力的同时,并未否定和推翻豪族政治格局,他们只是在原有格局下取代了外戚宦官的位置而已。因此,豪族政治并未就此终结,它还将以士族政治的形态存在和发展数百年。从这个意义上说,东汉外戚政治正是魏晋士族政治的前身。后者是在前者的母体中孕育而成的,因而携带着前者的某些基因。

第三节　世家大族的崛起和儒家经学的发展

学人所谓“世家大族”,指那些世代高官的士大夫家族①。它们是东汉豪族中的一个特殊群体,又是士大夫阶层的代表和领袖,除具有豪族的一般特征外,还带有鲜明的儒学色彩②。在东汉特定历史环境中,世家大族的形成和发展有一定必然性。但其发展方向,曾受到刘秀的强力矫正和东汉主流政治文化的引导。在同外戚宦官的残酷斗争中,汝南袁氏、弘农杨氏等世家大族相继崛起,并最终领导士大夫集团消灭了外戚宦官势力。与此同时,儒家经学也悄然发生着变化。今文学盛极而衰,古文学逐渐取而代之。后者在整合今古文学的同时,还对东汉正统儒术进行了改造,提出一套以“礼”为核心的经学政治理论。和世家大族一样,

---

①参田余庆:《曹袁之争与世家大族》,《秦汉魏晋史探微(重订本)》,第145页。

②何兹全称之为“世家豪族”或“士家豪族”。见氏著《中国古代社会》,第327页。

这也是东汉留给后世的重要遗产。

一、刘秀与世家大族

《后汉书》所载东汉初人之家世,多有世代官至二千石者。如邓晨"世吏二千石",卓茂"父祖皆至郡守",鲁恭"世吏二千石",法雄"世为二千石",李章"五世二千石",窦融"累世二千石"等①,所指都是西汉时的情形。西汉后期还出现了两个世代宰相的家族:一是韦贤官至丞相,其子玄成亦至丞相,其孙赏至大司马车骑将军,"列为三公"②。二是平当至丞相,其子晏至大司徒,亦"父子至宰相"③。这些现象表明世家大族已经开始出现了。

东汉建立后,世家大族继续发展,朝廷大臣中多有世家子弟,世代公卿的家族也越来越多。如大司徒伏湛,父理为西汉高密太傅,子隆至光禄大夫,弟黯至光禄勋,兄子恭至司空,恭子寿至东郡太守;大司徒侯霸,子昱至太仆;大司空宋弘,父尚为西汉少府,弟嵩至河南尹,嵩子由至太尉,由子汉至太仆;司徒冯勤,曾祖父扬为西汉弘农太守,扬八子皆为二千石,勤长子宗至张掖属国都尉,中子顺至大鸿胪;太尉赵熹,子代至越骑校尉,孙直至步兵校尉;司徒郭丹,父稚为西汉庐江太守,长子宇至常山太守,少子济至赵相;司隶校尉鲍永,子昱至太尉,孙德至大司农;大司空张纯,高祖安世为西汉大司马,父放为西汉侍中,子奋至司空;司空第五

①分见《后汉书》卷一五《邓晨传》,第 582 页;卷二五《卓茂传》,第 869 页;《鲁恭传》,第 873 页;卷三八《法雄传》,第 1276 页;卷七七《酷吏李章传》,第 2492 页;卷二三《窦融传》,第 800 页。

②《汉书》卷七三《韦贤传》,第 3107、3115 页。

③《汉书》卷七一《平当传》,第 3051 页。

伦，子颉至将作大匠；等等①。在豪族社会基础上和豪族政治框架中，世家大族的形成和发展是不可阻挡的，他们必将成为政治生活中举足轻重的力量。

为了约束、塑造和利用这支力量，刘秀除“以吏事责之”并“法理严察”之外，还特别注意在大臣中提倡忠君观念，严防结党营私。《后汉书》卷七九《儒林戴凭传》：“为侍中，数进见问得失……曰：‘前太尉西曹掾蒋遵，清亮忠孝，学通古今，陛下纳肤受之诉，遂致禁锢，世以是为严。’帝怒曰：‘汝南子欲复党乎？’凭出，自系廷尉，有诏敕出。”（第 2553 页）卷二六《冯勤传》载：大司徒侯霸“荐前梁令阎杨。杨素有讥议，帝常嫌之，既见霸奏，疑其有奸，大怒，赐霸玺书曰：‘崇山、幽都何可偶，黄钺一下无处所。欲以身试法邪？将杀身以成仁邪？’”后经冯勤“申释事理，帝意稍解”，侯霸才逃过一死（第 910 页）。崇山、幽都，相传是舜流放驩兜、共工之处。王先谦《后汉书集解》引何若瑶曰：“疑霸有奸，类共、兜比周。”② “比周”意为结党③。戴凭、侯霸之例表明，刘秀对大臣结党高度警觉。而继侯霸之后，韩歆、欧阳歙、戴涉三位大司徒相继被杀，其原因或多或少都与此有关。

《后汉书》卷二六《侯霸传》载韩歆事曰：“好直言，无隐讳，帝每不能容。尝因朝会，闻帝读隗嚣、公孙述相与书，歆曰：‘亡国之君皆

---

①《后汉书》卷二六《伏湛传》，第 893 页；卷七九《儒林伏恭传》，第 2571 页；卷二六《牟融传》，第 916 页；《宋弘传》，第 903 页；《冯勤传》，第 909 页；《赵熹传》，第 914 页；卷二七《郭丹传》，第 940 页；卷二九《鲍永传》，第 1020 页；卷三五《张纯传》，第 1193 页；卷四一《第五伦传》，第 1398 页。

②北京：中华书局，1984 年，第 329 页。

③《韩非子·孤愤》：“朋党比周以弊主。”陈奇猷：《韩非子集释》，北京：中华书局，1958 年，第 207 页。

有才，桀纣亦有才。'帝大怒，以为激发。歆又证岁将饥凶，指天画地，言甚刚切，坐免归田里。帝犹不释，复遣使宣诏责之……歆及子婴竟自杀。"（第902页）此处之"激发"，《汉语大词典》释为"讥刺"①，符合上下文意。韩歆一向口无遮拦，常当众让刘秀难堪，以致这一次刘秀怀疑他指桑骂槐，讥刺自己。"指天画地"以证"岁将饥凶"，应是根据天人感应说批评刘秀的政策，且语气不恭。刘秀忍无可忍，终于迫其父子自杀。史称韩歆"素有重名，死非其罪，众多不厌，帝乃追赐钱谷，以成礼葬之"。可见此人在士大夫中颇有威望和影响力。他敢批评刘秀，这或许是原因之一。刘秀"不能容"他，除了维护自己的尊严之外，当也包含着对朋党的疑忌。

《后汉书》卷七九《儒林传》载欧阳歙事曰："拜汝南太守……视事九岁，征为大司徒，坐在汝南臧罪千余万发觉下狱……死狱中。"②歙乃《欧阳尚书》传人，为当时"儒宗"，且"恭谦好礼让"。任汝南太守时，"推用贤俊，政称异迹"，并"教授数百人"。这样一个人竟犯下千余万"臧罪"，令人不解。本传对他贪赃的具体情况只字未载，却说"诸生守阙为歙求哀者千余人，至有自髡剔者"，其中一人甚至

①参《汉语大词典》"激发"条，第6卷，第178页。

②《资治通鉴》卷四三光武帝建武十五年十一月条载此事曰："大司徒歙坐前为汝南太守，度田不实，赃罪千余万，下狱。"（第1387页）据此，欧阳歙的罪名，除"赃罪千余万"外，还有"度田不实"一项。今案《后汉书》、《后汉纪》、《东观汉记》等书，皆不见此说。《后汉书》卷一《光武帝纪》建武十五年载："六月……诏下州郡检核垦田顷亩及户口年纪，又考实二千石长吏阿枉不平者。冬十一月甲戌，大司徒欧阳歙下狱死。"（第66页）《通鉴》之说可能是将这两件事联系起来而形成的。但这条材料并没说欧阳歙是因"度田不实"而下狱的。其下建武十六年条又说："秋九月，河南尹张伋及诸郡守十余人，坐度田不实，皆下狱死。"是"度田不实"一案在欧阳歙死了十个月后才查实，故欧阳歙应无此"罪名"。

"上书求代歙死",并称刘秀杀歙将"获杀贤之讥"。歙死后,其掾陈元又"上书追讼之,言甚切至,帝乃赐棺木,赠印绶,赙缣三千匹"(第2556页)。"臧罪千余万"在当时并非特别大的数目①,从"杀贤"、"追讼"等字眼看,证据似乎也不充分,或有可原之情,因而罪不至死。那么刘秀为何坚持杀掉他呢?案同书卷二九《郅恽传》:欧阳歙在汝南时信任西部督邮繇延,说他"天资忠贞,禀性公方,摧破奸凶,不严而理",欲"显之于朝";其实此人"资性贪邪,外方内员,朋党构奸,罔上害人,所在荒乱,怨慝并作"(第1028页)。这是史传所载欧阳歙最不光彩的一件事。其"臧罪"或许与此人有关。与侯霸举荐阎杨相比,欧阳歙信任繇延,问题严重得多。加上他在儒生中的崇高威望,刘秀"疑"而杀之,便非完全不合情理了。

至于戴涉,《后汉书》卷一《光武帝纪》建武二十年四月条载:"大司徒戴涉下狱死。"注引《古今注》曰:"坐入故太仓令奚涉罪。"(第72页)《资治通鉴》卷四三胡三省注:"无罪加之以罪曰入。"(第1398页)《后汉书》卷四五《袁安传》李贤注:"大司徒涉坐杀太仓令,下狱死。"(第1521页)但同书卷二三《窦融传》又说:"二十年,大司徒戴涉坐所举人盗金下狱。"(第807页)卷二七《张湛传》李贤注(第930页)与此同。太仓令属大司农。《续汉书·百官志三》大司农条本注曰:"掌诸钱谷金帛诸货币。"(第3590页)综合这些信息,笔者推测,可能是戴涉举荐的某官员于太仓盗金,戴涉为逃脱举者连坐之责②,遂诬陷太仓令而杀之。如果

---

①《后汉书》卷五六《王畅传》:为南阳太守,纠发"其豪党有衅秽者",规定"诸受臧二千万以上不自首实者,尽入财物"(第1823页)。卷四八《徐璆传》:南阳太守张忠"臧罪数亿"(第1620页)。

②东汉有官员犯罪、举者连坐之制。如《后汉书》卷二七《王丹传》:"为太子少傅……所举者陷罪,丹坐以免。"(第932页)

是这样，则其性质与侯霸举荐阎杨、欧阳歙信任繇延相同，而情节更加恶劣。

刘秀杀韩歆、欧阳歙、戴涉等人的原因和目的，还可从他告诫司徒冯勤的话中窥知一二。《后汉书》卷二六《冯勤传》：

> 先是三公多见罪退，帝贤勤，欲令以善自终，乃因燕见从容戒之曰："朱浮上不忠于君，下陵轹同列，竟以中伤至今，死生吉凶未可知，岂不惜哉！人臣放逐受诛，虽复追加赏赐赙祭，不足以偿不訾之身。忠臣孝子，览照前世，以为镜诫。能尽忠于国，事君无二，则爵赏光乎当世，功名列于不朽，可不勉哉！"（第910页）

冯勤任司徒在建武二十七年，刘秀说这番话的时间当在其后不久。而据《后汉书》卷三三《朱浮传》，浮曾于建武二十年拜大司空，二十二年"坐卖弄国恩免"。朱浮如何卖弄国恩，史传未载。据上引刘秀语，他是被人"中伤"的，之所以被人中伤，是因为他"上不忠于君，下陵轹同列"。本传所载朱浮事迹，只有建武初年其任幽州牧时的表现可与此对应。其文曰："浮年少有才能，颇欲厉风迹，收士心，辟召州中名宿涿郡王岑之属，以为从事，及王莽时故吏二千石，皆引置幕府，乃多发诸郡仓谷，禀赡其妻子。"渔阳太守彭宠"以为天下未定，师旅方起，不宜多置官属，以损军实，不从其令"。浮"因以峻文诋之"，并"密奏宠遣吏迎妻而不迎其母，又受货贿，杀害友人，多聚兵谷，意计难量"，以致彭宠被逼而反。这些举动的结党之嫌，比侯霸及韩歆等人更明显。时任尚书令的侯霸奏浮"败乱幽州，构成宠罪……罪当伏诛"（第1137页）。刘秀因其有功而"不忍"，但"每衔之"，及戒冯勤，便以之为例。"人臣放逐受诛，虽复追加赏赐赙祭，不足以偿不訾之身”一句，则显然是指韩歆、欧阳歙、戴涉等人。由此看来，刘秀对他们的不满与对朱浮的不满是相似的。

刘秀的上述言行，释放出强烈信息，即大臣必须“尽忠于国，事君无二”，而不得“朋党比周”。做到这一点，便可“爵赏光乎当世，功名列于不朽”，否则将有“放逐受诛”之祸。和帝初，袁安抵制外戚窦氏，窦宪威胁之，“称光武诛韩歆、戴涉故事”①。可见，刘秀对韩歆等人的处置，作为可被援引的“故事”，如同高高举起的“黄钺”，时刻威慑着公卿大臣。史称韩歆等被杀后，“大臣难居相任”。蔡茂、玉况为司徒，小心翼翼，“清俭匪懈”，“皆得薨位”②。冯勤听了刘秀的劝戒，“愈恭约尽忠，号称任职”。这表明他们领会了刘秀的意思。刘秀对大臣的要求，下限甚高，处罚手段也很严厉，但大方向符合儒生的主张及东汉社会对“良吏”的期待，因而得到士大夫们的认可和社会舆论的支持。自此，朝廷上下对大臣的角色要求更加明确。明章两朝，最受信任的三公有赵熹、牟融、郭丹、鲍昱等。熹“正身立朝，未尝懈惰”；融“忠正公方，经行纯备”；丹“廉直公正”；昱“奉法守正”③。他们的形象对世家大族有示范和矫正作用。

二、世家大族的崛起及其本质特征

和帝以降，外戚宦官专权，政治环境日益恶化。大臣们多随波逐流，容身自保。如窦氏当权时，“兄弟专朝”，“虐用百姓”，朝野“论议凶凶”，而“公卿怀持两端，不肯极言”。何敞揭露他们的

---

①《后汉书》卷四五《袁安传》，第1521页。

②《后汉书》卷二六《侯霸传》，第903页；《蔡茂传》，第908页。

③《后汉书》卷二六《赵熹传》，第915页；《牟融传》，第916页；卷二七《郭丹传》，第941页；卷二九《鲍永传》，第1022页。

心态说:“以为宪等若有匪懈之志,则己受吉甫褒申伯之功,如宪等陷于罪辜,则自取陈平、周勃顺吕后之权。”[1]张酺则讥笑窦氏失势前后群臣的表现说:“方宪等宠贵,群臣阿附,唯恐不及,皆言宪受顾命之托,怀伊、吕之忠……今严威既行,皆言当死,不复顾其前后,考折厥衷。”[2]梁氏及宦官当权时,更是“内外莫不阿附”[3],“中外服从,莫不屏气”[4]。这些大臣虽能“容身避害”[5],甚至“光宠三族”[6],但得不到舆论的好评,又每每随当权外戚、宦官的覆灭而被处死、远徙、免官、禁锢。长远地看,这些人及其家族没有前途,不是当时迅速崛起的世家大族的主体。

在外戚宦官的淫威之下,也有一些大臣敢于抗争。《后汉书》卷四三《何敞传》范晔论曰:“窦氏凭盛戚之权,将有吕、霍之变。幸汉德未衰,大臣方忠,袁、任二公正色立朝,乐、何之徒抗议柱下,故能挟幼主之断,剿奸回之逼。”(第1488页)袁、任、乐、何,指袁安、任隗、乐恢、何敞。乐恢为尚书仆射,弹劾窦氏党羽,“无所回避”,又上书谏“诸舅不宜干正王室”,遂为窦宪所迫,“饮药死”。何敞任尚书,“数切谏,言诸窦罪过,宪等深怨之”,出为济南太守。任隗为司空,袁安为司徒,二人“同心毕力,持重处正,鲠言直议,无所回隐”。“窦氏大恨,但安、隗素行高,亦未有以害之……自天子及大臣皆恃赖之”[7]。及窦氏败,乐恢门生上书“陈

①《后汉书》卷四三《何敞传》,第1485页。
②《后汉书》卷四五《张酺传》,第1531页。
③《后汉书》卷四五《袁盱传》,第1525页。
④《后汉书》卷七八《宦者传序》,第2510页。
⑤《后汉书》卷四三《乐恢传》,第1478页。
⑥《后汉书》卷七八《宦者传序》,第2510页。
⑦《后汉书》卷四三《乐恢传》,第1478页;《何敞传》,第1486页;卷二一《任隗传》,第754页;卷四五《袁安传》,第1520页。

恢忠节”，和帝除其子已为郎中。何敞本应受到奖励，但其子与窦瓌“厚善”，有司奏之，敞“坐免官”。范晔叹曰：“夫窦氏之间，唯何敞可以免，而特以子失交之故废黜，不显大位。惜乎，过矣哉！”任隗已薨，和帝“追思隗忠”，擢其子屯为步兵校尉。袁安亦薨，和帝“追思前议者邪正之节，乃除安子赏为郎”①。和帝对这些忠臣的褒奖，及舆论对他们的赞扬，为世家大族进一步指明了发展方向，并创造了汝南袁氏等一批新兴的世家大族。

袁安先人，只有祖父袁良见于记载，且位不过县令。袁安以下，则世代公卿。安子京至蜀郡太守，京子彭至光禄勋，彭弟汤至太尉，彭子贺至彭城相，贺子忠至卫尉，汤长子成至左中郎将，成子绍至大将军，汤次子逢至司空，逢子基至太仆，逢子术至后将军，逢弟隗至太傅；安子敞至司空，敞子盱至光禄勋。其中安、敞、汤、逢、隗，“四世五公”②。与袁氏情形相似的还有张酺、韩棱、周荣等。他们也都通过与窦氏的抗争，使家族地位得以上升。张酺父祖皆无官位，而酺至太尉，二孙济、喜皆至司空。韩棱父为陇西太守，祖父以上不详，而棱官至司空，子辅至赵相，孙演至司徒。周荣家世不详，当出身平民，而荣官至太守，子兴至尚书郎，孙景至太尉，曾孙忠亦至太尉③。

安帝初年，“遭元元之灾，人士荒饥，死者相望，盗贼群起，四夷侵畔”。外戚邓骘等“崇节俭，罢力役，推进天下贤士何熙、祋讽、羊浸、李郃、陶敦等列于朝廷，辟杨震、朱宠、陈禅置之幕府，故

①《后汉书》卷四三《乐恢传》，第1479页；《何敞传》，第1487页；卷二一《任隗传》，第754页；卷四五《袁安传》，第1522页。

②语见《后汉书》卷五八《臧洪传》，第1891页。

③《后汉书》卷四五《张酺传》，第1528页；《韩棱传》，第1534页；《周荣传》，第1536页。

天下复安”①。及安帝末年,这些“贤士”同外戚阎氏、耿氏、乳母王圣及宦官进行了斗争,从而使又一批世家大族崛起。其中最具代表性的是弘农杨氏。

据《后汉书》卷五四《杨震传》:震累迁至司徒、太尉。其间,王圣“缘恩放恣”,圣女伯荣“传通奸赂”。震上疏,要求“速出阿母,令居外舍,断绝伯荣,莫使往来”。安帝不纳,而“内幸皆怀忿恚”。耿宝荐宦官李润之兄于震,“震不从”,宝“大恨而去”,阎显“亦荐所亲厚于震,震又不从”,由是“益见怨”。安帝“遣使者大为阿母修第”,宦官樊丰及侍中周广、谢恽等乘机舞弊,“诈作诏书,调发司农钱谷、大匠见徒材木,各起家舍、园池、庐观,役费无数”。震上疏弹劾,语气“切至”,“帝即不平之,而樊丰等皆侧目愤怨”。及震查得“丰等所诈下诏书”,准备上奏,丰等“惶怖”,遂共谮之。安帝“遣使者策收震太尉印绶”,耿宝又奏震“不服罪,怀恚望”。有诏遣震归本郡,震遂“饮鸩而卒”。及顺帝即位,安帝外戚、内宠被诛,震门生“诣阙追讼震事,朝廷咸称其忠,乃下诏除二子为郎,以礼改葬”。据说,“先葬十余日,有大鸟高丈余,集震丧前,俯仰悲鸣,泪下沾地,葬毕,乃飞去”(第1760页)。

从此,弘农杨氏的声望和地位骤然提高。据《杨震传》载,震八世祖喜,是汉初功臣,封赤泉侯,高祖敞,昭帝时为丞相,封安平侯,曾祖以下皆无官位。而自震以后,却世代公卿。长子牧至侯国相,牧孙奇至卫尉。少子奉似无官位,奉子敷早卒,敷子众至侍中。中子秉一支最盛,秉及子赐、孙彪皆至太尉。史称“自震至彪,四世太尉,德业相继,与袁氏俱为东京名族云”②。

①《后汉书》卷一六《邓骘传》,第614页。

②《后汉书》卷五四《杨彪传》,第1790页。

外戚阎氏、耿氏及宦官、内宠将杨震迫害至死后,又"构谗太子及东宫官属",将太子废为济阴王。太仆来历,太常桓焉,廷尉张皓,光禄勋祋讽,宗正刘玮,侍中闾丘弘、陈光、赵代、施延,太中大夫朱伥等十余人,"俱诣鸿都门证太子无过"。及顺帝即位,"朝廷咸称社稷臣",于是拜张皓为司空,桓焉为太傅,迁来历为卫尉,"祋讽、刘玮、闾丘弘等先卒,皆拜其子为郎,朱伥、施延、陈光、赵代等并为公卿"①。其中,来历有外戚背景,曾祖来歙官至中郎将,祖、父皆无官位,而历至车骑将军,子定至虎贲中郎将,孙虎至屯骑校尉,孙艳至司空。来历在安顺之际的表现,使来氏也成了世家大族。桓焉世代帝师,祖荣、父郁皆至太常,而焉至太傅、太尉,家族地位进一步提高。张皓,据说是西汉功臣张良之后,祖上官位不详。而皓至司空,子纲至广陵太守。顺帝"欲擢用纲","不幸早卒"②,否则也会位至公卿。朱伥、施延、陈光、赵代等人事迹不详。据《后汉书》卷六《顺帝纪》,朱伥于永建元年拜司徒,施延于阳嘉二年拜太尉。同书卷四六《陈忠传》注引《谢承书》曰:"(施)延……少为诸生……家贫母老,周流庸赁。"(第 1558 页)显然是平民出身。朱伥、陈光、赵代等可能也是如此。他们做了"公卿"后,家族地位当然会大大提高。

顺帝一朝,特别是梁冀辅政之前,外戚宦官势力相对较弱,士大夫们略占上风。后者利用这一机会迅速扩张自己的势力。司空张皓"多所荐达,天下称其推士"③。太尉王龚"所辟命,皆海内长者"④。阳嘉元年,尚书令左雄改革察举制度,提高入仕门坎,规

①《后汉书》卷一五《来历传》,第 591 页。

②《后汉书》卷五六《张纲传》,第 1819 页。

③《后汉书》卷五六《张皓传》,第 1816 页。

④《后汉书》卷五六《王龚传》,第 1820 页。

定“孝廉年不满四十不得察举,皆先诣公府,诸生试家法,文吏课笺奏……有不承科令者,正其罪法”。于是,“济阴太守胡广等十余人皆坐谬举免黜,唯汝南陈蕃、颍川李膺、下邳陈球等三十余人得拜郎中。自是牧守畏栗,莫敢轻举。迄于永憙(冲帝年号),察选清平,多得其人”①。范晔《后汉书》卷六一传论,述顺帝朝得人盛况曰:“顺帝始以童幼反政,而号令自出,知能任使,故士得用情……俊乂咸事,若李固、周举之渊谟弘深,左雄、黄琼之政事贞固,桓焉、杨厚以儒学进,崔瑗、马融以文章显,吴祐、苏章、种暠、栾巴牧民之良干,庞参、虞诩将帅之宏规,王龚、张皓虚心以推士,张纲、杜乔直道以纠违,郎颉阴阳详密,张衡机术特妙。东京之士,于兹盛焉。”(第 2042 页)这些人物中不乏世代公卿二千石者。除前文提到的桓焉及张皓、张纲父子外,还有:山阳王龚位至太尉,子畅位至司空;汝南陈蕃位至太傅,子逸至鲁相;颍川李膺位至长乐少府,祖脩至太尉,父益至赵国相,子瓒至东平相;下邳陈球位至太尉,子瑀至吴郡太守,瑀弟琮至汝阴太守,弟子珪至沛相,珪子登至广陵太守;汉中李固位至太尉,父郃至司徒,子燮至河南尹;江夏黄琼位至太尉,父香至魏郡太守,孙琬亦至太尉;河南种暠位至司徒,子拂至司空,孙劭至大鸿胪。不见于上述名单的还有:弘农刘崎位至司徒,子宽至太尉,孙松至宗正;蜀郡赵戒位至太尉,子典至卫尉,孙谦至太尉,谦弟温至司徒。

东汉称太傅、太尉、司徒、司空为“公”,称其子孙为“公子”、“公孙”。如《后汉书》卷四五《袁逢传》:“以累世三公子,宽厚笃信,著称于时。”(第 1523 页)卷五六《张纲传》:“虽为公子,而厉布衣之节。”(第 1816 页)卷六一《黄琬传》:“以公孙拜童子郎。”

---

①《后汉书》卷六一《左雄传》,第 2020 页。

(第2040页)“公”之家族则称“公族”。如卷四五《袁隗传》:“袁氏贵宠于世,富奢甚,不与它公族同。”(第1523页)卷六七《党锢范滂传》:“滂外甥西平李颂,公族子孙,而为乡曲所弃。”(第2205页)卷七四《袁绍传》载绍上书称:“臣备公族子弟,生长京辇。”(第2387页)卷七八《宦者吕强传》:灵帝时吕强上书称:“今外戚四姓贵幸之家,及中官、公族无功德者,造起馆舍,凡有万数,楼阁连接,丹青素垩,雕刻之饰,不可单言。”(第2530页)“公族”被列于“外戚”、“中官”之后,在时人眼中已是朝廷权贵的重要组成部分,其中一门数“公”的家族更是世家大族的中坚。

上述世家大族的崛起,固然与其成员不畏权势的政治勇气及窦、阎兴衰所提供的历史机遇有关,但主要原因还在于他们有清廉正直的品格作风,且代代相传。

汝南袁氏就是这样。袁安“乃情帝室,引义雅正,可谓王臣之烈”。袁敞“廉劲不阿权贵”,袁盱“正身自守”,袁彭“行至清,为吏粗袍粝食……有清洁之美”,袁汤“诸儒称其节”,袁逢“宽厚笃信,著称于时”,袁忠“以清亮称”。灵帝时,“袁氏贵宠于世,富奢甚”。而袁贺之子袁闳“少励操行,苦身修节”,常对兄弟叹曰:“吾先公福祚,后世不能以德守之,而竞为骄奢,与乱世争权,此即晋之三郤也。”闳弟弘则“耻其门族贵势,乃变姓名,徒步师门,不应征辟”①。

弘农杨氏更是这样。杨震“性公廉,不受私谒”。所举茂才王密曾“夜怀金十斤以遗震”,曰:“暮夜无知者。”震曰:“天知,神知,我知,子知。何谓无知?”密惭愧而出。有故旧长者劝震为子孙开产业,震不肯,曰:“使后世称为清白吏子孙,以此遗之,不亦

---

①《后汉书》卷四五《袁安传》,第1522—1526页。

厚乎！”及弹劾外戚宦官，又毫不畏惧，宁死不屈。杨秉亦“以廉洁称”，在位“计日受奉，余禄不入私门。故吏赍钱百万遗之，闭门不受”。自言：“我有三不惑：酒、色、财也。”时“宦官方炽，任人及子弟为官，布满天下，竞为贪淫，朝野嗟怨”。秉乃条奏牧守以下五十余人，“或死或免，天下莫不肃然”。宦官侯览弟参为益州刺史，“累有臧罪，暴虐一州”，秉“劾奏参，槛车征诣廷尉。参惶恐，道自杀”。杨赐和杨彪也都有与外戚宦官斗争的事迹。赐曾上书指斥“妾媵嬖人阉尹之徒，共专国朝，欺罔日月”。彪曾揭发宦官王甫“使门生于郡界辜榷官财物七千余万”。杨奇与灵帝的一段对话，更生动反映出杨氏的门风。帝问奇：“朕何如桓帝？”对曰：“陛下之于桓帝，亦犹虞舜比德唐尧。”帝不悦曰：“卿强项，真杨震子孙，死后必复致大鸟矣。”孔融说杨彪“四世清德，海内所瞻”，非夸张之辞①。

其他家族也多是这样。如桓荣子孙，“男以忠孝显，女以贞顺称”②；王龚“劾奏贪浊”，“好才爱士”，“深疾宦官”；子王畅“以清实为称”，“常布衣皮褥，车马羸败”③。种暠“有财三千万”，“悉以赈恤宗族及邑里之贫者”，并曾弹劾外戚梁氏及宦官父兄子弟为官“残秽不胜任者，免遣案罪”；子种岱“富贵不能回其意，万物不能扰其心”④。陈球拒纳货贿，纠举豪右，抵制宦官；子侄“并知名”⑤，侄

①引文分见《后汉书》卷五四《杨震传》，第1760页；《杨秉传》，第1769、1772、1773、1774页；《杨赐传》，第1780页；《杨彪传》，第1786页；《杨奇传》，第1768页；《杨彪传》，第1788页。

②《后汉书》卷八四《列女传》，第2797页。

③《后汉书》卷五六《王龚传》，第1819、1823页。

④《后汉书》卷五六《种暠传》，第1826、1829、1830页。

⑤《后汉书》卷五六《陈球传》，第1831、1835页。

孙陈登“处身循礼，非法不行”①。黄香“祗勤物务，忧公如家”②；子黄琼“不阿梁氏”，“梁冀前后所托辟召，一无所用”；琼孙黄琬“显用志士”，被“陷以朋党”③。李郃“有忠臣节”，曾预言窦宪“不修礼德，而专权骄恣，危亡之祸可翘足而待”；子李固“竭其股肱，不顾死亡，志欲扶持王室”，被梁冀陷害至死；孙李燮“廉方自守”，“世称其平正”；侄李历“清白有节”④。

这些世家大族的门风，正合刘秀所揭举的“忠臣”标准及时人心目中的“良吏”形象，因而得到舆论的好评。桓灵之际，宦官势力猖獗。士大夫和太学生发起清议运动，“郭林宗、贾伟节为其冠，并与李膺、陈蕃、王畅更相褒重”。学中语曰：“天下模楷李元礼，不畏强御陈仲举，天下俊秀王叔茂。”他们“危言深论，不隐豪强。自公卿以下，莫不畏其贬议，屣履到门”。后又“共相标榜，指天下名士，为之称号。上曰三君，次曰八俊，次曰八顾，次曰八及，次曰八厨”。“君者，言一世之所宗也”，“俊者，言人之英也”，“顾者，言能以德行引人者也”，“及者，言其能导人追宗者也”，“厨者，言能以财救人者也”⑤。宦官杀了“三君”窦武、刘淑、陈蕃，“八俊”李膺、荀翌、杜密、朱寓、魏朗，“八顾”巴肃、范滂、尹勋，“八及”翟超，“八厨”刘儒等，使一批已经兴起或即将兴起的世家大族被扼杀，但清议的鼓噪与张扬，也使“忠臣”、“良吏”的形象更加鲜明，使世家大族清廉正直的门风得到更普遍的认同。

---

①《后汉书》卷五六《陈球传》注引《谢承书》，第1835页。

②《后汉书》卷八〇《文苑黄香传》，第2615页。

③《后汉书》卷六一《黄琼传》，第2036、2040页。

④《后汉书》卷八二《方术李郃传》，第2718、2719页；卷六三《李固传》，第2087、2090页。

⑤《后汉书》卷六七《党锢传序》，第2186—2187页。

陈蕃曾向桓帝举荐豫章徐稺、汝南袁闳、京兆韦著等人，帝问曰："徐稺、袁闳、韦著谁为先后？"蕃对曰："闳生出公族，闻道渐训。著长于三辅礼义之俗，所谓不扶自直，不镂自雕。至于稺者，爰自江南卑薄之域，而角立杰出，宜当为先。"①言下之意，"卑薄"之地人才难得，"礼义"之乡人才较多，以"公族"为代表的世家大族则有最好的教育条件和礼法门风，因而是培养"忠臣"、"良吏"的最佳场所。颍川锺瑾"好学慕古，有退让风"。其母乃李膺之姑，故膺祖太尉李脩常言："瑾似我家性，邦有道不废，邦无道免于刑戮。"②也将锺瑾的品格作风看作家族教育熏陶的结果。

东汉世家大族有着政治、经济、文化、社会等各方面的特征。对此，学人已有相当广泛深入的研究。笔者想进一步指出的是，陈蕃、李脩所揭示的家族教育功能，也是世家大族的特征之一，甚至是最本质的特征。因为正是这一特征，使得世家大族同一般权贵、豪族、学者有了区别，也使世家大族向门阀士族的转变及门阀制度、士族政治的形成，有了能为社会和历史所接受的基本理由。

三、今文章句之学的演变和衰颓

世家大族的品格作风和政治素养，主要来自对儒学经典的研习和践履，故世代传经是他们的一大特点。西汉韦贤治《鲁诗》，子孙相承，"由是《鲁诗》有韦氏学"。贤与子玄成皆"以明经历位至丞相"，故邹鲁谚曰："遗子黄金满籯，不如一经。"③东汉世家大族世传一经的也不少。如沛郡桓氏，自桓荣以下皆治《欧阳尚

①《后汉书》卷五三《徐稺传》，第1747页。

②《后汉书》卷六二《钟皓传》，第2064页。

③《汉书》卷七三《韦贤传》，第3107页；卷八八《儒林传》，第3609页。

书》,创立了“桓君章句”。弘农杨氏亦习《欧阳尚书》,自杨震以下则专治“桓君章句”。汝南袁氏世代传习《孟氏易》。情形类似的还有:汝南张酺“少从祖父充受《尚书》,能传其业。又事太常桓荣……以《尚书》教授”。酺曾孙济“好儒学”,“明习典训”,所习应该也是《欧阳尚书》之桓君章句①。上党鲍永“习《欧阳尚书》”;子昱“少传父学”②。沛国徐防,“祖父宣,为讲学大夫,以《易》教授王莽。父宪,亦传宣业”。防则“少习父、祖学”③。

刘秀年轻时曾“受《尚书》于中大夫庐江许子威”④。许氏不见于《汉书·儒林传》,从刘秀偏爱《欧阳尚书》一事推测,他所传授的应是《欧阳尚书》,故《欧阳尚书》成为东汉皇帝必修的经典。桓荣“习《欧阳尚书》”,得刘秀赏识,“入使授太子”。明帝即位,“尊以师礼,甚见亲重”,又以其子郁“入授皇太子”。及和帝即位,郁“复入侍讲”。郁子焉曾“入授安帝”,顺帝即位,“复入授经禁中”⑤。杨震“受《欧阳尚书》于太常桓郁”。其子秉“少传父业”,桓帝时“以明《尚书》征入劝讲”。秉子赐“少传家学”,又为桓焉门生。灵帝“当受学,诏太傅、三公选通《尚书》桓君章句宿有重名者,三公举赐,乃侍讲于华光殿中”⑥。桓、杨两家世代帝师,地位显赫,是世家大族的典范。

东汉皇帝及桓、杨、袁等家族所传习的,都是今文章句之学。这种经学形成于西汉昭、宣以降,特点是重视“家法”或

---

①《后汉书》卷四五《张酺传》及注引《华峤书》,第1528、1534页。

②《后汉书》卷二九《鲍永传》,第1017、1021页。

③《后汉书》卷四四《徐防传》,第1500页。

④《后汉书》卷一《光武帝纪》及注引《东观记》,第1页。

⑤《后汉书》卷三七《桓荣传》,第1249—1257页。

⑥《后汉书》卷五四《杨震传》,第1759、1769、1775、1776页。

“师法”[①]。“经有数家，家有数说”[②]，大师各自名家，“专相传祖，莫或讹杂”，儒生则“各习其师”[③]，“坐守师法”[④]。东汉一朝，在最高统治者的提倡和示范、太学十四博士制度的影响以及学术传承固有的惯性作用下，这种经学仍是官方学术的主要形式。但在思想内容和治学方法上，它也发生了重大变化，与西汉明显不同。变化的过程和原因微妙隐蔽，不易察觉，但还是留下了一串印迹，隐约显示出可以辨识的线索。其中第一个印迹，便是两汉之际今文学章句大增大减的现象。

约自宣帝以来，今文学各家曾出现“援引他经”“以次章句”的热潮。如夏侯建先“师事（夏侯）胜及欧阳高，左右采获，又从五经诸儒问与《尚书》相出入者，牵引以次章句，具文饰说”，另创小夏侯学。胜非建“章句小儒，破碎大道”，建亦非胜“为学疏略，难以应敌”[⑤]。夏侯建不仅“左右采获”《尚书》学大夏侯和欧阳两家的内容，还广泛引用五经其他各家之说，来丰富自己的章句。其目的是弥补《尚书》学固有的漏洞，增强在论辨中“应敌”的能力。《公羊》家也有类似情形。何休《公羊传解诂序》称：《春秋》“多非常异义可怪之论，说者疑惑，至有倍经任意反传违戾者。其势虽问不得不广……援引他经失其句读，以无为有，甚可闵笑者，不可胜记也”。徐彦疏：“此‘说者’，谓胡毋子都、董仲舒之后，庄（严）

①参钱穆：《秦汉史》，台北：东大图书股份有限公司，1957 年，第 199—204 页；林庆彰：《两汉章句之学重探》，《汉代文学与思想学术研讨会论文集》，台北：文史哲出版社，1991 年，第 255—278 页。

②《后汉书》卷三五《郑玄传论》，第 1213 页。

③《后汉书》卷七九《儒林传论》，第 2588 页。

④王充：《论衡·谢短》，黄晖：《论衡校释》，第 567 页。

⑤《汉书》卷七五《夏侯胜传》，第 3159 页。

彭祖、颜安乐之徒……恐已说穷短，不得不广引外文望成己说。”阮元按：“言其形势惟问难者多，是以不得不广为之说也。”[1]《穀梁》家尹更始“又受《左氏传》，取其变理合者以为章句”[2]，也是一例。这种做法的直接结果，是使章句篇幅大增。小夏侯章句肯定多于大夏侯章句，秦恭治小夏侯学，又“增师法至百万言”[3]，其中《尧典》“篇目两字之说至十余万言，但说‘曰若稽古’三万言”[4]；《欧阳尚书》“朱普学章句四十万言”[5]；《欧阳尚书》牟氏章句“有四十五万余言”[6]；《齐诗》也“章句繁多”[7]；《公羊》颜、严两家，据何休说，“讲诵师言至于百万”[8]。

然而自王莽以降，各家又纷纷删减章句。《论衡·效力》：“王莽之时，省五经章句，皆为二十万言。博士弟子郭路，夜定旧说，死于烛下。”[9]《后汉书》卷三七《桓郁传》：桓荣受朱氏章句，以其“浮辞繁长，多过其实”，“减为二十三万言”，是为《桓君大太常章句》；桓郁“复删省定成十二万言”，是为《桓君小太常章句》（第1256页）。卷六五《张奂传》：张奂受《欧阳尚书》牟氏章句，亦以其“浮辞繁多”，“减为九万言”（第2138页）。卷七九《儒林伏恭传》：伏恭受《齐诗》，“省减浮辞，定为二十万言”（第2571页）。《儒林锺兴传》：锺兴“受《严氏春秋》”，刘秀命其“定《春秋》章句，

①《十三经注疏》，第2190、2191、2194页。
②《汉书》卷八八《儒林传》，第3618页。
③《汉书》卷八八《儒林传》，第3605页。
④《汉书》卷三〇《艺文志》注引桓谭《新论》，第1724页。
⑤《后汉书》卷三七《桓郁传》，第1256页。
⑥《后汉书》卷六五《张奂传》，第2138页。
⑦《后汉书》卷七九《儒林伏恭传》，第2571页。
⑧《公羊传解诂序》，《十三经注疏》，第2191页。
⑨黄晖：《论衡校释》，第583页。

去其复重”（第2579页）。卷三二《樊鯈传》：樊鯈也曾“删定《公羊严氏春秋》章句，世号‘樊侯学’”（第1125页）。卷三六《张霸传》：张霸“以樊鯈删《严氏春秋》犹多繁辞，乃减定为二十万言，更名《张氏学》”（第1242页）。与此同时，今文学家还纷纷引谶纬解经。如樊鯈“以谶记正五经异说”[①]；樊英“著《易章句》，世名樊氏学，以图纬教授”[②]；景鸾“作《易说》及《诗解》，文句兼取《河》《洛》，以类相从”[③]。这样一来，新章句中势必加入大量谶纬。考虑到这一因素，原有章句被删去的内容应比上述数字所反映的更多。

西汉今文学家援引他经以充实章句，自然会破坏其家法的纯粹性。夏侯胜所谓“章句小儒，破碎大道”，应有此意。但他们并未放弃各自的基本立场和观点，反而使之进一步强化。范晔说他们“繁其章条，穿求崖穴，以合一家之说”，就是这个意思[④]。东汉删减章句的目的则与之相反。《后汉书》卷三《章帝纪》载：刘秀晚年，以“五经章句繁多，议欲减省”；明帝初年，樊鯈提出，“先帝大业当以时施行，欲使诸儒共正经义，颇令学者得以自助”；章帝以此为由，下令召开白虎观会议，“讲议五经同异”（第138页）。从这段记载看，刘秀、樊鯈等欲删减章句，同章帝召开白虎观会议一样，也是为了消除各家的分歧，以“正经义”。事实上，在今文学家大量删减章句的同时，其立场和观点确实淡化了，家法藩篱不那么森严了，于是学者兼治各家章句的现象日益普遍。如张玄“习《颜氏春秋》，兼通数家法”，“及有难者，辄为张数家之说，令

①《后汉书》卷三二《樊鯈传》，第1122页。
②《后汉书》卷八二《方术樊英传》，第2724页。
③《后汉书》卷七九《儒林景鸾传》，第2572页。
④《后汉书》卷七九《儒林传论》，第2588页。

择从所安，诸儒皆伏其多通”。后拜《颜氏》博士，“诸生上言玄兼说《严氏》、《冥氏》，不宜专为《颜氏》博士”。可见除《颜氏》外，他还“兼通”《公羊》学的其他“家法”①。又如杨秉治《欧阳尚书》桓君章句，“兼明《京氏易》”②；冯豹“以《诗》、《春秋》教丽山下”③；鲁丕“兼通五经，以《鲁诗》、《尚书》教授”④；刘宽“学《欧阳尚书》、《京氏易》，尤明《韩诗外传》”⑤。他们兼治两种以上的经，跨度更大。再如陈重、雷义“俱学《鲁诗》、《颜氏春秋》”⑥，鲁峻亦“治《鲁诗》，兼通《颜氏春秋》”⑦。《鲁诗》与《穀梁》学同源，与《公羊》学应有较多不同或对立处。东汉有同时治此二学者，说明它们之间已无太大隔阂。由此看来，东汉今文学家从其章句中删去的大量“浮辞”，不只是繁琐重复的文字，还包含那些曾令各家尖锐对立、争论不休的内容。东汉为什么会出现这一变化？这是个很难回答但又十分重要的问题。让我们从本书的视角出发，尝试提出一种解释。

如前所述，自汉武帝尊儒以来，儒家“任德教”的主张在政治上居支配地位，但推行“德教”应当“以德化民”还是“以礼为治”，仍是学者们争论的重要问题，而东汉建立后，随着谶纬和《公羊》学登上正统学说的宝座，《公羊》家“以德化民”的思路和主张确立了主导地位。从此，如何“正身导下”、推行“教化”，成为士大

①《后汉书》卷七九《儒林张玄传》，第2581页。
②《后汉书》卷五四《杨秉传》，第1769页。
③《后汉书》卷二八《冯衍传》，第1004页。
④《后汉书》卷二五《鲁丕传》，第883页。
⑤《后汉书》卷二五《刘宽传》注引谢承《后汉书》，第886页。
⑥《后汉书》卷八一《独行陈重传》，第2686页。
⑦《隶释》卷九《司隶校尉鲁峻碑》，北京：中华书局，1986年，第100页。

夫们探讨和实践的主要课题。与之相应,对仁义忠孝等道德信条及行为规范的阐释和构建,成了经学研究的重点。这一变化有两方面的意义:一是各家章句中原有的许多内容不仅显得多余,还会妨碍研究重心的转移。被删除的章句中或许包含了这些内容。二是在新的研究对象面前,各家虽仍有不同,但无根本分歧。东汉经学的合流趋势应是从这里开始的。

《后汉书》卷四四《徐防传》:和帝时,徐防认为"五经久远,圣意难明,宜为章句,以悟后学";又在上疏中说:"孔圣既远,微旨将绝,故立博士十有四家,设甲乙之科,以勉劝学者,所以示人好恶,改敝就善者也。"(第1500页)在他看来,今文章句之学主要是用来"示人好恶"、使之"改敝就善"的。范晔在《后汉书》卷七九《儒林传论》中进一步概括说:东汉今文章句之学虽"迂滞"不能"远至","然所谈者仁义,所传者圣法也,故人识君臣父子之纲,家知违邪归正之路"(第2589页)。在他们描述的今文学中,各家章句所阐释的"圣意"、"圣法"都是仁义忠孝等道德信条。也是和帝时,《鲁诗》学家鲁丕阐释今文章句之学的价值说:"臣闻说经者,传先师之言……法异者,各令自说师法,博观其义。览诗人之旨意,察《雅》《颂》之终始,明舜、禹、皋陶之相戒,显周公、箕子之所陈,观乎人文,化成天下。"[①]这里,儒家经典的内容主要是上古圣贤用来"化成天下"的道德说教,各家"师法"所传之"义"则是对这些说教的进一步阐释,其间虽有相"异"之处,但非截然相反,故可兼存而"博观"之。与西汉太学今文各家"义虽相反,犹并置之"[②]的情形相比,东汉今文学的状况是有所不同的。

---

①《后汉书》卷二五《鲁丕传》,第884页。

②《汉书》卷三六《楚元王传附刘歆传》,第1971页。

由于同样原因,古文学与今文学也不再水火不容。这不仅使二者真正合流成为可能,也为古文学再次兴起提供了契机。《后汉书》卷三六《贾逵传》载:章帝命古文学家贾逵"发出《左氏传》大义长于二传者",逵乃具条奏之曰:

> 臣谨摘出《左氏》三十事尤著明者,斯皆君臣之正义,父子之纪纲。其余同《公羊》者什有七八,或文简小异,无害大体。至如祭仲、纪季、伍子胥、叔术之属,《左氏》义深于君父,《公羊》多任于权变,其相殊绝,固以甚远……《左氏》崇君父,卑臣子,强干弱枝,劝善戒恶,至明至切,至直至顺。(第1236页)

陆德明《经典释文序录》作:"逵受诏列《公羊》、《穀梁》不如《左氏》四十事,奏之,名曰《左氏长义》,章帝善之。"①贾逵认为,在阐释君臣父子之义等道德信条方面,《左氏》不仅与《公羊》无根本分歧,还明显优于《公羊》。这一看法揭示了学术重心转移后《公羊》与《左氏》乃至今古文学之间出现的新格局。明乎此,对章帝以降今古文学的兴衰与融合,便可获得更深切的理解。

《贾逵传》接着说:章帝本来就"特好《古文尚书》、《左氏传》",看到贾逵的奏章后"嘉之","令逵自选《公羊》严、颜诸生高才者二十人,教以《左氏》",又"皆拜逵所选弟子及门生为千乘王国郎,朝夕受业黄门署"。这一举动与当年宣帝在宫中举办《穀

①吴承仕:《经典释文序录疏证》,北京:中华书局,2008年,第108页。相关考证参黄彰健:《经今古文学问题新论》,台北:"中研院"历史语言研究所,1992年,第157页。

梁》学讲习班相似，史称“学者皆欣欣羡慕焉”，对儒生们研习《左氏》等古文学起了推动作用。其后，贾逵又“数为帝言《古文尚书》与经传《尔雅》诂训相应，诏令撰《欧阳》、大小《夏侯尚书》、《古文》同异。逵集为三卷，帝善之。复令撰《齐》、《鲁》、《韩诗》与《毛诗》异同，并作《周官解故》”。其结论肯定与他先前提出的《左氏》优于《公羊》的观点一样，认为古文学与今文学无根本分歧，且优于今文学。于是，章帝又“诏诸儒各选高才生，受《左氏》、《穀梁春秋》、《古文尚书》、《毛诗》”。此处“诸儒”指太学各家博士。以贾逵选《公羊》高才生教以《左氏》之例推之，章帝此诏应是令《公羊》严、颜博士选弟子受《左氏》和《穀梁春秋》，《尚书》欧阳、大小夏侯博士和《诗经》齐、鲁、韩博士各选弟子受《古文尚书》和《毛诗》。这样一来，《左氏》、《穀梁》、《古文尚书》、《毛诗》四家虽仍“不立学官”，但得以在太学中开设课程，其弟子又“皆擢高第为讲郎，给事近署”①，得到特殊待遇，“由是四经遂行于世”（第1239页）。袁宏《后汉纪》述此事曰：“于是《古文尚书》、《毛诗》、《周官》皆置弟子，学者益广。”②据此，《周官》似亦得在太学中开设课程，其弟子或来自《礼经》大戴、小戴博士所选高才生。

东汉古文学家治学的一大特点，是博览多通，不守章句。如“尤好古学”的桓谭，“博学多通，遍习五经，皆诂训大义，不为章句”③；班固“博贯载籍，九流百家之言，无不穷究，所学无常师，不为章句，举大义而已”④。梁鸿“博览无不通，而不为章句”⑤。王

①《后汉书》卷七九《儒林传序》，第2546页。
②《两汉纪》，张烈点校，下册，第230页。
③《后汉书》卷二八《桓谭传》，第955页。
④《后汉书》卷四〇《班固传》，第1330页。
⑤《后汉书》卷八三《逸民梁鸿传》，第2765页。

充“好博览而不守章句”[1]。卢植“能通古今学,好研精而不守章句”[2]。或许是受此影响,自古文学在太学中开设课程之后,太学今文各家的学术风气也为之一变。《后汉书》卷四四《徐防传》说:和帝时,太学诸生习经皆“不依章句,妄生穿凿,以遵师为非义,意说为得理”,博士策试弟子亦“皆以意说,不修家法,私相容隐,开生奸路”,致使“每有策试,辄兴争讼,论议纷错,互相是非”(第1500页)[3]。太学十四博士所治皆为章句之学,因而章句之学被抛弃势必导致太学衰落。《后汉书》卷三二《樊准传》说:安帝以来,“儒学陵替……博士依席不讲,儒者竞论浮丽”(第1125页)。卷四八《翟酺传》说:顺帝初年,太学“颓废,至为园采刍牧之处”(第1606页)。卷七九《儒林传序》则说:安、顺之际,“博士倚席不讲,朋徒相视怠散,学舍颓敝,鞠为园蔬,牧儿荛竖,至于薪刈其下”(第2546页)。

为了挽救今文章句之学,徐防提出:“博士及甲乙策试,宜从其家章句,开五十难以试之。解释多者为上第,引文明者为高说。若不依先师,义有相伐,皆正以为非。”和帝命公卿议论,“皆从防言”[4]。邓太后临朝,又命公卿“妙简”博士之“选”,并规定“三署郎能通经术者,皆得察举”。顺帝时,重建太学,“凡所造构二百四十房,千八百五十室。试明经下第补弟子,增甲乙之科员各十人,除郡国耆儒皆补郎、舍人……自是游学增盛,至三万余生”[5]。既而又改革察举制度,规定“诸生试家法”。这一系列措施,使太学

---

①《后汉书》卷四九《王充传》,第1629页。

②《后汉书》卷六四《卢植传》,第2113页。

③参黄彰健:《经今古文学问题新论》,第227、228页。

④《后汉书》卷四四《徐防传》,第1501页。

⑤《后汉书》卷七九《儒林传序》,第2547页。

得以复兴,也使今文章句之学得以维持其正统地位。但后者在学术上的衰颓之势不可逆转,儒生们仍然“章句渐疏,而多以浮华相尚”①。古文学最终还是取而代之,成为推动经学继续发展的主要力量。

四、古文学的崛起与今古文学的整合

在东汉古文学家中,郑兴、贾逵是两大重镇。《后汉书》卷三六《郑兴传》载:“兴好古学,尤明《左氏》、《周官》,长于历数。”(第1223 页)又载:兴“少学《公羊春秋》,晚善《左氏传》,遂积精深思,通达其旨,同学者皆师之”。注引《东观记》曰:“兴从博士金子严为《左氏春秋》。”金子严应是新莽所立《左氏》博士。天凤年间,兴又“将门人从刘歆讲正大义”。刘歆“美兴才,使撰条例、章句、传诂,及校《三统历》”(第 1217 页)。由此,郑兴又成了刘歆的学生。兴子众“从父受《左氏春秋》,精力于学,明《三统历》,作《春秋难记条例》,兼通《易》、《诗》,知名于世”(第 1224 页)。据《后汉书》卷七九《儒林传》,郑众所通的《易》、《诗》,是古文《费氏易》和《毛诗》。《后汉书》卷三六《贾逵传》载:逵父徽“从刘歆受《左氏春秋》,兼习《国语》、《周官》,又受《古文尚书》于涂恽,学《毛诗》于谢曼卿,作《左氏条例》二十一篇。逵悉传父业…… 尤明《左氏传》、《国语》,为之《解诂》五十一篇”(第 1234 页)。范晔论曰:“郑、贾之学,行乎数百年中,遂为诸儒宗。”(第 1241 页)

郑兴在东汉初年影响较大。本《传》称:“世言《左氏》者多祖于兴”,“自杜林、桓谭、卫宏之属,莫不斟酌焉”(第 1223 页)。但当时的古文学者多不信谶纬,因而在政治上受到打压。如郑兴

①《后汉书》卷七九《儒林传序》,第 2547 页。

"以不善谶,故不能任";桓谭因反对谶纬[1],险些被杀;尹敏不信谶,"以此沉滞"[2]。《后汉书》卷七九《儒林卫宏传》也提到这些古文学家的学术活动,说卫宏"少与河南郑兴俱好古学",后从谢曼卿受《毛诗》,从杜林受《古文尚书》;徐巡先"师事宏,后从林受学,亦以儒学显,由是古学大兴"(第 2575 页)。同书卷二七《杜林传》亦载此事而较详:

> 河南郑兴、东海卫宏等,皆长于古学。兴尝师事刘歆,林既遇之,欣然言曰:"林得兴等固谐矣,使宏得林,且有以益之。"及宏见林,暗然而服。济南徐巡,始师事宏,后皆更受林学。林前于西州得漆书《古文尚书》一卷,常宝爱之,虽遭离困,握持不离身,出以示宏等曰:"林流离兵乱,常恐斯经将绝。何意东海卫子、济南徐生复能传之,是道竟不坠于地也。《古文》虽不合时务,然愿诸生无悔所学。"宏、巡益重之,于是《古文》遂行。(第 936 页)

由此可见,东汉初年,"古学"不绝如缕,"大兴"云云是夸张之辞。杜林所言"《古文》不合时务",及陈元所说"《左氏》孤学少与"[3],才是当时古文学的实际处境。

如前所述,东汉古文学的崛起是从贾逵开始的,而贾逵之学最明显的特点正是相信和接受今文及谶纬之学。本《传》曰:逵"虽为古学,兼通五家《穀梁》之说",并"以《大夏侯尚书》教授"

---

①《后汉书》二八《桓谭传》,第 959 页。

②《后汉书》卷七九《儒林尹敏传》,第 2558 页。

③《后汉书》卷三六《陈元传》,第 1230 页。

(第 1235 页)①。贾逵在论《左氏》优于《公羊》的奏中还说:"五经家皆无以证图谶明刘氏为尧后者,而《左氏》独有明文。五经家皆言颛顼代黄帝,而尧不得为火德。《左氏》以为少昊代黄帝,即图谶所谓帝宣也。如令尧不得为火,则汉不得为赤。其所发明补益实多。"(第 1237 页)这段话表明,贾逵已经放弃了古文学家的传统立场,承认谶纬的神圣性。

《贾逵传》范晔论曰:"桓谭以不善谶流亡,郑兴以逊辞仅免,贾逵能附会文致,最差贵显。"(第 1241 页)后世学者对贾逵向谶纬妥协也多有诟病。但从历史角度看,贾逵此举有重要意义。它使古文学得以跳出与官方意识形态对立的不利局面,从而在朝廷的认可和支持下,发挥古文学的优势,担当起推进东汉经学及其政治理论进一步发展的重任。事实上,自贾逵以后,马融、卢植、郑玄等古文学大师,也是广泛利用包括今、古文学和谶纬在内的各种资料来建构其理论体系的②。而这种经学正是东汉中后期的学术主流。

---

①"五家《穀梁》"不知何指。《汉书》卷八八《儒林传》谓"《穀梁春秋》有尹、胡、申章、房氏之学"。李贤注以"尹更始、刘向、周庆、丁姓、王彦"应"五家"之数,似嫌牵强。《北堂书钞》卷九七引谢承《后汉书》,"五家"作"五经"。贾逵奏中所谓"五经家"似指太学今文各家,然则"五家《穀梁》"或"五经《穀梁》",应指立于太学的今文各家和未立于太学的《穀梁》家。

②《后汉书》卷六〇《马融传》:"博通经籍……著《三传异同说》,注《孝经》、《论语》、《诗》、《易》、《三礼》、《尚书》、《列女传》、《老子》、《淮南子》、《离骚》。"(第 1972 页)同书卷三五《郑玄传》:"始通《京氏易》、《公羊春秋》、《三统历》、《九章算术》,又……受《周官》、《礼记》、《左氏春秋》、《韩诗》、《古文尚书》。"《玄传》又曰:"融集诸生考论图纬,闻玄善算,乃召见于楼上,玄因从质诸疑义。"(第 1207 页)玄《戒子书》则说自己:"博稽六艺,粗览传记,时睹秘书纬术之奥。"(第 1209 页)同书卷六四《卢植传》:"少与郑玄俱事马融,能通古今学。"(第 2113 页)

不过，贾逵等学者的治学方法是古文学的。因为阐释道德信条并构建相应的行为规范，本来就是儒家经典的主要内容，对这些内容进行解说，只须在博览各种经传资料的基础上，用校勘、训诂等方法，排除其间的矛盾，揭示经典之本意，而无须从字里行间发掘微言大义，更无须将许多经典中没有的内容强塞进去。东汉古文学家的学风较为平实，原因在此。古文学的大本营不在太学，而在“兰台”或“东观”，也与此有关。

兰台位于“殿中”，是藏书之所，设兰台令史，负责“典校秘书”。《续汉书·百官志三》兰台令史条本注曰：“掌奏及印工文书”。（第3600页）《论衡·别通》则曰：“兰台令史，职校书定字……典国道藏”。[①] 又有以郎官校书于兰台者，称校书郎。《后汉书》卷四八《杨终传》：“征诣兰台，拜校书郎”。下文又有“校书郎班固、贾逵等”。（第1597页）卷四〇《班固传》：“召诣校书部，除兰台令史……迁为郎，典校秘书。”（第1334页）卷八〇《文苑傅毅传》：章帝时“为兰台令史，拜郎中，与班固、贾逵共典校书。”（第2613页）兰台藏书甚广，其中包括儒家经传章句等。故《论衡·对作》曰：“圣人作经，贤者传记……汉立兰台之官，校审其书，以考其言。”[②]《后汉书》卷七八《宦者吕强传》载：“诸博士试甲乙科，争弟高下，更相告言，至有行赂定兰台漆书经字以合其私文者”。（第2533页）

东观在南宫，亦为藏书之所。《后汉书》卷四《和帝纪》：永元十三年正月，“帝幸东观，览书林，阅篇籍，博选术艺之士以充其官。”（第188页）卷二三《窦章传》：“是时学者称东观为老氏藏室，道家蓬莱山”。李贤注曰：“言东观经籍多也。”（第821页）卷

①黄晖：《论衡校释》，第603页。

②黄晖：《论衡校释》，第1177、1178页。

八四《列女班昭传》:"兄固著《汉书》,其八表及《天文志》未及竟而卒,和帝诏昭就东观藏书阁踵而成之。"(第 2784 页)卷三五《曹褒传》:褒奉命"于南宫东观尽心集作",成《汉礼》百五十篇。(第 1203 页)东观藏书也包括儒家经传章句等。《后汉书》卷六五《张奂传》:奂减《欧阳尚书》牟氏章句为九万言,"上书桓帝,奏其章句,诏下东观"。(第 2138 页)东观也有校书郎。卷八〇《文苑李尤传》:"尤同郡李胜……为东观郎"。(第 2616 页)卷二三《窦章传》:"章入东观为校书郎。"(第 821 页)卷六〇《马融传》:"拜为校书郎中,诣东观典校秘书"。(第 1954 页)

刘知几《史通·外篇·史官建置》曰:"汉氏中兴,明帝以班固为兰台令史,诏撰《光武本纪》及诸列传、载记。又杨子山为郡上计吏,献所作《哀牢传》,为帝所异,征诣兰台。斯则兰台之职者,盖当时著述之所也。自章、和已后,图籍盛于东观,凡撰《汉记》,相继在乎其中。"①其意是说,东汉"著述之所"初在兰台,章、和以后转入东观。今案《后汉书》卷七九上《儒林孔僖传》:"上书肃宗自讼……立诏勿问,拜僖兰台令史。"元和二年春,又"拜僖郎中……使校书东观"。(第 2561~2562 页)据此,东汉宫中的藏书之所应在章帝元和二年前自兰台迁到了东观。②

东汉的古文学家大多有在兰台或东观任职的经历。除上文提到的贾逵、马融、班固、傅毅、杨终、孔僖外,还有崔寔③、延

①赵吕甫:《史通新校注》,重庆:重庆出版社,1990 年,第 643 页。

②参拙文《东汉的"殿中"和"禁中"》,《中华文史论丛》2018 年第 1 期,第 137~139 页。

③寔祖骃、父瑗皆古文学家。骃"尽通古今训诂百家之言","与班固、傅毅同时齐名"。瑗"尽能传其父业",又"从侍中贾逵质正大义"(《后汉书》卷五二《崔骃传》,第 1708、1722 页)。故寔为古文学家无疑。

笃[1]、卢植[2]、许慎等[3]。王充将今文章句之儒称为“儒生”，将博学多通、不为章句的古文学家称作“通人”，并曰：“兰台之官……通人所由进，犹博士之官，儒生所由兴也。”[4]灵帝时人阳球则曰：“今太学、东观，足以宣明圣化。”[5]可见，在东汉人眼中，兰台或东观是与太学并重且功能相近的又一官方学术机构。

古文学家利用兰台或东观的藏书治学，首要任务是通过校勘统一经文。东汉时期由朝廷组织的规模较大的校勘有两次。第一次始于安帝永初四年。《后汉书》卷八〇《文苑刘珍传》：“永初中，为谒者仆射。邓太后诏使与校书刘騊駼、马融及五经博士，校定东观五经、诸子、传记、百家艺术，整齐脱误，是正文字。”（第 2617 页）卷五《安帝纪》系此事于永初四年二月。卷七八《宦者蔡伦传》：“元初……四年，帝以经传之文多不正定，乃选通儒谒者刘珍及博士良史诣东观，各雠校家法。”（第 2513 页）“元初”疑为“永初”之误。第二次始于灵帝熹平四年。同书卷六〇《蔡邕传》：“邕以经籍去圣久远，文字多谬，俗儒穿凿，疑误后学，熹平四年，乃……奏求正定六经文字。灵帝许之，邕乃自书丹于碑，使工镌刻立于太学门外。”（第 1990 页）这就是著名的熹平石经。此次校勘完成于灵帝光和六年[6]，刊刻石经《周易》、《尚书》、《鲁诗》、《仪礼》、《春秋经》、《公羊

---

[1]《后汉书》卷六四《延笃传》：“少从颍川唐溪典受《左氏传》……又从马融受业，博通经传及百家之言。”（第 2103 页）

[2]《后汉书》卷六四《卢植传》，第 2117 页。

[3]《说文解字》卷一五下许冲上安帝表称：“慎本从（贾）逵受古学”，又“以诏书校东观”。北京：中华书局，1963 年，第 320 页。

[4]《论衡・别通》，黄晖：《论衡校释》，第 604 页。

[5]《后汉书》卷七七《酷吏阳球传》，第 2499 页。

[6]《水经注疏》卷一六《穀水注》，第 1427 页。

传》和《论语》[①]。《蔡邕传》称:"于是后儒晚学,咸取正焉。及碑始立,其观视及摹写者,车乘日千余辆,填塞街陌。"(第1990页)

永初年间的校勘既有"五经博士"参与,且"各雠校家法",当以校定今文各家经文为主。熹平年间的校勘则只及今文,不及古文。《隶释》所载熹平石经《公羊》、《论语》残碑末尾处有校勘记。《公羊》碑:"《传》桓公二年,颜氏有'所见异辞,所闻异(下缺)何以书?记灾也'。世(卅)年,颜氏言'君出则己入(下缺)'。颜氏无'伐而不言围者,非取邑之辞也'。"《论语》碑:"'而在于萧墙之内',盍、毛、包、周无'于'(下缺)。"《隶释》所载《鲁诗》碑不见此类文字,但洪适说:"又有一段二十余字零落不成文……其间有'齐、韩'字,盖叙二家异同之说,犹《公羊》碑所云颜氏、《论语》碑所云盍、毛、包、周之比也。"[②]马衡《汉石经集存》收集了近代出土的熹平石经残石,其中《鲁诗》校记有"韩以"、"韩言"、"齐言"、"齐、韩有"、"韩皆言"、"齐皆言"、"齐、韩言"、"齐无"等字,《周易》校记有"孟、施、京氏"、"孟、京氏有"等字,《公羊传》校记有"颜氏"字,《仪礼》校记有"戴言"字,《论语》校记有"周言"、"盍、毛"、"包言"等字[③]。1980年出土的《鲁诗》和《仪礼》校记残石也

---

①熹平石经,据《后汉书·蔡邕传》注引《洛阳记》,有《尚书》、《周易》、《公羊传》、《礼记》(此处《礼记》当指《仪礼》,说见王国维《魏石经考》)、《论语》五部;《隶释》所收残碑,有《尚书》、《鲁诗》、《仪礼》、《公羊》、《论语》五部;《隋书·经籍志》则著录有《周易》、《尚书》、《鲁诗》、《仪礼》、《春秋》、《公羊传》、《论语》七部,且明言:"后汉镌刻七经,著于石碑,皆蔡邕所书。"相关考证,参姚振宗:《隋书经籍志考证》卷一〇《小学类》。出土的石经残石,正有《隋志》所载七经。参黄彰健:《经今古文学问题新论》,第256页。

②《隶释》,第152—155页。

③马衡:《汉石经集存》,北京:科学出版社,1957年,第16—20、28—29、43、49、55页。

有“韩言”和“戴言”字[①]，1962年出土的《尚书》校记残石有“大夏侯言”、“大、小夏侯言”、“大夏侯无”等字[②]。根据这些材料，学者普遍认为，熹平石经所用底本和校本都是今文经[③]。

但马融、许慎、卢植等古文学家也参与了经文的校勘，因而将古文经的因素也带入其中。许慎《说文解字序》称：“盖文字者，经艺之本，王政之始”，只有先正其本，才能“理群类，解谬误，晓学者，达神旨”；其所据之经，则是“《易孟氏》、《书孔氏》、《诗毛氏》、《礼周官》、《春秋左氏》、《论语》、《孝经》，皆古文也”[④]。“易孟氏”乃今文，有学者认为应改为“易费氏”[⑤]，其说可参。《书孔氏》以下四经都是古文，《论语》和《孝经》也有古文。故许慎此处所谓“古文”，应指他在《五经异义》中常引的“古《左氏》”、“古《周礼》”等古文经传。从上下文意看，“礼周官”应指《礼》学中的古文《周礼》之学。段玉裁将“礼周官”理解为《仪礼》和《周礼》[⑥]，似不妥。今案《说文解字》所引经传，虽也有《公羊传》等今文，但绝大多数是古文。《后汉书》卷六四《卢植传》：“时始立太学石经，以正五经文字。植乃上书曰：‘臣少从通儒故南郡太守马融受古学，颇知今之《礼记》特多回冗。臣前以《周礼》诸经，发起秕谬，敢率愚浅，为之解诂，而家乏，无力供缮写上。愿得将能书生二人，共诣东观，就官财粮，专心研精，合《尚书》章句，考《礼记》

①中国社会科学院考古研究所洛阳工作队：《汉魏洛阳故城太学遗址新出土的汉石经残石》，《考古》1982年第4期。

②许景元：《新出熹平石经〈尚书〉残石考略》，《考古学报》1981年第2期。

③参黄彰健：《经今古文学问题新论》，第256—259页。

④《说文解字》，第316页。

⑤参黄彰健：《经今古文学问题新论》，第229页。

⑥见氏著《说文解字注》，上海：上海古籍出版社，1988年，第765页。

失得,庶裁定圣典,刊正碑文。'"灵帝虽未同意卢植直接参与石经的校勘,但拜他为议郎,命其与蔡邕等"并在东观,校中书五经记传"(第2116页)。由此看来,据古文"正定"今文,是古文学家的主张,也是他们积极参与校勘的主要目的。《汉书》卷三〇《艺文志》载:"刘向以中古文《易经》校施、孟、梁丘经,或脱去'无咎'、'悔亡',唯费氏经与古文同。"(第1704页)又"以中古文校欧阳、大小夏侯三家经文…… 文字异者七百有余,脱字数十"(第1706页)。桓谭《新论》说:"古《论语》二十一卷,与齐、鲁文异六百四十余字。古《孝经》一卷二十章,千八百七十二字,今异者四百余字。"①可见今古文经文字差异甚大。《后汉书》卷五七《刘陶传》载:陶曾"推三家《尚书》及《古文》,是正文字七百余事"(第1849页)。欧阳及大、小夏侯《尚书》同源,文字差异不会太大,故此"七百余事"当多为据《古文》"是正"今文。刘向校书,已经发现了这些异文,但未加改动,刘陶则据古文改正了今文。东汉古文学家校书的情形,由此可以想见。

在订正文字的基础上,古文学家又用训诂方法解释经义,并尝试统一经说②。许慎的《说文解字》是训诂方面的重要成果。许冲《上〈说文〉表》曰:

> 圣人不妄作,皆有依据。今五经之道,昭炳光明,而文字者其本所由生。自周礼、汉律,皆当学六书,贯通其意。恐巧说衺辞使学者疑,慎博问通人,考之于逵,作《说文解字》。六

①严可均:《全后汉文》,第545页。

②关于东汉训诂之学与古文经学的关系,可参张涛:《经学与汉代语言文字学的发展》,《文史哲》2001年第5期。

艺群书之诂，皆训其意，而天地鬼神，山川草木，鸟兽蚰虫，杂物奇怪，王制礼仪，世间人事，莫不毕载。①

这段话集中体现了古文学家用训诂方法疏通经义的用意。在统一经说方面，贾逵论《左氏》长于《公羊》便是一例，许慎作《五经异义》，郑玄作《驳五经异义》，也是出于同样目的②。最后，郑玄集其大成，遍注群经，“括囊大典，网罗众家，删裁繁诬，刊改漏失”③。清人皮锡瑞曰：

郑注诸经，皆兼采今古文。注《易》用费氏古文……注《尚书》用古文，而多异马融；或马从今而郑从古，或马从古而郑从今……笺《诗》以毛为主，而间易毛字。自云：“若有不同，便下己意。”所谓己意，实本三家……注《仪礼》并存今古文，从今文则注内叠出古文，从古文则注内叠出今文……注《论语》，就《鲁论》篇章，参之《齐》、《古》，为之注……注《孝经》多今文说。④

皮氏此说有些细节不够准确，但大体不错。学者所谓“郑玄治学，虽以古学为宗，但仍博采今文经说”⑤，是更为概括的说法。而从

①《说文解字》，第320页。

②参杨天宇：《郑玄三礼注研究》，北京：中国社会科学出版社，2008年，第45页。

③《后汉书》卷三五《郑玄传》，第1213页。

④皮锡瑞：《经学历史》，北京：中华书局，1959年，第142页。

⑤黄彰健：《经今古文学问题新论》，第298页。详细考证，见氏著《郑玄与古文经学》，载同书第297—444页。

学术史角度看，郑玄乃是顺应章帝以来今古文学合流之大势，继承并发展了东汉古文学家特别是贾逵、马融一派的立场和方法，提供了能为大家普遍接受的经文和解说，从而使“学者略知所归”。从这一意义上说，所谓“郑氏学”不只是郑玄个人的成就，也是东汉经学百余年复杂演进过程的结果。

五、郑玄之学的政治意义

除了在经典校勘、训诂和解说方面的贡献外，郑玄对汉末经学政治理论的发展是否也起了推动作用？学界于此存在截然不同的看法。有人认为，郑玄之学是“纯学术”，与当时政治无关。也有人认为，郑玄的学术工作和当时政治有密切关系，其经注中包含了他对现实政治的态度①。笔者倾向于后一种意见。但正如彭林先生所说，郑玄“详于名物度数、声音训诂之学，思想脉络则若隐若现，难以钩稽”②。研究郑玄经学这方面的内容，仅从其思想本身入手是不够的。将其置于当时政治和政治文化演进的背景下，便可看得更清楚些。

东汉一朝，标榜“尧道”，以“太平”为目标，积极推行教化。但由于光武、明帝“躬好吏事”，“以严猛为政”，加之“残吏”多而“良吏”少，吏治苛刻之风甚盛，且难以逆转。外戚宦官干扰选举，到处安插亲信党羽，又使吏治更加腐败黑暗。安顺以降，人们的不满情绪日益高涨，农民暴动此起彼伏，甚至不断有人称帝。如冲帝永憙元年三月，“九江贼马勉称‘黄帝’”，“带玉印、鹿皮冠、

①参史应勇：《郑玄通学及郑王之争研究》第五章《近百年郑学研究综述》，成都：巴蜀书社，2007 年，第 112—117 页。

②见彭林为史应勇著《郑玄通学及郑王之争研究》所作《序》，第 2 页。

黄衣”。同年十一月,“历阳贼华孟自称‘黑帝’”①。桓帝建和元年十一月,“陈留盗贼李坚自称皇帝”。建和二年十月,“长平陈景自号‘黄帝子’,署置官属……图举兵”。和平元年二月,“扶风妖贼裴优自称皇帝”。永兴二年闰月,“蜀郡李伯诈称宗室,当立为‘太初皇帝’”②。他们公然问鼎东汉,表明当时社会特别是下层百姓对刘氏王朝的信赖和期待正迅速消失。

与此同时,东汉标榜的“尧道”遭遇挑战,《太平青领书》及其教化之术迅速传播。《后汉书》卷三〇《襄楷传》载:“顺帝时,琅邪宫崇诣阙,上其师干吉于曲阳泉水上所得神书百七十卷,皆缥白素朱介青首朱目,号《太平清领书》。其言以阴阳五行为家,而多巫觋杂语。”(第 1084 页)襄楷则说:“宫崇所献神书,专以奉天地顺五行为本,亦有兴国广嗣之术,其文易晓,参同经典。”(第 1081 页)李贤注:“神书,即今道家《太平经》也。其经以甲、乙、丙、丁、戊、己、庚、辛、壬、癸为部,每部一十七卷也。”(第 1080 页)据学者研究,“自东汉以迄宋代,《太平经》的主要内容应该没有太大的增减或变异”③。此书今存五十七卷,加上唐末人所编《太平经钞》及其他书籍所载佚文,仍可大致了解其内容④。

《太平经》说:上天命“神人”将神书传授给“真人”,再由真人

①《后汉书》卷六《质帝纪》,第 277、279 页。

②《后汉书》卷七《桓帝纪》,第 291、293、296、300 页。

③林富士:《试论〈太平经〉的主旨与性质》,《中研院历史语言研究所集刊》第 69 本第 2 分。

④王明先生以明《道藏》中《太平经》五十七卷残本为底本,根据《太平经钞》及其他二十七种引书加以校、补、附、存,成《太平经合校》一书(北京:中华书局,1980 年),使用最为方便。相关考证亦可参熊德基:《〈太平经〉的作者和思想及其与黄巾和天师道的关系》,《历史研究》1962 年第 4 期。

"以此书付道德之君,令出之,使凡人自思行得失,以解天地之疾,以安帝王"①。这套说辞与《公羊》家和谶纬所宣扬的孔子为汉制法说有着相似的结构,只是用"神人"和"真人"取代了上天和孔子的地位。此外,《太平经》所斥"浮华"之学似指儒学②,其推崇"三皇"则有针对"尧道"的意味①。

从思想内容看,《太平经》的理论框架和东汉正统儒术也有许多相近之处②。如《太平经》也以"太平"为最终目标。《和三气兴帝王法》:"真人问神人曰:'吾欲使帝王立致太平,岂可闻邪?'神人言:'但大顺天地,不失分铢,立致太平,瑞应并兴。'"③所谓"大顺天地,不失分铢"的背后,是一套与"天人感应"说相似的"元气

①王明:《太平经合校》,第142页。

②如《不用大言无效诀》:"太上中古以来,人多愚,好为浮华,不为真道。"《学者得失诀》:"外学则遂入浮华,不能自禁,内学则不应正路,返入大邪也……学之大害也,合于外章句者,日浮浅而致文而妄语也,入内文合于图谶者,实不能深得其结要意,反误言也……合于浮华者,反以相欺也;合于内不得要意,反陷于大邪也。"(王明:《太平经合校》,第295、276页)

①如《上善臣子弟子为君父师得仙方诀》曰:"三皇之臣多真道也,故其君多寿;五帝之臣少真道,故其君不若三皇之寿也;三王之臣复少真道,不能若五帝也;五霸之臣最上功伪文祸,无有一真道,故多夭死。"又曰:"古者圣贤,但观所得瑞应善恶,即自知安危吉凶矣;其得上善文应者,其治已最无上矣;其得中文应者,已象中人矣;其得下文应者,已象下人矣……谓得文如得三皇之文者,即其上也;若得五帝之文者,即其中也;若得三王之文者,即其大中下也;如得五霸之文者,即其最下也。"(王明:《太平经合校》,第140页)

②法国学者石泰安(R. A. Stein)曾指出:"在民众期待的道教共同体秩序与知识阶层期待的儒教共同体之间或其基底处,有着既相通也相似的规律。"日本学者对此现象也多有论说。见川胜义雄:《六朝贵族制社会研究》,徐谷芃、李济沧译,上海:上海古籍出版社,2007年,第33—35页。

③王明:《太平经合校》,第18页。

自然”说。《修一却邪法》:“天地开辟贵本根,乃气之元也。欲至太平,念本根也。”①《名为神诀书》:“元气自然,共为天地之性也。”《和三气兴帝王法》:“元气有三名,太阳、太阴、中和。”②《太平经》认为,“元气”是宇宙的“本根”,由太阳、太阴、中和三者构成。万物由此形成,因而也多有“三名”。如“形体有三名,天、地、人。天有三名,日、月、星……地有三名,为山、川、平土。人有三名,父、母、子。治有三名,君、臣、民”③。元气与万物之间存在感应关系,“六合八方悦喜,则善应矣;不悦喜,则恶应矣。状类景象其形、响和其声也”。其中,人是主动的一方,故曰“太阴、太阳、中和三气共为理,更相感动,人为枢机”。人们若“皆知重其命,养其躯,即知尊其上,爱其下,乐生恶死”,三气就会“悦喜,共为太和,乃应并出”,天下就太平了④。所以,人间帝王若能将君、臣、民“三者常当腹心,不失分铢,使同一忧,合成一家”,便可“立致太平”⑤。

《太平经》所谓“不失分铢”的君、臣、民关系,也是三纲六纪、仁义忠孝那一套⑥,建立这种关系的手段也是“贵道德,下刑罚”的教化,教化的具体方式则是让人们学习和践履天师所传神书。《太平经》认为:“人安得生为君子哉?皆由学之耳。学之以道,其人道;学之以德,其人得;学之以善,其人善;学之以至道善德,其

---

①王明:《太平经合校》,第12页。

②王明:《太平经合校》,第17页。

③王明:《太平经合校》,第19页。

④王明:《太平经合校》,第17页。

⑤王明:《太平经合校》,第19页。

⑥王明:《太平经合校》卷一八至三四《阙题》:“神人言:三纲六纪所以能长吉者,以其守道也。”(第27页)

人到老长，乃复大益善良。”反之，“学之以恶，其人恶；学之以文，其人文；学之以伪，其人伪；学之以巧，其人巧；学之，其中大贤者则巧言，其习书者则巧文，小人得之为猾民”①。而天师所授神书正是可以导人至善的要道善德之书。《妒道不传处士助化诀》：“今要道善德出之以教化，小人得之守道德，更相仿学，不敢为非。其中小贤得善道德，可为良顺之吏。其中大贤，可上为国家辅。其中最下极无知者，犹为善人。”②

《太平经》所说的“教化”与儒术的最大不同之处，在于其激励和惩罚方式。一方面，学其道者不仅可成贤、圣，还可成仙、神。“奴婢贤者，得为善人；善人好学，得成贤人；贤人好学不止，次圣人；圣人学不止，知天道门户，入道不止，成不死之事，更仙；仙不止，入真；成真不止，入神；神不止，乃与皇天同形，故上神人舍于北极紫宫中也，与天上帝同象也，名天心神；神而不止，乃复逾天而上，但承委气，有音声教化而无形，上属天上，忧天上事”③。另一方面，不学其道者永远是“凡人”，即使“不犯非法”，也“有大罪六”：一是“积道无极，不肯教人开矇求生”。二是“积德无极，不肯力教人守德，养性为谨”。三是“积财亿万，不肯救穷周急，使人饥寒而死”。四是“知天有道而反贱道，而不肯力学之以自救”。五是“人生知为德者，而不肯力学为德，反贱德恶养，自轻为非”。六是“可以自衣食者，而不肯力为之，反致饥寒，负其先人之体”。有这六大罪的人，“天憎恶之，其罪不可除也”，“或身即坐，或流后生”④。身坐其罪者，“百神憎之，不复利祐也，天不欲盖，地不欲

①王明：《太平经合校》，第433页。
②王明：《太平经合校》，第430页。
③王明：《太平经合校》，第222页。
④王明：《太平经合校》，第241页。

载，凶害日起，死于道旁；或穷于牢狱中，戮其父母，祸及妻子，六属乡里皆欲使其死”。流后生者，指其死有余罪，遗害子孙，“或成乞者之后，或为盗贼之子，为后世大瑕”①。和儒家的教化相比，这套理论对下层百姓会有更强的吸引力和震慑力。

汉儒认为，新王拨乱反正以至太平，最快也需三十年，所谓“圣王承衰拨乱而起，被民以德教，变而化之，必世（三十年）然后仁道成焉”②。《太平经》则宣称，用其“真道”治天下，十五年便可太平。《敬事神十五年太平诀》说：“古者但敬事四时五行，故致太平迟，三十年致平。今乃并敬事其神，故疾，十五年而平也。”又说：“今上皇气出，真道至以治，故十五年而太平也……此十五岁而太平者，乃谓帝王以下及臣大小，案行真道，共却邪伪，故十五年而平也。”③

宫崇上《太平青领书》于顺帝后，“有司奏崇所上妖妄不经，乃收藏之”；襄楷上之于桓帝，仍“不合明听”，未被朝廷采纳④。然而当时社会对现实政治的不满和对儒术的怀疑，为此书之思想和主张的传播提供了很大空间⑤。受其影响，桓灵时期几支带有浓厚宗教色彩的政治势力在民间迅速形成。《典略》概括这一情形说：

> 熹平中，妖贼大起，三辅有骆曜。光和中，东方有张角，汉中有张修。骆曜教民缅匿法，角为太平道，修为五斗米道。

①王明：《太平经合校》，第252页。

②《汉书》卷二三《刑法志》，第1108页。

③王明：《太平经合校》，第399、400页。

④《后汉书》卷三〇《襄楷传》，第1080、1084页。

⑤参阅姜生：《东汉原始道教与政治考》，《社会科学研究》2000年第3期。

太平道者，师持九节杖为符祝，教病人叩头思过，因以符水饮之。得病或日浅而愈者，则云此人信道，其或不愈，则为不信道。修法略与角同，加施净室，使病者处其中思过。又使人为奸令祭酒。祭酒主以《老子》五千文，使都习，号为“奸令”。为鬼吏，主为病者请祷。请祷之法，书病人姓名，说服罪之意。作三通，其一上之天，著山上，其一埋之地，其一沉之水，谓之“三官手书”。使病者家出米五斗以为常，故号曰“五斗米师”。实无益于治病，但为淫妄，小人昏愚，竟共事之。①

骆曜之事仅此一见，不知其详②。张角利用太平道组织和发动黄巾暴动，则是人所共知的。《后汉书》卷三〇《襄楷传》：《太平清领书》出现后，“张角颇有其书焉”（第 1084 页）③。卷五七《刘陶传》：“张角伪托大道，妖惑小民。”（第 1849 页）卷七一《皇甫嵩传》：张角“遣弟子八人使于四方，以善道教化天下，转相诳惑。十余年间，众徒数十万，连结郡国，自青、徐、幽、冀、荆、杨、兖、豫八州之人，莫不毕应”。不仅如此，张角的势力还发展到京师甚至皇

①《三国志》卷八《张鲁传》注引，第 264 页。

②任乃强曰：缅匿法“即缅述隐恶以求神，明悔必改之法”。见氏著《华阳国志校补图注》，第 74 页。

③《太平经合校·神祝文诀》：“祝是天上神本文传经辞也，其祝有可使神伭为除疾。”“祝”，《后汉书·襄楷传》注引此文作“咒”。王明校记曰：“祝咒通用。”《长存符图》：“天符还精以丹书，书以入腹，当见腹中之文大吉，百邪去矣……守之积久，天医自下，百病悉除。”张角“符水咒说以疗病”，应是由此而来的。《六罪十治诀》：“上师乃可化无极人，尽使愚人守道不为非；中师可化万人，小师可化千数百人。”张角自称“大贤良师”，又置“大方万余人，小方六七千”，或与此有关。《和三气兴帝王法》：“形体有三名，天、地、人。”张角兄弟所称天公、地公、人公将军，应是附会此说而设的。

宫中。他策划暴动时，大方马元义“数往来京师，以中常侍封谞、徐奉等为内应，约以三月五日内外俱起”。计划暴露后，灵帝派人“案验宫省直卫及百姓有事角道者，诛杀千余人”（第2299页）。宦官张让、王甫、侯览等也信奉太平道，并“与张角交通”①。太平道影响之大，由此可见。

五斗米道主要在巴郡、汉中一带传播，张鲁甚至利用其教义和组织统治当地百姓。上引《典略》曰：张修死后，张鲁“在汉中，因其民信行修业，遂增饰之。教使作义舍，以米肉置其中以止行人。又教使自隐，有小过者，当治道百步，则罪除。又依月令，春夏禁杀。又禁酒。流移寄在其地者，不敢不奉”。《三国志》卷八《张鲁传》则曰：鲁“据汉中，以鬼道教民，自号‘师君’。其来学道者，初皆名‘鬼卒’，受本道已信，号‘祭酒’，各领部众，多者为‘治头大祭酒’。皆教以诚信不欺诈，有病自首其过，大都与黄巾相似。诸祭酒皆作义舍，如今之亭传。又置义米肉，县于义舍，行路者量腹取足；若过多，鬼道辄病之。犯法者，三原，然后乃行刑。不置长吏，皆以祭酒为治，民夷便乐之。雄据巴、汉垂三十年”（第263页）②。

黄巾暴动最终被东汉镇压，张鲁政权后来也被曹操消灭，但它们动摇了东汉的统治，也使儒术的弱点显露在世人面前。儒学

---

①事见《后汉书》卷六六《王允传》、卷七八《宦者张让传》。

②五斗米道的创始人是张修还是张鲁的祖父张陵，史料记载不一，学者多有考证。可参卢弼：《三国志集解》卷八《张鲁传》，中华书局，1982年，第268页；任乃强：《华阳国志校补图注》卷二《汉中志》，第73页；高敏：《汉末张鲁政权史实考辨》，《秦汉史论稿》，台北：五南图书出版公司，2002年，第367—373页。关于《太平经》同五斗米道的关系，可参熊德基：《〈太平经〉的作者和思想及其与黄巾和天师道的关系》，《历史研究》1962年第4期。

士大夫们当然不能接受太平道和五斗米道的教化之术，但他们必须正视儒术所面临的挑战，设法弥补其弱点，为日后的教化实践提供更有力的手段。这是历史赋予汉末儒学士大夫的使命。

在这种形势下，士大夫中出现一种声音，对东汉正统儒术提出质疑。如仲长统《昌言》曰：

> 有天下者，莫不君之以王，而治之以道。道有“大中”，所以为贵也，又何慕于空言高论难行之术哉！今……在位之人，有乘柴马弊车者矣，有食菽藿者矣，有亲饮食之蒸烹者矣，有过客不敢沽酒市脯者矣，有妻子不到官舍者矣，有还奉禄者矣，有辞爵赏者矣，莫不称述以为清卲。非不清卲，而不可以言“中”也。好节之士，有遇君子而不食其食者矣，有妻子冻馁而不纳善人之施者矣，有茅茨蒿屏而上漏下湿者矣，有穷居僻处求而不可得见者矣，莫不叹美以为高洁。此非不高洁，而不可以言“中”也。①

此说明指东汉士大夫的种种“清卲”、“高洁”之行，皆为“空言高论难行之术”，不合“大中”之道。《尚书·洪范》：“次五曰建用皇极。”孔安国传：“皇，大；极，中也。凡立事当用大中之道。”孔颖达疏：“凡所立事，王者所行皆是，无得过与不及，常用大中之道也……大中者，人君为民之主，当大自立其有中之道，以施教于民。”②是仲长统认为，教化应以“中”为贵，不可“不及”，亦不可“过”。

又如崔寔《政论》曰：

①《全后汉文》，第953页。

②《十三经注疏》，第188、189页。

济时拯世之术，岂必体尧蹈舜然后乃理哉？期于补绽决坏，枝柱邪倾，随形裁割，要措斯世于安宁之域而已。故圣人执权，遭时定制，步骤之差，各有云设。不强人以不能，背急切而慕所闻也……量力度德，《春秋》之义。今既不能纯法八代，故宜参以霸政。则宜重赏深罚以御之，明著法术以检之。①

所谓"步骤之差，各有云设"，出自纬书。《白虎通·号》引《孝经钩命诀》曰："三皇步，五帝趋，三王驰，五霸骛。"②《太平御览》卷七六《皇王部一》引此文"趋"作"骤"③。大意是说，三皇、五帝、三王、五霸，德有优劣，故治有缓急。《后汉书》卷三五《曹褒传》载章帝诏所言"三五步骤，优劣殊轨"，就是这个意思。所谓"八代"，李贤注曰："谓三皇五帝也。"是崔寔认为，三皇五帝之术不能解决当今的问题，东汉统治者的"力"和"德"也达不到三皇五帝的水平，因而应该实事求是，放弃"体尧蹈舜"、"纯法八代"的"空言高论"，用"重赏深罚"的"霸政"加强教化的力度。

鼓吹"尧舜之道"是董仲舒学说的特色之一。因而在汉末怀疑和否定"尧道"的浪潮中，源自董仲舒的《公羊》严、颜之学首当其冲。何休《公羊解诂序》称："昔者孔子有云：'吾志在《春秋》，行在《孝经》。'此二学者，圣人之极致，治世之要务也"；既而批评严、颜之学"有倍经任意反传违戾者"，"讲诵师言至于百万犹有不解"，"援引他经，失其句读，以无为有，甚可闵笑者，不可胜记也"；最后指出，"往者略依胡母生条例，多得其正，故遂隐括，使就绳墨焉"④。

---

①《后汉书》卷五二《崔寔传》，第1726页。

②陈立：《白虎通疏证》，北京：中华书局，1994年，第45页。

③北京：中华书局，1960年，第355页。

④《十三经注疏》，第2190、2191页。

王充《论衡·案书》曰:“公羊高、穀梁寘、胡母氏皆传《春秋》,各异门户。”①唐人许敬宗所编《文馆词林》卷六九九,收有东汉李固《祀胡母先生教》一文,其辞曰:“胡母子都禀天淳和,沉沦大道,深演圣人之旨,始为《春秋》制造章句。”又曰:“当学《春秋胡母章句》,每读其书,思睹其人。”②这些材料证明,东汉《公羊》学除严、颜两家外,还有胡母氏一家。《后汉书》卷七九《儒林传》载东汉《公羊》家事迹,大都明言其所习为《严氏春秋》或《颜氏春秋》,唯李育只言其“少习《公羊春秋》”(第2582页);又说何休“与其师博士羊弼,追述李育意以难二传,作《公羊墨守》、《左氏膏肓》、《穀梁废疾》”(第2583页)。据此,李育所习《公羊春秋》可能是《胡母章句》。钱穆先生推测说,“则李育之学本之子都矣”③,是。何休作《公羊解诂》,摆脱严、颜两家《章句》,当是由于董仲舒一派的地位已严重动摇,其依“胡母生条例”则是挽救《公羊》学的一种手段。李育“博览书传”,“颇涉猎古学”,何休亦“精研六经”,“不与守文同说”④,在学术方法上颇受古文学影响,但《公羊解诂》的主要内容与董仲舒的思想大同小异⑤,《胡母章句》也不

---

①黄晖:《论衡校释》,第1163页。

②罗国威:《文馆词林校证》,北京:中华书局,2001年,第466页。

③钱穆:《东汉经学略论》,《中国学术思想史论丛(三)》,台北:东大图书股份有限公司,1993年,第47页。

④《后汉书》卷七九《儒林传》,第2582页。

⑤徐复观指出:“何休作《公羊解诂》,受了董仲舒的重大影响。”见氏著《中国经学史的基础》,台北:台湾学生书局,1982年,第180页。滨久雄也认为,胡母生和董仲舒的《春秋》学并无大相径庭处,何休与董仲舒的《公羊》学,在基本理解上亦非相互抵触,只是在非本质的细部解释上有不同见解。见氏著《後漢における公羊学の展開——何休の思想を中心として》,《東洋研究》第125号,第9页。

能扭转《公羊》学衰颓的命运。

郑玄著作中无《左传注》。郑玄弟子宋均《春秋演孔图注》云："康成注三《礼》、《诗》、《易》、《尚书》、《论语》，其《春秋》、《孝经》，则有评论。"宋均《孝经纬注》引郑玄《六艺论》叙《春秋》云"玄又为之注"①。《世说新语·文学》则曰："郑玄欲注《春秋传》，尚未成时，行与服子慎遇，宿客舍，先未相识。服在外车上与人说己注《传》意，玄听之良久，多与己同。玄就车与语曰：'吾久欲注，尚未了。听君向言，多与吾同。今当尽以所注与君。'遂为服氏注。"②这些说法是否属实，已无从考证，但郑玄通晓《左传》并曾反驳何休对《左传》的攻击，是尽人皆知的事实。

《后汉书》卷三五《郑玄传》："时任城何休好《公羊》学，遂著《公羊墨守》、《左氏膏肓》、《穀梁废疾》；玄乃发《墨守》，针《膏肓》，起《废疾》。休见而叹曰：'康成入吾室，操吾矛，以伐我乎！'……玄答何休，义据通深，由是古学遂明。"（第1207页）在现存的《发墨守》、《针膏肓》、《起废疾》佚文中③，何休、郑玄争论的多是三传中的具体问题，无关宏旨。值得重视的是郑玄在《礼记注》中对《公羊传》最后一段文字的解释。

《公羊传》哀公十四年："君子何为为《春秋》？拨乱世，反诸正，莫近诸《春秋》。则未知其为是矣？其诸君子乐道尧舜之道与？末不亦乐乎尧舜之知君子也？制《春秋》之义以俟后圣，以君

①见《孝经注疏序》邢昺疏，《十三经注疏》，第2539页。参沈玉成、刘宁：《春秋左传学史稿》，南京：江苏古籍出版社，1992年，第123、124页。

②余嘉锡：《世说新语笺疏》，北京：中华书局，1983年，第192页。

③见《文渊阁四库全书》，第145册，第863—876页。参孙启治、陈建华编：《古佚书辑本目录（附考证）》，北京：中华书局，1997年，第56、61、63页。

子之为亦有乐乎此也。”[①]《公羊》家据此将《春秋》之道解释为“尧舜之道”[②]。郑玄则在《礼记·中庸》“仲尼祖述尧舜,宪章文武”句下注曰:

> 此以《春秋》之义说孔子之德。孔子曰:“吾志在《春秋》,行在《孝经》。”二经固足以明之。孔子祖述尧舜之道而制《春秋》[③],而断以文王、武王之法度。《春秋传》曰:“君子曷为为《春秋》?拨乱世,反诸正,莫近诸《春秋》。其诸君子乐道尧舜之道与?末不亦乐乎尧舜之知君子也?”又曰:“是子也,继文王之体,守文王之法度。文王之法无求而求,故讥之也。”又曰:“王者孰谓?谓文王也。”此孔子兼包尧舜、文武之盛德而著之《春秋》以俟后圣者也。[④]

“吾志在《春秋》,行在《孝经》”是《孝经纬》文[⑤]。同何休《公羊解诂序》一样,郑玄也从这句话入手,阐述他对《春秋》的看法,并引《公羊传》文为据。和公羊家不同的是,郑玄将哀公十四年的文字,同文公九年“是子也,继文王之体,守文王之法度”、隐公元年“王者孰谓?谓文王也”两段文字结合起来,认为孔子“制《春秋》”既“祖述尧舜之道”,又“断以文王、武王之法度”,故孔子的《春秋》之道是“兼包尧舜、文武之盛德”的。这正是入《公羊》之室,操《公羊》之矛,以伐《公羊》之说。

---

①《十三经注疏》,第 2354 页。

②参本书第二章第二节相关内容。

③“祖”,原文作“所”,是阮元刻本的讹字,其他版本皆不误。

④《十三经注疏》,第 1634 页。

⑤说见《公羊解诂序》徐彦疏,《十三经注疏》,第 2190 页。

与之类似的论述还见于郑玄《诗谱序》。该序概述周朝兴衰大势及风、雅、颂、变风、变雅之诗的形成原因说：周的兴起虽始于后稷，公刘、大王、王季也起了重要作用，但贡献最大的还是文王、武王和周公；文王、武王“光熙前绪，以集大命于厥身，遂为天下父母”，“其时《诗》，风有《周南》、《召南》，雅有《鹿鸣》、《文王》之属”；及成王、周公“致大平，制礼作乐，而有颂声兴焉，盛之至也”；将风、雅、颂“皆录之”，便构成“《诗》之正经”；懿王以后“稍更凌迟”，厉王、幽王“政教尤衰”，于是“《十月之交》、《民劳》、《板》、《荡》勃尔俱作，众国纷然，刺怨相寻”；及至春秋，“上无天子，下无方伯”，“纪纲绝矣”。“故孔子录懿王、夷王时诗，讫于陈灵公淫乱之事，谓之变风、变雅”。最后，郑玄概括孔子的用意说：“以为勤民恤功，昭事上帝，则受颂声，弘福如彼；若违而弗用，则被劫杀，大祸如此。吉凶之所由，忧娱之萌渐，昭昭在斯，足作后王之鉴，于是止矣。”①照此说法，孔子删定《诗经》的目的和“作《春秋》”一样，也是为“后王”服务的，而他在《诗经》中对文、武之德及周公之制的推崇更加明显。该《序》末句说：上述内容就是“《诗》之大纲”，“举一纲而万目张，解一卷而众篇明，于力则鲜，于思则寡。其诸君子亦有乐于是与”。孔颖达疏曰：“哀十四年《公羊传》说孔子‘制《春秋》之义以俟后圣，以君子之为亦有乐乎此’。郑取彼意也。”②郑玄取《公羊传》之意结束其《诗谱序》，进一步强调了文武之德和周公之制对“后王”的意义。

汉代《左氏》学家认为，《春秋》的主要价值在于保存了周礼。郑玄继承并发展了这一说法，提出一套以“礼”为核心的教化理

---

①《十三经注疏》，第 262、263 页。

②《十三经注疏》，第 264 页。

论。其中要点有以下几项：

首先，郑玄主张用“周礼”教化百姓。《白虎通·礼乐》：“王者始起，何用正民？以为且用先代之礼乐。天下太平，乃更制作焉。《书》曰：‘肇称殷礼，祀新邑。’此言太平去殷礼。”其中引文出自《尚书·洛诰》所载周公语。《白虎通》解释说，周公之意是让成王先用殷礼祭祀，待太平之后再改用周礼。郑玄发展了这一观点。《洛诰》孔颖达疏曰：

> 郑玄云：王者未制礼乐，恒用先王之礼乐。是言伐纣以来皆用殷之礼乐，非始成王用之也。周公制礼乐既成，不使成王即用周礼，仍令用殷礼者，欲待明年即政，告神受职，然后班行周礼。班讫，始得用周礼，故告神且用殷礼也。①

学者大多认为，这段文字都是郑玄语，如王应麟《玉海》卷六八《礼制》上②、王鸣盛《尚书后案》“周公曰王肇称殷礼”条③。唯曹元弼《古文尚书郑氏注笺释》，疑“是言伐纣以来皆用殷之礼乐，非始成王用之也”一句系孔疏之语，其余皆郑注④。廖明春、陈明整理《尚书正义》标点本，则将“王者未制礼乐，恒用先王之礼乐”加引号，意谓只此一句是郑注，“是言”以下皆为孔疏⑤。王鸣盛提示：郑玄此注又见《礼记·明堂位》疏。今案《明堂位》孔颖达疏曰：“《洛诰》云：‘王肇称殷礼，祀于新邑。’是摄政七年冬也。郑云

---

①《尚书正义》，《十三经注疏》，第215页。

②上海：上海古籍出版社，1992年，第三册，第945—4页。

③《续修四库全书》，上海：上海古籍出版社，1995年，第45册，第201页。

④《续修四库全书》，第54册，第200页。

⑤北京：北京大学出版社，1999年，第409页。

‘犹用殷礼者，至成王即位，乃用周礼’是也。”此处“郑云”，显然是《洛诰》疏引“郑玄云”那一大段文字的简化，可证其中“是言”以下亦为郑注。《尚书》郑玄注，唐初尚存。《隋书》卷三二《经籍志一》有“《尚书》九卷”，本注曰：“郑玄注。”①《旧唐书》卷七三《孔颖达传》称其“尤明……《郑氏尚书》”②。孔颖达《洛诰》疏所引“郑玄云”及《明堂位》疏所引“郑云”，应皆本于此书。

按照郑玄的上述说法，新王始起，应先用前王礼乐教化人民，待太平之后才能改用自己制作的礼乐。根据这一原理，西周在太平之前用殷礼，汉朝在太平之前当然应用周礼了。这一观点，论证和强调了周礼的现实意义。事实上，汉朝始终没有实现“太平”，不曾制作自己的“礼乐”，不是西周之后的又一代“王”者。魏晋以降，也未出现过符合儒家标准的“太平”和真正的“制礼作乐”。这样一来，郑玄的说法便可推而广之，周礼也适用于汉以后的王朝了。

其次，郑玄确认《周礼》和《仪礼》皆周公所作。汉儒所谓“周礼”，原是个空泛的概念，具体内容模糊不清。礼家只传《仪礼》十七篇，残缺不全。刘向、刘歆校理秘书时，得见《周礼》一书，“著于《录》《略》”，但“众儒并出共排，以为非是”。刘歆“其年尚幼，务在广览博观，又多锐精于《春秋》”，故未对《周礼》做深入研究，直到“末年，乃知其周公致太平之迹，迹具在斯”。东汉学者对《周礼》仍或信或疑。杜子春、郑兴、郑众、贾逵、马融等皆治《周礼》，作解诂，但“不显传于世”。林硕则认为，“武帝知《周官》末世渎乱不验之书，故作《十论》、《七难》以排弃之”；何休也认为，《周

①北京：中华书局，1973 年，第 913 页。

②北京：中华书局，1975 年，第 2601 页。

礼》是“六国阴谋之书”①。郑玄坚信“《周礼》者乃周公致太平之迹”，是周公制礼作乐的成果。他不仅作《答林孝存周礼难》，反驳其说，还在《周礼注》中正面阐述了自己的观点。《周礼·天官冢宰》“惟王建国”条郑注曰：“周公居摄而作六典之职，谓之《周礼》，营邑于土中。七年，致政成王，以此礼授之，使居洛邑治天下。”②如此明确的表述，对刘歆一派的观点构成有力支持。

至于《仪礼》，郑玄认为也是周公所作，尽管其中保留了部分夏殷之礼。《仪礼·士冠礼》“若不醴，则醮用酒”条郑注曰：“若不醴，谓国有旧俗可行，圣人用焉不改者也。”贾公彦疏：“云‘圣人’者，即周公制此《仪礼》，用旧俗则夏殷之礼是也。”③又《礼记·曲礼下》：“君子行礼，不求变俗。祭祀之礼、居丧之服、哭泣之位，皆如其国之故，谨修其法而审行之。”郑注曰：“求犹务也，不务变其故俗，重本也。谓去先祖之国，居他国。‘其法’，谓其先祖之制度，若夏、殷。”孔颖达疏曰：“若夏、殷子孙在周者，悉行其先世之礼，是不变俗也。”④贾公彦说得更清楚。《仪礼疏》序：“《周礼》、《仪礼》，发源是一，理有终始，分为二部，并是周公摄政大平之书。”《仪礼·士冠礼》疏：“《周礼》言周不言仪，《仪礼》言仪不言周。既同是周公摄政六年所制，题号不同者，《周礼》取别夏、殷，故言周，《仪礼》不言周者，欲见兼有异代之法。”⑤据前人考证，《仪礼》一书在汉代称“礼”、“礼经”、“曲礼”或“礼记”，晋以

---

①《周礼注疏·序周礼废兴》，《十三经注疏》，第635、636页。

②《周礼注疏》，《十三经注疏》，第639页。

③《十三经注疏》，第956页。

④《十三经注疏》，第1257页。

⑤《十三经注疏》，第945页。

后才有了“仪礼”之名[①]。如果是这样，贾《疏》“《仪礼》言仪不言周”云云，便是望文生义了，但所言《周礼》、《仪礼》皆周公所作，符合郑玄之意。

关于《周礼》同《仪礼》的关系，《礼记·礼器》有“《经礼》三百，《曲礼》三千”之说。郑玄注曰：“《经礼》谓《周礼》也，《周礼》六篇，其官有三百六十。曲犹事也，事礼谓今《礼》也。《礼》篇多亡，本数未闻，其中事仪三千。”[②]郑玄所谓“今《礼》”无疑指《仪礼》。孔颖达《礼记正义序》引郑玄《六艺论》：“今《礼》行于世者，戴德、戴圣之学也。”[③]《仪礼·士冠礼》贾疏：“《仪礼》亦名《曲礼》……言仪者，见行事有威仪；言曲者，见行事有屈曲。故有二名也。”[④]这样一来，《周礼》和《仪礼》相配合，所谓“周礼”的内容比以往系统得多，也丰富得多了。这对礼学的发展无疑有巨大推动作用。东汉一代，礼学不盛。庆氏学和《周礼》不立学官。大、小戴之学虽立于学官，“相传不绝，然未有显于儒林者”[⑤]，故《后汉书·儒林传》于礼学家不载一人。而魏晋以后，礼学渐成显学。其间，郑玄的作用是不可否认的[⑥]。

再次，郑玄认为“周礼”是以礼为主、以刑为辅的制度体系[⑦]。《周礼·地官·大司徒》：“以乡三物教万民而宾兴之：一曰六德，

---

①参钱玄：《三礼通论》，南京：南京师范大学出版社，1996年，第5—7页。
②《十三经注疏》，第1435页。
③《十三经注疏》，第1226页。
④《十三经注疏》，第945页。
⑤《后汉书》卷七九《儒林传》，第2576页。
⑥参杨天宇：《郑玄三礼注研究》，第48—54页。
⑦参华友根：《郑玄的法律思想及其历史地位》，《甘肃社会科学》1995年第2期。

知、仁、圣、义、忠、和;二曰六行,孝、友、睦、姻、任、恤;三曰六艺,礼、乐、射、御、书、数。以乡八刑纠万民:一曰不孝之刑,二曰不睦之刑,三曰不姻之刑,四曰不弟之刑,五曰不任之刑,六曰不恤之刑,七曰造言之刑,八曰乱民之刑。以五礼防万民之伪,而教之中。以六乐防万民之情,而教之和。凡万民之不服教而有狱讼者,与有地治者听而断之,其附于刑者归于士。"①同书《秋官·大司寇》:"掌建邦之三典……一曰刑新国用轻典,二曰刑平国用中典,三曰刑乱国用重典。"郑玄注:"新国者,新辟地立君之国。用轻法者,为其民未习于教……平国,承平守成之国也。用中典者,常行之法……乱国,篡弑叛逆之国。用重典者,以其化恶伐灭之。"在这些文字中,所谓"刑"是紧密配合"礼"而为"教"服务的。这一特点在"圜土"和"嘉石"之制中表现得更为鲜明。其文曰:"以圜土聚教罢民,凡害人者,寘之圜土而施职事焉,以明刑耻之。其能改者,反于中国,不齿三年。其不能改而出圜土者,杀……以嘉石平罢民,凡万民之有罪过而未丽于法,而害于州里者,桎梏而坐诸嘉石,役诸司空。"郑玄注:"圜土,狱城也。聚罢民其中,困苦以教之为善也……害人,谓为邪恶已有过失丽于法者。以其不故犯法,寘之圜土,系教之,庶其困悔而能改也……嘉石,文石也。树之外朝门左。平,成也。成之使善。"②

推行教化应"任德教"还是"任刑罚",是汉代儒法之争的焦点。《周礼》以礼为主、以刑为辅的制度安排,即坚持了"任德教"的儒家立场,又可弥补儒术的弱点,增强教化的力度。和帝时,廷尉陈宠为纠正吏治苛刻之敝,曾"钩校律令条法,溢于《甫刑》者除

①《十三经注疏》,第707页。

②《十三经注疏》,第870页。

之”，企图参照“礼经三百，威仪三千”及“《甫刑》大辟二百，五刑之属三千”的规模，删定律令，使之“与礼相应”。但未被朝廷采纳①。自郑玄以后，《周礼》的地位和影响大为提高，并影响了魏晋的律令改革。如魏明帝时，“改汉旧律不行于魏者皆除之，更依古义制为五刑”。司马师当政时，司隶主簿程咸上言：“夫司寇作典，建三等之制；甫侯修刑，通轻重之法。叔世多变，秦立重法，汉又修之，大魏承秦汉之敝，未及革制……宜改旧科，以为永制。”于是有诏“改定律令”。所谓“司寇作典，建三等之制”，即上引《周礼·大司寇》“掌建邦之三典”之说。其后，司马昭又令贾充等“定法律”，“蠲其苛秽，存其清约，事从中典”，并强调“竣礼教之防，准五服以制罪”，最终修成律令“合二千九百二十六条”②。“中典”云云，出自《周礼》。“二千九百二十六条”之数，少于《甫刑》三千之说，可能也是以《周礼》之制为目标的。《周礼·秋官·司刑》：“掌五刑之法，以丽万民之罪。墨罪五百，劓罪五百，宫罪五百，刖罪五百，杀罪五百。”郑玄注：“此二千五百罪之目略也，其刑书则亡。夏刑大辟二百，膑辟三百，宫辟五百，劓、墨各千。周刖（则）变焉，所谓刑罚世轻世重者也。”③是郑玄认为“五刑之属三千”乃夏制，周公之制是“二千五百”条。贾充等所定律令二千九百二十六条中，《律》只有六百二十或三十条，其余为《令》。《令》中有一部分，“若军事、田农、酤酒，未得皆从人心，权设其法，太平当除”④。除去“权设”的条目，他们心中的理想数字

①《后汉书》卷四六《陈宠传》，第1554页。

②《晋书》卷三〇《刑法志》，第925—927页。

③《十三经注疏》，第880页。参孙诒让：《十三经注疏校记》，北京：中华书局，2009年，第277页。

④《晋书》卷三〇《刑法志》，第927页。

可能正是“二千五百”。

最后，郑玄认为礼是士大夫修身的重要工具。《礼记·中庸》：“天命之谓性，率性之谓道，修道之谓教。”郑玄注：“修，治也。治而广之，人放效之，是曰‘教’。”[①]同书《缁衣》载孔子语曰：“下之事上也，不从其所令，从其所行。”郑玄注：“言民化行，不拘于言。”又曰：“禹立三年，百姓以仁遂焉，岂必尽仁？”郑玄注：“言百姓效禹为仁，非本性能仁。”[②]这些都是对“教者，效也，上为之，下效之”这一定义的进一步说明，而君子“治而广之”的道则是“礼”。

《中庸》说：“喜怒哀乐之未发谓之中，发而皆中节谓之和。中也者，天下之大本也。和也者，天下之达道也。”郑玄注：“中为大本者，以其含喜怒哀乐，礼之所由生，政教自此出也。”说得简单些，“节”就是礼，喜怒哀乐皆“中节”，就是道。《中庸》又说：“仲尼曰：‘君子中庸，小人反中庸。君子之中庸也，君子而时中。’”郑玄注：“庸，常也。用中为常，道也……‘君子而时中’者，其容貌君子，而又时节其中也。”《中庸》又说：“子曰：‘中庸其至矣乎……知者过之，愚者不及也……贤者过之，不肖者不及也。’”郑玄注：“言中庸为道至美……过与不及，使道不行，唯礼能为之中。”[③]据此，“礼”的本质是“中庸”。

礼为什么“用中为常”呢？《中庸》说：“子曰：‘舜其大知也与……隐恶而扬善，执其两端，用其中于民。’”郑玄注：“‘两端’，过与不及也。‘用其中于民’，贤与不肖皆能行之也。”[④]《礼记·檀弓》：“子思

---

①《十三经注疏》，第1625页。

②《十三经注疏》，第1647—1648页。

③《十三经注疏》，第1625页。

④《十三经注疏》，第1626页。

曰：'先王之制礼也，过之者俯而就之，不至焉者跂而及之。'"①同书《表记》："圣人之制行也，不制以已，使民有所劝勉愧耻，以行其言。"郑玄注："以中人为制，则贤者'劝勉'，不及者'愧耻'，圣人之言乃行也。"②可见，礼"用中为常"，是为了既让贤者可以行之，也让不肖者可以跂及。同崔寔所批评的"必体尧蹈舜然后乃理"的教化理论相比，这种中庸之"礼"是较质朴实用的教化手段。

当然，欲使百姓遵行可以跂及的礼，还得先由士大夫们做出榜样。故贤人以礼修身，是教化过程中最重要的环节。《中庸》："哀公问政。子曰：'……为政在人，取人以身，修身以道，修道以仁。仁者，人也，亲亲为大。义者，宜也，尊贤为大。亲亲之杀，尊贤之等，礼所生也……故君子不可以不修身。'"又曰："好学近乎知，力行近乎仁，知耻近乎勇。知斯三者，则知所以修身。知所以修身，则知所以治人。知所以治人，则知所以治天下国家矣。"又曰："知、仁、勇三者，天下之达德也……或生而知之，或学而知之，或困而知之，及其知之，一也。或安而行之，或利而行之，或勉强而行之，及其成功，一也。"③修身的最高境界，是懂得并践行知、仁、勇。只有圣人能"生而知之"、"安而行之"，贤人只能"学而知之"、"利而行之"，甚至"困而知之"、"勉强而行之"，但结果是一样的。《中庸》又进一步申说此理曰："诚者，天之道也。诚之者，人之道也。诚者不勉而中，不思而得，从容中道，圣人也。诚之者，择善而固执之者也……自诚明谓之性，自明诚谓之教。诚则明矣，明则诚矣。"郑玄注："言'诚者'，天性也。'诚之者'，学而诚之者

①《十三经注疏》，第 1282 页。
②《十三经注疏》，第 1640 页。
③《十三经注疏》，第 1629 页。

也……由至诚而有明德,是圣人之性者也。由明德而有至诚,是贤人学以知之也。有至诚则必有明德,有明德则必有至诚。"[①]其意是说:礼虽"以中人为制",却是圣人"至诚"的体现;贤人无"至诚"之性,但通过以礼修身,可以达到"至诚"的境界。

这套理论为士大夫们以礼修身提供了更充分的依据,也使《仪礼》等经典所记载的繁琐礼仪有了实际政治价值。魏晋之世,士大夫遵行礼法蔚然成风。如和峤"居父丧,以礼法自持,量米而食"[②]。司马亮"为宗师",负责"训导观察"宗室,"有不遵礼法,小者正以义方,大者随事奏闻"[③]。江惇则"以为君子立行,应依礼而动,虽隐显殊途,未有不傍礼教者也"[④]。在时人心目中,"礼法"几乎成了儒术的代名词,"礼法之士"则作为儒学士大夫的又一称呼,而与"不遵礼法"的玄学之士相对立。史称:阮籍"不拘礼教……礼法之士疾之若雠"[⑤]。裴頠"深患时俗放荡,不尊儒术……口谈浮虚,不遵礼法……乃著崇有之论以释其蔽"[⑥]。阮籍《大人先生传》曰:"世人所谓君子,惟法是修,惟礼是克",犹如"群虱之处裈中……行不敢离缝际,动不敢出裈裆"[⑦]。其夸张的讽刺,生动勾画出当时儒学士大夫的特点。汉魏之际儒术发生的这一变化,当与郑玄礼学的影响有关。当然,"以中人为制"的礼不能满足少数自命不凡者的需要,因而也为玄学的形成和发展预留了空间。

---

①《十三经注疏》,第1632页。
②《晋书》卷四三《王戎传》,第1233页。
③《晋书》卷五九《汝南王亮传》,第1591页。
④《晋书》卷五六《江统传》,第1539页。
⑤《晋书》卷四九《阮籍传》,第1361页。
⑥《晋书》卷三五《裴秀传》,第1044页。
⑦《晋书》卷四九《阮籍传》,第1362页。

结　语

纵观战国以来的历史轨迹，我们看到，从分裂走向统一，从战争走向和平，从松散的分封制走向高度统一的中央集权制，是政治发展的大势；而对天下一统、风俗齐同的太平盛世的向往和追求，则是意识形态和政治文化的主流。两者都是影响汉朝政策制定从而推动汉代政治变迁的重要动力。从作用方向看，这两种动力并不矛盾。但秦汉之际，由于自然和地理条件的制约，由于各地政治、经济、文化发展的不平衡，关中和关东，西方和东方，仍存在较大差异和对立。相对而言，关中地区在政治、军事上占有优势，关东地区则在文化上占有优势。这一客观形势决定了政治的统一只能是关中统一关东，西方兼并东方；而文化的统一必然是关东统一关中，东方压倒西方。

关中的政治、军事优势在战国后期特别是秦的统一战争中已清晰地表现出来，在汉朝重建帝业的过程中再次得到证明。关东的文化优势则在秦朝灭亡后才引起人们的重视，又迟至武帝以后才被最高统治者认可，从而在朝廷制定政策的过程中逐渐占据主导地位。汉朝能够战胜西楚再建帝业，关键在它得以承秦。汉朝能够避开亡秦覆辙，使其帝业巩固下来，固然与汉初七十年清静无为、东西异制的政策有关，但真正具有决定性意义的还是武帝以后的尊儒更化，是由此而发生的帝国文化重心向东方的转移。

汉武尊儒有利于儒学的传播和繁荣，使儒生大量进入各级政府，从而获得参与和改造朝廷政治的机会。更重要的是，武帝在尊儒的旗帜下采纳了《公羊》家“《春秋》决狱”的主张，将儒家思想纳入承秦而来的汉家律令，使帝国法律初步儒家化了。宣帝在武帝更定律令的基础上，又对吏治进行了改良。西汉中期之儒术，虽然只是被用来缘饰法律，虽然只是法治的辅助手段，但它毕竟介入了“汉家制度”，使得“王道”在朝廷政策中与“霸道”相杂，从而使东西方的文化对立和冲突得到进一步缓解，使关中和关东不再格格不入，使文化上的战国局面宣告结束。然而西汉中期，帝国的规模在进一步扩大，开边拓土成为第一位的事业，支持对外战争是朝廷政策的重心。在这方面，《公羊》家的“三世异治”说也起了推动作用，但承秦而来的军国主义体制和法治传统更适合战争的需要，因而仍是朝廷制定政策的主要基础。这一局面直到宣、元之际才得以扭转。在那之后，朝廷政策的重心终于转到内政上来。

宣帝时，《公羊》家受到排抑，而《穀梁》之学大盛。受其影响，自元帝以后出现了一场托古改制运动。元帝改制轰轰烈烈，但又困难重重，无法深入。成、哀时期，王莽的出现和以《左氏》学为核心的古文学的兴起，为改制运动走出困境创造了条件。及至王莽当权，将古文经立于学官，将刘歆的《左氏》义理奉为正统学说，又模仿周公制礼作乐，使改制运动进入高潮。在帝国版图之内实现文化的整合与统一，是秦汉王朝所肩负的最为艰巨的历史使命。正是在完成这一使命的过程中，秦朝因操之过急而灭亡，西汉因迟迟不能满足人们的愿望而被赶下历史舞台。王莽企图通过制礼作乐为这一过程画上圆满的句号，结果也遭到惨败，与秦朝殊途同归。

东汉吸取西汉的教训，基本否定了新莽及西汉后期的改制运动，学术上尊崇谶纬和《公羊》学，同时定都洛阳，跳出以关中为本位的旧政治格局，进一步摆脱了军国主义体制和法治传统的束缚。这些变化使《公羊》家"以德化民"的主张悄然确立了主导地位，使东汉士大夫的教化实践更认真、更深入。然而东汉中后期，由豪族社会引起的吏治苛刻问题，因外戚宦官专权而加剧的政治腐败现象，又使人们对这种教化能否成功产生怀疑，并导致太平道和五斗米道一度崛起。东汉经学注重对仁义忠孝等道德信条及行为规范的阐释和构建。以《左氏》、《周礼》为核心的古文学，在这个方面与今文学无根本分歧而又颇具优势，遂再次兴起。但东汉古文学家并未否定《公羊》家的基本主张。他们提出的以"礼"为核心的政治理论，和王莽、刘歆的主张不同。他们所提供的是新王朝在制礼作乐前如何用先王礼乐教化人民的具体方法，其贡献主要在于丰富和强化了"以德化民"说最薄弱的环节。

中国古代政治和政治文化的发展，是个一环接一环逐步深入的过程，其中每一环都有一个为当时人们普遍关注和共同探讨的核心问题。而在东周至东汉这一时期，核心问题是如何"拨乱反正"。先秦诸子的学术争鸣是理论准备阶段，法、道、儒等家的政治学说是其主要成果。秦朝、西汉、新莽、东汉是政治实践阶段。经过实践的检验，法家和道家的学说先后被扬弃，儒家成为最后的胜利者。在儒家内部的两种政治主张中，《公羊》家提出的"以德化民"说又是最后胜利者。经过东汉古文学家的进一步充实和发展，最终形成一套以"太平"为理想、以"礼法"为手段的教化理论。这套理论在先秦儒家学说的基础上，又形成厚厚一层积淀，为其后政治和政治文化的继续发展奠定了新的基础。

中国古代政治和政治文化还有两种基本精神，即"仁"的精神和“礼”的精神。二者相互依存,不可分离。“仁”是“礼”的内容,“礼”是“仁”的形式。但二者固有的发展趋向又是背道而驰的。“礼”的发展趋向于具体化、规范化、法典化,“仁”的发展趋向于抽象化、心性化、玄学化。由此形成的内在紧张,使中国古代政治和政治文化始终在两条路线之间左右摇摆地向前发展。在围绕“拨乱反正”之“道”进行的探索与实践中,“法治”和“德教”的对立,“以德化民”和“以礼为治”的对立,都是具体表现。理论上,“仁”和“礼”是并重的。但在实践中,“仁”的精神似乎因为更富弹性和创造力而略占优势。儒家最终战胜法家成为独尊的意识形态,“以德化民”说最终战胜“以礼为治”说而积淀下来,都证明了这一点。

总之,汉朝在步秦后尘再建帝业的过程中,经过反复探索与实践,终于找到了在千差万别的民间乡俗、区域文化和民族传统之上进行文化整合的唯一可行的道路,确立了进行这一整合的基本模式和机制。在此后的中国历史中,政治上的分裂和统一又反复了多次,但以儒家思想为中心的文化整合运动始终没有停止,汉儒关于“拨乱反正”的学说也始终支配着这一运动的基本方向,使我们的祖先在通向太平理想的永无止境的道路上艰难跋涉了两千年。